Microsoft® SharePoint 2016®

Melanie Schmidt ist seit 1991 in der IT-Branche tätig. Sie arbeitet freiberuflich als Business Consultant und Trainerin MCT (Microsoft Certified Trainer) mit den Schwerpunkten SharePoint und Office für zahlreiche IT-Dienstleister und Kunden. Außerdem verfasst Melanie Schmidt anwenderspezifische Fachbücher und Videotrainings für Microsoft Produkte, in denen sie ihr Praxiswissen an alle Anwendergruppen weitergibt.

Melanie Schmidt

Microsoft® SharePoint 2016®

Das Praxisbuch für Anwender

Melanie Schmidt
Melanie_Schmidt@outlook.com

Lektorat: Sandra Bollenbacher
Copy-Editing: Petra Heubach-Erdmann, Düsseldorf
Satz: Birgit Bäuerlein
Herstellung: Susanne Bröckelmann
Umschlaggestaltung: Helmut Kraus, www.exclam.de
Druck und Bindung: M.P. Media-Print Informationstechnologie GmbH, 33100 Paderborn

Bibliografische Information der Deutschen Nationalbibliothek
Die Deutsche Nationalbibliothek verzeichnet diese Publikation in der Deutschen Nationalbibliografie;
detaillierte bibliografische Daten sind im Internet über http://dnb.d-nb.de abrufbar.

ISBN:
Print   978-3-86490-409-7
PDF   978-3-96088-021-9
ePub   978-3-96088-022-6
mobi: 978-3-96088-023-3

1. Auflage 2016
Copyright © 2016 dpunkt.verlag GmbH
Wieblinger Weg 17
69123 Heidelberg

Die vorliegende Publikation ist urheberrechtlich geschützt. Alle Rechte vorbehalten. Die Verwendung der Texte und Abbildungen, auch auszugsweise, ist ohne die schriftliche Zustimmung des Verlags urheberrechtswidrig und daher strafbar. Dies gilt insbesondere für die Vervielfältigung, Übersetzung oder die Verwendung in elektronischen Systemen.
Es wird darauf hingewiesen, dass die im Buch verwendeten Soft- und Hardware-Bezeichnungen sowie Markennamen und Produktbezeichnungen der jeweiligen Firmen im Allgemeinen warenzeichen-, marken- oder patentrechtlichem Schutz unterliegen.
Alle Angaben und Programme in diesem Buch wurden mit größter Sorgfalt kontrolliert. Weder Autor noch Verlag können jedoch für Schäden haftbar gemacht werden, die in Zusammenhang mit der Verwendung dieses Buches stehen.
5 4 3 2 1 0

Inhaltsübersicht

	Vorwort	xix
1	Einleitung	1
2	SharePoint-Produkte und -Technologien	7
3	Wer ist eigentlich wofür zuständig?	13
4	Der Aufbau eines SharePoint-Portals	17
5	Berechtigungen und Vererbung	21
6	Websites, Bibliotheken, Listen und Apps	37
7	Die Testumgebung und Anmeldung am Portal	53
8	Grundlegendes einer SharePoint-Website	61
9	Schnelleinstieg	73
10	Ihre persönliche Website	107
11	Kommunikation & Marketing	121
12	Projekt- und Eventmanagement	165
13	Empfangsmanagement	227
14	Vertriebsmanagement	273
15	Auftragsmanagement	299
16	Geschäftsleitung	323
17	Personalmanagement	349
18	Support	371
19	Einkaufsmanagement	401
20	Vertragsmanagement	419
	Index	455

Inhaltsverzeichnis

	Vorwort	xix
1	**Einleitung**	**1**
1.1	Problemlöser SharePoint! Der Einsatz von SharePoint in Unternehmen	1
1.2	Risiken eines SharePoint-Projekts	3
	1.2.1 Der Einsatz der richtigen SharePoint-Technologien	3
	1.2.2 Rollen- und Rechtekonzept	3
	1.2.3 Struktur und Aufbau	4
	1.2.4 Schaffen Sie Verantwortung, Regeln und Richtlinien	4
	1.2.5 Rechtzeitige Planung von Schulungen der Mitarbeiter	5
	1.2.6 Step by Step	5
1.3	Zusammenfassung	6
2	**SharePoint-Produkte und -Technologien**	**7**
2.1	SharePoint Server Standard	8
2.2	SharePoint Server Enterprise	10
2.3	Benutzerlizenzen für Server Standard und Enterprise	11
2.4	SharePoint Online – Office 365	11
2.5	Zusammenfassung	11
3	**Wer ist eigentlich wofür zuständig?**	**13**
3.1	Administrative Rollen	13
	3.1.1 Die Farmserveradministration und die Administration der gemeinsamen Dienste	13
	3.1.2 Die Administration der Websitesammlung	14
	3.1.3 Die Administration einer oder mehrerer Websites	15
3.2	Zusammenfassung	16

4	**Der Aufbau eines SharePoint-Portals**	**17**
4.1	Websitesammlung und Websites	19
4.2	Das Vererbungsprinzip innerhalb einer Websitesammlung	20
4.3	Zusammenfassung	20
5	**Berechtigungen und Vererbung**	**21**
5.1	SharePoint-Berechtigungen	22
5.2	Berechtigungsstufen und Benutzerberechtigungen	24
	5.2.1 Standardberechtigungsstufen	24
	5.2.2 Anlegen einer Berechtigungsstufe	26
5.3	Die Benutzergruppen	29
	5.3.1 Die Standardbenutzergruppen von SharePoint	29
	5.3.2 Anlegen einer Benutzergruppe und Hinzufügen einer Berechtigungsstufe	31
	5.3.3 Zugriffsrechte auf Bibliotheks-, Listen- und Elementebene	33
	5.3.4 Berechtigungen aus Bibliotheken oder Listen entfernen	33
	5.3.5 Benutzerberechtigungen prüfen	35
	5.3.6 Berechtigungsvererbung unterbrechen	35
5.4	Zusammenfassung	36
6	**Websites, Bibliotheken, Listen und Apps**	**37**
6.1	SharePoint-Bibliotheken (Apps)	37
6.2	Bibliotheksvorlagen	39
6.3	SharePoint-Listen (Apps)	41
6.4	Listenvorlagen	42
6.5	Websitevorlagen	46
6.6	Zusammenfassung	51
7	**Die Testumgebung und Anmeldung am Portal**	**53**
7.1	Eine Testumgebung für dieses Buch beantragen	53
7.2	Die Anmeldung am Portal	55
	7.2.1 Zugang zu Office 365 SharePoint Online	55
	7.2.2 Zugang zu SharePoint allgemein	56
7.3	Erstellen einer Testwebsite zum Ausprobieren	57

8	**Grundlegendes einer SharePoint-Website**		**61**
8.1	Die Website		61
8.2	Die aktuelle Schnellstart- und Seitennavigation		62
	8.2.1	Notizbuch	62
	8.2.2	Papierkorb	63
	8.2.3	Websiteinhalte	63
	8.2.4	Links bearbeiten	63
8.3	Der App Launcher		63
	8.3.1	Newsfeed	65
	8.3.2	Die Kachel »OneDrive«	65
	8.3.3	Die Kachel »Websites«	65
8.4	Menüband & Register		65
8.5	Das Websitelogo		66
8.6	Die globale oder obere Navigation		67
8.7	Die Breadcrumb-Navigation		67
8.8	Das Menü »Einstellungen«		68
8.9	Das Menü »Einstellungen« in Office-365-Bibliotheken		68
8.10	Website freigeben oder Inhalte synchronisieren		69
8.11	Die Schaltfläche »Fokus auf Inhalt«		69
8.12	Das Eingabefeld »Suchen«		70
8.13	Der Seiteninhalt und Webparts		70
	8.13.1	Die Kacheln »Erste Schritte«	71
8.14	Zusammenfassung		71
9	**Schnelleinstieg**		**73**
9.1	Arbeiten mit Dateien in Bibliotheken		73
	9.1.1	Hilfreiche Tastenkombinationen in Bibliotheken	73
	9.1.2	Unterschied Online- und Server-Bibliothek	74
	9.1.3	Dateien hochladen	76
	9.1.4	Eigenschaften zuweisen	77
	9.1.5	Dateien aus- oder einchecken	77
	9.1.6	Dateien löschen oder wiederherstellen	78
	9.1.7	Geschäftsvorlagen in einer Bibliothek neu öffnen	78
	9.1.8	Auf eine ältere Version zugreifen	79
	9.1.9	Eine Ansicht erstellen oder löschen	79
	9.1.10	Benachrichtigungen setzen	80
9.2	Microsoft Office Web Apps – Office Online		80

9.3	Notizbuch mit Microsoft OneNote	86
9.3.1	Das Notizbuch öffnen	87
9.3.2	Menüband & Register in OneNote	87
9.3.3	Vorhandene Notizbücher	88
9.3.4	Abschnitte & Seiten	88
9.3.5	Der Backstage-Bereich	88
9.3.6	Hinzufügen von Abschnitten	89
9.3.7	Abschnitte umbenennen, löschen oder die Abschnittsfarbe ändern	89
9.3.8	Verschieben eines Abschnitts	90
9.3.9	Seiten in einem Abschnitt hinzufügen	90
9.3.10	Verschieben einer Seite innerhalb eines Abschnitts	90
9.3.11	Text eingeben und formatieren	90
9.3.12	OneNote-Notizen kategorisieren	91
9.3.13	OneNote und Outlook	92
9.3.14	OneNote und Outlook-Aufgaben	92
9.3.15	Outlook-Besprechungsdetails einer Notiz hinzufügen	94
9.3.16	Aus einer E-Mail-Nachricht in Outlook eine OneNote-Notiz erstellen	95
9.4	Ihr persönlicher Speicherort – OneDrive for Business	96
9.4.1	Speichern von Dateien – OneDrive oder SharePoint-Website	96
9.4.2	Das Menüband einblenden	97
9.4.3	Eine Datei in OneDrive hochladen	98
9.4.4	Einen Ordner in der OneDrive-Bibliothek anlegen	98
9.4.5	Eine Datei oder einen Ordner freigeben	99
9.4.6	Freigaben aufheben	100
9.4.7	Synchronisieren von Bibliotheken	101
9.5	Die Suche in SharePoint	102
9.5.1	Die Suche auf einer SharePoint-Website	103
9.5.2	Die Suche in einer Bibliothek oder Liste	104
9.5.3	Weitere Suchtipps	104
9.6	Zusammenfassung	106
10	**Ihre persönliche Website**	**107**
10.1	Newsfeed	107
10.1.1	Einen Newsfeed-Beitrag verfassen	108
10.1.2	Hinzufügen von Bildern zu einem Newsfeed-Beitrag	109
10.1.3	Hinzufügen einer Datei zu einem Newsfeed-Beitrag	109
10.1.4	Benutzernamen einem Newsfeed-Beitrag hinzufügen	110

	10.1.5	Newsfeed-Beiträge öffnen, in denen Ihr Benutzername erwähnt wurde 111
	10.1.6	Newsfeed-Beiträge bewerten, ihnen folgen und darauf antworten 111
	10.1.7	Newsfeed-Beitrag löschen 112
10.2	Das Folgen von Teams oder einzelnen Teammitgliedern 112
	10.2.1	Folgen von Websites 112
	10.2.2	Folgen von Personen 113
	10.2.3	Folgen von Dokumenten 113
	10.2.4	Das Folgen von Personen und Dokumenten aufheben .. 114
10.3	Ihr persönliches Profil 114
	10.3.1	Das persönliche Profil anpassen 115
10.4	Ihr persönlicher Blog 119
10.5	Zusammenfassung 119
11	**Kommunikation & Marketing**	**121**
11.1	Ausgangssituation 121
11.2	Die Anforderungen der Abteilung 121
11.3	Schritte in diesem Kapitel 122
11.4	Dokumentenmanagement mit SharePoint 122
11.5	Anlegen der Website »Kommunikation & Marketing« 123
11.6	Anlegen einer Bibliothek für die zentrale Ablage von Geschäftsvorlagen 125
11.7	Mehrere Dokumente einer Bibliothek hinzufügen 126
11.8	Versionierung von Dokumenten 127
	11.8.1	Die Versionierung aktivieren 128
	11.8.2	Ein- und Auschecken von versionierten Dokumenten .. 129
	11.8.3	Den Versionsverlauf eines Dokuments öffnen 131
11.9	Metadaten 135
	11.9.1	Websitespalten 136
	11.9.2	Websitespalten anlegen 136
11.10	Websiteinhaltstypen 142
	11.10.1	Websiteinhaltstypen mit Dokumentvorlagen erstellen .. 143
	11.10.2	Zuweisung von Websitespalten in einem Inhaltstyp ... 147
	11.10.3	Websiteinhaltstypen für das Auftragsmanagement bestimmen 148

11.11	Inhaltsgenehmigungen	151
	11.11.1 Inhaltsgenehmigungen aktivieren	151
	11.11.2 Genehmigende Personen festlegen	152
	11.11.3 Ein Dokument oder Element in der Bibliothek oder Liste genehmigen oder ablehnen	153
11.12	Genehmigungsworkflows	154
	11.12.1 Einen Workflow manuell starten	159
	11.12.2 Ein Dokument genehmigen	159
11.13	Benachrichtigungen auf Listen und Bibliotheken festlegen	161
11.14	Löschen von Benachrichtigungen aus Listen und Bibliotheken	163
11.15	Zusammenfassung	164
12	**Projekt- und Eventmanagement**	**165**
12.1	Ausgangssituation	165
12.2	Die Anforderungen der Abteilung	165
12.3	Schritte in diesem Kapitel	166
12.4	Anlegen der Bereichswebsite »Projekte«	166
12.5	Eine Projektwebsite anlegen	167
12.6	Erstellen einer Bibliothek für Projektdokumente	168
	12.6.1 Websiteinhaltstypen einer Bibliothek hinzufügen	170
	12.6.2 Entfernen des Inhaltstyps »Dokument« aus einer Bibliothek	172
12.7	Verwenden von Vorlagen auf Basis von Websiteinhaltstypen	173
	12.7.1 Der Dokumentinformationsbereich in Microsoft Office zum Festlegen der Metadaten	174
	12.7.2 Den Dokumentinformationsbereich anzeigen lassen	175
12.8	Ansichten auf Basis von Websitespalten erstellen	176
	12.8.1 Eine gefilterte Ansicht in einer Bibliothek erstellen	176
	12.8.2 Eine gruppierte Ansicht erstellen	180
12.9	Hinzufügen der Ankündigungsliste für aktuelle Informationen	182
12.10	Hinzufügen einer Kontaktliste für Projektmitglieder	183
	12.10.1 Eine Websitespalte innerhalb der Kontaktliste hinzufügen	184
	12.10.2 Eine gruppierte Ansicht in der Kontaktliste erstellen	185

12.11	Die Website Projekt- und Eventmanagement anpassen	186
	12.11.1 Löschen einer nicht benötigten Bibliothek	186
	12.11.2 Die gefilterte Ansicht für die Schnellstartnavigation auf der Website verwenden	187
	12.11.3 Löschen vorhandener Webparts auf einer Website	189
	12.11.4 Hinzufügen des Kalenders in einem Webpart	190
	12.11.5 Hinzufügen der Kontaktliste und einer gruppierten Ansicht in einem Webpart	195
	12.11.6 Hinzufügen der Ankündigungsliste in einem Webpart	195
12.12	Blog für Fragen und Antworten – FAQs	196
	12.12.1 Erstellen einer Blogwebsite	196
	12.12.2 Der Aufbau der Blogwebsite	197
	12.12.3 Blogkategorien erstellen	197
	12.12.4 Einen Blogbeitrag über die Formularseite verfassen	199
	12.12.5 Einen Blogbeitrag mit Microsoft Word verfassen	200
	12.12.6 Einen Blogbeitrag kommentieren	203
	12.12.7 Kommentare verwalten	203
12.13	Eine Website als Vorlage speichern	204
12.14	Eine Website aus einer benutzerdefinierten Vorlage erstellen	206
12.15	Eine Website löschen	206
12.16	Die Website »Projekte« anpassen	208
	12.16.1 Eine Liste für Links erstellen	208
	12.16.2 Eine Liste dem Webpart hinzufügen	211
	12.16.3 Eine benutzerdefinierte Ansicht dem Webpart hinzufügen	212
	12.16.4 Webpart »Inhaltsverzeichnis«	214
	12.16.5 Anpassen der globalen Navigation	216
12.17	Verwenden der Aufgabenliste der Projektwebsite	221
	12.17.1 Eine neue Projektaufgabe als Vorgang erstellen	222
	12.17.2 Vorgänge bearbeiten und der Zeitachse hinzufügen	224
	12.17.3 Aus einem Vorgang einen Teilvorgang erstellen	225
	12.17.4 Aus einem Teilvorgang einen Vorgang erstellen	226
	12.17.5 Vorgänge in der Reihenfolge ändern	226
	12.17.6 Die Aufgabenliste mit anderen Microsoft-Programmen synchronisieren oder exportieren	226
12.18	Zusammenfassung	226

13	**Empfangsmanagement**		**227**
13.1	Ausgangssituation		227
13.2	Die Anforderungen der Abteilung		227
13.3	Schritte in diesem Kapitel		227
13.4	Anlegen der Website »Empfangsmanagement«		228
13.5	Besucherprotokollierung		229
	13.5.1	Eine benutzerdefinierte Liste für die Besucherprotokollierung erstellen	229
	13.5.2	Websitespalten erstellen	231
	13.5.3	Websitespalten anpassen	236
	13.5.4	Die Reihenfolge von Eingabefeldern in Elementformularen ändern	237
	13.5.5	Eine Kalenderansicht erstellen	238
	13.5.6	Websitespalten in der Ansicht ein- oder ausblenden	240
	13.5.7	Bereitstellen der Liste auf der Website »Testsite«	241
13.6	Fahrzeugverwaltung		245
	13.6.1	Eine Excel-Tabelle in eine SharePoint-Liste umwandeln/exportieren	245
	13.6.2	Einen Kalender anlegen	249
	13.6.3	Eine Websitespalte umbenennen	251
	13.6.4	Eine Websitespalte ändern	253
	13.6.5	Eine Websitespalte zum Nachschlagen von Inhalten der Website erstellen	253
	13.6.6	Eine Kalendervorlage erstellen	256
	13.6.7	Einen neuen Kalender auf Basis einer benutzerdefinierten Vorlage erstellen	257
	13.6.8	Eine Liste dauerhaft in der Schnellstartnavigation einblenden	257
	13.6.9	Kalender zusammenführen	258
13.7	Synchronisation mit Microsoft Office		261
	13.7.1	Einen SharePoint-Kalender mit Outlook verbinden	261
	13.7.2	SharePoint-Kalender aus Outlook entfernen	262
13.8	Informationen zu Kantinen- und Restaurantangeboten bereitstellen		262
	13.8.1	Eine benutzerdefinierte Liste für Tagesmenüs erstellen	263
	13.8.2	Filterungen über eine Ansicht herstellen	267
	13.8.3	Die benutzerdefinierte Liste in einem Webpart anzeigen	269
13.9	Zusammenfassung		272

14	**Vertriebsmanagement**	**273**
14.1	Ausgangssituation	273
14.2	Die Anforderungen der Abteilung	273
14.3	Schritte in diesem Kapitel	273
14.4	Erstellen der Website »Vertriebsmanagement«	274
14.5	Bereitstellen einer Wiki-Seitenbibliothek für das Vertriebshandbuch	275
	14.5.1 Der Aufbau einer Wiki-Seitenbibliothek	276
	14.5.2 Anlegen einer neuen Wiki-Seite und Inhalte einbringen	278
	14.5.3 Speichern von Wiki-Seiten	281
	14.5.4 Ein- und Auschecken von Wiki-Seiten	282
	14.5.5 Die Versionierung festlegen	283
	14.5.6 Den Versionsverlauf einer Wiki-Seite öffnen	283
	14.5.7 Eine Bild- oder Objektbibliothek erstellen	284
	14.5.8 Mehrere Bilder der Bibliothek hinzufügen	285
	14.5.9 Ein Bild einer Wiki-Seite hinzufügen	286
	14.5.10 Ein Video einfügen	288
	14.5.11 Eine Tabelle auf einer Wiki-Seite einfügen und eine Tabellenformatvorlage auswählen	290
	14.5.12 Wiki-Hyperlinks zum Verlinken von Wiki-Seiten	292
	14.5.13 Eine neue Wiki-Seite per Wiki-Link hinzufügen	294
	14.5.14 Einen Link zu einer anderen Website auf der Wiki-Seite hinzufügen	294
	14.5.15 Innerhalb umfangreicher Texte springen	295
14.6	Eine Wiki-Seite ohne Wiki-Seitenbibliothek erstellen	297
14.7	Zusammenfassung	298
15	**Auftragsmanagement**	**299**
15.1	Ausgangssituation	299
15.2	Die Anforderungen der Abteilung	299
15.3	Schritte in diesem Kapitel	299
15.4	Erstellen einer Angebotsbibliothek	300
15.5	Der Inhaltstyp »Dokumentenmappe«	300
	15.5.1 Den Inhaltstyp »Dokumentenmappe« einer Bibliothek zuweisen	301
	15.5.2 Einer Dokumentenmappe Inhaltstypen zuweisen	304

15.6	Verwenden der Angebotsbibliothek mit Dokumentenmappen 306	
	15.6.1 Hinzufügen einer Dokumentenmappe in einer Bibliothek 306	
	15.6.2 Erstellen eines Dokuments in der Dokumentenmappe .. 308	
15.7	Zusätzliche Metadaten in der Angebotsbibliothek bereitstellen ... 311	
	15.7.1 Websitespalten für den Informationsbereich der Dokumentenmappe erstellen 311	
15.8	Eine Ansicht für die Angebotsbibliothek erstellen 316	
	15.8.1 Bibliotheksansichten ändern 318	
	15.8.2 Metadatennavigation nach Websitespalten 321	
15.9	Zusammenfassung 322	

16 Geschäftsleitung 323

16.1	Ausgangssituation 323
16.2	Die Anforderungen der Abteilung 323
16.3	Schritte in diesem Kapitel 324
	16.3.1 Bereitstellung einer Website für die Geschäftsleitung ... 324
16.4	Voraussetzungen 325
16.5	SharePoint und Excel in Kombination 325
	16.5.1 Das Excel-2016-PowerPivot- und -PowerView-Add-in aktivieren 325
	16.5.2 Ein Dashboard mit Microsoft Excel 2016 erstellen 327
	16.5.3 Ausblenden der Gitternetzlinien 338
	16.5.4 Erstellen einer PowerView in Excel 341
16.6	Informationen über RSS-Feeds bereitstellen 344
	16.6.1 Einen RSS-Feed-Code kopieren 344
	16.6.2 Einen RSS-Feed-Code einem Webpart hinzufügen 345
16.7	Zusammenfassung 347

17 Personalmanagement 349

17.1	Ausgangssituation 349
17.2	Anforderungen der Abteilung 350
17.3	Schritte in diesem Kapitel 350
17.4	Mitgliedschaften der Community in einer Websitesammlung 351
17.5	Erstellen der Website »Unternehmens-Community« 351
17.6	Der Aufbau der Communitywebsite 352
17.7	Berechtigungsgruppen der Community 353
	17.7.1 Hinzufügen von Mitgliedern und Moderatoren 354

17.8	Konfigurieren der Communitywebsite		355
	17.8.1	Einrichtungsdatum und die Meldung von anstößigen Beiträgen festlegen	355
	17.8.2	Zuverlässigkeitseinstellungen vornehmen	356
	17.8.3	Badges erstellen und Communitymitgliedern zuweisen	357
	17.8.4	Eine Bildbibliothek für Bilder der Kategorien anlegen	358
	17.8.5	Eine Communitykategorie mit einem Bild anlegen	359
17.9	Anwenden der Website »Unternehmens-Community«		361
	17.9.1	Einer Community beitreten	361
	17.9.2	Eine Community verlassen	361
	17.9.3	Eine Communitydiskussion starten	362
	17.9.4	An einer vorhandenen Diskussion aktiv teilnehmen	363
	17.9.5	Benachrichtigungen zu Beiträgen	367
17.10	Anpassen der Infoseite einer Communitywebsite		369
17.11	Zusammenfassung		369
18	**Support**		**371**
18.1	Ausgangssituation		371
	18.1.1	Anforderungen der Abteilung	371
18.2	Schritte in diesem Kapitel		371
18.3	Erstellen der Website »Support«		371
18.4	Der Einsatz von Problemverfolgungslisten in SharePoint		373
	18.4.1	Erstellen einer Problemverfolgungsliste	373
	18.4.2	Listen anpassen	375
	18.4.3	Erfassen eines Problems	378
18.5	Drei-Status-Workflow hinzufügen		380
	18.5.1	Einblenden der Workflow-Aufgabenliste in der Schnellstartleiste	384
18.6	Auswerten von Problemverfolgungslisten		384
	18.6.1	Problemverfolgungen nach Excel exportieren	384
	18.6.2	Excel-PivotTable	385
18.7	Den Schulungsbedarf mit einer Umfrage ermitteln		389
	18.7.1	Eine Umfrage erstellen	389
	18.7.2	Verzweigungen in Umfragen erstellen	393
	18.7.3	Auf diese Umfrage antworten	396
	18.7.4	Auswerten der Umfrage	399
18.8	Zusammenfassung		400

19	**Einkaufsmanagement**	**401**
19.1	Ausgangssituation	401
19.2	Die Anforderungen der Abteilung	401
19.3	Schritte in diesem Kapitel	401
19.4	Anlegen der Website »Einkaufsmanagement«	402
19.5	Erstellen eines Produktkatalogs in einer Dokumentbibliothek	403
19.6	Verwaltete Metadaten	404
	19.6.1 Wichtige Voraussetzungen für das Verwalten von Metadaten	404
	19.6.2 Hinzufügen von Metadaten über das Terminologiespeicher-Verwaltungstool	405
	19.6.3 Aktivieren des Websitefeatures »Metadatennavigation und Filtern«	411
	19.6.4 Eine Websitespalte für die verwalteten Metadaten anlegen	412
	19.6.5 Die Metadatennavigation innerhalb einer Bibliothek einstellen und festlegen	413
	19.6.6 Verwaltete Metadaten einem Dokument hinzufügen	415
19.7	Zusammenfassung	418
20	**Vertragsmanagement**	**419**
20.1	Ausgangssituation	419
20.2	Die Anforderungen der Abteilung	419
20.3	Schritte in diesem Kapitel	420
20.4	Verwendung des Dokumentcenters	420
	20.4.1 Erstellen der Website »Dokumentcenter«	420
	20.4.2 Die Schnellstartnavigation im Dokumentcenter anpassen	421
	20.4.3 Erstellen von verwalteten Metadaten	421
	20.4.4 Erstellen eines Websiteinhaltstyps für die Verwendung im Dokumentcenter	424
	20.4.5 Eine Websitespalte direkt im Inhaltstyp erstellen	425
	20.4.6 Eine Bibliotheksvorlage erstellen	427
	20.4.7 Einen Dispositionsgenehmigungsworkflow für die Aufbewahrung von Dokumenten erstellen	431
	20.4.8 Informationsverwaltungsrichtlinien	437
	20.4.9 Verwendung einer Abgabebibliothek im Dokumentcenter	440
	20.4.10 Anpassen der Website »Dokumentcenter«	447
20.5	Zusammenfassung	454
	Index	**455**

Vorwort

Liebe Leserin, lieber Leser,

es freut mich sehr, dass Sie sich für dieses Buch, der zweiten und überarbeiteten Auflage, entschieden haben. Das Buch soll Ihnen helfen, zu verstehen, wie SharePoint »tickt«, und es soll Ihnen »greifbare« Beispiele bieten, um damit eigene, großartige Ideen in Ihrer SharePoint-Landschaft umsetzen zu können. Dabei setze ich keinerlei Vorkenntnisse im Umgang mit SharePoint voraus und erwarte auch nicht, dass Sie als Anwenderin oder Anwender programmieren können. Deshalb habe ich bewusst auf programmatische Vorgehensweisen in dieser Auflage verzichtet. Dieses Buch soll Ihnen zur Seite stehen und Ihnen die grundlegenden und wesentlichen Informationen, die nicht nur für den Büroalltag wichtig sind, liefern.

Die SharePoint-Produkte und -Technologien sind sehr umfangreich und werden in Unternehmen und Institutionen eingesetzt, um damit für uns Anwenderinnen und Anwender eine zentrale Arbeitsumgebung zu schaffen. SharePoint 2016 steht in verschiedenen Versionen und damit in unterschiedlichen Leistungsumfängen zur Verfügung. Microsoft bietet die Serverversionen Standard und Enterprise sowie die SharePoint-Onlineversionen in den verschiedenen Plänen und Office-365-Versionen zum Kauf oder zur Miete an.

Leider gibt es immer mehr IT-Unternehmen und Dienstleister, die meinen, sie »können« SharePoint, und verkaufen dem Kunden oft völlig falsche Informationen über das System, sodass viele SharePoint-Projekte regelrecht im Sande verlaufen und der Kunde unzufrieden ist. Es wird nicht genügend aufgeklärt, vorbereitet und geplant, es wird oft einfach darauflos programmiert, ob es sinnvoll ist oder eben nicht. Viele SharePoint-Systeme sehen optisch ganz hübsch aus, aber was nutzt uns eine hübsche Arbeitsumgebung, wenn sie uns in der täglichen Arbeit nicht unterstützt, sondern ausbremst, und das nur, weil es kein richtig durchdachtes Konzept von Beginn an gibt. Aus diesem Grund habe ich mich darauf spezialisiert und unterstütze Unternehmen bei der Konzeption und der Einführungsstrategie der jeweiligen SharePoint-Technologien. Deshalb spreche ich in diesem Buch auch Themen an, die Ihnen gegebenenfalls als Entscheidungsgrundlage für oder gegen ein SharePoint-System dienen.

Seit der Einführung von SharePoint 2013 werden alle Elemente in SharePoint als Apps bezeichnet. Ich habe mich bewusst dazu entschieden, diese Apps, wie in den Vorgängerversionen auch, weiterhin in diesem Buch mit Listen und Bibliotheken zu benennen. Der Grund dafür ist, dass Sie spätestens bei der Verwendung dieser Apps in die jeweiligen Einstellungen navigieren, um dort eigene kleine Konfigurationen vorzunehmen. Sie navigieren dann jedoch nicht in die App-Einstellung, sondern in die Listen- beziehungsweise Bibliothekeinstellung, was ich persönlich für einen Neueinsteiger sehr verwirrend finde.

Ich wünsche Ihnen ganz viel Erfolg und hoffe, dass dieses Buch Sie bei der Umsetzung Ihres SharePoint-Projekts unterstützt.

Melanie Schmidt

Technische Umgebung

In diesem Buch wurde von mir die SharePoint-Server-Enterprise und Office-365-Enterprise E3 verwendet.

Vorgehensweise mit den Beispielen in diesem Buch

Für die Beispiele in diesem Buch lassen Sie sich am besten eine eigene Websitesammlung durch den Administrator erstellen. Falls Sie vor der grundsätzlichen Entscheidung stehen, ob Sie SharePoint in Ihrem Unternehmen einführen möchten, können Sie eine kostenlose Testversion eines Office-365-Plans verwenden und ausprobieren. Zum aktuellen Zeitpunkt werden von Microsoft viele Änderungen in SharePoint Online vorgenommen; möglicherweise können daher einzelne Vorgehensweisen abweichen. Beachten Sie die unterschiedlichen Funktionalitäten der Pläne. Eine Übersicht finden Sie unter

https://technet.microsoft.com/de-de/library/office-365-plan-options.aspx (Stand: 05.06.2016).

Sie müssen bei der Bereitstellung der Testumgebung einen URL-Namen »Firmennamen.sharepoint.com« festlegen. Bitte informieren Sie sich unbedingt vor dem Festlegen des Namens, ob er später in einem für Sie gültigen, wenn auch anderen Office-365-Abonnement, übernommen werden kann, falls Sie sich für ein Abonnement entscheiden sollten. Verwenden Sie gegebenenfalls einen anderen Namen für die Testumgebung, damit der gewünschte Firmenname später verwendet werden kann.

Informationen zu den Plänen, Preisen und Testversionen erhalten Sie unter *https://products.office.com/de-de/business/compare-office-365-for-business-plans*. Beachten Sie auch die E-Pläne, die hier im oberen Fensterbereich angezeigt werden (Stand: 05.05.2016).

Ist es Ihnen nicht möglich, eine eigene Websitesammlung zum Ausprobieren zu erhalten, so sollten Sie innerhalb Ihres bestehenden SharePoint-Bereichs eine Testwebsite erstellen dürfen, Sie benötigen dazu mindestens Rechte der SharePoint-Gruppe Besitzer. Die Vorgehensweise zum Erstellen einer Testwebsite habe ich in Abschnitt 7.3 beschrieben.

Beispieldateien zu den einzelnen Kapiteln stehen Ihnen zum Download unter der URL *www.dpunkt.de/sharepoint2016* zur Verfügung.

An wen richtet sich das Buch und wie ist es aufgebaut?

Dieses Buch richtet sich an SharePoint-Anwender ohne technische Voraussetzung. Auch Führungskräfte, Administratoren, Power-User, Berater und Trainer können dieses Buch im Büroalltag verwenden.

Kapitel 1 »*Einleitung*«

Meine Erfahrungen in der Beratung zeigen mir, dass ein SharePoint-Projekt nur unter Berücksichtigung bestimmter Voraussetzungen erfolgreich sein kann. In der Einleitung führe ich genau diese Punkte auf, damit Ihr SharePoint-Projekt nicht scheitern wird.

Kapitel 2 »*SharePoint-Produkte und -Technologien*«

In diesem Kapitel möchte ich Ihnen einen kurzen Überblick über die SharePoint-Produkte und -Technologien liefern. Sie erfahren hier mehr über die SharePoint-Online- und -Servertechnologien. Aufgrund der Tatsache, dass in den SharePoint-Onlineversionen ständig Neuerungen hinzugefügt werden und somit immer erweitert werden, können die Informationen zum heutigen Stand 05.06.2016 bereits veraltet sein. Sie finden die aktuellen Informationen direkt bei Microsoft unter *www.microsoft.de*.

Kapitel 3 »*Wer ist eigentlich wofür zuständig?*«

In diesem Kapitel gebe ich Ihnen einen Überblick über die administrativen Rollen, die Sie kennen sollten, wenn Sie verantwortlich für eine Websitesammlung oder eine einzelne Teamsite sind.

Kapitel 4 »*Der Aufbau eines SharePoint-Portals*«

In diesem Kapitel möchte ich Ihnen kurz erläutern, warum es besser ist, Websitesammlungen zu verwenden, und einige Tipps zum Aufbau Ihres Portals oder Ihres Fachbereichs geben. Der Zusammenhang der vorherigen Kapitel mit diesem Kapitel spielt bei der Verwendung eines SharePoint-Projekts eine sehr große Rolle. Dennoch kann es in Ihrem Unternehmen ganz anders aussehen.

Kapitel 5 »*Berechtigungen und Vererbung*«

Eine der wichtigsten Bedingungen im Umgang mit den SharePoint-Produkten und -Technologien ist das Verständnis für die Berechtigungen und das Vererbungskonzept von SharePoint. Wenn Sie ein SharePoint-Projekt starten, können durch Unwissenheit sehr viele Fehler entstehen.

Kapitel 6 »*Websites, Bibliotheken, Listen und Apps*«

Dieses Kapitel soll Ihnen einen Überblick über die von SharePoint mitgelieferten Websites, Listen und Bibliotheken (Apps) geben. Eventuell entstehen schon bei der Durchsicht Ideen für Ihr eigenes SharePoint-Projekt. Beachten Sie jedoch, dass die SharePoint-Produkte und -Technologien unterschiedliche Websites, Listen und Bibliotheken liefern.

Kapitel 7 »*Die Testumgebung und Anmeldung am Portal*«

In diesem Kapitel legen Sie eine Testwebsite für die im Buch beschriebenen Beispiele an. Diese Website ist während der Arbeit in diesem Buch immer mein Einstiegspunkt. Verwenden Sie diese Testwebsite weiterhin als Spielwiese in Ihrem Unternehmen. Hier können Sie ausprobieren, testen oder auch Kolleginnen und Kollegen Ihre Ideen vorstellen und gegebenenfalls von der Umsetzung überzeugen.

Kapitel 8 »*Grundlegendes einer SharePoint-Website*«

In diesem Kapitel zeige ich die grundlegenden Elemente einer Website auf. Sie werden innerhalb der Website navigieren und weitere Informationen zu den angezeigten Links erhalten.

Kapitel 9 »*Schnelleinstieg*«

Dieses Kapitel richtet sich an alle Endanwender, die dieses Buch als Nachschlagewerk zur Verwaltung von Dateien und Elementen verwenden möchten. Hier sind kurz die Vorgehensweisen zur Verwaltung von Dokumenten und Elementen erläutert. Auch Informationen zur Suche innerhalb von Websites finden Sie in diesem Kapitel. Zusätzlich gehe ich kurz auf Informationen zur Verwendung der Microsoft-Office-Web-Apps, OneNote und OneDrive ein.

Kapitel 10 »*Ihre persönliche Website*«

Dieses Kapitel liefert Ihnen Informationen zu den SharePoint-Serverfunktionen Newsfeeds, Folgen von Inhalten und Personen sowie das Bearbeiten des persönlichen Profils.

Kapitel 11 »*Kommunikation & Marketing*«

Dieses Kapitel richtet sich an alle SharePoint-Anwender. Hier erfahren Sie, wie Sie einfaches Dokumentenmanagement mit allen SharePoint-Versionen umsetzen können. Sie werden hier mit einer Bibliothek arbeiten, Geschäftsvorlagen hinzufügen und diese Vorlagen für das gesamte Unternehmen bereitstellen. Sie erfahren, wie Sie Geschäftsvorlagen in Bibliotheken einbinden und was es mit dem Ein- und Auschecken und mit der Versionierung von Dokumenten auf sich hat. Zusätzlich erläutere ich, wie Sie Inhalte durch Inhaltsgenehmigungen und Genehmigungsworkflows steuern können.

Kapitel 12 »*Projekt- und Eventmanagement*«

Dieses Kapitel richtet sich an alle SharePoint-Anwender. Sie werden eine Projektwebsite mit allen für Sie wichtigen Informationen anlegen. Diese Projektwebsite werden Sie dann als Vorlage speichern, damit Sie bei neuen Projekten nicht ständig alle Schritte wiederholen müssen. Sie werden eine Übersichtswebsite für die Projekte erstellen und hier mit Webparts arbeiten. Zusätzlich erhalten Sie in diesem Kapitel alle Informationen zur Anlage und Verwaltung der Website *Blog*.

Kapitel 13 »*Empfangsmanagement*«

Auch dieses Kapitel richtet sich an alle SharePoint-Anwender. Sie erfahren in diesem Kapitel, wie Sie für sich individuelle Listen und Kalender anlegen. Sie passen die Listen nach Ihren Bedürfnissen an, sodass Sie auch auf der Website nur die Informationen sehen, die für Sie wichtig sind. Zusätzlich erhalten Sie in diesem Kapitel Informationen zur Synchronisation von Listen und Bibliotheken mit Ihren Office-Anwendungen.

Kapitel 14 »*Vertriebsmanagement*«

Dieses Kapitel habe ich der Wiki-Seitenbibliothek gewidmet. In allen SharePoint-Versionen kann diese Bibliothek angelegt und Inhalte hinzugefügt und verwaltet werden. Sie werden mit Wiki-Seiten, Wiki-Links und Tabellen innerhalb einer Wiki-Seite arbeiten.

Kapitel 15 »*Auftragsmanagement*«

Der SharePoint-Server und die Enterprise-Versionen verfügen über den Inhaltstyp der Dokumentenmappe. Eine Dokumentenmappe kann als elektronische Akte verwendet werden. In diesem Kapitel gehe ich auf das Bereitstellen und das Verwenden der Dokumentenmappe ein.

Kapitel 16 »*Geschäftsleitung*«

Um grafische Auswertungen von umfangreichen Informationen vorzunehmen, eignen sich die Microsoft-Excel-Add-ins PowerPivot und PowerView. Sie erfahren in diesem Kapitel, wie Sie Dashboards und interaktive Sichten auf umfangreiche Daten erstellen und diese in SharePoint bereitstellen. Die Beispiele können jedoch nicht in allen SharePoint- und Office-Versionen durchgeführt werden.

Kapitel 17 »*Personalmanagement*«

Dieses Kapitel richtet sich an SharePoint-Anwender der Server- und Enterprise-Versionen. Sie erstellen in diesem Kapitel eine Communitywebsite und erfahren, wie Sie sie konfigurieren. Sie werden Communitybeiträge verfassen und verwalten.

Kapitel 18 »*Support*«

In diesem Kapitel werden Vorgänge sowie Probleme und deren Nachverfolgung aufgezeigt. Einfache Beispiele zeigen, wie sich SharePoint-Inhalte in Office-Anwendungen auswerten lassen. Auch das Thema Umfragen finden Sie in diesem Kapitel.

Kapitel 19 »*Einkaufsmanagement*«

Das Einkaufsmanagement richtet sich an Anwender der Versionen von SharePoint-Server Enterprise und SharePoint Online im Plan E der Office-365-Umgebung. Hier gehe ich auf das erweiterte Dokumentenmanagement mit SharePoint ein.

Kapitel 20 »*Vertragsmanagement*«

Die Verwendung der vom Server mitgelieferten Websitevorlage *Dokumentcenter* wird in diesem Kapitel ebenfalls als erweitertes Dokumentenmanagement erklärt. Sie erfahren, wie Sie Aufbewahrungsregeln innerhalb von Bibliotheken festlegen können.

Danksagung

Bedanken möchte ich mich ganz besonders bei meiner Tochter und meinen Eltern, die wieder einmal während der Arbeit an diesem Buch oft auf mich verzichten mussten, mich trotzdem motiviert und dadurch sehr unterstützt haben.

Melanie Buhr und Carsten Falkenberg danke ich für die positive Unterstützung an diesem Buch.

Herzlichen Dank an Björn Strausmann und Matthias Hupe für die technische Bereitstellung.

Mein Dank gilt Sandra Bollenbacher, Petra Heubach-Erdmann, Boris Karnikowski und Dr. Michael Barabas, die das Buch so großartig unterstützt haben.

Meiner Luka widme ich dieses Buch.

1 Einleitung

1.1 Problemlöser SharePoint! Der Einsatz von SharePoint in Unternehmen

SharePoint wird in Unternehmen und Institutionen häufig eingesetzt, ohne dabei auf die Anwender oder deren Prozesse einzugehen. Deshalb ist die Erwartungshaltung der Anwender zu SharePoint sehr unterschiedlich und es wird zunächst ein falsches oder gar kein Verständnis für das System entwickelt. Aussagen, wie »*Ich dachte, SharePoint wäre die Eier legende Wollmilchsau, die alle Informationen aus allen Systemen für mich gebündelt als zentraler Punkt zusammenführt, filtert und anzeigt*« oder »*Mit SharePoint kann ich doch nur meine Dateien speichern, wozu brauchen wir alternativ zum Netzlaufwerk jetzt auch noch einen SharePoint*«, höre ich ständig und ich könnte ein ganzes Kapitel mit weiteren Aussagen füllen, die Ihnen klarmachen würden, wie das System verstanden und dadurch auch falsch oder gar nicht eingesetzt wird.

Genauso wird bisher viel zu wenig Aufklärung bei der Anwendung mit SharePoint geleistet, sodass heute, selbst Jahre nach einer Einführung von SharePoint in manchen Unternehmen, die Mitarbeiterinnen und Mitarbeiter vor dem System sitzen und bisher nie richtig erfahren haben, was sie eigentlich genau mit SharePoint alles anfangen können. Durch die alleinige Bereitstellung des Systems nur durch die IT-Abteilung, ohne das Hinzuziehen von Verantwortlichen aus der Leitungsebene und den jeweiligen Abteilungs- und Teammitgliedern, wird ein System nach besten Kenntnissen hingestellt, ob es nun sinnvoll für den Einsatz in den jeweiligen Abteilungen und dem Team ist oder nicht, darüber wird dann später gestritten. Auch die Verantwortung des SharePoint-Portals komplett an die einzelnen Abteilungen und Teams zu übergeben, ist nicht empfehlenswert und führt eher zu einem unkontrollierbaren Wust an Websites und Berechtigungen. Es fehlen den Unternehmen Ideen, wie SharePoint richtig eingeführt und eingesetzt wird. Manchmal scheitert das System schon am Aufbau, der Struktur und dem Berechtigungskonzept, da sich die Mitarbeiterinnen und Mitarbeiter regelrecht im System verlaufen. Wichtige Informationen werden erst nach aufwendiger Suche oder mangels korrekter Berechtigungen erschwert oder gar nicht wiedergefunden.

Oft zeigen mir Projekte auf, dass die Unterschiede der einzelnen SharePoint-Technologien und -Produkte dem Kunden entweder gar nicht oder nur zum Teil klar verständlich sind. Es mag an dem Kunden selbst liegen, da er sich vermutlich nicht richtig und ausgiebig mit den Produkten und Technologien auseinandergesetzt hat, oder an der Unkenntnis einiger IT-Dienstleister, die SharePoint als eine einfache, mit Microsoft Office vergleichbare Anwendung verstehen und es so dem Kunden mal eben verkaufen. Ebenso werden teure Programmierungen eingekauft, um den SharePoint-Auftritt im Unternehmen dem Erscheinungsbild des Unternehmens anzupassen. Was für manche Kunden eine dauerhafte Abhängigkeit von den Dienstleistern bedeutet.

Ebenso beachtenswert ist es, wie die Informationen in Unternehmen bereitgestellt und zunehmend untereinander von Kolleginnen und Kollegen ausgetauscht werden. So manche Datenschutzbeauftragte eines Unternehmens würden bei einigen Besprechungen, wo die Details ans Tageslicht kommen, die Hände regelrecht über den Kopf zusammenschlagen und wütend, kopfschüttelnd den Raum verlassen, um einmal tief Luft zu holen. Es ist teilweise skandalös, wie Mitarbeiterinnen und Mitarbeiter mit Daten, ich meine hierbei auch ihre persönlichen, also die eher sensiblen Daten, umgehen. Da kein Verständnis für das eingeführte System besteht oder Mitarbeiterinnen und Mitarbeiter gar nicht wissen, dass Informationen über SharePoint ausgetauscht werden können, entsteht schnell ein Mix aus SharePoint und Netzlaufwerken, um Daten zu speichern und auszutauschen. Größere Datenmengen werden weiterhin mit Kolleginnen und Kollegen sehr kompliziert über freigeschaltete Netzlaufwerke mit externem Zugriff oder per E-Mail-Nachricht ausgetauscht. Die Zeit, die der Benutzer mit dem Hoch- und Runterladen der Dateien verbringt, ist extrem lästig und aufwendig. Die Kolleginnen und Kollegen beraten sich beim nächsten Firmentreffen untereinander, wie sie zukünftig schneller die Daten austauschen können. Dabei wird jedoch manchmal die IT-Abteilung des Unternehmens, nicht einmal absichtlich, übergangen. Es geht um die Zeit der Mitarbeiter, die mit dem Datenaustausch täglich verschwendet wird. Um beispielsweise Informationen mit Kolleginnen und Kollegen, Kunden, Lieferanten und Partnern auszutauschen, arbeiten die Benutzer mit sogenannten Cloud-Services, wie beispielsweise *Google Docs*, *Dropbox*, *Facebook* und *Co*. Anders sieht es aus, wenn bezüglich eines Orts für den Datenaustausch Wünsche von den Anwendern an die IT-Abteilung herangetragen werden. Dabei kann es schon einmal eine Woche dauern, ehe der gesamte Prozess genehmigt und auch tatsächlich bereitgestellt wird. Schaut man aber einmal hinter die Kulissen der IT-Abteilungen, erkennt man, dass dort oft ein Personalabbau erfolgt, weil die IT-Kosten in die Höhe schießen und diese für ein Unternehmen nicht mehr tragbar sind. Es liegt aber nicht daran, dass ein guter IT-Administrator viel Geld verdient, sondern eher daran, dass Mitarbeiterinnen und Mitarbeiter mit Informationen regelrecht sorglos umgehen. Daten werden teilweise doppelt und dreifach, also redundant, irgendwo im System abgelegt und der

Speicherplatz, für den die IT-Abteilung zuständig ist, sinnlos ausgenutzt und sämtliche Ressourcen damit verschwendet. Das hat zur Folge, dass zusätzlich die hohen IT-Kosten entstehen. Also wird von den Anwendern auch hier nach Alternativen zum Austausch von Daten gesucht. Mitarbeiterinnen und Mitarbeiter kennen sich mittlerweile sehr gut mit Cloud- und webbasierten Speicherorten aus, dennoch ist es für einige Unternehmen eine Hürde, sich beispielsweise mit dem Office 365 und dem integrierten SharePoint Online, einem Microsoft-Cloud-basierten Dienst, anzufreunden. Dabei übernimmt Microsoft die Garantie für das sehr hohe Sicherheitskonzept, das ständig weiterentwickelt, überprüft und nur von qualifizierten und zertifizierten Rechenzentren übernommen werden darf, die diesen Sicherheitsstandards entsprechen. Der IT-Beauftragte hat weiterhin administrative Rechte und besitzt die Kontrolle über die Informationen eines Unternehmens. Die Bereitstellung eines Onlinespeicherorts ist vom IT-Administrator in ein paar Minuten erledigt, sodass Mitarbeiterinnen und Mitarbeiter diesen schnell für einen kontrollierten, sicheren Datenaustausch nutzen können. Der Funktionsumfang von SharePoint Online entspricht zunehmend der Servervariante und wird ständig weiterentwickelt. Die Neuerungen stehen den jeweiligen Abonnenten, den Unternehmen, schnell zur Verfügung.

1.2 Risiken eines SharePoint-Projekts

1.2.1 Der Einsatz der richtigen SharePoint-Technologien

Die technischen Voraussetzungen müssen den Anwendungsanforderungen eines Unternehmens entsprechen. Das bedeutet, dass ein System, das weder den Leistungen noch der Unternehmenskultur entspricht, ein Risiko in der Akzeptanz und Verwendung bei allen Beteiligten herbeiführt. Deshalb möchte ich in Kapitel 2 »SharePoint-Produkte und -Technologien«, allgemein verständlich, also nicht zu technisch, auf die verschiedenen SharePoint-Systeme kurz eingehen und damit die Unterschiede verdeutlichen.

1.2.2 Rollen- und Rechtekonzept

Bevor ein SharePoint-Projekt startet, ist es notwendig, über ausführliche Rollen- und Rechtekonzepte nachzudenken und diese auszuarbeiten. Auch die Zugriffsrechte von unternehmensexternen Personen sind unbedingt zu berücksichtigen. Später eingebrachte Konzepte in ein gelebtes Portal sind schwer, zeitaufwendig oder zum Teil gar nicht mehr zu korrigieren. Durch das Vererbungsprinzip von SharePoint können ungewollte Veröffentlichungen von Informationen entstehen. Ebenso kann es ein Risiko sein, Mitarbeiterinnen und Mitarbeiter in den Berechtigungen so einzuschränken, dass die vorhandenen Funktionalitäten der Technologien nicht genutzt werden können. Dadurch kann die Bereitschaft, die Technologien zu verwenden, bei der Belegschaft stark beeinflusst werden. Aus diesem Grund erläutere ich in Kapitel 3 »*Wer ist eigentlich wofür zuständig?*« und Kapitel 5 »*Berechtigungen und Vererbung*« das Vererbungs- sowie das Rechte- und Rollenprinzip von SharePoint.

1.2.3 Struktur und Aufbau

Es gibt unterschiedliche Möglichkeiten, ein SharePoint-Portal mit Websites aufzubauen und Informationen strukturiert abzulegen. Dennoch ist der Aufbau erst nach der Konzeptionierung eines Rollen- und Rechtekonzepts richtig möglich. Wird zuerst das Portal aufgebaut und erst später festgestellt, dass durch die Vererbung der Rechte wesentliche Geschäftsprozesse nicht berücksichtigt werden können, stellt sich die Frage, ob der Einsatz von SharePoint richtig ist. Grundlegend ist es wichtig, Entscheidungen im Zusammenhang mit externen, also unternehmensfremden Personen zu treffen und über die Bereitstellung eines zusätzlichen Portals (Extranet) nachzudenken beziehungsweise es umzusetzen. Wilde Websitestrukturen führen schnell zum Chaos, deshalb erkläre ich kurz in Kapitel 3 »*Wer ist eigentlich wofür zuständig?*« den Vorteil von Websitesammlungen.

1.2.4 Schaffen Sie Verantwortung, Regeln und Richtlinien

Schaffen Sie Verantwortlichkeiten und Rollen innerhalb eines SharePoint-Projekts. Sie alleine werden es nicht schaffen, ein SharePoint-System im gesamten Unternehmen einzuführen und dabei alle Aspekte der Abteilungen oder Fachbereiche zu überblicken. Bilden Sie Arbeitsgruppen oder Arbeitsteams für das SharePoint-Projekt. Das Einbeziehen von Mitarbeiterinnen und Mitarbeitern ist im SharePoint-Projekt von sehr großer Bedeutung. Erfolgreich kann die Umsetzung eines SharePoint-Portals nur dann sein, wenn die Fachabteilungen und die Teams mit in das Projekt einbezogen werden und dadurch ihre alltäglichen Prozesse mit einbringen können. Auch das Einbeziehen der Führungsebene, des Betriebs- oder Personalrats und des Datenschutzbeauftragten ist von Beginn des Projekts mit das Wichtigste. Es geht darum, wie mit personenbezogenen Daten und dem Freigeben von persönlichen Informationen im Portal umgegangen werden darf. Werden Personen nicht rechtzeitig involviert, so kann gegebenenfalls das gesamte Projekt an Personen- und Datenschutzrichtlinien Ihres Unternehmens scheitern. Denken Sie dabei auch unbedingt an abteilungsübergreifende Prozesse, die von unterschiedlichen Abteilungen übernommen oder verändert werden müssen. Durch das Einbeziehen von Mitarbeitern beim Aufbau und der Rechtevergabe im Portal steigern Sie die Akzeptanz der Technologien und bringen das Projekt voran.

Legen Sie gemeinsam Regeln und Richtlinien für das gesamte SharePoint-Projekt fest, die für alle Beteiligten wichtig, aber auch umsetzbar sind. Es bringt nichts, wenn Sie Vorgaben bestimmen, die jedoch nicht mit den realen Erfahrungen der Belegschaft oder der machbaren IT-Infrastruktur übereinstimmen.

Ein SharePoint-Projekt ist erst dann erfolgreich, wenn Sie sehen, dass SharePoint von allen Mitarbeiterinnen und Mitarbeitern gelebt wird. Beachten Sie, dass durch zukünftige Prozessänderungen, Umstrukturierungen und weitere Anforderungen der einzelnen Teams ein SharePoint-Projekt niemals ein Projektende oder einen Fertigstelltermin besitzen wird. Bleiben Sie unbedingt am Ball.

1.2.5 Rechtzeitige Planung von Schulungen der Mitarbeiter

Werden die SharePoint-Technologien seitens der IT-Abteilung bereitgestellt, so ist nicht automatisch der Umgang damit, also die Bedienung der Technologie, bekannt. Durch ein umfangreiches Rollen- und Rechtekonzept können Schulungen nach Anwendergruppen zwar gesplittet und durchgeführt werden, dennoch gibt es Ecken und Kanten, die jeder Anwender kennen sollte. Ebenso wichtig sind Schulungen, wenn ein SharePoint-Portal im Aussehen und Verhalten so weit den Unternehmensprozessen angepasst wurde, dass es dem ursprünglichen SharePoint-Portal nicht mehr ähnelt. Personen, die bereits SharePoint-Erfahrungen besitzen, werden sich in so einem angepassten Portal gegebenenfalls nicht zurechtfinden. Wird SharePoint als eine Anwendung wie Microsoft Office verstanden, so besteht das Risiko, dass die Belegschaft sehr unzufrieden auf die scheinbar komplizierten Technologien reagiert. Beachten Sie jedoch bei der Trainerauswahl, dass es sich bei SharePoint nicht um Word oder Excel handelt und hier keine Standardagenda geschult werden kann. Ihnen sollte bewusst sein, dass die Rollen- und Berechtigungskonzepte sowie der Aufbau jedes einzelnen SharePoint-Portals sich jeweils an der Unternehmensphilosophie und den Prozessen orientieren. Ihr SharePoint-Projekt wird sich somit von Projekten anderer Unternehmen sehr stark unterscheiden. Deshalb empfehle ich, nur Trainerinnen und Trainer einzusetzen, die auch genügend Praxiserfahrungen im Umgang mit SharePoint besitzen.

1.2.6 Step by Step

Die Einführung von SharePoint im Unternehmen oder in der Fachabteilung sollte in kleinen Schritten und mit richtigen Szenarien als Anforderungen beginnen. Dadurch erreichen Sie, dass die Mitarbeiterinnen und Mitarbeiter eine Vorstellung von den Ergebnissen erhalten und sich besser in die Technologie einleben können. Es macht keinen Sinn, hier und dort mit ungeplanten Anforderungen mitten im Portal zu starten und damit die Anwender zu verunsichern. Nutzen Sie gegebenenfalls einige der Beispiele in diesem Buch, um SharePoint für die Kolleginnen und Kollegen greifbar zu machen.

1.3 Zusammenfassung

SharePoint ist nicht der Problemlöser aller Informationstechnologien in einem Unternehmen. Jedoch ist SharePoint mehr als nur eine Dokumentenablage. Es gibt unterschiedliche SharePoint-Technologien, die im Zusammenhang mit weiteren Microsoft-Produkten unterschiedliche Leistungen und Funktionsumfänge besitzen. Es gibt Risiken in der Akzeptanz und bei den Kosten, wenn ein SharePoint-Portal ohne jegliche Verantwortung, Regeln und Richtlinien sowie Konzepte ins Leben gerufen und betrieben wird.

2 SharePoint-Produkte und -Technologien

SharePoint ist ein sehr komplexes und umfangreiches System und lässt sich nur aus verschiedenen Microsoft-Server-Produkten und -Technologien zusammensetzen. Erst durch die Bereitstellung von Microsoft-SharePoint- und Windows-Servern ergibt sich ein SharePoint-Server-System. Dieses Server-System wurde bisher in der Regel nur in einem Unternehmen, lokal im Firmennetzwerk, durch die interne IT betrieben und gewartet. Durch die Nachfrage nach sogenannten Cloud-Services und -Technologien für Unternehmen wurden die Microsoft-Server-Produkte und -Technologien zusätzlich in den letzten Jahren in den Office-Online-Varianten erweitert. Der Unterschied zu den lokalen Servern besteht darin, dass die Microsoft-Cloud-Services, Office 365 und Azure nicht in der internen IT bereitgestellt, sondern in einem der vielen nach ISO-Normen zertifizierten Rechenzentren, die von Microsoft weltweit betrieben werden, also in der Cloud, außerhalb des jeweiligen Unternehmens. Die Nutzung der Office-Online-Varianten ermöglicht auch kleinen und mittelständigen Unternehmen kostengünstig, ohne große Server-Installationen, SharePoint für die Zusammenarbeit mit Mitarbeitern und unternehmensexternen Personen zu nutzen. Dabei kann das lokale Active Directory, worüber die Benutzerverwaltung in der IT-Abteilung vorgenommen wird, mit den Microsoft-Cloud-Services verbunden werden, was die Benutzerverwaltung erheblich vereinfacht und dem Nutzer eine nahtlose Integration in die interne IT ermöglicht. Auch große Unternehmen setzen mittlerweile einen Teil der Office-Online-Varianten ein, um beispielsweise unternehmensexternen Personen den Zugriff auf bestimmte Informationen zu gewähren. Während die Bereitstellung von externen Zugängen in der hauseigenen Serverlandschaft eine umfangreiche Infrastruktur voraussetzt und es aus sicherheitstechnischen Gründen gegebenenfalls nicht gestattet ist, fremden Personen Zugriff zu erteilen, so bietet sich die Online-Variante dafür an, zusätzlich eine SharePoint-Online-Lösung genau für diesen Zweck einrichten zu lassen. Microsoft bietet sogenannte Hybrid-Lösungen in SharePoint 2016, die in eine bestehende, interne IT-Infrastruktur integriert und verbunden werden können. Dadurch können Unternehmen beide Umgebungen einsetzen und unternehmenswichtige Informationen auf dem Server belassen, während beispielsweise in der

Cloud Informationen für unternehmensexterne Personen bereitgestellt werden können. Der Anwender muss dabei nicht zwischen den beiden Umgebungen wechseln, sodass ein einheitliches Erscheinungsbild gegeben ist.

Alle SharePoint-Systeme werden über den Webbrowser aufgerufen, während nur die Onlinevariante direkt mit dem Internet verbunden ist. Der SharePoint-Server hingegen steht im hausinternen Netzwerk zur Verfügung und greift somit nur auf den internen Server zu. Die Systeme werden als webbasierte Business-Portale bezeichnet. Innerhalb der Portale sollen den Mitarbeitern, Kunden, Lieferanten und gegebenenfalls Geschäftspartnern eines Unternehmens sämtliche Informationen vereinfacht zugänglich gemacht werden. SharePoint dient also als Zusammenarbeitsportal für interne Mitarbeiter und kann auch für die Zusammenarbeit mit unternehmensexternen Personen bereitgestellt und verwendet werden. Die Systeme unterscheiden sich jedoch in ihren Leistungen, also auch in den Anwendungsmöglichkeiten. Die jeweiligen Leistungsmerkmale und Funktionsumfänge der einzelnen Systeme sind dabei unbedingt zu beachten.

2.1 SharePoint Server Standard

Unternehmen können die SharePoint- und Office-Online-Server-Technologien in Verbindung mit einem Windows-Server installieren und das System intern für die Mitarbeiter als Zusammenarbeitsportal bereitstellen. Mit der SharePoint-Server-Standardversion können Websitesammlungen erstellt und für Teams mehrsprachig bereitgestellt werden. Innerhalb einer sogenannten Websitesammlung können eine Sammlung von Unterwebsites, auch Subsites genannt, angelegt werden. Jede Website besteht aus einer Websitevorlage und besitzt bereits standardmäßig von SharePoint mitgelieferte Menübänder. Die Menübänder sind seit der Einführung von Microsoft Office 2007 den Anwendern bekannt. Auch weitere Vorlagen, wie Bibliotheken zur Ablage von Dateien oder Listen, auch Apps genannt, die einer Datenbanktabelle entsprechen, werden von der SharePoint-Server-Standardversion mitgeliefert und können direkt auf einer angelegten Website zum Einsatz kommen. Die verwendeten Bibliotheken und Listen wiederum lassen sich mit den Microsoft-Office-Desktop-Programmen und je nach verwendeten Technologien mit den sogenannten Web Apps verbinden. Damit hat der Anwender die Möglichkeit, die Dateien im Webbrowser zu bearbeiten, und muss nicht erst das Dokument öffnen und in der jeweiligen Desktopanwendung bearbeiten. Die Inhalte einer Bibliothek können versioniert oder mit der Ein- und Auscheckfunktion als schreibgeschützte Entwürfe oder als eine aktuelle Hauptversion in SharePoint abgelegt werden. Sie können so die Änderungen an einem Dokument nachverfolgen und gegebenenfalls auf eine ältere Version zurückgreifen. Aber auch das zeitgleiche Arbeiten an einem Dokument mit mehreren Personen ist in einer SharePoint-Bibliothek möglich, was wiederum ein großer Vorteil gegenüber dem Netzlaufwerk ist.

2.1 SharePoint Server Standard

Der SharePoint-Server liefert unter anderem Listen- und Websitevorlagen für Kalender, Kontakte, Aufgaben, Diskussionen, Blogs und einfache Wikis, um Informationen und den Wissensaustausch zentral im Team zu steuern. Durch das Hinzufügen von eigenen Websitespalten und der Zuordnung von Eigenschaften erfolgt eine strukturierte Ablage von Dateien und Elementen. Durch das Erstellen von sogenannten Ansichten in der jeweiligen Bibliothek oder Liste lassen sich gewünschte Informationen filtern und dadurch schnell auffinden. Zusätzlich können sogenannte Webparts einer Website hinzugefügt werden. Webparts sind Steuerelemente und dienen der Anzeige von gefilterten Informationen, die vom System geliefert werden oder aus einer Bibliothek oder Liste stammen. Somit kann auf einer Website das eigene Cockpit oder ein Dashboard dargestellt werden. Des Weiteren gibt es zusätzliche Funktionen zum Dokumentenmanagement wie beispielsweise Dokumentenmappen und Dokument-IDs, die dafür sorgen, dass ein Dokument schneller durch sogenannte Metadaten auffindbar, das heißt strukturiert abgelegt werden kann. Zusätzlich können innerhalb von Bibliotheken sogenannte Informationsverwaltungsrichtlinien festgelegt werden, die beispielsweise dazu dienen, Regeln zu erstellen, die die Einhaltung von gesetzlichen Aufbewahrungsfristen oder das Verschieben von Dateien nach einer bestimmten Ablaufzeit an einen anderen Speicherort gewährleisten. Auch das Bereitstellen von sogenannten Taxonomiebäumen, um Informationen mit Tags und Schlüsselwörtern zu versehen, kann von einer berechtigten Person einer Abteilung übernommen werden. Der SharePoint-Server verfügt über die Funktion der automatischen und maschinellen Übersetzung von Dokumenten innerhalb des Portals.

In der Servervariante werden einfache Workflows angeboten, mit denen Sie automatische Abläufe innerhalb des Portals festlegen und steuern können.

Der SharePoint-Server verfügt über eine Unternehmenssuche, mit der das gesamte SharePoint-Portal, die eingesetzten Exchange- und Fileserver, eingebunden und nach sämtlichen Informationen und nach Personen durchsucht werden kann. Die Suchfunktionen sind sehr umfangreich, so werden in der Suche beispielsweise die von Ihnen häufig aufgesuchten Websites oder auch Suchabfragen, die Sie bereits durchgeführt haben, mit in Ihre Suchaufträge einbezogen. Das hat zur Folge, dass Sie schnell die Informationen aller integrierten Systeme finden, die Sie persönlich suchen und auf die Sie berechtigt sind, zuzugreifen. Selbst dynamische, sich ständig ändernde Informationen von Veröffentlichungswebsites können mit der Servervariante durchsucht und dadurch Inhalte wiedergefunden werden.

Der SharePoint-Server bietet umfangreiche Funktionen des sozialen Netzwerks an. Sie können durch diese Funktionen Informationen mit Kolleginnen und Kollegen teilen und mit anderen Personen innerhalb Ihres Unternehmens zusammenarbeiten. Auch eine sogenannte Communitywebsite wird vom Server mitgeliefert. Diese Website stellt ein Forum dar, in dem Sie und Ihre Teams Diskussionen über sämtliche in Kategorien festgelegte Wissens- und Themenbereiche führen können. Für Websitesammlungen werden unter anderem Websites für die

Veröffentlichung, auch Publishingsites genannt, bereitgestellt. Diese Vorlagen bieten Ihnen die Möglichkeit, ein sogenanntes Web Content Management in Ihrem Unternehmen aufzubauen. Sie können damit Websites und Seiten erstellen, deren Inhalt erst nach einem von Ihnen festgelegten Genehmigungsablauf beziehungsweise Workflow für die gesamte Belegschaft veröffentlicht wird. Zusätzlich bietet der Server eine persönliche Website für jeden Mitarbeiter, die auch SharePoint-*Profil* beziehungsweise *Über mich* genannt wird. Auf dieser Website können Sie persönliche Dateien speichern und bei Bedarf für andere Personen in Ihrem Unternehmen freigeben. Die persönliche Website bietet eine vorteilhafte Alternative zu Ihrem lokalen Laufwerk auf der Festplatte oder den tief verschachtelten Laufwerksordnern auf dem Fileserver. Sie erhalten außerdem über Ihre *Über mich*-Site sämtliche Informationen zu Aktivitäten oder gemeinsamen Interessen der Kolleginnen und Kollegen, von denen Sie die Aktivitäten sehen möchten.

2.2 SharePoint Server Enterprise

Die Enterprise-Version enthält alle Funktionalitäten der Server-Standardversion und bietet zusätzlich weitere Enterprise-Administrations- und -Anwendungsmöglichkeiten. Sie können Business-Intelligence-Tools aus den Office-Anwendungen oder anderen Microsoft-Technologien verwenden, um beispielsweise Daten aus den Anwendungen grafisch in SharePoint anzeigen zu lassen. Die Visio-Graphics-Services verwenden Sie, wenn Sie Visio-Diagramme veröffentlichen und im Webbrowser anzeigen möchten. Über die sogenannten Access-Services können Sie Access-Datenbanken erstellen. Diese können webbasiert aufgerufen werden und es können Inhalte hinzugefügt und bearbeitet werden. Zusätzlich zum Server Standard bietet der Server Enterprise ein sogenanntes Aufgabenmanagement. Dieses Aufgabenmanagement ermöglicht dem Anwender, sich über die *Über mich*-Site sämtliche ihm zugeteilte Aufgaben aus SharePoint, aus Exchange von Outlook und Aufgaben vom Projektserver oder der Projekt-Web-App anzeigen zu lassen. Die Aufgaben werden zusätzlich zu den Anwendungen auf der *Über mich*-Site angezeigt und die Eigenschaften der Aufgaben werden dort aktualisiert und mit der jeweiligen Quelle synchronisiert. Der Server Enterprise stellt bei der zusätzlichen Verwendung des Project-Servers umfangreiche Projekt-Server-Funktionen zur Verfügung.

2.3 Benutzerlizenzen für Server Standard und Enterprise

Die Server-Funktionalitäten können über die sogenannten Active-Directory-Gruppen gesteuert und Benutzer der jeweiligen Gruppe hinzugefügt werden. Das bedeutet, dass Unternehmen entscheiden können, welche der Standard- oder Enterprise-Funktionalitäten dem jeweiligen Benutzer zugewiesen und somit lizenziert werden sollen. Beachten Sie jedoch, dass Benutzer, die eine Enterprise-Lizenz erhalten sollen, immer auch über die Standard-Lizenz verfügen müssen. Zusätzliche Lizenzen für unternehmensexterne Personen sind nicht notwendig. Jedoch müssen bei allen SharePoint-Systemen immer auch die Serverkonfigurationen und Sicherheits- und Zugriffsfreigaben durch Ihre IT geplant und festgelegt werden.

2.4 SharePoint Online – Office 365

In den Plänen von Office 365, den von Microsoft gehosteten Mietmodellen, steht Ihnen SharePoint Online zur Verfügung. Diese SharePoint-Variante eignet sich für Unternehmen, die hohe IT-Kosten sparen möchten, da die Bereitstellungen von Servern innerhalb des Unternehmens wegfallen und die technischen Voraussetzungen über die Cloud von Microsoft zur Verfügung gestellt werden. Die Funktionalitäten des Cloud-basierten SharePoint-Angebots unterscheiden sich in den Leistungen und dem Umfang des von Ihnen verwendeten Plans, ähnlich wie auch bei den Servervarianten. Der Vorteil der Onlinevariante liegt unter anderem auch darin, dass immer auf neue Features aktualisiert wird und sich dadurch die Funktionalitäten laufend erweitern. Bei der Onlinevariante müssen keine zusätzlichen Lizenzen für unternehmensexterne Personen bereitgestellt werden, diese Personen können mit einer eigenen SharePoint-Online-Lizenz oder Windows Live mit den Rechten *Gast* und *Mitwirkend* auf den für sie freigegebenen Inhalt zugreifen. Aber auch hier müssen die Sicherheits- und Zugriffsfreigaben durch Ihr Unternehmen geplant und festgelegt werden. Sie finden die aktuellen Funktionalitäten der jeweiligen Pläne direkt bei Microsoft unter *www.office365.de*.

2.5 Zusammenfassung

Die einzelnen SharePoint- und Windows-Server-Produkte und -Technologien sind jeweils in ihrem Umfang und somit auch in den Kosten zu unterscheiden. Die Kombination aus SharePoint Server und SharePoint Online ist möglich, bedarf aber einer umfangreichen Beratung. Microsoft bietet SharePoint-Online-Varianten an, die keine Servertechnologie im Unternehmen voraussetzen oder gegebenenfalls den Umfang um einiges verringern und damit die Hardwarekosten innerhalb eines Unternehmens erheblich reduzieren. Diese Technologien unterscheiden sich jedoch ebenfalls in den jeweiligen Anwendungen und bedürfen einer umfangreichen Beratung. Gerade bei einer SharePoint-Hybrid-Lösung ist eine Benutzerlizenzierung über SharePoint Online beziehungsweise eines Office-365-Bundles eine gute Möglichkeit für eine günstige Benutzerlizenzierung für beide Umgebungen.

3 Wer ist eigentlich wofür zuständig?

Zunächst sollte es in einem Unternehmen immer verantwortliche Personen für das Projekt SharePoint geben. Aber es gibt auch unterschiedliche Rollen und Gruppen, die bei der Bereitstellung, bei der Anwendung und auch beim Vererbungsprinzip von SharePoint zu berücksichtigen sind. Auf der einen Seite gibt es die IT-Abteilung, die das SharePoint-Portal betreibt, und auf der anderen Seite gibt es Administratoren und Anwender, die täglich mit SharePoint ihren Aufgaben nachgehen und Informationen bereitstellen oder aufsuchen. Damit Berechtigungen und somit die Zugriffsrechte gesteuert werden können, gibt es sogenannte SharePoint-Gruppen, denen standardmäßig bestimmte Rechte zugeordnet sind. Um Ihnen einen Überblick zu verschaffen, erläutere ich in diesem Kapitel die einzelnen Rollen und SharePoint-Gruppen, damit die Zuständigkeiten im Alltag mit SharePoint verständlicher sind.

3.1 Administrative Rollen

3.1.1 Die Farmserveradministration und die Administration der gemeinsamen Dienste

Wenn in Ihrem Unternehmen SharePoint installiert und bereitgestellt wird, müssen Serverkonfigurationen vorgenommen werden, damit Sie beispielsweise über SharePoint Dateien ablegen können. Es muss also festgelegt werden, welcher Server und welcher Dienst für die Speicherung verantwortlich sein soll. Mit SharePoint können Sie beispielsweise auch eine Verbindung zu Outlook herstellen und somit Kalendereinträge, Aufgaben und weitere Elemente in SharePoint oder in Ihrem Outlook anzeigen lassen. Wenn bei Ihnen im SharePoint-Portal das Feature für eingehende E-Mails konfiguriert wurde, können Sie Nachrichten und Termine, die Sie in Outlook erstellt oder empfangen haben, an SharePoint-Listen und -Bibliotheken senden. Jedoch setzt diese Verbindung voraus, dass festgelegt wird, dass der Server, der für Ihr Outlook zuständig ist, Informationen an SharePoint geben darf, und umgekehrt. Es handelt sich dabei um die Vernetzung mehrerer Server, die auch als *Serverfarm* bezeichnet wird. Erst wenn alle Server- und

Dienstanwendungen für den Betrieb der Serverfarm bereitgestellt wurden, ist die Verwendung des SharePoint-Portals, also auch die Verbindung der einzelnen Server, möglich. Diese Aufgabe übernimmt die Ebene der Farmadministration, die IT-Administratoren Ihres Unternehmens oder ein Provider, bei dem Sie die SharePoint-Technologien und -Produkte mieten, also hosten können (siehe Abb. 3–1). Dabei werden die Aufgaben der Server- und Dienstanwendungen über die SharePoint-Zentraladministration gesteuert. Personen, die für diese Aufgaben zuständig sind, werden als Mitglieder der SharePoint-Gruppe *Farmadministratoren* hinzugefügt. Diese Personen besitzen den Vollzugriff der SharePoint-Zentraladministration und können die oben genannten Aufgaben erledigen, jedoch hat diese Mitgliedergruppe keine Zugriffsrechte auf einzelne Websites innerhalb des SharePoint-Portals. Zu berücksichtigen ist, dass auch IT-Administratoren, die nicht für den SharePoint-Server zuständig sind, Zugriffsrechte für die SharePoint-Zentraladministration erhalten und damit eigene Zugriffsrechte im gesamten Portal für sich selbst setzen können.

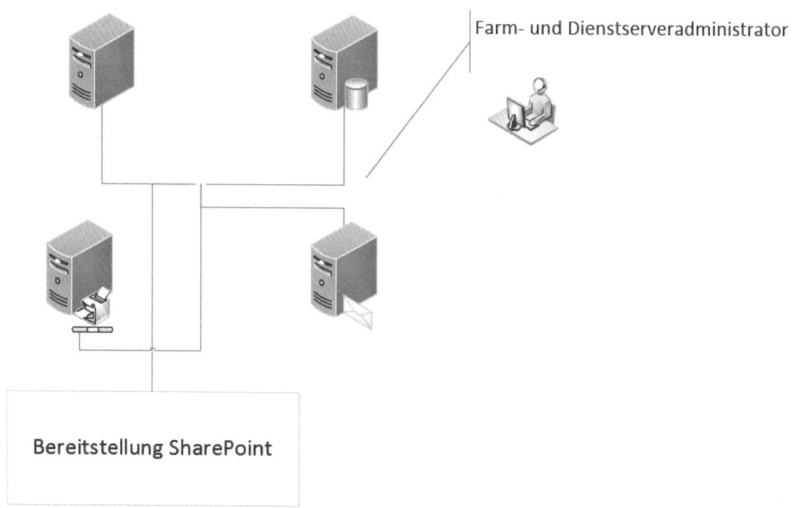

Abb. 3–1   Der Farm- und Dienstserveradministrator ist nur für die Bereitstellung und den Betrieb von SharePoint verantwortlich und besitzt nicht automatisch Zugriffsrechte.

3.1.2 Die Administration der Websitesammlung

Die Farmadministration ist zwar für die Bereitstellung und den Betrieb einer Websitesammlung zuständig, jedoch verfügt diese SharePoint-Gruppe nicht über die Zugriffsrechte der Websitesammlung. Wurde SharePoint und somit auch eine Websitesammlung mit der Website der obersten Ebene bereitgestellt, so muss festgelegt werden, welche Personen die Verantwortung für die gesamte Websitesammlung übernehmen. Diese Personen werden der SharePoint-Gruppe *Website-*

sammlungsadministratoren hinzugefügt und erhalten durch die Gruppenmitgliedschaft automatisch den uneingeschränkten Vollzugriff auf alle Websites und Inhalte der gesamten Websitesammlung. Ein Websitesammlungsadministrator kann weitere Websites bereitstellen oder Websites löschen. Zusätzlich darf ein Websitesammlungsadministrator Websitesammlungsfeatures, zusätzliche Dienste, die von SharePoint mitgeliefert werden, aktivieren. Auch das Anlegen weiterer SharePoint-Gruppen kann durch den Websitesammlungsadministrator erfolgen. Einem Websitesammlungsadministrator können keinerlei Zugriffsrechte auf einzelne Websites oder einzelne Inhalte entzogen werden. Erst das Entfernen einer Person aus der SharePoint-Gruppe *Websitesammlungsadministrator* hebt deren Zugriffsrechte auf.

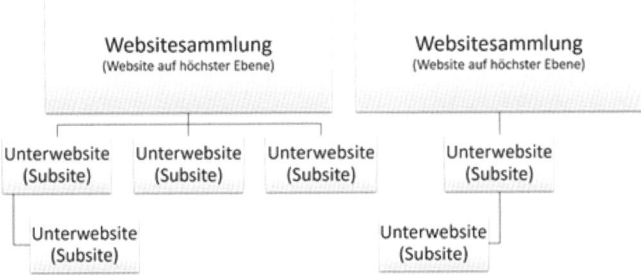

Abb. 3-2   Der jeweilige Websitesammlungsadministrator ist für die gesamte Websitesammlung verantwortlich.

3.1.3   Die Administration einer oder mehrerer Websites

Sollen innerhalb einer Websitesammlung Mitarbeiterinnen oder Mitarbeiter freigegeben werden, damit sie in Eigenverantwortung für den Aufbau und die Inhalte dieser Website zuständig sein können, so werden diese Personen vom Websitesammlungsadministrator der SharePoint-Gruppe *Besitzer* zugeordnet. Diese Mitarbeiter erhalten dann die Vollzugriffsrechte auf die vom Websitesammlungsadministrator ausgewählten Websites und deren Inhalte. Diese SharePoint-Gruppe einer Website kann beispielsweise eigenverantwortlich weitere Personen berechtigen, Bibliotheken und Listen anlegen und diese auch löschen. Während der SharePoint-Gruppe *Websitesammlungsadministrator* keinerlei Rechte entzogen werden können, so können die Rechte der SharePoint-Gruppe *Websitebesitzer* vom Websitesammlungsadministrator angepasst und somit geändert oder auch entzogen werden.

3.2 Zusammenfassung

Sobald eine Websitesammlung von der Farm- und Dienstserveradministration bereitgestellt und somit zur Verfügung steht, werden Websitesammlungsadministratoren bestimmt. Farm- und Dienstserveradministratoren haben keine automatischen Zugriffsrechte auf die Websitesammlung oder Teilbereiche der Websitesammlung. Nur wenn diese Personen zusätzlich der SharePoint-Gruppe *Websitesammlungsadministrator* oder *Websitebesitzer* zugeordnet werden, erhalten diese Personen Vollzugriffsrechte. Während die einzelnen Rechte eines Websitebesitzers geändert und angepasst werden können, besteht bei den Websitesammlungsadministratoren nicht die Möglichkeit, die Zugriffsrechte auf Websites oder Inhalte der Websitesammlung zu ändern oder zu entziehen.

4 Der Aufbau eines SharePoint-Portals

Wenn SharePoint in einem Unternehmen bereitgestellt wird, besteht das SharePoint-Portal zunächst nur aus einer sogenannten Webanwendung, die als Einstiegspunkt des jeweiligen SharePoint-Portals betrachtet werden kann. Diese Webanwendung kann man sich als einen Teil eines Firmengeländes vorstellen, das noch keine Gebäude oder Räume besitzt. Erst durch das Bereitstellen von mindestens einer Websitesammlung erhält die Webanwendung die Funktionalitäten für die Zusammenarbeit innerhalb des SharePoint-Portals. Eine Websitesammlung kann man sich als eigenständiges Gebäude auf dem Firmengelände vorstellen. Die Websitesammlung selbst besteht aus einer *Website der obersten Ebene* und vererbt Berechtigungen und auch festgelegte Funktionalitäten auf alle Inhalte der Websitesammlung. Diese Website der obersten Ebene ist je nach Vorlagenauswahl bereits mit bestimmten Listen und Bibliotheken ausgestattet und kann für die Zusammenarbeit direkt verwendet werden. Zusätzlich kann diese Websitesammlung mit Unterwebsites, mit weiteren Bibliotheken und Listen sowie Inhalten bestückt werden. Unterwebsites kann man sich als zusätzliche Räume innerhalb des Gebäudes vorstellen, die wiederum die Berechtigungen der übergeordneten Website erben, jedoch eigene Listen, Bibliotheken und ebenfalls Unterwebsites besitzen können.

Vom Anlegen einer einzelnen Websitesammlung mit vielen verschachtelten Unterwebsites für ein gesamtes Unternehmen ist unbedingt abzuraten, weil es aus der administrativen Sicht nicht empfehlenswert ist. Durch die Verwendung einer einzelnen Websitesammlung für das gesamte Unternehmen müssen teilweise sehr komplexe Berechtigungen auf den unterschiedlichen Websites vergeben werden. Ebenso ist die Daten-Sicherung und -Wiederherstellung und die jeweilige Serverleistung, die sogenannte Performance, in einer jeweiligen Websitesammlung auf dem Server eher gegeben. Aber auch aufgrund vieler organisatorischer Umstrukturierungen, die es nun einmal in einem Unternehmen geben kann, ist das administrative Umziehen solcher Strukturierungen besser, wenn für die jeweiligen Anwendungsfälle gegebenenfalls eigene Webanwendungen mit einer eigenen Websitesammlung oder eine Webanwendung mit mehreren Websitesammlungen installiert und bereitgestellt wird.

Es ist für Sie als Anwenderin oder Anwender wichtig zu wissen, wie die Struktur des Portals gedacht und gelebt werden soll, gerade wenn Sie für eine Websitesammlung oder eine Website verantwortlich sind, und ob Sie Unterwebsites anlegen dürfen. Überlegen Sie immer zukunftsorientiert, ob eine Unterwebsite gegebenenfalls zu einem späteren Zeitpunkt einer anderen Abteilung oder einem Fachbereich zugeordnet werden könnte. Dann wäre in dem Fall eine eigene Websitesammlung vielleicht die bessere Lösung, als eine Unterwebsite anzulegen.

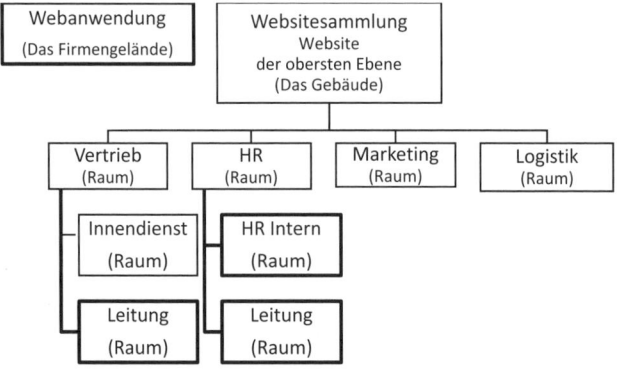

Abb. 4–1 Die Darstellung einer Webanwendung und einer Websitesammlung mit verschachtelten Unterwebsites. Die Unterwebsites sind immer an die Websitesammlung gebunden.

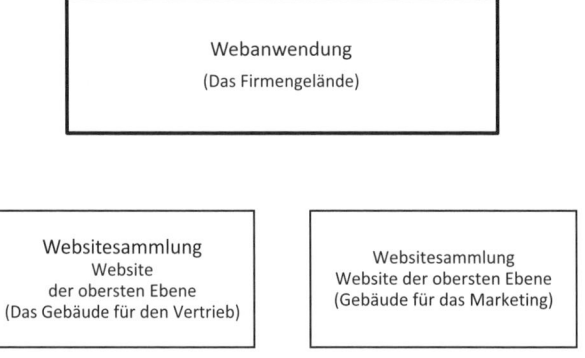

Abb. 4–2 Ein Beispiel für zwei Websitesammlungen Vertrieb und Marketing in einer Webanwendung

4.1 Websitesammlung und Websites

Für den jeweiligen Anwendungsfall der Abteilung oder eines Projekts empfehle ich, eine Websitesammlung bereitzustellen. Sobald eine Websitesammlung und damit die Website der obersten Ebene bereitgestellt wurde, dürfen gegebenenfalls unterhalb der Websitesammlung weitere Websites, *Unterwebsites* oder auch *Subsites* genannt, aus unterschiedlichen Websitevorlagen erstellt werden. Möchten Sie auf der Websitesammlung weitere Unterwebsites erstellen, so sollten Sie jedoch das Berechtigungs- und Vererbungsprinzip von SharePoint beim Aufbau der Struktur unbedingt berücksichtigen. Es sollte für jeden Anwender einfach sein, seine Informationen, die er sucht, über die Struktur wiederzufinden. Auch wenn es die Suchfunktion in SharePoint gibt, die sämtliche Websitesammlungen durchsucht, gibt es immer Anwenderinnen und Anwender, die nicht die Suche verwenden, sondern über die Sitestrukturen zu bestimmten Inhalten navigieren. Der Aufbau einer Websitesammlungs- oder Websitestruktur kann also je nach Firmen-Philosophie eines Unternehmens unterschiedlich sein. Angenommen, Ihr Unternehmen besteht aus mehreren Standorten und die Standorte selbst sollen später im Portal die Möglichkeit erhalten, hier standortorientiert Informationen abzulegen und aufzusuchen, dann wäre ein standortbezogener Aufbau für die Websitesammlung und Unterwebsites möglich. Besitzen Sie keine Standorte und arbeiten Sie eher funktionsorientiert, so könnte der Aufbau nach Fachabteilungen festgelegt werden. Auch ein Aufbau nach Prozessen, also prozessbezogen, ist möglich. Sobald weitere Websites unterhalb der Website der obersten Ebene angelegt wurden, entsteht eine Sammlung von Websites. Deshalb spricht man auch von einer sogenannten *Websitesammlung* oder *Sitecollection*.

SharePoint bietet die Möglichkeit, mehrere Websitesammlungen innerhalb eines Unternehmens zu verwenden. Das ist auch immer sinnvoll, wenn Sie beispielsweise sowohl Informationen für unternehmensinterne als auch für unternehmensexterne Personen, wie Kunden, Lieferanten oder Partner, bereitstellen möchten. In vielen Unternehmen ist es eine reine Sicherheitsfrage, ob externe Personen den Zugriff auf unternehmensinterne Informationen erhalten dürfen. Durch die Verwendung mehrerer Websitesammlungen, die auch unterschiedliche Adressierungen, also URLs, besitzen, ist die Sicherheit gegeben, dass Informationen von Mitarbeitern auch am richtigen Ort abgelegt werden und somit auch nur für die berechtigten Personen auffindbar sind. Die Verwendung und Bereitstellung von Websitesammlungen wird von Ihrer IT-Abteilung gesteuert. Auch hier sollten Sie ein entsprechendes Struktur-, Rechte- und Rollenkonzept erstellen. Eventuell gibt es Kunden, Lieferanten und Partner, die nicht die Informationen des anderen sehen oder lesen dürfen.

4.2 Das Vererbungsprinzip innerhalb einer Websitesammlung

SharePoint verfügt über eine sogenannte Vererbung innerhalb der Websitesammlung, was zur Folge hat, dass sämtliche Einstellungen, die auf der Website der obersten Ebene vorgenommen wurden, auch automatisch auf allen weiteren Websites, die unterhalb der Website der obersten Ebene angelegt wurden, Gültigkeit haben. Das können Einstellungen für die Suche, für die Berechtigungen und beispielsweise für das Festlegen von Eigenschaften innerhalb von Dateien sein. Die Vererbung von SharePoint zu kennen, erleichtert die tägliche Arbeit in SharePoint. Das Vererbungsprinzip erwähne ich zusätzlich in den jeweiligen Anwendungsfällen der nachfolgenden Kapitel.

4.3 Zusammenfassung

Dieses Kapitel hat Ihnen einen kleinen Einblick in die SharePoint-Struktur gegeben. Jedoch lässt sich in keinem Buch beschreiben, welche Lösung beziehungsweise welcher Aufbau in Ihrem SharePoint die Richtige ist, aus diesem Grunde sind eine sorgfältige Planung und viele Überlegungen notwendig. Die Strukturen eines SharePoint-Portals sollten auch abhängig von den Berechtigungen sein. Die Verwendung von Websitesammlungen ist zusätzlich von der Aufbauorganisation und den Prozessen Ihres Unternehmens abhängig. Nach einer Websitesammlung wird immer auch eine Website der obersten Ebene bereitgestellt. Unterhalb der Website der obersten Ebene können weitere Unterwebsites angelegt werden. Das bedeutet jedoch auch, wenn keine richtige Struktur festgelegt wurde und Websites irgendwo angelegt wurden, dass es schwierig ist, bestimmte Websites und deren Inhalte aufzusuchen, und gegebenenfalls unübersichtliche Berechtigungen vergeben werden müssen. Es sollte jedem Mitarbeiter möglich sein, ohne langes Suchen seine Arbeitsbereiche, also die Websites und ihre Inhalte durch wenige Mausklicks aufzusuchen und wiederzufinden. Eine chaotische Struktur hingegen würde die Motivation des Mitarbeiters erheblich reduzieren und damit auch die Akzeptanz der SharePoint-Produkte und -Technologien negativ beeinflussen.

5 Berechtigungen und Vererbung

Wurde Ihnen eine Website oder eine Websitesammlung für Ihre Abteilung oder Ihren Fachbereich übergeben, so sollten Sie sich unbedingt mit dem Berechtigungskonzept von SharePoint auseinandersetzen. Wenn Sie das Konzept hinter den Berechtigungen und der Vererbung verstehen, können Sie die Freigaben auf Inhalte innerhalb Ihrer Website oder Websitesammlung von Beginn an richtig organisieren und im laufenden Betrieb schneller umsetzen. Zunächst wird es für Sie eine kleine Herausforderung werden, ein eigenes Berechtigungskonzept für Ihren Bereich festzulegen. Warum das so wichtig ist, zeigen meine Erfahrungen innerhalb von Projekten, wo durch Unkenntnis in den IT-Abteilungen und den Fachabteilungen umfangreiche und individuelle Berechtigungen vergeben wurden, die teilweise dazu führten, dass die SharePoint-Projekte gescheitert und regelrecht an die Wand gefahren wurden. Unternehmen mussten, obwohl sie bereits mehrere Jahre SharePoint im Einsatz haben, bei »null« anfangen oder zusätzliche Drittanbietertools beziehungsweise Fremdunternehmen heranziehen, um die chaotische Berechtigungsphilosophie teuer zu beheben. Je nach eingesetzter Technologie kann es schwierig oder auch fast unmöglich sein, einzeln festgelegte Berechtigungen auf Websites, Listen oder sogar auf Dokumentebene im Nachhinein zu überprüfen und so festzulegen, dass auch alle Beteiligten wirklich glücklich darüber sind. Es ist ein sehr kostenintensives Reparieren, wenn Sie im Nachgang herausfinden möchten, welche Person wo und wie berechtigt ist. Es gibt kostenpflichtige Drittanbietertools, die die Berechtigungen überprüfen können und Ihnen eine Übersicht über die Berechtigungen verschaffen, dennoch wird es sehr zeitaufwendig und kostenintensiv sein, wenn Sie jeden Einzelfall neu festlegen sollen. Wenn Sie nicht von Anfang an ein Konzept für die Berechtigungen erstellen und einsetzen, wird niemand einen genauen Überblick zur Vergabe von Zugriffsrechten auf der Website oder der Websitesammlung erhalten. Beachten Sie auch, dass Sie Ihre Überlegungen zum Berechtigungskonzept an die Personen weitergeben, die Sie beauftragen, Ihre Website zu betreuen. Es bringt Ihnen nichts, wenn Sie das Konzept bis ins kleinste Detail durchdacht und festgelegt haben, jedoch Ihre Kolleginnen und Kollegen, die für Ihre Websites als Websitebesitzer fungieren, individuelle und somit wieder chaotische Berechtigungen vergeben. Damit Sie einen Überblick erhalten, möchte ich in diesem Kapitel auf die Berechtigungen und deren Vererbung von SharePoint eingehen.

Sobald in SharePoint auf Websitesammlungsebene Berechtigungen vergeben und gegebenenfalls weitere Websites angelegt werden, werden die Berechtigungen der obersten Websiteebene auf alle anderen Websites und deren Inhalte weitergereicht, also auf die gesamte Websitesammlung vererbt. Das bedeutet, wenn Sie beispielsweise Vollzugriffsrechte auf der obersten Websiteebene erhalten haben, so bekommen Sie automatisch auch die Vollzugriffsrechte auf die untergeordneten Websites beziehungsweise auf alle Inhalte wie Bibliotheken und Listen. Die Vererbung lässt sich jederzeit unterbrechen und es können eigene, individuelle Berechtigungen durch Berechtigungsstufen und SharePoint-Gruppen vergeben werden. Die Vererbung sollte jedoch weitestgehend nach unten weitergegeben werden und erst im unteren Bereich der Websitesammlung aufgebrochen werden. Wie Sie die Vererbung unterbrechen, erfahren Sie in Abschnitt 5.3.6.

5.1 SharePoint-Berechtigungen

Sobald eine Websitesammlung erstellt wurde, sind zunächst nur die Websitesammlungsadministratoren mit Vollzugriffsrechten für die Websitesammlung berechtigt. Es verfügt noch keine weitere Person Ihres Unternehmens über irgendwelche Zugriffsrechte auf der Websitesammlung. Erst wenn die Websitesammlungsadministratoren weitere Berechtigungen erteilen, können weitere Personen auf die jeweilige Websitesammlung zugreifen.

Bei der Bereitstellung einer Websitesammlung werden von SharePoint automatisch drei SharePoint-Gruppen angelegt. Diese Gruppen unterscheiden sich von den jeweiligen Rechten, die über sogenannte Berechtigungsstufen geregelt werden. So kann die SharePoint-Gruppe *Besucher* beispielsweise nur Inhalte der Websitesammlung lesen, während die SharePoint-Gruppe *Besitzer* über Vollzugriffsrechte verfügt und die SharePoint-Gruppe *Mitglieder* innerhalb der Websitesammlung Informationen erstellen, ändern oder löschen darf. Auch wenn die SharePoint-Gruppen automatisch einer Websitesammlung hinzugefügt werden, so sind diesen Gruppen noch keine Benutzer zugeordnet. Erst durch das Hinzufügen von Benutzern innerhalb einer SharePoint-Gruppe können diese Personen mit den jeweiligen Rechten auf die Websitesammlung zugreifen.

Verfügt ein Unternehmen zusätzlich über einen Microsoft-Active-Directory-Server, so werden über diesen Server sogenannte Active-Directory-Gruppen, auch AD-Gruppen genannt, angelegt und administriert. Sie kennen diese Gruppen gegebenenfalls aus Outlook, wenn Sie beispielsweise auf eine von der IT erstellte Verteilerliste zugreifen. Eine AD-Gruppe ist meistens eine Abteilungs- und Projektgruppe, der die jeweiligen Mitarbeiterinnen und Mitarbeiter der Abteilung oder des Projekts zugeordnet werden. Damit lassen sich serverseitig schnell Zugriffsrechte für eine Personengruppe auf bestimmte Netzlaufwerke zuordnen.

Wenn jetzt eine Mitarbeiterin oder ein Mitarbeiter die Abteilung wechselt oder gar das Unternehmen verlässt, kann die Person schnell über die Servereingabemaske einer anderen Abteilung zugeordnet oder für den Zugriff auf die Netzlaufwerke und den Exchange-Server und damit auf ihr E-Mail-Postfach gesperrt werden. Diese Vorgehensweise ist übersichtlich und wohl die sinnvollste Möglichkeit, Berechtigungen zu verwalten und zu steuern. Nun verfügt SharePoint selbst über eigene Berechtigungsgruppen und es stellt sich die Frage, wie das alles funktionieren soll, ohne dass Chaos bei der Rechtevergabe entsteht. Alle Berechtigungen sollten dann standardmäßig zentral in der IT-Abteilung über die AD-Gruppen administriert und in SharePoint integriert werden, das würde heißen, dass die IT-Abteilung die Berechtigungen so weit festlegt, dass alle Mitarbeiter in den AD-Gruppen erfasst werden.

Angenommen, im SharePoint-Portal gibt es eine Projektgruppe, die aus Mitarbeiterinnen und Mitarbeitern verschiedener Abteilungen besteht, so sollte für diese Projektgruppe eine eigene AD-Gruppe erstellt und die Personen sollten der Gruppe zugewiesen werden. Die AD-Gruppe kann dann einer der drei SharePoint-Gruppen zugewiesen werden. Sollen die Projektmitglieder Informationen bereitstellen, ändern oder auch löschen dürfen, so wird die AD-Gruppe der SharePoint-Gruppe *Mitglieder* hinzugefügt. Das bedeutet, dass die IT-Abteilung diese Anforderungen dann auch annehmen und den Benutzern schnell diese AD-Gruppe zur Verfügung stellen muss. Hier muss es eine klare Absprache zwischen Vorgesetzten, der IT und den Mitarbeitern geben.

Wurde die Absprache mit allen Beteiligten so getroffen, dass Sie für bestimmte Bereiche wie Websites, Bibliotheken oder Listen keine AD-Gruppen verwenden und einzelne Personen einer SharePoint-Gruppe hinzufügen dürfen, so ist das auch möglich. Zu beachten ist jedoch, dass keine Mischung aus AD-Gruppen und Berechtigungen einzelner Personen in SharePoint-Gruppen zustande kommt, sonst können gewünschte Zugriffsrechte gegebenenfalls durch eine der Gruppen unbewusste Berechtigungen hervorrufen. Wenn Sie beispielsweise einzeln hinzugefügten Benutzern das Zugriffsrecht auf einer Website innerhalb einer SharePoint-Gruppe entziehen und diese Benutzer aber weiterhin die Website aufrufen und sehen können, dann liegt es daran, dass sie einer AD-Gruppe zugewiesen sind, die in einer SharePoint-Gruppe noch vorhanden ist. Sie müssen also wissen, welche Benutzer einer AD-Gruppe zugewiesen sind.

> **Hinweis**
>
> Die Berechtigungen in SharePoint sollten nur über die SharePoint-Gruppen vergeben werden. Individuelle Berechtigungen auf Inhalte innerhalb einer Websitesammlung können schnell zum Chaos führen und sind teilweise sehr zeitaufwendig und kostenintensiv zu überprüfen oder zu korrigieren. Sorgen Sie für eine klare Absprache mit Vorgesetzten und der IT-Abteilung, wie das Berechtigungskonzept gelebt werden soll. Ist das nicht möglich, erstellen Sie für sich eine kleine Dokumentation, wen Sie wo berechtigt haben. Ihre Berechtigungsvergabe könnten Sie als benutzerdefinierte Liste auf Ihrer Websitesammlung hinterlegen und über ein Formular schnell erfassen. Damit behalten Sie für Ihren Bereich immer den Überblick und können schnell handeln.

5.2 Berechtigungsstufen und Benutzerberechtigungen

Standardmäßig stellt SharePoint fünf unterschiedliche Berechtigungsstufen mit unterschiedlichen Berechtigungen zur Verfügung. Einige Berechtigungsstufen und die damit verbundenen Benutzerberechtigungen lassen sich ändern oder anpassen. Es ist jedoch davon abzuraten, die vorhandenen Berechtigungsstufen anzupassen oder zu ändern, es empfiehlt sich bei Bedarf, jeweils für die Benutzerberechtigungen eigene Berechtigungsstufen anzulegen.

Sie können beim Anlegen einer Berechtigungsstufe aus 32 Benutzerberechtigungen, die SharePoint mitliefert, auswählen und festlegen. Wenn beispielsweise bestimmte Mitarbeiterinnen und Mitarbeiter Dokumente öffnen, lesen und bearbeiten dürfen, diese jedoch nicht löschen dürfen, können Sie für diese Benutzerberechtigungen entsprechend eine eigene Berechtigungsstufe anlegen.

5.2.1 Standardberechtigungsstufen

Standardberechtigungsstufen werden von SharePoint mitgeliefert und unterscheiden sich in den Versionen. Der SharePoint-Server verfügt über mehr Berechtigungsstufen als gegebenenfalls eine der SharePoint-Online-Versionen, da diese gegebenenfalls in ihrem Leistungsumfang eingeschränkter sind als der SharePoint-Server. Es kann also sein, dass Ihnen weniger Berechtigungsstufen angezeigt werden, als nachfolgend aufgeführt.

Die Berechtigungsstufe Beschränkter Zugriff

Weisen Sie einer SharePoint-Gruppe die Berechtigungsstufe *Beschränkter Zugriff* zu, so können Mitarbeiterinnen und Mitarbeiter nur auf die für sie freigegebenen Websiteelemente innerhalb einer Website zugreifen. Sie legen damit die Berechtigungen auf Listen, Bibliotheken oder sogar auf Element- oder Dokumentebene fest. Damit werden den berechtigten Personen nur die Elemente einer Website angezeigt, für die sie beschränkten Zugriff besitzen. Wird bei ihnen diese Berechtigungsstufe angezeigt, so wurde diese Berechtigungsstufe automatisch hinzugefügt, als eine Person für eine bestimmte Bibliothek, Liste oder Elementebene mit Leserechten ausgestattet wurde. Beschränken Sie grundsätzlich nicht den Zugriff auf einzelne Bibliotheken, Listen, Elemente oder Dokumente. Denken Sie daran, dass eine derartige Berechtigungsvergabe in mehreren Monaten nicht mehr nachvollziehbar ist.

Die Berechtigungsstufe Lesen

Die Berechtigungsstufe *Lesen* eignet sich für Mitarbeiterinnen und Mitarbeiter Ihres Unternehmens, die Zugriffsrechte auf bestimmte Websites erhalten und nur Informationen abrufen sollen. Personen, die diese Berechtigungsstufe besitzen, können die für sie freigegebenen Websites öffnen und ihre Inhalte anzeigen und lesen, jedoch können sie keine Inhalte verändern oder löschen. Zusätzlich dürfen Mitarbeiter dieser Berechtigungsstufe Benachrichtigungen auf Listen-, Bibliotheks- und Dokumentebene erstellen.

Die Berechtigungsstufe Mitwirken

Mitarbeiterinnen und Mitarbeiter, die diese Berechtigungsstufe erhalten, können die für sie freigegebenen Websites, Bibliotheken und Listen öffnen und die Inhalte lesen, ändern und löschen. Auch neue Elemente und Dokumente können Personen mit dieser Berechtigungsstufe innerhalb der Listen und Bibliotheken erstellen oder hinzufügen. Sie sind berechtigt, eigene, persönliche Ansichten innerhalb der Bibliotheken und Listen zu erstellen. Jedoch dürfen sie keine neuen Bibliotheken, Listen oder Websitespalten erstellen und der Website hinzufügen. Diese Berechtigungsstufe eignet sich, wenn Mitarbeiterinnen und Mitarbeiter auf einer Website Informationen bereitstellen oder abrufen müssen.

Die Berechtigungsstufe Entwerfen

Diese Berechtigungsstufe eignet sich für Mitarbeiterinnen und Mitarbeiter, die auf die für sie freigegebenen Websites weitere Bibliotheken und Listen sowie Ansichten und Websitespalten erstellen und hinzufügen sollen. Auch die Anpassung der Website und die Anordnung der vorhandenen Listen und Bibliotheken der Website dürfen Personen dieser Berechtigungsstufe vornehmen.

Die Berechtigungsstufe Genehmigen

Diese Berechtigungsstufe steht nicht in allen SharePoint-Versionen zur Verfügung. Diese Berechtigungsstufe ist notwendig, wenn Informationen auf einer Website von Mitarbeitern bereitgestellt werden und diese Informationen durch festgelegte Personen geprüft und genehmigt werden sollen. Erst nach der Genehmigung werden die Informationen im Portal veröffentlicht und sind für den Rest der Belegschaft sichtbar.

Die Berechtigungsstufe Hierarchie verwalten

Wird diese Berechtigungsstufe einer Gruppe zugewiesen, so haben diese Mitarbeiterinnen und Mitarbeiter das Recht, eigenständig Websites und Seiten zu erstellen. Zusätzlich können diese Mitarbeiter Elemente und Dokumente in Listen und Bibliotheken bearbeiten und sie dürfen diese Inhalte verschieben und löschen. Diese Berechtigungsstufe steht nicht in allen SharePoint-Versionen zur Verfügung.

Die Berechtigungsstufe Eingeschränkter Lesezugriff

Personen mit dieser Berechtigungsstufe dürfen Inhalte aus den für sie freigegebenen Websites anzeigen und lesen. Sie erhalten jedoch keine Informationen bezüglich der Dokumenteigenschaften oder einer Dokumentversion, auch bleiben diesen Personen Informationen zu den jeweiligen Benutzerrechten an der Website oder dem Inhalt verborgen. Diese Berechtigungsstufe wird von SharePoint automatisch vergeben, sobald ein Benutzer für nur eine Bibliothek, Liste oder ein einzelnes Dokument berechtigt wurde.

Die Berechtigungsstufe Vollzugriff

Diese Berechtigungsstufe beinhaltet alle vorherigen Berechtigungen und ist geeignet für Mitarbeiterinnen und Mitarbeiter, die eigenverantwortlich ihre Websites erstellen, aufbauen und verwalten sollen. Personen, die diese Berechtigungsstufe besitzen, können die für sie freigegebene Website verwalten und löschen. Auch weitere Websites, Bibliotheken und Listen dürfen erstellt, verwaltet und gelöscht werden.

5.2.2 Anlegen einer Berechtigungsstufe

Wenn Sie individuelle und eigene Berechtigungen einer Benutzergruppe zuweisen möchten, so legen Sie zuerst immer die Berechtigungsstufe an. Die Anlage von Berechtigungsstufen erfolgt auf der Website der obersten Ebene. Falls Sie nicht berechtigt sind, auf der obersten Websiteebene Änderungen vorzunehmen, so beauftragen Sie den SharePoint-Administrator. In diesem Beispiel möchte ich eine Berechtigungsstufe anlegen, die Benutzern erlaubt, Dokumente und Elemente in SharePoint zu öffnen, zu bearbeiten und zu speichern. Jedoch dürfen die Benutzer keine Dokumente oder Elemente löschen.

1. Wechseln Sie auf die Website der obersten Ebene.
2. Öffnen Sie das Menü *Einstellungen* über das Zahnradsymbol am oberen, rechten Bildschirmrand.
3. Klicken Sie auf den Befehl **Websiteeinstellungen**.

5.2 Berechtigungsstufen und Benutzerberechtigungen

4. In den Websiteeinstellungen klicken Sie in der Kategorie *Benutzer und Berechtigungen* auf den Link **Websiteberechtigungen** (siehe Abb. 5–1).

Abb. 5–1 Die Kategorie *Benutzer und Berechtigungen* in den Websiteeinstellungen

5. Klicken Sie im Register *Berechtigungen* in der Gruppe *Verwalten* auf die Schaltfläche **Berechtigungsstufen** (siehe Abb. 5–2).

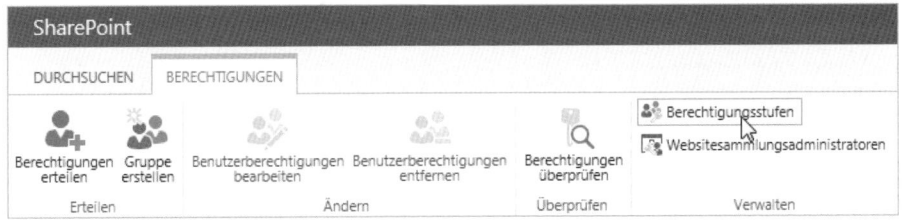

Abb. 5–2 Das Register *Berechtigungen* mit der Befehlsgruppe *Verwalten*

Ihnen werden auf der nachfolgenden Seite alle vorhandenen Berechtigungsstufen angezeigt.

6. Klicken Sie oben in der Seite auf den Link **Berechtigungsstufe hinzufügen** (siehe Abb. 5–3).

Abb. 5–3 Der Link *Berechtigungsstufe hinzufügen*. Wenn dieser Link bei Ihnen nicht angezeigt wird, besitzen Sie gegebenenfalls nicht die Berechtigung, eigene Stufen anzulegen.

Ihnen werden nun die 32 möglichen Berechtigungen angezeigt. Die Berechtigungen sind jeweils in die drei Gruppen *Listenberechtigungen*, *Websiteberechtigungen* und *Persönliche Berechtigungen* unterteilt.

7. Im Bereich *Name und Beschreibung* (siehe Abb. 5–4) tippen Sie in das Eingabefeld *Name* und schreiben folgenden Text »*Elemente öffnen und bearbeiten*«.
8. Tippen Sie im Eingabefeld *Beschreibung*: »*Diese Berechtigungsstufe erlaubt Benutzern das Öffnen und das Bearbeiten von Dokumenten und Elementen. Die Benutzer dürfen jedoch keine Elemente löschen.*«
9. Aktivieren Sie in der Gruppe *Listenberechtigungen* das Kontrollkästchen bei **Elemente hinzufügen – Listen Elemente hinzufügen und Dokumentbibliotheken Dokumente hinzufügen**.
10. Aktivieren Sie direkt darunter das Kontrollkästchen bei **Elemente bearbeiten – Elemente in Listen, Dokumente in Dokumentbibliotheken bearbeiten und Webpartseiten in Dokumentbibliotheken anpassen**. Die Kontrollkästchen *Elemente anzeigen*, *Seite anzeigen* und *öffnen* werden automatisch von SharePoint ausgewählt.

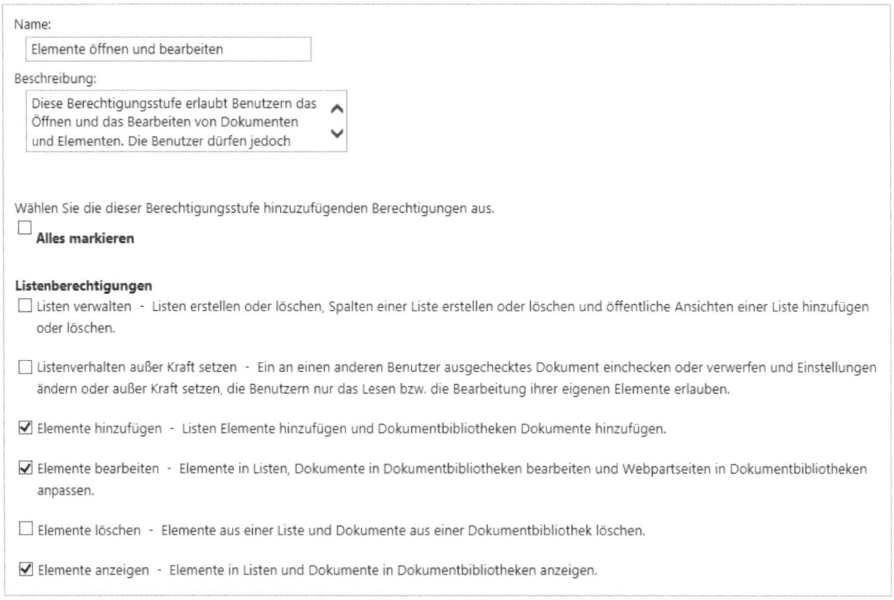

Abb. 5–4   Das Erstellen und Festlegen von Berechtigungen einer Berechtigungsstufe

11. Navigieren Sie ganz nach unten auf der Seite und bestätigen Sie Ihre Eingaben und Ihre Auswahl mit einem Klick auf die Schaltfläche **Erstellen**. Damit haben Sie die Berechtigungsstufe angelegt und sie steht Ihnen nun im gesamten SharePoint-Portal zur Verfügung (siehe Abb. 5–5).

☐	Vollzugriff	Verfügt über Vollzugriff.
☐	Entwerfen	Kann anzeigen, hinzufügen, aktualisieren, löschen, genehmigen und anpassen.
☐	Bearbeiten	Kann Listen hinzufügen, bearbeiten und löschen; kann Listenelemente und Dokumente anzeigen, hinzufügen, aktualisieren und löschen.
☐	Mitwirken	Kann Listenelemente und Dokumente anzeigen, hinzufügen, aktualisieren und löschen.
☐	Lesen	Kann Seiten und Listenelemente anzeigen und Dokumente herunterladen.
☐	Beschränkter Zugriff	Kann bestimmte Listen, Dokumentbibliotheken, Listenelemente, Ordner oder Dokumente anzeigen, wenn die Berechtigungen erteilt werden.
☐	Genehmigen	Kann Seiten, Listenelemente und Dokumente bearbeiten und genehmigen.
☐	Hierarchie verwalten	Kann Websites erstellen und Seiten, Listenelemente und Dokumente bearbeiten.
☐	Eingeschränkter Lesezugriff	Kann Seiten und Dokumente anzeigen, jedoch keinen Versionsverlauf oder Benutzerberechtigungen.
☐	Eingeschränkte Schnittstellen für die Übersetzung	Kann Listen und Ordner öffnen und Remoteschnittstellen verwenden.
☐	Nur anzeigen	Kann Seiten, Listenelemente und Dokumente anzeigen. Kann Dokumenttypen mit serverseitigen Dateihandlern im Browser anzeigen, jedoch nicht herunterladen.
☐	Absender des Datenarchiv-Webdiensts	Inhalte an diese Website mithilfe von Webdiensten übermitteln.
☐	Elemente öffnen und bearbeiten	Diese Berechtigungsstufe erlaubt Benutzern das Öffnen und das Bearbeiten von Dokumenten und Elementen. Die Benutzer dürfen jedoch keine Elemente löschen.

Abb. 5-5 Die neue Berechtigungsstufe wird am Ende der vorhandenen Berechtigungsstufen aufgelistet.

> **Hinweis**
>
> Zum Löschen einer Berechtigungsstufe wählen Sie die Stufe in den Websiteeinstellungen/Websiteberechtigungen/Berechtigungsstufen aus und klicken Sie dann auf den Link **Ausgewählte Berechtigungsstufen löschen**.

Im nächsten Schritt erfahren Sie mehr über die Benutzergruppen. Danach können Sie einer Benutzergruppe die Berechtigungsstufe zuweisen.

5.3 Die Benutzergruppen

SharePoint liefert bereits vordefinierte Standardbenutzergruppen, denen jeweils abgegrenzte Berechtigungsstufen zugewiesen sind. Mit diesen Berechtigungsgruppen lassen sich innerhalb der Websitesammlung schnell Berechtigungen vergeben. Werden auf der Website der obersten Ebene diese Standardbenutzergruppen verwendet und werden diesen Gruppen beispielsweise Active-Directory-Gruppen oder einzelne Personen hinzugefügt, so vererbt sich diese Benutzerberechtigung auf alle weiteren Websites der Websitesammlung. Sie können auch eigene Benutzergruppen anlegen und eigene Berechtigungsstufen zuweisen. Im Abschnitt 5.3.2 erfahren Sie, wie Sie Benutzergruppen anlegen. Nachfolgende Benutzergruppen werden standardmäßig von SharePoint mitgeliefert.

5.3.1 Die Standardbenutzergruppen von SharePoint

Die Benutzergruppe Besucher

Diese Benutzergruppe besitzt die Berechtigungsstufe *Lesen*. Weisen Sie dieser Benutzergruppe AD-Gruppen oder Personen hinzu, wenn diese Personen im Portal lesen dürfen.

Die Benutzergruppe Mitglieder

Personen oder Gruppen, die Sie dieser Benutzergruppe zuweisen, erhalten die Berechtigungsstufe *Mitwirken*.

Die Benutzergruppe Besitzer

Diese Benutzergruppe besitzt die Berechtigungsstufe *Vollzugriff*. Weisen Sie dieser Benutzergruppe Gruppen und Personen hinzu, die eigenverantwortlich für Websites und deren Inhalte zuständig sein sollen. Beachten Sie jedoch, dass bei Zuweisung der Benutzergruppe *Besitzer* auf der Website der obersten Ebene diese Personen Vollzugriffsrechte auf allen weiteren Websites innerhalb der Websitesammlung erhalten, da SharePoint die Berechtigungen nach unten vererbt.

Die Benutzergruppe Designer

Personen und Gruppen in dieser Benutzergruppe werden Websites anpassen und vom Aussehen verändern können. Auch zusätzliche Entwicklungsprogramme wie beispielsweise den SharePoint Designer, ein Programm der Firma Microsoft, kann diese Benutzergruppe verwenden und damit eigenständig am Portal beziehungsweise auf den für diese Personen freigegebenen Websites Änderungen vornehmen.

Die Benutzergruppe Genehmigende Personen

Benutzer und Gruppen dieser Benutzergruppe können Websiteinhalte genehmigen, bevor die Inhalte auf bestimmten Websites für die Belegschaft veröffentlicht werden. Diese Berechtigungsgruppe steht nicht in allen SharePoint-Versionen zur Verfügung.

Die Benutzergruppe Hierarchie-Manager

Personen und Gruppen dieser Benutzergruppe dürfen eigenständig Websites und Seiten erstellen. Elemente und Dokumente in Listen und Bibliotheken bearbeiten und Inhalte verschieben und löschen. Diese Berechtigungsgruppe steht Ihnen nicht in allen SharePoint-Versionen zur Verfügung.

Die Benutzergruppe Personen mit eingeschränkten Leserechten

Personen und Gruppen, die dieser Benutzergruppe gegebenenfalls automatisch zugewiesen wurden, dürfen nur Inhalte aus den für sie freigegebenen Websites anzeigen und lesen.

5.3 Die Benutzergruppen

> **Hinweis**
>
> Weisen Sie Personen oder Active-Directory-Gruppen einer oder mehreren Benutzergruppen auf der Website der obersten Ebene zu, so werden diese Berechtigungen auf alle untergeordneten Websites und Inhalte vererbt. Nur durch eine Unterbrechung der Vererbung und durch die Vergabe eigener Berechtigungen erfolgt keine Weitergabe der Berechtigungen. Beachten Sie die Berechtigungsvererbung auch unbedingt bei der Konzeption der Websitestruktur.

5.3.2 Anlegen einer Benutzergruppe und Hinzufügen einer Berechtigungsstufe

Es gibt zwei unterschiedliche Wege, Benutzergruppen anzulegen. Sie können diese Aufgabe über die Website der obersten Ebene vornehmen oder auch beim Anlegen neuer Websites direkt über die Berechtigungsvergabe bestimmen. In diesem Beispiel bleiben wir auf der Website der obersten Ebene.

1. Wechseln Sie auf die Website der obersten Ebene.
2. Öffnen Sie das Menü *Einstellungen* über das Zahnradsymbol am oberen, rechten Bildschirmrand.
3. Klicken Sie auf den Befehl **Websiteeinstellungen**.
4. In den *Websiteeinstellungen* klicken Sie in der Kategorie *Benutzer und Berechtigungen* auf den Link **Websiteberechtigungen**.
5. Klicken Sie im Register *Berechtigungen* in der Gruppe *Erteilen* auf die Schaltfläche **Gruppe erstellen** (siehe Abb. 5–6).

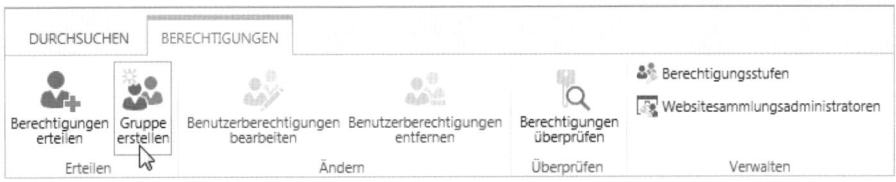

Abb. 5–6 Die Schaltfläche *Gruppe erstellen* im Register *Berechtigungen*

6. Tippen Sie im Bereich *Namen und Beschreibung* in das Eingabefeld **Namen** und schreiben Sie »*Mitarbeiter ohne Löschrechte*«.
7. Klicken Sie danach in das Eingabefeld **Über mich** und beschreiben Sie die Gruppe wie folgt: »*Diese Benutzergruppe besitzt keine Löschrechte. Benutzer dieser Gruppe können Dokumente öffnen und bearbeiten.*«
8. Im Bereich *Besitzer* wurden Sie automatisch als *Gruppenbesitzer* hinzugefügt. Diese Einstellung sollten Sie ändern, denn sonst können nur Sie diese Gruppe innerhalb einer Website im gesamten Portal auswählen. Keine

andere Person Ihres Unternehmens kann diese Gruppe verwenden und einer Website hinzufügen. Wenn Sie beispielsweise die SharePoint-Gruppe *Besitzer der Website der obersten Ebene* als Gruppenbesitzer angeben, so können alle Mitarbeiterinnen und Mitarbeiter dieser SharePoint-Gruppe die neue SharePoint-Gruppe zuweisen.

9. Im Bereich *Gruppeneinstellungen* können Sie festlegen, ob die Mitglieder dieser Gruppe angezeigt werden und wer die Mitgliedschaft sehen darf. Übernehmen Sie in diesem Beispiel die vorgegebenen Einstellungen.

10. Wenn Ihr System für das Senden und Empfangen von E-Mails eingerichtet ist, so können Sie im Bereich *Mitgliedschaftsanforderungen* die Option *Anforderungen zur Aufnahme/zum Verlassen dieser Gruppe zulassen?* auf *Ja* setzen. Diese Option legt fest, dass ein Benutzer im Browserfenster eine E-Mail-Nachricht senden kann, wenn ihm der Zugriff auf eine bestimmte Website verweigert wird und er den Zugriff beantragen möchte.

11. Legen Sie direkt danach die E-Mail-Adresse fest, wer von Ihnen diese Zugriffsanforderung per E-Mail erhalten soll.

12. Navigieren Sie weiter nach unten zu dem Bereich *Dieser Website Gruppenberechtigungen erteilen* und wählen Sie dort die Berechtigungsstufe *Elemente öffnen und bearbeiten* aus. Diese Berechtigungsstufe haben wir im Abschnitt 5.2.2 bereits erstellt.

13. Bestätigen Sie Ihre Eingaben mit einem Klick auf die Schaltfläche *Erstellen*.

14. Die Gruppe wurde nun angelegt und Sie können Active-Directory-Gruppen oder Personen der Gruppe hinzufügen. Klicken Sie dafür auf den Link des Gruppennamens *Mitarbeiter ohne Löschrechte* (siehe Abb. 5–7).

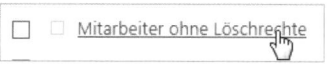

Abb. 5–7   Der neuen Gruppe können nun Gruppen und Personen hinzugefügt werden.

15. Klicken Sie in der angezeigten Symbolleiste auf den Drop-down-Pfeil der Schaltfläche *Neu* (siehe Abb. 5–8).

16. Klicken Sie auf den Befehl *Benutzer hinzufügen Dieser Gruppe Benutzer hinzufügen*.

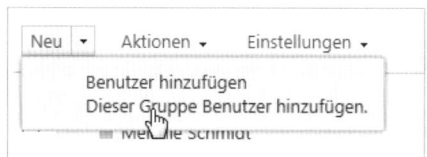

Abb. 5–8   Über die Symbolleiste *Neu* können Benutzer hinzugefügt werden.

5.3 Die Benutzergruppen

17. Fügen Sie nun die gewünschten Gruppen oder Benutzer hinzu.
18. Verwenden Sie die Schaltfläche *Aktionen*, um beispielsweise Gruppen oder Benutzer aus einer SharePoint-Gruppe zu entfernen.

5.3.3 Zugriffsrechte auf Bibliotheks-, Listen- und Elementebene

Durch das Vererbungsprinzip von SharePoint bestehen die Zugriffsrechte der Benutzergruppen auch auf Bibliotheken und Listen. Sie können innerhalb von Listen und Bibliotheken eigene Berechtigungen erteilen oder vorhandene Berechtigungen entziehen. Beachten Sie jedoch immer, dass diese Berechtigungen unübersichtlich und später nicht mehr nachvollziehbar sein können. Sie können die Berechtigungen jeweils innerhalb der Bibliothek- oder Listeneinstellungen vornehmen. Zusätzlich können Sie nach der Auswahl eines Elements innerhalb einer Bibliothek oder Liste entsprechend Berechtigungen auf Elementebene erteilen.

5.3.4 Berechtigungen aus Bibliotheken oder Listen entfernen

In diesem Beispiel möchte ich die Besuchergruppe aus einer Dokumentenbibliothek entfernen, damit nur Teammitglieder und die Besitzer der Website berechtigt sind, auf die Bibliothek zuzugreifen und dort Informationen auszutauschen.

1. Wechseln Sie in eine Bibliothek oder Liste, wo Sie die Berechtigungen ändern möchten.
2. Klicken Sie im Register *Bibliothek* oder *Liste* auf die Schaltfläche *Bibliothek-* oder *Listeneinstellungen*.
3. Klicken Sie in der Kategorie *Berechtigungen und Verwaltung* auf den Link *Berechtigungen für Dokumentbibliothek* oder *für Liste*.
4. Klicken Sie im Register *Berechtigungen* auf die Schaltfläche *Berechtigungsvererbung beenden* (siehe Abb. 5–9).

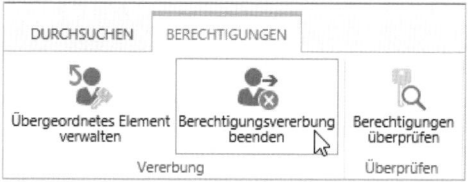

Abb. 5–9   Die Schaltfläche *Berechtigungsvererbung beenden*, damit die übergeordnete Vererbung unterbrochen wird

5. Bestätigen Sie das nachfolgende Hinweisfenster mit einem Klick auf die Schaltfläche *OK* (siehe Abb. 5–10).

Meldung von Webseite
Sie sind dabei, für diese Dokumentbibliothek eigene Berechtigungen zu erstellen. Änderungen der Berechtigungen der übergeordneten Website haben dann auf diese Dokumentbibliothek keine Auswirkungen mehr.
OK
Abbrechen

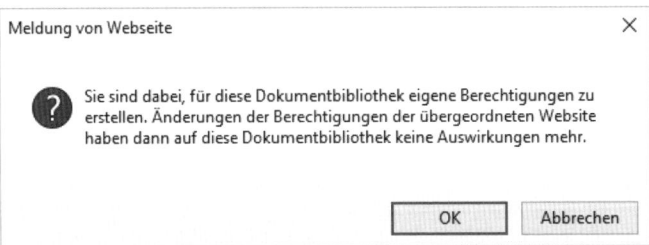

Abb. 5–10 Bestätigen Sie, dass Sie die Vererbung unterbrechen möchten.

6. Nun können Sie die SharePoint-Gruppe auswählen, die Sie von den Berechtigungen in dieser Bibliothek oder Liste ausgrenzen möchten. Achten Sie jedoch darauf, dass Sie nicht die Besitzergruppe auswählen (siehe Abb. 5–11). So kann es dann sein, dass auch Ihnen die Berechtigung entzogen wird.
7. Klicken Sie anschließend auf die Schaltfläche ***Benutzerberechtigungen entfernen***.
8. Bestätigen Sie Ihre Entscheidung im nachfolgenden Dialogfeld mit einem Klick auf die Schaltfläche ***Ja***.

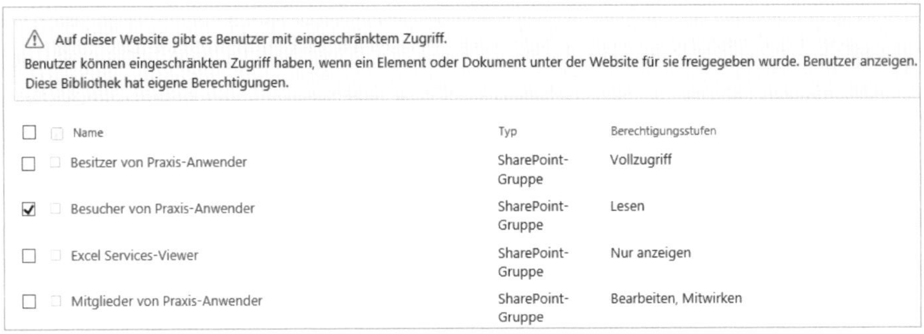

Auf dieser Website gibt es Benutzer mit eingeschränktem Zugriff.
Benutzer können eingeschränkten Zugriff haben, wenn ein Element oder Dokument unter der Website für sie freigegeben wurde. Benutzer anzeigen.
Diese Bibliothek hat eigene Berechtigungen.
Name
Typ
Berechtigungsstufen
Besitzer von Praxis-Anwender
SharePoint-Gruppe
Vollzugriff
Besucher von Praxis-Anwender
SharePoint-Gruppe
Lesen
Excel Services-Viewer
SharePoint-Gruppe
Nur anzeigen
Mitglieder von Praxis-Anwender
SharePoint-Gruppe
Bearbeiten, Mitwirken

Abb. 5–11 Die SharePoint-Gruppe muss zunächst ausgewählt werden, damit die Berechtigungen für die Bibliothek oder Liste aufgehoben werden können.

Hinweis

Wenn Sie aus einer bestehenden SharePoint-Gruppe Benutzer entfernen, so heben Sie die Berechtigungen dieser Benutzer auch übergeordnet für die gesamte Websitesammlung oder Website auf.

Möchten Sie die Berechtigungsvererbung der übergeordneten Websitesammlung wieder herstellen, so klicken Sie in den Berechtigungen im Register *Berechtigungen* auf die Schaltfläche *Eindeutige Berechtigungen löschen*. Damit werden dann die übergeordneten Berechtigungen erneut vererbt.

5.3.5 Benutzerberechtigungen prüfen

Bei der Vergabe von Rechten auf bestimmten Websites müssen Sie immer das Vererbungsprinzip von SharePoint berücksichtigen. Beachten Sie auch, dass gegebenenfalls Mitarbeiterinnen und Mitarbeiter einer SharePoint-Gruppe zugewiesen sind und dadurch untergeordnete Berechtigungen automatisch aufgehoben werden. Zum Prüfen der Berechtigungen auf einer Website gehen Sie folgendermaßen vor.

1. Wechseln Sie auf die Website, auf der Sie die Berechtigungen prüfen möchten.
2. Wechseln Sie über das Zahnradsymbol in das Menü *Einstellungen*.
3. Wählen Sie im Menü den Befehl *Websiteeinstellungen*.
4. Klicken Sie in der Kategorie *Benutzer und Berechtigungen* auf den Link *Websiteberechtigungen*. Sie sehen die SharePoint-Gruppen, die auf der Website mit unterschiedlichen Rechten vorhanden sind.
5. Zur genauen Berechtigungsüberprüfung von einzelnen Benutzern oder Benutzergruppen klicken Sie im Register *Berechtigungen* auf die Schaltfläche *Berechtigungen überprüfen*.
6. Geben Sie im darauf folgenden Dialog den Gruppennamen oder den Benutzernamen für die Prüfung ein.
7. Bestätigen Sie mit einem Klick auf die Schaltfläche *Jetzt überprüfen*. Ihnen werden die jeweiligen Berechtigungen und die Faktoren untereinander aufgelistet.

5.3.6 Berechtigungsvererbung unterbrechen

Bedenken Sie, dass bei einer Unterbrechung der Berechtigungsvererbung immer die übergeordneten Berechtigungen aufgehoben werden und Kolleginnen und Kollegen gegebenenfalls keinen Zugriff mehr auf Websites besitzen.

1. Wechseln Sie auf die Website, auf der Sie die Berechtigungen unterbrechen möchten.
2. Wechseln Sie über das Zahnradsymbol in das Menü *Einstellungen*.
3. Wählen Sie im Menü den Befehl *Websiteeinstellungen*.
4. Klicken Sie in der Kategorie *Benutzer und Berechtigungen* auf den Link *Websiteberechtigungen*. Sie sehen die SharePoint-Gruppen, die auf der Website mit unterschiedlichen Rechten vorhanden sind.
5. Klicken Sie im Register *Berechtigungen* auf die Schaltfläche *Berechtigungsvererbung beenden*.
6. Bestätigen Sie den darauf folgenden Warnhinweis mit *OK*.

7. Wählen Sie eine vorhandene Benutzergruppe aus oder erstellen Sie an dieser Stelle eine neue Gruppe, die Sie für die Website verwenden möchten.
8. Bestätigen Sie Ihre Auswahl mit einem Klick auf die Schaltfläche **OK**.
9. Fügen Sie bei neu angelegten Benutzergruppen die jeweiligen Benutzer oder Active-Directory-Gruppen hinzu.

5.4 Zusammenfassung

Sie haben festgestellt, dass eine Berechtigungsstruktur eine wichtige Voraussetzung für ein funktionierendes SharePoint-Projekt ist. Ein gut durchdachtes Berechtigungskonzept erspart Zeit und Geld in der Behebung von ungewünschten Berechtigungen. Über Berechtigungsstufen können Sie aus insgesamt 32 Berechtigungen auswählen und damit die Berechtigungen für bestimmte Aktionen einschränken. Sie können diese Berechtigungsstufen jeder beliebigen Benutzergruppe zuweisen. Die Berechtigungsvererbung sollten Sie nur auf untergeordneten Websites unterbrechen. Spezielle Berechtigungsvergaben auf Listen- und Elementebene sind möglich, können jedoch zu chaotischen Berechtigungsvergaben führen.

6 Websites, Bibliotheken, Listen und Apps

Die Frage, die sich stellt, wenn Sie im SharePoint-Portal Informationen bereitstellen und dort bearbeiten möchten, ist die, welche SharePoint-Websitevorlage verwendet werden soll. Ob Sie nun berechtigt sind, eigene SharePoint-Websites anzulegen, oder Ihr SharePoint-Administrator diese Aufgabe für Sie übernimmt, spielt dabei keine Rolle. Denn im Grunde wissen nur Sie, um welche Informationen es sich handelt, die Sie bereitstellen möchten. Die unterschiedlichen SharePoint-Versionen bieten bereits vordefinierte Websitevorlagen, die sich in den Anwendungen unterscheiden. Alle Websitevorlagen liefern bereits mehr oder weniger vordefinierte Websiteelemente, wie sogenannte Bibliotheken und Listen, die auch als *Apps* bezeichnet werden.

6.1 SharePoint-Bibliotheken (Apps)

Eine Bibliothek in SharePoint ist ein Ort zur Ablage und zum Speichern von Dateien. Innerhalb einer Bibliothek können je nach Berechtigung Dateien hochgeladen, geöffnet, aktualisiert und gelöscht werden. Eine Bibliothek ist als eine Liste anzusehen, in der die einzelnen Dateien untereinander aufgeführt werden. Jede Bibliothek besitzt Spaltenüberschriften mit den Eigenschaften der Dokumente, über die sich leicht Dateien filtern und sortieren lassen. Es gibt verschiedene Bibliotheksvorlagen, die für unterschiedliche Anwendungsfälle gedacht sind. Beispielsweise dient eine Dokumentbibliothek dazu, Dokumente zu speichern, aufzurufen und zu ändern. Lassen Sie sich jedoch nicht durch die Bezeichnung Dokumente verwirren, hierzu gehören sämtliche Dateiformate, die Sie täglich anwenden. In eine Dokumentbibliothek können Sie Excel-Arbeitsmappen genauso ablegen wie Bilder oder PowerPoint-Präsentationen. Jedoch ist die Sicht auf Bilder oder Präsentationen in einer Dokumentbibliothek nicht so optimal. Deshalb werden von SharePoint weitere Bibliotheken angeboten. Sie können Bildbibliotheken für Bilder verwenden, die im Unterschied zu einer Dokumentbibliothek über eine Miniaturvorschau oder eine Präsentationsansicht auf die einzelnen Bilddateien verfügen. Jedoch ist bei SharePoint-Bibliotheken im Unterschied zu Windows-Ordnern etwas Wichtiges zu beachten. Während Ihrer täglichen Arbeit mit den bekannten Windows-Ordnern haben Sie gegebenenfalls sehr umfangreiche Ordnerstrukturen erstellt. Diese gelebten Ordnerstrukturen sollten Sie in SharePoint-Bibliotheken nicht anwenden, denn dazu sind die Bibliotheken in SharePoint nicht gedacht. In Bibliotheken arbeiten Sie größtenteils mit verschiedenen Sichten auf die Dateien, so können beispielsweise spezielle Ansichten in einer Bibliothek erstellt werden, denen Sie Filterregeln zuweisen und damit die Dokumente auflisten, die Sie sehen möchten. Damit Sie diese Filterregel erstellen und zuweisen können, ist es jedoch erforderlich, den einzelnen Dateien weitere Eigenschaften, auch Metadaten genannt, zuzuweisen. Erst dann können Sie die gewünschten Ansichten mit solchen Filterregeln erstellen. Möchten Sie innerhalb einer Bibliothek unterschiedliche Dokumentarten, wie beispielsweise Projektprotokolle, Kalkulationen oder Konzepte, abrufen, so können Sie eigene Ansichten mit genau diesen Filterregeln mit den Metadaten Projektprotokolle, Kalkulationen und Konzepte erstellen und diese Ansichten jederzeit auswählen. Damit lassen sich allein die für Sie gerade relevanten Dokumente anzeigen. Es ist also wichtig, dass Sie den Dateien Metadaten zuweisen und keine Ordnerstrukturen anlegen. Genaueres zum Thema Metadaten lesen Sie in Kapitel 11 »*Kommunikation & Marketing*« im Abschnitt 11.9.

SharePoint bietet zusätzlich mehrere mitgelieferte Bibliotheksvorlagen mit vordefinierten Metadaten, die auch als App bezeichnet werden. Während beispielsweise die Dokumentbibliothek für das Speichern von Dokumenten wie Word-, Excel- und PDF-Dateien geeignet ist und die Metadaten *Geändert, Geändert von* aufweist, so bietet eine Bildbibliothek bereits eine Miniaturansicht mit den Metadaten für Bilder wie beispielsweise Bild- und Dateigröße. Je nachdem, welches SharePoint-System Sie verwenden, werden Ihnen unterschiedliche Bibliotheken angeboten. Zusätzlich bietet jede Bibliothek die Möglichkeit, mit Versionen zu arbeiten, wodurch Sie Änderungen an Dokumenten nachverfolgen und gegebenenfalls eine ältere Version wiederherstellen können. Auch das Ein- und Auschecken von Dateien ist innerhalb von Bibliotheken möglich. Damit können Sie Dokumente mit Schreibschutz für Ihr Team bereitstellen oder eine Datei für die alleinige Bearbeitung für sich reservieren.

6.2 Bibliotheksvorlagen

Dokumentbibliothek

Die Dokumentbibliothek bietet sich an, wenn Sie Dateien zentral speichern möchten. Diese Bibliothek steht in allen SharePoint-Systemen zur Verfügung (siehe Abb. 6–1).

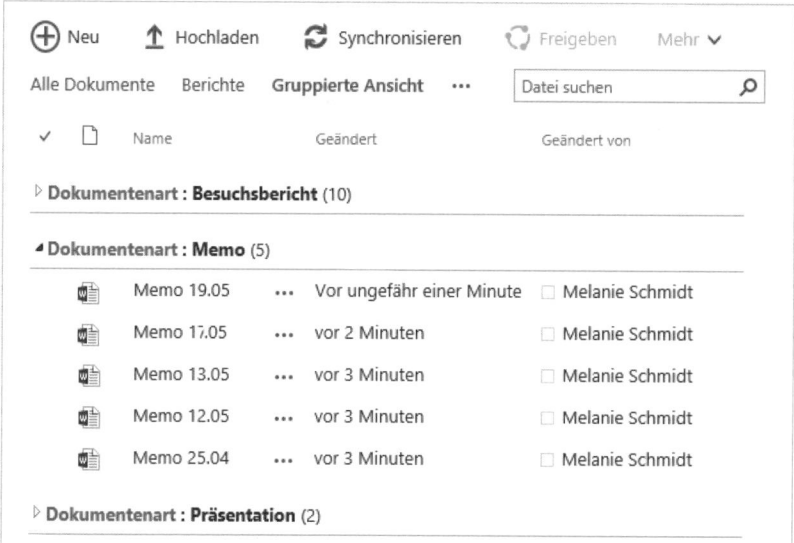

Abb. 6–1   Eine Dokumentbibliothek dargestellt mit einer gruppierten Ansicht, die für diese Bibliothek erstellt wurde

Bildbibliothek

Eine Bildbibliothek wird in allen SharePoint-Versionen angeboten (siehe Abb. 6–2). Verwenden Sie diese Bibliothek, wenn Sie Bilder in SharePoint hochladen und für Mitarbeiterinnen und Mitarbeiter bereitstellen möchten. Die Bibliothek verfügt über bereits mitgelieferte Ansichten wie *Miniaturansichten*, eine Auflistung aller Bilder über die Ansicht *Alle Bilder* und eine Ansicht, in der Sie einzelne Bilder nacheinander anzeigen lassen können.

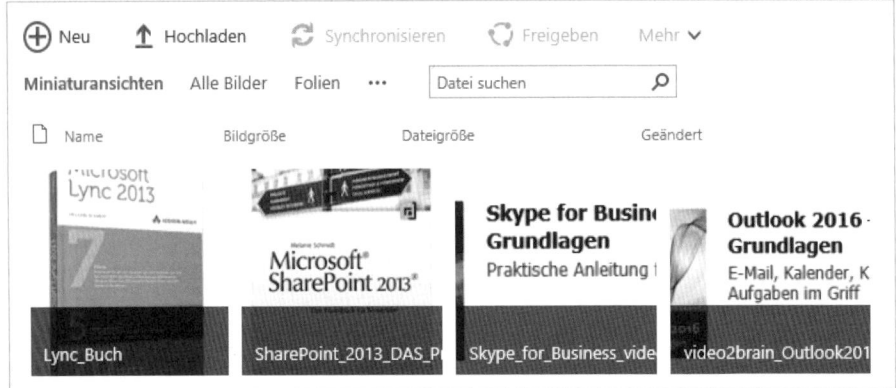

Abb. 6-2   Eine Bildbibliothek mit einer Miniaturvorschau

Objektbibliothek

Einer Objektbibliothek können Sie Rich-Media-Objekte wie Bilder und zusätzlich Audio- und Videodateien hinzufügen. Die Objektbibliothek steht nicht in allen SharePoint-Versionen zur Verfügung.

Datenverbindungsbibliothek

Verwenden Sie die Datenverbindungsbibliothek, wenn Sie per Office Data Connection (ODC) Daten zentral speichern und auf externe Datenquellen zugreifen möchten. Die Datenverbindungsbibliothek steht nicht in allen SharePoint-Versionen zur Verfügung.

Formularbibliothek

Die Formularbibliothek können Sie verwenden, wenn Sie XML-basierte Formulare beispielsweise mit dem Microsoft-Programm InfoPath erstellen und für Ihre Belegschaft zum Ausfüllen bereitstellen möchten. Auch wenn die Bibliothek in allen Versionen angeboten wird, kann sie nur in Verbindung mit den entsprechenden Services verwendet werden, die wiederum nur in einigen Office-365- und Servervarianten zur Verfügung stehen.

Datensatzbibliothek

Die Datensatzbibliothek steht nicht in allen Versionen zur Verfügung. Der Administrator kann diese Bibliothek verwenden, um ein Datenarchiv in SharePoint herzustellen.

Berichtsbibliothek

Die Berichtsbibliothek wird für das Speichern von Excel-Arbeitsmappen, Dashboards oder auch sogenannten KPIs (Key Performance Indicators) verwendet. Die Berichtsbibliothek steht nicht in allen SharePoint-Versionen zur Verfügung.

Wiki-Seitenbibliothek

Die Wiki-Seitenbibliothek steht in allen SharePoint-Versionen zur Verfügung. Sie können damit mehrere einzelne Seiten miteinander verbinden, um beispielsweise Informationen in einem Wiki mit Kolleginnen und Kollegen auszutauschen.

Access-App

Mit einer Access-App können Sie Datenbankanwendungen erstellen und diese über den Webbrowser im SharePoint-Portal bereitstellen. Microsoft stellt eine Auswahl von Vorlagen zur Verfügung, die Sie über den Desktop-Client konfigurieren können. Auch bereits vorhandene Access-Datenbankanwendungen lassen sich in SharePoint integrieren. Die Access-Services und somit die Anwendung stehen nicht in allen SharePoint-Versionen zur Verfügung.

> **Hinweis:**
>
> Beachten Sie, dass einige Bibliotheken voraussetzen, dass bestimmte Features in Ihrem SharePoint-System aktiviert sind. Gegebenenfalls werden Ihnen die Bibliotheken nicht angezeigt. Ebenso stehen bestimmte Bibliotheken nur in den Plänen E oder Office 365 SharePoint Online Plan 2 und den Serverversionen zur Verfügung. Sprechen Sie gegebenenfalls mit Ihrem SharePoint-Administrator. Informationen finden Sie auch unter *www.microsoft.com*.

6.3 SharePoint-Listen (Apps)

Auch wenn Bibliotheken als Listen bezeichnet werden, so unterscheiden sich in SharePoint die Bibliotheken von den Listen darin, welche Informationen gespeichert werden. Während Sie einer Bibliothek Dateien hinzufügen, werden innerhalb von Listen Elemente hinzugefügt. Ein Element ist immer ein Formular, das Sie direkt über den Browser ausfüllen und speichern können (siehe Abb. 6–3). Einem Element wiederum können Dateien angehängt werden. Auch innerhalb von SharePoint-Listen können Sie mit Metadaten arbeiten, sodass sich auch hier gefilterte Ansichten erstellen lassen. Die einfache Versionierung von Elementen ist ebenfalls möglich.

Abb. 6–3   Ein Listenelement wird in einem Formular erstellt.

6.4 Listenvorlagen

SharePoint liefert Ihnen folgende Listenvorlagen. Innerhalb dieser Listenvorlagen sind bereits verschiedene Ansichten und unterschiedliche Metadaten vorhanden.

Ankündigungen

Die Liste *Ankündigungen* eignet sich, wenn Sie auf Ihrer Website beispielsweise Neuigkeiten zu einem Auftrag oder Projekt für Ihr Team bereitstellen möchten. Beim Erstellen einer Ankündigung können Sie ein Ablaufdatum festlegen, bis wann diese Ankündigung auf der Website in einem sogenannten Webpart angezeigt werden soll. Nach dem jeweiligen Ablaufdatum wird die Neuigkeit nicht mehr auf der Website angezeigt, jedoch können Sie jederzeit über die Liste *Ankündigungen*, die sich im Hintergrund Ihrer Website befindet, alle Einträge aufrufen.

Aufgaben

Aufgabenlisten können Sie für Ihre Website verwenden, wenn Sie beispielsweise zu einem Auftrag zentral alle anfallenden Aufgaben im Team verwalten möchten. Sie können Teammitglieder einer Aufgabe zuweisen und diese Aufgabe mit einem Status und einem Fälligkeitsdatum versehen. Alle Teammitglieder können diese Aufgabenliste mit Microsoft Outlook verbinden und darüber alle ihnen zugeteilten Aufgaben verwalten und bearbeiten. Ebenso ist eine Verbindung mit Microsoft Project möglich, sodass auch hier die Bearbeitung über den Desktop-Client gegeben ist. Die Aufgabenliste verfügt über bereits mitgelieferte Ansichten, über die Sie schnell alle oder beispielsweise nur die Ihnen zugeteilten Aufgaben sehen können. Die Aufgabenliste verfügt bereits über spezielle Ansichten, wie eine Zeitachse oder ein Balkendiagramm, mit denen Sie immer den aktuellen Verlauf des Auftrags verfolgen können.

Benutzerdefinierte Liste

Eine benutzerdefinierte Liste können Sie für eigene, individuelle Listen verwenden. Wenn Sie beispielsweise eine Inventarliste in SharePoint pflegen und verwalten möchten, so bietet SharePoint keine Vorlage für das Inventar. Einer benutzerdefinierten Liste müssen Sie jedoch Spaltenüberschriften, also Metadaten, zuweisen (siehe Abb. 6–4). Zusätzlich bietet die benutzerdefinierte Liste die Möglichkeit, beispielsweise ein Excel-Tabellenblatt zu importieren, sodass daraus eine SharePoint-Liste entsteht.

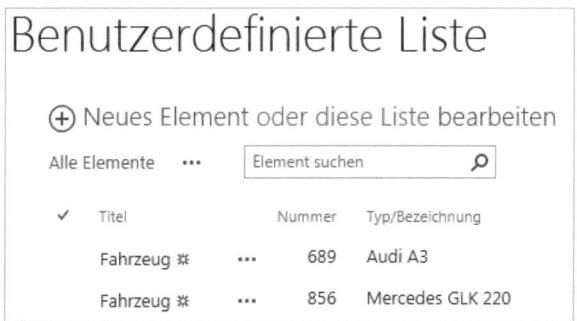

Abb. 6–4   Eine benutzerdefinierte Liste in der Standardansicht

Benutzerdefinierte Liste (in Datenblattansicht)

Die benutzerdefinierte Liste in der Datenblattansicht unterscheidet sich zur vorher genannten benutzerdefinierten Liste darin, dass diese Liste in einer Kalkulationstabelle dargestellt wird (siehe Abb. 6–5).

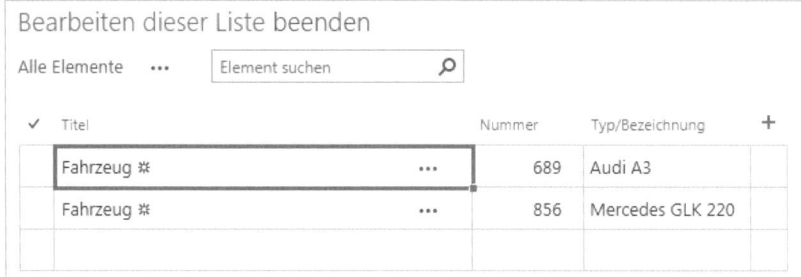

Abb. 6–5 Eine benutzerdefinierte Liste in der Datenblattansicht

Diskussionsrunde

Mit der Liste *Diskussionsrunde* können Sie Teamdiskussionen zentral über Ihre Website anlegen. Teammitglieder haben die Möglichkeit, an einer Diskussion teilzunehmen. Die Diskussionsrunde besitzt vordefinierte Ansichten, die Sie jederzeit auswählen können.

Externe Liste

Mit der externen Liste können Sie sich externe Daten in SharePoint anzeigen lassen, die an einem anderen Ort, also außerhalb von SharePoint, gespeichert sind.

Links

Die Liste *Links* dient dazu, auf einer Website Verweise sowohl auf andere SharePoint- oder Internetwebsites als auch auf Dokumente in SharePoint festzulegen.

Höhergestufte Links

Möchten Sie Links zu anderen Websites als Kacheln erzeugen, so verwenden Sie die höhergestuften Links (siehe Abb. 6–6). Die Liste muss für die Anzeige auf der Website einem sogenannten Webpart hinzugefügt werden.

Abb. 6–6 Zwei erzeugte Links, dargestellt als Kacheln

Kalender

Mit der Liste *Kalender* können Sie im Team Termine festlegen und gemeinsam verwalten. Sie können den SharePoint-Kalender mit Ihrem Microsoft Outlook verbinden und Termine Ihres Teams oder Ihre persönlichen Outlook-Termine per Drag & Drop in den gewünschten Kalender ziehen. Die Outlook-Funktionen der Kalenderüberlagerungen und das Anzeigen des SharePoint-Kalenders neben Ihrem persönlichen Outlook-Kalender sind möglich. Jede Änderung wird sofort beidseitig synchronisiert, jedoch besteht keine Verknüpfung zwischen dem persönlichen Outlook- und dem SharePoint-Kalender. Über einen SharePoint-Kalender können Sie weitere Kalender in einer bestehenden Website zusammenführen, also konsolidieren. Zusätzlich können Sie sich Frei/Gebucht-Informationen von Mitarbeiterinnen und Mitarbeitern von dem Exchange-Server anzeigen lassen. Jedoch müssen die Frei/Gebucht-Informationen von den Kolleginnen und Kollegen freigegeben sein.

Kalkulationstabelle importieren

Mit der Liste *Kalkulationstabelle importieren* können Sie Microsoft-Excel- und kompatible Tabellen in diese SharePoint-Liste importieren.

Kontakte

Die Liste *Kontakte* können Sie mit Ihrem Microsoft Outlook verbinden und Ihre dort gespeicherten Kontakte per Drag & Drop in die SharePoint-Liste ziehen. Damit können Sie bereits bestehende Kontakte in der SharePoint-Liste anzeigen lassen. Auch hier besteht jedoch keine Verknüpfung zwischen den Outlook- und den SharePoint-Kontakten.

Problemverfolgung

Die Liste *Problemverfolgung* hilft Ihnen, Problemfälle innerhalb eines Auftrags oder eines Projekts nachzuverfolgen. Jedem erfassten Problem kann eine Person zugewiesen werden, sodass diese eine Aufgabe zu dem jeweiligen Problem erhält. Über den Status eines Problems können Sie den Fortschritt zu seiner Behebung verfolgen. Durch das Kommentieren des Problemfalls kann eine einfache Dokumentation erfolgen. Für eine grafische Auswertung in einer Microsoft-Visio-, -Project- oder -Excel-Datei können Sie diese Liste mit dem jeweiligen Programm verbinden.

Umfragen

Diese Liste dient der Erstellung und der grafischen Auswertung von Umfragen an Ihre Belegschaft.

Newsfeed

Mit der Liste *Newsfeed* können Sie Informationen mit Kolleginnen und Kollegen kurzfristig teilen und Inhalte posten.

Je nachdem, welche SharePoint-Technologien Sie verwenden und welche Bibliotheken und Listen in Ihrem Unternehmen als Apps freigeschaltet sind, werden Ihnen gegebenenfalls mehrere Bibliotheken und Listen angezeigt. In den nachfolgenden Kapiteln gehe ich auf das Erstellen von Bibliotheken und Listen näher ein.

6.5 Websitevorlagen

Nachdem Sie nun einen Überblick über die bereitgestellten Bibliotheken und Listen erhalten haben, möchte ich Ihnen die Websitevorlagen vorstellen. Eine Websitevorlage beinhaltet meistens Bibliotheken und Listen, die Sie verwenden können. Sie haben jedoch immer die Möglichkeit, zusätzliche Bibliotheken und Listen einer Website hinzuzufügen.

Die Teamwebsite

Die Teamwebsite dient der Zusammenarbeit in einem Team (siehe Abb. 6–7). Diese Website liefert bereits eine Dokumentbibliothek mit dem Namen *Dokumente*. Zusätzlich wird bei Ihnen gegebenenfalls ein *OneNote-Notizbuch* vorhanden sein. Zur Verwendung des OneNote-Notizbuchs ist die Aktivierung des Websitefeatures *Website-Notizbuch* und eine Konfiguration eines Anwendungsservers erforderlich. Wurden in Ihrem System die Microblogging-Features aktiviert, so wird Ihnen im unteren Bereich der Website der *Newsfeedbereich* angezeigt. Auf allen Teamsites wird im oberen Bereich der Webpart *Erste Schritte* angezeigt, der im Verlauf der nächsten Kapitel gegen andere Informationen ausgetauscht wird.

Abb. 6–7 Eine erstellte Teamsite mit einer Dokumentenbibliothek und dem Notizbuch

Blog

Um Meinungen, Ideen oder Ereignisse mit Kolleginnen und Kollegen zu teilen, können Sie die Websitevorlage *Blog* verwenden (siehe Abb. 6–8). Diese Website liefert eine Liste mit Kategorien, die Sie jederzeit und individuell ändern können. So können Sie innerhalb der Blogbeiträge auch nach anderen Kategorien nachschlagen als nach den vorgegebenen. Beiträge können direkt über SharePoint oder aus Microsoft Word heraus erstellt werden, wobei Microsoft Word als *Blogging App* bezeichnet wird. Die Beiträge in einem Blog können von Mitarbeiterinnen und Mitarbeitern erstellt, kommentiert und mit *Gefällt mir* gekennzeichnet werden. Jeder Blogbeitrag wird in der Liste *Blogbeiträge* gespeichert, die über eine vordefinierte Ansicht *Archive* verfügt. Diese Ansicht wird nach Datum sortiert und auf der Website in der Schnellstartnavigation angezeigt. Die Verwendung der Website *Blog* ist in Kapitel 12 »*Projekt- und Eventmanagement*« beschrieben.

Abb. 6–8   Die Websitevorlage *Blog*

Projektwebsite

Die Projektwebsite bietet Ihnen und Ihrem Projektteam einen zentralen Ort zum Verwalten aller projektrelevanten Informationen (siehe Abb. 6–9). So bietet diese Websitevorlage bereits eine Dokumentbibliothek, gegebenenfalls ein OneNote-Notizbuch, eine Projektaufgabenliste, einen Kalender und zusätzlich, wenn Sie mit der Serverversion arbeiten, einen Newsfeedbereich. Die Verwendung der Vorlage ist in Kapitel 12 »*Projekt- und Eventmanagement*« sowie in Abschnitt 10.1 beschrieben.

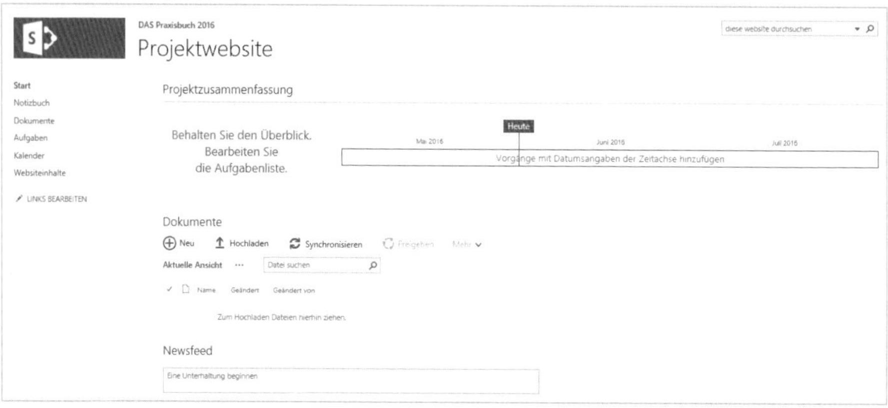

Abb. 6–9 Die Websitevorlage *Projektwebsite*

Communitywebsite

Mit einer Communitywebsite können Sie einen zentralen Ort schaffen, an dem Sie mit Ihren Kolleginnen und Kollegen in verschiedenen Diskussionen in einer Forenumgebung Ideen, Meinungen und Expertenwissen austauschen und erfragen können (siehe Abb. 6–10). Es können Fragen gestellt und beantwortet werden. Antworten auf Fragen werden von den Mitgliedern bewertet, sodass zu bestimmten Fragen die beste Antwort gefiltert werden kann. Durch die aktive Teilnahme an den Communitys werden Communitymitglieder mit einem Punktesystem belohnt. So können Mitglieder, die sehr aktiv sind und qualitativ gute Antworten geben, je nach Einstellungen in Leistungsstufen eingeteilt werden. Die Communitywebsite steht nicht in allen SharePoint-Versionen zur Verfügung. Die Verwendung der Communitywebsite ist in Kapitel 17 »*Personalmanagement*« beschrieben.

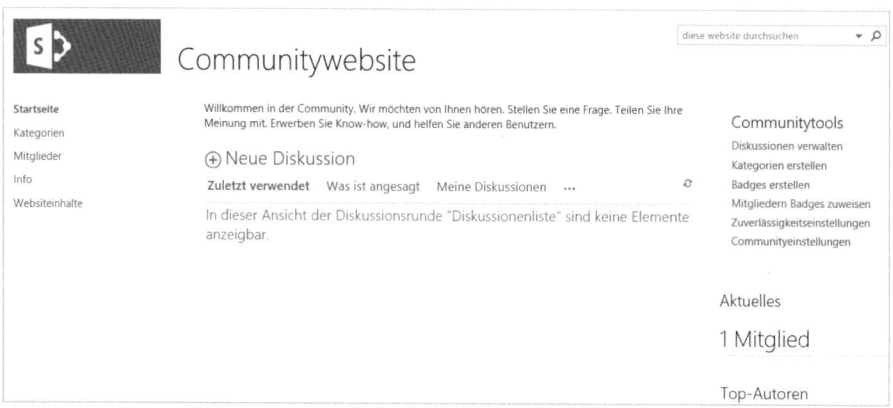

Abb. 6–10 Die *Communitywebsite*

Dokumentcenter

Die Websitevorlage *Dokumentcenter* eignet sich für die zentrale Ablage und Verwaltung vieler Dateien (siehe Abb. 6–11). Innerhalb des Dokumentcenters können Bibliotheken angelegt werden. Die Dateien können in einer Abgabebibliothek gespeichert und mit erstellten Regeln automatisch an die richtige Bibliothek innerhalb des Dokumentcenters weitergeleitet werden. Die Verwendung des Dokumentcenters ist in Kapitel 20 »*Vertragsmanagement*« beschrieben. Die Websitevorlage *Dokumentcenter* ist nicht in allen Versionen vorhanden.

Abb. 6–11 Die Websitevorlage *Dokumentcenter*

Datenarchiv

Die Websitevorlage *Datenarchiv* dient als Ablageort für die aktuellen Kopien aller Datensätze im Unternehmen. Diese Websitevorlage sollte vom SharePoint-Administrator eingerichtet und verwaltet werden. Ebenso sollte sie in einer eigenen, separaten Websitesammlung verwendet werden. Sie können über die Datensatzverwaltung festlegen, dass eingehende Dokumente zu einem Datensatz generiert und an einen anderen Speicherort verschoben werden sollen. Zusätzlich können in dieser Website Regeln festgelegt werden, ob Datensätze gelöscht werden oder für die weitere Bearbeitung geändert werden dürfen.

Business Intelligence Center

Mit der Websitevorlage *Business Intelligence Center* können Sie Datenauswertungen und Analysen in Berichten visuell darstellen (siehe Abb. 6–12). Mithilfe von Microsoft Excel und der mitgelieferten Tools können Sie auf dieser Website beispielsweise Dashboards und interaktive Berichte erstellen. Die Websitevorlage ist jedoch nicht in allen SharePoint-Versionen enthalten.

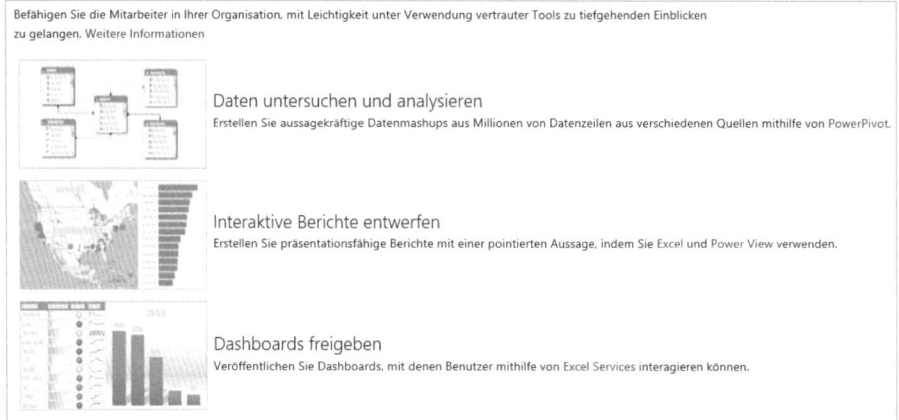

Abb. 6–12   Die Websitevorlage *Business Intelligence Center*

Unternehmenssuchcenter

Die Websitevorlage *Unternehmenssuchcenter* bietet Ihnen die Möglichkeit, allgemeine, personenbezogene Unterhaltungs- und Videosuchvorgänge durchzuführen. Das Unternehmenssuchcenter sollte von der SharePoint-Administration erstellt und konfiguriert werden. Diese Websitevorlage ist nicht in allen SharePoint-Versionen vorhanden.

Basissuchcenter

Die Websitevorlage *Basissuchcenter* ist eine einfache Suchwebsite, die ebenfalls vom SharePoint-Administrator erstellt und konfiguriert werden muss. Das Basissuchcenter ist in allen SharePoint-Versionen vorhanden.

Visio-ProzessRepository

Diese Websitevorlage dient zur Abbildung von Geschäftsprozessen und Diagrammen, die mit Microsoft Visio erstellt und veröffentlicht werden sollen. Für diese Website müssen weitere Dienste aktiviert und gegebenenfalls konfiguriert werden. Zusätzlich müssen Sie sich erkundigen, welche Visio-Version Professional 2016 Pro/Plus Sie in Verbindung mit Ihrem SharePoint für Ihre Geschäftsprozesse benötigen. Die Funktionalitäten der Standardlizenz von Visio werden nicht ausreichen, um Geschäftsprozesse in Webparts darzustellen.

Unternehmenswiki

Mit der Websitevorlage *Unternehmenswiki* können Sie in Ihrem Unternehmen Wissen teilen und veröffentlichen. Die Website bietet den Mitarbeiterinnen und Mitarbeitern die Möglichkeit, Inhalte wie Bilder, Dokumente und Wiki-Seiten zu verfassen und zu veröffentlichen.

6.6 Zusammenfassung

SharePoint liefert eine große Anzahl von Websitevorlagen. Listen und Bibliotheken werden als Apps bezeichnet und es stehen Ihnen verschiedene Listen- und Bibliotheksvorlagen zur Anwendung bereit. Je nach eingesetzten SharePoint-Produkten und -Technologien können Sie mehr oder weniger Vorlagen innerhalb Ihrer SharePoint-Umgebung verwenden. Die angebotenen Vorlagen lassen sich individuell ändern, sodass Websites mit Listen und Bibliotheken angepasst und nach Bedarf ausgetauscht werden können. Zahlreiche Drittanbieter bieten für den jeweiligen Anwendungsfall kostenpflichtige Vorlagen für Websites, Listen und Bibliotheken. Jedoch sollten Sie Ihren Anwendungsfall daraufhin prüfen, ob er gegebenenfalls mit den Standardvorlagen, die Ihr SharePoint-System bereits mitliefert, umzusetzen ist.

7 Die Testumgebung und Anmeldung am Portal

7.1 Eine Testumgebung für dieses Buch beantragen

Damit Sie die Beispiele in diesem Buch ausprobieren können, ist es sinnvoll, wenn Sie sich dazu eine Testwebsite oder eine eigene Websitesammlung oder eine Testversion von Microsoft SharePoint Online anlegen lassen. Achten Sie bei der Onlinevariante auf die Ausstattungen des jeweiligen Plans und informieren Sie sich vorher, ob Sie gegebenenfalls die verwendete URL später in einen anderen Plan mitnehmen können, falls Sie sich für die Onlinevariante entscheiden sollten. Damit Sie die Inhalte dieses Buches auch in Ihrem SharePoint-Portal nachvollziehen und ausprobieren können, gibt es unterschiedliche Anforderungen, die Sie an Ihre IT-Abteilung stellen können. Ich empfehle auch immer der IT-Abteilung, eine neue Websitesammlung für Tests anzulegen. Auf dieser Websitesammlung lassen Sie sich als Websitesammlungsadministrator hinzufügen. Jedoch kann niemand erwarten, dass die IT-Abteilung diese Websitesammlung betreut oder hier großartig Hilfe leistet, denn die richtige Live-Umgebung hat eine hohe Priorität bei der Verfügbarkeit und der Bereitstellung. Deshalb verwende ich in diesem Buch eine Testumgebung. Lassen Sie sich ebenfalls eine Websitesammlung aus der Websitevorlage *Teamsite* mit einem Namen wie *Testumgebung* in Ihrem Portal mit *Vollzugriffsrechten* anlegen. Diese Website kann mit weiteren Unterwebsites bestückt und später als sogenannte Spielwiese zum Ausprobieren verwendet oder auch wieder gelöscht werden. Die in diesem Buch beschriebenen Anwendungsbeispiele können Sie in beiden Varianten, einer Websitesammlung oder einer Website, nachvollziehen und ausprobieren (siehe Abb. 7–1). Ich weise auch darauf hin, dass bestimmte Anwendungsfälle nur mit bestimmten Technologien funktionieren. Bedenken Sie jedoch, dass es Unterschiede in den Anwendungen der jeweils eingesetzten SharePoint-Technologie gibt und einige Darstellungen sich an Ihrem Bildschirm von den Abbildungen im Buch unterscheiden können. In diesem Buch habe ich mich für folgende Struktur entschieden, die wir gemeinsam in den einzelnen Kapiteln anlegen werden:

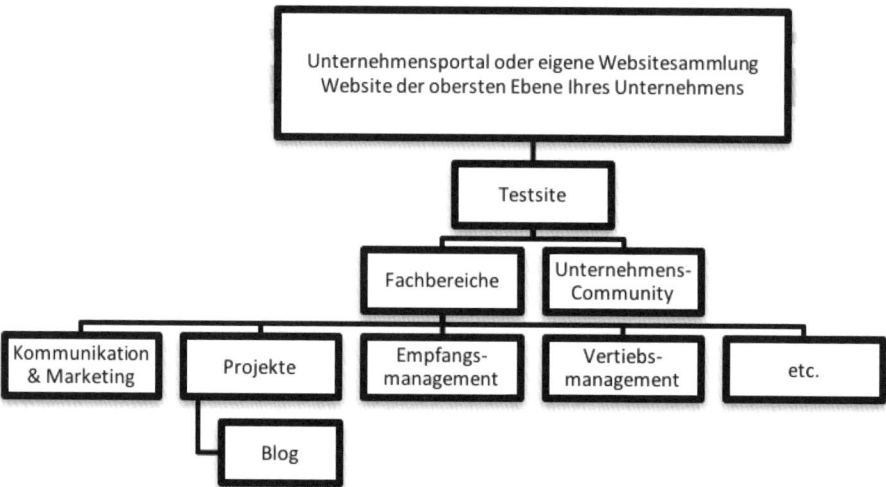

Abb. 7–1   Der strukturelle Aufbau in diesem Buch kann je nach Ihrer Infrastruktur abweichen.

Es kann vorkommen, dass bei Ihnen andere Einstellungen am System vorgenommen wurden oder bestimmte Funktionen noch nicht aktiviert sind. Falls die Navigation sich bei Ihnen anders verhält als in meinen Beispielen, können Sie die angelegten Unterwebsites immer über die Websiteinhalte der übergeordneten Website auffinden.

Im Folgenden werde ich die Websitesammlung für die Beispiele immer die *Testsite* nennen.

Da SharePoint zukünftig als Ihre Arbeitsplattform dienen soll, wäre der einfachste Zugriff auf das Portal, wenn Ihre IT-Abteilung festgelegt hat, dass es Ihnen immer direkt angezeigt wird, sobald Sie Ihr Webbrowserprogramm, also den Internet Explorer oder Firefox, öffnen. Falls es diese Richtlinien in Ihrem Unternehmen nicht gibt oder Ihnen eine separate Websitesammlung bereitgestellt wird, lassen Sie sich einen Link mit der URL per E-Mail zusenden. Nachdem Sie zum Portal navigiert haben, speichern Sie die Website als Favorit in Ihrem Webbrowser.

> **Internet Explorer, Firefox und Co.**
>
> Es gibt sicherlich bestimmte Richtlinien in Ihrem Unternehmen, was die Verwendung von Browserprogrammen angeht. Wenn bei Ihnen festgelegt wurde, dass Sie nur den Internet Explorer verwenden dürfen, so sollten Sie diesen auch verwenden. Denn es wird sonst gegebenenfalls keinerlei Unterstützung bei Problemen durch Ihr Supportteam erfolgen. Sprechen Sie deshalb unbedingt mit Ihrem Supportteam. Auch kann es vorkommen, dass Ihnen bestimmte Inhalte im SharePoint-Portal gegebenenfalls nicht richtig angezeigt werden, dann kann es daran liegen, dass das verwendete Browserprogramm die Anzeige nicht unterstützen kann.

Durch das sogenannte einmalige Anmelden, das durch eine administrative Richtlinie durch den IT-Administrator vorgenommen werden muss, müssen Sie beim Aufsuchen des Portals normalerweise keine weiteren Anmeldungen in Anmeldedialogen durchführen. Es reicht dann aus, dass Sie sich einmalig an Ihrem Arbeitsplatzcomputer anmelden und damit auch den Zugriff auf das SharePoint-Portal erhalten.

7.2 Die Anmeldung am Portal

Wenn Sie von extern auf das Portal über einen Laptop oder per mobilem Client zugreifen möchten, so kann es vorkommen, dass die Richtlinie für das automatische Anmelden nicht auf Ihrem System eingerichtet ist und Sie dann einen Anmeldedialog erhalten. Befragen Sie in diesem Fall Ihren IT-Beauftragten nach der Office-365-Anmeldeadresse oder für den Zugriff auf den Server nach der Domäne, diese wird im Anmeldedialog benötigt. Nachfolgende Schritte sind notwendig, um sich am Portal anzumelden.

7.2.1 Zugang zu Office 365 SharePoint Online

Lassen Sie sich eine E-Mail mit den Anmeldedaten senden.
1. Öffnen Sie die E-Mail-Nachricht, in der sich der Link zum Portal befindet.
2. Klicken Sie auf den Link, Sie wechseln dadurch zur Microsoft-Anmeldesite (siehe Abb. 7–2).

Abb. 7–2 Die Anmeldung bei Office 365 SharePoint Online

3. Ist die einmalige Anmeldung nicht konfiguriert, so wird Ihnen im rechten Fensterbereich ein Anmeldedialog angezeigt. Geben Sie im ersten Eingabefeld zunächst die Anmeldeadresse ein.

4. Klicken Sie in das untere Eingabefeld und geben Sie dort Ihr Kennwort ein, das Sie bei der Windows-Anmeldung am Arbeitsplatz verwenden.
5. Bestätigen Sie Ihre Eingabe mit einem Klick auf *OK*.

7.2.2 Zugang zu SharePoint allgemein

1. Öffnen Sie die E-Mail-Nachricht, in der sich der Link zum Portal befindet.
2. Klicken Sie auf den Link, Sie wechseln dadurch zum Portal und erhalten gegebenenfalls einen Anmeldedialog (siehe Abb. 7–3)

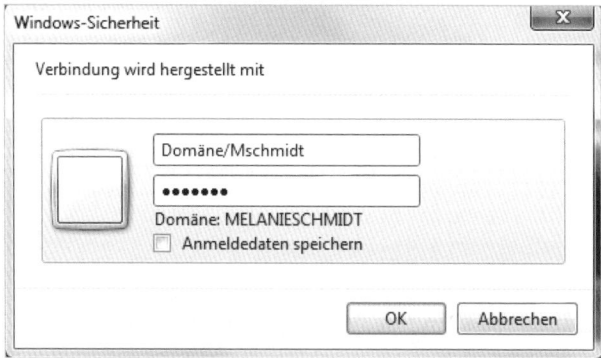

Abb. 7–3 Der Anmeldedialog an einem nicht in der Domäne des Unternehmens integrierten Laptop

3. Kennen Sie nur die Webadresse, die URL, so geben Sie die URL im Adressfeld des Webbrowserprogramms ein und bestätigen Sie mit der *Enter*-Taste.
4. Geben Sie im ersten Eingabefeld zunächst den Namen Ihrer Firmendomäne ein.
5. Geben Sie danach einen Backslash mit der Tastenkombination *ALT-GR+ß* ein.
6. Hinter den Backslash schreiben Sie Ihren Anmeldenamen, den Sie auch bei Ihrer Windows-Anmeldung am Arbeitsplatz verwenden.
7. Klicken Sie in das untere Eingabefeld und geben Sie dort Ihr Kennwort ein, das Sie ebenfalls bei der Windows-Anmeldung am Arbeitsplatz verwenden.
8. Aktivieren Sie das Häkchen bei *Anmeldedaten speichern*, damit Ihre Daten von nun an gespeichert werden.
9. Bestätigen Sie Ihre Eingabe mit einem Klick auf *OK*.

7.3 Erstellen einer Testwebsite zum Ausprobieren

Wenn Sie befähigt sind, in Ihrem Portal eine Website zu erstellen und Sie für diese Beispiele keine eigene Websitesammlung erhalten, so können Sie die Testsite für unsere Beispiele eigenständig erstellen und zu einem späteren Zeitpunkt wieder löschen. Da mir jedoch Hintergrundinformationen zu Ihrem System fehlen, wo genau Sie Zugriffsrechte im Portal besitzen, gehe ich davon aus, dass Sie einen Bereich aufsuchen können, wo Sie Unterwebsites anlegen können. Zum Aufbau einer Struktur muss immer die übergeordnete Website ausgewählt und von dieser Website aus eine Unterwebsite erstellt werden. Gehen Sie folgendermaßen vor, um die Site zu erstellen:

1. Wechseln Sie zunächst auf die Website, auf der Sie berechtigt sind, weitere Unterwebsites zu erstellen.
2. Klicken Sie im oberen, rechten Bereich des Browsers auf das *Zahnradsymbol* und öffnen Sie damit das Menü *Einstellungen* (siehe Abb. 7–4).

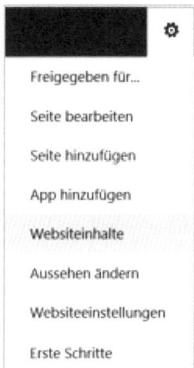

Abb. 7–4   Über das Zahnradsymbol lässt sich das Menü *Einstellungen* öffnen.

3. Wählen Sie im Menü den Befehl **Websiteinhalte** durch einen Klick aus. Wird der Eintrag *Websiteinhalte* nicht angezeigt, so verfügen Sie nicht über die Berechtigungen, weitere Websites oder Apps anzulegen. Sprechen Sie in diesem Fall mit Ihrer IT-Abteilung und lassen Sie sich Zugriffsrechte geben.
4. Unterhalb des Bereichs *Listen, Bibliotheken und andere Apps* sehen Sie den Bereich *Unterwebsites*. Klicken Sie dort auf den Link **Neue Website** (siehe Abb. 7–5).

Abb. 7–5   Der Link *Neue Website* zum Erstellen einer Website

5. Es folgt eine Dialogseite, in der Sie Angaben für die neue Website eingeben (siehe Abb. 7–6). Im Bereich *Titel und Beschreibung* schreiben Sie im Eingabefeld *Titel* »*Testsite*« und im Eingabefeld *Beschreibung*, wozu Sie die Website verwenden: »*Diese Site dient als Spielwiese für Beispiele aus dem Buch Microsoft SharePoint 2016 Das Praxisbuch für Anwender.*«
6. Im Bereich *Websiteadresse* geben Sie als URL-Namen erneut den Titel *Testsite* ein. In diesem Feld dürfen Sie keine Umlaute, Sonderzeichen und Leerschritte verwenden, da diese Eingaben später im Adressfeld des Webbrowsers als Teil der URL erscheinen.

Abb. 7–6 Der Titel, die Beschreibung und der URL-Name der neuen Website

7. Wählen Sie im nächsten Schritt im Bereich *Vorlagenauswahl* die Sprache aus, in der Sie die Site verwenden möchten (siehe Abb. 7–7).
8. Wechseln Sie in das Register *Zusammenarbeit* und wählen Sie die Websitevorlage **Teamwebsite** durch einen Klick aus.

Abb. 7–7 Auswahl der Sprache für die Website und die Auswahl der Websitevorlage im Register *Zusammenarbeit*

7.3 Erstellen einer Testwebsite zum Ausprobieren

9. Wird Ihnen im Bereich *Navigation* die Option *Diese Website in der Leiste für häufig verwendete Links in der übergeordneten Website anzeigen?* angeboten, so aktivieren Sie diese Option, damit Ihnen die Website in der globalen Navigation angezeigt wird und Sie schnell auf andere Websites navigieren können. Wird Ihnen diese Option nicht angeboten, so verwenden Sie andere Funktionalitäten und Sie können zum nächsten Schritt übergehen.
10. Setzen Sie die Option *Ja* im Bereich *Navigationsvererbung* bei *Leiste für häufig verwendete Links der übergeordneten Website verwenden?*. Damit stellen Sie sicher, dass Ihnen die bereits angelegten Websites in der globalen Navigation auch auf der Teamsite angezeigt werden und Sie darüber schnell in andere Websites navigieren können.
11. Übernehmen Sie alle weiteren Einstellungen und bestätigen Sie Ihre Eingaben mit einem Klick auf die Schaltfläche *Erstellen*. Sie werden direkt auf die Teamwebsite weitergeleitet (siehe Abb. 7–8).

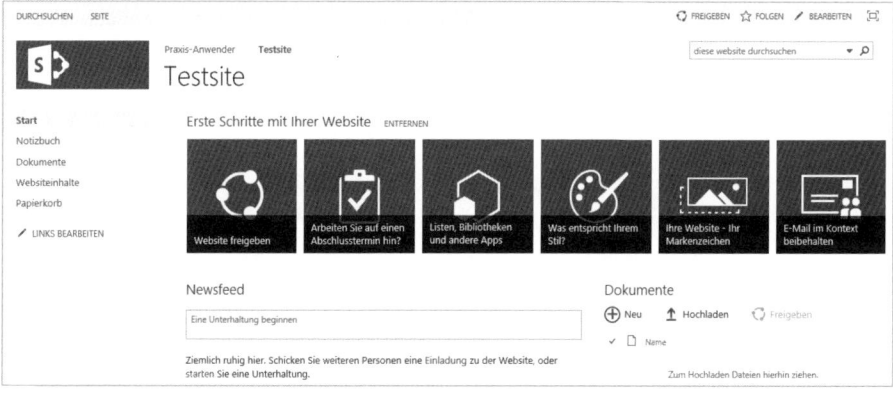

Abb. 7–8 Die erstellte Website *Testsite*

Diese Website wird nun der Ausgangspunkt für die weiteren Beispiele in diesem Buch sein.

12. Für die Beispiele im Buch benötigen Sie eine weitere Website namens **Fachbereiche**, die in der Struktur unterhalb der Teamsite festgelegt wurde. Navigieren Sie aus diesem Grund zunächst auf die Website *Testsite* und erstellen Sie eine weitere Website mithilfe der Websitevorlage *Teamwebsite* und geben Sie ihr den Namen *Fachbereiche*. Übernehmen Sie die Einstellungen, die Sie auch für die Testsite verwendet haben.

8 Grundlegendes einer SharePoint-Website

Der Aufbau eines jeden SharePoint-Portals orientiert sich an der gelebten Philosophie eines Unternehmens, es kann somit unterschiedlich aufgebaut sein. Deshalb ist eine vereinfachte Struktur im Portal oder auf einer Websitesammlung von sehr großer Bedeutung. Dennoch ist es von Vorteil, wenn Sie einige Begrifflichkeiten kennenlernen, denn Sie werden auf unterschiedlichen Websites und ihren Websiteelementen wie beispielsweise in Listen und in Bibliotheken navigieren. Beachten Sie jedoch bei der Arbeit mit diesem Buch, dass sich die von mir verwendeten SharePoint-Technologien von Ihren eingesetzten Technologien gegebenenfalls unterscheiden. Auch die angezeigten Websiteelemente auf der jeweiligen Site können sich unterscheiden, da eventuell bereits Websiteinhalte oder Anpassungen am Aussehen von Kolleginnen und Kollegen Ihres Unternehmens im SharePoint-Portal vorgenommen oder bereits mit eigenen Namensgebungen eingebracht wurden. Die Websiteelemente und der Aufbau einer Website sind auch davon abhängig, welche Websitevorlage beim Erstellen einer Website verwendet wurde. Jedoch sind die grundlegenden Elemente auf allen Websites identisch.

8.1 Die Website

Eine Website besteht immer aus unterschiedlichen Websiteelementen und ist der Einstieg in eine Abteilungs-, Team- oder Projektwebsite. Diese Website können Sie sich als einen Raum vorstellen. Hier sehen Sie beispielsweise einen Aktenschrank für die Dateiablage, gegebenenfalls werden aktuelle Regeltermine angezeigt, die für die nächsten Monate anliegen. Eventuell wird Ihnen aber auch eine Zeitachse mit aktuellen Aufgaben dargestellt oder Sie sehen wichtige Anweisungen, die gerade erst veröffentlicht wurden. Beim Betreten der Website sollten Sie also alle wichtigen und aktuellen Informationen Ihrer täglichen Arbeit wiederfinden. Die Informationen, die beim Einstieg auf der Website angezeigt werden, können individuell und nach Ihren Bedürfnissen angepasst werden. Möchten Sie jedoch alle Dateien oder Termine innerhalb der Website sehen, so wechseln Sie über die Schnellstartnavigation in die jeweilige Ablage, der sogenannten Dokumentenbibliothek oder in den Kalender.

8.2 Die aktuelle Schnellstart- und Seitennavigation

Auf der linken Seite des Programmfensters finden Sie die aktuelle Schnellstart- und Seitennavigation (siehe Abb. 8–1). Darüber gelangen Sie schnell in die jeweilige Bibliothek oder zu anderen Websiteelementen, um dort tiefer als auf der Einstiegs-Website Dateien oder Informationen abzurufen. Diese Navigation ist außer von den angezeigten Links von der gewählten Websitevorlage abhängig. Es können Ihnen mehr Seiteninhalte angezeigt werden, als in der nachfolgenden Abbildung dargestellt. Die Schnellstartnavigation lässt sich individuell und nach Ihren Bedürfnissen anpassen.

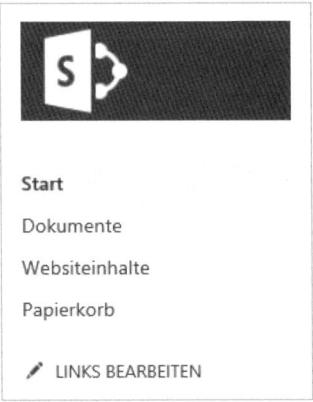

Abb. 8–1 Über die Schnellstartnavigation kann schnell in die Websiteelemente gesprungen werden. Die Anzeige der Websiteelemente ist von der verwendeten Websitevorlage abhängig.

Über den Link *Start* gelangen Sie schnell wieder zurück auf die Einstiegswebsite (siehe Abb. 8–1).

> **Hinweis**
>
> Wenn die Schnellstartnavigation bei Ihnen ganz anders aussieht, kann es möglich sein, dass bei Ihnen dieser Bereich programmatisch angepasst oder die Links entfernt wurden, da diese für Ihren Bereich nicht benötigt werden.

8.2.1 Notizbuch

Gegebenenfalls wird in Ihrer Schnellstartnavigation der Link *Notizbuch* angezeigt. Dieses Notizbuch ist eine Verlinkung zu Microsoft OneNote-Notizbuch. Für die Verwendung des Notizbuches muss zusätzlich das Websitefeature *Website-Notizbuch* aktiviert werden. Auch muss durch Ihre IT-Administration eine weitere Konfiguration des sogenannten WAC-Servers vorgenommen werden. In Abschnitt 9.3 gehe ich kurz auf die Notizbuchfunktion ein.

8.2.2 Papierkorb

Über den Link *Papierkorb* gelangen Sie in den Papierkorb der jeweiligen Website. Hier können Sie alle die von Ihnen gelöschten Informationen wiederherstellen. Zum Wiederherstellen einer Datei, die eine andere Person gelöscht hat, müssen Sie die Person ansprechen, die das Löschen durchgeführt hat, oder der jeweilige Websitesammlungsadministrator kann alle Dateien im Papierkorb für eine festgesetzte Zeit wiederherstellen.

> **Hinweis**
>
> Falls bei Ihnen der Link *Papierkorb* nicht angezeigt wird, können Sie über das Zahnradsymbol der Website, oben rechts im Fenster, in die Websiteinhalte wechseln. Dort finden Sie im oberen, rechten Bereich den Link *Papierkorb* (siehe auch den nachfolgenden Abschnitt).

8.2.3 Websiteinhalte

Über den Link *Websiteinhalte* gelangen Sie in den Hintergrund der Website und können hier die einzelnen Websiteelemente, wie Bibliotheken und Listen, sehen. Auch das Erstellen von neuen Listen und Bibliotheken erfolgt über den Link. Wird dieser Link bei Ihnen nicht angezeigt, so wurde er entfernt. Sie können die Websiteinhalte ebenso über das Zahnradsymbol, dem Menü *Einstellungen* öffnen (siehe Abschnitt 8.8).

8.2.4 Links bearbeiten

Sie finden den Befehl *Links bearbeiten* hinter der globalen oder unterhalb der Schnellstartnavigation. Dieser Befehl hilft Ihnen, die jeweilige Navigation schnell anzupassen. Sie können Links entfernen oder weitere Links schnell hinzufügen.

8.3 Der App Launcher

Im oberen, linken Bereich des Programmfensters sehen Sie in einer separaten Navigationskachel den App Launcher, über diese Navigation können Sie persönliche Apps, die in Ihrer SharePoint-Umgebung bereitgestellt wurden, öffnen (siehe Abb. 8-2). Je nach eingesetztem System werden Ihnen hier gegebenenfalls mehr Apps angezeigt (siehe Abb. 8-3). In meinem System werden die drei Kacheln *Newsfeed*, *OneDrive* und *Websites* angezeigt (siehe Abb. 8-2). Bei dieser Navigation handelt es sich um die Integration einer SharePoint-Website, die Ihnen persönlich zur Verfügung steht. Falls Sie nun auf eine der Kacheln geklickt haben, klicken Sie einmal auf die Schaltfläche *Zurück* in Ihrem Webbrowser.

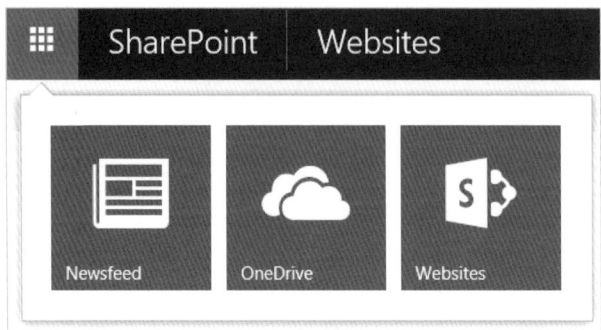

Abb. 8–2 Über den App Launcher lassen sich weitere Funktionalitäten Ihrer persönlichen Arbeitsumgebung öffnen.

Abb. 8–3 Der App Launcher am Beispiel einer Office-365-Umgebung und mit zusätzlichen Anwendungsmöglichkeiten

In diesem Buch gehe ich auf die Funktionalitäten der vom Server mitgelieferten Apps und die Standard-Office-Programme ein.

8.3.1 Newsfeed

Mit dem Serverfeature *Newsfeed* haben Sie die Möglichkeit, interessante Aktivitäten von bestimmten Kolleginnen und Kollegen anzeigen zu lassen und zu verfolgen. Auch Ihre Kolleginnen und Kollegen können, wenn Sie es möchten, Ihre Aktivitäten sehen und sie sich aktualisiert anzeigen lassen. Mit den Newsfeeds können Sie auch Nachrichten posten oder Dateien teilen. Jedoch gibt es Unternehmen, wo der Einsatz von Newsfeed nicht gewünscht und somit nicht installiert ist. Fragen Sie gegebenenfalls Ihren SharePoint-Verantwortlichen. Wie Sie Ihre Newsfeed-Einstellungen vornehmen, erkläre ich in Abschnitt 10.1.

8.3.2 Die Kachel »OneDrive«

Das Server- und Onlinefeature *OneDrive for Business* dient Ihnen zum Ablegen von Dateien, wie Sie es gegebenenfalls aus Microsoft Windows über den Ordner *Eigene Dateien* bereits kennen. Sie können über OneDrive Ihre persönlichen Dateien jederzeit speichern und von diesem Speicherort abrufen. Außerdem können Sie über OneDrive Dateien und Ordner für andere Personen freigeben oder Ihre persönlichen Inhalte, die Sie dort abgelegt haben, beispielsweise jederzeit mit Ihren mobilen Geräten, wie das iPhone oder Windows Phone, synchronisieren. OneDrive wird von Ihrem Unternehmen entweder in der sogenannten Cloud über Office 365 oder über den SharePoint-Server bereitgestellt und gesichert. Die Verwendung von OneDrive for Business beschreibe ich in Abschnitt 9.4.

8.3.3 Die Kachel »Websites«

So wie Sie interessanten Aktivitäten von Personen Ihres Unternehmens mit dem Server- und Onlinefeature *Newsfeed* folgen können, so können Sie auch für Sie freigegebene Websites und deren Inhalte verfolgen. Somit bleiben Sie immer auf dem Laufenden. Über die Kachel sowie die Schaltfläche *Websites* werden Ihnen immer auch für Sie freigegebene Websites vorgeschlagen, die interessant für Sie sein könnten. In Kapitel 10 »*Ihre persönliche Website*« gehe ich näher auf das Thema ein.

8.4 Menüband & Register

SharePoint verfügt wie Microsoft Office auch über das sogenannte Menüband, über das Sie bestimmte Befehle aufsuchen und ausführen können. Die Menübänder werden standardmäßig im oberen Bereich der Website reduziert dargestellt, sodass Sie die Befehle erst sehen können, wenn Sie eine Registerkarte anklicken und damit öffnen (siehe Abb. 8–4). Auf einer SharePoint-Website werden beispielsweise die Registerkarten *Durchsuchen* und *Seite* angezeigt, während Sie in einer Bibliothek zusätzlich zur Registerkarte *Durchsuchen* die Register *Dateien* und *Bibliothek* sehen können (siehe Abb. 8–5). Die Anzeige der jeweiligen Registerkarten ist davon abhängig, wo Sie sich gerade auf einer Website oder in einem Websiteelement befinden.

Abb. 8–4 Die Register *Durchsuchen* und *Seite* auf einer SharePoint-Website

Abb. 8–5 Innerhalb der Bibliothek *Dokumente* werden zusätzlich zum Register *Durchsuchen* die Register *Dateien* und *Bibliothek* angezeigt.

Durch das direkte Anklicken einer Registerkarte wird das Menüband erweitert und die im Kontext stehenden Befehle werden angezeigt (siehe Abb. 8–6).

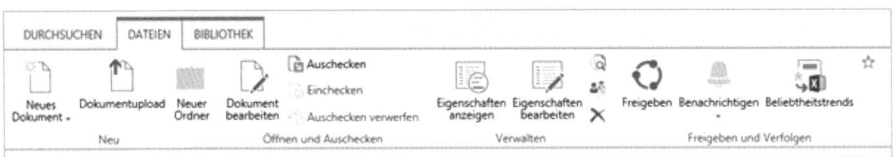

Abb. 8–6 In diesem Beispiel wurde das Register *Dateien* angeklickt und dadurch das Menü geöffnet. Befehle, die im Kontext zur ausgewählten Datei stehen, können hier verwendet werden.

Durch das Anklicken des Registers *Durchsuchen* wird das Menüband erneut im reduzierten Modus dargestellt.

> **Tipp**
> Sie können auch doppelt auf ein Register klicken, um es reduziert oder erweitert darstellen zu lassen.

8.5 Das Websitelogo

Im oberen, linken Bereich finden Sie immer das Websitelogo. Durch einen Klick auf das Logo gelangen Sie auf die Einstiegsseite der aktuellen Website zurück. Dieses Logo können Sie anpassen, wenn in Ihrem Unternehmen keinerlei Anpassungen am Design der Websitevorlagen vorgenommen und verwendet werden müssen. Befragen Sie gegebenenfalls Ihren SharePoint-Verantwortlichen, ob das Logo individuell von Ihnen ersetzt werden darf.

8.6 Die globale oder obere Navigation

Um in der Websitestruktur navigieren zu können, verwenden Sie die globale Navigation. Diese Navigation befindet sich im oberen Bereich der Website und kann immer über das Register *Durchsuchen* eingeblendet werden. Beachten Sie, dass Ihre Navigation sich von der hier aufgezeigten Navigation durchaus unterscheiden kann. Grundsätzlich jedoch soll Ihnen die globale Navigation dazu dienen, innerhalb des SharePoint-Portals zu wechseln und bestimmte Bereiche aufzusuchen. Die Website, die Sie über den angezeigten Link angeklickt haben, wird im Standard farblich hervorgehoben. Die globale Navigation kann je nach verwendeten SharePoint-Technologien und programmatischen Einfluss unterschiedlich sein. In Abbildung 8–7 handelt es sich um die Technologien von SharePoint-Server. Hier können Unterwebsites oder Eigenschaften, die definiert werden müssen, über einen Drop-down-Pfeil aufgelistet werden.

> **Hinweis**
>
> Der Drop-down-Pfeil kann nur angezeigt werden, wenn das Websitesammlungsfeature *SharePoint Server-Veröffentlichungsinfrastruktur* aktiviert ist. Zusätzlich muss auf der übergeordneten Website immer festgelegt werden, dass Unterwebsites in der globalen Navigation angezeigt werden sollen.

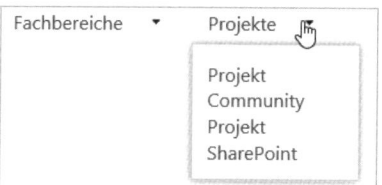

Abb. 8–7 Die globale Navigation, hier mit einer Auflistung weiterer Projektbereiche

8.7 Die Breadcrumb-Navigation

Die Breadcrumb-Navigation, auch Brotkrümelnavigation genannt, wird Ihnen innerhalb von Websiteelementen wie in den Einstellungen angezeigt (siehe Abb. 8–8). Über diese Navigation können Sie auf vorher aufgesuchte Sites zurücknavigieren.

Abb. 8–8 Die Breadcrumb-Navigation innerhalb der Einstellungen der Bibliothek *Dokumente*

8.8 Das Menü »Einstellungen«

Wenn Sie dazu berechtigt sind, auf der aktuellen SharePoint-Website Einstellungen zu ändern wie beispielsweise Berechtigungen oder die Beschreibung einer Website hinzuzufügen, dann verwenden Sie das Menü *Einstellungen*. Sie finden dieses Menü im oberen, rechten Fensterbereich, dargestellt mit dem Zahnradsymbol (siehe Abb. 8–9). Einstellungen an den Berechtigungen und der jeweiligen Website nehmen Sie während der Arbeit mit diesem Buch ständig vor.

Abb. 8–9   Je nachdem, welche Berechtigung Sie besitzen, werden Ihnen mehr oder weniger Befehle über das Menü *Einstellungen* angezeigt.

8.9 Das Menü »Einstellungen« in Office-365-Bibliotheken

In den Bibliotheken der Onlinevariante von SharePoint können Sie ein neues Aussehen der Bibliotheken festlegen. Ihnen werden dann keine Registerreiter angezeigt. Änderungen an den Dateien können Sie dann direkt in der Bibliothek vornehmen. Für Einstellungen der Bibliothek verwenden Sie ebenfalls das Menü, dargestellt mit dem Zahnradsymbol (siehe Abb. 8–10).

Abb. 8–10   Die Bibliothekseinstellungen innerhalb einer Dokumentenbibliothek in einer SharePoint-Online-Variante

8.10 Website freigeben oder Inhalte synchronisieren

Sie haben über die Navigation, ebenfalls oben rechts im Programmfenster, die Möglichkeit, Websites schnell für andere Personen freizugeben oder auch alle Inhalte der Website auf Ihrem Computer zu synchronisieren (siehe Abb. 8–11). Über die Freigabe der Website werden jedoch planlos Berechtigungen vergeben, die gegebenenfalls so nicht von Ihnen gewünscht sind. Lesen Sie deshalb vor der Freigabe der Website Kapitel 5 »*Berechtigungen und Vererbung*«. Sie sollten die aktuelle Website immer über das Register *Seite* zur Bearbeitung öffnen, denn über die Schaltfläche *Bearbeiten* können Sie die Seite vor dem Bearbeiten auschecken und für die alleinige Bearbeitung reservieren.

Abb. 8–11   Über die Schaltfläche *Bearbeiten* können Sie die aktuelle Website bearbeiten und ihr Aussehen und die Anordnung der Websiteelemente verändern.

> **Hinweis:**
>
> Wenn Sie eine Teamsite oder Wiki-Seite anpassen möchten, während andere Personen die Seite ebenfalls bearbeiten, kommt es zum Speicherkonflikt. Deshalb ist es ratsam, eine Teamsite oder eine Wiki-Seite vor der Bearbeitung auszuchecken, damit reservieren Sie die Seite für die alleinige Bearbeitung und andere Benutzer können die Seiteninhalte erst aktualisiert sehen oder bearbeiten, wenn Sie die Teamsite oder die Wiki-Seite wieder einchecken. Dadurch vermeiden Sie den Speicherkonflikt.

8.11 Die Schaltfläche »Fokus auf Inhalt«

Während der Arbeit auf einer Website können Sie die jeweiligen Navigationselemente wie die globale und die Schnellstartnavigation jederzeit aus- und einblenden. Dafür verwenden Sie die Schaltfläche *Fokus auf Inhalt* (siehe Abb. 8–12) Diese finden Sie ebenfalls oben rechts im Programmfenster und sie eignet sich gerade für die Darstellung auf mobilen Geräten.

Abb. 8–12   Zum Aus- oder Einblenden der Navigationselemente klicken Sie auf die Schaltfläche *Fokus auf Inhalt*.

8.12 Das Eingabefeld »Suchen«

Je nach Konfiguration Ihres SharePoint-Systems können über die Suche weitere Serversysteme in die Suche integriert werden. Über das Eingabefeld *Suchen* können Sie dann auf der aktuellen SharePoint-Website, im gesamten SharePoint-Portal und gegebenenfalls auf dem Exchange- und Fileserver nach bestimmten Inhalten suchen lassen (siehe Abb. 8–13). Die Suche beschreibe ich in Abschnitt 9.5.

Abb. 8–13   Klicken Sie in das Eingabefeld *Suchen*, um nach bestimmten Inhalten auf der aktuellen SharePoint-Website zu suchen.

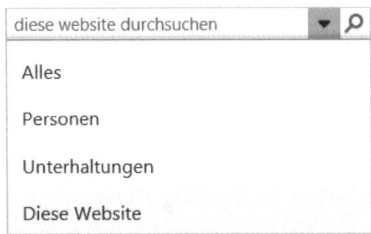

Abb. 8–14   Die Auswahl der Suche, wenn weitere Systeme in die Suche integriert wurden

8.13 Der Seiteninhalt und Webparts

Im mittleren Bereich des Programmfensters sehen Sie die Seiteninhalte einer SharePoint-Website. Die Anordnung der Inhalte ist abhängig von der verwendeten Websitevorlage. Um Websiteinhalte auf einer Website anzeigen zu lassen, benötigen Sie nicht immer Programmierkenntnisse. Es gibt Steuerelemente, die als *Webparts* bezeichnet und über die ASP.Net-Technologie von Microsoft entwickelt werden (siehe Abb. 8–15). Je nach eingesetzter SharePoint-Technologie stehen Ihnen mehr oder weniger umfangreiche Webparts zur Verfügung, die Sie einer Website hinzufügen und damit Informationen abfragen können. Webparts werden immer in einzelnen Zonen, auch Webpartzone genannt, dargestellt und lassen sich meistens anpassen. Ein Webpart steuert die Sicht auf die von Ihnen gewünschten Inhalte. Sie können einem Webpart vorhandene Listen und Bibliotheken, die sich auf der Website befinden, hinzufügen und somit deren Inhalte dynamisch anzeigen lassen. Über Webparts können Sie Abfragen starten, um gezielt Inhalte von einer oder mehreren Websites abzurufen. Jedoch stehen in den verschiedenen SharePoint-Versionen nicht immer alle SharePoint-Webparts zur Verfügung. Außerdem ist es notwendig, verschiedene Websitesammlungs- und Websitefeatures zu aktivieren, damit bestimmte Webparts für die Verwendung bereitstehen. Für die Gestaltung der Website benötigen Sie die entsprechenden

Berechtigungen. Weitere Informationen zu den Berechtigungen finden Sie in Kapitel 5 »*Berechtigungen und Vererbung*«.

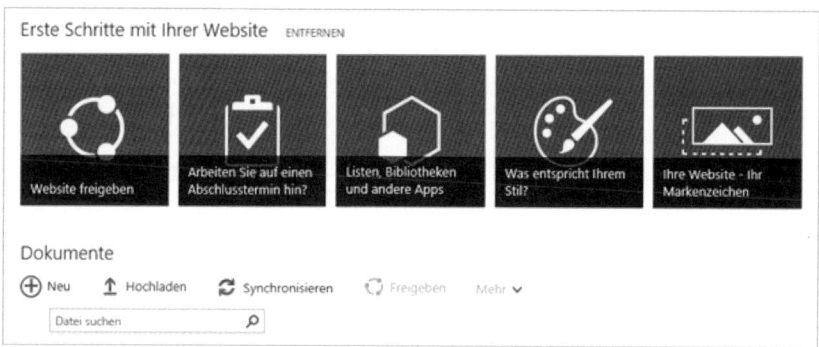

Abb. 8–15 Das Bereitstellen von bestimmten Informationen erfolgt über Webparts auf den SharePoint-Websites. Hier sehen Sie den Webpart *Erste Schritte* und die Bibliothek *Dokumente*.

8.13.1 Die Kacheln »Erste Schritte«

Sobald eine neue Website erstellt wird, werden Ihnen die Kacheln *Erste Schritte* angezeigt. Diese Kacheln sollen Ihnen helfen, wichtige Aktionen und Befehle schnell aufzurufen. Hinter den Kacheln stecken Links, die Sie an die jeweiligen Dialoge und Befehle weiterleiten.

8.14 Zusammenfassung

In diesem Kapitel wurden Ihnen die einzelnen Begrifflichkeiten zu den Websiteelementen vermittelt. Eine Website besteht immer aus mehreren Navigationselementen, die Sie jederzeit ein- oder ausblenden können. Die angezeigten Inhalte einer Website können bei Ihnen unterschiedlich aussehen, da eine andere Technologie in Ihrem Unternehmen verwendet wird oder die Navigation jeweils programmatisch von Entwicklern angepasst wurde. Zusätzlich lassen sich die persönlichen Features, je nach verwendeter Technologie, schnell über den App Launcher öffnen. In die Websiteeinstellungen kommen Sie, je nach Berechtigung, über die Schaltfläche *Einstellungen*, dargestellt als Zahnradsymbol.

9 Schnelleinstieg

In diesem Kapitel gehe ich ohne umfangreiche Beschreibungen auf die alltäglichen Anwendungsschritte im SharePoint-Portal ein. Es geht darum, dass Sie immer schnell einmal nachlesen können, wenn Ihnen der eine oder andere Schritt zur Arbeit mit Dateien nicht bekannt ist. Ebenso stelle ich in diesem Kapitel weitere Funktionalitäten und Programme, wie Microsoft Office Web Apps, Microsoft OneNote und Microsoft OneDrive for Business, die Ihnen im SharePoint-Alltag bestimmt einmal begegnen, nur kurz vor. Möchten Sie gegebenenfalls tiefer in eines der Programme einsteigen, so gibt es wie für die Office-Anwendungen Excel, Word und Co. auch weiterführende Literatur; in diesem Buch geht es ja eigentlich um SharePoint und nicht darum, wie Sie Word, Excel und Co. anwenden.

9.1 Arbeiten mit Dateien in Bibliotheken

Sie werden täglich in Bibliotheken arbeiten, um Dateien aufzusuchen und zu bearbeiten. Hier eine Kurzanleitung, die Ihnen bestimmte Schritte für die Arbeit mit Bibliotheken erleichtern soll. Beachten Sie immer, dass alle Einstellungen zu den Bibliotheken in den anderen Kapiteln tiefgehend erklärt werden.

9.1.1 Hilfreiche Tastenkombinationen in Bibliotheken

Sie möchten ...	Tastenkombination
eine neue Datei erstellen	ALT+N
ein Dokument hochladen	ALT+U
das Kontextmenü MEHR öffnen	ALT+M
eine Datei freigeben	ALT+S
eine Bibliothek synchronisieren	ALT+Y
eine Datei löschen	Datei auswählen ENTF

Tab. 9–1   Tastenkombinationen innerhalb einer Bibliothek

9.1.2 Unterschied Online- und Server-Bibliothek

Microsoft bietet aktuell in der Onlineversion an, dass die Darstellung einer Dokumentenbibliothek verändert werden kann. Dadurch kann es vorkommen, dass die typische Darstellung der Dokumentenbibliothek, so wie ich sie im Buch verwende, bei Ihnen dem neuen Design nicht entspricht. Deshalb kurz die Unterschiede der klassischen vom Server bereitgestellten (siehe Abb. 9–1) und die mit dem neuen Design angebotenen Bibliotheken der Onlineversionen (siehe Abb. 9–4).

Die klassische SharePoint-Bibliothek (Server)

Hier sehen Sie die klassische SharePoint-Bibliothek, die ich im Buch verwende.

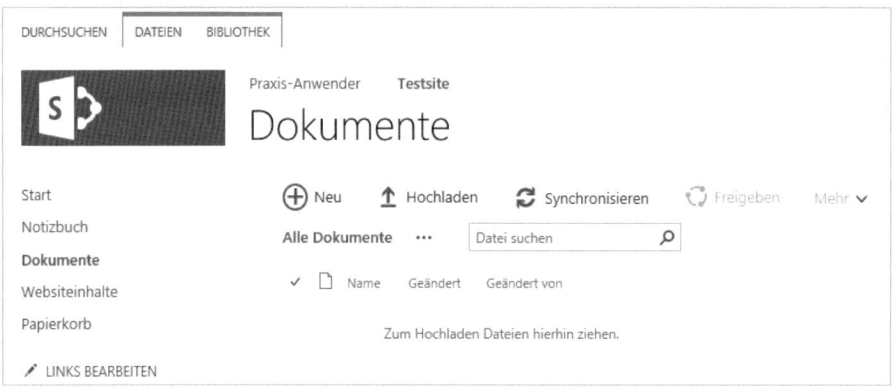

Abb. 9–1 Die klassische Bibliothek besitzt immer zwei Registerreiter, *Dateien* und *Bibliothek*. Mit diesen Registern können Befehle zu den jeweiligen Dateien ausgeführt werden oder die Einstellungen der Bibliothek vorgenommen werden.

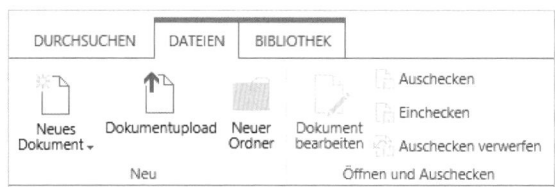

Abb. 9–2 Das Register *Dateien* mit den im Kontext stehenden Befehlen für die ausgewählten Dateien

Abb. 9–3 Das Register *Bibliothek* mit der typischen Schaltfläche *Bibliothek*einstellungen ganz rechts im Menüband.

9.1 Arbeiten mit Dateien in Bibliotheken

Das neue Design und die Darstellung einer SharePoint-Bibliothek (Online)

Hier sehen Sie die Darstellung einer SharePoint-Bibliothek in der Onlineversion:

Abb. 9–4 Die Bibliothek besitzt keine Register. Sobald eine Datei ausgewählt ist, können über das Menü, dargestellt mit den drei Punkten, weitere im Kontext stehende Befehle ausgewählt werden.

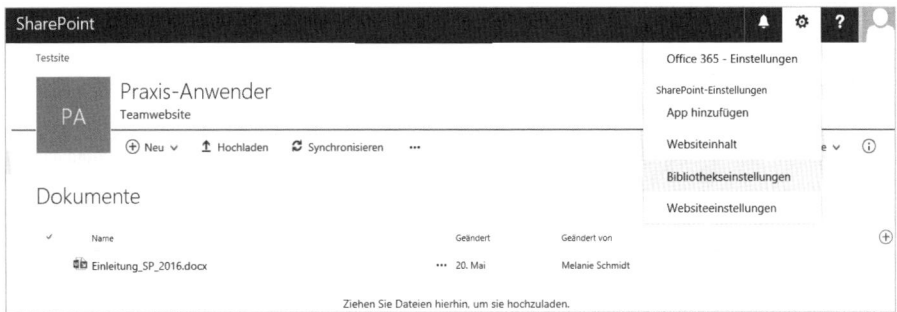

Abb. 9–5 Über das Zahnradsymbol für die Einstellungen können die Bibliothekseinstellungen geöffnet werden, die in der klassischen Bibliothek über das Register *Bibliothek* geöffnet werden.

Die Einstellungen selbst unterscheiden sich nicht (siehe Abb. 9–6).

Abb. 9-6 Die Einstellungen sehen in beiden Varianten identisch aus. Hier angezeigte Links sind jedoch von der grundsätzlichen Konfiguration des jeweiligen SharePoint-Systems unterschiedlich.

9.1.3 Dateien hochladen

Sie möchten eine Datei hochladen

1. Öffnen Sie die gewünschte Bibliothek innerhalb Ihrer Team- oder Projektwebsite.
2. Klicken Sie auf den Link *Hochladen*.
3. Klicken Sie auf die Schaltfläche *Durchsuchen* und wählen Sie das Netzlaufwerk, den Ordner und die Datei aus, die Sie hochladen möchten.
4. Bestätigen Sie die Schaltfläche *Öffnen* und dann *OK*.

Sie möchten mehrere Dateien hochladen

1. Öffnen Sie die gewünschte Bibliothek, der Sie Dateien hinzufügen möchten.
2. Öffnen Sie mit der Tastenkombination *Windows+E* den Datei-Explorer.
3. Lassen Sie den Datei-Explorer im kleinen Fenster anzeigen, also nicht im Vollbildmodus.
4. Öffnen Sie das Laufwerk und den Ordner, wo sich die Dateien befinden.
5. Markieren Sie die gewünschten Dateien.
6. Zum Markieren mehrerer einzelner Dateien klicken Sie eine Datei einmal an, halten Sie dann die *STRG*-Taste gedrückt und klicken Sie weitere Dateien an.

9.1 Arbeiten mit Dateien in Bibliotheken

7. Nachdem Sie die Dateien markiert haben, lassen Sie die *STRG*-Taste los. Zeigen Sie auf eine markierte Datei und halten Sie die linke Maustaste gedrückt. Ziehen Sie nun die markierten Dateien in den oberen Bereich der Bibliothek, Sie sehen einen Rahmen. Ziehen Sie die Dateien dort in den Rahmen und lassen Sie die Maustaste los.

9.1.4 Eigenschaften zuweisen

Sie möchten einer oder mehreren Dateien Eigenschaften zuweisen

1. Sie befinden sich in einer Bibliothek.
2. Klicken Sie oben im Menüband auf das Register *Bibliothek*.
3. Klicken Sie in der Gruppe *Ansichtsformat* auf die Schaltfläche *QuickEdit*.
4. Zum Festlegen der Eigenschaften klicken Sie in die Zelle der Eigenschaft und wählen Sie diese aus.
5. Bestätigen Sie Ihre Auswahl mit *Enter*.
6. Zum Beenden der QuickEdit-Ansicht klicken Sie in der Bibliothek auf den Link *beenden*.

9.1.5 Dateien aus- oder einchecken

Sie möchten eine oder mehrere Dateien auschecken

1. Sie befinden sich in der Bibliothek, wo sich die eine oder mehrere Dateien befinden, die Sie auschecken möchten.
2. Wählen Sie die gewünschte Datei aus, indem Sie vor die Datei klicken und damit das Häkchen setzen. Setzen Sie bei mehreren Dateien weitere Häkchen.
3. Klicken Sie in der Bibliothek auf den Link *Mehr* und wählen Sie ganz unten den Eintrag *Erweitert* aus.
4. Klicken Sie auf den Befehl *Auschecken*.
5. Alternativ finden Sie den Befehl *Auschecken* im Register *Datei* in der Gruppe *Öffnen und Auschecken*.

Sie möchten eine oder mehrere Dateien einchecken

1. Sie befinden sich in der Bibliothek, wo sich die eine oder mehrere Dateien befinden, die Sie einchecken möchten.
2. Klicken Sie in der Bibliothek auf den Link *Mehr* und wählen Sie ganz unten den Eintrag *Erweitert* aus.

3. Klicken Sie auf den Befehl *Einchecken*.
4. Alternativ finden Sie den Befehl *Einchecken* im Register *Datei* in der Gruppe *Öffnen und Auschecken*.
5. Wird hier die Versionierung verwendet, wählen Sie die Versionsnummer aus und vergeben Sie einen Versionskommentar.
6. Bestätigen Sie mit einem Klick auf die Schaltfläche *OK*.

Mehr Informationen zum Aus- und Einchecken finden Sie in Abschnitt 11.8.2.

9.1.6 Dateien löschen oder wiederherstellen

Sie möchten eine oder mehrere Dateien löschen

1. Sie befinden sich in der Bibliothek, wo sich die eine oder mehrere Dateien befinden, die Sie löschen möchten.
2. Wählen Sie die gewünschte Datei aus, indem Sie vor die Datei klicken und damit das Häkchen setzen. Setzen Sie bei mehreren Dateien weitere Häkchen.
3. Betätigen Sie die *ENTF*-Taste auf der Tastatur.
4. Bestätigen Sie das nachfolgende Hinweisfenster, dass Sie die Auswahl in den Papierkorb verschieben möchten, mit *OK*.

Sie möchten gelöschte Dateien wieder herstellen

1. Klicken Sie in der Schnellstartnavigation auf den Link *Papierkorb*. Falls dieser Link nicht angezeigt wird, klicken Sie auf den Link *Websiteinhalte* oder das Zahnradsymbol oben auf der Team- oder Projektwebsite und klicken Sie dort auf den Eintrag *Websiteinhalte*.
2. Klicken Sie im Bereich *Websiteinhalte* auf den Link *Papierkorb*, oben rechts im Fenster.
3. Wählen Sie die Dateien aus, die Sie wiederherstellen möchten.
4. Klicken Sie auf den Link *Auswahl wiederherstellen*.
5. Bestätigen Sie das nachfolgende Fenster, dass Sie die Auswahl wirklich wiederherstellen möchten.

9.1.7 Geschäftsvorlagen in einer Bibliothek neu öffnen

Sie möchten eine Geschäftsvorlage in einer Bibliothek verwenden

1. Sie befinden sich in der gewünschten Bibliothek, der Sie ein neues Dokument basierend auf einer Geschäftsvorlage hinzufügen möchten.
2. Klicken Sie im Register *Dateien* in der Gruppe *Neu* auf den Drop-down-Pfeil der Schaltfläche *Neues Dokument*.

3. Klicken Sie auf die gewünschte Vorlage, die Anwendung mit der Vorlage öffnet sich.

Geschäftsvorlagen werden durch sogenannte Websiteinhaltstypen bereitgestellt. Wenn Sie wissen möchten, wie das genau funktioniert, lesen Sie Abschnitt 11.10.

9.1.8 Auf eine ältere Version zugreifen

Die Versionierung muss aktiviert sein. Lesen Sie zum Aktivieren der Versionierung und für weitere Informationen den Abschnitt 11.8.1.

Sie möchten eine bestimmte Version einer Datei wiederherstellen

1. Aktivieren Sie die Datei, indem Sie das Häkchen vor der Datei setzen.
2. Klicken Sie direkt in der Bibliothek auf den Linkeintrag *Mehr*.
3. Wählen Sie im Kontextmenü den Befehl *Versionsverlauf* durch einen Klick aus.
4. Zeigen Sie auf ein Datum einer vorhandenen Version, Ihnen wird ein Dropdown-Pfeil angezeigt.
5. Klicken Sie auf den gewünschten Befehl, wie beispielsweise *Wiederherstellen*.

9.1.9 Eine Ansicht erstellen oder löschen

Sie möchten eine Ansicht erstellen

1. Sie befinden sich in der Bibliothek, der Sie eine neue Ansicht hinzufügen möchten.
2. Klicken Sie in der Bibliothek auf das Menü, dargestellt mit den drei Punkten.
3. Wählen Sie im Kontextmenü den Befehl *Ansicht erstellen*.
4. Wählen Sie das Ansichtsformat *Standardansicht*.
5. Nehmen Sie die gewünschten Einstellungen vor.

Sie möchten eine vorhandene Ansicht löschen

1. Wählen Sie zunächst die Ansicht aus, die Sie löschen möchten.
2. Klicken Sie in der Bibliothek auf das Menü, dargestellt mit den drei Punkten.
3. Wählen Sie im Kontextmenü den Befehl *Ansicht ändern*.
4. Im darauf folgenden Dialog wählen Sie ganz oben die Schaltfläche *Löschen*.

Tiefere Informationen zu Ansichten innerhalb von Bibliotheken finden Sie in Abschnitt 12.8.

9.1.10 Benachrichtigungen setzen

Sie möchten sich über eine Datei benachrichtigen lassen, sobald sie geändert wird

1. Wählen Sie die Datei aus, indem Sie das Häkchen vor die Datei setzten.
2. Klicken Sie im Register *Dateien* in der Gruppe *Freigeben und Verfolgen* auf die Schaltfläche *Benachrichtigen*.
3. Wählen Sie im Kontextmenü den Befehl **Benachrichtigung für diese Dokument festlegen**.
4. Nehmen Sie die gewünschten Einstellungen vor und bestätigen Sie mit einem Klick auf die Schaltfläche *OK*.

Sie möchten sich über sämtliche Änderungen innerhalb einer Bibliothek benachrichtigen lassen

1. Klicken Sie in der Bibliothek in das Register *Bibliothek*.
2. Klicken Sie in der Gruppe *Freigeben und Verfolgen* auf die Schaltfläche *Benachrichtigen*.
3. Wählen Sie im Kontextmenü den Befehl **Benachrichtigung für diese Bibliothek festlegen**.
4. Nehmen Sie die gewünschten Einstellungen vor und bestätigen Sie mit einem Klick auf die Schaltfläche *OK*.

9.2 Microsoft Office Web Apps – Office Online

Microsoft Office Web Apps sind von Microsoft entwickelte browserbasierte Versionen der Office-Anwendungen. Mit den Office Web Apps können Sie Office-Anwendungen wie Word oder Excel im Webbrowser verwenden. Jedoch sind die Web Apps in ihrem Umfang eingeschränkter, als Sie es von den Microsoft-Office-Paketen her kennen. Dennoch unterstützen die Office Web Apps Sie bei der täglichen Arbeit in SharePoint. So haben Sie die Möglichkeit, über den Browser eine Office-Datei zu öffnen, auch wenn auf dem von Ihnen verwendeten System kein Office installiert ist. Zusätzlich bieten die Office Web Apps die einfache Vorschau auf Office-Dateien in Bibliotheken.

Die Office Web Apps stehen nicht in allen SharePoint-Produkten zur Verfügung und zusätzlich ist die Verwendung der Web Apps auch davon abhängig, wie die Konfiguration und Installation in Ihrem Unternehmen vorgenommen wurde. Befragen Sie gegebenenfalls Ihren SharePoint-Administrator. Nachfolgend finden Sie Beispiele zu den Microsoft Office Web Apps.

9.2 Microsoft Office Web Apps – Office Online

Wenn Sie ein Dokument öffnen und bei Ihnen die Office Web Apps installiert und konfiguriert sind, öffnet sich die Datei im Webbrowser.

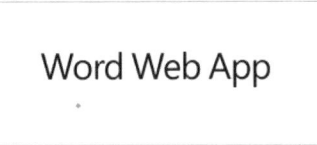

Abb. 9–7 Öffnen eines Word-Dokuments innerhalb einer SharePoint-Bibliothek

Im oberen Fensterbereich sehen Sie den Speicherort und die Website, wo Sie die Datei geöffnet haben. Sie gelangen immer über den Link oberhalb der Registerreiter zurück zur Website. In meinem Beispiel ist es eine Website namens *Vertrieb*. Sie sehen auch den Dateinamen.

Über das Register *Dokument bearbeiten* haben Sie die Möglichkeit, das Dokument im Browser oder in Microsoft Word zu bearbeiten (siehe Abb. 9–8). Wählen Sie zum Bearbeiten im Browser den Befehl *In Word Web App bearbeiten*. Das Register *Dokument bearbeiten* steht in allen Office Web Apps zur Verfügung. Ist auf dem Computer, mit dem Sie die Datei öffnen, kein Office installiert, so steht Ihnen der Befehl *In Word bearbeiten* nicht zur Verfügung. Sie können über das Register *Freigeben* andere Personen berechtigen, das Dokument zu öffnen und zu bearbeiten. Über das Register *Suchen* können Sie nach bestimmten Wörtern innerhalb des Dokuments suchen lassen.

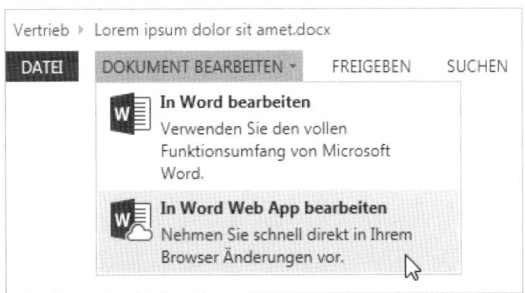

Abb. 9–8 Die Befehle zum Bearbeiten des Dokuments im Browser oder in Microsoft Word. Oberhalb der Register befindet sich der Link *Vertrieb*, über den zurück zur Website navigiert werden kann.

Sobald Sie ein Dokument zur Bearbeitung im Browser öffnen, können Sie direkt in das Dokument klicken und mit der Arbeit beginnen (siehe Abb. 9–9).

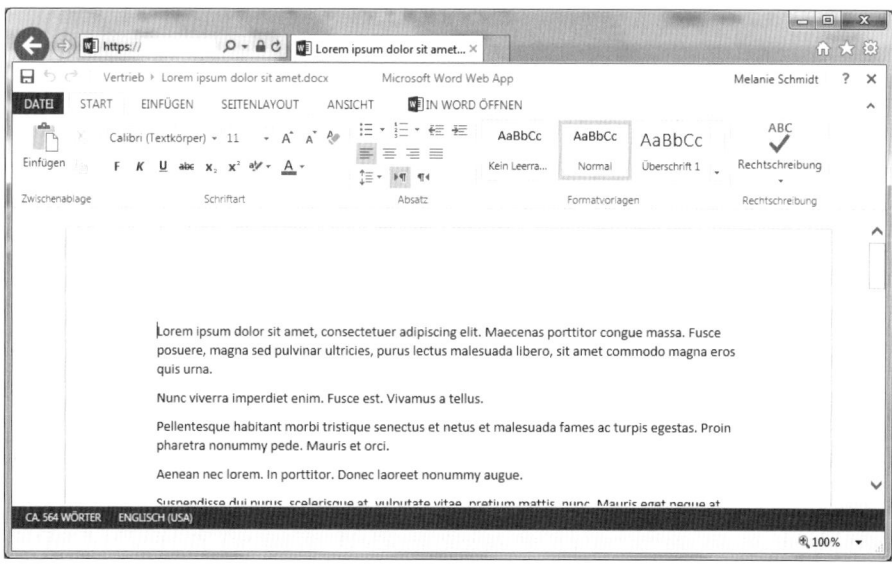

Abb. 9-9   Der Bearbeitungsmodus eines Dokuments in der Word Web App

Ihnen werden die Register im Menüband eingeblendet. Jedoch sind nicht alle bekannten Register, die Sie aus Word kennen, vorhanden (siehe Abb. 9–10).

Abb. 9-10   Das Menüband der Word Web App

Wenn Word auf Ihrem System installiert ist, können Sie über den Reiter *In Word öffnen* jederzeit zu Microsoft Word wechseln. Dort stehen Ihnen dann alle weiteren Register und Befehle zur Verfügung. Sie können wie in der Office-Anwendung sogar im Browser die Sprachauswahl unten in der Statusleiste des Dokuments festlegen (siehe Abb. 9–11).

9.2 Microsoft Office Web Apps – Office Online

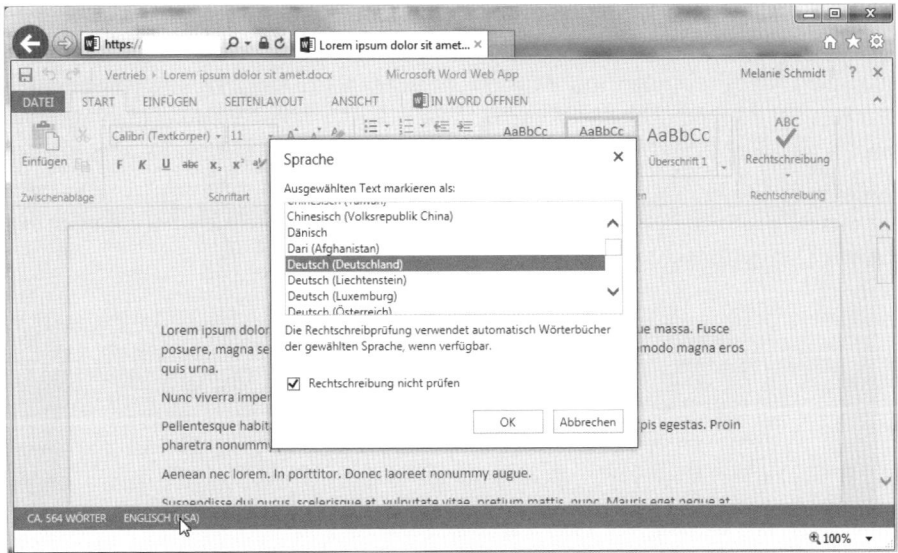

Abb. 9–11 Auch im Browser kann die Sprache für das Dokument festgelegt werden.

Befinden Sie sich in einer SharePoint-Bibliothek, so können Sie über das Menü, dargestellt mit den drei Punkten, zusätzlich eine Vorschau auf das jeweilige Dokument starten. Das ist sehr praktisch, so müssen Sie nicht erst ein Dokument öffnen, um zu prüfen, ob es das ist, das Sie suchen (siehe Abb. 9–12).

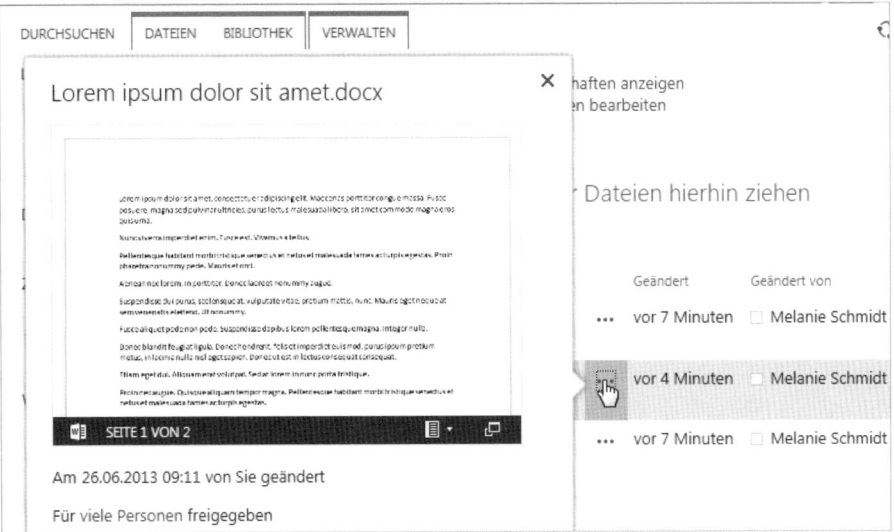

Abb. 9–12 Über das Menü, dargestellt mit den drei Punkten, kann eine Vorschau auf die Dateien, die sich in der Bibliothek befinden, gestartet werden.

Im Menü können Sie im unteren Bereich immer ein Dokument für andere Personen freigeben, Sie können hier einem Dokument folgen, sodass Sie auf Ihrer persönlichen Website immer auf dem neuesten Stand zu dem Dokument gehalten werden. Sie können über das Vorschaufenster ein weiteres Menü öffnen, um beispielsweise eine PDF-Datei aus dem Dokument zu generieren (siehe Abb. 9–13). Außerdem können Sie über das Vorschaufenster das Dokument in einem neuen Fenster öffnen, was sinnvoll ist, wenn Sie eine PowerPoint-Präsentation über den Browser starten möchten.

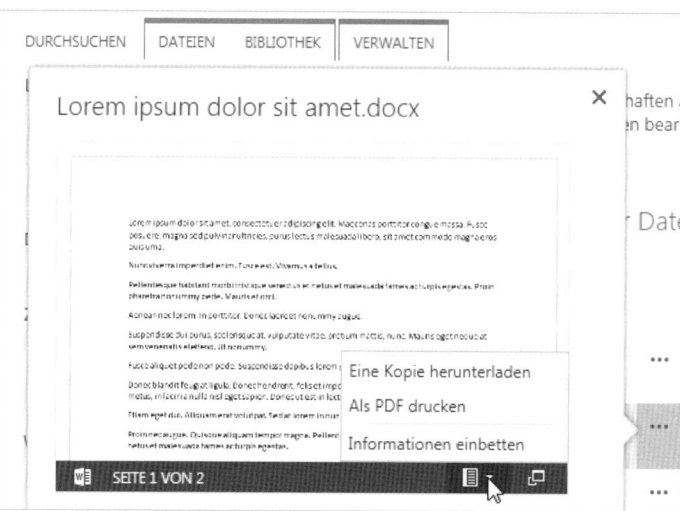

Abb. 9–13   Über ein weiteres Menü kann eine PDF-Datei generiert werden.

In diesem Beispiel habe ich eine PowerPoint-Präsentation in der Vorschau anzeigen lassen (siehe Abb. 9–14). Über das Symbol ganz rechts unten kann die Präsentation im neuen Fenster angezeigt und von dort aus im Präsentationsmodus gestartet werden.

9.2 Microsoft Office Web Apps – Office Online

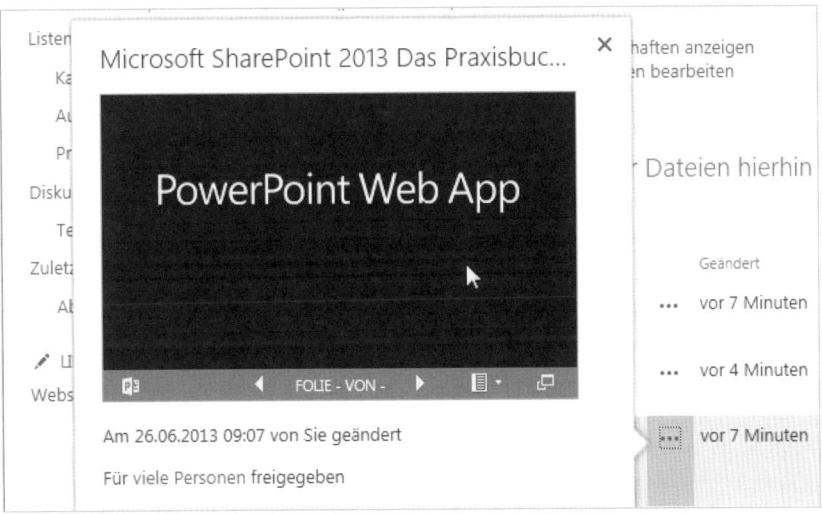

Abb. 9–14 Eine PowerPoint-Präsentation kann in der Vorschau durchblättert werden.

Wird die Präsentation im Browser geöffnet, so kann direkt im Browser mit der Präsentation begonnen werden (siehe Abb. 9–15). Das ist für Personen vorteilhaft, die nicht über Microsoft PowerPoint verfügen.

Abb. 9–15 Die PowerPoint-Präsentation in der Microsoft Office Web App. Sie kann von hier aus gestartet oder aber auch bearbeitet werden.

9.3 Notizbuch mit Microsoft OneNote

Das Notizbuch ist ein Programm namens OneNote von Microsoft. Es ermöglicht Ihnen, elektronische Notizen zu erstellen, abzulegen und leicht wiederzufinden. OneNote ist im Programmpaket von Microsoft Office enthalten. Auch über Tablet-PCs ist OneNote nutzbar, sodass Notizen nicht nur über die Tastatur eingegeben werden müssen.

Wurde in Ihrer SharePoint-Websitesammlung die Notizbuchfunktion aktiviert, so steht Ihnen innerhalb der Team- und Projektwebsites jeweils ein OneNote-Notizbuch zur Verfügung. Damit lassen sich schnell Notizinformationen mit Ihrem Team bereitstellen und teilen. Die Informationen werden in der Team- oder Projektwebsite zentral gespeichert und sind von allen Team- und Projektmitgliedern, die mindestens Leserechte besitzen, auffindbar. Innerhalb einer SharePoint-Website können auch weitere Notizbücher angelegt werden.

Ein OneNote-Notizbuch kann mit Textinhalten, Bildern, Kategorien, Audio- und Videoaufzeichnungen bestückt werden. Zusätzlich lassen sich Informationen aus Microsoft Outlook schnell übernehmen, sodass beispielsweise sämtliche Besprechungsdetails, wie Teilnehmerinnen und Teilnehmer sowie der Ort oder andere wichtige Informationen, schnell einer OneNote-Notiz hinzugefügt werden können. Teammitglieder können zeitgleich an den Notizen arbeiten, egal, an welchem Standort sie sich gerade befinden.

In diesem Kapitel möchte ich nur einige Funktionen aufzeigen, um Ihnen anhand kleiner Beispiele aufzuzeigen, was OneNote ist. Es gibt umfassende Literatur zum Thema OneNote, die tiefer und viel umfangreicher ist. Vielleicht wecke ich mit den kleinen Beispielen Ihr Interesse an diesem doch sehr umfangreichen Programm von Microsoft.

> **Hinweis**
>
> Für die Verwendung mehrere Notizbücher innerhalb von SharePoint-Websites sollte eine Dokumentenbibliothek nur für die Notizbücher angelegt werden. Werden Notizbücher innerhalb einer SharePoint-Dokumentenbibliothek, in der Sie auch andere Dokumente ablegen, angelegt und verwendet, so können Probleme und Datenverluste entstehen, wenn Sie in der Dokumentenbibliothek die Versionierung nutzen. OneNote verfügt über eine eigene Versionierung. Verwenden Sie also innerhalb der Team- oder Projektwebsite das bereitgestellte Notizbuch. Möchten Sie weitere Notizbücher verwenden, so erstellen Sie für diese zusätzlichen Notizbücher eine eigene Dokumentenbibliothek. Verwenden Sie aber auf keinen Fall die Versionierung der Bibliothek.

9.3.1 Das Notizbuch öffnen

Um OneNote auf einer Team- oder Projektwebsite zu öffnen, müssen Sie über Lese- oder Schreibrechte verfügen. Besitzen Sie eines dieser Rechte und wird die Notizbuchfunktion in Ihrem Bereich verwendet, wird Ihnen in der Schnellstartnavigation das Notizbuch angezeigt (siehe Abb. 9–16).

1. Klicken Sie zum Öffnen auf den Link *Notizbuch*.

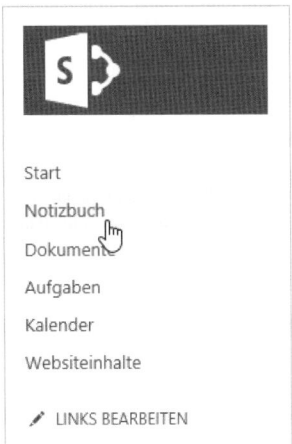

Abb. 9–16 Das OneNote-Notizbuch in der Schnellstartnavigation einer Website

2. Das Notizbuch wird zunächst in der sogenannten *Web App* geöffnet. Somit können Sie direkt über den Browser mit OneNote arbeiten.
3. Möchten Sie das Programm auf dem Desktop öffnen, klicken Sie auf die Schaltfläche *In OneNote öffnen*.
4. Bestätigen Sie die nachfolgende Abfrage mit *Zulassen*.

9.3.2 Menüband & Register in OneNote

OneNote verfügt wie die anderen Microsoft-Office-Programme über das Menüband, über das Sie bestimmte Befehle in den Registern aufsuchen und ausführen können. Die Register werden standardmäßig reduziert im oberen Bereich des Fensters dargestellt, sodass Sie sie erst sehen können, wenn Sie eine Registerkarte anklicken und damit öffnen (siehe Abb. 9–17). Sie haben jedoch die Möglichkeit, mit einem Doppelklick auf ein beliebiges Register das Menüband dauerhaft einblenden zu lassen oder auch wieder zu reduzieren.

Abb. 9–17 Die Register von OneNote im reduzierten Modus

9.3.3 Vorhandene Notizbücher

Über den Drop-down-Pfeil bei *Notizbücher* sehen Sie die Notizbücher, die für Sie freigegeben sind (siehe Abb. 9–18).

Falls Ihnen nicht alle Notizbücher angezeigt werden, auf denen Sie mindestens Leserechte besitzen, können Sie über den Befehl *Andere Notizbücher öffnen* auf weitere Laufwerke und andere SharePoint- und OneDrive-Speicherorte zugreifen.

Abb. 9–18 Über den Drop-down-Pfeil lassen sich weitere Notizbücher öffnen.

9.3.4 Abschnitte & Seiten

Bei der Arbeit mit OneNote werden Sie innerhalb eines Notizbuchs jeweils mit Abschnitten und Seiten arbeiten. Ähnlich wie bei einem Notizbuch können Sie für die verschiedenen Themen innerhalb des Notizbuchs sogenannte Abschnitte, also Registerblätter und darin Seiten einfügen.

9.3.5 Der Backstage-Bereich

Über den sogenannten Backstage-Bereich können Sie jederzeit die bereits eingebundenen Notizbücher sehen und deren Einstellungen vornehmen. Sie gelangen in den Backstage-Bereich über das Register *Datei*. Sie können beispielsweise die Synchronisation der Notizbücher steuern oder auch Notizbücher schließen, die Sie nicht mehr verwenden.

Geschlossene Notizbücher können Sie über das Register **Datei** in der Kategorie *Öffnen* erneut öffnen und eine Verbindung herstellen.

9.3.6 Hinzufügen von Abschnitten

Möchten Sie einen neuen Abschnitt innerhalb des geöffneten Notizbuchs einfügen, so gehen Sie folgendermaßen vor:

1. Sie befinden sich im Bearbeitungsmodus, also nicht im Lesemodus des Notizbuchs.
2. Klicken Sie auf das *Pluszeichen* neben dem Abschnitt, wo Sie einen neuen Abschnitt hinzufügen möchten (siehe Abb. 9–19). Überschreiben Sie direkt den Abschnitt mit dem gewünschten Namen. Als Beispiel *Protokolle*.

Abb. 9–19   Einen neuen Abschnitt hinzufügen

3. Bestätigen Sie Ihre Eingabe mit der ***Enter***-Taste.

9.3.7 Abschnitte umbenennen, löschen oder die Abschnittsfarbe ändern

1. Klicken Sie mit der rechten Maustaste auf den jeweiligen Abschnitt, den Sie umbenennen, löschen oder dessen Farbe Sie verändern möchten. Im Kontextmenü stehen Ihnen die jeweiligen Befehle zur Verfügung (siehe Abb. 9–20).

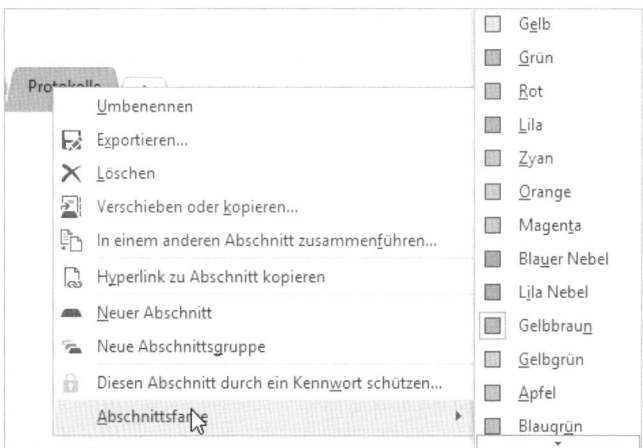

Abb. 9–20   Mit dem Rechtsklick kann das Kontextmenü zum jeweiligen Abschnitt geöffnet werden.

2. Wählen Sie den gewünschten Befehl aus.

9.3.8 Verschieben eines Abschnitts

Um ein Abschnittsregister zu verschieben, zeigen Sie auf den Abschnittsnamen, halten Sie die linke Maustaste gedrückt und ziehen Sie den Abschnitt an die gewünschte Stelle. Alternativ können Sie auch mit dem Rechtsklick das Kontextmenü öffnen und darüber den Abschnitt verschieben.

9.3.9 Seiten in einem Abschnitt hinzufügen

Sie können weitere Seiten innerhalb eines Abschnitts hinzufügen.

1. Wechseln Sie in den gewünschten Abschnitt.
2. Klicken Sie rechts im Fenster auf die Schaltfläche *Seite hinzufügen* (siehe Abb. 9–21).
3. Vergeben Sie direkt einen Namen für die neue Seite, indem Sie in der Notizseite einen Titel eingeben. Als Beispiel *Meeting/aktuelles Datum* (siehe Abb. 9–22).

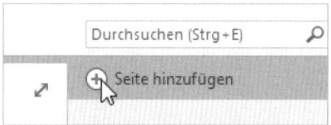

Abb. 9–21 Hinzufügen einer neuen Seite innerhalb eines Abschnitts

Abb. 9–22 Über den Titel lässt sich der Seitenname festlegen.

9.3.10 Verschieben einer Seite innerhalb eines Abschnitts

Um in der rechten Navigation eine Seite zu verschieben, zeigen Sie auf den Seitennamen, halten Sie die linke Maustaste gedrückt und ziehen Sie die Seite an die gewünschte Stelle.

9.3.11 Text eingeben und formatieren

In einer OneNote-Seite können Sie an beliebiger Stelle mit der Texteingabe beginnen.

1. Klicken Sie an eine Stelle in der gewünschten Seite.
2. Geben Sie einen Text ein. Der Text wird in einem Textfeld eingefügt und angezeigt.

3. Sobald Sie auf das Textfeld zeigen, wird Ihnen eine graue Leiste angezeigt. Darüber können Sie die Größe des Textfeldes erweitern und reduzieren oder es auf der Seite verschieben.
4. Markieren Sie den Text innerhalb des Textfeldes. Ihnen wird die Minisymbolleiste angezeigt. Sie können alternativ zur Minisymbolleiste auch das Register *Start* verwenden, um den Text zu formatieren.

9.3.12 OneNote-Notizen kategorisieren

Während des Meetings können Sie im Notizbuch Besprechungsnotizen anfertigen. Manchmal ergeben sich aus den Notizen Aufgaben, die zu einem Thema oder zu einem Projekt erledigt werden müssen. Damit Sie den Überblick in den Notizen behalten, können Sie Inhalte als Aufgaben kategorisieren. Dabei wird jedoch keine Aufgabe in Outlook erstellt.

1. Schreiben Sie auf einer Notizseite die Aufgaben untereinander oder einzeln auf.
2. Markieren Sie die gewünschten Inhalte, die Sie als Aufgaben kategorisieren möchten.
3. Drücken Sie die Tastenkombination *STRG+1*.

Vor den markierten Inhalten werden nun Checkboxen angezeigt, durch einen Klick in eine Checkbox können Sie den Inhalt als erledigt kennzeichnen (siehe Abb. 9–23).

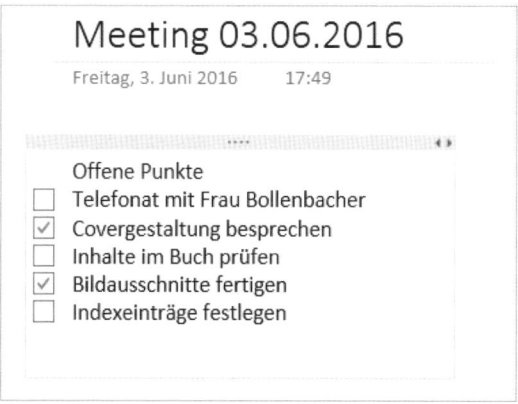

Abb. 9–23 Besprechungsnotizen wurden zu Notiz-Aufgaben kategorisiert. Dadurch entstehen keine Aufgaben in Outlook.

> **Hinweis**
>
> Im Menübandregister *Start* in der Gruppe *Kategorien* stehen Ihnen weitere Kategorien zur Verfügung. Wenn beispielsweise offene Fragen bestehen oder wenn bestimmte Besprechungsnotizen besonders wichtig sind, können Sie den Stern verwenden. Passen Sie jedoch die vorhandenen Kategorien nicht an, das kann in der Zusammenarbeit zu Fehlern führen. Von Ihnen geänderte oder angelegte Kategorien werden bei Ihnen lokal angelegt. Nur Sie können die Kategorien sehen. Andere Kolleginnen und Kollegen können auf einer gemeinsamen Notizseite die von Ihnen geänderten oder neu angelegten Kategorien nicht sehen.
>
> Sie finden die jeweiligen Kategorien und die passenden Tastenkombinationen im Menübandregister *Start, Kategorien*. Erweitern Sie den Katalog durch einen Klick auf den Pfeil nach unten, *Weitere*.

> **Hinweis zum Speichern in OneNote**
>
> Das Speichern von Eingaben erfolgt immer automatisch, Sie brauchen also nicht nach dem Diskettensymbol oder nach dem Befehl *Speichern* zu suchen.

9.3.13 OneNote und Outlook

Möchten Sie Outlook-Inhalte in OneNote darstellen, können Sie wie folgt Outlook und OneNote dafür verwenden.

9.3.14 OneNote und Outlook-Aufgaben

OneNote bietet Ihnen die Möglichkeit, OneNote-Seiten oder auch einzelne Inhalte einer Notiz als Outlook-Aufgabe festzulegen. Die Aufgaben werden Ihnen in Outlook angezeigt und Sie können sie dort direkt bearbeiten. Outlook und OneNote werden dann automatisch synchronisiert.

1. Möchten Sie eine Seite oder einen Inhalt innerhalb eines Abschnitts als Aufgabe generieren, so markieren Sie den Seitentitel oder den Textinhalt.
2. Klicken Sie im Menübandregister *Start* auf die Schaltfläche **Outlook-Aufgaben** und legen Sie fest, wann die Aufgabe fällig ist (siehe Abb. 9–24).

9.3 Notizbuch mit Microsoft OneNote

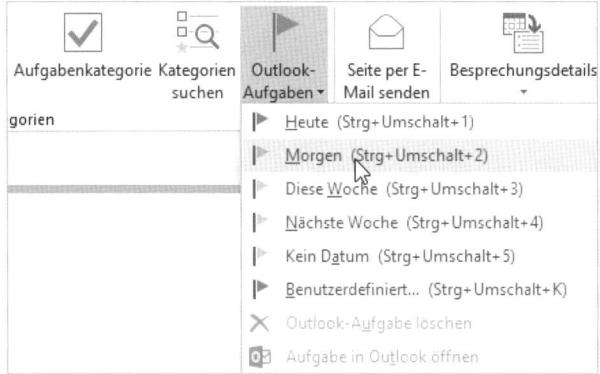

Abb. 9–24 Der markierte Seitentitel wird als Aufgabe generiert.

3. Der markierte Abschnitt wird nun als Outlook-Aufgabe in Outlook festgelegt und auch als Aufgabe in OneNote gekennzeichnet (siehe Abb. 9–25). Wechseln Sie in Outlook das Modul *Aufgaben*, Ihnen wird dort die Aufgabe angezeigt (siehe Abb. 9–27).

Abb. 9–25 Ein als Aufgabe gekennzeichneter Seitentitel in OneNote

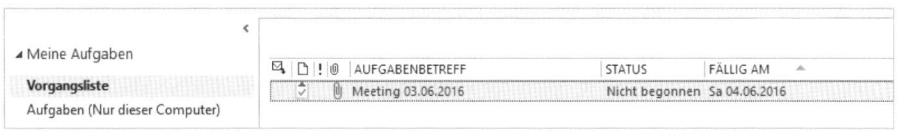

Abb. 9–26 In der Vorgangsliste in Outlook wird die Aufgabe aus OneNote angezeigt. Durch einen Klick auf den Aufgabenbetreff wird die Aufgabe geöffnet.

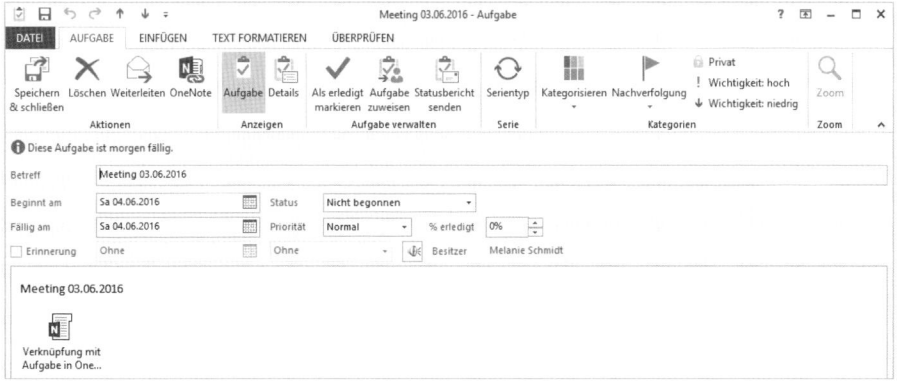

Abb. 9–27 Die Outlook-Aufgabe mit der Verknüpfung zu OneNote

Durch einen Klick auf das Fähnchen-Symbol in OneNote können Sie die Aufgabe als erledigt kennzeichnen. Sie können die Aufgabe auch in Outlook weiterbearbeiten oder ebenfalls als erledigt kennzeichnen. Durch die Synchronisation wird auf beiden Seiten, also in OneNote und in Outlook, die Aufgabe als erledigt dargestellt.

9.3.15 Outlook-Besprechungsdetails einer Notiz hinzufügen

Möchten Sie beispielsweise zu einer Besprechungsnotiz innerhalb von OneNote die Outlookbesprechungsdetails, wie die Teilnehmerinnen und Teilnehmer, den Ort etc., einfügen, so müssen Sie nicht alles aus Outlook kopieren und einfügen.

1. Erstellen Sie für dieses Beispiel eine Besprechungsanfrage in Outlook.
2. Wechseln Sie auf die OneNote-Notizseite, wo Sie die Details einfügen möchten.
3. Klicken Sie im Menübandregister *Start* in der Gruppe *Kategorien* auf die Schaltfläche **Besprechungsdetails**.
4. Ihnen werden die Besprechungen vom aktuellen Tag angezeigt. Klicken Sie auf den angezeigten Termin oder klicken Sie auf den Link *Besprechung eines anderen Tages auswählen*, dargestellt mit dem Pfeil nach links oder Pfeil nach rechts, falls Sie die Besprechungsdetails aus vergangenen oder zukünftigen Terminen hinzufügen möchten (siehe Abb. 9–28).

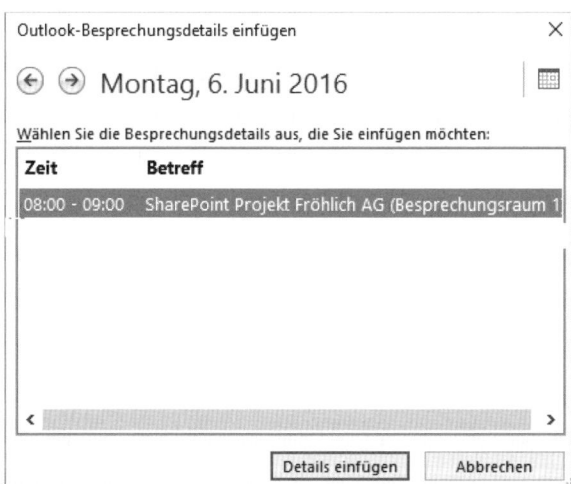

Abb. 9–28 Auswahl der Besprechungsdetails, die aus Outlook stammen

5. Über die Schaltflächen *Vorheriger Tag/Nächster Tag* oder über das Kalendersymbol können Sie zu anderen Terminen navigieren.
6. Wählen Sie einen Termin aus und klicken Sie auf die Schaltfläche **Details einfügen**. Die Besprechungsdetails werden direkt in der Notiz eingefügt (siehe Abb. 9–29).

Abb. 9–29 Die Besprechungsdetails wurden in OneNote eingefügt und können für Notizen in der Besprechung verwendet werden.

Über das Register *Datei* gelangen Sie wie in anderen Office-Anwendungen auch in die Kategorie *Drucken* oder *Freigeben*. Somit lassen sich Besprechungsnotizen ausdrucken oder per E-Mail weiterleiten.

9.3.16 Aus einer E-Mail-Nachricht in Outlook eine OneNote-Notiz erstellen

Sie können empfangene oder gesendete Nachrichten aus Outlook schnell zu einer Notiz in OneNote hinzufügen.

1. Öffnen Sie die gewünschte E-Mail-Nachricht in Outlook.
2. Klicken Sie im Register *Nachricht* in der Gruppe *Verschieben* auf die Schaltfläche **OneNote** (siehe Abb. 9–30).
3. Falls Sie die Nachricht im Lesebereich angeklickt haben, können Sie über das Register *Start* ebenfalls die Schaltfläche **OneNote** verwenden.

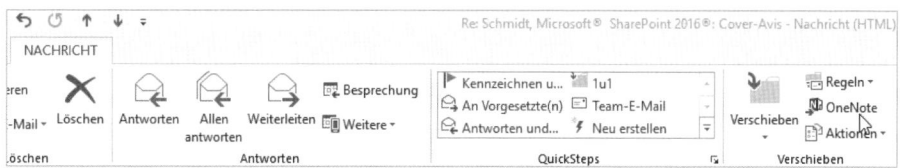

Abb. 9–30 Die Schaltfläche *OneNote* in Outlook. Damit lassen sich E-Mail-Nachrichten nach OneNote kopieren.

4. Wählen Sie im folgenden Dialogfeld das gewünschte Notizbuch oder die gewünschte Seite aus, wohin Sie die Nachricht kopieren möchten.
5. Bestätigen Sie mit einem Klick auf die Schaltfläche **OK**.

Sämtliche Informationen der Nachricht und auch E-Mail-Anhänge werden nun der Notiz hinzugefügt. E-Mail-Anhänge sind als Verknüpfung hinterlegt.

9.4 Ihr persönlicher Speicherort – OneDrive for Business

OneDrive for Business ist eine Bibliothek zum Speichern und Ablegen Ihrer persönlichen Dateien innerhalb Ihres SharePoint-Systems, die von Ihrer Administration entweder über die Onlineversion in der Cloud oder über die Servervariante im Unternehmen bereitgestellt und gesichert wird (siehe Abb. 9–31). Die OneDrive-Bibliothek steht nur Ihnen alleine zur Verfügung und Sie besitzen die Zugriffsrechte. Sie entscheiden, ob Sie Dateien innerhalb dieser Bibliothek oder den Ordner *Freigabe* mit allen oder mit anderen Personen teilen möchten oder nicht. OneDrive bietet durch die Sicherung der IT-Abteilung eine gute Alternative zu Ihrem derzeitigen Laufwerksordner *Eigene Dateien*, der lokal auf Ihrer Festplatte vorhanden ist. Sie können diese Bibliothek anwenden wie alle anderen SharePoint-Bibliotheken auch.

> **Hinweis**
>
> Microsoft stellt für die private Nutzung OneDrive in der Cloud zur Verfügung. Dieser Dienst ist kostenlos und als Privatperson mit einem Microsoft- oder Outlook.com-Konto können Sie dort ebenfalls Dateien ablegen und mit Freunden oder der Familie teilen. Der Unterschied zu OneDrive und OneDrive for Business liegt darin, dass bei der Business-Variante die Administratoren Ihres Unternehmens für die Bereitstellung und Sicherung in der Cloud oder auf dem hausinternen Server verantwortlich sind. Informationen für die private Nutzung von OneDrive finden Sie unter *https://onedrive.live.com*.

9.4.1 Speichern von Dateien – OneDrive oder SharePoint-Website

Auch wenn OneDrive for Business eine sehr nützliche Alternative zum Laufwerksordner *Eigene Dateien* darstellt, bedeutet es nicht, dass von nun an alle Dateien in Ihrer persönlichen OneDrive-Bibliothek abgelegt werden sollten. Wichtige Dokumente, die das gesamte Team betreffen, gehören in die jeweilige Teamsite. Wenn Sie jedoch an Dateien arbeiten, die nicht im Zusammenhang mit einem Team oder einem Projekt stehen und Sie die Dateien keinem Team zuordnen müssen, speichern Sie die Dateien in OneDrive for Business. Wenn Sie beispielsweise an einer Geschenkeliste für Ihre Kollegin arbeiten, dann sollten Sie diese in Ihrer persönlichen OneDrive-Bibliothek ablegen und nur ausgewählten Zugriff erteilen. Dateien und Ordner, die Sie in OneDrive for Business hinzufügen oder anlegen, können nur Sie sehen und verwenden. Sie können Dateien und Ordner für sich alleine verwenden oder aber einzelne Dateien oder Ordner für andere Personen für die Bearbeitung oder nur für das Lesen freigeben. Der Ord-

9.4 Ihr persönlicher Speicherort – OneDrive for Business

ner *Für jeden freigegeben* wird automatisch in OneDrive for Business erstellt und ist tatsächlich für alle Mitarbeiterinnen und Mitarbeiter Ihres Unternehmens frei zugänglich. Sie können die Berechtigungen jederzeit ändern. Oder den Ordner *Für jeden freigegeben* löschen.

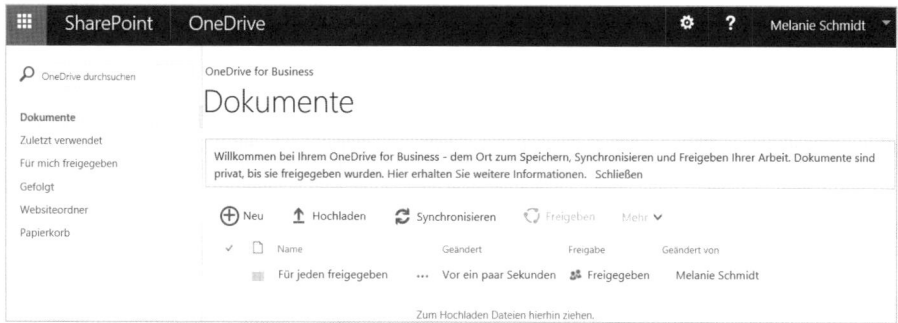

Abb. 9–31   Die Bibliothek *OneDrive for Business* mit dem Ordner *Für jeden freigegeben*

9.4.2   Das Menüband einblenden

Wenn Sie zum ersten Mal die OneDrive-Bibliothek aufsuchen, wird Ihnen kein Menüband angezeigt. Sie können es jederzeit ein- und ausblenden.

1. Klicken Sie im oberen Bereich des Fensters auf das Zahnradsymbol (siehe Abb. 9–32).

Abb. 9–32   Das Zahnradsymbol zum Öffnen des Menüs. Darüber lassen sich Menübänder und Einstellungen öffnen.

2. Klicken Sie auf den Eintrag *Menüband anzeigen*.

Zum Ausblenden des Menübands wiederholen Sie die beiden Schritte.

9.4.3 Eine Datei in OneDrive hochladen

Möchten Sie ein Dokument in die OneDrive-Bibliothek hochladen, nehmen Sie folgende Schritte vor:

1. Sie befinden sich in der OneDrive-Bibliothek.
2. Klicken Sie auf den Link *Hochladen*. Sie werden in den Datei-Explorer weitergeleitet.
3. Wählen Sie das Laufwerk, den Ordner und dann die Datei aus, die Sie hochladen möchten.
4. Bestätigen Sie Ihre Auswahl mit einem Klick auf die Schaltfläche *Öffnen*. Die Datei wird direkt in die OneDrive-Bibliothek hochgeladen.

9.4.4 Einen Ordner in der OneDrive-Bibliothek anlegen

Möchten Sie in Ihrem persönlichen OneDrive for Business einen Ordner anlegen, so gehen Sie folgende Schritte:

1. Sie befinden sich in der OneDrive-Bibliothek und das Menüband ist eingeblendet.
2. Klicken Sie im Menüband auf das Register *Datei*.
3. Klicken Sie auf die Schaltfläche *Neuer Ordner* und vergeben Sie einen Namen für diesen Ordner (siehe Abb. 9–33).

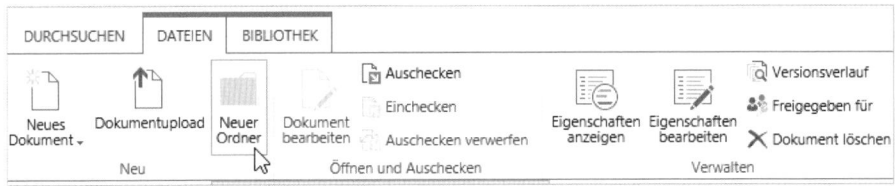

Abb. 9–33 Das Menüband mit dem Register *Dateien* und die Schaltfläche *Ordner*

4. Bestätigen Sie Ihre Eingabe mit einem Klick auf die Schaltfläche *Erstellen*. Der Ordner steht Ihnen jetzt in der Bibliothek zur Verfügung.

9.4.5 Eine Datei oder einen Ordner freigeben

Sie können in OneDrive for Business einzelne Dateien oder ganze Ordner freigeben.

1. Innerhalb der Bibliothek klicken Sie direkt bei der gewünschten Datei oder dem Ordner auf das Menü, dargestellt mit den drei Punkten (siehe Abb. 9–34).

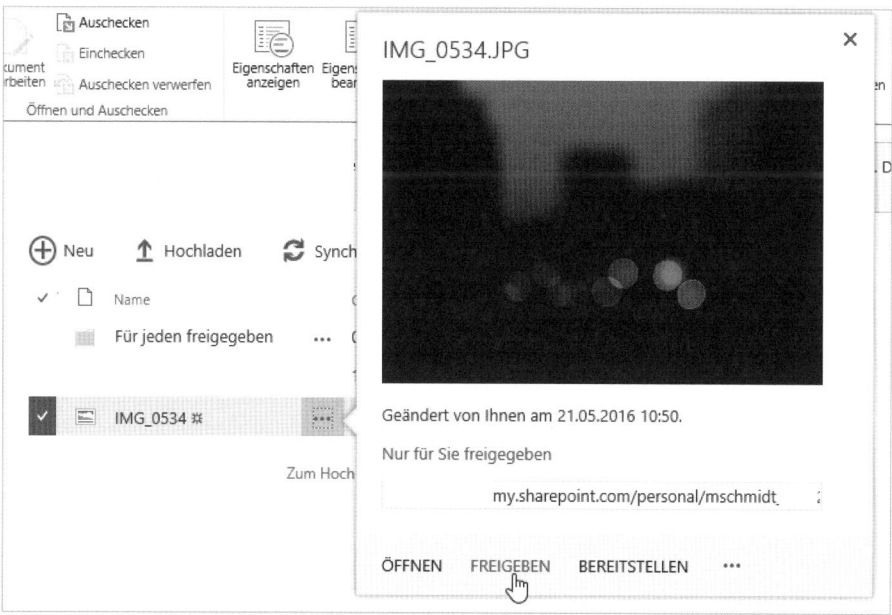

Abb. 9–34 Das Menü einer Datei lässt sich über die drei Punkte öffnen. Dort befindet sich der Link *Freigeben*.

2. Klicken Sie auf den Link **Freigeben**. Es folgt ein Dialogfeld (siehe Abb. 9–35).
3. Klicken Sie in das obere Eingabefeld bei *Geben Sie Namen oder E-Mail-Adressen ein* und geben Sie dort den oder die Vor- und Nachnamen der Personen ein, denen Sie den Zugriff auf die Datei oder den Ordner gewähren möchten.
4. Im unteren Eingabefeld geben Sie, wenn gewünscht, einen persönlichen Nachrichtentext ein. Die Personen erhalten nach der Freigabe eine E-Mail-Nachricht entweder mit einem von SharePoint vorgegebenen Text oder dem Text, den Sie verfasst haben.
5. Im rechten Bereich des Fensters können Sie festlegen, ob die Personen nur Lese- oder Bearbeitungsrechte besitzen sollen.
6. Nachdem Sie alle Eingaben und Einstellungen vorgenommen haben, klicken Sie auf die Schaltfläche **Freigeben**.

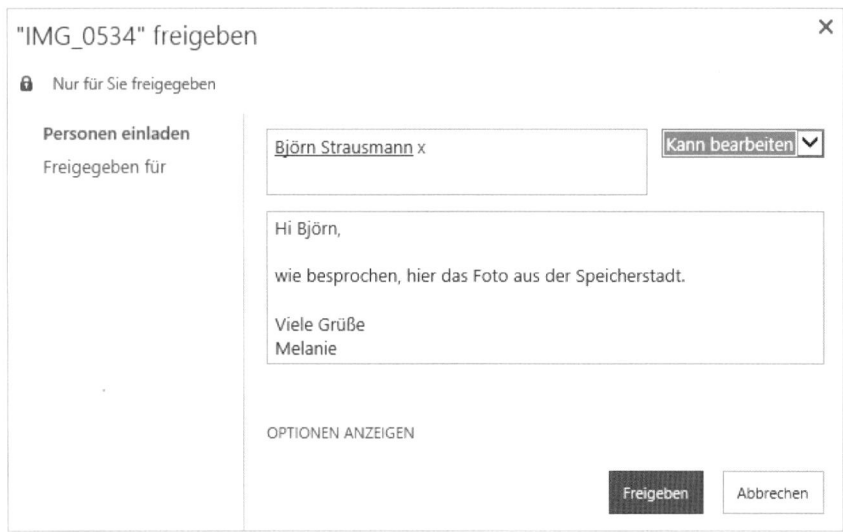

Abb. 9–35 Das Dialogfeld für die Freigabe einer Datei oder eines Ordners. Hier kann festgelegt werden, ob die Person lesen oder bearbeiten darf.

9.4.6 Freigaben aufheben

Sie können Freigaben von Dateien oder Ordnern jederzeit aufheben und somit entfernen. Nehmen Sie folgende Schritte vor, um die Freigaben aufzuheben.

1. Innerhalb der OneDrive-Bibliothek klicken Sie direkt bei der gewünschten Datei oder dem Ordner auf das Menü, dargestellt mit den drei Punkten.
2. Klicken Sie im Menü auf den Link *Freigeben*. Es folgt der Freigabedialog (siehe Abb. 9–36).
3. Klicken Sie links im Dialog auf den Eintrag *Freigegeben für*.
4. Klicken Sie im unteren Bereich des Dialogfelds auf den Eintrag *Erweitert*. Sie werden direkt in die Berechtigungen weitergeleitet (siehe Abb. 9–37).
5. Wählen Sie zuerst die Person aus, deren Berechtigung Sie aufheben möchten.
6. Klicken Sie im Menüband im Register *Berechtigungen* auf die Schaltfläche *Berechtigungen entfernen*. Bestätigen Sie den nachfolgenden Hinweis.

9.4 Ihr persönlicher Speicherort – OneDrive for Business

Abb. 9–36   Der Eintrag *Freigegeben für* und der Link *Erweitert* zum Öffnen der Berechtigungen

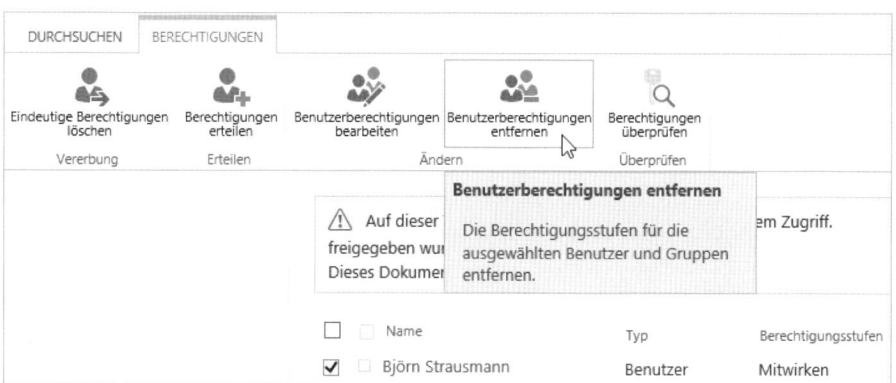

Abb. 9–37   Erst wenn die Person ausgewählt ist, kann die Schaltfläche *Berechtigungen entfernen* betätigt werden.

9.4.7 Synchronisieren von Bibliotheken

Sie können Inhalte auf Websites entweder direkt mit Microsoft-Office-Produkten verbinden oder auch Bibliotheksinhalte auf Ihrem Computer synchronisieren. Sind Sie berechtigt, Informationen zu synchronisieren, so sehen Sie innerhalb der Bibliotheken die Schaltfläche *Synchronisieren*. In diesem Beispiel synchronisieren Sie die Inhalte der Bibliothek OneDrive for Business. Falls Ihnen OneDrive for Business nicht zur Verfügung steht, wählen Sie eine andere Bibliothek aus.

1. Wechseln Sie in die OneDrive-Bibliothek.
2. Klicken Sie in der Bibliothek direkt auf den Link *Synchronisieren*.
3. Es öffnet sich im Informationsbereich der Taskleiste ein Menü. Klicken Sie auf den Befehl *Jetzt synchronisieren*.
4. Im darauf folgenden Dialog klicken Sie auf den Befehl **Meine Dateien anzeigen**, damit der Datei-Explorer geöffnet wird.
5. Innerhalb des Datei-Explorers sehen Sie nun unter den Favoriten den Eintrag *OneDrive*. Klicken Sie auf einen der Eintrag *OneDrive*, Ihnen werden die synchronisierten Dateien angezeigt.

Die Daten werden nun immer automatisch synchronisiert. Zum Beenden der Synchronisation klicken Sie in der Taskleiste auf den Pfeil bei *Ausgeblendete Symbole einblenden*. Klicken Sie dann mit der rechten Maustaste auf das *OneDrive for Business*-Symbol und beenden Sie die Synchronisation.

9.5 Die Suche in SharePoint

Die Suchfunktionen in SharePoint-Portalen sind ganz wichtige Entscheidungsfaktoren, sie bieten uns einen sehr großen Nutzen in der täglichen Arbeit mit vielen Informationen. Es ist technisch möglich, auch andere Systeme wie beispielsweise den File- und Exchange-Server oder auch andere Datenbank-Systeme und Archive mit in die SharePoint-Suche zu integrieren, also einzubinden. Durch die Integration anderer Systeme besteht der große Vorteil für uns in der Anwendung, dass wir nicht gezwungen werden, in den verschiedenen Systemen nach Informationen zu suchen. Wir können über das SharePoint-Portal Suchabfragen starten und die integrierten Systeme werden dann automatisch mit durchsucht. Die Suche in SharePoint kann somit in jedem Unternehmen unterschiedlich konfiguriert sein.

Hinweis

Für die Integration anderer Systeme ist die IT-Abteilung zuständig. Wir als Anwender können fremde Systeme nicht in die Suche einbeziehen. Die Suchergebnisse, die Ihnen angezeigt werden, sind immer abhängig von Ihren Berechtigungen. Wenn Sie beispielsweise auf bestimmte Informationen gar nicht zugreifen dürfen, so werden sie Ihnen auch nicht als Ergebnis der Suche aufgezeigt.

9.5.1 Die Suche auf einer SharePoint-Website

Je nachdem, wie Ihr SharePoint-System konfiguriert wurde und welche SharePoint-Version Sie verwenden, wurde gegebenenfalls eine Suchwebsite für Sie bereitgestellt. Werden bei Ihnen im SharePoint-Portal die Basissuchfunktionen verwendet, so können Sie auf der jeweiligen Website nach bestimmten Begriffen oder Dateiinhalten suchen. Verwenden Sie die Unternehmenssuche in Ihrem SharePoint-Portal, die von den Enterprise-Server- und Enterprise-Onlineversionen mitgeliefert werden, so können Sie zusätzlich nach *Personen*, *Unterhaltungen* oder *Videos* suchen. Sie können innerhalb der aktuellen Website oder alle Websitesammlungen durchsuchen lassen. Es besteht jedoch in allen SharePoint-Versionen die Möglichkeit, auf jeder SharePoint-Website oder Seite eine Suche zu starten. So finden Sie auf der Website oben rechts immer das Sucheingabefeld (siehe Abb. 9–38). Hier können Sie nach Begriffen oder Teile von Texten innerhalb von Dateien und gegebenenfalls übergreifend in allen Websitesammlungen zusätzlich nach weiteren Kategorien suchen. Zum Suchen nach Informationen klicken Sie direkt in das Suchfeld und bestätigen Sie Ihre Eingabe mit *Enter*. Sie werden dann auf die Suchergebnisseite weitergeleitet, wo Sie die Suchergebnisse weiter filtern und damit einschränken können (siehe Abb. 9–39).

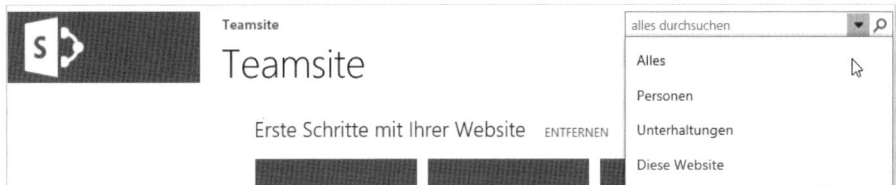

Abb. 9–38 Das Suchfeld auf einer Teamwebsite mit der Auswahl weiterer Suchkategorien

Wird Ihnen ein sogenanntes Suchcenter angeboten, so finden Sie es meistens in der globalen Navigation unter dem Begriff *Suche* oder *Search*.

Abb. 9–39 Das Beispiel eines Suchcenters; das Suchcenter besteht zunächst nur aus dem Suchfeld.

Sobald Sie einen oder mehrere Suchbegriffe eingegeben haben und mit der *Enter*-Taste bestätigt haben, wird Ihnen die Suchergebnisseite angezeigt. Zeigen Sie auf ein Ergebnis, öffnet sich eine Vorschau zu der jeweiligen Information (siehe Abb. 9–40). Auf der linken Seite der Ergebnisseite finden Sie die Möglichkeit, die Ergebnisse weiter einzuschränken. Sie können nach Ergebnistyp, Autor und einem Änderungszeitraum filtern.

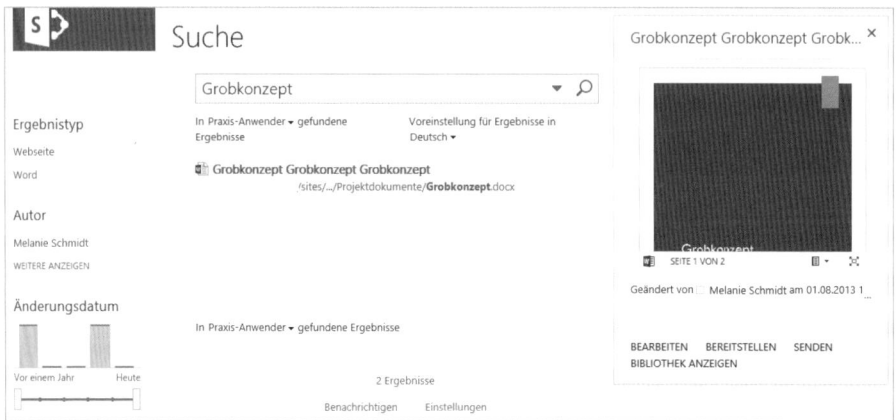

Abb. 9–40 Die Suchergebnissite und die Vorschau eines aufgefundenen Dokuments. Links im Fenster finden Sie die Filtermöglichkeiten, um die Ergebnisse einzuschränken.

Im unteren Fensterbereich finden Sie die beiden Einträge *Benachrichtigungen* und *Einstellungen*. Hier können Sie sich beispielsweise benachrichtigen lassen, wenn es zu einem Suchbegriff neue Ergebnisse gibt oder wenn bestehende Informationen zum Suchbegriff geändert oder aktualisiert wurden.

9.5.2 Die Suche in einer Bibliothek oder Liste

Ihnen steht in jeder Bibliothek oder Liste eine Suchleiste zur Verfügung (siehe Abb. 9–41). Sie können hier nach Begriffen oder vorhandenen Texten innerhalb der Dateien oder des Dateinamens suchen. Auch hier können Sie mit Platzhaltern, Operatoren und Anführungszeichen arbeiten.

Abb. 9–41 Die Suchleiste in einer Dokumentenbibliothek

Nachfolgend finden Sie einige Erläuterungen der einzugebenden Reihenfolgen, auch Syntax genannt.

9.5.3 Weitere Suchtipps

Reichen Ihnen die Filter in der Suchergebnisseite nicht aus, so können Sie mit Platzhaltern, Operatoren oder auch Anführungszeichen im Sucheingabefeld arbeiten.

Einige Beispiele für die Sucheingabe

Beispieleingabe/Syntax	Beispielergebnisse	Erläuterung
*Projekt	SharePoint-Projekt; Kunden-Projekt; Hinweis zum Projekt etc.	Der Stern ersetzt einen oder mehrere Zeichen vor einem Begriff *Projekt*.
Projekt*	Projekte; Projektwebsite; Projekt-Mappe; Projektmanagement etc.	Der Stern ersetzt einen oder mehrere Zeichen hinter einem Begriff *Projekt*.
»Jahresbericht 2015«	Jahresbericht 2015	Die Anführungszeichen sorgen für ein Ergebnis der exakten Zeichenfolge.
SharePoint+Projekt; SharePoint AND Projekt	SharePoint; Projekt; SharePoint-Projekt etc.	Mit dem Pluszeichen oder dem Wort »AND« werden die Suchbegriffe verbunden, jedoch bedeutet die Abfrage auch, dass entweder der eine oder der andere Begriff vorhanden sein soll. Das Suchergebnis wird dadurch ggf. umfangreicher als gewünscht.
SharePoint-Projekt SharePoint NOT Projekt	SharePoint; SharePoint Hilfe; SharePoint Suche etc.	Das Minuszeichen und das Wort »NOT« schließt einen Suchbegriff in der Abfrage aus.
»SharePoint-Projekt« -2013	SharePoint-Projekt 2010; SharePoint-Projekt 2016; SharePoint-Projekt etc.	Die Anführungszeichen suchen nach der exakten Zeichenfolge, während das Minuszeichen Wörter oder Zahlen in den Ergebnissen ausschließt.
Melanie OR Schmidt	Melanie Sommer; Melanie Schmidt; Marleen Schmidt etc.	Durch das Wort »OR« kann einer der Begriffe im Inhalt vorkommen.

Tab. 9–2 Die Suche mit Platzhaltern und Operatoren

Hinweis

Die SharePoint-Suche verfügt über einen sogenannten Index, der für die Suchergebnisse zuständig ist. Dieser Index wird durch einen Suchdienst immer wieder nach neuen Inhalten durchsucht und die Inhalte werden im Index indiziert. Wann dieser Suchdienst starten und neue Inhalte aufnehmen soll, wird in jedem Unternehmen individuell festgelegt. Das bedeutet, dass es vorkommen kann, dass Sie Dateien und Informationen in SharePoint abgelegt haben, diese Informationen jedoch noch nicht über die Suche auffindbar sind. Dann liegt es an der zeitlichen Einstellung (z. B. täglich ab 17.00 Uhr) des Suchdienstes, bis Ihre neuen Informationen im Index aufgenommen und als Suchergebnisse angezeigt werden.

9.6 Zusammenfassung

Die Verwendung der Microsoft Office Web Apps ist eine sehr praktische Funktionalität. Denn mit den Web Apps lassen sich die bekannten Office-Anwendungen im Browser bearbeiten, auch wenn auf einem Computer kein Microsoft Office installiert ist. Zusätzlich bieten die Microsoft Office Web Apps innerhalb von Bibliotheken eine Vorschau an, sodass Dateien nicht erst geöffnet werden müssen. Die Notizbuchfunktion von OneNote ist gerade in der Projekt- und Teamarbeit sehr nützlich, wenn Sie damit Informationen wie beispielsweise Memos, Protokolle und einfache Notizen mit dem Team teilen möchten. OneNote sollte jedoch nicht als Dateispeicherort verwendet werden. Über OneDrive for Business können Sie persönliche Dateien speichern und mit Ihrem Computer synchronisieren. Sie können Dateien mit anderen Personen über OneDrive for Business freigeben und teilen. Dieser Speicherort wird durch die IT gesichert und ist deshalb schon eine bessere Alternative zum Laufwerksordner *Eigene Dateien* beziehungsweise *Dokumente* auf Ihrer lokalen Festplatte, die nicht gesichert und im Notfall auch nicht wiederhergestellt werden kann. Die Suchfunktionen in SharePoint sind sehr umfangreich und können unterschiedlich konfiguriert sein. Durch Filter oder auch Suchparameter wie Operatoren lassen sich Suchergebnisse weiter einschränken.

10 Ihre persönliche Website

In SharePoint steht Ihnen eine persönliche Website zur Verfügung, wenn sie in Ihrem Unternehmen konfiguriert wurde. Mit der persönlichen Website können Sie Newsfeeds, also Informationen auffinden, über sich oder andere Personen, denen Sie folgen. Sie können über die persönliche Website Unterhaltungen und Diskussionen zu gewünschten Themen starten oder Blogbeiträge verfassen und für Ihre Kolleginnen und Kollegen im Unternehmen bereitstellen. Zu Ihrer persönlichen Website gehört auch das Anlegen und Verwalten Ihres persönlichen Profils. Sie erhalten hier ebenfalls eine Übersicht aller Websites, auf denen Sie bereits gearbeitet haben oder zu denen Sie als berechtigte Person hinzugefügt wurden. Somit haben Sie immer einen guten Überblick über alle Websites, denen Sie zugehörig sind oder denen Sie folgen. Über die Navigation des App Launcher gelangen Sie jeweils in Ihre Bereiche *Newsfeed*, *OneDrive* oder *Websites*. In einer SharePoint-Onlinevariante können gegebenenfalls weitere Kacheln und damit weitere Apps angezeigt werden.

10.1 Newsfeed

Newsfeeds sind Unterhaltungen, die Sie öffentlich mit allen Personen Ihres Unternehmens oder eingeschränkt auf Teamsites, auf denen Sie Zugriffsrechte besitzen, führen können. Sie können auf Teamsites Newsfeed-Beiträge verfassen, denen Sie folgen. Auf Ihrer persönlichen Website steht Ihnen die Möglichkeit offen, Unterhaltungen zu starten (siehe Abb. 10–1). Personen, die Ihren Aktivitäten folgen oder Ihr Profil besuchen, können Ihre Beiträge sehen.

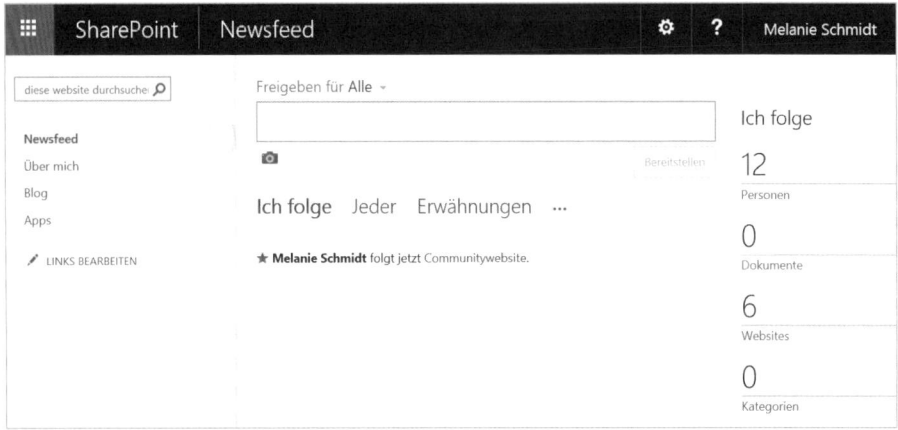

Abb. 10–1   Der Bereich *Newsfeed*. Im oberen Bereich können Unterhaltungen gestartet werden.

10.1.1   Einen Newsfeed-Beitrag verfassen

Sie können auf Ihrer persönlichen Website oder auf einer Teamsite neue Beiträge verfassen. Gehen Sie dafür folgendermaßen vor:

1. Wechseln Sie zunächst über die Kachel *Newsfeed* in der oberen Navigation des App Launcher, um auf Ihre persönliche Website zu wechseln. Alternativ wechseln Sie auf die Teamsite, wo Sie einen Newsfeed-Beitrag einstellen möchten.
2. Klicken Sie in das Eingabefeld des Newsfeeds *Unterhaltung beginnen*.
3. Geben Sie den gewünschten Text ein.
4. Wählen Sie oberhalb des Eingabefeldes bei *Freigeben für Alle*, ob Sie den Beitrag mit allen Personen Ihres Unternehmens teilen oder auf einer bestimmten Website veröffentlichen möchten.
5. Klicken Sie auf die Schaltfläche *Bereitstellen*.

> **Tipp**
>
> Sie können auch Hashtags verwenden, um Beiträge mit Schlagworten zu versehen. Somit können bestimmte Begriffe über die SharePoint-Suche schnell aufgefunden werden. Wenn Sie das Hashtag verwenden möchten, schreiben Sie eine Raute # gefolgt von dem gewünschten Begriff: *#SharePoint*. Im Bereich *Trend-Hashtags* werden Ihnen die beliebtesten Tags im Unternehmen angezeigt.

10.1.2 Hinzufügen von Bildern zu einem Newsfeed-Beitrag

Sie können Text und zusätzlich ein Bild zu dem Beitrag hinzufügen.

1. Klicken Sie erneut in das Eingabefeld des Newsfeeds *Unterhaltung beginnen* auf Ihrer persönlichen Website oder auf der Teamsite, wo Sie den Beitrag veröffentlichen möchten.
2. Ihnen wird das Kamerasymbol angezeigt. Klicken Sie auf das *Kamerasymbol*.
3. Im darauf folgenden Dialog klicken Sie auf die Schaltfläche *Durchsuchen*.
4. Wählen Sie den Ordner und dann die Bilddatei, die Sie dem Beitrag hinzufügen möchten, durch einen Klick aus.
5. Bestätigen Sie Ihre Auswahl mit einem Klick auf die Schaltfläche *Öffnen*.
6. Bestätigen Sie den Dialog mit *OK*. Das Bild wird dem Beitrag hinzugefügt.

10.1.3 Hinzufügen einer Datei zu einem Newsfeed-Beitrag

Sie können über die URL einer in der SharePoint-Bibliothek abgelegten Datei Dokumente oder auch Videodateien im Beitrag veröffentlichen.

1. Öffnen Sie zunächst die Bibliothek, in der sich die Datei befindet, die Sie als Link in Ihrem Beitrag veröffentlichen möchten.
2. Klicken Sie auf das Menü der gewünschten Datei, dargestellt mit drei Punkten.
3. Klicken Sie in das Feld, in dem Ihnen die URL angezeigt wird, und kopieren Sie die URL.
4. Wechseln Sie auf Ihre persönliche Website oder auf die Testsite, in der Sie den Link zur Datei veröffentlichen möchten.
5. Klicken Sie in das Eingabefeld des Newsfeeds *Unterhaltung beginnen*.
6. Drücken Sie die Tastenkombination *STRG+V*, um den Link einzufügen.
7. Im unteren Bereich des Eingabefeldes können Sie einen Namen hinzufügen, unter dem die Datei im Beitrag dargestellt werden soll. Klicken Sie in das Feld *Anzeigen als* und geben Sie den gewünschten Text ein (siehe Abb. 10–2).
8. Bestätigen Sie Ihre Eingabe mit einem Klick auf das *Häkchensymbol*.
9. Klicken Sie auf die Schaltfläche *Bereitstellen*.

Bedenken Sie jedoch, dass Personen, die gegebenenfalls keine Zugriffsrechte zur Datei besitzen, die Fehlermeldung *Zugriff verweigert* erhalten.

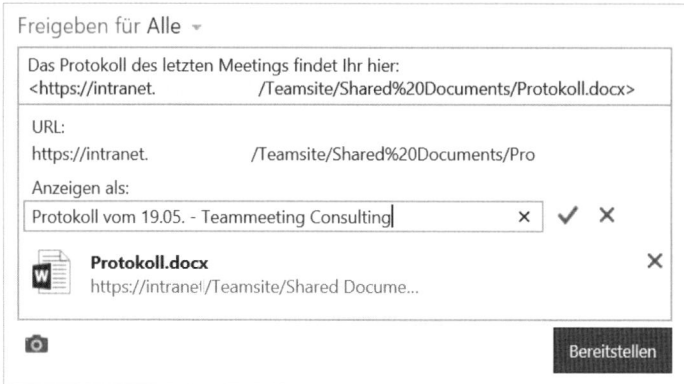

Abb. 10-2   Alternativ zur URL kann auch ein anderer Text verwendet werden.

10.1.4   Benutzernamen einem Newsfeed-Beitrag hinzufügen

Sie können auch Benutzernamen innerhalb eines Beitrags hinzufügen, wenn Sie beispielsweise eine Person persönlich ansprechen möchten.

1. Wechseln Sie auf Ihre persönliche Website oder auf die Testsite, in der Sie den Beitrag veröffentlichen möchten.
2. Klicken Sie in das Eingabefeld des Newsfeeds *Unterhaltung beginnen*.
3. Schreiben Sie das @-Zeichen gefolgt von dem Namen der gewünschten Person. Es öffnet sich das Kontextmenü und listet Ihnen Namensvorschläge auf (siehe Abb. 10–3). Klicken Sie auf den gewünschten Namen, sodass der Name eingefügt wird.
4. Geben Sie Ihren Text ein und bestätigen Sie mit einem Klick auf die Schaltfläche *Bereitstellen*.

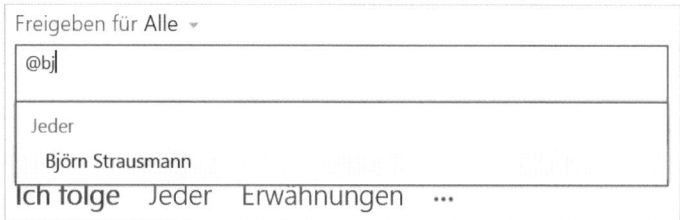

Abb. 10–3   Über das @-Zeichen können Personen in einem Beitrag erwähnt werden.

10.1.5 Newsfeed-Beiträge öffnen, in denen Ihr Benutzername erwähnt wurde

Andere Personen können Sie ebenfalls in Beiträgen hinzufügen. Sie können jederzeit prüfen, wo Ihr Name erwähnt wurde.

1. Wechseln Sie in Ihre *Newsfeeds*.
2. Klicken Sie auf den Link *Erwähnungen* (siehe Abb. 10–4). Hier werden alle Beiträge und alle Ihre Aufgaben aufgelistet, in denen Sie erwähnt oder zur Aufgabe hinzugefügt wurden.

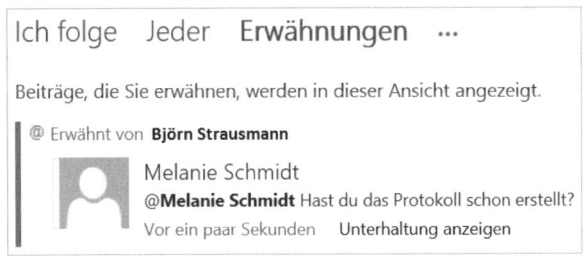

Abb. 10–4   Ich wurde in einem Beitrag erwähnt. Über den Link *Unterhaltung anzeigen* kann der gesamte Text gelesen werden.

10.1.6 Newsfeed-Beiträge bewerten, ihnen folgen und darauf antworten

Sie können Newsfeed-Beiträgen von anderen Personen folgen und sie bewerten. Die von Ihnen gefolgten und bewerteten Beiträge erscheinen in Ihrer Newsfeed-Übersicht.

1. Öffnen Sie eine vorhandene Teamsite oder eine persönlichen Website einer Kollegin oder eines Kollegen, auf der sich ein Newsfeed-Beitrag der Person befindet.
2. Klicken Sie auf den Link *Folgen*, um weitere Beiträge dieses einen Newsfeeds zu folgen.
3. Klicken Sie auf den Link *Gefällt mir*, um den Newsfeed zu bewerten.
4. Klicken Sie auf den Eintrag *Antworten*, um auf den Newsfeed zu antworten.

Die Einträge werden in Ihrer Newsfeed-Ansicht angezeigt.

Über das Menü, dargestellt mit den drei Punkten, können Sie den Link zur Unterhaltung kopieren und gegebenenfalls in einen anderen Newsfeed oder in einer E-Mail-Nachricht versenden. Zusätzlich haben Sie über das Menü auch die Möglichkeit, Ihren Newsfeed-Eintrag zu sperren. Somit können keine Bewertungen abgegeben oder Antworten in dieser Unterhaltung stattfinden. Der gesperrte Newsfeed ist aber weiterhin für andere Personen sichtbar.

10.1.7 Newsfeed-Beitrag löschen

Sie können eigene Newsfeed-Beiträge löschen, gehen Sie dafür wie folgt vor:
1. Zeigen Sie auf den Newsfeed-Beitrag. Es erscheint rechts neben dem Beitrag ein Kreuz.
2. Klicken Sie auf das Kreuz und bestätigen Sie das nachfolgende Hinweisfenster.

10.2 Das Folgen von Teams oder einzelnen Teammitgliedern

Durch die Funktionalitäten des Folgens können Sie interessanten Inhalten oder auch Personen in Ihrer SharePoint-Umgebung folgen. Das soll jedoch nicht bedeuten, dass Sie die Personen verfolgen und ausspionieren, sondern es soll Ihnen die Möglichkeit geben, sich mit anderen Personen zu vernetzen und dadurch weitere für Sie wichtige Personen ausfindig zu machen. In vielen Unternehmen wird das Folgen von Personen als Verfolgung betrachtet und die Funktionalitäten werden administrativ eingeschränkt. Deshalb sollten Sie mindestens die Möglichkeit besitzen, Themen zu folgen. Das hat gerade dann einen Vorteil, wenn Ihr SharePoint-Portal sehr umfangreich aus Team- und Projektwebsites, Blogs und anderen Informationsseiten besteht. Irgendwann verlieren wir den Überblick, wenn sich irgendwo in dieser Umgebung etwas Wichtiges ändert. Für uns interessante oder wichtige Informationen gehen dann unter. Mit dem Folgen von Themen oder Personen behalten Sie auch in großen SharePoint-Umgebungen über Ihre persönliche Website jederzeit einen aktuellen Überblick.

10.2.1 Folgen von Websites

Auf jeder Website befindet sich im oberen rechten Bereich der Link *Folgen*. Leider wird diese Funktionalität häufig falsch verstanden. Man könnte glauben, wenn wir den Link *Folgen* auf einer Website aktivieren, dass wir sämtliche Änderungen innerhalb der Website in unserer persönlichen Website wiederfinden. Dem ist nicht so, durch das Aktivieren des Folgens einer Website setzen wir eigentlich nur einen Favoriten, sodass die gefolgte Website nur in unserer persönlichen Website angezeigt wird. Neu hinzugefügte Dateien oder Informationen von der gefolgten Website werden nicht angezeigt. Wenn Sie bei der Recherche innerhalb des gesamten SharePoint-Portals auf interessante Websites stoßen, können Sie sich durch einen Klick auf den Link *Folgen* eine Art Favoriten setzen und den Link zur Website über Ihre persönliche Website betätigen.

10.2.2 Folgen von Personen

Möchten Sie sich mit Personen verbinden, so können Sie der Person folgen.

1. Verwenden Sie die *Suche*, um nach dem Namen der Person, der Sie folgen möchten, aufzufinden.
2. Klicken Sie auf den Namen der Person, der Sie folgen möchten, so landen Sie in ihrer persönlichen Website.
3. Klicken Sie auf den Link *Dieser Person folgen* (siehe Abb. 10–5).

Zukünftig sehen Sie über Ihre Newsfeeds aktuelle Aktivitäten dieser Person.

Abb. 10–5 Das Folgen einer Person kann über die jeweilige persönliche Website festgelegt werden.

10.2.3 Folgen von Dokumenten

Möchten Sie einem Dokument folgen, gehen Sie folgendermaßen vor:

1. Sie befinden sich in einer Bibliothek, in der sich das gewünschte Dokument befindet.
2. Klicken Sie auf das Menü zum Dokument, das über die drei Punkte aufrufbar ist (siehe Abb. 10–6).

Abb. 10–6 Der Link *Folgen* kann über das Menü einer Datei aktiviert werden.

3. Klicken Sie auf den Link *Folgen*, um die Funktionalität zu aktivieren.

Zukünftig sehen Sie die aktuellen Aktivitäten zum Dokument in Ihren Newsfeeds.

10.2.4 Das Folgen von Personen und Dokumenten aufheben

Sie können jederzeit das Folgen von Personen und Dokumenten aufheben.

1. Wechseln Sie in Ihre *Newsfeeds*.
2. Klicken Sie im rechten Bereich des Fensters auf die gewünschte Kategorie, z. B. *Personen*.
3. Klicken Sie auf das Menü, dargestellt mit drei Punkten, hinter dem Namen der Person.
4. Klicken Sie auf den Link *Nicht mehr folgen*. Alternativ klicken Sie auf das X, das Ihnen angezeigt wird, sobald Sie auf einen Eintrag innerhalb der Newsfeeds zeigen (siehe Abb. 10–7).

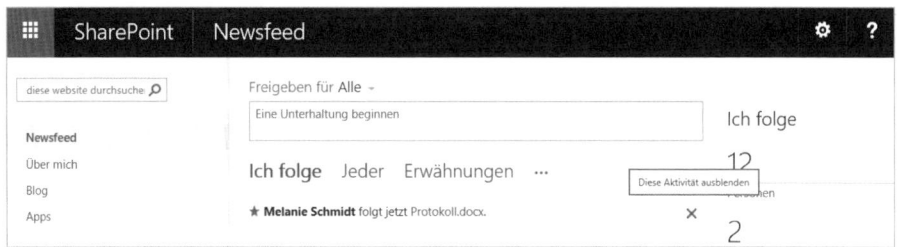

Abb. 10–7 Über die Newsfeeds kann das Folgen von Dokumenten und Personen aufgehoben werden. Klicken Sie im rechten Fensterbereich bei *Ich folge*, um die Kategorie auszuwählen.

Zukünftig werden Ihnen keine Aktivitäten dieser Person mehr angezeigt.

10.3 Ihr persönliches Profil

Es ist erstaunlich, wie viele Menschen sich bereits einem sozialen Netzwerk wie Facebook, Google+ oder aus beruflichen Gründen den sozialen Netzwerken wie Xing oder LinkedIn angeschlossen haben. Aber worum geht es eigentlich in so einem Netzwerk? Im privaten Bereich werden Informationen wie die eigenen Interessen, Texte und Bilder mit Freunden und der Familie geteilt. Auch das Wiederfinden alter Freunde aus der Schulzeit ist über solch ein Netzwerk möglich. Im beruflichen Bereich lässt man auf einer solchen Plattform potenzielle Auftraggeber, Partner oder Geschäftsfreunde wissen, welche besonderen beruflichen Fähigkeiten man hat. Damit der potenzielle Kunde, der genau die Fähigkeiten für ein Projekt oder bestimmte Aufgaben sucht, Sie auch findet, muss das Profil eines jeden gepflegt und somit immer aktualisiert werden. Ein eigenes Profil in einem Netzwerk in der Öffentlichkeit zu besitzen, ist heutzutage also nichts Neues mehr.

Schaut man aber einmal hinter die Kulissen der Unternehmen, sieht es intern ganz anders aus. Unternehmen, die SharePoint einsetzen, lassen überwiegend die Pflege des eigenen Profils durch die Belegschaft nicht oder nur eingeschränkt zu. Oft liegt es daran, dass man uns Mitarbeiterinnen und Mitarbeiter nicht überfordern möchte, oder an den Bestimmungen und Freigaben von Personal- oder Betriebsrat. Häufig sollen keine personenbezogenen Daten im Profil angelegt werden, wobei es sich doch gar nicht um Leistungsdaten der einzelnen Personen handelt. Wir arbeiten in einem Unternehmen und dabei sollte es eigentlich von großer Bedeutung sein, zu wissen, wer was im Unternehmen macht, wer wo zuständig ist und wen man gegebenenfalls ansprechen kann, wenn man einmal Hilfe zu bestimmten Themen benötigt. Sind das wirklich Geheimnisse, dass beispielsweise Herr Hansen aus der Buchhaltung perfekt Dänisch spricht und nebenberuflich Dänischkurse anbietet, weil er die Sprache gerne spricht und sein Wissen gerne teilt? Vielleicht besitzen Sie besondere Kenntnisse in einem Anwendungsprogramm oder verfügen über umfangreiche Fremdsprachenkenntnisse, vielleicht waren Sie auch an einem der schwierigen Projekte beteiligt. Wenn es nun Mitarbeiterinnen oder Mitarbeiter gibt, die Unterstützung zu genau diesen Themen benötigen, wäre es für Sie nicht auch eine Bereicherung, Ihr Wissen durch Ihre Hilfe und Unterstützung weiterzugeben? Wenn jedoch keiner in Ihrem Unternehmen weiß, dass Sie genau diese Fähigkeiten besitzen, wird Sie auch keiner um Hilfe oder Unterstützung bitten. Sie sollten deshalb befähigt werden, Ihr Profil freiwillig und eigenständig zu pflegen.

Je nachdem, wie Ihr SharePoint-System konfiguriert und Bestimmungen festgelegt wurden, sollten Sie, wenn möglich, zusätzliche Angaben in Ihrem Profil eingeben. In den meisten Fällen werden bereits Informationen durch Ihre IT-Abteilung über den sogenannten Exchange-Server aus dem Active Directory eingepflegt. Das sind beispielsweise Informationen zu Ihrer Abteilung, Ihrer Position und Adressdaten. Zusätzlich kann bereits ein Bild von Ihnen im Profil angezeigt werden.

10.3.1 Das persönliche Profil anpassen

Wie bereits erwähnt, ist das Anpassen des Profils abhängig davon, wie das SharePoint-System in Ihrem Haus konfiguriert wurde. Um das Profil anzuzeigen und anzupassen, gehen Sie folgendermaßen vor.

1. Klicken Sie oben rechts im Bildschirm auf Ihren Namen oder das Personensymbol (siehe Abb. 10–8).
2. Klicken Sie auf den Eintrag *Über mich*. Sie werden zu Ihrem Profil weitergeleitet.

Abb. 10-8 Je nach System kann der Name oder ein Personensymbol angezeigt werden. Darüber lässt sich die *Über mich*-Seite öffnen.

3. Klicken Sie auf den Link **Bearbeiten**. Sie gelangen in den Bereich *Details bearbeiten* (siehe Abb. 10–9).

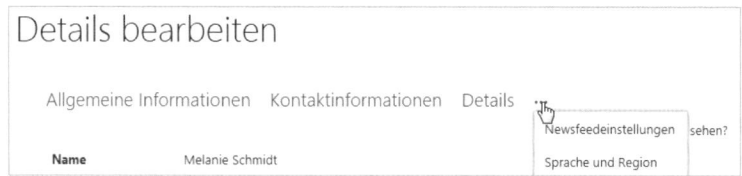

Abb. 10-9 Über *Details bearbeiten* können unterschiedliche Informationen hinzugefügt werden.

Auf der Seite *Details bearbeiten* finden Sie im oberen Fensterbereich die Links *Allgemeine Informationen*, *Kontaktinformationen*, *Details* und *Weitere Optionen*, dargestellt mit den drei Punkten. Innerhalb dieser Kategorien lassen sich unterschiedliche Informationen hinzufügen.

Allgemeine Informationen

- Im Bereich **Allgemeine Informationen** stehen standardmäßig Ihre Kontaktinformationen, die bereits aus Ihrem Unternehmen stammen. Sie können zusätzlich Informationen zu Ihrer Person eingeben. Das Eingabefeld *Info* dient dazu, sich kurz zu beschreiben und sich vorzustellen.
- Im Bereich **Foto** können Sie ein Foto von sich einstellen oder das Foto aus Ihrem Profil entfernen. Es ist jedoch abhängig von der Konfiguration Ihres SharePoint-Systems, ob Sie Fotos austauschen können. Beachten Sie bitte, dass Sie hier ein Foto von sich einstellen und nicht vom Haustier oder das Logo Ihres Lieblingsvereins. Befragen Sie gegebenenfalls Ihren SharePoint-Verantwortlichen.
- Im Bereich **Fragen** können Sie Schlüsselwörter verwenden, um Ihren Kolleginnen und Kollegen Informationen zu Ihren Kompetenzen und Fähigkeiten mitzuteilen.

Hinter den jeweiligen Informationen können Sie über den Drop-down-Pfeil festlegen, ob die jeweilige Information von allen Mitarbeiterinnen und Mitarbeitern Ihres Unternehmens gesehen werden darf oder nur Sie diese Informationen sehen. Standardmäßig ist hier die Voreinstellung auf **Jeder** eingestellt, was bedeutet,

10.3 Ihr persönliches Profil

jeder Ihres Unternehmens kann bei einem Besuch auf Ihrem Profil die von Ihnen freigegebenen Informationen sehen. Ändern Sie diese Einstellungen bei Bedarf und geben Sie nur die Informationen für jeden frei, die Sie freigeben möchten.

Kontaktinformationen

Über den Link *Kontaktinformationen* können Sie weitere Informationen wie beispielsweise Ihre mobile Rufnummer oder eine Faxnummer eingeben. Auch in diesem Bereich können Sie über den Drop-down-Pfeil festlegen, wer die weiteren Kontaktdaten sehen darf.

Details

Über den Link *Details* können Sie weitere Informationen zu Ihrer Tätigkeit und Person hinzufügen. Auch dieser Bereich ist abhängig von der Konfiguration des SharePoint-Systems in Ihrem Unternehmen.

- Im Eingabefeld *Erledigte Projekte* können Sie über Schlüsselwörter erledigte oder laufende Projekte auswählen. Sie können auch festlegen, in welchen Bereichen Sie tätig sind. Wenn diese Funktionalitäten in Ihrem Unternehmen eingerichtet sind, reicht es aus, wenn Sie nur mit den ersten Buchstaben des Projektnamens oder Ihres Aufgabengebiets bei der Eingabe beginnen. Ihnen werden dann die bereits erfassten Projekte aufgelistet dargestellt.
- Im Bereich *Fertigkeiten* können Sie angeben, ob Sie zusätzliche Qualifikationen besitzen.
- In den Bereichen *Schulen* und *Geburtstag* können Sie, wenn Sie möchten, Ihre besuchten Schulen und Ihren Geburtstag eingeben.
- Im Bereich *Interessen* können Sie Ihre Hobbys und persönlichen Interessen eingeben. Mit diesen Angaben können Interessengemeinschaften entstehen und gegebenenfalls finden Sie über diese Angabe weitere Kolleginnen und Kollegen, die ebenfalls die gleichen Interessen haben wie Sie.

Aber auch für diese Informationen finden Sie jeweils hinter den Eingaben die Möglichkeit, die Sicht darauf einzuschränken, sodass nicht jede Mitarbeiterin oder jeder Mitarbeiter diese Informationen sehen darf, sondern nur Sie.

Weitere Optionen

Hinter dem Eintrag *Details* befinden sich **weitere Optionen**, dargestellt mit den drei Punkten. Sie können über die weiteren Optionen *Einstellungen zur Anzeigesprache*, der *Zeitzonen* und Ihrer *Region* vornehmen. Wurden in Ihrem Unternehmen beispielsweise die Sprachpakete in SharePoint installiert und konfiguriert, so können Sie die Websites auch in einer anderen Sprache darstellen. Zum Ändern der Spracheinstellungen gehen Sie folgendermaßen vor:

1. Wechseln Sie zunächst auf Ihre *Über mich*-Website.
2. Aktivieren Sie im oberen Bildschirmbereich den Link **Bearbeiten**.
3. Öffnen Sie **Weitere Optionen**, dargestellt mit den drei Punkten hinter dem Eintrag *Details*.
4. Klicken Sie auf den Befehl **Sprache und Region** (siehe Abb. 10–10).

Abb. 10–10   Es können mehrere Sprachen für die Anzeige ausgewählt werden.

5. Im Bereich *Sprache* klicken Sie unterhalb des Feldes *Meine Anzeigesprachen* auf den Drop-down-Pfeil bei **Neue Sprache auswählen**. Eine Auflistung aller verfügbaren Sprachen wird angezeigt.
6. Wählen Sie die gewünschte Sprache aus und klicken Sie auf die Schaltfläche **Hinzufügen**.
7. Beachten Sie, dass die an erster Stelle stehende Sprache die Sprache ist, die Ihr Webbrowser nun in SharePoint verwendet.

Nehmen Sie gegebenenfalls noch weitere Einstellungen vor.

10.4 Ihr persönlicher Blog

In Ihrer persönlichen Website besteht die Möglichkeit, einen eigenen Blog zu erstellen und damit Informationen, kurze Texte, kategorisiert mit der Belegschaft zu teilen. Sobald Sie in Ihrer persönlichen Website auf den Link *Blog* in der Schnellstartnavigation klicken, wird eine Blogwebsite für Sie angelegt. Wie die Blogwebsite verwendet wird, erkläre ich ausführlich in Abschnitt 12.12.

10.5 Zusammenfassung

Mit der persönlichen Website haben Sie die Möglichkeit, einen schnellen Überblick der Inhalte von Websites zu erhalten, auf denen Sie berechtigt sind, mitzuarbeiten. Sie können auf der persönlichen Website Ihr Profil anpassen und Ihre Fähigkeiten und Qualifikationen für die Mitarbeiter anzeigen lassen. Ebenso können Sie festlegen, mit welchen Fragen Kolleginnen und Kollegen auf Sie zukommen können. Informationen können Sie bewusst einschränken, indem Sie die Daten entweder nicht ausfüllen oder jeweils als privat kennzeichnen. Sie können per Newsfeed Unterhaltungen beginnen, Dateien anhängen und mit Personen in Ihrem Unternehmen teilen. Mit einem persönlichen Blog können Sie kurze, kategorisierte Informationen im Unternehmen bereitstellen.

11 Kommunikation & Marketing

11.1 Ausgangssituation

Die Abteilung Kommunikation & Marketing ist zuständig für die Informationsweitergabe des Unternehmens an externe und interne Zielgruppen. Das Team der Abteilung ist somit verantwortlich für die gesamte Öffentlichkeitsarbeit, das Corporate Design sowie den Webauftritt des Unternehmens nach außen. Zusätzlich unterstützt die Abteilung alle anderen Fachabteilungen in kommunikativen Fragen und Belangen.

11.2 Die Anforderungen der Abteilung

Das Projekt- und Eventmanagement des Unternehmens möchte zukünftig sämtliche Informationen zu einem jeweiligen Projekt, auch standortübergreifend, mit allen Projektmitgliedern austauschen. Auch die im Unternehmen gültigen Geschäftsvorlagen, die aus den Microsoft-Office-Anwendungen stammen, sollen den Projektteams zur Verfügung gestellt werden. Damit alle Mitarbeiter in den Projektteams die richtigen Vorlagen verwenden, die teilweise auch den Kunden ausgehändigt werden, soll die Abteilung Kommunikation & Marketing dafür Sorge tragen, dass immer die aktuellen Versionen und die richtigen Vorlagen in den Projekten verwendet werden. Zunächst soll die Abteilung eine eigene Website unterhalb der *Teamsite* erhalten, damit die Geschäftsvorlagen dort zentral gepflegt und für die einzelnen Fachabteilungen in der aktuellen Version bereitgestellt werden. Den Dokumenten, basierend auf den Geschäftsvorlagen, sollen bestimmte Eigenschaften, Metadaten, zugewiesen werden. Durch das Hinzufügen von Inhaltsgenehmigungen und Workflows sollen Dateien erst nach der Freigabe von Genehmigungen veröffentlicht werden.

11.3 Schritte in diesem Kapitel

Auf der Website *Fachbereiche* wird für die Abteilung *Kommunikation & Marketing* eine Website erstellt. Innerhalb dieser Teamsite werden die Geschäftsvorlagen in einer zentralen Bibliothek vorgehalten und für die Anforderungen der anderen Fachabteilungen so weit mit Websiteinhaltstypen und Metadaten vorbereitet, dass alle Mitarbeiterinnen und Mitarbeiter die aktuellen und richtigen Dokumente verwenden. Außerdem werden die Dokumente versioniert, damit auch nur die Dokumente veröffentlicht werden, die für die Fachabteilungen freigegeben und aktuell sind. Auf die Funktionalität des Ein- und Auscheckens wird in diesem Kapitel eingegangen.

11.4 Dokumentenmanagement mit SharePoint

SharePoint verfügt über Funktionen, die im Bereich Dokumentenmanagement eingesetzt werden können. So verfügen alle Versionen von SharePoint über die Versionierung von Dokumenten. In Bibliotheken kann festgelegt werden, dass Änderungen an Dateien in Versionen nachverfolgt und bei Bedarf wiederhergestellt werden. Auch die Funktionen des Ein- und Auscheckens stehen allen SharePoint-Anwendern zur Verfügung. Dadurch können Sie alleine an einem Dokument arbeiten, ohne dass andere Personen es zeitgleich öffnen und bearbeiten. Durch zusätzliche Eigenschaften innerhalb von Dokumenten, die als Metadaten bezeichnet werden, können Informationen schneller und somit effizienter gefiltert, gesucht und wiedergefunden werden. Ebenso können sogenannte Websiteinhaltstypen in allen SharePoint-Versionen verwendet werden, was beispielsweise dann sinnvoll ist, wenn Sie für bestimmte Geschäftsbereiche Ihre firmeninternen Dokumentvorlagen wie Protokolle, Berichte und andere Geschäftsvorlagen innerhalb einer Bibliothek für das Team bereitstellen möchten. Somit hat jedes Teammitglied die Möglichkeit, innerhalb der Bibliothek über die Schaltfläche *Neues Dokument* die als Inhaltstyp festgelegten Vorlagen zu öffnen und sie direkt aus SharePoint heraus zu bearbeiten. In den Server- und Onlineversionen gibt es zusätzlich zu den bereits genannten Funktionalitäten erweiterte Dokumentenmanagementfunktionen wie das Anlegen von sogenannten Dokumentenmappen als Websiteinhaltstypen, die vergleichbar mit elektronischen Akten sind. Auch die sogenannten Inhaltsverwaltungsrichtlinien, die feste Regeln vorgeben, was mit einem Dokument geschehen soll, wenn die Bedingung übereinstimmt, können verwendet werden. Die Server-, Enterprise- und die SharePoint-Onlineversionen einiger E-Pläne bieten noch weitere Funktionalitäten im Bereich Metadatenmanagement und im Bereich Websiteinhaltstypen. Zusätzlich können in diesen Versionen die Websitevorlagen *Dokumentcenter* und *Datenarchiv* für die Bearbeitung und Archivierung großer Datenmengen verwendet werden. Zunächst möchte ich in diesem Kapitel die Möglichkeiten des Dokumentenmanagements aufzeigen, die in allen SharePoint-Versionen durchgeführt werden können. Danach werde ich auf die erweiterten Möglichkeiten des Dokumentenmanagements eingehen. Sie sollten von Beginn an die Beispiele nachvollziehen, da die Kapitel nun immer aufeinander aufbauen. So erstellen Sie beispielsweise im Bereich *Kommunikation & Marketing* Inhalte, die im Kapitel *Projekt- und Eventmanagement* benötigt werden.

11.5 Anlegen der Website »Kommunikation & Marketing«

Für dieses Beispiel verwenden wir die Websitevorlage *Teamwebsite*, da es hier um einfache Funktionalitäten des Dokumentenmanagements von SharePoint geht. Zum Anlegen der Website für die Abteilung Kommunikation & Marketing gehen Sie folgendermaßen vor:

1. Wechseln Sie zunächst auf die Website *Fachbereiche*, indem Sie auf den Link *Websiteinhalte* in der Schnellstartnavigation oder über das Zahnradsymbol oben im Bildschirm klicken. Sie werden in den Bereich *Websiteinhalte* weitergeleitet. Hier sehen Sie alle bereits angelegten Apps und Websites.
2. Klicken Sie auf die Website *Fachbereiche*, unten im Bildschirm.
3. Klicken Sie auf der Website *Fachbereiche* im linken Bereich in der Schnellstartnavigation auf den Link *Websiteinhalte* (siehe Abb. 11–1).

Abb. 11–1 Über die Schnellstartnavigation kann in den Bereich *Websiteinhalte* navigiert werden.

4. Unterhalb des Bereichs *Listen, Bibliotheken und andere Apps* sehen Sie den Bereich *Unterwebsites*. Klicken Sie dort auf den Link **Neue Website**.
5. Es folgt ein Dialogfeld, in das Sie Angaben für die neue Website eingeben. Im Bereich *Titel und Beschreibung* schreiben Sie im Eingabefeld *Titel* »Kommunikation & Marketing« und im Eingabefeld *Beschreibung*, wozu Sie die Website verwenden: »*Diese Site dient als Beispiel für Dokumentenmanagement mit SharePoint.*«

6. Im Bereich *Websiteadresse* geben Sie als URL-Namen erneut den Titel »KommunikationMarketing« ein. In diesem Feld verwenden Sie keine Umlaute, Sonderzeichen und Leerschritte. Diese Eingaben erscheinen später im Adressfeld des Webbrowsers und die Sonderzeichen wären in der URL enthalten.
7. Wählen Sie im nächsten Schritt im Bereich *Vorlagenauswahl* die Sprache aus, in der Sie die Site verwenden möchten.
8. Wechseln Sie in das Register *Zusammenarbeit* und wählen Sie die Websitevorlage **Teamwebsite** durch einen Klick aus.
9. Wird Ihnen im Bereich *Navigation* die Option *Diese Website in der Leiste für häufig verwendete Links in der übergeordneten Website anzeigen?* angeboten, so aktivieren Sie diese Option, damit Ihnen die Website in der globalen Navigation angezeigt wird und Sie schnell auf andere Websites navigieren können. Wird Ihnen diese Option nicht angeboten, so verwenden Sie andere Funktionalitäten und Sie können zum nächsten Schritt übergehen.
10. Setzen Sie die Option **Ja** im Bereich *Navigationsvererbung* bei *Leiste für häufig verwendete Links der übergeordneten Website verwenden?*. Damit stellen Sie sicher, dass Ihnen die bereits angelegten Websites in der globalen Navigation auch auf dieser Website angezeigt werden und Sie darüber schnell in andere Websites navigieren können.
11. Übernehmen Sie alle weiteren Einstellungen und bestätigen Sie Ihre Eingaben mit einem Klick auf die Schaltfläche **Erstellen**. Sie werden direkt auf die Teamwebsite *Kommunikation & Marketing* weitergeleitet (siehe Abb. 11–2).

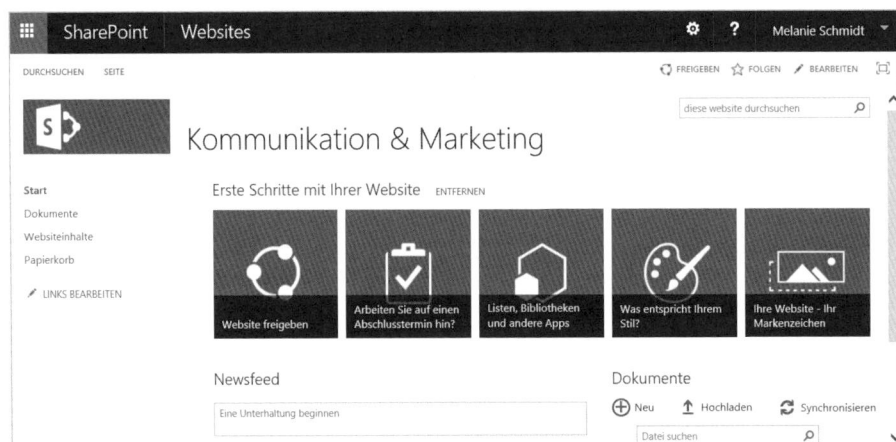

Abb. 11–2 Die erstellte Website *Kommunikation & Marketing*

Im nächsten Schritt geht es darum, einen zentralen Ablageort für alle Geschäftsvorlagen zu schaffen, die aus den Microsoft-Office-Programmen stammen.

11.6 Anlegen einer Bibliothek für die zentrale Ablage von Geschäftsvorlagen

Damit zukünftig alle Teammitglieder der Abteilung Kommunikation & Marketing die Geschäftsvorlagen pflegen und verwalten können, muss eine Bibliothek für die Vorlagen erstellt werden. Zum Erstellen dieses zentralen Ablageorts nehmen Sie folgende Schritte vor:

1. Wechseln Sie gegebenenfalls auf die Website *Kommunikation & Marketing*. Verwenden Sie dafür gegebenenfalls den Link *Websiteinhalte* in der Schnellstartnavigation oder das Zahnradsymbol oben im Bildschirm.
2. Klicken Sie in der Schnellstartnavigation auf den Link **Websiteinhalte**.
3. Im Bereich *Listen, Bibliotheken und andere Apps* klicken Sie auf die Schaltfläche *App hinzufügen* (siehe Abb. 11–3).

Abb. 11–3 Die Schaltfläche *App hinzufügen*

4. Klicken Sie in das *Suchfeld* und geben Sie »*Dokumentbibliothek*« ein und bestätigen Sie Ihre Eingabe mit der **Enter**-Taste.
5. Klicken Sie einmal auf die angebotene Bibliothek **Dokumentbibliothek**, um sie zu erstellen.
6. Im darauf folgenden Dialogfeld klicken Sie rechts unten auf den Link *Erweiterte Optionen*, damit Sie nicht nur den Namen für die Bibliothek festlegen, sondern auch eine Beschreibung, wozu sie verwendet wird, eingeben können.
7. Im Bereich *Name und Beschreibung* klicken Sie in das Feld *Namen* und tippen dort »*Geschäftsvorlagen*« und im Eingabefeld *Beschreibung* geben Sie ein: »*Diese Bibliothek dient als Beispiel für alle gültigen Geschäftsvorlagen des Unternehmens.*«

8. Im Bereich *Versionsverlauf für Dokumente* setzen Sie die Option bei *Jedes Mal neue Version erstellen, wenn eine Datei in ›Dokumentbibliothek‹ bearbeitet wird?* auf **Nein**. Die Einstellungen für die Versionierungen nehmen wir später in diesem Kapitel vor.
9. Übernehmen Sie alle weiteren Einstellungen und bestätigen Sie Ihre Eingabe mit einem Klick auf die Schaltfläche **Erstellen**. Sie werden anschließend direkt in die Bibliothek weitergeleitet (siehe Abb. 11–4).

Abb. 11–4 Die Bibliothek für die zentrale Ablage der Geschäftsvorlagen. Sie wird automatisch in der Schnellstartnavigation unter *Zuletzt verwendet* angezeigt. Die Reihenfolge der angezeigten Links kann über *Links bearbeiten* geändert werden.

> **Hinweis**
>
> Microsoft sowie eine große Anzahl von Drittanbietern stellen den Kunden zahlreiche SharePoint-Apps zur Verfügung. Andererseits kann die Systemadministration die Vorlagenauswahl reduzieren. Dadurch können mehr oder weniger Vorlagen bei Ihnen angezeigt werden.

11.7 Mehrere Dokumente einer Bibliothek hinzufügen

Sie können einzelne oder mehrere Dokumente einer Bibliothek hinzufügen. Verwenden Sie für dieses Beispiel die Beispieldateien in Kapitel 11 »*Kommunikation & Marketing*«.

1. Öffnen Sie die Bibliothek, der Sie mehrere Dokumente hinzufügen möchten. In diesem Beispiel die Bibliothek *Geschäftsvorlagen* der Website *Kommunikation & Marketing*. Klicken Sie dafür in der Schnellstartleiste der Website auf **Geschäftsvorlagen**.
2. Öffnen Sie zunächst den *Windows-Explorer* mit der Tastenkombination **Windows+E**.

3. Suchen Sie nach dem Ordner mit den Beispieldateien und wechseln Sie in den Ordner des Kapitels *Kommunikation & Marketing*.
4. Verkleinern Sie das Fenster des Windows-Explorers so weit, dass Sie die Bibliothek im Hintergrund gut sehen können.
5. Klicken Sie die erste Datei einmal an, sodass sie markiert ist. Halten Sie die *Shift*-Taste gedrückt und klicken Sie danach auf die letzte Datei, damit alle Dateien markiert sind. Lassen Sie die *Shift*-Taste los.
6. Zeigen Sie auf die Markierung, halten Sie die linke Maustaste gedrückt und ziehen Sie die markierten Dateien direkt in die Bibliothek (siehe Abb. 11–5).

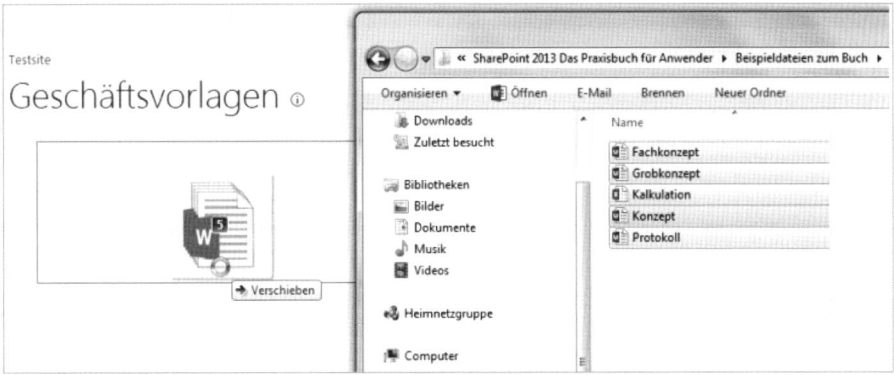

Abb. 11–5 Das Hochladen von mehreren Dateien in eine Bibliothek

Hinweis

Ihnen wird beim Hochladen mehrerer Dateien per Drag & Drop angezeigt, dass die Dateien verschoben werden. Das ist nicht richtig, denn die Dateien werden kopiert. Das führt dazu, dass die Dateien dann doppelt gespeichert werden. Einmal in der SharePoint-Bibliothek und einmal im Netzlaufwerk. Das führt zur Redundanz in der Dateiablage.

Im nächsten Schritt nehmen wir kleine Einstellungen vor, damit beispielsweise immer die aktuelle Version eines Dokuments verwendet wird.

11.8 Versionierung von Dokumenten

In Bibliotheken kann festgelegt werden, dass Änderungen an Dateien in Versionen nachverfolgt und bei Bedarf wiederhergestellt werden können. Sie können Dateien im Entwurf, als Nebenversion oder in einer Hauptversion speichern. Die Hauptversion ist immer die aktuelle Version des Dokuments. Wurde in einer Bibliothek die Versionierung und das Auschecken von Dokumenten aktiviert, so erhalten Sie beim Speichern oder Schließen eines Dokuments einen Dialog zum

Festlegen und zum Kommentieren der Version. Wenn beispielsweise an einer Geschäftsvorlage etwas geändert wird, so kann die Person, die die Änderungen vornimmt, die Vorlage für die gesamte Belegschaft als Hauptversion einchecken und damit veröffentlichen. In den Einstellungen der Versionierung kann festgelegt werden, ob Benutzerinnen und Benutzer, die lesenden Zugriff auf eine Bibliothek besitzen, die Nebenversionen sehen dürfen oder nicht. Das macht Sinn, wenn in einer Bibliothek nur endgültige, also finale Versionen veröffentlicht und für alle Personen sichtbar sein sollen. Dann dürfen nur Mitarbeiterinnen und Mitarbeiter, die berechtigt sind, in der Bibliothek Dokumente zu bearbeiten, die Nebenversionen sehen und zum Bearbeiten öffnen.

11.8.1 Die Versionierung aktivieren

In jeder einzelnen SharePoint-Liste und Bibliothek kann die Versionierung aktiviert werden. Die Versionierung ist nicht standardmäßig aktiviert, was den Vorteil hat, dass auch nur in den Listen und Bibliotheken mit Versionen gearbeitet wird, in denen es vom Anwendungsfall her passt. Zum Aktivieren der Versionierung führen Sie folgende Schritte aus:

1. Wechseln Sie in die Bibliothek *Geschäftsvorlagen* auf der Website *Kommunikation & Marketing*.
2. Klicken Sie im Register *Bibliothek* in der Gruppe *Einstellungen* auf die Schaltfläche **Bibliothekeinstellungen**.
3. In der Kategorie *Allgemeine Einstellungen* klicken Sie auf den Link **Versionsverwaltungseinstellungen**.
4. Im Bereich *Versionsverlauf für Dokument* aktivieren Sie die Option **Haupt- und Nebenversionen (Entwürfe) erstellen** (siehe Abb. 11–6).
5. Legen Sie darunter die Anzahl der Versionen fest, die beibehalten werden sollen. Wenn Sie die Anzahl auf fünf festlegen, so wird die erste Version gelöscht, sobald Sie die sechste Version speichern. Ihnen stehen dann die Versionen zwei bis sechs zum Wiederherstellen zur Verfügung.
6. Aktivieren Sie im Bereich *Entwurfselementsicherheit* die Option **Nur Benutzer, die Elemente bearbeiten dürfen**. Damit legen Sie fest, dass nur Personen, die in der Bibliothek berechtigt sind, Dokumente zu bearbeiten, die Nebenversionen sehen können.
7. Aktivieren Sie im Bereich *Auschecken erfordern* die Option **Auschecken von Dokumenten erfordern, bevor sie bearbeitet werden können?**. Wenn Sie diese Option nicht aktivieren, so wird das Dokument nach der Bearbeitung gespeichert, jedoch müssen Sie es dann im Nachhinein jedes Mal als Hauptversion zusätzlich zum Speichern veröffentlichen.
8. Bestätigen Sie Ihre Eingabe mit einem Klick auf die Schaltfläche **OK**.

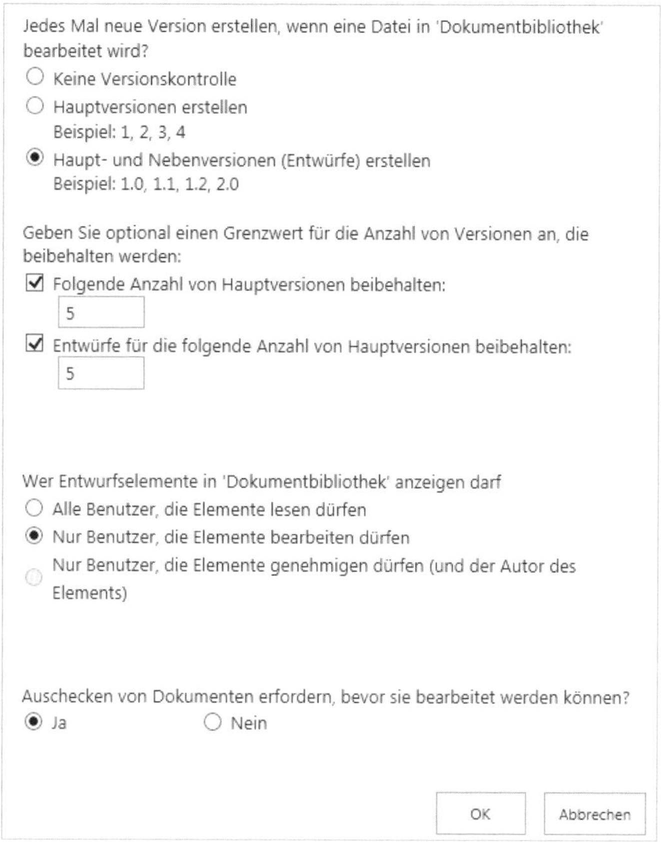

11.8 Versionierung von Dokumenten

Abb. 11–6 Die Versionierungseinstellung innerhalb einer Bibliothek

11.8.2 Ein- und Auschecken von versionierten Dokumenten

Haben Sie in der Versionierungsverwaltung das Auschecken von Dokumenten aktiviert, müssen Sie nun für die Bearbeitung eines in der Bibliothek gespeicherten Dokuments dieses Dokument erst auschecken. Durch die Aktivierung des Auscheckens wird zukünftig ein Dokument im Schreibschutz geöffnet. Was den Vorteil hat, dass nicht mehrere Personen zeitgleich Änderungen daran durchführen können. Durch das Auschecken können Sie das Dokument bearbeiten, während andere Personen es nun nur im Schreibschutz öffnen und nicht bearbeiten können. Erst durch das Einchecken des Dokuments ist eine weitere Bearbeitung durch andere Personen daran wieder möglich. Nur Personen mit Vollzugriffsrechten auf der Website können das Auschecken verwerfen. Dokumente, die Sie neu hochladen, müssen immer erst eingecheckt werden, damit andere Personen sie in der Bibliothek sehen können. Durch das erstmalige Einchecken legen Sie die erste Versionsnummer fest.

1. Öffnen Sie in der Bibliothek *Geschäftsvorlagen*, in der die Versionierung und das Auschecken aktiviert wurden, eine vorhandene Vorlage.
2. Im oberen Bereich des Microsoft-Word- oder -Excel-Fensters sehen Sie nun die Schaltfläche *Auschecken*. Zusätzlich sehen Sie, dass das Dokument im Schreibschutz geöffnet wurde. Klicken Sie auf die Schaltfläche *Auschecken* (siehe Abb. 11–7).

Abb. 11-7   Die Aufforderung zum Auschecken des Dokuments

3. Nehmen Sie Änderungen im Dokument vor und speichern Sie es über das Diskettensymbol in der Symbolleiste für den Schnellzugriff der Word- oder Excel-Datei.
4. Schließen Sie das Dokument über die Schaltfläche *Schließen*. Nun erhalten Sie ein Dialogfeld angezeigt, das abfragt, ob Sie das Dokument einchecken möchten.
5. Bestätigen Sie mit einem Klick auf die Schaltfläche *Ja* (siehe Abb. 11–8).

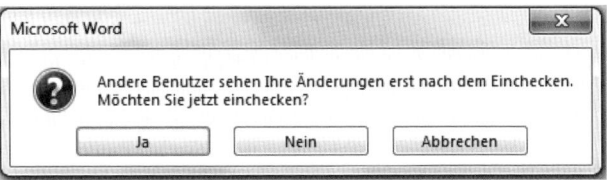

Abb. 11-8   Die Abfrage von Word, ob das Dokument eingecheckt werden soll.

6. Im darauf folgenden Dialogfeld legen Sie nun fest, ob das Dokument als Haupt- oder Nebenversion gespeichert oder veröffentlicht werden soll. Zusätzlich können Sie für die Version in einem Kommentar eingeben, welche Änderungen Sie vorgenommen haben. Ein Kommentar ist sehr hilfreich, wenn Sie eine ältere Version wiederherstellen möchten. Legen Sie fest, dass dieses Dokument als Nebenversion gespeichert werden soll, und schreiben Sie im Kommentarfeld, welche Änderungen Sie vorgenommen haben.
7. Das Kontrollkästchen *Dokument nach dem Einchecken dieser Version ausgescheckt lassen* können Sie aktivieren, wenn Sie Ihre Änderungen für Ihre Kolleginnen und Kollegen anzeigen lassen möchten, jedoch weiterhin alleine an dem Dokument arbeiten möchten. Das Dokument behält damit den Status *ausgescheckt* und kann weiterhin nur von Ihnen bearbeitet werden. In diesem Beispiel aktivieren Sie das Kontrollkästchen nicht (siehe Abb. 11–9).

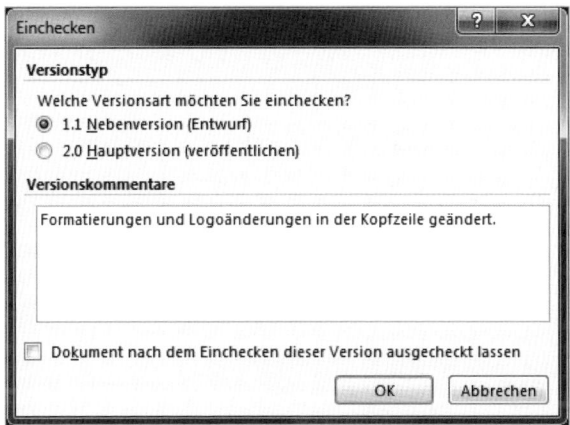

Abb. 11-9 Das Speichern eines Dokuments als Nebenversion

8. Bestätigen Sie Ihre Eingaben mit einem Klick auf die Schaltfläche *OK*.

11.8.3 Den Versionsverlauf eines Dokuments öffnen

Möchten Sie sich den Versionsverlauf eines Dokuments anzeigen lassen, so gibt es nun unterschiedliche Möglichkeiten, den Verlauf zu öffnen. Sie können sich den Versionsverlauf in der Bibliothek oder auch in der jeweiligen Anwendung wie Word und Excel anzeigen lassen.

Innerhalb der Bibliothek muss die Versionierung aktiviert sein, um den Versionsverlauf zu öffnen.

1. Wechseln Sie in die Bibliothek *Geschäftsvorlagen*.
2. Wählen Sie die gewünschte Datei aus, indem Sie vor der Datei das Häkchen aktivieren.
3. Klicken Sie direkt in der Bibliothek auf den Linkeintrag *Mehr* (siehe Abb. 11–10).

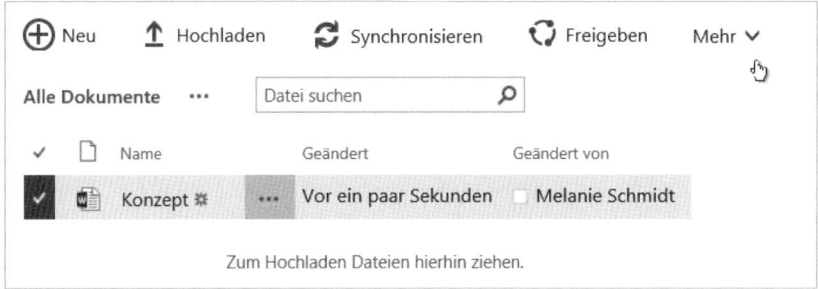

Abb. 11-10 Der Linkeintrag *Mehr* direkt in der Bibliothek

4. Wählen Sie im Kontextmenü den Befehl *Versionsverlauf* durch einen Klick aus (siehe Abb. 11–11).

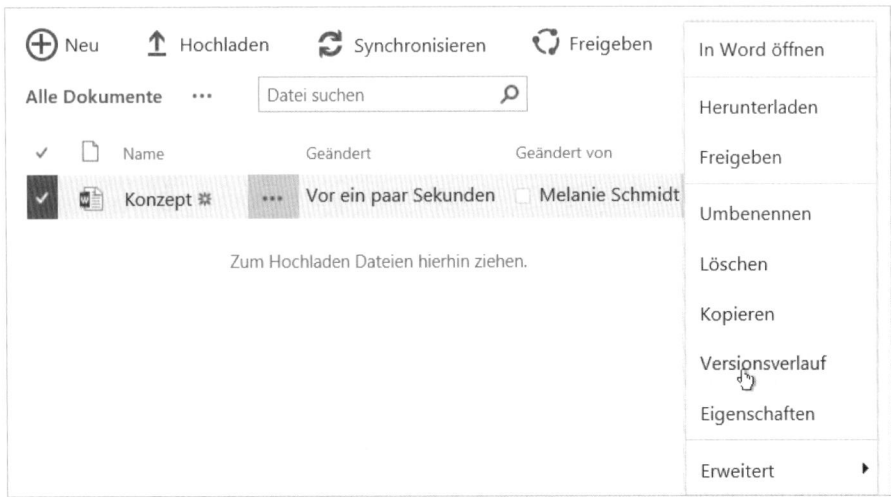

Abb. 11-11 Das Kontextmenü über den Linkeintrag *Mehr*

5. Zeigen Sie auf eine vorhandene Version, Ihnen wird ein Drop-down-Pfeil angezeigt (siehe Abb. 11–12). Über diesen Pfeil können Sie eine Hauptversion anzeigen, wiederherstellen und die Veröffentlichung der Version aufheben, während Sie eine Nebenversion nur anzeigen und wiederherstellen können.

Abb. 11-12 Der Versionsverlauf eines Dokuments

6. Schließen Sie den Versionsverlauf.

Alternativ können Sie den Versionsverlauf auch über das Bibliotheksregister *Dateien* in der Gruppe *Verwalten* öffnen. Markieren Sie jedoch immer erst ein einzelnes Dokument in der Bibliothek und klicken Sie dann auf die Schaltfläche *Versionsverlauf*.

11.8 Versionierung von Dokumenten

Vergleichen von Änderungen in Dokumenten

Mit der Versionierung können Sie ein Dokument vor der Änderung mit dem Dokument nach der Änderung vergleichen und die Änderungen anzeigen lassen.

1. Öffnen Sie erneut das Word- oder Excel-Dokument, das Sie in der Bibliothek *Geschäftsvorlagen* geändert haben.
2. Nehmen Sie weitere Änderungen vor und speichern Sie diese.
3. Checken Sie das Dokument als Hauptversion ein.
4. Wählen Sie in der Bibliothek das eben geänderte Dokument aus.
5. Checken Sie es für den Vergleich aus.
6. Klicken Sie in Word oder Excel auf das Register *Datei*. Sie sehen im unteren Bereich der Backstage-Ansicht den *Versionsverlauf* (siehe Abb. 11–13).

Abb. 11–13 Der Versionsverlauf in Microsoft Word im Register *Datei*

7. Klicken Sie auf die gespeicherte Nebenversion, Sie erhalten im oberen Bereich des Fensters eine Informationsleiste mit den Schaltflächen *Vergleichen* und *Wiederherstellen* (siehe Abb. 11–14).

Abb. 11–14 Die Informationsleiste am oberen Bildschirmrand

8. Klicken Sie auf die Schaltfläche **Vergleichen**. Ihnen werden im Anwendungsfenster die jeweiligen Versionen des Dokuments angezeigt. Außerdem sehen Sie die vorgenommenen Überarbeitungen in einer separaten Spalte vor den Dokumenten. Sie können nun die Änderungen über das geöffnete Register *Überprüfen* annehmen oder die Änderungen ablehnen (siehe Abb. 11–15).

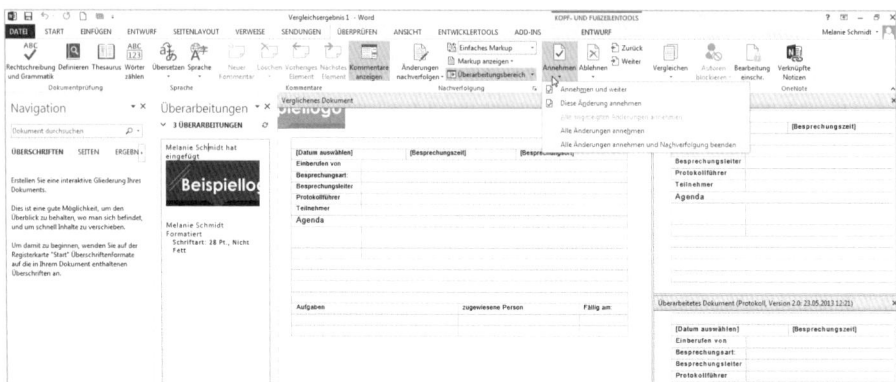

Abb. 11-15 Vergleichsangaben in Microsoft Word

9. Nehmen Sie eine Änderung an und speichern Sie das Dokument als Nebenversion in der Bibliothek.

Eine Nebenversion zur Hauptversion über die Bibliothek veröffentlichen

Haben Sie ein Dokument bearbeitet und als Nebenversion gespeichert, so können Sie es auch über die Bibliothek als Hauptversion veröffentlichen.

1. Wechseln Sie in die Bibliothek *Geschäftsvorlagen*.
2. Wählen Sie das gewünschte Dokument aus, indem Sie das Häkchen davor setzen.
3. Klicken Sie auf den Linkeintrag *Mehr* und wählen Sie im Kontextmenü den Eintrag *Erweitert* (siehe Abb. 11-16).
4. Wählen Sie im erweiterten Kontextmenü den Befehl *Hauptversion veröffentlichen* durch einen Klick aus.

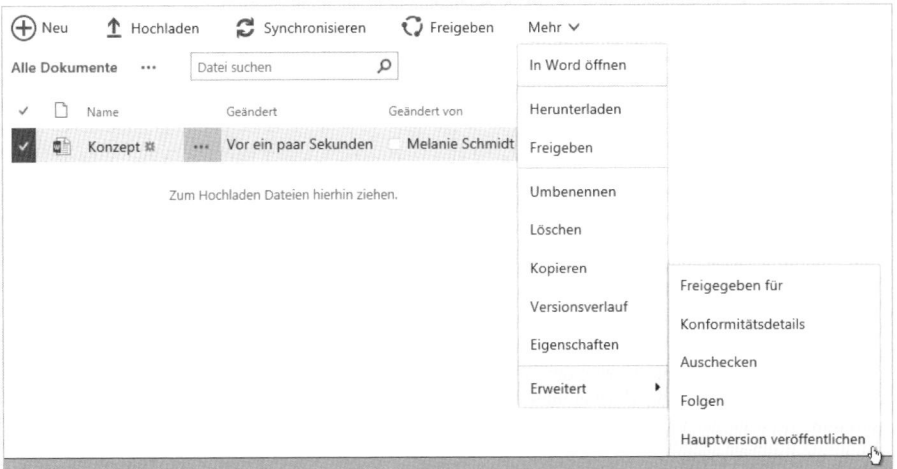

Abb. 11-16 Über den Linkeintrag *Mehr* können Sie eine Datei zur Hauptversion veröffentlichen.

5. Im darauf folgenden Dialogfeld geben Sie einen Versionskommentar ein und bestätigen Sie Ihre Eingabe mit einem Klick auf die Schaltfläche *OK*.

Als Nächstes geht es darum, dass den Anforderungen des Projektmanagements dahin gehend nachgekommen wird, dass die Projektdokumente später im Projektmanagement leicht gefiltert werden können. Dafür werden sogenannte Metadaten erzeugt.

11.9 Metadaten

Sobald eine Datei erzeugt wird, werden der Datei Dokumenteigenschaften hinzugefügt wie beispielsweise das Erstelldatum, die Dateigröße und der Autor, das heißt, wer die Datei erstellt hat. Diese Eigenschaften nennt man auch *Metadaten*, also Informationen, die beim Speichern einer Datei festgelegt werden. Über die Metadaten ist eine strukturierte Speicherung von Dateien möglich und das Auffinden über die Metadaten erleichtert die Arbeit mit vielen Dateien. Sie finden solche Metadaten, wenn Sie ein Word-Dokument oder eine Excel-Arbeitsmappe öffnen und über das Register *Datei* in die Kategorie *Informationen* wechseln. Dort sehen Sie im rechten Fensterbereich die Metadaten, die automatisch vom System erzeugt werden. Wenn Sie auf der Suche nach einem bestimmten Dokument sind, benötigen Sie nicht unbedingt den Dateinamen, um es aufzufinden. Sie könnten ebenso das *Erstelldatum* oder den *Autor* des Dokuments als Suchvariante wählen. Ein Autor in einer Anwendung ist immer die Person, die in den Eigenschaften eines Dokuments erfasst wurde. Durch die Benutzeranmeldung am Computer werden diese Daten in die Office-Anwendungen übernommen. In den Programmoptionen können diese Einstellungen vom Benutzer angepasst werden. Jedoch wird wohl kein Mitarbeiter im Unternehmen auf die Idee kommen, Informationen nach Autoren zu suchen. *Produktnamen*, *Produktnummern*, *Projektnamen* oder *Kundennamen* werden wahrscheinlich eher als Suchvarianten verwendet. Deshalb besteht in allen SharePoint-Versionen die Möglichkeit, eigene Metadaten mit sogenannten *Websitespalten* zu erstellen und diese Eigenschaften zusätzlich an die Datei anzuhängen. In der Version SharePoint Server und im Plan E3 der Onlineversion können zusätzlich Schlüsselwörter und sogenannte Klassifizierungen, auch Taxonomie genannt, als Metadaten festgelegt werden. Über Klassifizierungen können Informationen in Kategorien gebündelt werden und stehen beim Aufsuchen und beim Ablegen von Informationen zur Verfügung. Durch die Auswahl einer bestimmten Kategorie filtern wir Informationen, die dieser Kategorie zugeordnet wurden. Beim Speichern können wir diese Klassifizierungen ebenfalls an Dokumente oder Listenelemente anhängen, damit auch Kolleginnen und Kollegen effizienter nach bestimmten Kategorien filtern können. Auch Schlüsselwörter sind Metadaten, die in Bibliotheken als Websiteinhaltstypen zugewiesen werden können. Schlüsselwörter können das Auffinden von bestimmten Informationen erheblich erleichtern.

11.9.1   Websitespalten

Das Anlegen von Websitespalten ist in allen SharePoint-Versionen möglich und bietet die Möglichkeit, später innerhalb des Portals anhand der in ihnen festgelegten Metadatenwerte zu filtern oder zu sortieren. Über die Websitespalten können Pflichtfelder als Metadatum festgelegt werden, was zur Folge hat, dass Daten strukturierter abgelegt werden können. Die Erstellung von Websitespalten kann auf verschiedenen Ebenen im SharePoint-Portal vorgenommen werden, wobei auch hier das SharePoint-Vererbungsprinzip zu berücksichtigen ist. Möchten Sie Websitespalten für alle Fachabteilungen bereitstellen, so empfiehlt es sich, sie auf der **Website der obersten Ebene** festzulegen. Die Websitespalten stehen dann im gesamten Portal zur Verfügung und können je nach Bedarf von den einzelnen Fachabteilungen hinzugefügt oder ignoriert werden. Sie können auch auf der jeweiligen *Website* angelegt werden, dann können sie jedoch nur auf der Website, wo sie erstellt wurden, oder auf deren Unterwebsites verwendet werden. Eine Vererbung erfolgt nicht aufwärts, also zu übergeordneten Websites. Innerhalb von *Bibliotheken* und *Listen* können ebenfalls Websitespalten angelegt werden, dann stehen sie jedoch nur innerhalb dieser Bibliothek zur Verfügung und können nicht zusätzlich auf der Website verwendet werden.

11.9.2   Websitespalten anlegen

Damit später im SharePoint-Portal nach den jeweiligen Geschäftsvorlagen gefiltert und gesucht werden kann, müssen die Dokumente, die auf einer Geschäftsvorlage erstellt werden, bestimmte Eigenschaft besitzen. Der Anwender in diesem

Beispiel muss später in der Lage sein, festlegen zu können, ob es sich um einen Bericht, eine Information, eine Kostenschätzung, ein Protokoll oder ein Konzept handelt. Um dieser Anforderung gerecht zu werden, kann eine Websitespalte genau mit diesen Eigenschaften erstellt und später vom Anwender ausgewählt werden. In meinem Beispiel ist die *Testsite* die *Website der obersten Ebene* und ich möchte hiermit zeigen, wie Sie auf der Website der obersten Ebene Websitespalten anlegen können.

1. Wechseln Sie auf die *Testsite*.
2. Klicken Sie auf das Zahnradsymbol, um das Menü *Einstellungen* zu öffnen.
3. Wählen Sie im Menü den Befehl **Websiteeinstellungen** (siehe Abb. 11–17).

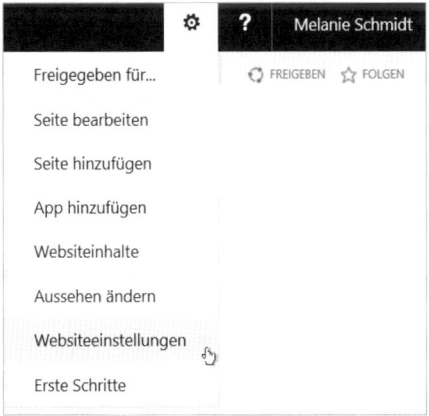

Abb. 11–17 Über die Einstellungen gelangen Sie in die jeweiligen Websiteeinstellungen.

4. Die Websiteeinstellungen werden in *Kategorien* angezeigt. In der Kategorie *Web-Designer-Kataloge* finden Sie die vorhandenen Websitespalten. Klicken Sie auf den Link **Websitespalten** (siehe Abb. 11–18).

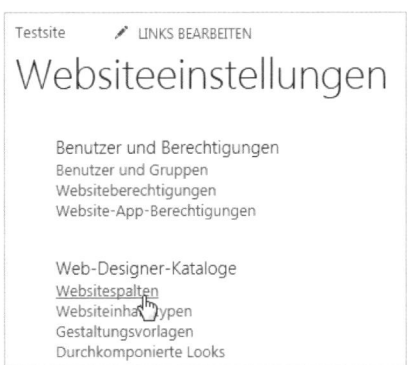

Abb. 11–18 In den Websiteeinstellungen können über die Kategorie *Web-Designer-Kataloge* vorhandene Websitespalten aufgerufen oder neue Websitespalten angelegt werden.

Sie sehen nun alle von SharePoint mitgelieferten oder bereits angelegte Websitespalten Ihres Unternehmens. Die Websitespalten sind immer einer *Gruppe* zugeordnet, damit sie schneller wiedergefunden werden können. Sie sehen auch, dass die Websitespalten eine *Quelle* besitzen, daran können Sie sehen, wo sie angesiedelt sind.

5. Da es für unser Beispiel noch keine Websitespalte gibt, klicken Sie zum Anlegen einer neuen auf den Link **Erstellen**. Sie finden ihn oberhalb der Auflistung der Websitespalten (siehe Abb. 11–19).

Abb. 11–19 Zum Erstellen einer Websitespalte verwenden Sie den Link *Erstellen*.

Sie gelangen in ein Dialogfenster, in dem Sie den Namen festlegen und weitere Einstellungen vornehmen. Bei der Vergabe des Websitespaltennamens müssen Sie genau überlegen, welchen Sie verwenden, da er auf oberster Websiteebene nur einmal vergeben werden darf. In diesem Beispiel geht es zunächst darum, um was für ein Dokument es sich handelt, also um die Dokumentart. Da die Dokumentarten aber in den einzelnen Fachabteilungen unterschiedlich sind, muss eine Benennung vorgenommen werden, die nur für das Projektmanagement gültig ist.

6. Im Bereich *Spaltenname und Typ* klicken Sie in das Eingabefeld und geben als Spaltennamen »*Projekt Dokumentart*« ein.

7. Wählen Sie unterhalb von *Der Informationstyp in dieser Spalte ist* den Informationstyp ***Auswahl*** aus (siehe Abb. 11–20). Damit erzeugen Sie eine Websitespalte, mit der ein Anwender später im Dokumentinformationsbereich oder bei den Eigenschaften des Dokuments einen Drop-down-Pfeil für die Auswahl der Dokumentart verwenden kann.

11.9 Metadaten

Abb. 11–20 Der Websitespaltenname und der Informationstyp

8. Beim späteren Hinzufügen einer Websitespalte werden Ihnen alle vorhandenen Websitespalten aufgelistet. Sie können jedoch eigene Gruppen erstellen, denen Sie die Websitespalten zuordnen, um sie schneller wiederzufinden. Im Bereich *Gruppe* aktivieren Sie die Option **Neue Gruppe**.

9. Tippen Sie als Gruppennamen »*Beispielspalten zum Buch*« ein.

10. Im Bereich *Zusätzliche Spalteneinstellung* klicken Sie in das Eingabefeld bei *Beschreibung* und geben folgenden Text ein: »*Bitte wählen Sie eine Dokumentart aus. Um was für ein Dokument handelt es sich?*«. Damit fordern Sie die Anwender auf, eine Dokumentart auszuwählen.

11. Aktivieren Sie die Option *Ja* bei *Diese Spalte muss Informationen enthalten*. Damit erstellen Sie ein Pflichtfeld, das die Anwender ausfüllen müssen. Wird dieses Feld später nicht ausgefüllt, kann das Dokument nicht gespeichert werden.

12. Klicken Sie danach in das Eingabefeld *Geben Sie jede Auswahl in einer neuen Zeile ein:* und löschen Sie die vorhandenen Einträge.

13. Schreiben Sie folgende Dokumentarten untereinander in das Eingabefeld »*Bericht, Entscheidung, Fachkonzept, Grobkonzept, Idee, Information, Kalkulation, Konzept, Lastenheft, Pflichtenheft, Planung, Protokoll*«. Dieses Eingabefeld wird später nicht automatisch alphabetisch sortiert, es ist wichtig, die alphabetische Reihenfolge einzuhalten. Manchmal gibt es jedoch Anwendungsfälle, wo es nicht auf die alphabetische Reihenfolge ankommt, sondern dass bestimmte, gegebenenfalls häufig verwendete Einträge zuerst angezeigt werden sollen.

14. Im Bereich *Auswahl anzeigen durch:* übernehmen Sie die Option **Dropdownmenü**.

15. Die Option *Ausfülloptionen zulassen:* bedeutet, dass Anwender eigenständig eine Dokumentart hinzufügen könnten, wenn keiner der von Ihnen festgelegten Werte passend für das Dokument ist. Die Auswahlliste wird durch diesen Eintrag jedoch weder erweitert noch aktualisiert. Übernehmen Sie in diesem Beispiel die Option **Nein**.

16. Im Bereich *Standardwert* verwendet SharePoint immer den ersten Eintrag aus der Auswahlliste. Löschen Sie diesen Eintrag, denn er würde dem

Anwender immer vorgeschlagen werden, was zur Folge hätte, dass er versehentlich ausgewählt und dadurch das Dokument einer falschen Dokumentart zugewiesen wird.

17. Überprüfen Sie noch einmal Ihre Eingaben und bestätigen Sie diese danach mit einem Klick auf die Schaltfläche *OK* (siehe Abb. 11–21).

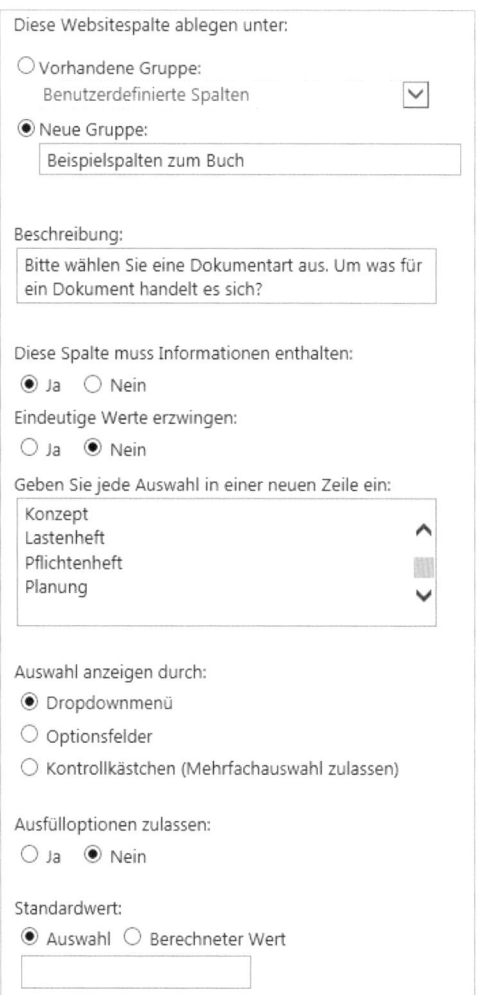

Abb. 11–21 Zusätzliche Spalteneinstellungen einer neuen Websitespalte

Sie werden nun direkt in die *Websiteeinstellungen*, *Websitespalten* weitergeleitet. In der Gruppe *Beispiele zum Buch* sehen Sie die erstellte Spalte.

Als Nächstes benötigen wir eine weitere Websitespalte für die *Zielgruppen*. Das bedeutet, dass der Anwender auswählen muss, für wen, also für welche Zielgruppe das Dokument gültig ist.

1. Klicken Sie erneut auf den Link *Erstellen*, um eine neue Websitespalte zu erstellen.
2. Im Bereich *Name und Typ* klicken Sie in das Eingabefeld *Spaltenname* und geben »Projekt Zielgruppe« ein.
3. Wählen Sie unterhalb von *Der Informationstyp in dieser Spalte ist* den Informationstyp *Auswahl* aus. Damit erzeugen Sie eine Websitespalte, mit der der Anwender später im Dokument eine Mehrfachauswahl für die Zielgruppen verwenden kann.
4. Im Bereich *Gruppe* wählen Sie nun die vorhandene Gruppe **Beispielspalten zum Buch**.
5. Im Bereich *Zusätzliche Spalteneinstellung* klicken Sie in das Eingabefeld bei *Beschreibung* und geben folgenden Text ein: »*Bitte wählen Sie eine oder mehrere Zielgruppen aus. Für welchen Personenkreis ist das Dokument gültig?*« Damit fordern Sie die Anwender auf, eine oder mehrere Personenkreise auszuwählen.
6. Aktivieren Sie die Option *Ja* bei *Diese Spalte muss Informationen enthalten*. Damit erstellen Sie ein weiteres Pflichtfeld.
7. Klicken Sie danach in das Eingabefeld *Geben Sie jede Auswahl in einer neuen Zeile ein:* und löschen Sie die vorhandenen Einträge.
8. Schreiben Sie folgende Personenkreise untereinander in das Eingabefeld: »*Berater, Kunden, Lenkungsausschuss, Projektmitarbeiter, Steuerungskreis*«.
9. Im Bereich *Auswahl anzeigen durch:* wählen Sie die Option **Kontrollkästchen (Mehrfachauswahl zulassen)**. Damit kann der Anwender ein Dokument mehreren Zielgruppen zuordnen.
10. Löschen Sie das Wort *Berater* im Bereich *Standardwert*.
11. Überprüfen Sie noch einmal Ihre Eingaben und bestätigen Sie sie danach mit einem Klick auf die Schaltfläche *OK*.

Sie werden erneut in den Bereich *Websiteeinstellungen, Websitespalten* weitergeleitet. Je nachdem, wo Sie die Websitespalten angelegt haben, können Sie wie in diesem Beispiel die Websitespalten in diesem Fenster erneut aufrufen und gegebenenfalls Änderungen vornehmen. Dafür klicken Sie direkt auf den Namen der Websitespalte, der als Link dargestellt ist (siehe Abb. 11–22).

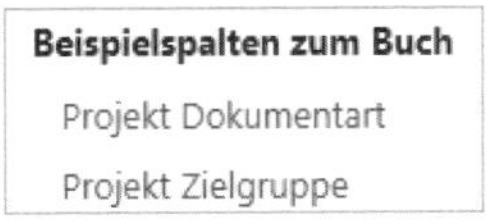

Beispielspalten zum Buch
Projekt Dokumentart
Projekt Zielgruppe

Abb. 11–22 Über den Websitespaltennamen können die Websitespalten erneut aufgerufen und geändert werden.

Die Websitespalten wurden in unserem Beispiel auf der Website der obersten Ebene angelegt und stehen nun im gesamten SharePoint-Portal und in allen Bibliotheken und Listen zur Verfügung. Sie können später den Projektdokumenten zugeordnet werden. Nachdem die Dokumente hochgeladen und Websitespalten erstellt wurden, können den Dokumenten die Websitespalten zugeordnet werden. Die Anforderungen der Abteilung sind, dass die Projektmitglieder über die jeweilige Dokumentbibliothek die einzelnen Projektvorlagen öffnen und bearbeiten können. Somit müssen wir jetzt festlegen, dass diese Dokumente als sogenannte Websiteinhaltstypen bereitgestellt und über die Schaltfläche *Neues Dokument* hinzugefügt werden können.

11.10 Websiteinhaltstypen

Mit Websiteinhaltstypen – oder auch nur Inhaltstypen genannt – können Sie das Verhalten von Dokumenten und Elementen innerhalb von Bibliotheken und Listen steuern. Einem Inhaltstyp können bestimmte Vorlagen oder Formulare zugeordnet werden, sodass die Bereitstellung und das Verwalten der Vorlagen und Formulare zentral erfolgen kann. Mithilfe eines Websiteinhaltstyps können Metadaten an Dokumente und Elemente angeheftet werden, damit lassen sich unterschiedliche Typen von Inhalten in einer Bibliothek oder Liste speichern. In einem Inhaltstyp wird beispielsweise festgelegt, welches Dokument oder Element geöffnet werden soll, wenn ein Benutzer ein neues Dokument oder Element in einer Bibliothek oder Liste öffnet.

Um Ihnen das zu verdeutlichen, klicken Sie in der Bibliothek *Geschäftsvorlagen* im Register *Dateien* in der Gruppe *Neu* auf den Pull-down-Pfeil bei **Neues Dokument**. Ihnen wird hier ein neues, leeres Word-Dokument zum Erstellen angeboten. Durch die Verwendung von Websiteinhaltstypen können Sie über die Schaltfläche *Neues Dokument* weitere, für Sie wichtige Vorlagen einbringen (siehe Abb. 11–23).

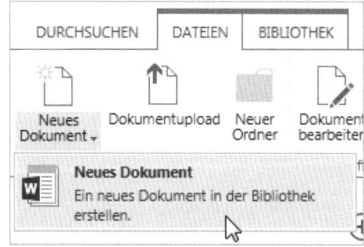

Abb. 11–23 Innerhalb einer neu angelegten Bibliothek können neue, leere Dokumente erstellt werden.

Zusätzlich werden dem Inhaltstyp Metadaten zugewiesen, die beim Speichern eines Dokuments oder Elements vom Benutzer ausgewählt oder eingegeben wer-

11.10 Websiteinhaltstypen

den. Damit ist in einem Unternehmen sichergestellt, dass immer die richtige Vorlage oder das richtige Formular für die Geschäftsprozesse verwendet und mit den gewünschten Eigenschaften, Metadaten, versehen wird. Zusätzlich lassen sich Websiteinhaltstypen dazu einsetzen, bestimmte Regeln für die Aufbewahrung von Dokumenten festzulegen.

> **Hinweis**
>
> Sobald Sie mehrere Websitesammlungen in Ihrem Unternehmen einsetzen, sollten Sie sich mit den Funktionalitäten des Inhaltstyp-Veröffentlichungshub befassen. Dadurch können Websiteinhaltstypen zentral im gesamten SharePoint-Portal für alle Websitesammlungen bereitgestellt, gewartet und gelöscht werden. Die Verwendung des Inhaltstyp-Veröffentlichungshubs setzt jedoch immer eine genaue Planung und Bereitstellung durch die IT und die SharePoint-Administratoren voraus.

11.10.1 Websiteinhaltstypen mit Dokumentvorlagen erstellen

Das Erstellen von Websiteinhaltstypen ist in allen SharePoint-Versionen möglich und kann auf verschiedenen Ebenen im SharePoint-Portal vorgenommen werden, wobei auch hier das SharePoint-Vererbungsprinzip zu berücksichtigen ist. Möchten Sie beispielsweise den Standardgeschäftsbrief für alle Bibliotheken oder Listen innerhalb einer Websitesammlung als Inhaltstyp bereitstellen, so empfiehlt es sich, den Inhaltstyp auf der Website der obersten Ebene festzulegen. Der Inhaltstyp steht dann in der Websitesammlung zur Verfügung und kann je nach Bedarf von der jeweiligen Fachabteilung hinzugefügt oder ignoriert werden. Websiteinhaltstypen können auch auf der jeweiligen Website individuell angelegt werden, dann können sie jedoch nur auf der Website, wo sie erstellt wurden, oder auf deren Unterwebsites verwendet werden. Auch hier ist eine Vererbung aufwärts nicht möglich. In diesem Beispiel sollen die Geschäftsvorlagen als einzelne Websiteinhaltstypen auf der Testsite definiert und die entsprechenden Metadaten, die im vorherigen Abschnitt erstellt wurden, hinzugefügt werden.

1. Öffnen Sie im Webbrowser einen zusätzlichen Tab und wechseln Sie dort auf die Testsite. Es ist immer sinnvoll, Websiteinhaltstypen auf der Website der obersten Ebene zu definieren, dann stehen sie allen Fachabteilungen und Teams zur Verfügung.

2. Wechseln Sie auf der *Testsite* über das Zahnradsymbol in das Menü *Einstellungen* und wählen Sie im Menü den Befehl **Websiteeinstellungen**.

3. In der Kategorie *Web-Designer-Kataloge* klicken Sie auf den Link **Websiteinhaltstypen**. Es werden Ihnen alle von SharePoint mitgelieferten und gegebenenfalls bereits in Ihrem Unternehmen erstellten Websiteinhaltstypen aufgelistet.

4. Oberhalb der Auflistung der Websiteinhaltstypen klicken Sie auf den Link *Erstellen*.
5. Im Bereich *Name und Beschreibung* klicken Sie in das Eingabefeld *Name* und tippen Sie dort »*Konzeptvorlage*« und im Eingabefeld *Beschreibung* geben Sie »*Ein neues Konzept in der Bibliothek erstellen*« ein.
6. Wählen Sie im Bereich *Übergeordneter Inhaltstyp* über den Drop-down-Pfeil bei *Übergeordneten Inhaltstyp auswählen aus* **Dokumentinhaltstypen** aus.
7. Direkt darunter wählen Sie über den Drop-down-Pfeil im Bereich *Übergeordneter Inhaltstyp*: **Dokument** aus.
8. Im Bereich *Gruppe* aktivieren Sie die Option **Neue Gruppe**. Beim späteren Auswählen der Websiteinhaltstypen werden Ihnen alle vorhandenen aufgelistet. Durch das Anlegen einer neuen Gruppe können Sie die Websiteinhaltstypen dieser Gruppe zuordnen und somit schneller wiederfinden.
9. Vergeben Sie für die Gruppe den Namen »*Beispielinhaltstypen zum Buch*«.
10. Überprüfen Sie Ihre Eingaben und bestätigen Sie diese mit einem Klick auf die Schaltfläche **OK**.

    Damit haben Sie den Rahmen geschaffen, um die Dokumentvorlage *Konzept* und die gewünschten Websitespalten als Metadaten jetzt hinzuzufügen.
11. Wechseln Sie im Webbrowser über den Tab auf die Website *Kommunikation & Marketing* direkt in die Bibliothek *Geschäftsvorlagen*.
12. Klicken Sie auf das Menü des Dokuments *Konzept*, dargestellt mit den drei Punkten.
13. Im angezeigten Dialogfeld klicken Sie einmal in die angezeigte URL, damit sie markiert wird (siehe Abb. 11–24).

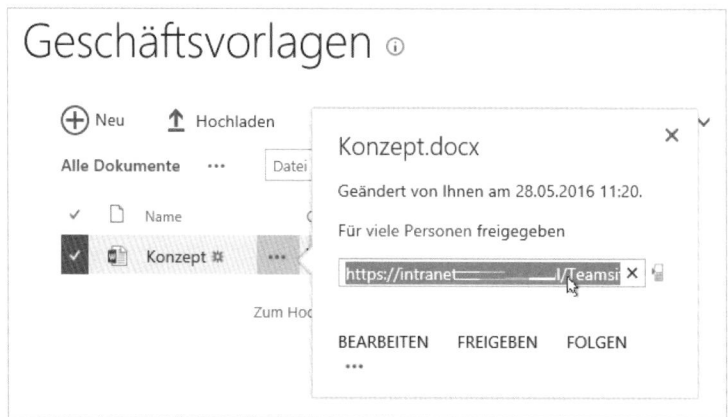

Abb. 11–24   Jedes Dokument besitzt in SharePoint seine eigene URL.

14. Kopieren Sie die URL mit der Tastenkombination *STRG+C*. Wir benötigen die URL für den Inhaltstyp.

15. Wechseln Sie über den Tab im Webbrowser zurück in die Einstellungen des Inhaltstyps.
16. Klicken Sie im Bereich *Einstellungen* auf den Link *Erweiterte Einstellungen* (siehe Abb. 11–25).

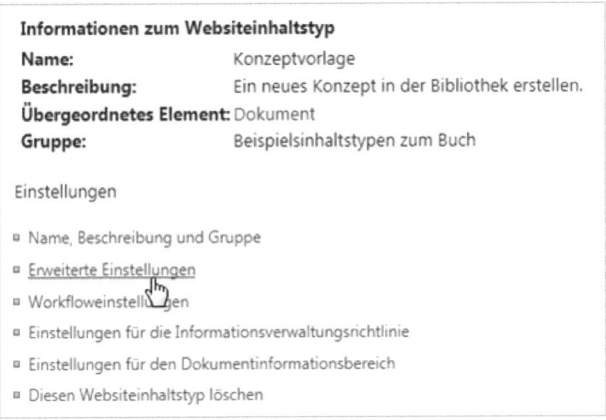

Abb. 11–25 Die erweiterten Einstellungen des Inhaltstyps

17. Im Bereich *Dokumentvorlage* klicken Sie in das Eingabefeld bei *Geben Sie die URL einer vorhandenen Dokumentvorlage ein* und fügen Sie mit der Tastenkombination **STRG+V** die in der Zwischenablage liegende URL ein (siehe Abb. 11–26).

Abb. 11–26 Die URL aus der Zwischenablage, die auf die jeweilige Vorlage verweist

18. Der Bereich *Schreibschutz* sagt aus, ob der Inhaltstyp von anderen Personen auf untergeordneten Websites geändert werden darf. In diesem Fall übernehmen wir die gesetzte Einstellung.
19. Im Bereich *Websites und Listen aktualisieren* legen Sie fest, wie sich Änderungen an diesem Inhaltstyp auf allen Websites und Bibliotheken auswirken. Das bedeutet, wenn in der Vorlage oder an diesem Inhaltstyp etwas von der Abteilung Kommunikation & Marketing geändert wird, werden diese Änderungen standardmäßig auf alle Websites und Bibliotheken, die diesen Inhaltstyp verwenden, vererbt, was in unserem Fall genau die richtige Einstellung ist.
20. Übernehmen Sie die Einstellungen und bestätigen Sie Ihre Eingabe mit einem Klick auf die Schaltfläche **OK**. Bleiben Sie im Fenster.

In diesem Beispiel benötigen wir für die Kalkulationen einen weiteren Websiteinhaltstyp.

1. Klicken Sie in der *Breadcrumb-* oder auch *Brotkrümel-Navigation* auf **Websiteinhaltstypen** (siehe Abb. 11–27). Sie gelangen erneut in die Auflistung aller vorhandenen Websiteinhaltstypen.

Abb. 11–27 Die Breadcrump-Navigation am oberen Bildschirmrand

2. Klicken Sie auf **Erstellen**.
3. Im Bereich *Name und Beschreibung* klicken Sie in das Eingabefeld *Name* und tippen Sie dort »*Kalkulationsvorlage*« und im Eingabefeld *Beschreibung* tippen Sie »*Eine neue Kalkulation in der Bibliothek erstellen.*« ein.
4. Wählen Sie im Bereich *Übergeordneter Inhaltstyp* über den Drop-down-Pfeil bei *Übergeordneten Inhaltstyp auswählen aus* **Dokumentinhaltstypen** aus.
5. Direkt darunter wählen Sie über den Drop-down-Pfeil im Bereich *Übergeordneter Inhaltstyp* **Dokument** aus.
6. Im Bereich *Gruppe* wählen Sie die vorhandene Gruppe **Beispielinhaltstypen zum Buch**. Der Websiteinhaltstyp wird dieser Gruppe zugeordnet.
7. Überprüfen Sie Ihre Eingaben und bestätigen Sie sie mit einem Klick auf die Schaltfläche **OK**.
8. Wechseln Sie im Webbrowser über den Tab auf die Website *Kommunikation & Marketing* direkt in die Bibliothek *Geschäftsvorlagen*.
9. Klicken Sie auf das Menü des Dokuments *Kalkulation*, dargestellt mit den drei Punkten.
10. Im angezeigten Dialogfeld klicken Sie einmal in die angezeigte URL, damit sie markiert wird.
11. Kopieren Sie die URL mit der Tastenkombination **STRG+C**.
12. Wechseln Sie über den Tab im Webbrowser zurück in die Einstellungen des Inhaltstyps.
13. Klicken Sie im Bereich *Einstellungen* auf den Link **Erweiterte Einstellungen**.
14. Im Bereich *Dokumentvorlage* klicken Sie in das Eingabefeld bei *Geben Sie die URL einer vorhandenen Dokumentvorlage ein* und fügen mit der Tastenkombination **STRG+V** die in der Zwischenablage liegende URL ein.

15. Übernehmen Sie die Einstellungen und bestätigen Sie sie mit einem Klick auf die Schaltfläche *OK*.
16. Legen Sie einen weiteren Inhaltstyp für die Protokolle an.

Im nächsten Schritt weisen wir die bereits erstellten Websitespalten den Websiteinhaltstypen zu.

11.10.2 Zuweisung von Websitespalten in einem Inhaltstyp

Websitespalten können Bibliotheken, Listen und auch Websiteinhaltstypen zugewiesen werden. Damit jedoch immer die richtigen Eigenschaften in den jeweiligen Geschäftsvorlagen ausgewählt werden, weisen wir in diesem Beispiel die Websitespalten dem Websiteinhaltstyp zu.

1. Wechseln Sie in die *Testsite*.
2. Klicken Sie auf das Zahnradsymbol und dann auf den Befehl *Websiteeinstellungen*.
3. Klicken Sie in der Kategorie *Web-Designer-Kataloge* auf den Link *Websiteinhaltstypen*. Es werden Ihnen alle vorhandenen Websiteinhaltstypen aufgelistet.
4. Klicken Sie auf den Link des Inhaltstyps *Konzeptvorlage* in der Gruppe *Beispielinhaltstypen zum Buch*.
5. Klicken Sie im Bereich *Spalten* auf den Link *Aus vorhandenen Websitespalten hinzufügen*, damit Sie die Websitespalten hinzufügen können.
6. Im Bereich *Spalten auswählen* klicken Sie auf den Drop-down-Pfeil bei *Spalten auswählen aus* und wählen die Gruppe *Beispielspalten zum Buch*. Ihnen werden alle Spalten, die wir in den vorangegangenen Schritten erstellt haben, angezeigt.
7. Klicken Sie jeweils doppelt auf die Einträge *Projekt Dokumentart* und *Projekt Zielgruppe*, die Websitespalten werden dem Inhaltstyp hinzugefügt.
8. Bestätigen Sie Ihre Auswahl mit einem Klick auf die Schaltfläche *OK*.
9. Klicken Sie in der Breadcrumb-Navigation auf den Link *Websiteinhaltstypen*, damit Sie zurück zu der Auflistung der Websiteinhaltstypen gelangen.
10. Nehmen Sie die Schritte 1–9 auch für die Websiteinhaltstypen *Kalkulations-* und *Protokollvorlage* vor.

11.10.3 Websiteinhaltstypen für das Auftragsmanagement bestimmen

Sie benötigen zwei weitere Websiteinhaltstypen später in Kapitel 15 »*Auftragsmanagement*«, das sich an Anwender von SharePoint Server und Online mit den E-Plänen richtet.

Dokumente hochladen

1. Wechseln Sie zunächst auf die Website **Kommunikation & Marketing**.
2. Öffnen Sie die Bibliothek, der Sie die Dokumente hinzufügen möchten. In diesem Beispiel die Bibliothek *Geschäftsvorlagen*. Klicken Sie dafür in der Schnellstartleiste der Website auf **Geschäftsvorlagen**.
3. Öffnen Sie zusätzlich den *Windows-Explorer* mit der Tastenkombination *Windows+E*.
4. Suchen Sie nach dem Ordner mit den Beispieldateien und wechseln Sie in den Ordner des Kapitels *Auftragsmanagement*.
5. Verkleinern Sie das Fenster des Windows-Explorers so weit, dass Sie die Bibliothek *Geschäftsvorlagen* im Hintergrund gut sehen können.
6. Markieren Sie die Dateien *Angebot* und *Präsentationsvorlage*.
7. Zeigen Sie auf die Markierung, halten Sie die linke Maustaste gedrückt und ziehen Sie die markierten Dateien direkt in die Bibliothek.
8. Wählen Sie jeweils eine Datei aus und klicken Sie im Register *Dateien* in der Gruppe *Öffnen und Auschecken* auf die Schaltfläche **Einchecken**. Veröffentlichen Sie beide Dateien als *Hauptversionen*.
9. Öffnen Sie über einen neuen Tab im Webbrowser die Website *Testsite*.

Eine Websitespalte anlegen

Im nächsten Schritt werden wir eine Websitespalte anlegen, damit die Anwender später die Dokumentart *Angebot*, *Kalkulation* oder *Verkaufspräsentation* auswählen können.

1. Sie befinden sich auf der *Testsite*.
2. Klicken Sie auf das Zahnradsymbol, um das Menü *Einstellungen* zu öffnen.
3. Wählen Sie im Menü den Befehl **Websiteeinstellungen**. Sie gelangen direkt in den Bereich *Websiteeinstellungen*.
4. In der Kategorie *Web-Designer-Kataloge* klicken Sie auf den Link **Websitespalten**.
5. Klicken Sie zum Anlegen der Websitespalte auf den Link **Erstellen**. Er befindet sich oberhalb der Auflistung der Websitespalten.

11.10 Websiteinhaltstypen

6. Im Bereich *Name und Typ* klicken Sie in das Eingabefeld *Name* und tippen »*Auftrags Dokumentart*« ein.
7. Wählen Sie unterhalb von *Der Informationstyp in dieser Spalte ist* den Informationstyp *Auswahl* aus. Damit erzeugen Sie eine Websitespalte, mit der ein Anwender später im Dokumentinformationsbereich oder bei den Eigenschaften des Dokuments einen Drop-down-Pfeil für die Auswahl der Dokumentart verwenden kann.
8. Im Bereich *Gruppe* wählen Sie die Gruppe **Beispielspalten zum Buch**. Diese Gruppe wurde bereits im Abschnitt 11.9.2 erstellt.
9. Im Bereich *Zusätzliche Spalteneinstellung* klicken Sie in das Eingabefeld bei *Beschreibung* und geben folgenden Text ein: »*Bitte wählen Sie eine Dokumentart aus. Um was für ein Dokument handelt es sich?*«.
10. Aktivieren Sie die Option *Ja* bei *Diese Spalte muss Informationen enthalten*. Damit erstellen Sie ein Pflichtfeld, das die Anwender ausfüllen müssen.
11. Klicken Sie danach in das Eingabefeld *Geben Sie jede Auswahl in einer neuen Zeile ein* und löschen Sie die vorhandenen Einträge.
12. Schreiben Sie folgende Dokumentarten untereinander in das Eingabefeld »*Angebot, Kalkulation, Verkaufspräsentation*«. Beachten Sie dabei die alphabetische Reihenfolge, da die Sortierung nicht automatisch erfolgt.
13. Im Bereich *Auswahl anzeigen durch:* übernehmen Sie die Option **Dropdownmenü**.
14. Die Option *Ausfülloptionen zulassen:* setzen Sie auf **Nein**.
15. Im Bereich *Standardwert* löschen Sie den Wert *Angebot*.
16. Überprüfen Sie noch einmal Ihre Eingaben und bestätigen Sie sie danach mit einem Klick auf die Schaltfläche **OK**. Sie werden direkt in die *Websiteeinstellungen, Websitespalten* weitergeleitet. In der Gruppe *Beispiele zum Buch* sehen Sie die erstellte Spalte.

Den Websiteinhaltstyp definieren

Im nächsten Schritt erstellen wir je einen Inhaltstyp für die Präsentationsvorlage und für das Angebot.

1. Wechseln Sie über die Breadcrumb-Navigation in die **Websiteeinstellungen**.
2. In der Kategorie *Web-Designer-Kataloge* klicken Sie auf den Link **Websiteinhaltstypen**.
3. Oberhalb der Auflistung der Websiteinhaltstypen klicken Sie auf den Link **Erstellen**.

4. Im Bereich *Name und Beschreibung* klicken Sie in das Eingabefeld *Name* und tippen Sie dort »*Verkaufspräsentation*« und im Eingabefeld *Beschreibung* tippen Sie »*Eine neue Verkaufspräsentation in der Bibliothek erstellen.*« ein.
5. Wählen Sie im Bereich *Übergeordneter Inhaltstyp* über den Drop-down-Pfeil bei *Übergeordneten Inhaltstyp auswählen aus* **Dokumentinhaltstypen** aus.
6. Direkt darunter wählen Sie über den Drop-down-Pfeil im Bereich *Übergeordneter Inhaltstyp:* **Dokument** aus.
7. Schreiben Sie im Bereich *Gruppe* »*Beispielinhaltstypen zum Buch*«.
8. Überprüfen Sie Ihre Eingaben und bestätigen Sie diese mit einem Klick auf die Schaltfläche **OK**.
9. Wechseln Sie im Webbrowser über den neuen Tab auf die Website *Kommunikation & Marketing* direkt in die Bibliothek *Geschäftsvorlagen*.
10. Klicken Sie auf das Menü des Dokuments *Präsentationsvorlage*, dargestellt mit den drei Punkten.
11. Im angezeigten Dialogfeld klicken Sie einmal in die angezeigte URL, damit sie markiert wird. Wir benötigen die URL für den Inhaltstyp.
12. Kopieren Sie die URL mit der Tastenkombination **STRG+C**.
13. Wechseln Sie über den Tab im Webbrowser zurück in die Einstellungen des Inhaltstyps.
14. Klicken Sie im Bereich *Einstellungen* auf den Link **Erweiterte Einstellungen**.
15. Im Bereich *Dokumentvorlage* klicken Sie in das Eingabefeld bei *Geben Sie die URL einer vorhandenen Dokumentvorlage ein* und fügen mit der Tastenkombination **STRG+V** die in der Zwischenablage liegende URL ein.
16. Übernehmen Sie die Einstellungen und bestätigen Sie sie mit einem Klick auf die Schaltfläche **OK**. Bleiben Sie im Fenster.
17. Legen Sie für das *Angebot* einen weiteren Inhaltstyp als *Übergeordneter Inhaltstyp* **Dokument** an. Sie finden die Angebotsvorlage in den Beispieldateien im Ordner *Auftragsmanagement*. Die Websiteinhaltstypen werden im späteren Verlauf benötigt.

Nachdem Sie alle Websiteinhaltstypen erstellt und die Spalten zugewiesen haben, können die Websiteinhaltstypen allen Bibliotheken der Websitesammlung hinzugefügt werden. Sie können nun die Vorlagen über die Bibliothek *Geschäftsvorlagen* ändern und erneut speichern. Ihre Änderungen werden sofort in der Websitesammlung übernommen, sodass alle Mitarbeiterinnen und Mitarbeiter immer mit der richtigen und aktuellen Version einer Vorlage arbeiten. Sie erfahren im nächsten Kapitel, wie Sie die Geschäftsvorlagen auf der Website *Projekt- und Eventmanagement* hinzufügen und anwenden können.

11.11 Inhaltsgenehmigungen

In einigen Anwendungsfällen kommt es vor, dass Dateien oder Elemente vor der Veröffentlichung innerhalb einer Bibliothek oder einer Liste zunächst geprüft und genehmigt werden müssen. Wenn Sie beispielsweise Dokumente in einer Bibliothek erstellen oder hochladen, kann mit der Inhaltsgenehmigung festgelegt werden, dass das Dokument zunächst im Entwurfsmodus gespeichert wird. Erst durch die Genehmigung von bestimmten Personen wird das Dokument oder Element für andere Mitarbeiterinnen oder Mitarbeiter in der Bibliothek sichtbar. Nur die Person, die das Dokument oder Element erstellt hat, und Personen, die berechtigt sind, diese zu genehmigen, können innerhalb der Bibliothek oder Liste das jeweilige Dokument oder Element sehen, bearbeiten und genehmigen.

11.11.1 Inhaltsgenehmigungen aktivieren

Zum Aktivieren der Inhaltsgenehmigung gehen Sie folgendermaßen vor: Beim Hochladen eines Dokuments oder beim Erstellen eines Elements wird das Dokument oder Element zunächst im Entwurfsmodus gespeichert. Das bedeutet, dass das Dokument oder das Element nur für Benutzer mit dem Recht zum Genehmigen von Inhalten und den Benutzer, der das Dokument oder das Element erstellt hat, sichtbar ist.

1. Wechseln Sie in die gewünschte Bibliothek oder Liste, wo Sie die Inhaltsgenehmigung aktivieren möchten.
2. Wechseln Sie in das Register *Bibliothek* oder *Liste*.
3. Klicken Sie auf die Schaltfläche *Bibliothek-* oder *Listeneinstellungen*.
4. Klicken Sie im Bereich *Allgemeine Einstellungen* auf den Link *Versionsverwaltungseinstellungen*.
5. Aktivieren Sie oben im Bildschirm die Option *Inhaltsgenehmigung für gesendete Elemente erforderlich?* (siehe Abb. 11–28).

Abb. 11–28 Aktivierung der Inhaltsgenehmigung innerhalb einer Dokumentenbibliothek

6. Legen Sie gegebenenfalls einen Versionsverlauf fest.
7. Im Bereich *Entwurfssicherheit* legen Sie fest, wer Dokumente oder Elemente im Entwurfsmodus sehen darf. Legen Sie fest, dass nur genehmigende Personen und der Benutzer, der das Dokument oder Element erstellt hat, es auch sehen darf (siehe Abb. 11–29).

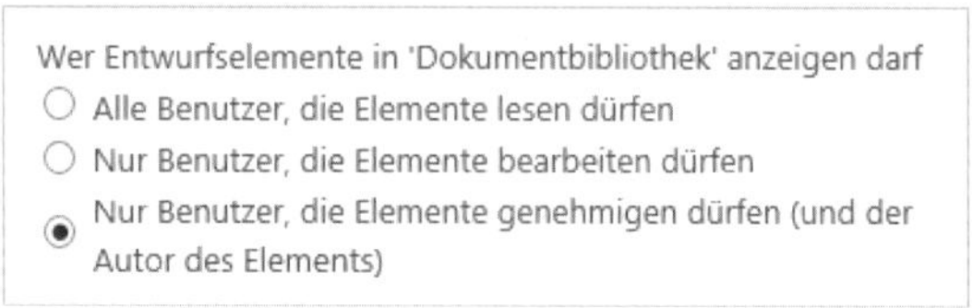

> Wer Entwurfselemente in 'Dokumentbibliothek' anzeigen darf
> ○ Alle Benutzer, die Elemente lesen dürfen
> ○ Nur Benutzer, die Elemente bearbeiten dürfen
> ⦿ Nur Benutzer, die Elemente genehmigen dürfen (und der Autor des Elements)

Abb. 11–29 Nur der Ersteller und genehmigende Personen dürfen die Dokumente oder Elemente in der Bibliothek oder Liste sehen.

8. Haben Sie einen Versionsverlauf festgelegt, so aktivieren Sie zusätzlich, dass das Auschecken erforderlich ist.
9. Bestätigen Sie Ihre Auswahl mit einem Klick auf die Schaltfläche **OK**.

11.11.2 Genehmigende Personen festlegen

In diesem Abschnitt legen Sie fest, welche Personen innerhalb der Websitesammlung berechtigt sein sollen, Dokumente oder Elemente zu genehmigen.

1. Wechseln Sie auf die Website der obersten Ebene.
2. Navigieren Sie über das Zahnradsymbol oben im Bildschirm in die **Websiteeinstellungen**.
3. In der Kategorie *Benutzer und Berechtigungen* klicken Sie auf den Link **Websiteberechtigungen**.
4. Ihnen werden alle vorhandenen SharePoint-Gruppen aufgelistet. Klicken Sie auf den Link der Gruppe *Genehmigende Personen* (siehe Abb. 11–30).

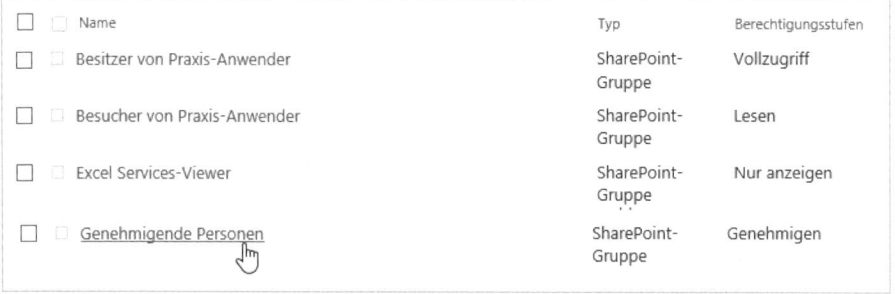

Abb. 11–30 Die SharePoint-Gruppe *Genehmigende Personen* muss geöffnet werden, um Personen hinzuzufügen.

5. Klicken Sie in der Symbolleiste auf die Schaltfläche **Neu**, um einen oder mehrere Benutzer der Gruppe hinzuzufügen.
6. Geben Sie die Namen der Personen ein, die Sie hinzufügen möchten. Wählen Sie gegebenenfalls eine AD-Gruppe aus. Für das Beispiel sollten Sie Ihren Namen wählen.

11.11 Inhaltsgenehmigungen 153

7. Schreiben Sie einen kurzen E-Mail-Nachrichtentext.
8. Bestätigen Sie Ihre Auswahl mit einem Klick auf die Schaltfläche *Freigeben*.
9. Zum Testen laden Sie ein neues Dokument hoch oder erstellen Sie ein neues Element.
10. Checken Sie das Dokument ein.

11.11.3 Ein Dokument oder Element in der Bibliothek oder Liste genehmigen oder ablehnen

1. Wählen Sie das hochgeladene Dokument aus und klicken Sie im Register *Dateien* in der Gruppe *Workflows* auf die Schaltfläche *Genehmigen/Ablehnen* (siehe Abb. 11–31).

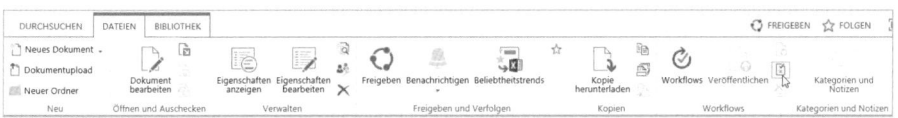

Abb. 11–31 Das Dokument muss eingecheckt und ausgewählt sein, damit die Schaltfläche *Genehmigen/Ablehnen* aktiviert ist.

2. Im darauf folgenden Dialogfeld können Sie das Dokument/Element genehmigen oder die Genehmigung ablehnen. Schreiben Sie immer auch einen Kommentar für Ihre Entscheidung (siehe Abb. 11–32).

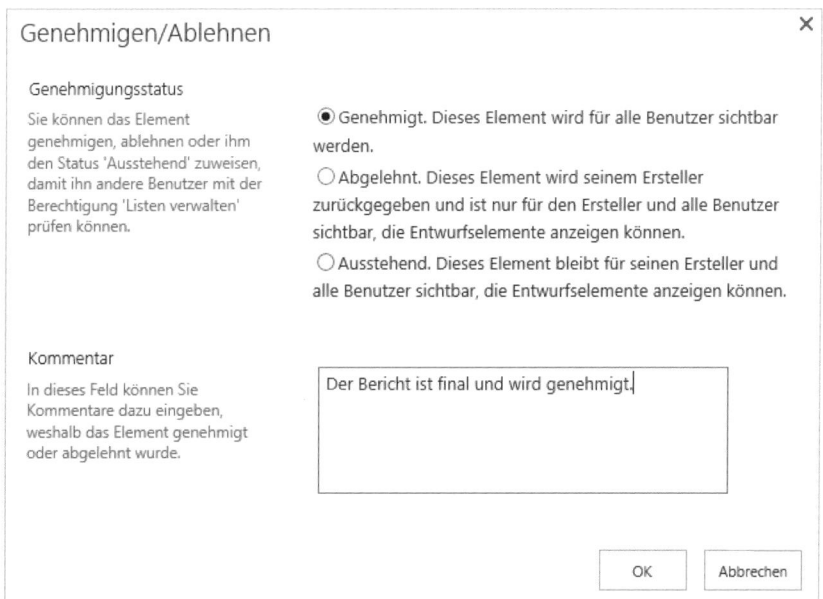

Abb. 11–32 Das Formular zur Genehmigung oder Ablehnung des Dokuments

3. Falls Sie die Inhaltsgenehmigung wieder deaktivieren möchten, so genehmigen Sie zunächst alle offenen Dokumente oder Elemente, da diese sonst in der Bibliothek oder Liste weiterhin nur vom Ersteller gesehen werden können.

> **Hinweis**
>
> Stellen Sie für die Bibliothek oder Liste unbedingt eine Benachrichtigung ein, damit Sie informiert werden, wenn es ein neues Dokument gibt. Sie werden nicht durch die Inhaltsgenehmigung per E-Mail informiert. Auch die Personen, die die Dokumente oder Elemente erstellt haben, sollten sich eine Benachrichtigung einstellen, damit sie über Änderungen informiert werden. Im Abschnitt 11.13 können Sie nachlesen, wie Sie Benachrichtigungen festlegen.

11.12 Genehmigungsworkflows

Im Unterschied zur Inhaltsgenehmigung können Sie alternativ auch Genehmigungsworkflows in Bibliotheken konfigurieren, die dafür sorgen, dass die genehmigenden Personen automatisch per E-Mail-Nachricht informiert werden, wenn ein Dokument zur Genehmigung ansteht. Jedoch werden die Dokumente innerhalb der Bibliothek von allen berechtigten Personen gesehen, also nicht wie bei der Inhaltsgenehmigung nur vom Ersteller oder der genehmigenden Person. Der Genehmigungsworkflow muss von Ihrem SharePoint-Administrator aktiviert sein.

Zum Hinzufügen eines Genehmigungsworkflows gehen Sie folgende Schritte.

1. Wechseln Sie in eine Bibliothek, wo keine Inhaltsgenehmigung aktiviert ist.
2. Klicken Sie im Register *Bibliothek* auf den Drop-down-Pfeil der Schaltfläche *Workflow*.
3. Wählen Sie im Kontextmenü *Workflow hinzufügen* (siehe Abb. 11–33).

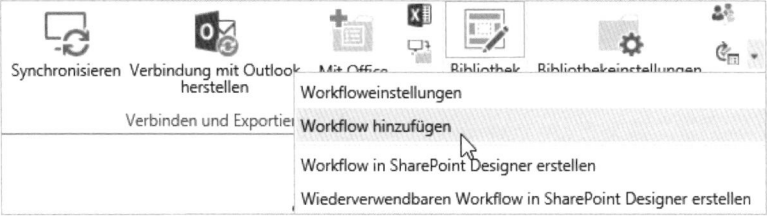

Abb. 11–33 Einen Workflow innerhalb einer Bibliothek hinzufügen. Auch in den Bibliothekeinstellungen findet man diesen Befehl.

4. Wählen Sie die Workflowvorlage *Genehmigung* aus (siehe Abb. 11–34).

11.12 Genehmigungsworkflows

Abb. 11-34 Je nachdem, wie Ihr System konfiguriert wurde, stehen Ihnen mehr oder weniger Workflows zur Verfügung. Sprechen Sie bei Bedarf mit Ihrem SharePoint-Administrator, dass er weitere Workflows in den Websitesammlungsfeatures aktiviert.

5. Vergeben Sie einen eindeutigen Namen für den Workflow.

6. Im Bereich *Aufgabenliste* lassen Sie eine neue Aufgabenliste für den Workflow anlegen. Damit trennen Sie vorhandene Aufgabenlisten, die Sie gegebenenfalls mit Ihrem Team für andere Tätigkeiten verwenden, von den Workflowaufgaben, die durch den Workflow generiert werden (siehe Abb. 11–35).

Abb. 11-35 Der Workflow benötigt einen Namen. Damit die Workflowaufgaben und der Verlauf/Status des Workflows erfasst werden können, benötigen Sie zusätzliche Listen.

7. Legen Sie eine Startoption fest, wann der Workflow starten soll (siehe Abb. 11–36).

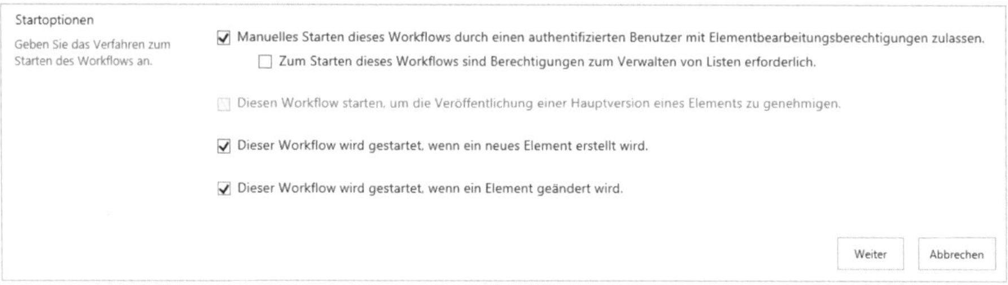

Abb. 11–36 Legen Sie die Startoptionen für den Workflow fest. Hier soll der Workflow zur Genehmigung starten, wenn ein neues Dokument der Bibliothek hinzugefügt wird oder ein vorhandenes Dokument erneut bearbeitet wird.

8. Bestätigen Sie Ihre Auswahl mit einem Klick auf die Schaltfläche **Weiter**. Es folgt der Dialog für die Einstellungen des Workflows. Verwenden Sie für dieses Beispiel Ihren Namen für die genehmigende Person, damit Sie auch die nachfolgenden Schritte später zum Genehmigen durchführen können.

Folgende Einstellungsmöglichkeiten können Sie vornehmen (siehe Abb. 11–37):

Genehmigende Personen

Im Eingabefeld *Zuweisen zu* können Sie einzelne Personen oder auch Share-Point-Gruppen auswählen und damit die Genehmigung übertragen.

Wenn Sie die Genehmigungen mehrerer Personen für ein Dokument benötigen, so fügen Sie die einzelnen Personen in der Reihenfolge hinzu, wie sie genehmigen sollen. Erst wenn alle genehmigenden Personen das Dokument genehmigt haben, wechselt der Genehmigungsstatus des Workflows von *Ausstehend* in *Genehmigt*. Über die Phasen fügen Sie weitere Phasen in der Genehmigung hinzu.

Legen Sie bei einer mehrfachen Zuweisung im Bereich *Sortierung* fest, ob die Personen zeitgleich, also parallel, oder ob sie einzeln, nacheinander die Genehmigung durchführen sollen.

Gruppe erweitern

Aktivieren Sie das Kontrollkästchen bei *Gruppe erweitern*, wenn Sie jeder einzelnen Person, die sich in einer der oben eingegebenen Gruppen befindet, eine eigene Aufgabe zuweisen möchten.

Anforderung

In diesem Eingabefeld geben Sie den Benachrichtigungstext ein, den die genehmigenden Personen erhalten sollen, sobald eine Genehmigungsaufgabe generiert wird.

11.12 Genehmigungsworkflows

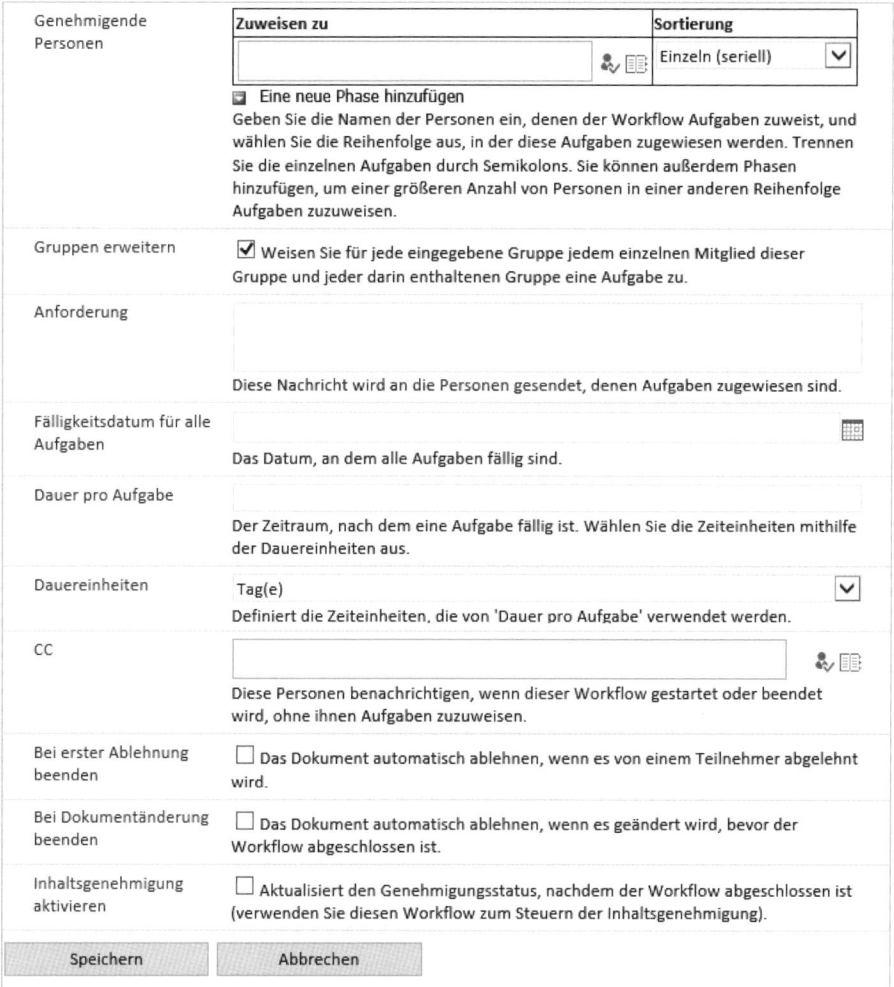

Abb. 11-37 Das Formular für die Einstellungsmöglichkeiten des Genehmigungsworkflows.

Fälligkeitsdatum für alle Aufgaben

Legen Sie hier fest, wann alle noch offenen Aufgaben überfällig sind.

Dauer pro Aufgabe und Dauereinheiten

Mit diesen beiden Einträge legen Sie fest, wie lange eine Aufgabe nicht bearbeitet und somit den Status *Aktiv* und *Ausstehend* besitzen darf. Damit legen Sie eine Eskalationsstufe fest, die durch den Workflow überwacht wird. Die genehmigenden Personen werden dann an die Aufgabe erinnert.

CC-Feld

Sollen zusätzlich zu den genehmigenden Personen weitere Personen über die Verläufe des Workflows informiert werden, so fügen Sie sie im Feld CC hinzu. Diesen Personen wird dann eine Benachrichtigung per E-Mail gesandt, jedoch keine Aufgabe zugewiesen.

Bei Erster Ablehnung beenden

Diese Einstellung beendet den gesamten Workflow, sobald nur eine der oben festgelegten genehmigenden Person das Dokument ablehnt. Wird ein Dokument abgelehnt, so erhält der Ersteller des Dokuments eine E-Mail-Benachrichtigung und der Workflowstatus wird auf *Abgelehnt* gesetzt.

Bei Dokumentänderung beenden

Legen Sie diese Einstellung fest, wenn Sie den Workflow sofort beenden und das Dokument ablehnen möchten, wenn irgendwelche Änderungen am Dokument vorgenommen werden, während der Genehmigungsprozess noch läuft. Damit vermeiden Sie, dass bereits genehmigte Inhalte im Dokument verändert werden.

Inhaltsgenehmigung aktivieren

Erst nach der Konfiguration dieses Workflows sollte die Inhaltsgenehmigung aktiviert werden, damit erreichen Sie, dass der Workflowstatus dann aktuell in der Websitespalte gesetzt wird, wenn der Workflow abgeschlossen wurde.

9. Nachdem Sie die Einstellungen vorgenommen haben, bestätigen Sie sie mit einem Klick auf die Schaltfläche *Speichern*.
10. Laden Sie zum Test ein Dokument in die Bibliothek, in der Sie den Workflow generiert haben. Haben Sie die Startoption so festgelegt, dass der Workflow startet, sobald Sie ein neues Dokument hinzufügen, wird er automatisch gestartet.

11.12 Genehmigungsworkflows

11.12.1 Einen Workflow manuell starten

Haben Sie bei der Konfiguration des Workflows festgelegt, dass er nur manuell gestartet werden darf, gehen Sie folgendermaßen vor.

1. Wechseln Sie in die Bibliothek, in der der Workflow generiert wurde.
2. Wählen Sie ein Dokument aus, indem Sie das Häkchen vor dem Dokument aktivieren.
3. Klicken Sie direkt in der Bibliothek in der Symbolleiste auf den Eintrag *Mehr*.
4. Wählen Sie im Kontextmenü den Befehl *Erweitert* und klicken Sie auf *Workflows* (siehe Abb. 11–38).

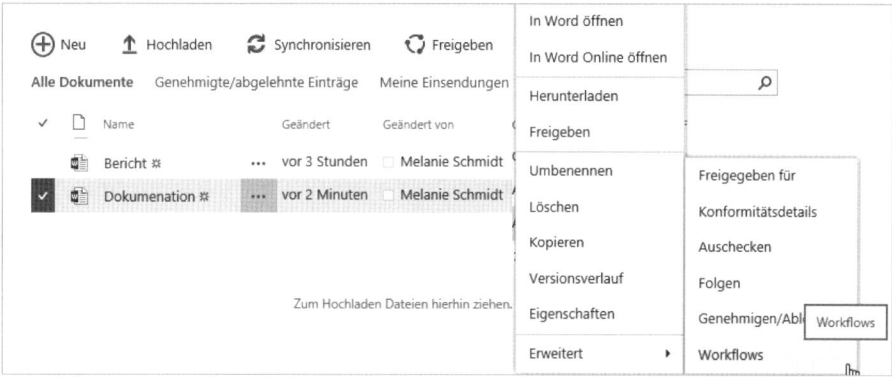

Abb. 11–38 In der Symbolleiste befindet sich der Eintrag *Mehr*, über den Sie den Workflow abrufen können.

5. Ihnen wird der Workflowname angezeigt. Klicken Sie auf den Namen.
6. Ihnen wird das Formular mit den Konfigurationen angezeigt. Klicken Sie unten im Formular auf die Schaltfläche *Starten*.

11.12.2 Ein Dokument genehmigen

1. Sobald der Workflow gestartet wurde, erhalten die genehmigenden Personen eine E-Mail-Benachrichtigung mit einem Link zum Dokument, mit der Bitte, die Aufgabe zu erledigen. Alternativ können Sie auch die Aufgabenliste des Workflows über die *Websiteinhalte* öffnen.
2. Wenn Sie das Dokument gelesen und geprüft haben und den Aufgabenlink in der E-Mail oder die Aufgabe in der Aufgabenliste öffnen, können Sie Folgendes im Formular vornehmen (siehe Abb. 11–39).

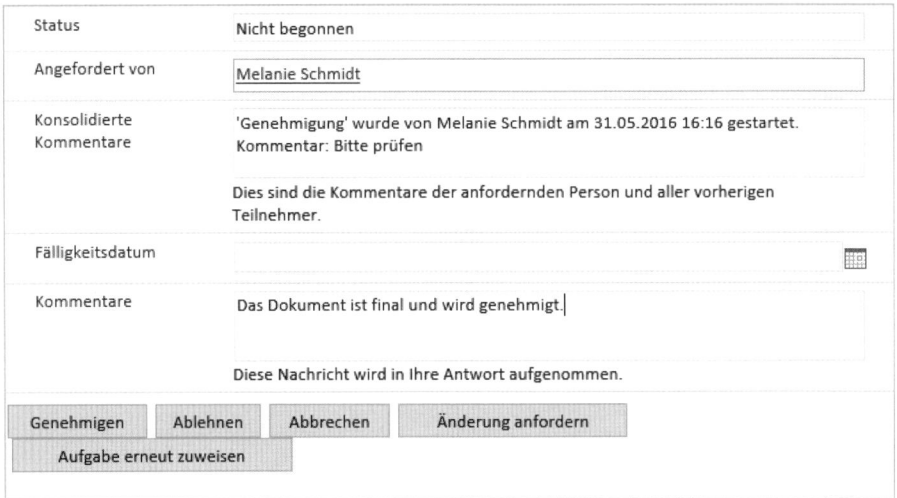

Abb. 11-39   Das Formular der Workflowaufgabe zur Genehmigung des Dokuments

3. Genehmigen Sie das Dokument, wenn Sie keine Änderungen wünschen. In meinem Beispiel habe ich mich als genehmigende Person hinzugefügt. Somit wäre in meinem Fall die Aufgabe erledigt und die Aufgabe erhielte den Status *Abgeschlossen*. Der Workflowstatus und die Inhaltsgenehmigung erhielten den Status *Genehmigt*.

4. Lehnen Sie das Dokument ab, wäre die Aufgabe ebenfalls erledigt und erhielte ebenfalls den Status *Abgeschlossen*. Der Workflowstatus und die Inhaltsgenehmigung erhalten den Status *Abgelehnt*. Der Ersteller des Dokuments wird über die Ablehnung benachrichtigt.

5. Möchten Sie, dass Änderungen am Dokument vorgenommen werden, klicken Sie auf die Schaltfläche *Änderungen anfordern* (siehe Abb. 11-40). Es öffnet sich ein weiteres Formular, in dem Sie die Personen festlegen können, die die Änderungen vornehmen sollen. Zusätzlich können Sie in diesem Formular im Bereich *Neue Anforderungen* die Änderungswünsche eintragen. Legen Sie die Dauer fest, bis wann die Änderungen erfolgen sollen. Sobald dieses Formular mit der Schaltfläche *Senden* bestätigt wurde, ist Ihre Aufgabe erledigt und erhält den Status *Abgeschlossen*. Der Workflow erhält den Status *In Bearbeitung*, während die Inhaltsgenehmigung den Status *Ausstehend* behält.

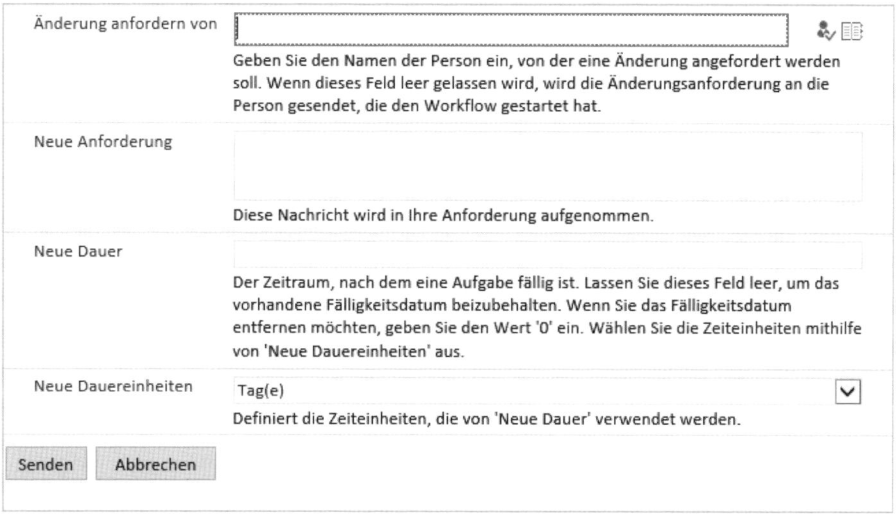

Änderung anfordern von	
	Geben Sie den Namen der Person ein, von der eine Änderung angefordert werden soll. Wenn dieses Feld leer gelassen wird, wird die Änderungsanforderung an die Person gesendet, die den Workflow gestartet hat.
Neue Anforderung	
	Diese Nachricht wird in Ihre Anforderung aufgenommen.
Neue Dauer	
	Der Zeitraum, nach dem eine Aufgabe fällig ist. Lassen Sie dieses Feld leer, um das vorhandene Fälligkeitsdatum beizubehalten. Wenn Sie das Fälligkeitsdatum entfernen möchten, geben Sie den Wert '0' ein. Wählen Sie die Zeiteinheiten mithilfe von 'Neue Dauereinheiten' aus.
Neue Dauereinheiten	Tag(e)
	Definiert die Zeiteinheiten, die von 'Neue Dauer' verwendet werden.

Senden   Abbrechen

Abb. 11–40   Eine Änderung soll am Dokument vorgenommen werden; damit ist die Genehmigung nicht erteilt.

6. Möchten Sie eine andere Person damit beauftragen, die Aufgabe zu genehmigen, so klicken Sie auf die Schaltfläche *Aufgabe erneut zuweisen*. Diese Person erhält dann eine eigene Aufgabe und wird benachrichtigt. Ihre Aufgabe ist damit abgeschlossen und erhält den Status *Delegiert*. Sie erhalten bei einer Aktualisierung des Workflows eine Benachrichtigung.

11.13 Benachrichtigungen auf Listen und Bibliotheken festlegen

Möchten Sie nicht ständig innerhalb einer oder mehrerer Teamsites prüfen, ob gegebenenfalls neue Elemente oder Dokumente oder Änderungen an vorhandenen Informationen in Listen oder Bibliotheken vorgenommen wurden, so können Sie sich über die Benachrichtigungsfunktion der Listen und Bibliotheken per E-Mail benachrichtigen lassen. Über die Einstellungen der Benachrichtigungen können Sie festlegen, wann Sie und wie oft Sie benachrichtigt werden möchten. In diesem Beispiel werden Sie benachrichtigt, wenn eine Geschäftsvorlage in der Bibliothek *Geschäftsvorlagen* geändert wird.

1. Wechseln Sie in die Bibliothek *Geschäftsvorlagen* der Website *Kommunikation & Marketing*.
2. Wechseln Sie über das Register *Bibliothek* in der Gruppe *Freigeben und Verfolgen* auf die Schaltfläche **Benachrichtigen** (siehe Abb. 11–41).

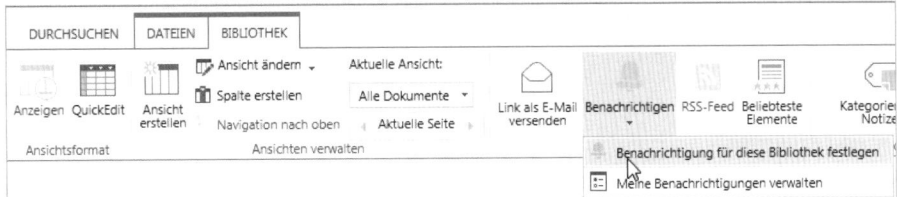

Abb. 11-41 Über die Schaltfläche *Benachrichtigen* können Sie festlegen, dass Sie informiert werden, wenn eine Änderung an einem Dokument innerhalb der Bibliothek vorgenommen wurde.

Hinweis

Möchten Sie sich innerhalb von Listen oder Kalendern benachrichtigen lassen, so können Sie die hier vorgenommenen Schritte ebenfalls durchführen. Wechseln Sie dann jedoch immer über das Register *Liste* oder *Kalender*. Auch dort finden Sie die Schaltfläche *Benachrichtigen*.

In der folgenden Seite können Sie die Bedingungen für die Benachrichtigungen festlegen.

- Im Bereich **Benachrichtigungstitel** können Sie einen anderen Namen vergeben, der Ihnen in der E-Mail-Nachricht als Betreffzeile angezeigt werden soll.
- Der Bereich **Benachrichtigungen senden an** steht Ihnen nur zur Verfügung, wenn Sie Besitzer der Liste oder Bibliothek sind. Hier können Sie bei Bedarf weitere Personen hinzufügen, die zusätzlich per E-Mail benachrichtigt werden sollen.
- Je nachdem, welche Konfiguration in Ihrem Unternehmen für die Zustellung von Benachrichtigungen festgelegt wurde, können Sie im Bereich **Zustellungsart** auswählen, ob Sie per E-Mail-Nachricht oder per Textnachricht über Ihr Mobiltelefon informiert werden möchten.
- Im Bereich **Änderungstyp** legen Sie die Bedingung fest, wann Sie benachrichtigt werden wollen.
- Im Bereich **Für diese Änderungen Benachrichtigungen senden** legen Sie zusätzliche Bedingungen fest.
- Abschließend legen Sie fest, wie häufig Sie benachrichtigt werden möchten. Legen Sie die Option im Bereich **Zeitpunkt des Versendens von Benachrichtigungen** fest.

3. Sobald Sie Ihre Einstellungen vorgenommen haben, bestätigen Sie sie mit einem Klick auf die Schaltfläche *OK*.
4. Erstellen Sie in Ihrem E-Mail-Programm gegebenenfalls Regeln zum Verschieben der Benachrichtigungen in verschiedene Ordner.

11.14 Löschen von Benachrichtigungen aus Listen und Bibliotheken

Möchten Sie nicht mehr benachrichtigt werden, wenn neue Elemente oder Dokumente hinzugefügt oder geändert werden, dann können Sie die Benachrichtigungen auch entfernen.

1. Wechseln Sie in eine beliebige Liste oder Bibliothek und dort in eines der Register *Liste*, *Bibliothek* oder *Kalender*.
2. In der Gruppe *Freigeben und Verfolgen* klicken Sie auf die Schaltfläche *Benachrichtigen*.
3. Wählen Sie im Kontextmenü den Befehl *Meine Benachrichtigungen verwalten* (siehe Abb. 11–42).

Abb. 11–42   Über das Register *Bibliothek*, *Liste* oder *Kalender* können Benachrichtigungen verwaltet werden.

4. Wählen Sie die gewünschte Benachrichtigung aus und klicken Sie anschließend im oberen Fensterbereich auf den Link *Ausgewählte Benachrichtigung löschen* (siehe Abb. 11–43).

Abb. 11–43   Alle Benachrichtigungen, die Sie auf Listen und Bibliotheken gesetzt haben, werden hier aufgelistet.

5. Bestätigen Sie das nachfolgende Dialogfeld mit einem Klick auf die Schaltfläche *OK*.

> **Tipp**
> Alternativ können Sie die Benachrichtigungen auch in Microsoft Outlook verwalten. Klicken Sie dafür in Outlook in das Register *Datei*. In der Kategorie *Informationen* finden Sie die Schaltfläche *Regeln und Benachrichtigungen*. Aktivieren Sie das Register *Benachrichtigungen verwalten*, um die Benachrichtigungen zu verwalten.

11.15 Zusammenfassung

Die Versionierung von Dokumenten hilft beim Nachverfolgen von Änderungen an Dokumenten. Auch die Veröffentlichung und somit die Sicht auf Dokumente in einer finalen Version für bestimmte Benutzer ermöglicht Ihnen die Versionierung. In manchen Anwendungsfällen ist die Ein- und Auscheckfunktion innerhalb von Bibliotheken sehr hilfreich, da ein Dokument nicht zeitgleich von mehreren Personen bearbeitet und somit geändert werden kann. Über Websitespalten können Metadaten für bestimmte Dokumente definiert werden. Mit Websiteinhaltstypen können Geschäftsvorlagen an einem zentralen Ort in einer Websitesammlung oder im SharePoint-Portal organisiert und gepflegt werden. Damit ist gewährleistet, dass die gesamte Belegschaft immer mit den aktuellen und richtigen Vorlagen eines Unternehmens arbeitet. Durch die Inhaltsgenehmigungen und Genehmigungsworkflows steuern Sie die Veröffentlichung von Dateien und Elementen.

12 Projekt- und Eventmanagement

12.1 Ausgangssituation

Durch den steigenden Informationsaustausch zwischen Lieferanten, Kunden und Projektmitgliedern innerhalb bestehender Projekte oder anstehender Events benötigen immer mehr Projekt- und Eventteams Kommunikationsmöglichkeiten, die weltweit und andauernd verfügbar sind. Durch die ständig wachsenden Projektaufgaben reichen oftmals die vorhandenen Office-Programme alleine nicht aus, um übersichtlich oder ohne übermäßig großen Aufwand alle Informationen zu einem Projekt oder Event zu sammeln und den Teammitgliedern bereitzustellen. Es ist teilweise sehr anstrengend und aufwendig, Informationen aus verschiedenen Anwendungen und Systemen zusammenzusuchen und daraus eine relevante Projektübersicht für alle beteiligten Personen zu schaffen. Die Anforderungen sind dahin gehend, eine einfache Oberfläche mit sämtlichen dem Projekt beziehungsweise dem Event zugeordneten Informationen bereitzustellen, sodass auch unerfahrene, neue Teammitglieder schnell einen Überblick über den aktuellen Status erhalten.

12.2 Die Anforderungen der Abteilung

Für die Projekt- und Eventplanung stellt SharePoint eine bereits mitgelieferte Projektwebsite bereit. Über diese Website erhalten Teammitglieder einen schnellen Überblick über alle projekt- oder eventbezogenen Aufgaben. Aktuelle Informationen, Termine, Aufgaben, die Projektmitglieder und Dokumente sollen ebenfalls auf dieser Website abgelegt und für das Team bereitgestellt werden. Dadurch wird ein zentraler Ort für ein Projekt geschaffen. Damit auch die aktuellen Geschäftsvorlagen des Unternehmens verwendet werden, soll es eine Projektbibliothek geben, in der die in Kapitel 11 »*Kommunikation & Marketing*« erstellten Inhaltstypen hinzugefügt werden.

12.3 Schritte in diesem Kapitel

Für alle Projekte des Unternehmens soll es einen Bereich *Projekte* geben. Dieser Bereich wird zunächst mit einer Teamwebsite realisiert. Auf der Teamwebsite sollen alle gültigen Informationen für alle Mitarbeiterinnen und Mitarbeiter bereitgestellt werden. Darüber hinaus wird auf dieser Website ein Projektmanagementblog für Fragen und Antworten zum Thema Projektmanagement eingerichtet. Unterhalb der Teamsite sollen dann die einzelnen Projekte als Unterwebsites angelegt werden. In einem Beispielprojekt wird eine Bibliothek mit den erstellten Inhaltstypen bestückt und es werden verschiedene Ansichten erstellt, die das Auffinden der Projektdokumente erleichtern. Die Website des Beispielprojekts wird angepasst und als Websitevorlage für weitere Projekte gespeichert. In Anschluss wird eine neue Projektwebsite anhand der erstellten Vorlage erzeugt.

12.4 Anlegen der Bereichswebsite »Projekte«

Damit zukünftig alle Mitarbeiter einen Einstiegspunkt innerhalb des SharePoint-Portals zu den Projekten erhalten, wird eine Teamwebsite für diese Anforderung verwendet. Auf diese Website dürfen alle Mitarbeiterinnen und Mitarbeiter aller Projektteams zugreifen. Erst unterhalb dieser Einstiegswebsite werden die einzelnen Projekte angelegt.

1. Wechseln Sie zunächst auf die Website *Fachbereiche*.
2. Klicken Sie im linken Bereich in der Schnellstartnavigation auf den Link **Websiteinhalte**. Alternativ klicken Sie auf das Zahnradsymbol. Sie werden in den Bereich *Websiteinhalte* weitergeleitet. Hier sehen Sie alle bereits angelegten Apps und Websites.
3. Unterhalb des Bereichs *Listen, Bibliotheken und andere Apps* sehen Sie den Bereich *Unterwebsites*. Klicken Sie dort auf den Link **Neue Website**.
4. Es folgt ein Dialogfeld, in das Sie Angaben für die neue Website eingeben. Im Bereich *Titel und Beschreibung*, schreiben Sie im Eingabefeld *Titel* »Projekte« und im Eingabefeld *Beschreibung*, wozu Sie die Website verwenden: »*Diese Site dient als Beispiel für die Organisation von Projekten in SharePoint.*«
5. Im Bereich *Websiteadresse* geben Sie als URL-Namen erneut den Titel *Projekte* ein. In diesem Feld verwenden Sie keine Umlaute, Sonderzeichen und Leerschritte, da diese Eingaben später im Adressfeld des Webbrowsers erscheinen.
6. Wählen Sie im nächsten Schritt im Bereich *Vorlagenauswahl* die Sprache aus, in der Sie die Site verwenden möchten.

7. Wechseln Sie in das Register *Zusammenarbeit* und wählen Sie die Websitevorlage **Teamwebsite** durch einen Klick aus.
8. Wird Ihnen im Bereich *Navigation* die Option *Diese Website in der Leiste für häufig verwendete Links in der übergeordneten Website anzeigen?* angeboten, so aktivieren Sie sie, damit Ihnen die Website in der globalen Navigation angezeigt wird und Sie schnell auf andere Websites navigieren können. Wird Ihnen diese Option nicht angeboten, so verwenden Sie andere Funktionalitäten und Sie können zum nächsten Schritt übergehen.
9. Setzen Sie die Option *Ja* im Bereich *Navigationsvererbung* bei *Leiste für häufig verwendete Links der übergeordneten Website verwenden?*. Damit stellen Sie sicher, dass Ihnen die bereits angelegten Websites in der globalen Navigation auch auf der Projektwebsite angezeigt werden und Sie darüber schnell in andere Websites navigieren können.
10. Übernehmen Sie alle weiteren Einstellungen und bestätigen Sie Ihre Eingaben mit einem Klick auf die Schaltfläche *Erstellen*. Sie werden direkt auf die Teamwebsite *Projekte* weitergeleitet.

Die Anpassung im Aussehen dieser Website nehmen wir später vor.

12.5 Eine Projektwebsite anlegen

Unterhalb des Bereichs *Projekte* sollen zukünftig einzelne Projekte angelegt werden. Jedoch sollen diese Websites immer einheitlich mit bestimmten Informationen angezeigt werden. Das bedeutet, dass diese Website erstellt, angepasst und später als Vorlage gespeichert werden muss. Zukünftige Projekte werden dann auf Basis der neuen Projektwebsitevorlage erstellt und verwendet.

1. Klicken Sie im linken Bereich in der Schnellstartnavigation auf den Link **Websiteinhalte**. Sie werden in den Bereich *Websiteinhalte* weitergeleitet. Hier sehen Sie alle bereits angelegten Apps und Websites.
2. Klicken Sie auf den Link **Neue Website**.
3. Vergeben Sie im Eingabefeld *Titel* »Beispielprojekt« und im Eingabefeld *Beschreibung*, wozu Sie die Website verwenden: »*Diese Site dient als Beispiel für eine Projektwebsite.*«
4. Im Bereich *Websiteadresse* geben Sie als URL-Namen erneut den Titel *Beispielprojekt* ein. Verwenden Sie auch hier keine Umlaute, Sonderzeichen und Leerschritte.
5. Wählen Sie im nächsten Schritt im Bereich *Vorlagenauswahl* die Sprache aus, in der Sie die Site verwenden möchten.
6. Wechseln Sie in das Register *Zusammenarbeit* und wählen Sie die Websitevorlage **Projektwebsite** durch einen Klick aus.

7. Wird Ihnen im Bereich *Navigation* die Option *Diese Website in der Leiste für häufig verwendete Links in der übergeordneten Website anzeigen?* angeboten, so aktivieren Sie diese Option, damit Ihnen die Website in der globalen Navigation angezeigt wird und Sie schnell auf andere Websites navigieren können. Wird Ihnen diese Option nicht angeboten, so verwenden Sie andere Funktionalitäten und Sie können zum nächsten Schritt übergehen.
8. Setzen Sie die Option **Ja** im Bereich *Navigationsvererbung* bei *Leiste für häufig verwendete Links der übergeordneten Website verwenden?*.
9. Übernehmen Sie alle weiteren Einstellungen und bestätigen Sie Ihre Eingaben mit einem Klick auf die Schaltfläche **Erstellen**. Sie werden direkt auf die Projektwebsite *Beispielprojekt* weitergeleitet (siehe Abb. 12–1).

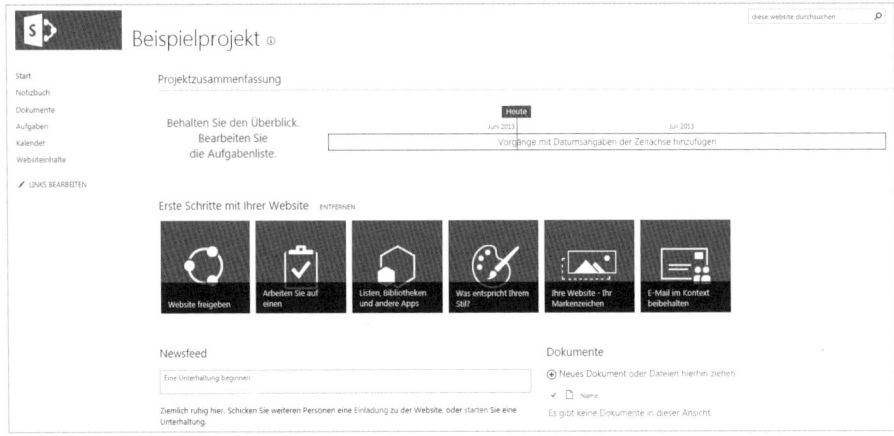

Abb. 12–1   Eine Website basierend auf der Websitevorlage *Projektwebsite*

Sie sehen nun die Projektwebsite. Sie besitzt bereits mitgelieferte Listen wie die *Aufgaben* und den *Kalender*. Die Bibliothek *Dokumente* ist ebenfalls vorhanden. Die Anpassung des Aussehens der Website erfolgt im späteren Verlauf des Kapitels.

12.6 Erstellen einer Bibliothek für Projektdokumente

Wie bereits beschrieben, soll für zukünftige Projektdokumente eine gleichnamige Bibliothek erstellt werden. In dieser Bibliothek sollen verschiedene Dokumentarten geöffnet, bearbeitet und gespeichert werden. Dafür benötigen wir in diesem Beispiel die Websiteinhaltstypen, die bereits in Kapitel 11 »*Kommunikation & Marketing*« erstellt wurden. Die vorhandene Bibliothek *Dokumente* wollen wir nicht verwenden, auch wenn eine Bibliothek leicht umzubenennen ist. Alle in SharePoint erstellten Bibliotheken und Listen erhalten auch immer eine eindeutige URL, die sich bei einer Umbenennung der Bibliothek nicht verändert und

12.6 Erstellen einer Bibliothek für Projektdokumente

immer den ursprünglichen Namen beibehält. So sehen Sie beispielsweise, wenn Sie über die Schnellstartnavigation auf *Dokumente* klicken, dass im Adressfeld Ihres Webbrowsers nicht *Dokumente*, sondern noch aus den Vorgängerversionen von SharePoint *Freigegebene Dokumente* steht. Ich möchte nicht kleinlich sein, aber in einem sehr großen und umfangreichen Portal schauen einige Benutzerinnen und Benutzer schon einmal in die URL, um sich zu vergewissern, dass sie sich auch am richtigen Ort befinden, und können durch falsche Angaben in der URL verunsichert werden. Die URL sollte immer auch den richtigen Namen enthalten. Aus diesem Grund erstellen wir eine neue Bibliothek mit dem gleichen Namen für die Bibliothek und die URL. Zum Erstellen der Bibliothek gehen Sie folgendermaßen vor:

1. Klicken Sie in der Schnellstartleiste der Website *Beispielprojekt* auf den Link **Websiteinhalte**. Damit gelangen Sie in eine Übersicht aller auf der Website angelegten Bibliotheken und Listen.
2. Klicken Sie einmal auf die Schaltfläche *App hinzufügen* (siehe Abb. 12–2).

Abb. 12–2 Die Schaltfläche *App hinzufügen*. Darüber lassen sich neue Bibliotheken erstellen.

3. Klicken Sie in das Suchfeld *Eine App suchen* und geben Sie dort »Dokumente« ein und bestätigen Sie mit der **Enter**-Taste.
4. Ihnen werden die Ergebnisse unterhalb der Suchleiste angezeigt. Klicken Sie auf **Dokumentbibliothek**, diese benötigen wir für Projektdokumente.
5. Im darauf folgenden Dialogfeld klicken Sie links auf den Link **Erweiterte Optionen**, damit Sie zusätzlich zum Namen eine Beschreibung zur Bibliothek hinzufügen können.
6. Klicken Sie im Bereich *Namen* in das Eingabefeld und geben Sie »Projektdokumente« ein (siehe Abb. 12–3).
7. Klicken Sie in das Eingabefeld *Beschreibung* und beschreiben Sie den Zweck dieser Bibliothek: »*In dieser Bibliothek werden alle dem Projekt zugehörigen Dokumente verwaltet.*«
8. Im Bereich *Versionsverlauf für Dokumente* setzen Sie die Option bei *Jedes Mal neue Version erstellen, wenn eine Datei in 'Dokumentbibliothek' bearbeitet wird?* auf **Nein**, wenn Sie keine einfache Versionierung wünschen. Sie können die Versionierung in den Einstellungen der Bibliothek manuell setzen.
9. Übernehmen Sie alle weiteren Einstellungen und bestätigen Sie Ihre Eingabe mit einem Klick auf die Schaltfläche **Erstellen**. Sie werden direkt in die Bibliothek weitergeleitet.

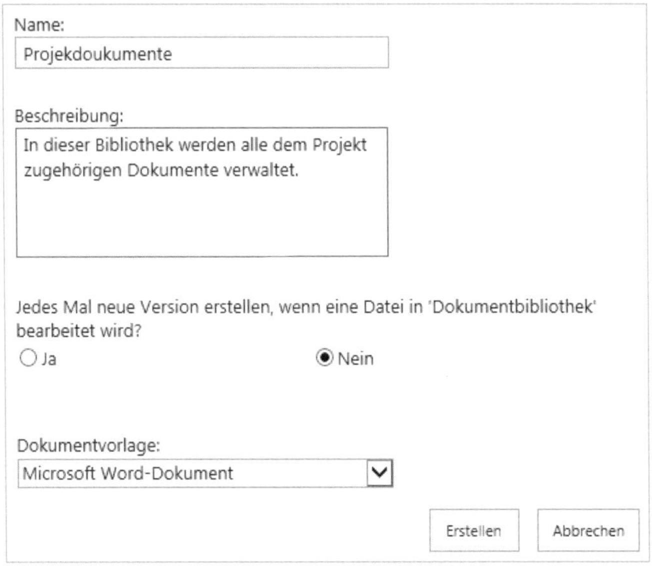

Abb. 12–3 Die Beschreibung der Bibliothek ist wichtig, damit jedes Teammitglied ihren Zweck versteht.

12.6.1 Websiteinhaltstypen einer Bibliothek hinzufügen

Die zuvor erstellten Inhaltstypen lassen sich jeder Bibliothek und Liste innerhalb der Websitesammlung, in der Sie den Inhaltstyp erstellt haben, in unserem Beispiel der *Testsite*, zuordnen und verwenden. Zum Hinzufügen des Inhaltstyps in der Bibliothek *Projektdokumente* führen Sie folgende Schritte durch:

1. Wechseln Sie in die Bibliothek *Projektdokumente* auf der Website *Beispielprojekt*.
2. Sobald Sie sich innerhalb der Bibliothek befinden, werden Ihnen die Register *Dateien* und *Bibliothek* angezeigt. Klicken Sie in das Register *Bibliothek*.
3. Klicken Sie rechts in der Gruppe *Einstellungen* auf die Schaltfläche **Bibliothekeinstellungen** (siehe Abb. 12–4).

Abb. 12–4 Die *Bibliothekeinstellungen* im Register *Bibliothek* im Menüband einer Bibliothek

12.6 Erstellen einer Bibliothek für Projektdokumente

4. Klicken Sie in der Kategorie *Allgemeine Einstellungen* auf den Link *Erweiterte Einstellungen* (siehe Abb. 12–5).

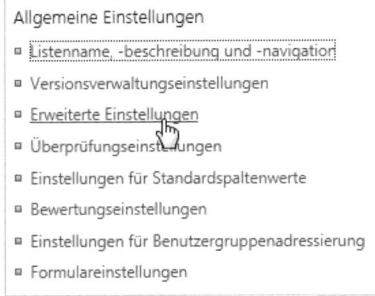

Abb. 12–5 Der Link *Erweiterte Einstellungen*

5. Damit wir in dieser Bibliothek auch andere Vorlagen außer *Neues Dokument* auswählen können, muss die Option *Verwalten von Inhaltstypen zulassen* auf *Ja* gesetzt werden. Diese befindet sich im oberen Fensterbereich (siehe Abb. 12–6).

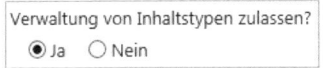

Abb. 12–6 Das Verwalten von Inhaltstypen muss zugelassen werden.

6. Übernehmen Sie alle weiteren Einstellungen und bestätigen Sie sie mit einem Klick auf die Schaltfläche *OK*. Sie werden zurück in die Einstellungen der Bibliothek geleitet.

7. Erst jetzt werden Ihnen im mittleren Fensterbereich die verwendeten Inhaltstypen angezeigt. Klicken Sie im Bereich *Inhaltstypen* auf den Link *Aus vorhandenen Websiteinhaltstypen hinzufügen* (siehe Abb. 12–7).

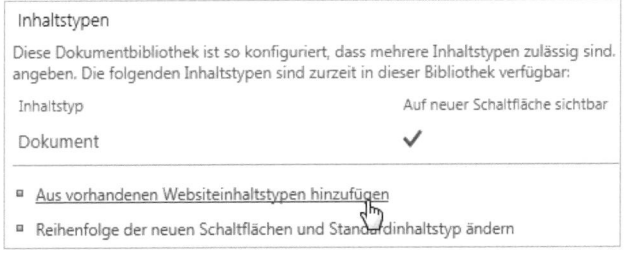

Abb. 12–7 Aus vorhandenen Websiteinhaltstypen hinzufügen

8. Im folgenden Dialogfenster haben Sie nun die Möglichkeit, auf vorhandene Websiteinhaltstypen zuzugreifen und sie der Bibliothek hinzuzufügen. Wählen Sie die Gruppe **Beispielinhaltstypen zum Buch** aus (siehe Abb. 12–8). Alle von Ihnen erstellten Inhaltstypen werden nun aufgelistet.

9. Klicken Sie zunächst doppelt auf den Inhaltstyp *Protokollvorlage*. Der Inhaltstyp wird der Bibliothek hinzugefügt.
10. Klicken Sie danach einmal auf den Inhaltstyp **Konzeptvorlage** und klicken Sie einmal auf die Schaltfläche **Hinzufügen**. Der Inhaltstyp wird der Bibliothek hinzugefügt.
11. Fügen Sie den Inhaltstyp *Kalkulationsvorlage* hinzu.

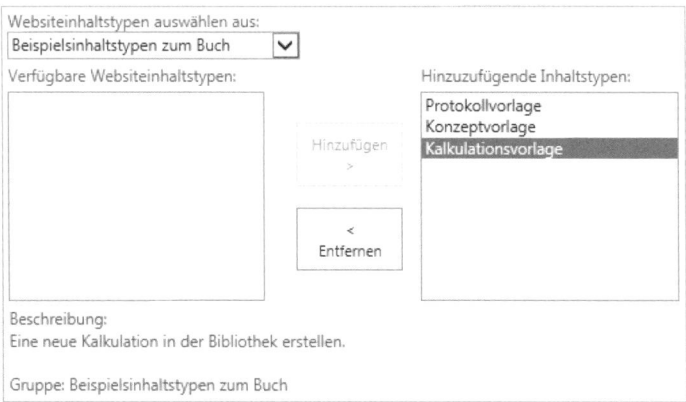

Abb. 12–8 Die Inhaltstypen werden der Bibliothek hinzugefügt.

12. Bestätigen Sie Ihre Eingaben mit einem Klick auf die Schaltfläche *OK*. Sie werden in die Bibliothekeinstellungen weitergeleitet und sehen im Bereich *Inhaltstypen* die von uns hinzugefügten Inhaltstypen. Bleiben Sie im Fenster.

12.6.2 Entfernen des Inhaltstyps »Dokument« aus einer Bibliothek

Damit die Mitarbeiterinnen und Mitarbeiter nicht die Möglichkeit haben, ein neues, leeres Dokument über die Schaltfläche *Neues Dokument* zu erstellen, löschen wir in dieser Bibliothek den Inhaltstyp *Dokument*. Der Inhaltstyp wird nur in dieser Bibliothek entfernt, steht jedoch in allen anderen Bibliotheken weiterhin zur Verfügung.

> **Hinweis**
>
> Wenn Sie bereits Dokumente in die Bibliothek hochgeladen oder dort erstellt haben, kann der Websiteinhaltstyp *Dokument* nicht gelöscht werden. Sie können diesen Inhaltstyp innerhalb der Bibliothek nur löschen, wenn sich keine Dateien in der Bibliothek befinden.

12.7 Verwenden von Vorlagen auf Basis von Websiteinhaltstypen

1. Sie befinden sich in den Einstellungen der Bibliothek.
2. Im Bereich *Inhaltstypen* klicken Sie direkt auf den Inhaltstyp **Dokument**. Sie gelangen in seine Einstellungen (siehe Abb. 12–9).

Abb. 12–9 Um Inhaltstypen innerhalb einer Bibliothek zu bearbeiten, kann der Inhaltstyp direkt in der Bibliothek angeklickt werden.

3. Im Bereich *Einstellungen* klicken Sie auf den Link **Diesen Inhaltstyp löschen** (siehe Abb. 12–10).

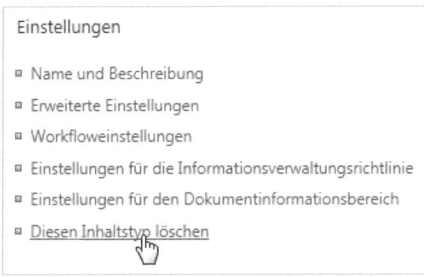

Abb. 12–10 Löschen des Inhaltstyps aus dieser einen Bibliothek

4. Bestätigen Sie im Fenster *Meldung von Website*, dass Sie den Inhaltstyp löschen möchten, mit einem Klick auf die Schaltfläche **OK**.

12.7 Verwenden von Vorlagen auf Basis von Websiteinhaltstypen

Haben Sie die angelegten Inhaltstypen einer Bibliothek zugewiesen, so stehen sie Ihnen sofort bereit.

1. Wechseln Sie über die Breadcrumb-Navigation in die Bibliothek *Projektdokumente* zurück.
2. Wechseln Sie in das Register *Dateien* und klicken Sie in der Gruppe *Neu* auf den Drop-down-Pfeil der Schaltfläche **Neues Dokument**. Ihnen werden nun die Geschäftsvorlagen als neue Dokumentvorlagen angeboten (siehe Abb. 12–11).
3. Klicken Sie zur Kontrolle auf eine Vorlage. Sie werden entweder in den Webbrowser oder zu Microsoft Word oder Excel zur Bearbeitung weitergeleitet.

Abb. 12–11 Die Projektdokumente können nun über die Schaltfläche *Neues Dokument* ausgewählt und verwendet werden.

Hinweis

Es kann vorkommen, dass trotz der installierten Web Apps, die dafür sorgen, dass Dateien im Browser sichtbar sind, die Dateien im Programm geöffnet werden. Dies kann an den Einstellungen der Bibliothek liegen. Möglicherweise ist in den Einstellungen der *Bibliothek/Erweiterte Einstellungen* die Option gesetzt, dass Dateien in der Clientanwendung geöffnet werden. Ändern Sie hier gegebenenfalls die Einstellungen.

12.7.1 Der Dokumentinformationsbereich in Microsoft Office zum Festlegen der Metadaten

Sobald Sie das Dokument speichern möchten und die Metadaten, also die Websitespalten, nicht ausgefüllt haben, erhalten Sie von der jeweiligen Anwendung eine Fehlermeldung mit der Aufforderung, die Pflichtfelder auszufüllen. Sie werden im oberen Fensterbereich der Anwendung im sogenannten *Dokumentinformationsbereich* angezeigt (siehe Abb. 12–12). Füllen Sie die Felder aus und speichern Sie erneut das Dokument.

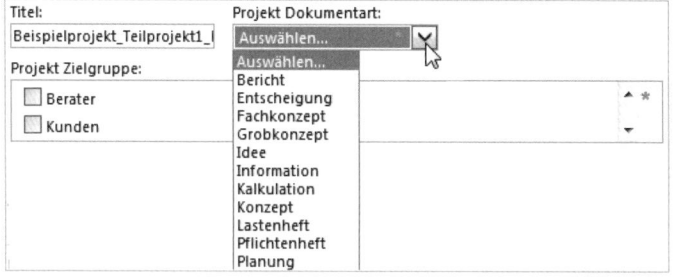

Abb. 12–12 Zum Speichern der Dokumente müssen zukünftig Metadaten vergeben werden.

12.7.2 Den Dokumentinformationsbereich anzeigen lassen

Sie können den Dokumentinformationsbereich auch in der jeweiligen Anwendung aktivieren, gehen Sie dafür folgendermaßen vor:

1. Öffnen Sie in der Bibliothek *Projektdokument* erneut ein neues Dokument basierend auf einer Vorlage im Register *Dateien*.
2. Wechseln Sie in Word oder Excel in das Register *Datei*. Sie befinden sich in der Kategorie *Informationen*.
3. Im rechten Fensterbereich finden Sie den Drop-down-Pfeil *Eigenschaften*, klicken Sie auf den Pfeil (siehe Abb. 12–13).
4. Wählen Sie im Kontextmenü den Befehl *Dokumentbereich anzeigen*. Sie wechseln automatisch in das Dokument und Ihnen wird der Bereich angezeigt.

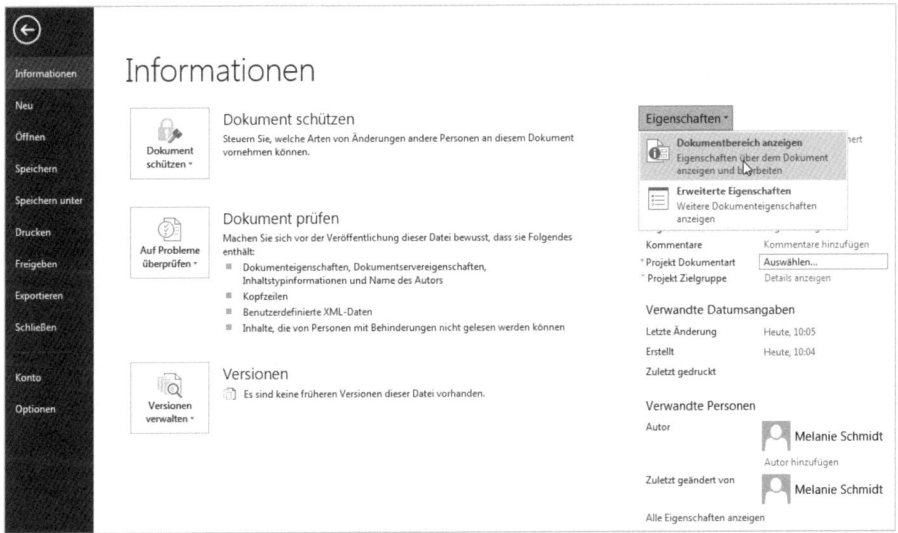

Abb. 12–13 Anzeigen des Dokumentinformationsbereichs in Microsoft Word

Auch beim Hochladen eines Dokuments werden nun die Eigenschaften abgefragt, sodass der Anwender die Pflichtfelder ausfüllen muss. Jedoch ist zu berücksichtigen, dass beim gleichzeitigen Hochladen mehrerer Dokumente keine Eigenschaften vergeben werden können und die Dokumente dann im ausgecheckten Modus gespeichert werden.

> **Hinweis**
>
> Sie können innerhalb der SharePoint-Bibliothek über das Register *Bibliothek* die Datenblattansicht öffnen. Über diese Ansicht lassen sich schnell die gewünschten Metadaten hinzufügen, wenn Sie gleichzeitig mehrere Dokumente hochgeladen haben. Jedoch müssen die Dokumente danach einzeln eingecheckt werden, damit sie anderen Teammitgliedern zur Bearbeitung zur Verfügung stehen.

12.8 Ansichten auf Basis von Websitespalten erstellen

Damit die Kolleginnen und Kollegen des Projektmanagements zukünftig schnell die gewünschten Dokumente wiederfinden, werden auf der Website *Beispielprojekt* in diesem Abschnitt verschiedene Ansichten erstellt und für die Mitarbeiter bereitgestellt.

Fügen Sie der Bibliothek *Projektdokumente* zuerst weitere Dokumente auf Basis einer Vorlage mit den Projektdokumentarten *Kalkulation*, *Protokoll* und *Konzept* hinzu.

12.8.1 Eine gefilterte Ansicht in einer Bibliothek erstellen

In diesem Beispiel sollen sich die Projektmitglieder später über die Ansichten entweder nur die Protokolle, nur die Kalkulationen oder nur die Konzepte anzeigen lassen. Dafür erstellen wir in diesem Beispiel drei Ansichten.

1. Wechseln Sie auf die Website *Beispielprojekt* und navigieren Sie in die Bibliothek *Projektdokumente*.
2. Klicken Sie direkt in der Bibliothek auf das Menü *Ansicht*, dargestellt mit den drei Punkten (siehe Abb. 12–14).
3. Klicken Sie im Kontextmenü auf den Befehl *Ansicht erstellen*.

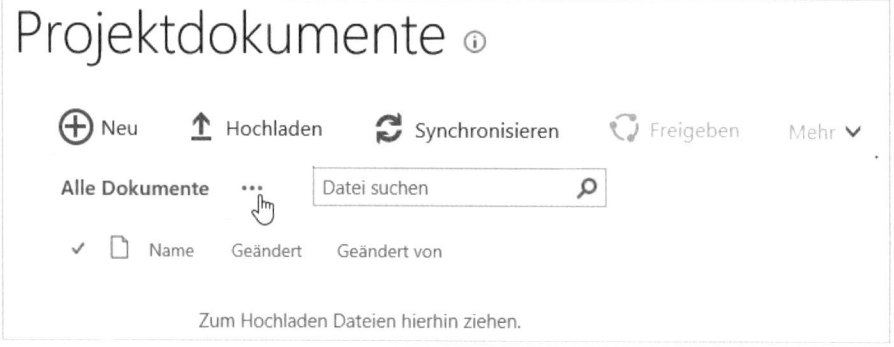

Abb. 12–14   Über das Menü mit den drei Punkten können Ansichten erstellt werden.

12.8 Ansichten auf Basis von Websitespalten erstellen

4. Im nächsten Fenster wählen Sie im Bereich *Ansichtstypen auswählen* den Typ **Standardansicht** durch einen Klick aus.
5. Im nachfolgenden Fenster tippen Sie im Eingabefeld *Name anzeigen* »Protokolle« ein (siehe Abb. 12–15).
6. Im Bereich *Publikum anzeigen* übernehmen Sie die Option **Öffentliche Ansicht erstellen**.

> **Die Optionen *Standardansicht und Publikum anzeigen***
>
> Wenn Sie das Kontrollkästchen bei *Standardansicht* aktivieren, wird die Ansicht, die Sie gerade erstellen, als Standardansicht für die Bibliothek übernommen. Alle Benutzer, die die Bibliothek aufsuchen, werden immer automatisch diese Ansicht sehen.
>
> Die Option *Persönliche Ansicht erstellen*, dient dazu, für sich persönlich eine Ansicht zu erstellen. Diese Ansicht steht dann nur Ihnen zur Verfügung. Sie wird nicht automatisch angezeigt, Sie müssen diese Ansicht in der Bibliothek zusätzlich auswählen, wenn Sie sie verwenden möchten.
>
> Die Option *Öffentliche Ansicht erstellen* wiederum dient dazu, dass die erstellte Ansicht für alle Benutzer der Bibliothek zur Verfügung steht. Sie muss aber zusätzlich in der Bibliothek ausgewählt werden, wenn sie verwendet werden soll.

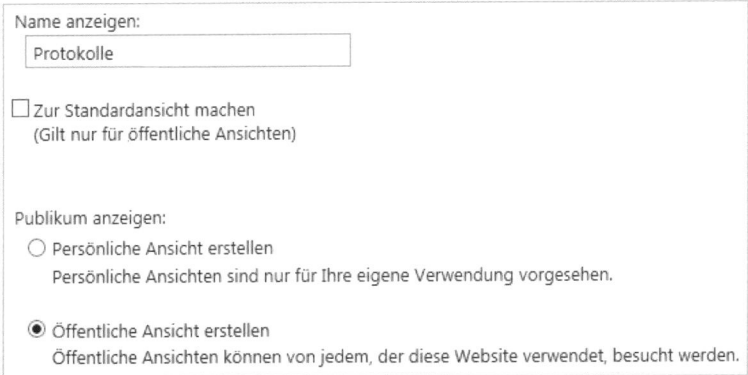

Abb. 12–15 Standardansicht und die Optionen *Publikum anzeigen*

7. Im Bereich *Spalten* können Sie festlegen, welche Spalten in der Ansicht an welcher Position angezeigt werden sollen. Aktivieren Sie die Spalte **Projekt Zielgruppe**, die Sie weiter unten in der Spaltenauflistung finden. Setzen Sie die Spalte auf **Position 3** (siehe Abb. 12–16).

Anzeigen	Spaltenname	Position von links
☑	Typ (mit Dokument verknüpftes Symbol)	1
☑	Name (Hyperlink zu Dokument mit Bearbeitungsmenü)	2
☑	Geändert	4
☑	Geändert von	5
☐	App erstellt von	6
☐	App geändert von	7
☐	Ausgecheckt von	8
☐	Bearbeiten (Hyperlink zum Bearbeitungselement)	9
☐	Dateigröße	10
☐	Erstellt	11
☐	Erstellt von	12
☐	ID	13
☐	Inhaltstyp	14
☐	Kommentar zum Einchecken	15
☐	Kopiequelle	16
☐	Name (mit Dokument verknüpft)	17
☐	Name (zur Verwendung in Formularen)	18
☐	Projekt Dokumentart	19
☑	Projekt Zielgruppe	3
☐	Titel	20
☐	Untergeordnete Elementanzahl	21
☐	Untergeordnete Ordneranzahl	22
☐	Version	23

Abb. 12–16   Die Auswahl der Spalten und der Spaltenposition für die Ansicht in der Bibliothek kann individuell festgelegt werden.

8. Navigieren Sie in den Bereich **Sortieren**.
9. Wählen Sie über den Drop-down-Pfeil bei *Zuerst sortieren nach Spalte* die Spalte **Geändert**. Legen Sie dann die Option *Elemente in absteigender Reihenfolge anzeigen* fest. Damit werden Ihnen zuletzt geänderte oder neu hinzugefügte Dokumente zuerst angezeigt.
10. Navigieren Sie in den Bereich **Filtern**.
11. Aktivieren Sie die Option *Elemente nur in folgendem Fall anzeigen*.
12. Wählen Sie im Bereich *Elemente anzeigen, wenn Spalte* die Spalte **Projekt Dokumentart** aus (siehe Abb. 12–17). Achten Sie hier auf die Rechtschreibung, gegebenenfalls werden sonst keine Ergebnisse angezeigt.
13. Übernehmen Sie alle weiteren Einstellungen und bestätigen Sie Ihre Eingabe mit einem Klick auf die Schaltfläche *OK*.

12.8 Ansichten auf Basis von Websitespalten erstellen

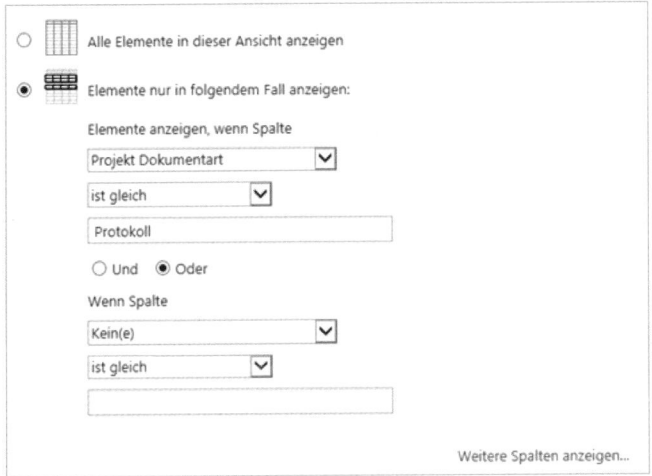

Abb. 12–17 Die Filtereinstellung, damit nur Dokumente der Projekt Dokumentart *Protokoll* angezeigt werden

Als Nächstes benötigen wir noch eine Ansicht für die Kalkulationen und Konzepte. Sie können aus einer bereits vorhandenen Ansicht eine weitere Ansicht erstellen. Sie müssen dann nicht alle Einstellungen erneut festlegen, sondern nur den Filterwert ändern.

1. Klicken Sie erneut im Menü, dargestellt mit den drei Punkten auf den Befehl **Ansicht erstellen**.
2. Jetzt klicken Sie unterhalb der Ansichtstypen im Bereich *Mit einer vorhandenen Ansicht beginnen* auf den Link **Protokolle** (siehe Abb. 12–18).

Abb. 12–18 Verwenden Sie bereits erstellte Ansichten als Vorlage für eine neue Ansicht.

3. Vergeben Sie der Ansicht den Namen **Konzepte**.
4. Navigieren Sie in den Bereich **Filtern**.
5. Tauschen Sie hier nur das Wort *Protokoll* durch *Konzept* aus.
6. Übernehmen Sie alle weiteren Einstellungen und bestätigen Sie sie mit einem Klick auf die Schaltfläche **OK**.
7. Wiederholen Sie die Schritte 1–6 für eine Ansicht namens **Kalkulationen**.
8. Die erstellten Ansichten stehen nun in der Bibliothek bereit und werden zusätzlich über das Menü angezeigt (siehe Abb. 12–19). Die Ansichten können auch als zusätzliche Navigation verwendet werden. Bleiben Sie im Fenster.

Abb. 12–19 Die erstellten Ansichten stehen in der Bibliothek zur Verfügung und können innerhalb der Bibliothek verwendet und ausgewählt werden.

12.8.2 Eine gruppierte Ansicht erstellen

Mithilfe der Websitespalten lassen sich auch gruppierte Ansichten erstellen. Damit werden die Dokumente beispielsweise nach der Dokumentart gruppiert angezeigt.

> **Hinweis**
>
> Haben Sie Websitespalten erstellt, die den Auswahltyp *Kontrollkästchen*, also Mehrfachauswahl, und nicht die Auswahl *Drop-down-Menü* besitzen, können Sie keine gruppierten Ansichten über diese Websitespalten erstellen.

1. In der Bibliothek *Projektdokumente* klicken Sie auf das Menü, dargestellt mit den drei Punkten.
2. Klicken Sie erneut auf den Befehl **Ansicht erstellen** und wählen Sie als Ansichtstyp die **Standardansicht** aus.
3. Vergeben Sie für die Ansicht den Namen *Gruppierte Ansicht*.
4. Legen Sie fest, dass diese Ansicht als *Standardansicht* für alle Benutzer angezeigt werden soll, indem Sie das Häkchen bei **Standardansicht** setzen.
5. Übernehmen Sie die ausgewählten Spalten und deren Position wie eingestellt.
6. Legen Sie fest, dass die zuletzt bearbeiteten Dokumente in absteigender Reihenfolge sortiert werden.
7. Navigieren Sie zu dem Bereich *Gruppieren nach* und klicken Sie auf den Link *Gruppieren nach*. Der Bereich wird dann im erweiterten Modus angezeigt (siehe Abb. 12–20).

12.8 Ansichten auf Basis von Websitespalten erstellen

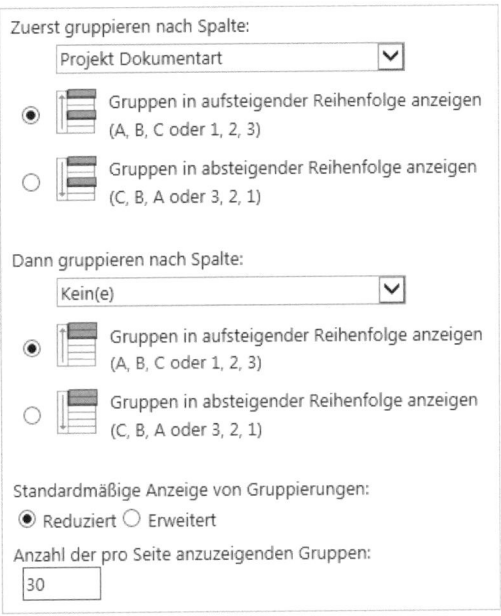

Abb. 12–20 Die Dokumente sollen nach Dokumentart gruppiert werden.

8. Wählen Sie über den Drop-down-Pfeil bei *Zuerst gruppieren nach Spalte* die Spalte **Projekt Dokumentart** aus.
9. Sie könnten zusätzlich nach einer weiteren Websitespalte gruppieren lassen. In unserem Beispiel wählen wir im Bereich *Dann gruppieren nach Spalte* nichts aus.
10. Im Bereich *Standardmäßige Anzeige von Gruppierungen* lassen Sie die Option **Reduziert** bestehen, so werden die Gruppen im reduzierten Modus dargestellt und man muss die Gruppe erweitern.
11. Übernehmen Sie alle weiteren Einstellungen und bestätigen Sie die Eingabe im unteren Fensterbereich mit einem Klick auf die Schaltfläche **OK**.
12. In der Bibliothek wird Ihnen die gruppierte Ansicht angezeigt (siehe Abb. 12–21). Klicken Sie einmal auf den Link *Projekt Dokumentart: Konzept*, um die Gruppe im erweiterten Modus darzustellen.

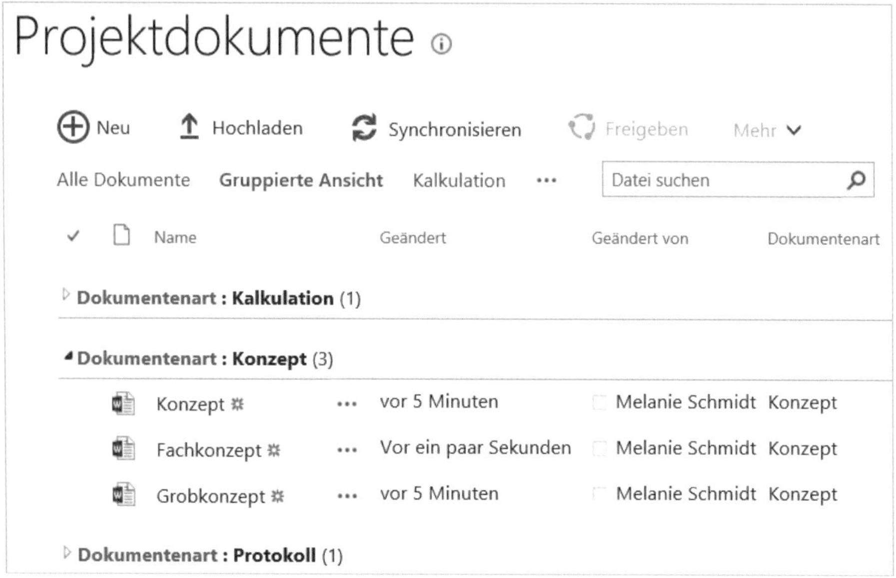

Projektdokumente

```
⊕ Neu    ↑ Hochladen    ⟳ Synchronisieren    ⌕ Freigeben    Mehr ∨

Alle Dokumente   Gruppierte Ansicht   Kalkulation   ···   Datei suchen   🔍

✓  ☐  Name                      Geändert              Geändert von           Dokumentenart

▷ Dokumentenart : Kalkulation (1)

◢ Dokumentenart : Konzept (3)

    📄  Konzept ✻         ···   vor 5 Minuten          Melanie Schmidt   Konzept
    📄  Fachkonzept ✻     ···   Vor ein paar Sekunden  Melanie Schmidt   Konzept
    📄  Grobkonzept ✻     ···   vor 5 Minuten          Melanie Schmidt   Konzept

▷ Dokumentenart : Protokoll (1)
```

Abb. 12–21   Die Projektbibliothek mit der ausgewählten Ansicht. Nur die Gruppe *Dokumentart: Konzept* wird im erweiterten Modus angezeigt.

12.9 Hinzufügen der Ankündigungsliste für aktuelle Informationen

Aufgrund einer weiteren Anforderung der Abteilungen soll auf der zukünftigen Projektwebsite zusätzlich die Möglichkeit bestehen, aktuelle Informationen zum Projekt zu erfassen und dem jeweiligen Team bereitzustellen. Für diese Anforderung liefert SharePoint bereits eine definierte Liste mit. Sie können über die Ankündigungsliste Informationen mit einem Ablaufdatum hinzufügen. Diese Liste wird später auf der Website in einem Webpart platziert, sodass alle Teammitglieder die Möglichkeit haben, aktuelle Informationen einzustellen oder zu lesen.

1. Klicken Sie in der Schnellstartnavigation auf den Link **Websiteinhalte**. Alternativ klicken Sie auf das Zahnradsymbol oben im Bildschirm und wählen dort die *Websiteinhalte*.

2. Klicken Sie einmal auf die Schaltfläche ***App hinzufügen***.

3. Klicken Sie in das Suchfeld *Eine App suchen* und geben Sie dort »***Ankündigungen***« ein und bestätigen Sie diese mit der ***Enter***-Taste.

4. Ihnen werden die Ergebnisse unterhalb der Suchleiste angezeigt. Klicken Sie auf ***Ankündigungen***.

5. Im darauf folgenden Dialogfeld klicken Sie links auf den Link *Erweiterte Optionen*, damit Sie zusätzlich zum Namen eine Beschreibung zur Liste hinzufügen können.
6. Klicken Sie im Bereich *Namen* in das Eingabefeld und geben Sie »*Aktuelle Informationen*« ein.
7. Klicken Sie in das Eingabefeld *Beschreibung* und beschreiben Sie den Zweck dieser Liste: »*In dieser Liste werden aktuelle Informationen zum Projekt bereitgestellt.*«
8. Übernehmen Sie alle weiteren Einstellungen und bestätigen Sie Ihre Eingabe mit einem Klick auf die Schaltfläche *Erstellen*. Sie werden direkt in die Liste weitergeleitet.

Diese Liste wird später auf der Website *Beispielprojekt* hinzugefügt.

12.10 Hinzufügen einer Kontaktliste für Projektmitglieder

Damit später auf der Projektwebsite alle internen und externen Projektmitglieder angezeigt und schnell ermittelt werden können, wird zusätzlich eine Kontaktliste benötigt. Ein Projektteam besteht immer aus internen und externen Projektmitgliedern, sodass die externen Mitarbeiterinnen und Mitarbeiter in der Kontaktliste eingepflegt werden müssen. Innerhalb dieser Kontaktliste werden zusätzliche Websitespalten und Ansichten erstellt. Über eine spezielle Ansicht wird die Kontaktliste später einem Webpart hinzugefügt.

1. Klicken Sie in der Schnellstartnavigation auf den Link *Websiteinhalte*.
2. Klicken Sie einmal auf die Schaltfläche *App hinzufügen*.
3. Klicken Sie in das Suchfeld *Eine App suchen* und geben Sie dort »*Kontakte*« ein und bestätigen Sie dies mit der *Enter*-Taste.
4. Ihnen werden die Ergebnisse unterhalb der Suchleiste angezeigt. Klicken Sie auf *Kontakte*.
5. Im darauf folgenden Dialogfeld klicken Sie links auf den Link *Erweiterte Optionen*, damit Sie zusätzlich zum Namen eine Beschreibung zur Liste hinzufügen können.
6. Klicken Sie im Bereich *Namen* in das Eingabefeld und geben Sie »*Projektmitglieder*« ein.
7. Klicken Sie in das Eingabefeld *Beschreibung* und beschreiben Sie den Zweck dieser Liste: »*In dieser Liste werden Projektmitglieder gepflegt.*«
8. Übernehmen Sie alle weiteren Einstellungen und bestätigen Sie Ihre Eingabe mit einem Klick auf die Schaltfläche *Erstellen*. Sie werden direkt in die Liste weitergeleitet.

12.10.1 Eine Websitespalte innerhalb der Kontaktliste hinzufügen

Damit eine gruppierte Ansicht basierend auf einer Websitespalte für interne und externe Projektmitglieder erzeugt werden kann, erstellen Sie in diesem Beispiel direkt über die Liste eine zusätzliche Websitespalte.

1. Wechseln Sie in die Liste *Projektmitglieder*, falls Sie sich woanders befinden.
2. Klicken Sie direkt in der Liste auf den Link **Liste bearbeiten**.
3. Klicken Sie oberhalb der letzten Zelle auf das *Pluszeichen*, um eine neue Spalte zu erstellen.
4. Klicken Sie im angezeigten Menü auf den Befehl **Weitere Spalten-Typen** (siehe Abb. 12–22)

Abb. 12–22 Eine Websitespalte kann direkt in einer Liste oder Bibliothek erstellt werden.

5. Tippen Sie in das Eingabefeld bei *Spaltennamen* und schreiben Sie »*Mitarbeiter*«.
6. Wählen Sie als *Informationstyp* der Spalte **Auswahl** aus.
7. Schreiben Sie in das Feld *Beschreibung*: »*Bitte vergeben Sie dem Projektmitglied den Status intern oder extern.*«
8. Legen Sie fest, dass diese Spalte Informationen enthalten muss.
9. Im Bereich *Geben Sie jede Auswahl in einer neuen Zeile ein*: schreiben Sie untereinander »*intern*« und »*extern*«.
10. Löschen Sie unten im Fenster den Standardwert *intern*.
11. Bestätigen Sie Ihre Eingabe mit einem Klick auf die Schaltfläche **OK**. Bleiben Sie in der Kontaktliste.

12.10.2 Eine gruppierte Ansicht in der Kontaktliste erstellen

Für die Ansicht auf der Website erstellen Sie in diesem Beispiel eine gruppierte Ansicht, die später dem Webpart hinzugefügt wird.

1. Klicken Sie direkt in der Liste auf das Menü, dargestellt mit den drei Punkten.
2. Klicken Sie im Kontextmenü auf den Befehl *Ansicht erstellen*.
3. Wählen Sie durch einen Klick den Ansichtstyp *Standardansicht* aus.
4. Geben Sie den Namen »*gruppierte Webpartansicht*« ein.
5. Deaktivieren Sie die Spalten *Anlage*, *Nachname* und *Vorname*.
6. Aktivieren Sie die Spalte *Vollständiger Name*, der ganz unten in der Liste vorhanden ist.
7. Setzen Sie die Spalte *Vollständiger Name* auf die *Position 1* (siehe Abb. 12–23).

Abb. 12–23 Die Spalte *Vollständiger Name* auf der Position 1

8. Navigieren Sie zu dem Bereich *Sortieren*.
9. Wählen Sie über den Drop-down-Pfeil bei *Zuerst sortieren nach Spalte* die Spalte **Mitarbeiter** aus.
10. Navigieren Sie zu dem Bereich *Gruppieren nach* und erweitern Sie den Bereich durch einen Klick auf das Pluszeichen.
11. Wählen Sie über den Drop-down-Pfeil bei *Zuerst gruppieren nach Spalte* die Spalte **Mitarbeiter** aus.
12. Wählen Sie direkt darunter eine weitere Gruppierung nach **Position** aus (siehe Abb. 12–24). Damit können Sie später schneller auf Informationen der internen und der externen Projektmitglieder sowie auf die jeweilige Position der Person zugreifen.
13. Navigieren Sie ganz nach unten auf der Seite und bestätigen Sie Ihre Auswahl mit einem Klick auf die Schaltfläche *OK*.
14. Geben Sie drei Musterkontakte ein. Füllen Sie dafür nur die Felder aus, die auch in der Ansicht angezeigt werden. Verwenden Sie auch die Spalte *Mitarbeiter*, die im Formular ganz unten angezeigt wird. Diese Ansicht werden wir später im Webpart ändern.

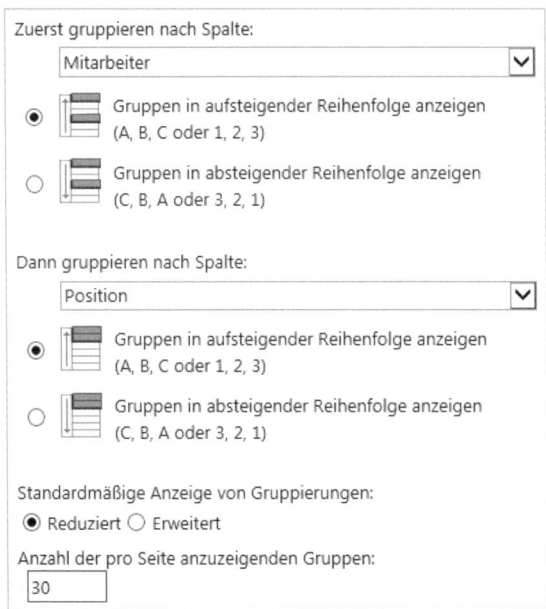

Abb. 12-24 Die Mitarbeiter werden zuerst nach dem Status intern/extern gruppiert und innerhalb der Gruppe noch einmal nach der Position.

12.11 Die Website Projekt- und Eventmanagement anpassen

Damit die Teamkolleginnen und -kollegen zukünftig schnell einen Überblick über den Projektstatus erhalten und sämtliche Informationen zum Projekt sofort sehen können, werden Sie nun die Website anpassen.

12.11.1 Löschen einer nicht benötigten Bibliothek

Da die Projektmitglieder zukünftig nur mit der Bibliothek *Projektdokumente* arbeiten sollen, muss die Bibliothek *Dokumente*, die mit der Websitevorlage *Teamsite* mitgeliefert wird, gelöscht werden. Folgende Schritte sind notwendig, eine Bibliothek zu löschen:

1. Wechseln Sie auf der Website *Beispielprojekt* über die Schnellstartnavigation in die Bibliothek *Dokumente*.

2. Im Register *Bibliothek* klicken Sie in der Gruppe *Einstellungen* auf die Schaltfläche **Bibliothekeinstellungen**.

3. Klicken Sie in der Kategorie *Berechtigungen und Verwaltung* auf den Link **Dokumentbibliothek löschen**. Die Bibliothek wird sofort gelöscht.

12.11.2 Die gefilterte Ansicht für die Schnellstartnavigation auf der Website verwenden

Nachdem Sie die gefilterten Ansichten erstellt haben, sollen sie der Schnellstartleiste hinzugefügt werden und damit dem Projektteam zum schnellen Auffinden von Dokumenten zur Verfügung stehen. Die von uns erstellten Ansichten besitzen jeweils eine eigene Webadresse, URL. Diese URL verwenden wir in diesem Beispiel.

> **Hinweis**
>
> Wenn bei Ihnen das Websitesammlungsfeature *SharePoint Server Veröffentlichungsinfrastruktur* aktiviert wurde, werden die gefilterten Ansichten, die Sie der Schnellstartnavigation hinzufügen, auch in der globalen Navigation angezeigt.

1. Sie befinden sich in der Bibliothek *Projektdokumente* auf der Website *Beispielprojekt*.
2. Öffnen Sie die Ansicht *Kalkulationen*, indem Sie in der Bibliothek oberhalb der Spaltennamen auf den Link *Kalkulationen* klicken. Ihnen werden alle Dokumente, die Sie zuvor der *Projekt Dokumentart Kalkulation* zugeordnet haben, aufgelistet.
3. Wie bereits erwähnt, besitzt jede Ansicht in SharePoint eine eigene URL. Die URL der Ansicht *Kalkulationen* sehen Sie im Adressfeld Ihres Browsers. Drücken Sie die *F6*-Taste. Damit markieren Sie die URL.
4. Kopieren Sie die URL mit der Tastenkombination *STRG+C*.
5. Klicken Sie in der Schnellstartnavigation auf den Link **Links bearbeiten** (siehe Abb. 12–25).

Abb. 12–25 In der Schnellstartnavigation befindet sich der Link *Links bearbeiten*.

6. Klicken Sie auf den weiteren Link dargestellt mit dem Pluszeichen und dem Wort *Link*.
7. Im folgenden Dialogfeld geben Sie im Eingabefeld *Anzuzeigender Text* »Kalkulationen« ein.

8. Klicken Sie in das Eingabefeld *Adresse* und drücken Sie die Tastenkombination *STRG+V*. Damit fügen Sie die kopierte URL in das Feld ein (siehe Abb. 12–26).

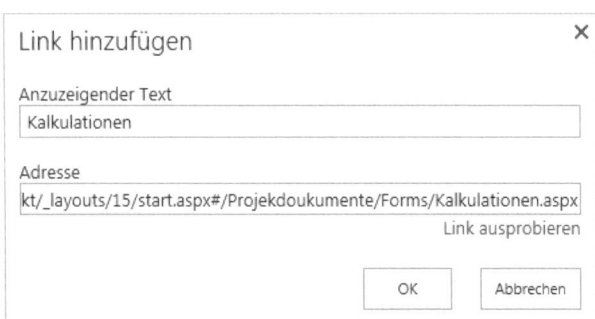

Abb. 12–26   Das Dialogfeld zum Hinzufügen eines Links mit einem Namen als anzuzeigender Text

9. Bestätigen Sie Ihre Eingabe mit einem Klick auf die Schaltfläche *OK*.
10. Ziehen Sie den nun angezeigten Link *Kalkulationen* mit gedrückter Maustaste direkt unter den Link *Kalender*.
11. Klicken Sie zum Abschluss auf die Schaltfläche *Speichern*, die Sie ganz unten in der Schnellstartnavigation finden.
12. Wechseln Sie in die Ansicht *Konzepte*.
13. Drücken Sie erneut die Taste *F6* zum Markieren der URL.
14. Kopieren Sie die URL mit der Tastenkombination *STRG+C*.
15. Klicken Sie in der Schnellstartnavigation auf den Link *Links bearbeiten*.
16. Klicken Sie auf den weiteren Link, um einen Link hinzuzufügen.
17. Im folgenden Dialogfeld geben Sie im Eingabefeld *Anzuzeigender Text* »*Konzepte*« ein.
18. Klicken Sie in das Eingabefeld *Adresse* und drücken Sie die Tastenkombination *STRG+V*. Damit fügen Sie die kopierte URL in das Feld ein.
19. Bestätigen Sie Ihre Eingabe mit einem Klick auf die Schaltfläche *OK*.
20. Ziehen Sie den nun angezeigten Link *Konzepte* mit gedrückter Maustaste direkt unter den Link *Kalkulationen*.
21. Klicken Sie zum Abschluss auf die Schaltfläche *Speichern*, die Sie ganz unten in der Schnellstartnavigation finden.
22. Wiederholen Sie die Schritte 12–20 für die Ansicht *Protokolle*.
23. Ziehen Sie den Link *Projektdokumente* mit gedrückter Maustaste direkt über den Link *Kalkulationen* (siehe Abb. 12–27).

12.11 Die Website Projekt- und Eventmanagement anpassen

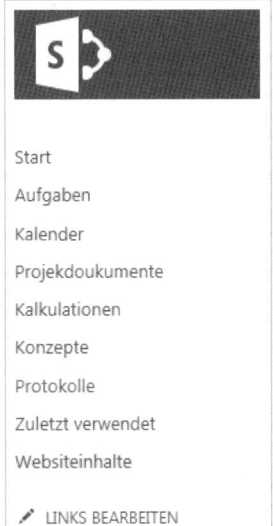

Abb. 12-27 Die angepasste Schnellstartnavigation mit den unterschiedlichen Ansichten als Navigationslinks

Die Projektmitglieder können nun schnell in die für sie relevanten Ansichten der Bibliothek wechseln. Damit erleichtern Sie das Auffinden von bestimmten Dokumenten enorm.

12.11.3 Löschen vorhandener Webparts auf einer Website

Sie können innerhalb einer Website alle vorhandenen Webparts löschen, verschieben, schließen und andere, von Ihnen gewünschte Webparts hinzufügen. In diesem Beispiel geht es darum, den Webpart *Erste Schritte* auf der Website *Beispielprojekt* zu löschen. Wenn Sie einen Webpart löschen, dann löschen Sie ihn nur aus der Ansicht. Sie können einen gelöschten Webpart jederzeit erneut einer Webpartzone hinzufügen.

1. Wechseln Sie auf die Website **Beispielprojekt**.
2. Klicken Sie im Register *Seite* in der Gruppe *Bearbeiten* auf die Schaltfläche *Auschecken*, damit die Seite für Sie zum Bearbeiten reserviert wird.
3. Klicken Sie danach auf die Schaltfläche *Bearbeiten*. Die Website wird im Bearbeitungsmodus dargestellt. Sie sehen nun die jeweiligen Webpartzonen.
4. Jeder Webpart besitzt eine Überschrift. Ganz rechts neben der Überschrift sehen Sie einen Drop-down-Pfeil, auf diesen Pfeil klicken Sie (siehe Abb. 12–28).

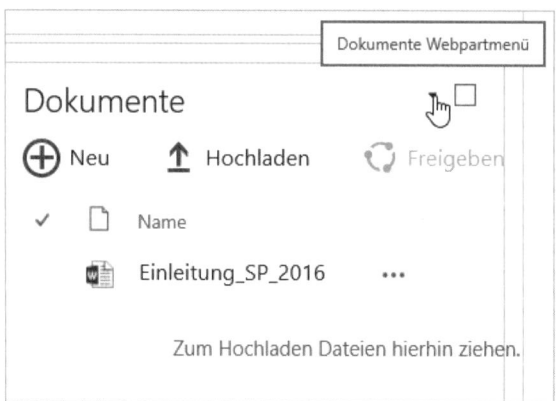

Abb. 12–28 Der Drop-down-Pfeil eines Webparts im Bearbeitungsmodus der Website

5. Klicken Sie im angezeigten Kontextmenü auf den Befehl *Löschen*.
6. Sie erhalten ein Dialogfeld, das darauf hinweist, dass der Webpart dauerhaft gelöscht wird. Bestätigen Sie dieses Dialogfeld mit einem Klick auf die Schaltfläche *OK*.
7. Löschen Sie auch den Webpart *Dokumente*. Wiederholen Sie dafür die Schritte 3–5.
8. Bleiben Sie im Bearbeitungsmodus der Website.

12.11.4 Hinzufügen des Kalenders in einem Webpart

Das Projektteam in diesem Beispiel soll immer über die aktuellen Termine informiert sein. Dafür wird nun die Liste *Kalender* der Website hinzugefügt.

1. Sie befinden sich im Bearbeitungsmodus der Website *Beispielprojekt*.
2. Sie sehen unterhalb des Webparts *Projektzusammenfassung* die Webpartzonen *Links* und *Rechts*. Klicken Sie in der Webpartzone *Rechts* auf den Link *Webpart hinzufügen* (siehe Abb. 12–29).

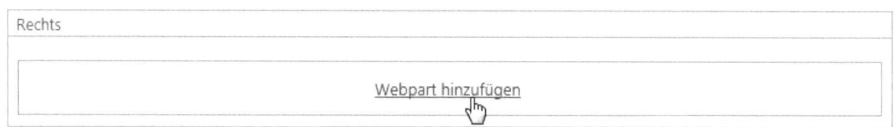

Abb. 12–29 Die Webpartzone *Rechts* mit dem Link *Webpart hinzufügen*

Im oberen Fensterbereich öffnet sich der Bereich *Webpart hinzufügen*. Dieser Bereich ist in drei weitere Bereiche, *Kategorien*, *Webparts* und *Informationen zum Webpart*, aufgeteilt. In den Kategorien werden Ihnen je nach eingesetztem SharePoint-System mehrere Ordnersymbole angezeigt. Innerhalb dieser Ordner befinden sich unterschiedliche Webparts, die Sie auf der Website einbinden können. Sobald Sie einen Ordner anklicken, werden Ihnen im Bereich *Webparts* die zur Verfügung stehenden Webparts angezeigt. In der Kategorie *Apps* finden Sie immer alle Listen und Bibliotheken, die auf der Website hinzugefügt sind.

3. Wählen Sie die Kategorie *Apps* aus, falls diese nicht ausgewählt ist.
4. Klicken Sie im Bereich *Webparts* auf den Eintrag *Kalender*, damit dieser Webpart ausgewählt ist.
5. Klicken Sie im Bereich *Informationen zum Webpart* ganz rechts auf die Schaltfläche **Hinzufügen** (siehe Abb. 12–30).

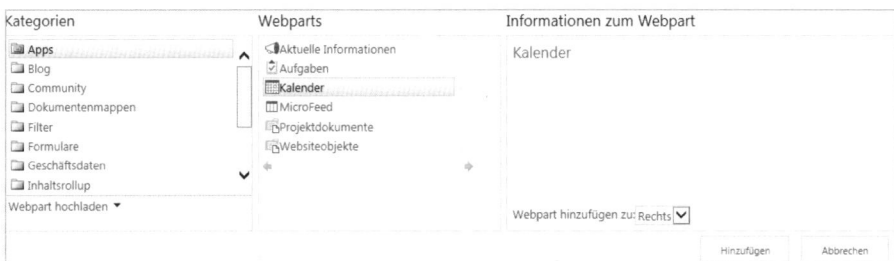

Abb. 12–30 Der Bereich *Webpart hinzufügen* mit den Unterbereichen *Kategorien*, *Webparts* und *Informationen zum Webpart*. Ganz rechts die Schaltfläche *Hinzufügen*.

Der Kalender wurde hinzugefügt und wird in der Monatsansicht dargestellt. Bleiben Sie weiterhin im Bearbeitungsmodus der Website.

Die Ansicht innerhalb eines Webparts ändern

Webparts verwenden immer die Standardansicht, also die Ansicht, die standardmäßig angezeigt wird, wenn Sie eine Liste oder Bibliothek öffnen. Wenn Sie im Nachhinein die Standardansicht einer Liste oder Bibliothek ändern, wird diese Ansicht aber nicht automatisch im Webpart der Website übernommen. Deshalb ist es wichtig, dass Sie wissen, wie Sie die Ansicht eines Webparts anpassen oder ändern können. In diesem Beispiel soll nicht die Monatsansicht des Kalenders, sondern eine Standardlistenansicht verwendet werden. Zusätzlich sollen nur Termine für die nächsten sieben Tage angezeigt werden. Damit Sie sehen, dass Sie nicht nur innerhalb der Listen und Bibliotheken Ansichten ändern können, werden Sie in diesem Beispiel die Ansicht direkt über die Webparteinstellungen vornehmen.

1. Sie befinden sich im Bearbeitungsmodus der Website.
2. Klicken Sie zum Öffnen der Webparteinstellungen, Toolbereich genannt, über den Drop-down-Pfeil der Überschrift *Kalender* auf den Befehl **Webpart bearbeiten**.

3. Im rechten Fensterbereich öffnet sich der Toolbereich. Gegebenenfalls müssen Sie etwas nach oben navigieren, um ihn zu sehen.
4. Der Toolbereich ist immer in Kategorien aufgeteilt, die teilweise im reduzierten Modus dargestellt sind. Sie öffnen eine Kategorie durch einen Klick auf das jeweilige Pluszeichen vor ihrem Namen. Die Kategorie *Listenansichten* steht meistens im erweiterten Modus zur Verfügung (siehe Abb. 12–31).

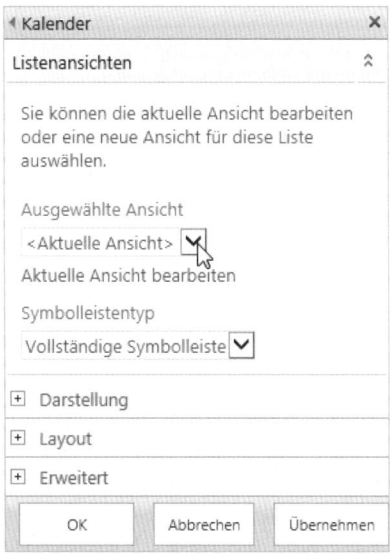

Abb. 12–31 Der Toolbereich des Webparts *Kalender* mit den Kategorien *Listenansichten, Darstellung, Layout* und *Erweitert*

5. In der Kategorie *Listenansichten* klicken Sie auf den Drop-down-Pfeil bei **Ausgewählte Ansicht**. Hier werden Ihnen alle zur Verfügung stehenden Ansichten, die je einer Liste oder Bibliothek hinzugefügt wurden, angezeigt.
6. Wählen Sie im Kontextmenü die Ansicht **Aktuelle Ereignisse** durch einen Klick aus. Es folgt immer ein Dialogfeld, das darauf hinweist, dass bei der Änderung der Ansicht gegebenenfalls Verknüpfungen aufgehoben werden, die zwischen verschiedenen Webparts bestehen.
7. Bestätigen Sie das Dialogfeld mit einem Klick auf **OK**.
8. Im unteren Toolbereich klicken Sie einmal auf die Schaltfläche *Übernehmen*, damit die Ansicht *Aktuelle Ereignisse* übernommen wird. Die Anforderung der Projektteams ist, dass nur aktuelle Termine der nächsten sieben Tage angezeigt werden. Die Ansicht *Aktuelle Ereignisse* würde in diesem Zustand jedoch alle zukünftigen Termine auflisten, was zur Folge hätte, dass die Website bei vielen Terminen sehr unübersichtlich dargestellt wird. Deshalb werden wir in der Ansicht *Aktuelle Ereignisse* noch eine weitere Einstellung vornehmen.

12.11 Die Website Projekt- und Eventmanagement anpassen 193

9. Klicken Sie im Bereich *Ausgewählte Ansicht* auf den Link **Aktuelle Ansicht bearbeiten**. Sie gelangen damit in die Einstellungen der Ansicht.
10. Im Bereich *Spalten* deaktivieren Sie die Spalten *Serie*, *Arbeitsbereich* und *Ganztägiges Ereignis* (siehe Abb. 12–32). Damit legen Sie fest, welche Terminangaben auf der Website im Webpart angezeigt werden sollen.

Anzeigen	Spaltenname	Position von links
☐	Serie	1
☐	Arbeitsbereich	2
☑	Titel (Hyperlink zu Element mit Menü 'Bearbeiten')	3
☑	Ort	4
☑	Anfangszeit	5
☑	Endzeit	6
☐	Ganztägiges Ereignis	7

Abb. 12–32 Festlegen der Spalten, die auf der Website angezeigt werden sollen

11. Navigieren Sie auf der Seite nach unten zu dem Bereich *Eintragsgrenze* und erweitern Sie diesen Bereich durch einen Klick auf das Pluszeichen vor dem Namen *Eintragsgrenze*.
12. Klicken Sie in das Feld *Anzahl der anzuzeigenden Elemente* und ersetzen Sie den Wert *30* durch die Zahl *7* (siehe Abb. 12–33).
13. Aktivieren Sie die Option **Gesamtanzahl der anzuzeigenden Elemente auf diese Anzahl begrenzen**. Damit legen Sie fest, dass wirklich nur die nächsten sieben Termine im Webpart angezeigt werden.

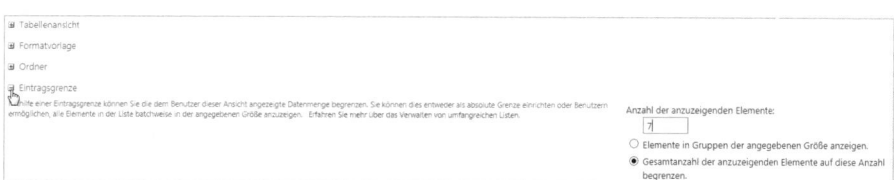

Abb. 12–33 Durch das Festlegen der Eintragsgrenze wird nur die Anzahl der Elemente angezeigt, die festgelegt wurden.

14. Navigieren Sie ganz nach unten auf der Seite und klicken Sie zum Bestätigen Ihrer Änderungen auf die Schaltfläche *OK*. Sie werden auf die Website weitergeleitet und der Bearbeitungsmodus wurde automatisch beendet.
15. Wenn Sie den Bearbeitungsmodus einer Website eigenständig beenden möchten, klicken Sie im Register *Seite* in der Gruppe *Bearbeitung* auf die Schaltfläche **Bearbeitung beenden**.

16. Möchten Sie, dass Ihre Änderungen an der Website von allen Mitarbeiterinnen und Mitarbeitern gesehen werden, so checken Sie die Seite ein. Klicken Sie dafür im Register *Seite* auf die Schaltfläche **Einchecken**.
17. Vergeben Sie einen Versionskommentar und bestätigen Sie mit einem Klick auf die Schaltfläche **Weiter**.
18. Die geänderte Ansicht steht nun im Webpart zur Verfügung. In der Liste *Kalender* bleibt die Ansicht *Aktuelle Ereignisse* jedoch erhalten, also unverändert.

Achtung

Bedenken Sie bei Änderungen der Ansichten im Webpart, dass diese Ansicht nur so lange bestehen bleibt, bis eine Änderung vorgenommen oder eine andere Ansicht über die Webparttools ausgewählt wird. Wenn beispielsweise einmal die Monatsansicht in den Webparttools ausgewählt wird, so geht die eben geänderte Ansicht verloren. Möchten Sie, dass eine Ansicht über die Webparttools jederzeit auswählbar ist, dann erstellen Sie direkt in der Liste oder Bibliothek eine Ansicht, die dann gespeichert und auswählbar ist (siehe auch im nachfolgenden Abschnitt).

Die Überschrift eines Webparts ändern

Der hinzugefügte Kalender besitzt die Überschrift *Kalender*. In diesem Beispiel soll jedoch die Überschrift auf *Anstehende Termine* geändert werden. Zum Ändern der Überschrift gehen Sie folgendermaßen vor:

1. Checken Sie die Seite aus und öffnen Sie den Bearbeitungsmodus der Website *Beispielprojekt*.
2. Klicken Sie in der Überschrift *Kalender* auf den Drop-down-Pfeil des Webparts und wählen Sie den Befehl **Webpart bearbeiten**.
3. Navigieren Sie zu dem Toolbereich und klicken Sie auf das Pluszeichen der Kategorie *Darstellung*.
4. Klicken Sie in das Feld *Titel* und löschen Sie dort den Eintrag *Kalender*. Schreiben Sie nun »*Anstehende Termine*« in das Feld.
5. Navigieren Sie nach unten im Toolbereich und klicken Sie zur Bestätigung Ihres Eintrags auf die Schaltfläche **OK**.
6. Beenden Sie den Bearbeitungsmodus der Website durch einen Klick im Register *Seite* auf die Schaltfläche **Bearbeitung beenden**.
7. Checken Sie die Seite wieder ein, damit Ihre Änderungen von der gesamten Belegschaft gesehen werden können.

12.11.5 Hinzufügen der Kontaktliste und einer gruppierten Ansicht in einem Webpart

Für alle internen und externen Projektmitglieder wurde eine Kontaktliste erstellt. Diese Kontaktliste soll der Website hinzugefügt werden. Die im Abschnitt 12.10.2 erstellte Ansicht werden wir dem Webpart ebenfalls hinzufügen.

1. Checken Sie die Seite aus und wechseln Sie in den Bearbeitungsmodus der Website *Beispielprojekt*.
2. Sie sehen unterhalb des Webparts *Projektzusammenfassung* die Webpartzonen *Links* und *Rechts*. Klicken Sie in der Webpartzone *Links* auf den Link **Webpart hinzufügen**.
3. Wählen Sie im oberen Fensterbereich in der Kategorie *Apps* die Liste *Projektmitglieder* aus. Diese Liste hatten wir bereits erstellt.
4. Klicken Sie im Bereich *Informationen zum Webpart* ganz rechts auf die Schaltfläche **Hinzufügen**. Die Liste wird hinzugefügt und in der Standardansicht dargestellt.
5. Klicken Sie rechts neben der Überschrift *Projektmitglieder* auf den Drop-down-Pfeil und wählen Sie im Kontextmenü den Befehl **Webpart bearbeiten** aus.
6. Navigieren Sie rechts im Fenster zu dem Toolbereich.
7. Wählen Sie in der Kategorie *Listenansichten* bei *Ausgewählte Ansicht* die Ansicht *gruppierte Webpartansicht* aus. Die Ansicht hatten wir bereits erstellt und sie steht uns nun im Webpart zur Verfügung.
8. Bestätigen Sie das nachfolgende Dialogfeld mit einem Klick auf die Schaltfläche **OK**.
9. Navigieren Sie ganz nach unten im Toolbereich und bestätigen Sie Ihre Auswahl mit einem Klick auf die Schaltfläche **OK**. Bleiben Sie im Bearbeitungsmodus der Website.

12.11.6 Hinzufügen der Ankündigungsliste in einem Webpart

Die zuvor erstellte Ankündigungsliste mit dem Namen *Aktuelle Informationen* wird ebenfalls hinzugefügt.

1. Sie sehen oberhalb des Webparts *Projektzusammenfassung* den Link **Webpart hinzufügen**. Klicken Sie auf diesen Link.
2. Wählen Sie im oberen Fensterbereich in der Kategorie *Apps* die Liste *Aktuelle Informationen* aus. Diese Liste hatten wir bereits erstellt.
3. Klicken Sie im Bereich *Informationen zum Webpart* ganz rechts auf die Schaltfläche **Hinzufügen**.

4. Beenden Sie die Bearbeitung der Website über das Register *Seite* und checken Sie die Seite wieder ein.

Die Website ist nun so weit angepasst, dass sie als Vorlage gespeichert werden kann (siehe Abb. 12–34).

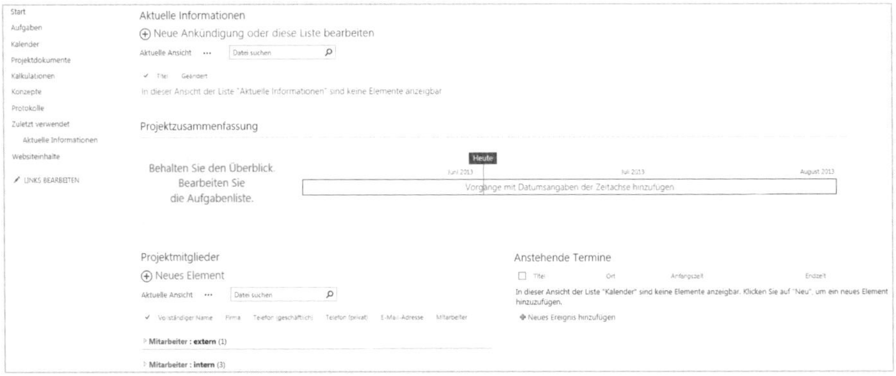

Abb. 12–34 Die angepasste Projektwebsite soll als Vorlage für zukünftige Projekte dienen.

12.12 Blog für Fragen und Antworten – FAQs

Eine Anforderung des Projektmanagements war es, Fragen und Antworten zum Thema Projektmanagement für alle Projektteams bereitzustellen. In diesem Beispiel geht es um die von SharePoint mitgelieferte Websitevorlage *Blog*. Die Blogwebsite steht in den meisten SharePoint-Versionen zur Verfügung und kann für unterschiedliche Anwendungsfälle verwendet werden. In diesem Beispiel gibt es unterschiedliche Themen zum Projektmanagement, die verschiedenen Kategorien zugeordnet werden sollen. Den Projektteams steht damit eine Möglichkeit zur Verfügung, Fragen zum Projektmanagement einzustellen und beantworten zu lassen.

12.12.1 Erstellen einer Blogwebsite

Das Blog in SharePoint ist eine separate Website. Da alle Projektteams auf das Blog zugreifen sollen, erstellen Sie diese Website direkt über die Website *Projekte*.

Zum Erstellen eines Blogs nehmen Sie folgende Schritte vor:
1. Navigieren Sie zur Übersichtswebsite *Projekte*.
2. Klicken Sie im linken Bereich in der Schnellstartnavigation auf den Link *Websiteinhalte*.
3. Klicken Sie auf den Link *Neue Website*.
4. Geben Sie im Eingabefeld *Titel* »FAQs zum Projektmanagement« und im Eingabefeld *Beschreibung* ein, wozu Sie die Website verwenden: »Diese Site dient als Beispiel für eine Blogwebsite.«

5. Im Bereich *Websiteadresse* geben Sie als URL-Namen den Titel *FAQPM* ein. Verwenden Sie auch hier keine Umlaute, Sonderzeichen und Leerschritte.
6. Wählen Sie im nächsten Schritt im Bereich *Vorlagenauswahl* die Sprache aus, in der Sie die Site verwenden möchten.
7. Wechseln Sie in das Register *Zusammenarbeit* und wählen Sie die Websitevorlage *Blog* durch einen Klick aus.
8. Wird Ihnen im Bereich *Navigation* die Option *Diese Website in der Leiste für häufig verwendete Links in der übergeordneten Website anzeigen?* angeboten, so aktivieren Sie diese Option, damit Ihnen die Website in der globalen Navigation angezeigt wird und Sie schnell auf andere Websites navigieren können. Wird Ihnen diese Option nicht angeboten, so verwenden Sie andere Funktionalitäten und Sie können zum nächsten Schritt übergehen.
9. Setzen Sie die Option *Ja* im Bereich *Navigationsvererbung* bei *Leiste für häufig verwendete Links der übergeordneten Website verwenden?*.
10. Übernehmen Sie alle weiteren Einstellungen und bestätigen Sie Ihre Eingaben mit einem Klick auf die Schaltfläche *Erstellen*. Sie werden direkt auf die Website *FAQs zum Projektmanagement* weitergeleitet.

12.12.2 Der Aufbau der Blogwebsite

Nach der Erstellung der Blogwebsite sehen Sie im linken Fensterbereich, dass die Schnellstartnavigation bereits über die vordefinierten Kategorien *Ereignisse*, *Ideen* und *Meinungen* verfügt. Diese Kategorien dienen der Zuordnung eines jeden Blogbeitrags und danach zur Filterung der Blogbeiträge. Ein Link zum Hinzufügen neuer, eigener Kategorien steht Ihnen ebenfalls im linken Fensterbereich zur Verfügung. Im Bereich *Archive* werden Blogbeiträge nach Monaten gruppiert dargestellt. Dabei spielt ihr Erstelldatum eine Rolle. Sie können später die älteren Beiträge nach Monaten ausfindig machen. Im mittleren Bereich der Website werden neue Blogbeiträge angezeigt. Im rechten Fensterbereich sehen Sie die Blogtools, mit denen Sie die gesamte Verwaltung des Blogs übernehmen. Über die Blogtools können Sie alle Beiträge, Kategorien und Kommentare zu Beiträgen verwalten. Blogbeiträge können in einem Elementformular oder mit Microsoft Word als Blogging-App erstellt werden. In diesem Beispiel werde ich Ihnen alle Möglichkeiten vorstellen.

12.12.3 Blogkategorien erstellen

Um einen Blogbeitrag zu kategorisieren, müssen Kategorien vorhanden sein. SharePoint liefert bereits nach dem Erstellen der Blogwebsite die drei vordefinierten Kategorien *Ereignisse*, *Ideen* und *Meinungen*. Diese Kategorien müssen Sie nicht verwenden. Sie haben immer die Möglichkeit, eigene, individuelle zu erstellen. Im Hintergrund werden die Kategorien in einer separaten Liste als Elemente erfasst und können wie in allen anderen SharePoint-Listen bearbeitet oder auch gelöscht werden. In diesem Beispiel sollen folgende Kategorien für die Beiträge bereitgestellt werden: *Businessmanagement*, *Servicemanagement*, *Prozessmanagement* und *Projektmanagement*.

1. Navigieren Sie zu den *Blogtools* und klicken Sie auf den Link **Kategorien verwalten** (siehe Abb. 12–35). Sie werden in die Liste *Kategorien* weitergeleitet.

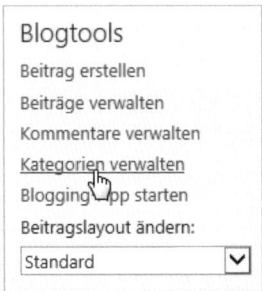

Abb. 12–35 Alle bestehenden Kategorien können jederzeit geändert und gelöscht werden.

2. Klicken Sie zum Ändern einer Kategorie auf das Symbol *Bearbeiten*. In diesem Fall wählen Sie die Kategorie *Ideen* aus (siehe Abb. 12–36).

Abb. 12–36 Über das Symbol *Bearbeiten* können vorhandene Kategorien bearbeitet werden.

3. Markieren Sie im Eingabefeld **Titel** den Eintrag *Ideen* und löschen Sie ihn.
4. Tippen Sie dafür *Businessmanagement* ein.
5. Bestätigen Sie Ihre Eingabe mit einem Klick auf die Schaltfläche **Speichern**.
6. Klicken Sie einmal vor die Kategorie *Meinungen*, sodass sie markiert ist (siehe Abb. 12–37).

12.12 Blog für Fragen und Antworten – FAQs

Abb. 12–37 Die Auswahl eines Listenelements

7. Navigieren Sie in das Register *Elemente* und klicken Sie in der Gruppe *Verwalten* auf den Befehl **Element löschen**, damit Sie diese Kategorie löschen (siehe Abb. 12–38).

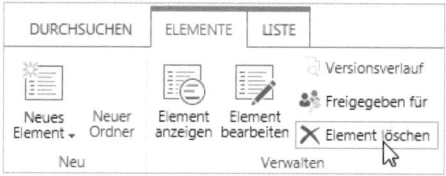

Abb. 12–38 Über das Register *Elemente* können neue Elemente hinzugefügt oder gelöscht werden.

8. Bestätigen Sie den Löschhinweis im nachfolgenden Dialog mit **OK**.
9. Benennen Sie die Kategorie *Ereignisse* in **Servicemanagement** um.
10. Direkt in der Liste klicken Sie auf den Link **Neues Element** und fügen die Kategorien *Prozessmanagement* und *Projektmanagement* hinzu.
11. Wechseln Sie zurück zur Blogwebsite, indem Sie auf den Link *Start* in der Schnellstartnavigation klicken.

Die erstellten Kategorien stehen nun für alle zukünftigen Blogbeiträge zur Verfügung. Über die Kategorienliste links im Startfenster der Blogwebsite können Sie später die jeweilige Kategorie auswählen und die dazugehörigen Einträge filtern.

12.12.4 Einen Blogbeitrag über die Formularseite verfassen

In diesem Beispiel verfassen Sie zunächst einen Blogbeitrag über die Formularseite.

1. Wählen Sie über die *Blogtools* den Link **Blogbeitrag erstellen**. Es öffnet sich eine neue Seite, in der Sie den Blogbeitrag verfassen können (siehe Abb. 12–39).
2. Schreiben Sie im Eingabefeld *Titel* einen aussagekräftigen Titel oder eine Frage, dieser Eintrag wird als Überschrift für diesen Blogbeitrag verwendet.
3. Verfassen Sie im Eingabefeld *Textkörper* Ihren Beitrag und heben Sie gegebenenfalls bestimmte Wörter durch das Formatieren des Textes über das Register *Text formatieren* hervor.

4. Wählen Sie im Bereich *Kategorie* eine oder mehrere Kategorien aus, denen Ihr Beitrag zugeordnet werden soll.
5. Legen Sie fest, wann Ihr Beitrag veröffentlicht werden soll. Klicken Sie dafür auf das Kalendersymbol und wählen Sie ein Datum aus.

> **Hinweis**
>
> Wenn Sie ein Veröffentlichungsdatum in der Zukunft wählen, so wird der Beitrag erst am Veröffentlichungstag auf der Startseite der Blogwebsite und auch dann erst in der zugeordneten Kategorie angezeigt. Nur über den Link *Beiträge verwalten* in den Blogtools kann der Beitrag bis dahin gesehen und bei Bedarf weiterbearbeitet werden.

6. Bestätigen Sie Ihre Eingaben mit einem Klick auf die Schaltfläche *Veröffentlichen*.

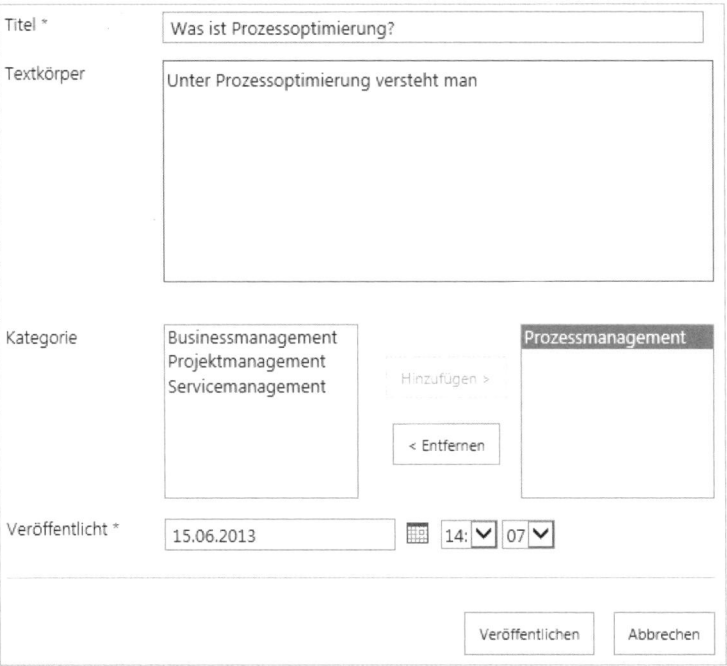

Abb. 12–39 Das Verfassen eines Blogbeitrags über eine Formularseite

12.12.5 Einen Blogbeitrag mit Microsoft Word verfassen

Wenn bei Ihnen das System richtig konfiguriert wurde, steht es Ihnen offen, ob Sie Blogbeiträge mit der Formularseite oder mit Microsoft Word erstellen. In diesem Beispiel möchte ich aufzeigen, wie Sie einen Blogbeitrag mit Word vorbereiten und in SharePoint veröffentlichen.

12.12 Blog für Fragen und Antworten – FAQs

1. Wählen Sie in den Blogtools den Link *Blogging-App starten*.
2. Haben Sie noch keinen Blogbeitrag mit Word erstellt, so erhalten Sie ein Dialogfeld, über das Sie sich bei einem SharePoint-Blogkonto registrieren sollen. Da Sie direkt über die Blogtools gestartet sind, wird Ihnen die SharePoint-Website im Feld Blog-URL vorgeschlagen (siehe Abb. 12–40).

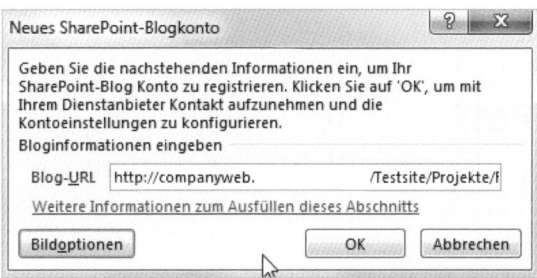

Abb. 12–40 Ein SharePoint-Blogkonto muss erstellt werden, damit von Word aus Beiträge veröffentlicht werden können.

3. Bestätigen Sie das Dialogfeld mit *OK*. Gegebenenfalls erhalten Sie weitere Hinweis-Dialoge, die Sie jeweils mit *OK* bestätigen. Sie werden direkt zu Microsoft Word weitergeleitet.
4. In Word wird nun ein neues Dokument geöffnet, das sich jedoch von einem normalen Word-Dokument unterscheidet. In dem Menüband von Word finden Sie das Register *Blogbeitrag* mit Befehlen, die für die Verwendung des Blogs wichtig sind (siehe Abb. 12–41).

Abb. 12–41 Für Blogbeiträge verwendet Word ein anderes Menüband.

5. Direkt im Word-Dokument sehen Sie das Eingabefeld für den Titel des Blogbeitrags. Klicken Sie in das Feld und geben Sie einen aussagekräftigen Titel oder eine Frage ein.
6. Geben Sie direkt unterhalb des Titels den Blogbeitrag ein, den Sie verfassen möchten. Formatieren Sie bestimmte Textbereiche, um sie hervorzuheben (siehe Abb. 12–42).

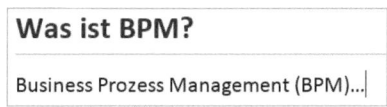

Abb. 12–42 Der Blogtitel und das Erfassen des Blogbeitrags

7. Haben Sie Ihren Beitrag verfasst, so können Sie in Word ebenfalls eine von Ihnen erstellte Kategorie auswählen. Klicken Sie dafür im Register *Blogbeitrag* in der Gruppe *Blog* auf die Schaltfläche **Kategorie einfügen**.
8. Direkt im Word-Dokument wird Ihnen jetzt ein Kategorienauswahlmenü angezeigt.
9. Wählen Sie über den Drop-down-Pfeil der Kategorie eine von Ihnen in SharePoint erstellte Kategorie für den Beitrag aus (siehe Abb. 12–43).

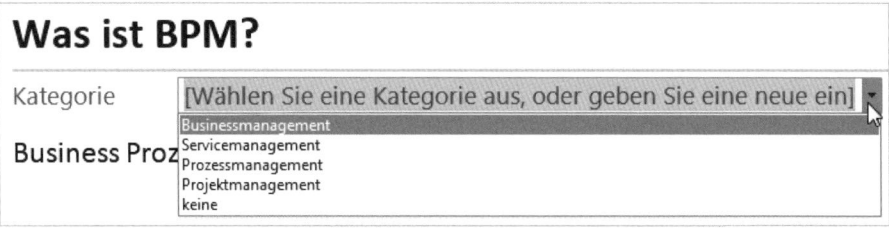

Abb. 12–43   Die Auswahl von Kategorien ist auch über Word möglich.

10. Nachdem Sie Ihren Beitrag verfasst und eine Kategorie dafür ausgewählt haben, können Sie ihn in SharePoint als Entwurf oder als sofortigen Beitrag veröffentlichen. Klicken Sie dafür unterhalb auf die Schaltfläche *Veröffentlichen* (siehe Abb. 12–44).

Hinweis

Falls Ihnen eine Fehlermeldung angezeigt wird, wenden Sie sich an den Administrator. Hier müssen gegebenenfalls weitere Servereinstellungen vorgenommen werden.

Abb. 12–44   Durch einen Klick auf den unteren Bereich der Schaltfläche *Veröffentlichen* können Sie den Beitrag als Entwurf in der Liste *Beiträge verwalten* speichern und erst zu einem späteren Zeitpunkt veröffentlichen.

Hinweis

Wenn Sie den Beitrag als Entwurf veröffentlichen, so wird er nicht auf der Startseite der Blogwebsite oder innerhalb der zugewiesenen Kategorie angezeigt. Nur Sie können ihn über den Link *Beiträge verwalten* in den Blogtools sehen.

12.12.6 Einen Blogbeitrag kommentieren

Möchten Sie einen Blogbeitrag kommentieren, um beispielsweise zu einer Frage eine Antwort zu geben, nehmen Sie das im jeweiligen Beitrag vor.

1. Navigieren Sie auf die Website *FAQs zum Projektmanagement*.
2. Öffnen Sie einen Blogbeitrag.
3. Klicken Sie unterhalb des Beitrags auf den Link *Kommentieren*. Es öffnet sich das Kommentarfeld, in dem Sie einen Kommentar verfassen können (siehe Abb. 12–45).

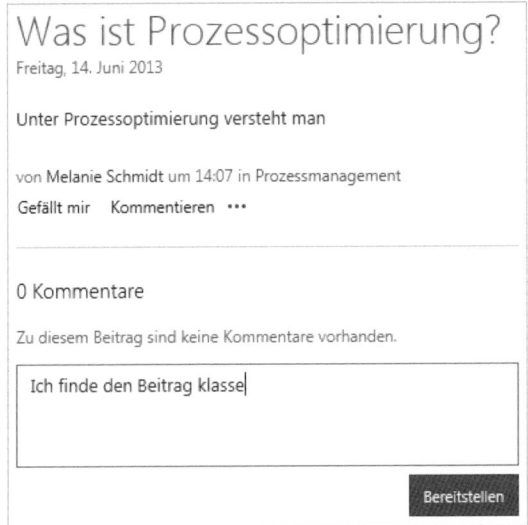

Abb. 12–45   Kommentieren eines Blogbeitrags

4. Bestätigen Sie Ihren Kommentar mit einem Klick auf die Schaltfläche *Bereitstellen*.

12.12.7 Kommentare verwalten

Über den Link *Kommentare verwalten* in den Blogtools können Sie jederzeit alle Kommentare und die dazugehörigen Beiträge einsehen. Sie können die Kommentare zum Bearbeiten öffnen. Sie können auch anrüchige Kommentare löschen.

1. Navigieren Sie in den Blogtools auf den Link *Kommentare verwalten*.
2. Es öffnet sich eine Liste, in der nur kommentierte Beiträge aufgelistet werden. Hinter einem Eintrag sehen Sie das Symbol *Bearbeiten*. Klicken Sie auf dieses Symbol, wenn Sie den Kommentar oder den Beitrag bearbeiten möchten.

3. Zum Löschen eines Kommentars klicken Sie auf das Menü des Elements, dargestellt mit den drei Punkten, und wählen den Befehl *Löschen* (siehe Abb. 12–46). Alternativ können Sie ein Element auswählen und mit der *ENTF*-Taste löschen.

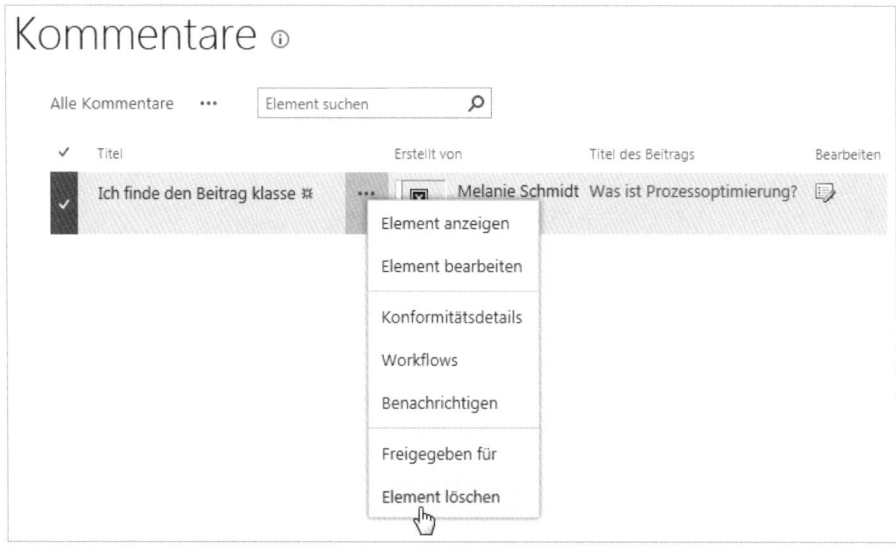

Abb. 12–46 Kommentare können über das Menü eines Eintrags gelöscht werden.

12.13 Eine Website als Vorlage speichern

Die Anforderungen der Projektteams wurden erledigt. Zukünftig sollen die Projektmitglieder nicht alle bisherigen Anpassungen an einer neuen Projektwebsite erneut durchführen. Aus diesem Grund werden wir aus der Website *Beispielprojekt* eine Vorlage erstellen. In Zukunft haben die Projektleiter die Möglichkeit, anhand dieser Vorlage neue Projekte anzulegen.

1. Wechseln Sie über das Zahnradsymbol in die **Websiteeinstellungen**.
2. Klicken Sie in der Kategorie *Websiteaktionen* auf den Link **Website als Vorlage speichern** (siehe Abb. 12–47).

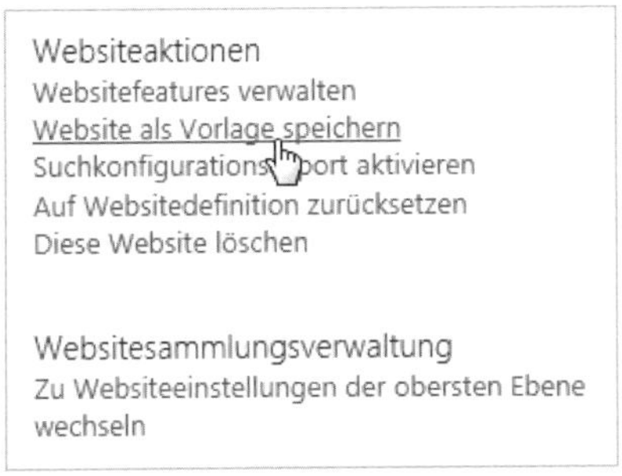

12.13 Eine Website als Vorlage speichern

```
Websiteaktionen
Websitefeatures verwalten
Website als Vorlage speichern
Suchkonfigurationsimport aktivieren
Auf Websitedefinition zurücksetzen
Diese Website löschen

Websitesammlungsverwaltung
Zu Websiteeinstellungen der obersten Ebene
wechseln
```

Abb. 12–47 Der Link *Website als Vorlage speichern* in den Websiteeinstellungen

3. Im Bereich *Dateinamen* vergeben Sie einen passenden Namen für die Vorlage.
4. Verwenden Sie den Dateinamen auch als *Vorlagennamen*.
5. Beschreiben Sie den Zweck für die Verwendung der Vorlage, damit Ihre Teammitglieder wissen, wozu diese Website verwendet werden kann. Schreiben Sie gegebenenfalls auch in die Beschreibung, wer die Vorlage erstellt hat. So können Kolleginnen und Kollegen auf Sie zukommen, wenn es Fragen dazu geben sollte.
6. Im Bereich *Inhalte einschließen* aktivieren Sie nicht das Kontrollkästchen.

> **Hinweis**
>
> Wenn Sie einmal Websites inklusive der Inhalte als Vorlage speichern möchten, aktivieren Sie das Kontrollkästchen **Inhalte einschließen**. In dieser Vorlage werden jedoch nur Inhalte mit gespeichert, die beim Erstellen in der Website vorhanden waren. Später hinzugefügte Inhalte werden nicht in der Vorlage oder in damit erstellten Websites synchronisiert.

7. Bestätigen Sie mit einem Klick auf die Schaltfläche *OK*.
8. Sie erhalten ein Dialogfeld, dass die Website im Lösungskatalog gespeichert wurde. Bestätigen Sie diesen Dialog mit *OK*.
9. Der Lösungskatalog befindet sich auf der Website der obersten Ebene. Änderungen an der Vorlage können nur programmatisch vorgenommen werden. Möchten Sie die Websitevorlage ändern, so empfiehlt es sich, eine vorhandene Website anzupassen und sie erneut als Vorlage zu speichern. Jedoch darf nicht der gleiche Datei- und Vorlagenname verwendet werden.

12.14 Eine Website aus einer benutzerdefinierten Vorlage erstellen

Nachdem Sie die Website als Vorlage gespeichert haben und sie im Lösungskatalog der obersten Ebene vorhanden ist, steht sie im gesamten SharePoint-Portal zur Verfügung.

1. Wechseln Sie auf die Website *Projekte*.
2. Klicken Sie im linken Bereich in der Schnellstartnavigation auf den Link *Websiteinhalte*. Sie werden in den Bereich *Websiteinhalte* weitergeleitet. Klicken Sie auf den Link *Neue Website*.
3. Vergeben Sie im Eingabefeld *Titel* »*Beispielprojekt 2*« und im Eingabefeld *Beschreibung*, wozu Sie die Website verwenden: »*Diese Site dient als Beispiel für eine Projektwebsite basierend auf einer Vorlage.*«
4. Im Bereich *Websiteadresse* geben Sie als URL-Namen erneut den Titel *Beispielprojekt2* ein. Verwenden Sie auch hier keine Umlaute, Sonderzeichen und Leerschritte.
5. Wählen Sie im nächsten Schritt im Bereich *Vorlagenauswahl* die Sprache aus, in der Sie die Site verwenden möchten.
6. Wechseln Sie in das Register *Benutzerdefiniert*, dieses Register ist nur vorhanden, wenn in Ihrem Unternehmen Websites als Vorlage gespeichert wurden.
7. Wählen Sie Ihre Websitevorlage durch einen Klick aus.
8. Wird Ihnen im Bereich *Navigation* die Option *Diese Website in der Leiste für häufig verwendete Links in der übergeordneten Website anzeigen?* angeboten, so aktivieren Sie diese Option, damit Ihnen die Website in der globalen Navigation angezeigt wird und Sie schnell auf andere Websites navigieren können. Wird Ihnen diese Option nicht angeboten, so verwenden Sie andere Funktionalitäten und Sie können zum nächsten Schritt übergehen.
9. Setzen Sie die Option *Ja* im Bereich *Navigationsvererbung* bei *Leiste für häufig verwendete Links der übergeordneten Website verwenden?*.
10. Bestätigen Sie Ihre Eingaben mit einem Klick auf die Schaltfläche *Erstellen*. Sie werden direkt auf die Projektwebsite *Beispielprojekt 2* weitergeleitet.

12.15 Eine Website löschen

Es kommt auf Ihr eingesetztes System und Ihre Berechtigungen an, wie Sie eine vorhandene Website löschen. In diesem Beispiel werde ich zunächst den Standardweg aufzeigen, dabei darf die Website, die Sie löschen möchten, keine Untersites besitzen.

12.15 Eine Website löschen

1. Wechseln Sie auf eine Website, die Sie löschen möchten.
2. Navigieren Sie über das Zahnradsymbol in das Menü *Einstellungen*.
3. Wählen Sie den Eintrag **Websiteeinstellungen**.
4. Wechseln Sie zur Kategorie *Websiteaktionen*.
5. Klicken Sie dort auf den Link **Diese Website löschen** (siehe Abb. 12–48).

```
Websiteaktionen
Websitefeatures verwalten
Website als Vorlage speichern
Suchkonfigurationsexport aktivieren
Auf Websitedefinition zurücksetzen
Diese Website löschen
```

Abb. 12-48 In der Kategorie *Websiteaktionen* können Websites gelöscht werden.

6. Es folgt eine Dialogseite, auf der Sie das Löschen bestätigen müssen. Überprüfen Sie im oberen Fensterbereich, ob Ihnen die richtige URL angezeigt wird. Und bestätigen Sie erst dann mit einem Klick auf die Schaltfläche *Löschen* (siehe Abb. 12–49).

Abb. 12-49 Erst durch das Bestätigen über die Schaltfläche *Löschen* wird die Website tatsächlich gelöscht.

> **Hinweis**
>
> Wurde bei Ihnen das Websitesammlungsfeature *SharePoint Server-Veröffentlichungsinfrastruktur* aktiviert, können Sie auf der Website der obersten Ebene über die *Websiteeinstellungen/Websiteverwaltung/Inhalt und Struktur* erbenfalls Websites löschen.

> **Hinweis**
>
> Ihr Websitesammlungsadministrator kann je nach Konfiguration Ihres Systems die Website wiederherstellen. Gelöschte Websites befinden sich immer im Papierkorb der obersten Ebene der Websitesammlung.

12.16 Die Website »Projekte« anpassen

Auf der Übersichtssite *Projekte* sollen alle vorhandenen Projekte aufgelistet werden. Hier gibt es gegebenenfalls für Anwender der SharePoint-Onlinevarianten und den verschiedenen Serverversionen Unterschiede. Die Serverversionen bieten mitgelieferte Webparts, die über die Funktionalität der Anzeige von Unterwebsites verfügen. Die SharePoint-Onlinevariante hingegen verfügt gegebenenfalls nicht über diese Webparts. In diesem Beispiel möchte ich Ihnen zwei Möglichkeiten aufzeigen, wie Sie in den unterschiedlichen Versionen die einzelnen Projektwebsites auf der übergeordneten Website *Projekte* aufgelistet darstellen können.

12.16.1 Eine Liste für Links erstellen

Mit einer Liste, der Sie Links hinzufügen können, haben Sie die Möglichkeit, eine Übersicht aller Unterwebsites zu erstellen. Jedoch ist hier die manuelle Eingabe der Links zu den Projekten notwendig.

1. Klicken Sie in der Schnellstartleiste der Website *Projekte* auf den Link **Websiteinhalte**.
2. Klicken Sie einmal auf die Schaltfläche **App hinzufügen**.
3. Klicken Sie in das Suchfeld *Eine App suchen* und geben Sie dort »*Links*« ein und bestätigen Sie mit der **Enter**-Taste.
4. Ihnen werden die Ergebnisse unterhalb der Suchleiste angezeigt. Klicken Sie auf *Links*, diese benötigen wir für die Auflistung der Websites (siehe Abb. 12–50).

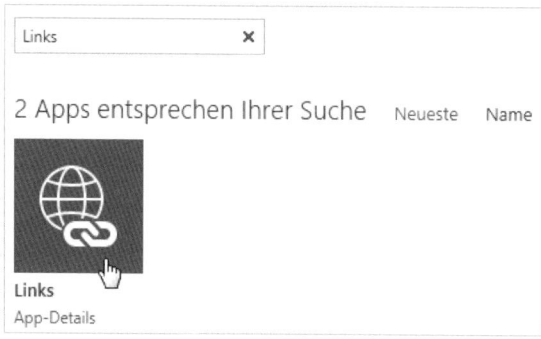

Abb. 12–50 Über eine Links-Liste können Hyperlinks hinzugefügt werden.

5. Im darauf folgenden Dialogfeld klicken Sie links auf den Link **Erweiterte Optionen**, damit Sie zusätzlich zum Namen eine Beschreibung zur Bibliothek hinzufügen können.
6. Klicken Sie im Bereich *Namen* in das Eingabefeld und geben Sie »*Projekte*« ein.

7. Klicken Sie in das Eingabefeld *Beschreibung* und beschreiben Sie den Zweck dieser Bibliothek: »*In dieser Liste werden alle Projekte als Links hinzugefügt.*«
8. Übernehmen Sie alle weiteren Einstellungen und bestätigen Sie Ihre Eingabe mit einem Klick auf die Schaltfläche *Erstellen*.

Unterwebsites in der Links-Liste hinzufügen

Damit Sie später schon ein Ergebnis sehen können, erfassen Sie nun die Unterwebsite *Beispielprojekt* als Link in der erstellten Links-Liste.

1. Navigieren Sie zunächst auf die Website *Beispielprojekt*.
2. Drücken Sie zum Markieren der URL die *F6*-Taste auf Ihrer Tastatur.
3. Kopieren Sie die URL mit der Tastenkombination *STRG+C*.
4. Navigieren Sie zur Website *Projekte*.
5. Wechseln Sie über die Schnellstartnavigation in die Liste *Projekte*.
6. Navigieren Sie auf den Link *Neues Element* und löschen Sie im Feld *URL Geben Sie die Webadresse ein:* den Eintrag *http://* (siehe Abb. 12–51).
7. Positionieren Sie den Cursor/die Einfügemarke im Feld *URL Geben Sie die Webadresse ein:* und drücken Sie die Tastenkombination *STRG+V*.
8. Klicken Sie in das Eingabefeld *Geben Sie die Beschreibung ein:* und geben Sie dort »*Beispielprojekt*« ein.
9. Schreiben Sie im Notizfeld: »*Hier finden Sie aktuelle Informationen zum Beispielprojekt.*«
10. Bestätigen Sie Ihre Eingabe mit einem Klick auf die Schaltfläche *Speichern*.

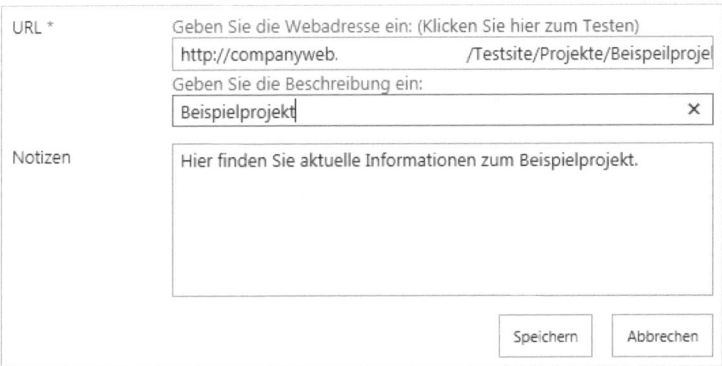

Abb. 12–51   Das Erfassen des Links als Verweis zur Website *Beispielprojekt*

Eine Ansicht in der Links-Liste erstellen

In der Darstellung in einem Webpart auf der Website *Projekte* sollen nur die Beschreibung und die Notizen angezeigt werden. Da die Links-Liste nur über die Standardansicht mit den Websitespalten *Typ* und *Bearbeiten* verfügt, erstellen Sie in diesem Beispiel eine Ansicht speziell für den Webpart der Website *Projekte*.

1. Öffnen Sie in der Liste *Projekte* das Menü, dargestellt mit den drei Punkten (siehe Abb. 12–52).

Abb. 12–52 Zum Öffnen des Menüs der Liste *Projekte* klicken Sie auf die drei Punkte.

2. Wählen Sie im Kontextmenü den Befehl ***Ansicht erstellen***.
3. Als Ansichtstyp wählen Sie die ***Standardansicht***.
4. Tippen Sie im Feld *Namen* »Webpartansicht« ein.
5. Navigieren Sie zu dem Bereich *Spalten* und deaktivieren Sie die Häkchen bei *Typ* und *Bearbeiten*. Damit bestehen nur noch die Spalten *URL (URL mit Bearbeitungsmenü)* und *Notizen*.
6. Navigieren Sie zu dem Bereich *Sortieren*.
7. Wählen Sie über den Drop-down-Pfeil bei *Zuerst sortieren nach Spalte*: **URL (URL mit Bearbeitungsmenü)** (siehe Abb. 12–53).

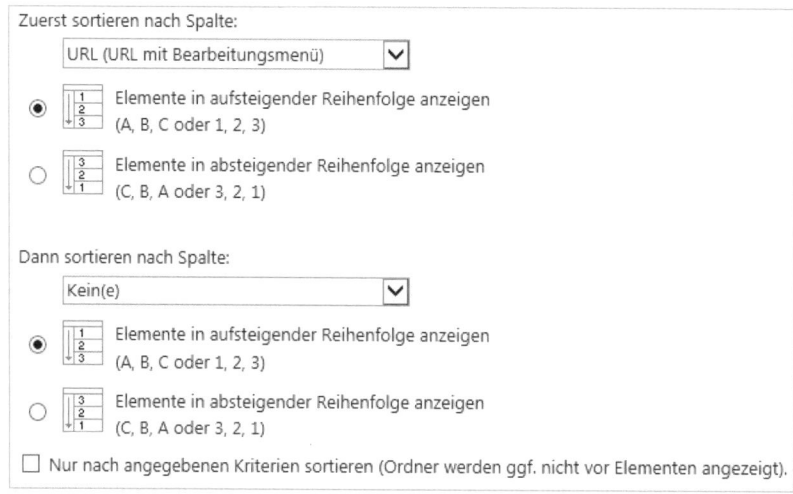

Abb. 12–53 Die Sortierreihenfolge, wie sie später im Webpart dargestellt werden soll

12.16 Die Website »Projekte« anpassen

8. Lassen Sie die Elemente in aufsteigender Reihenfolge anzeigen.
9. Steuern Sie an das Ende der Seite und bestätigen Sie Ihre Auswahl mit einem Klick auf die Schaltfläche *OK*.

Die Vorbereitungen zur Auflistung aller Websites sind nun abgeschlossen. Jetzt geht es darum, die Liste *Projekte* in einem Webpart auf der Website *Projekte* einzubinden.

12.16.2 Eine Liste dem Webpart hinzufügen

Diese Möglichkeit der Darstellung von Unterwebsites kann in allen SharePoint-Versionen durchgeführt werden.

1. Wechseln Sie auf die Website *Projekte*. Unterhalb dieser Website haben Sie in den vorangegangenen Beispielen bereits ein Projekt als Unterwebsite erstellt.
2. Entfernen Sie den Webpart *Erste Schritte* durch einen Klick auf den Link *Entfernen* (siehe Abb. 12–54).

Abb. 12–54 Der Webpart *Erste Schritte* kann jederzeit als Webpart wieder hinzugefügt werden.

3. Versetzen Sie die Website über das Register *Seite* in der Gruppe *Bearbeiten* und der Schaltfläche *Bearbeiten* in den Bearbeitungsmodus. Denken Sie dabei an das Auschecken.
4. Positionieren Sie den Cursor im oberen Textwebpart der Seite (siehe Abb. 12–55).

Abb. 12–55 Dort, wo der Cursor positioniert ist, werden die Inhalte später angezeigt.

5. Aktivieren Sie das Register *Einfügen*.
6. In der Gruppe *Webparts* klicken Sie auf die Schaltfläche *Webpart* (siehe Abb. 12–56).

Abb. 12–56 Die Schaltfläche *Webpart* im Register *Einfügen*

7. Im oberen Bereich werden Ihnen die einzufügenden Webpartkategorien und die dazugehörigen Webparts angezeigt. Bedenken Sie, dass je nach eingesetzter Technologie die Auflistungen bei Ihnen anders aussehen können. Wählen Sie die Kategorie *Apps* und im Bereich *Webparts* den Webpart *Projekte* aus (siehe Abb. 12–57).

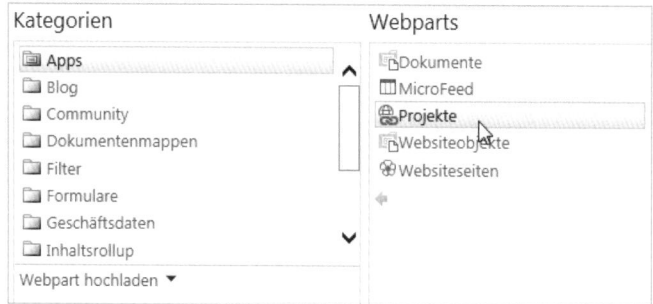

Abb. 12–57 In der Kategorie *Apps* finden Sie immer alle Listen und Bibliotheken, die Sie aktuell auf der Website verwenden.

8. Klicken Sie rechts im Fenster auf die Schaltfläche *Hinzufügen*. Der Webpart wird der Site hinzugefügt.

12.16.3 Eine benutzerdefinierte Ansicht dem Webpart hinzufügen

Da immer die Standardansicht einer Liste oder Bibliothek in einem Webpart verwendet wird, muss die zuvor von Ihnen erstellte Webpartansicht dem Webpart erst hinzugefügt werden.

1. Zeigen Sie auf die Überschrift *Projekte* des Webparts. Ihnen wird ein Dropdown-Pfeil angezeigt.
2. Klicken Sie auf den Pfeil und wählen Sie im Kontextmenü den Befehl *Webpart bearbeiten* aus (siehe Abb. 12–58).

12.16 Die Website »Projekte« anpassen

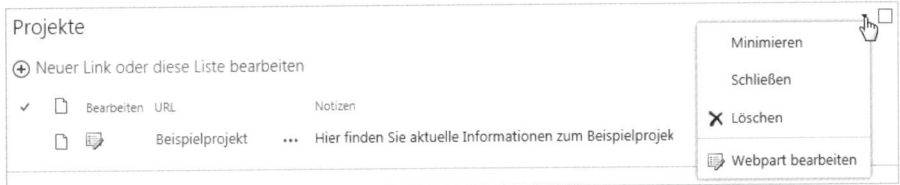

Abb. 12–58   Der Drop-down-Pfeil eines Webparts. Darüber lässt sich sein Toolbereich öffnen.

3. Im rechten Fensterbereich öffnet sich der Toolbereich. Gegebenenfalls müssen Sie in Ihrem Webbrowser etwas nach rechts und nach oben blättern (siehe Abb. 12–59).
4. Wählen Sie im Bereich *Ausgewählte Ansicht* über den Drop-down-Pfeil die von Ihnen erstellte **Webpartansicht** aus.

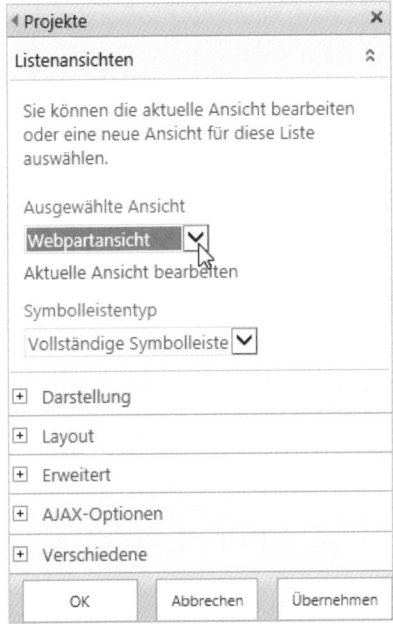

Abb. 12–59   Der Toolbereich des Webparts mit der benutzerdefinierten Ansicht

5. Bestätigen Sie Ihre Auswahl mit einem Klick auf die Schaltfläche **OK**.
6. Bestätigen Sie das darauf folgende Dialogfeld ebenfalls mit **OK**.
7. Speichern Sie die Änderungen der Website über das Register *Text formatieren* und durch einen Klick auf die Schaltfläche **Speichern**. Sie sehen die Änderungen der Website (siehe Abb. 12–60). Checken Sie die Site gegebenenfalls wieder ein.

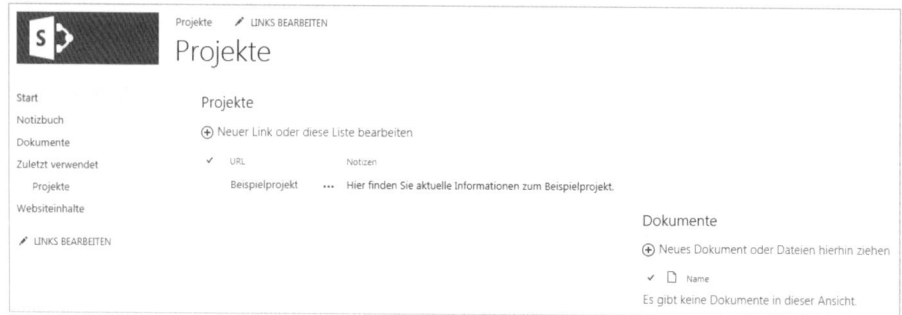

Abb. 12-60   Die Website *Projekte* mit den Links zu den einzelnen Unterwebsites der Projekte

12.16.4 Webpart »Inhaltsverzeichnis«

Für Anwender der Server- und Enterprise-Versionen bieten sich mehrere Webparts an, die für eine Auflistung der Unterwebsites verwendet werden können. Für dieses Beispiel muss das Websitesammlungsfeature *SharePoint Server-Veröffentlichungsinfrastruktur* aktiviert sein, damit der Inhaltsverzeichniswebpart verwendet werden kann.

1. Navigieren Sie erneut auf die Website **Projekte**.
2. Über das Register *Seite* und die Schaltfläche **Bearbeiten** lassen Sie die Website im Bearbeitungsmodus darstellen.
3. Positionieren Sie unterhalb des Webparts *Projekte* den Cursor (siehe Abb. 12–61).

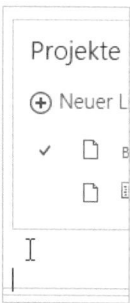

Abb. 12-61   Positionieren des Cursors unterhalb des Webparts *Projekte*

4. Klicken Sie in das Register *Einfügen* in der Gruppe *Webparts* auf die Schaltfläche **Webpart**.
5. Wählen Sie in den Kategorien die Kategorie *Inhaltsrollup* aus.
6. Im Bereich *Webparts* wählen Sie den Webpart *Inhaltsverzeichnis* aus.
7. Klicken Sie rechts im Fenster auf die Schaltfläche **Hinzufügen**. Der Webpart wird hinzugefügt.

12.16 Die Website »Projekte« anpassen

8. Über die Webparttools können Sie weitere Einstellungen vornehmen. Zeigen Sie auf die Überschrift *Inhaltsverzeichnis*, Ihnen wird auf der rechten Seite des Webparts ein Drop-down-Pfeil angeboten. Klicken Sie auf den Pfeil (siehe Abb. 12–62).

Abb. 12–62 Zum Öffnen der Webparttools klicken Sie auf den Drop-down-Pfeil neben dem Webparttitel.

9. Im Kontextmenü wählen Sie den Befehl **Webpart bearbeiten**.

In den Webparttools können Sie folgende Einstellungen vornehmen:

- Legen Sie fest, ab welcher Ebene der Website Inhalte angezeigt werden sollen. Dazu klicken Sie in das Eingabefeld *Beginnen mit* und wählen die Website oder die Unterwebsite aus, indem Sie auf die Schaltfläche **Durchsuchen** klicken.
- Über den Drop-down-Pfeil im Bereich *Anzuzeigende Ebenen* legen Sie fest, bis zu welcher Ebene die Inhalte der ausgewählten Website oder Unterwebsite angezeigt werden sollen. In diesem Beispiel befindet sich die Website *Projekte* in der ersten Ebene. Alle Projektwebsites, wie die Website *Beispielprojekt,* befinden sich in der zweiten Ebene. Hätten die einzelnen Projektwebsites weitere Untersites, so wären diese Websites der dritten Ebene zuzuordnen.
- Durch das Aktivieren des Kontrollkästchens *Inhalt ab dem Ausgangspunkt anzeigen* werden nur die Websites unterhalb der festgelegten Ebene in einer Spalte angezeigt.
- Möchten Sie im Webpart *Seiten* und *Websites* anzeigen lassen, so aktivieren Sie das Kontrollkästchen bei *Seiten anzeigen.*
- Die Option *Ausgeblendete Seiten und Websites einschließen* bedeutet, dass Seiten und Websites, die in der Navigation ausgeblendet wurden, im Inhaltsverzeichnis angezeigt werden.
- Im Bereich *Präsentation* können Sie einen Kopfzeilentext und das entsprechende Format für den Text festlegen. Auch die Anzeige der einzelnen Ebenen können Sie in diesem Bereich festlegen.
- Im Bereich *Anordnen* können Sie die Inhalte des Webparts sortieren (siehe Abb. 12–63).

Abb. 12–63 Der Toolbereich des Webparts *Inhaltsverzeichnis*

10. Bestätigen Sie Ihre Eingaben mit einem Klick auf die Schaltfläche *Übernehmen*, wenn Sie das Ergebnis auf der Website anzeigen lassen möchten. Nehmen Sie gegebenenfalls erneut Einstellungen vor.

11. Bestätigen Sie mit einem Klick auf die Schaltfläche *OK*, wenn Sie mit den Einstellungen zufrieden sind.

12. Speichern Sie die Änderungen der Website über das Register *Text formatieren* und die Schaltfläche *Speichern*. Checken Sie die Site gegebenenfalls ein.

12.16.5 Anpassen der globalen Navigation

Die unterschiedlichen SharePoint-Versionen bieten verschiedene Einstellungen der globalen Navigation. Je nach Installation, Konfiguration oder Entwicklung durch Programmierungen innerhalb Ihres SharePoint-Systems können Sie innerhalb der globalen Navigation gegebenenfalls keine Unterwebsites über einen Drop-down-Pfeil einblenden lassen. Sie können jedoch weitere Links der globalen Navigation der Websitevorlage *Teamwebsite* hinzufügen.

Links in der globalen Navigation hinzufügen

Möchten Sie auf einer Website, die auf Basis der Websitevorlage *Teamwebsite* erstellt wurde, einen Link zu einer anderen Website, Bibliothek oder Liste hinzufügen, so gehen Sie folgendermaßen vor:

1. Kopieren Sie zunächst die URL der Website, Liste oder Bibliothek.
2. Wechseln Sie für dieses Beispiel auf die Website *Projekte*.
3. Im oberen Bereich der Website sehen Sie den Link *Links bearbeiten*. Klicken Sie auf den Link (siehe Abb. 12–64).

12.16 Die Website »Projekte« anpassen

Abb. 12–64   *Links bearbeiten* auf der Website *Projekte*

4. Sie können jetzt die vorhandenen Links löschen oder weitere Links hinzufügen.
5. Zum Löschen eines Links klicken Sie auf das X hinter dem gewünschten Link (siehe Abb. 12–65).

Abb. 12–65   Zum Löschen eines Links in der globalen Navigation verwenden Sie das X hinter dem jeweiligen Link.

6. Zum Hinzufügen eines Links klicken Sie auf den Link, der mit dem Pluszeichen gekennzeichnet ist (siehe Abb. 12–66).

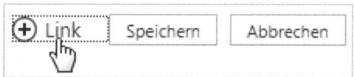

Abb. 12–66   Zum Hinzufügen eines Links verwenden Sie den Link mit dem Pluszeichen.

7. Im darauf folgenden Dialogfeld geben Sie im Eingabefeld *Anzuzeigender Text* einen Text ein, der in der globalen Navigation angezeigt werden soll (siehe Abb. 12–67).

Abb. 12–67   Die Eingabefelder zum Hinzufügen eines Links

8. Direkt darunter klicken Sie in das Eingabefeld *Adresse* und fügen die kopierte URL in das Feld ein.
9. Bestätigen Sie Ihre Eingabe mit einem Klick auf *OK*.

> **Hinweis**
>
> Wird Ihnen der Link *Links bearbeiten* nicht angezeigt, sind gegebenenfalls auf der obersten Ebene der Websitesammlung Einstellungen vorgenommen worden, die es Ihnen nicht erlauben, weitere Links auf der Teamsite hinzuzufügen. Sprechen Sie in dem Fall mit Ihrem SharePoint-Administrator.

Anpassen der globalen Navigation über die Websiteeinstellungen (ohne Veröffentlichungsfeatures)

Sie können alternativ über die *Websiteeinstellungen* Änderungen an der globalen Navigation vornehmen. Sie können darüber die Reihenfolge der Links festlegen oder wie im vorherigen Beispiel Links löschen oder hinzufügen. Dieses Beispiel zeigt, wie Sie die Navigation anpassen, wenn die Veröffentlichungsfeatures in Ihrem Unternehmen nicht aktiviert sind.

1. Wechseln Sie in die Einstellungen der Website, klicken Sie dafür auf das Zahnradsymbol der Website *Projekte*.
2. Wählen Sie über das Kontextmenü der Einstellungen den Befehl *Websiteeinstellungen*.
3. Klicken Sie in der Gruppe *Aussehen und Verhalten* auf den Link *Leiste für häufig verwendete Links* (siehe Abb. 12–68).

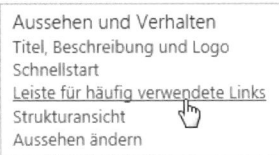

Abb. 12–68 Der Link *Leiste für häufig verwendete Links* steht nur zur Verfügung, wenn die serverbasierten Veröffentlichungsfeatures nicht aktiviert sind.

4. Im oberen Bereich der Website klicken Sie auf den Link *Reihenfolge ändern*, um die Anordnung der Reihenfolge der Links in der globalen Navigation zu ändern (siehe Abb. 12–69).

Abb. 12–69 Die Links der globalen Navigation können in der Reihenfolge geändert werden.

5. Sie können nun die Reihenfolge der Links verändern.
6. Bestätigen Sie die Änderungen mit einem Klick auf die Schaltfläche *OK*.

12.16 Die Website »Projekte« anpassen

Die Schnellstartleiste über die Websiteeinstellungen anpassen (ohne Veröffentlichungsfeatures)

Sie können direkt in der Schnellstartnavigation Links hinzufügen oder löschen. Auch die Reihenfolge der Links lässt sich in der Navigation ändern. In den Websiteeinstellungen kann die Schnellstartnavigation ebenfalls angepasst werden.

1. Wechseln Sie in die Einstellungen der Website, klicken Sie dafür auf das Zahnradsymbol der Website *Projekte*.
2. Wählen Sie über das Kontextmenü der Einstellungen den Befehl **Websiteeinstellungen**.
3. Klicken Sie in der Gruppe *Aussehen und Verhalten* auf den Link **Schnellstart**. Sie können hier die Namen und die Verweise der Links ändern, die Sortierreihenfolge ändern oder Links löschen.
4. Bestätigen Sie die Änderungen mit einem Klick auf die Schaltfläche *OK*.

Anpassen der Navigation über die Websiteeinstellungen (mit Veröffentlichungsfeatures)

Wurden in Ihrem SharePoint die Veröffentlichungsfeatures aktiviert, so haben Sie mehr Möglichkeiten, die Navigation anzupassen. Sie können beispielsweise die Metadaten, die Sie als Ausdrücke oder als Websitespalten angelegt haben, in der globalen Navigation verwenden. Beachten Sie jedoch, dass diese Einstellung nur in der Server- und einigen Onlinevarianten möglich ist. Sprechen Sie gegebenenfalls mit Ihrem Administrator oder einem Microsoft-Partner.

1. Wechseln Sie in die Einstellungen der Website, klicken Sie dafür auf das Zahnradsymbol der Website *Projekte*.
2. Wählen Sie über das Kontextmenü der Einstellungen den Befehl **Websiteeinstellungen**.
3. Klicken Sie in der Gruppe *Aussehen und Verhalten* auf den Link **Navigation** (siehe Abb. 12–70).

Abb. 12–70 Der Link *Navigation* wird bei Ihnen nur angezeigt, wenn das Websitesammlungsfeature *SharePoint Server-Veröffentlichungsinfrastruktur* auf oberster Websiteebene aktiviert ist.

Im Bereich *Navigation* können Sie folgende Einstellungen vornehmen.

- *Dieselben Navigationselemente wie für die übergeordnete Website anzeigen.* Diese Option bedeutet, dass Ihnen in der globalen Navigation die Links angezeigt werden wie auf der übergeordneten Website.
- *Verwaltete Navigation: Navigationselemente werden mithilfe eines verwalteten Metadatenausdruckssatzes dargestellt.* Diese Option bedeutet, dass in der Navigation Ausdrücke über den Navigationslink angezeigt werden. Die Voraussetzung ist, dass Sie für die Navigation Ausdruckssätze erstellt und für die Verwendung innerhalb der Navigation freigegeben haben. Die Einstellungen für die Navigation können Sie im Terminologiespeicher-Verwaltungstool vornehmen.
- *Strukturierte Navigation: Navigationselemente unterhalb der aktuellen Website anzeigen.* Diese Option bedeutet, dass Sie keine Links der übergeordneten Website in der globalen Navigation anzeigen lassen. Es werden beim Aktivieren dieser Option nur Links zu Unterwebsites der aktuellen Website angezeigt.
- Der Bereich *Aktuelle Navigation* betrifft die Schnellstart- und aktuelle Seitennavigation.
- *Dieselben Navigationselemente wie für die übergeordnete Website anzeigen (Übergeordnetes Element verwendet strukturelle Navigation).* Mit dieser Option legen Sie fest, dass alle Navigationselemente der übergeordneten Website angezeigt werden.
- *Verwaltete Navigation: Navigationselemente werden mithilfe eines verwalteten Metadatenausdruckssatzes dargestellt.* Auch in der Schnellstartnavigation lassen sich verwaltete Metadaten, die Sie im Terminologiespeicher-Verwaltungstool anlegen, integrieren. Jedoch muss die Navigation zunächst angelegt und freigegeben werden.
- *Strukturierte Navigation: Die aktuelle Website, die Navigationselemente unterhalb der aktuellen Website und die gleichgeordneten Elemente der aktuellen Website anzeigen.* Mit dieser Option lassen Sie sich alle Navigationselemente der aktuellen und der untergeordneten Websites anzeigen.
- *Strukturierte Navigation: Nur die Navigationselemente unterhalb der aktuellen Website anzeigen.* Mithilfe dieser Option werden nur Elemente der aktuellen Website angezeigt.
- Legen Sie über die Kontrollkästchen *Unterwebsites* und *Seiten anzeigen* fest, ob Sie Websites und Seiten in der Schnellstartnavigation einblenden möchten.
- Im Bereich *Maximale Anzahl der dynamischen Elemente, die in dieser Navigationsebene angezeigt werden* können Sie die angezeigten Elemente auf die von Ihnen eingegebene Anzahl beschränken.
- Sie können die Sortierung der Elemente in der Schnellstart- und in der globalen Navigation im Bereich *Strukturelle Navigation: Sortieren* automatisieren oder eine manuelle Sortierung vornehmen (siehe Abb. 12–71).

Abb. 12-71 Zusätzliche Überschriften und verweisende Links können im unteren Fensterbereich hinzugefügt werden.

- Die Reihenfolge der Links in der globalen und in der Schnellstartnavigation können Sie im Bereich *Strukturelle Navigation: Bearbeitung und Sortierung* durchführen. In diesem Bereich lassen sich auch zusätzliche Überschriften oder verweisende Hyperlinks hinzufügen. Möchten Sie bestimmte Websites oder Elemente aus einer der beiden Navigationen ausblenden, so können Sie das in diesem Bereich vornehmen. Klicken Sie zum Ändern der Reihenfolge auf einen Eintrag für die globale oder der Schnellstartnavigation und verwenden Sie in der Linkleiste die entsprechenden Befehle.
- Benutzer können über das Zahnradsymbol auf einigen Websites das Menüband, bestehend aus dem Register *Seite* einblenden lassen. Im Bereich *Menüband anzeigen oder ausblenden* können Sie die Option dafür festlegen.

4. Bestätigen Sie immer Ihre Einstellungen am Ende mit einem Klick auf die Schaltfläche *OK*.

12.17 Verwenden der Aufgabenliste der Projektwebsite

Über eine Aufgabenliste in einer Projektwebsite lassen sich schnell Projektaufgaben beziehungsweise Projektvorgänge erstellen und über ein Balkendiagramm auswerten. Anders als in Microsoft Project dürfen Sie in dieser Projektaufgabenliste Vorgängen einen Anfangs- und Endtermin zuweisen. Sie erhalten einen Überblick über die vorhandenen Vorgänge zu einem Projekt und darüber, wer für diese Vorgänge zuständig ist.

12.17.1 Eine neue Projektaufgabe als Vorgang erstellen

Um eine neue Projektaufgabe zu erstellen, haben Sie mehrere Möglichkeiten. Sie können direkt in der Liste oder über ein Formular die Eingaben vornehmen. In diesem Beispiel wählen wir die Formulareingabe.

1. Wechseln Sie zunächst in die *Aufgabenliste* der Website *Beispielprojekt*.
2. Klicken Sie direkt in der Aufgabenliste auf den Link *Neue Aufgabe* (siehe Abb. 12–72). Es öffnet sich eine Formularseite.

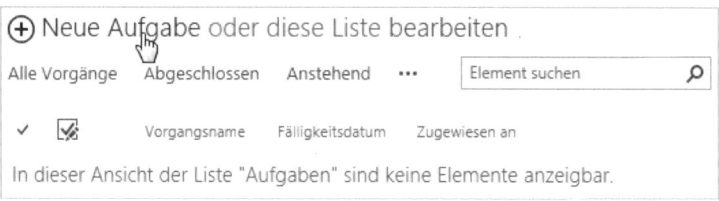

Abb. 12–72 Direkt in der Aufgabenliste können neue Aufgaben hinzugefügt werden.

3. Klicken Sie in der Seite auf den Link *Mehr anzeigen*, Ihnen werden dann weitere mögliche Eingabefelder angezeigt (siehe Abb. 12–73).

Abb. 12–73 Der Link *Mehr anzeigen* in der Dialogseite

4. Fügen Sie im Eingabefeld *Vorgangsname* den Haupttitel des Projekts ein.
5. Legen Sie das *Anfangs-* und ein *Fälligkeitsdatum* fest.
6. Weisen Sie sich als zuständige Person zu und beschreiben Sie das Projekt.
7. Speichern Sie Ihre Eingabe durch einen Klick auf die Schaltfläche *Speichern*.

12.17 Verwenden der Aufgabenliste der Projektwebsite

Legen Sie wie folgt einen weiteren Vorgang an:

1. Klicken Sie im Register *Aufgaben* in der Gruppe *Neu* auf die Schaltfläche **Neues Element**.
2. Vergeben Sie für diesen Vorgang einen **Namen** und legen Sie auch hier ein **Anfangs-** und ein **Fälligkeitsdatum** fest.
3. Fügen Sie sich erneut im Feld *Zugewiesen an* hinzu.
4. Beschreiben Sie den Vorgang und speichern Sie Ihre Eingaben.

Legen Sie wie folgt einen weiteren Vorgang an:

1. Klicken Sie direkt in der Aufgabenliste auf den Link **bearbeiten**. Sie werden in die Datenblattansicht weitergeleitet und können hier einen weiteren Vorgang eingeben. Jedoch besteht nicht die Möglichkeit, die Beschreibung innerhalb dieser Ansicht hinzuzufügen (siehe Abb. 12–74).

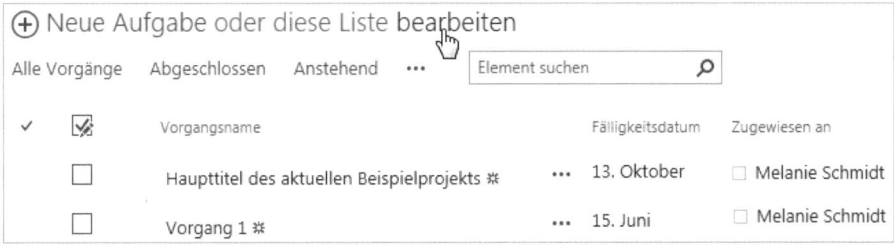

Abb. 12–74 Auch über den Link *bearbeiten* können Sie weitere Vorgänge hinzufügen.

2. Geben Sie einen weiteren Vorgang ein und bestätigen Sie Ihre Eingabe mit der Taste **Enter**.
3. Weisen Sie dem dritten Vorgang als Vorgänger den zweiten Vorgang zu, indem Sie erst auf die drei Punkte zum Öffnen des Menüs klicken und innerhalb des Menüs erneut auf die drei Punkte klicken (siehe Abb. 12–75).

Abb. 12–75 Über das Kontextmenü können Elemente bearbeitet werden.

4. Klicken Sie im Kontextmenü auf den Befehl **Element bearbeiten**.
5. In der Seite *Element bearbeiten* klicken Sie auf den Link **Mehr anzeigen**.
6. Legen Sie fest, dass der erste Vorgang, nicht der Haupttitel des Projekts, als Vorgänger zum dritten Vorgang dienen soll.
7. Speichern Sie Ihre Eingaben.
8. Beenden Sie die Arbeit in der Liste, indem Sie auf den Link **beenden** klicken.

Verwenden Sie zum Bearbeiten eines Elements auch das Register *Aufgaben* im oberen Bildschirm.

12.17.2 Vorgänge bearbeiten und der Zeitachse hinzufügen

Nachdem Sie Vorgänge der Aufgabenliste hinzugefügt haben, können Sie die Vorgänge im oberen Bereich der Seite und auf der Startseite des Projekts in der Zeitachse einblenden lassen.

1. Wechseln Sie in die *Aufgabenliste*.
2. Klicken Sie auf den Auswahlhaken, um alle Elemente auszuwählen (siehe Abb. 12–76).

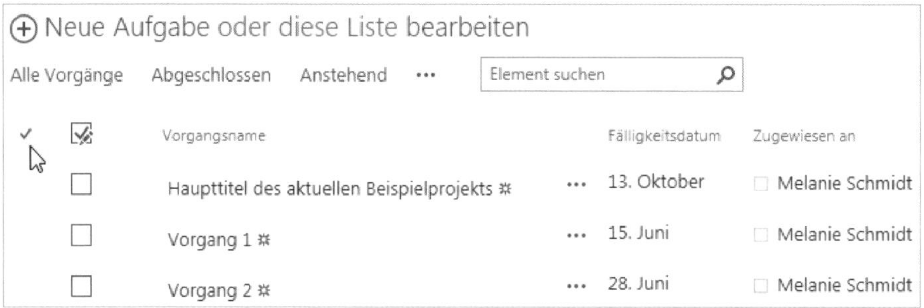

Abb. 12–76 Um alle Elemente auszuwählen, kann der Auswahlhaken verwendet werden.

3. Klicken Sie im Register *Aufgaben* in der Gruppe *Aktionen* auf die Schaltfläche **Zeitachse hinzufügen**.
4. Klicken Sie in die Zeitachse, so wird Ihnen zusätzlich das Register *Zeitachse* eingeblendet, über das Sie weitere Ansichtseinstellungen für die Achse vornehmen können (siehe Abb. 12–77).

12.17 Verwenden der Aufgabenliste der Projektwebsite 225

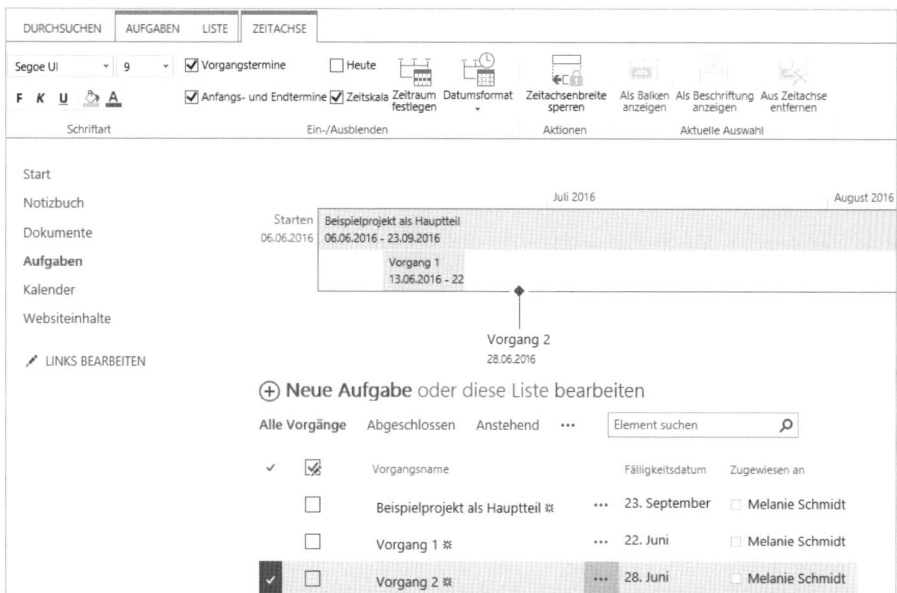

Abb. 12–77 Das Register *Zeitachse* wird angezeigt, sobald Sie in die Zeitachse klicken.

Sie können einzelne Vorgänge auswählen, der Zeitachse hinzufügen oder daraus entfernen.

12.17.3 Aus einem Vorgang einen Teilvorgang erstellen

Sie können aus jedem Vorgang einen Teilvorgang definieren. Je nach Anwendungsfall ist es in vielen Projekten notwendig.

1. Wählen Sie den dritten Vorgang in der Aufgabenliste aus.
2. Klicken Sie auf die drei Punkte, um das Menü einzublenden.
3. Wählen Sie im Kontextmenü den Befehl *Teilvorgang erstellen* aus.
4. Vergeben Sie einen Namen für den Teilvorgang, legen Sie ein Start- und Fälligkeitsdatum fest und bestätigen Sie Ihre Eingabe mit der Taste *Enter*.

Alternativ können Sie einen Vorgang auswählen und über das Register *Aufgaben* in der Gruppe *Hierarchie* ebenfalls zu einem Teilvorgang definieren, klicken Sie dann auf die Schaltfläche *Einziehen*. Sie können auch die Tastenkombination *Shift+Alt+Nach rechts* zum Einziehen verwenden.

12.17.4 Aus einem Teilvorgang einen Vorgang erstellen

Sie können auch aus einem Teilvorgang erneut einen Vorgang definieren.

1. Wählen Sie erneut den dritten Vorgang in der Aufgabenliste aus.
2. Klicken Sie in das Register *Aufgaben*.
3. Klicken Sie auf die Schaltfläche *Ausrücken* in der Gruppe *Hierarchie*.
4. Verwenden Sie alternativ für diesen Vorgang die Tastenkombination *Shift+ Alt+Nach links*.

12.17.5 Vorgänge in der Reihenfolge ändern

Stellen Sie in Ihrem Projekt fest, dass ein Vorgang in der Reihenfolge verschoben werden muss, so können Sie die Reihenfolge jederzeit ändern.

1. Wählen Sie in der Aufgabenliste einen Vorgang aus.
2. Klicken Sie in das Register *Aufgaben*.
3. Klicken Sie in der Gruppe *Hierarchie* auf die Schaltfläche *Nach oben* beziehungsweise *Nach unten*. Ihr Vorgang wird in der Reihenfolge verschoben.
4. Verwenden Sie für diesen Vorgang auch die Tastenkombinationen *Shift+ Alt+Nach oben/Nach unten*.

12.17.6 Die Aufgabenliste mit anderen Microsoft-Programmen synchronisieren oder exportieren

Sie können die Aufgabenliste in *Microsoft Project*, *Outlook*, *Excel* oder *Access* synchronisieren und in der jeweiligen Anwendung weiterbearbeiten oder auswerten. Verwenden Sie dafür das Register *Liste*. In der Gruppe *Verbinden oder Exportieren* finden Sie die Schaltflächen der jeweiligen Anwendungen.

12.18 Zusammenfassung

Eine Projektwebsite kann so weit mit Websitespalten und Ansichten innerhalb einer Bibliothek oder Liste vorbereitet werden, dass sie für zukünftige Projekte als Vorlage dienen kann. Damit sparen Sie Zeit beim Festlegen und Erstellen von bestimmten Listen und Bibliotheken. Durch die Verwendung einer Links-Liste können Hyperlinks zu anderen Websites hinzugefügt und im Webpart als Liste dargestellt werden. Der Inhaltsverzeichniswebpart bietet in der Servervariante die Möglichkeit, Inhalte der einzelnen Websiteebenen abzufragen und anzuzeigen.

13 Empfangsmanagement

13.1 Ausgangssituation

Zu den Kernaufgaben der Mitarbeiter im Empfangsmanagement gehören die Bedienungen der Telefonzentrale sowie die Abwicklung des Postein- und -ausgangs. Die Mitarbeiter nehmen unsere Gäste, wie Kunden und Besucher, persönlich in Empfang und protokollieren ihre Anwesenheit. Nachrichten, die über unsere Internetwebsite oder über die Telefonzentrale eingehen, nehmen die Kolleginnen und Kollegen auf und leiten sie an die zuständigen Personen weiter. Sie sind zuständig für die Beauftragung von Botendiensten und Taxifahrten. In unserem Beispiel ist das Empfangsmanagement auch für die firmeneigenen Fahrzeuge zuständig und soll den Fuhrpark verwalten. Damit die Kolleginnen und Kollegen über die Tagesmenüs der Kantine informiert werden, soll es eine Möglichkeit geben, diese Menüs zu erfassen.

13.2 Die Anforderungen der Abteilung

Ein Unternehmen empfängt zahlreiche Kunden und Besucher. Dabei haben die Empfangsmitarbeiter festgestellt, dass die professionelle Betreuung der Gäste nicht immer reibungslos abläuft, da die Mitarbeiterinnen und Mitarbeiter ihren Besuch nicht oder verspätet ankündigen. Die Empfangsteams möchten nicht erst den Gast befragen, wer sein Ansprechpartner ist. Die persönliche Betreuung und die Protokollierung von Kunden und Besuchern sind die wichtigsten Anforderungen an ein Empfangsteam. Zusätzlich benötigt das Empfangsteam die Möglichkeit, die Geschäftsfahrzeuge zu verwalten.

13.3 Schritte in diesem Kapitel

Für das Empfangsmanagement wird eine Website bereitgestellt. Zur Besucherprotokollierung wird eine Liste erstellt. Informationen über Tagesmenüs in der Kantine werden auf der Empfangswebsite angezeigt und können vom Küchen- oder Empfangspersonal gepflegt werden. Zusätzlich werden für die Fahrzeugverwaltung die SharePoint-Kalender verwendet. Für die Tagesmenüs in der Kantine werden eine SharePoint-Liste und die dazugehörigen Websitespalten angelegt. Die Anpassung der Ansicht und im Webpart auf der Website wird ebenfalls vorgestellt.

13.4 Anlegen der Website »Empfangsmanagement«

Für dieses Beispiel verwenden wir die Websitevorlage *Teamwebsite*, da es hier um die Belange der Zusammenarbeit in SharePoint geht. Zum Anlegen der Website für die Abteilung Empfangsmanagement gehen Sie folgendermaßen vor:

1. Wechseln Sie zunächst auf die Website *Fachbereiche*.
2. Klicken Sie im linken Bereich in der Schnellstartnavigation auf den Link **Websiteinhalte**. Alternativ klicken Sie auf das Zahnradsymbol oben rechts im Fenster. Sie werden in den Bereich *Websiteinhalte* weitergeleitet. Hier sehen Sie alle bereits angelegten Apps und Websites.
3. Unterhalb des Bereichs *Listen, Bibliotheken und andere Apps* sehen Sie den Bereich *Unterwebsites*. Klicken Sie dort auf den Link **Neue Website**.
4. Es folgt ein Dialogfeld, in das Sie Angaben für die neue Website eingeben. Im Bereich *Titel und Beschreibung* schreiben Sie im Eingabefeld *Titel* »Empfangsmanagement« und im Eingabefeld *Beschreibung*, wozu Sie die Website verwenden: »Diese Site dient als Beispiel für eine Empfangsabteilung.«
5. Im Bereich *Websiteadresse* geben Sie als URL-Namen erneut den Titel »Empfangsmanagement« ein. In diesem Feld verwenden Sie keine Umlaute, Sonderzeichen und Leerschritte. Diese Eingaben erscheinen später im Adressfeld des Webbrowsers als Teil der URL.
6. Wählen Sie im nächsten Schritt im Bereich *Vorlagenauswahl* die Sprache aus, in der Sie die Site verwenden möchten.
7. Wechseln Sie in das Register *Zusammenarbeit* und wählen Sie die Websitevorlage *Teamsite* durch einen Klick aus.
8. Wird Ihnen im Bereich *Navigation* die Option *Diese Website in der Leiste für häufig verwendete Links in der übergeordneten Website anzeigen?* angeboten, so aktivieren Sie diese Option, damit Ihnen die Website in der globalen Navigation angezeigt wird und Sie schnell auf andere Websites navigieren können. Wird Ihnen diese Option nicht angeboten, so verwenden Sie andere Funktionalitäten und Sie können zum nächsten Schritt übergehen.
9. Setzen Sie die Option *Ja* im Bereich *Navigationsvererbung* bei *Leiste für häufig verwendete Links der übergeordneten Website verwenden?*. Damit stellen Sie sicher, dass Ihnen die bereits angelegten Websites in der globalen Navigation auch auf dieser Website angezeigt werden und Sie darüber schnell in andere Websites navigieren können.

10. Übernehmen Sie alle weiteren Einstellungen und bestätigen Sie Ihre Eingaben mit einem Klick auf die Schaltfläche *Erstellen*. Sie werden direkt auf die Teamwebsite *Empfangsmanagement* weitergeleitet.

13.5 Besucherprotokollierung

Eine wichtige Voraussetzung für einen professionellen Empfang der Kunden und Besucher in einem Unternehmen ist es, dass das Empfangspersonal über die Ankunft von Besuchern rechtzeitig informiert ist. Die Mitarbeiter am Empfang möchten dieser Aufgabe gerecht werden und haben diesen Wunsch geäußert. Besucher erhalten bei der Ankunft einen Besucherausweis. Dieser ist bereits ausgedruckt und liegt am Empfang. Bei der Protokollierung der Besucher werden zurzeit manuell in einer ausgedruckten Liste folgende Informationen erfasst.

- Anrede, Name und Firma des Besuchers
- Besuchte Person
- Ankunftszeit und Abreisezeit
- Zugeteilte Besucherausweis-Nummer

Diese Besucherprotokollierung wollen wir für die Empfangswebsite vorbereiten. Dazu eignet sich eine benutzerdefinierte Liste.

13.5.1 Eine benutzerdefinierte Liste für die Besucherprotokollierung erstellen

1. Wechseln Sie gegebenenfalls auf die Website *Empfangsmanagement*.
2. Klicken Sie in der Schnellstartnavigation auf den Link **Websiteinhalte**. Alternativ klicken Sie auf das Zahnradsymbol, um die Websiteinhalte zu öffnen.
3. Im Bereich *Listen, Bibliotheken und andere Apps* klicken Sie auf die Schaltfläche *App hinzufügen*.
4. Klicken Sie in das *Suchfeld* und geben Sie »*Benutzerdefiniert*« ein und bestätigen Sie Ihre Eingabe mit der *Enter*-Taste.
5. Ihnen werden die Listen aufgelistet, die benutzerdefiniert verwendet werden können. Klicken Sie einmal auf die angebotene Liste *Benutzerdefinierte Liste*, um sie zu erstellen (siehe Abb. 13–1).

Abb. 13–1 Die benutzerdefinierte Liste wird als App angeboten.

6. Im darauf folgenden Dialogfeld klicken Sie rechts unten auf den Link *Erweiterte Optionen*, damit Sie nicht nur den Namen für die Liste festlegen, sondern auch eine Beschreibung, wozu diese Liste verwendet wird, eingeben können.
7. Im Bereich *Name und Beschreibung* klicken Sie in das Feld *Namen* und tippen dort »*Besuchervoranmeldung*«.
8. Im Eingabefeld *Beschreibung* tippen Sie »*Ein Beispiel zum Buch, hier werden Besucher des Unternehmens protokolliert*« (siehe Abb. 13–2).

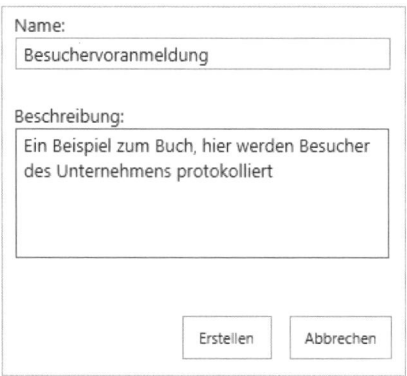

Abb. 13–2 Erstellen der benutzerdefinierten Liste

9. Bestätigen Sie Ihre Eingabe mit einem Klick auf die Schaltfläche *Erstellen*. Sie werden in die Liste weitergeleitet (siehe Abb. 13–3).

Abb. 13–3 Die benutzerdefinierte Liste nach der Erstellung

Wenn Sie auf den Link *Neues Element* klicken, werden Sie feststellen, dass wir nur die Angaben zum Titel dieses Elements hinzufügen können (siehe Abb. 13–4). Das liegt daran, dass unserer Liste jegliche Spalten für die Informationen fehlen.

13.5 Besucherprotokollierung

Abb. 13-4 Die benutzerdefinierte Liste mit der Websitespalte *Titel*

> **Hinweis**
>
> Die Websitespalte *Titel* ist eine reservierte Spalte und wird in jeder Liste und Bibliothek automatisch angelegt. Die Titelspalte sollte nicht gelöscht werden. Sie können sie jederzeit umbenennen und ausblenden.

13.5.2 Websitespalten erstellen

Die von uns erstellte Liste *Besuchervoranmeldung* benötigt weitere Spalten, damit die Informationen wie Besuchername, Ankunftszeit etc. von den Mitarbeitern eingegeben werden können. Um diese Eingaben vorzunehmen, schließen Sie das Dialogfenster für das neue Element, indem Sie auf die Schaltfläche *Abbrechen* klicken.

Es gibt von SharePoint mitgelieferte Websitespalten. Nicht jede Spalte muss neu erstellt werden.

1. Klicken Sie im Register *Liste* in der Gruppe *Einstellungen* auf die Schaltfläche *Listeneinstellungen*.

    Im mittleren Bereich des Fensters finden Sie die Spalteneinstellungen. Sie sehen die bereits für diese Liste verfügbaren Spalten. SharePoint liefert standardmäßig schon eine große Anzahl von vordefinierten Spalten mit. Jedoch wird es Spalten wie Besuchername oder Ankunftszeit nicht geben. Diese Spalten werden wir nun erstellen.

2. Klicken Sie im Bereich *Spalten* auf den Link *Spalte erstellen*.

3. Vergeben Sie für die Spalte den Spaltennamen *Besuchername*. Die Spalte wird aus Text bestehen, deshalb lassen Sie die Option bei *Eine Textzeile* bestehen.

4. Schreiben Sie im Feld *Beschreibung* den Text: »*Bitte geben Sie den Besuchernamen ein.*« Dieser Anleitungstext wird später in dem Elementformular angezeigt (siehe Abb. 13-5).

Abb. 13-5 In der Beschreibung einer Spalte lässt sich eine Hilfeanleitung für die Mitarbeiter einfügen.

5. Legen Sie die Option fest, dass diese Spalte Informationen enthalten muss.
6. Übernehmen Sie alle weiteren Einstellungen und bestätigen Sie Ihre Eingaben mit der Schaltfläche **OK**.
7. Erstellen Sie eigenständig eine weitere Textzeilenspalte mit dem Namen *Firma*.

Für die Spalte *Anrede* möchten wir es unseren Mitarbeitern leichter machen, indem wir Ihnen eine Auswahl zur Verfügung stellen. Hierfür benötigen wir eine weitere Spalte.

1. Klicken Sie erneut auf den Link **Spalte erstellen**.
2. Vergeben Sie den Spaltennamen *Anrede*.
3. Aktivieren Sie das Optionsfeld *Auswahl* (siehe Abb. 13–6).

Abb. 13–6 Das Optionsfeld *Auswahl* kann später in der Liste mit Drop-down-Pfeilen, Menüs oder Kontrollkästchen bearbeitet werden.

4. Schreiben Sie in das Feld *Beschreibung* den Text: »*Bitte wählen Sie die Anrede.*«
5. Legen Sie fest, dass diese Spalte Informationen enthalten muss.
6. Markieren und löschen Sie die Werte im *Auswahlfeld* (siehe Abb. 13–7).

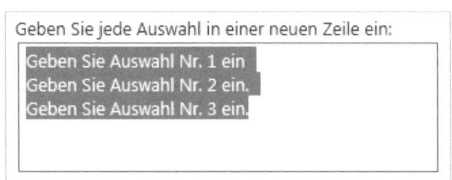

Abb. 13–7 Die markierten Werte im Auswahlfeld, die gelöscht werden sollen

7. Geben Sie das Wort *Herr* ein und drücken Sie **Enter**.
8. Geben Sie das Wort *Frau* ein und drücken Sie **Enter**.
9. Wiederholen Sie diesen Vorgang für *Herr Dr.* und *Frau Dr.*
10. Damit die Mitarbeiter nicht aufgeführte Titel eingeben können, aktivieren Sie das Optionsfeld **Ausfülloptionen zulassen**.

11. Löschen Sie am Ende der Eingabe den Standardwert, damit er nicht standardmäßig immer angezeigt wird, wenn ein Mitarbeiter ein neues Element erstellt (siehe Abb. 13–8).

Abb. 13–8 Bleibt der vorgeschlagene Standardwert bestehen, wird er bei jedem neuen Element automatisch gesetzt.

12. Übernehmen Sie die Einstellungen und bestätigen Sie sie mit einem Klick auf *OK*.

Für die Informationen bezüglich der besuchten Person greifen wir auf die vom Serveradministrator angelegten Benutzer zurück. Die Mitarbeiter können dann aus der globalen Adressliste den oder die Besuchsempfänger auswählen. Wir benötigen hierfür eine weitere Spalte.

1. Erstellen Sie eine neue Spalte und vergeben Sie den Namen *Besuchte Person*.
2. Aktivieren Sie das Optionsfeld *Person oder Gruppen* (siehe Abb. 13–9).
3. Schreiben Sie im Feld *Beschreibung* den Text: »*Bitte wählen Sie den Besuchsempfänger.*«
4. Im Bereich *Auswählen aus*: wählen Sie *Alle Benutzer*. Somit werden Ihnen die auf dem Server angelegten Benutzer zur Auswahl bereitgestellt.

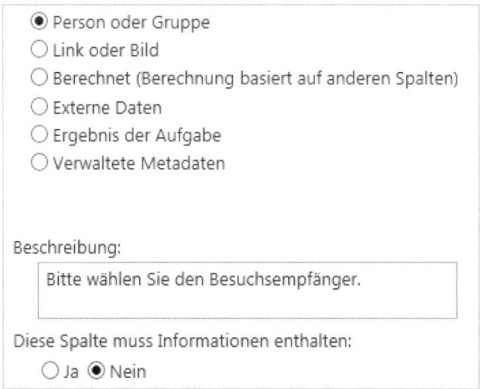

Abb. 13–9 Die Einstellungen der Spalte *Person oder Gruppe*

5. Übernehmen Sie die Einstellungen und bestätigen Sie sie mit einem Klick auf *OK*.

Damit die Empfangsmitarbeiter auch die genaue Ankunftszeit erfahren, benötigen wir eine weitere Spalte mit diesen Informationen.

1. Erstellen Sie eine weitere Spalte mit dem Namen *Ankunftszeit* (siehe Abb. 13–10).
2. Aktivieren Sie das Optionsfeld *Datum und Uhrzeit*.
3. Beschreiben Sie, was die Mitarbeiter tun sollen.

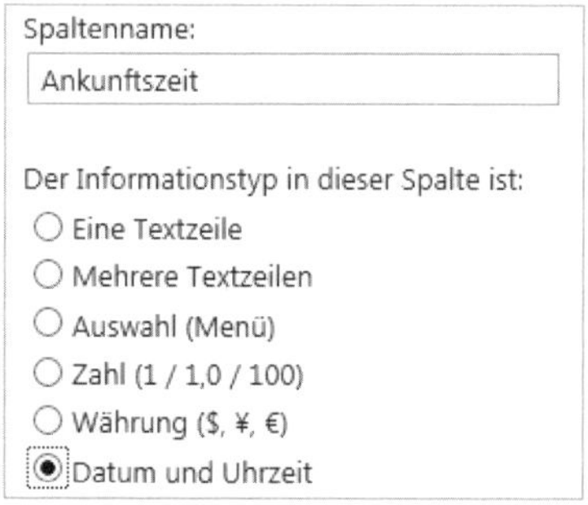

Abb. 13–10 Die Option *Datum und Uhrzeit* wurde aktiviert, damit im jeweiligen Element das Datum ausgewählt werden kann.

4. Im Bereich *Datums- und Uhrzeitformat* aktivieren Sie die Option *Datum und Uhrzeit*.
5. Übernehmen Sie alle weiteren Einstellungen und bestätigen Sie Ihre Eingaben mit **OK**.
6. Erstellen Sie eine weitere Spalte für die *Abreisezeit* mit den Einstellungen wie bei der Ankunftszeit.

In diesem Beispiel gibt es Besucherausweise, die bereits nummeriert sind. Die zugeteilten Besucherausweisnummern möchten die Empfangsmitarbeiter jeweils dem Listenelement hinzufügen können. Wir benötigen somit eine Spalte für die Besucherausweisnummer.

1. Erstellen Sie eine neue Spalte mit dem Namen »*Besucherausweis-Nr.:*«.
2. Aktivieren Sie die Option **Zahl** und vergeben Sie eine Beschreibung. In dieser Spalte müssen zunächst keine Eingaben enthalten sein, da die Empfangsmitarbeiter diese Informationen dem Listenelement im Nachhinein zuweisen werden. Es gibt insgesamt 20 Ausweise, deshalb möchten wir die Eingabe zwischen 01 und 20 eingrenzen.

13.5 Besucherprotokollierung

3. Geben Sie im Bereich *Min* den Wert *01* und im Bereich *Max* den Wert *20* ein, um die Eingabe zu begrenzen (siehe Abb. 13–11).

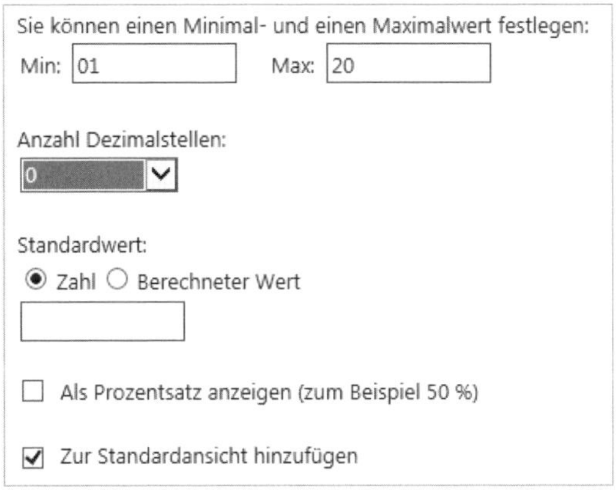

Abb. 13–11 Durch die Begrenzung der Eingabe können keine falschen Zahlen verwendet werden.

4. Legen Sie fest, dass keine Dezimalstellen dargestellt werden sollen.
5. Bestätigen Sie Ihre Eingabe mit einem Klick auf **OK**.
6. Klicken Sie in der Breadcrumb-Navigation im oberen Fensterbereich auf den Link *Besuchervoranmeldung* (siehe Abb. 13–12).

Abb. 13–12 Brotkrümelnavigation

7. Prüfen Sie die Eingaben, indem Sie auf den Link *Neues Element* klicken. Geben Sie einen Testeintrag ein und speichern Sie ihn.

Sie werden feststellen, dass die Reihenfolge der Eingabefelder nicht optimal gewählt ist. Fließender wäre es, wenn beispielsweise das Auswahlfeld *Anrede* vor *Besuchername* platziert ist. Auch die Titelspalte muss von jedem Mitarbeiter ausgefüllt werden, was die Eingabe nicht unbedingt vereinfacht. Durch einige Änderungen der Listenspalten können wir diese kleinen Probleme lösen.

13.5.3 Websitespalten anpassen

1. Wechseln Sie in die Einstellungen der *Liste*. Klicken Sie dafür in das Register *Liste*, danach klicken Sie in der Gruppe *Einstellungen* auf die Schaltfläche *Listeneinstellungen*. Zunächst werden wir einen Standardwert für die Titelspalte festlegen und bestimmen, dass diese Spalte keine Informationen enthalten muss.

2. Klicken Sie im Bereich *Spalten* auf den Namen der Spalte **Titel** (siehe Abb. 13–13).

Abb. 13-13   Durch Klicken auf den Spaltennamen gelangt man in die Spalteneinstellungen.

3. Im Bereich *Diese Spalte muss Informationen enthalten* wählen Sie die Option **Nein**.

> **Hinweis**
>
> Durch die Option *Diese Spalte muss Informationen enthalten* erzwingen wir das Ausfüllen dieser Spalte. Sie wird zu einem Pflichtfeld. Wenn eine Person ein Element ausfüllt und die Pflichtfelder leer lässt, kann das Element nicht in der Liste oder Bibliothek gespeichert werden.

4. Geben Sie im unteren Bereich der Einstellungen bei Standardwert *Besuchervoranmeldung* ein.

Damit wird der Eintrag *Besuchervoranmeldung* standardmäßig als Vorgabe in jedem neuen Element automatisch eingetragen. Die Mitarbeiter brauchen diese Spalte nicht mehr auszufüllen (siehe Abb. 13–14).

> **Tipp**
>
> Eine Alternative wäre eine Umbenennung der Spalte *Titel* z. B. in *Besuchername*. Dann könnten die Mitarbeiter den Besuchernamen direkt in diese umbenannte Spalte eintragen. In diesem Beispiel geht es jedoch um das Setzen der Standardwerte.

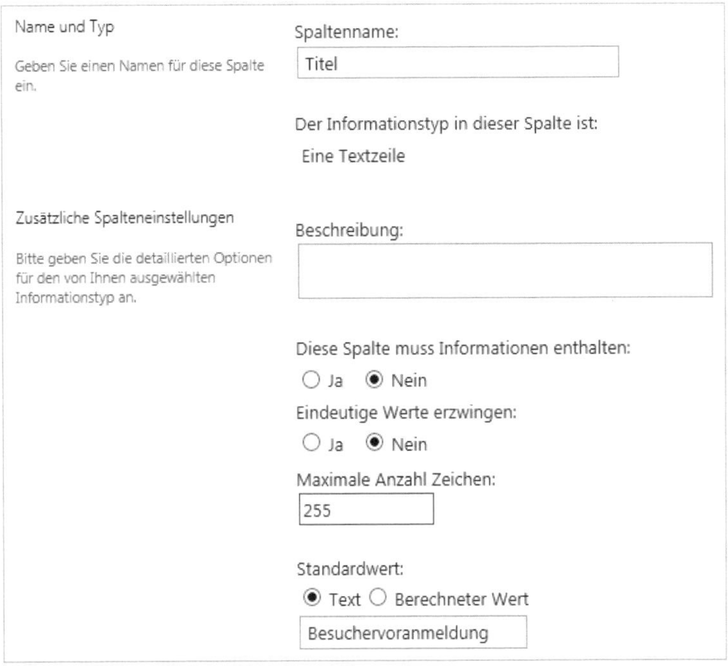

13.5 Besucherprotokollierung

Abb. 13-14 Die Spalte *Titel* mit einem Standardwert, der automatisch jedem neuen Element zugewiesen wird

5. Bestätigen Sie Ihre Eingabe mit einem Klick auf **OK**. Bleiben Sie im Fenster.

> **Tipp**
>
> Eine Alternative wäre eine Umbenennung der Spalte *Titel* z.B. in *Besuchername*. Dann könnten die Mitarbeiter den Besuchernamen direkt in diese umbenannte Spalte eintragen. In diesem Beispiel geht es jedoch um das Setzen der Standardwerte.

13.5.4 Die Reihenfolge von Eingabefeldern in Elementformularen ändern

Zum Abschluss werden Sie die Eingabefeld-Reihenfolge, also die Sortierung der Spalten, ändern. Die Reihenfolge, die wir jetzt festlegen, wirkt sich direkt im Elementformular aus.

1. Wechseln Sie in die *Einstellungen* der Liste.
2. Klicken Sie im Bereich *Spalten* auf den Link **Spaltensortierung** (siehe Abb. 13–15).

Abb. 13–15   Der Link *Spaltensortierung* befindet sich im Bereich *Spalten*.

3. Legen Sie die Reihenfolge so fest, dass die Felder im Formular fließend eingegeben werden können (siehe Abb. 13–16).
4. Bestätigen Sie Ihre Eingabe mit einem Klick auf *OK*.

Abb. 13–16   Die Feldreihenfolge für das Eingabeformular

Prüfen Sie erneut die Eingabe in einem neuen Element und ändern Sie gegebenenfalls die Feld- bzw. Sortierreihenfolge.

13.5.5   Eine Kalenderansicht erstellen

Damit die Mitarbeiter am Empfang eine genaue Übersicht der Besucher pro Tag oder Woche erhalten, werden Sie in diesem Abschnitt eine Kalenderansicht erstellen.

1. Wechseln Sie in die Liste *Besuchervoranmeldung*.
2. Klicken Sie direkt in der Liste auf die drei Punkte, um das Menü der Liste zu öffnen (siehe Abb. 13–17).

13.5 Besucherprotokollierung

![Besuchervoranmeldung Menü]

Abb. 13–17 Zum Öffnen eines Menüs klicken Sie auf die drei Punkte.

3. Klicken Sie im Pull-down-Menü auf den Eintrag *Ansicht erstellen*.
4. Nutzen Sie im darauf folgenden Dialogfeld den Link *Kalenderansicht* (siehe Abb. 13–18).

Abb. 13–18 Für die Einstellung einer Kalenderansicht wird durch Klicken auf den Link *Kalenderansicht* eine Ansichtsvorlage verwendet.

5. Vergeben Sie den Namen *Neue Kalenderansicht*.
6. Aktivieren Sie die Option *Öffentliche Ansicht* erstellen, damit später alle Mitarbeiter, die mit dieser Liste arbeiten, auch auf diese Ansicht zugreifen können.
7. Wählen Sie im Bereich *Zeitintervall* bei *Anfang* die zuvor erstellte Spalte *Ankunftszeit* und bei *Ende* die Spalte *Abreisezeit* (siehe Abb. 13–19).
8. Nehmen Sie im Bereich *Kalenderspalten* jeweils für den Titel die Spalte *Besuchernamen*. Als Unterüberschrift selektieren Sie die Spalte *Besuchte Person*. Die jeweiligen Spalteninhalte werden später in der Kalenderansicht angezeigt.

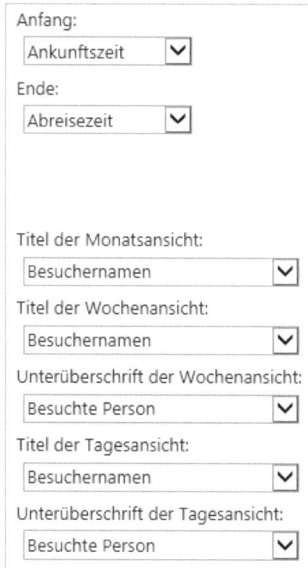

Abb. 13–19 Diese Inhalte werden später in der Kalenderansicht eingeblendet.

9. Übernehmen Sie alle weiteren Einstellungen und bestätigen Sie Ihre Eingabe mit *OK*.

Sie gelangen nun direkt in die Kalenderansicht. Da es sich bei dieser Liste ursprünglich nicht um eine vordefinierte Kalenderliste handelt, können wir in dieser Kalenderansicht nicht durch einen Doppelklick oder über einen Hyperlink ein neues Element hinzufügen.

10. Klicken Sie in das Register *Elemente*. Ihnen wird im Menüband die Schaltfläche *Neues Element* angezeigt. Hierüber lassen sich neue Elemente hinzufügen.

Für einige Mitarbeiter wird dieser Weg zum Erstellen eines neuen Elements zu umständlich sein, deshalb haben wir diese Ansicht nicht als Standardansicht festgelegt. Wenn Sie zurück auf die Empfangswebsite navigieren und erneut die Liste öffnen, werden Sie feststellen, dass wieder die ursprüngliche Listenansicht erscheint. Erst wenn ein Empfangsmitarbeiter speziell die Kalenderansicht auswählt, wird diese angezeigt.

13.5.6 Websitespalten in der Ansicht ein- oder ausblenden

Wenn Ihnen in einer Ansicht die Reihenfolge oder Anzeige der Spalten nicht gefällt, können Sie die Ansicht der Liste so ändern, dass Sie nur die Spalten sehen, die für Ihren Alltag relevant sind. Spalten, die nicht benötigt werden, können ausgeblendet werden.

13.5 Besucherprotokollierung

1. Wechseln Sie über die Schnellstartnavigation in die Liste *Besuchervoranmeldung*, damit Sie in die Standardansicht gelangen.
2. Öffnen Sie direkt in der Liste das Menü, dargestellt mit den drei Punkten.
3. Wählen Sie den Eintrag *Ansicht ändern*.
4. Aktivieren Sie im Bereich *Spalten* nur die Spalten *Besuchernamen, Firma, Anrede, Besuchte Person, Ankunftszeit, Abreisezeit* und *Besucherausweis-Nr.* Deaktivieren Sie alle anderen Spalten.
5. Legen Sie im Bereich *Position von Links* die Reihenfolge der Spalten fest. Stellen Sie *Firma* auf *1*; *Anrede* auf *2*, *Besuchernamen* auf *3*, *Besuchte Person* auf *4* und *Ankunftszeit* sowie *Abreisezeit* auf *5* und *6* (siehe Abb. 13–20). Alle übrigen festgelegten Spalten werden automatisch ans Ende gestellt. In diesem Fall die *Besucherausweis-Nr.*

Anzeigen	Spaltenname	Position von links
☑	Firma	1
☑	Anrede	2
☑	Besuchernamen	3
☑	Besuchte Person	4
☑	Ankunftszeit	5
☑	Abreisezeit	6
☑	Besucherausweis-Nr.	7
☐	Anlagen	8
☐	App erstellt von	9
☐	App geändert von	10
☐	Bearbeiten (Hyperlink zum Bearbeitungselement)	11
☐	Erstellt	12
☐	Erstellt von	13

Abb. 13–20 Deaktivierte Spalten und eine neue Anordnung der Spaltenreihenfolge für die Standardansicht

6. Übernehmen Sie alle weiteren Einstellungen und bestätigen Sie Ihre Eingaben mit einem Klick auf die Schaltfläche *OK* im oberen Bildschirmbereich.

13.5.7 Bereitstellen der Liste auf der Website »Testsite«

Damit die Mitarbeiter eines Unternehmens die Liste *Besuchervoranmeldung* sofort wiederfinden, werden Sie diese Liste direkt mit der übergeordneten Website *Testsite* verknüpfen.

> **Hinweis**
>
> Um eine Verknüpfung einer SharePoint-Liste oder -Bibliothek mit einer anderen Website vorzunehmen, benötigen Sie die Berechtigung, die Zielwebsite zu bearbeiten. Falls Ihnen die Berechtigung dazu fehlt, bitten Sie Ihren SharePoint-Administrator, die Verknüpfung für Sie vorzunehmen.

1. Navigieren Sie zur Website *Testsite*.
2. Klicken Sie im Webpart *Erste Schritte* auf den Link *Entfernen* (siehe Abb. 13–21).

Abb. 13–21 Der Webpart *Erste Schritte* lässt sich über den Link *Entfernen* löschen.

3. Wählen Sie über das Register *Seite* in der Gruppe *Bearbeiten* zunächst die Schaltfläche *Auschecken* und dann *Bearbeiten* durch einen Klick aus (siehe Abb. 13–22). Sie gelangen in den Bearbeitungsmodus der Website.

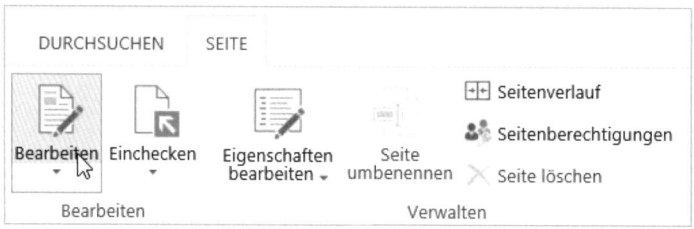

Abb. 13–22 Das Register *Seite* besitzt die Schaltflächen *Auschecken* und *Bearbeiten*. Darüber lässt sich die Seite in den Bearbeitungsmodus setzen. Sobald die Seite ausgecheckt wurde, besitzt das Register *Seite* die Schaltfläche *Einchecken*.

4. Positionieren Sie den Cursor dort auf der Website, wo Sie eine Verknüpfung zur Liste *Besuchervoranmeldung* einfügen möchten.
5. Schreiben Sie »*Hier geht es zur Besuchervoranmeldung:*« und drücken Sie die Taste *Enter*.
6. Da Sie sich in einem Textwebpart befinden, werden Ihnen am oberen Bildschirmrand zusätzliche Register angezeigt. Klicken Sie in das Register *Einfügen*.

13.5 Besucherprotokollierung

7. Wählen Sie in der Gruppe *Links* den unteren Schaltflächenbereich der Schaltfläche *Verknüpfung* (siehe Abb. 13–23).
8. Klicken Sie auf den Befehl *Von SharePoint*.

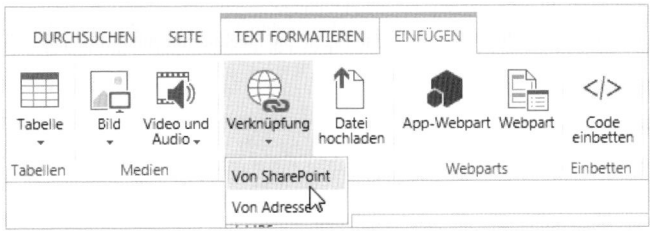

Abb. 13–23 Über das Register *Einfügen* können Verknüpfungen zu anderen Websites oder Internetseiten hergestellt werden.

9. Im Websitedialog *Ein Objekt auswählen* wählen Sie im rechten Fensterbereich die Website aus, auf der sich die zu verknüpfende Liste befindet. In diesem Beispiel also *Empfangsmanagement*. Ihnen werden alle Inhalte der Website angezeigt (siehe Abb. 13–24).

Abb. 13–24 Vorhandene Listen und Bibliotheken werden angezeigt.

10. Wählen Sie danach ebenfalls im linken Fensterbereich die Liste *Besuchervoranmeldung* durch Anklicken aus.
11. Im unteren Fensterbereich wird Ihnen die Adresse/URL angezeigt.
12. Bestätigen Sie Ihre Auswahl mit einem Klick auf die Schaltfläche **OK**.
13. Sie gelangen zurück auf die Website *Testsite* und Ihnen wird zusätzlich das Register *Link* oberhalb des Menübands angezeigt, sobald Sie auf den eingefügten Link klicken.
14. Im Register *Link* können Sie festlegen, dass beim Anklicken der verknüpften Liste ein neues Register im Webbrowser geöffnet wird. Auch eine Beschrei-

bung für den Link sowie ein Lesezeichen können Sie festlegen (siehe Abb. 13–25).

15. Aktivieren Sie das Kontrollkästchen *In neuer Registerkarte öffnen*. Dann wird beim Klicken auf den Link ein neuer Tab im Browserfenster geöffnet.

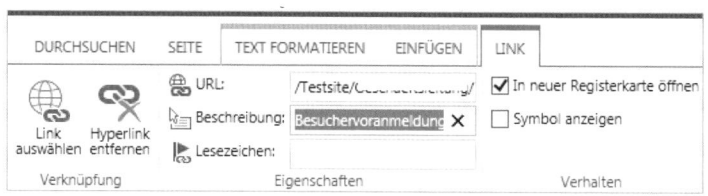

Abb. 13-25   Das Register *Link* mit den Möglichkeiten der Verknüpfungstools

16. Navigieren Sie in das Register *Seite* und bestätigen Sie Ihre Änderung mit einem Klick auf die Schaltfläche *Speichern* und checken Sie die Seite wieder ein (siehe Abb. 13–26).

Abb. 13-26   Sobald Sie Änderungen vorgenommen haben, sollten Sie Ihre Arbeit immer wieder speichern.

Dort, wo Sie die Verknüpfung eingefügt haben, wird Ihnen nun die gewünschte SharePoint-Liste als Link angezeigt.

17. Durch das Anklicken des Links *Besuchervoranmeldung* wird die Liste *Besuchervoranmeldung* in einer neuen Registerkarte geöffnet.

Hinweis

Beachten Sie immer das Berechtigungsprinzip von SharePoint. Besitzen Mitarbeiterinnen oder Mitarbeiter keine Berechtigung auf Ihrer Website, so können sie auf keine Inhalte Ihrer Website zugreifen. In diesem Beispiel würden Benutzer ohne Berechtigungen die Meldung *Zugriff verweigert* bzw. *Sie besitzen nicht die Zugriffsrechte* erhalten.

13.6 Fahrzeugverwaltung

In diesem Beispiel möchte ich Ihnen erweiterte Möglichkeiten der SharePoint-Listen aufzeigen. Für die Fahrzeugverwaltung wird je Fahrzeug ein Kalender angelegt. In diesem Kalender können Informationen über Websitespalten festgehalten werden. Später werden die einzelnen Kalender in einem Übersichtskalender zusammengeführt, sodass eine schnelle Übersicht der verliehenen Fahrzeuge zur Verfügung steht. Es ist für das Empfangsteam wichtig zu wissen, wie lange ein Fahrzeug von einer Mitarbeiterin oder einem Mitarbeiter ausgeliehen wird. Der Verwendungszweck und die verantwortliche Kostenstelle sind genauso wichtig wie der Name des Mitarbeiters. Für dieses Beispiel werden Sie die Kostenstellen in Microsoft Excel angeben und daraus eine SharePoint-Liste erstellen. Über eine zusätzliche Spalte im Kalender können Sie später die Kostenstellen nachschlagen und auswählen. Zunächst erstellen Sie in Excel eine neue Tabelle für Kostenstellen.

13.6.1 Eine Excel-Tabelle in eine SharePoint-Liste umwandeln/exportieren

Wenn Sie eine Excel-Tabelle besitzen, die Sie gerne weiterhin in SharePoint verwalten und pflegen möchten, so achten Sie darauf, dass sie keine leeren Zeilen oder Spalten besitzt.

1. Wechseln Sie zuerst auf die Website *Empfangsmanagement*.
2. Drücken Sie die Taste *F6*, damit die URL der Website markiert wird.
3. Kopieren Sie die URL in die Zwischenablage. Verwenden Sie dafür gegebenenfalls die Tastenkombination *STRG+C*. Die URL benötigen Sie gleich in Excel.
4. Öffnen Sie eine neue Arbeitsmappe in *Microsoft Excel*.
5. Schreiben Sie in die Zelle A1 *Kostenstelle* und bestätigen Sie mit *Enter*.
6. Schreiben Sie in die Zelle A2 eine beliebige Zahl als Kostenstelle und bestätigen Sie erneut mit *Enter*.
7. Geben Sie drei weitere Kostenstellen ein (siehe Abb. 13–27).
8. Klicken Sie in den Datenbereich, achten Sie jedoch darauf, dass eine Zelle aktiviert, aber nicht markiert ist (siehe Abb. 13–27).

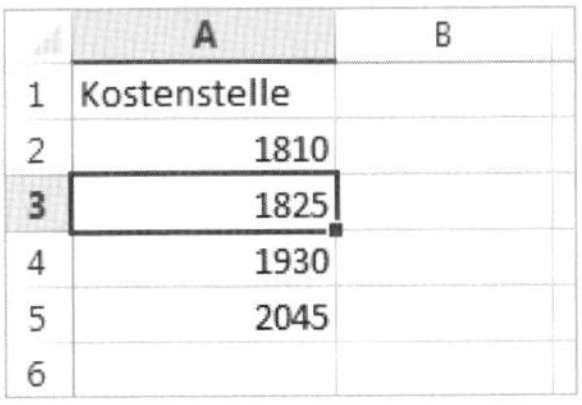

	A	B
1	Kostenstelle	
2	1810	
3	1825	
4	1930	
5	2045	
6		

Abb. 13–27 In Excel erfasste Daten können in eine SharePoint-Liste exportiert werden.

9. Drücken Sie nun die Tastenkombination *STRG+L*, um eine Tabelle aus dem Datenbereich zu generieren.
10. Im darauf folgenden Dialog prüfen Sie, ob der gesamte Datenbereich markiert ist (siehe Abb. 13-28).
11. Aktivieren Sie das Kontrollkästchen, dass Ihre Tabelle Überschriften besitzt, und bestätigen Sie mit *OK*.

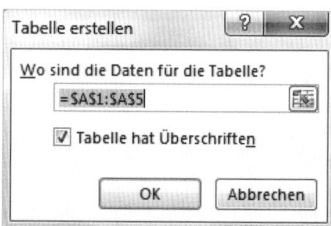

Abb. 13-28 Der Datenbereich wird ausgewählt und die Tabelle besitzt die Überschrift *Kostenstelle*.

Excel generiert nun aus dem Datenbereich eine Tabelle und Sie sehen im oberen Bereich des Menübands zwei weitere Register namens *Tabellentools* und *Entwurf*.

12. Im Register *Entwurf* klicken Sie in der Gruppe *Externe Tabellendaten* auf die Schaltfläche *Exportieren*.
13. Im Kontextmenü wählen Sie den Befehl *Tabelle in SharePoint-Liste exportieren* (siehe Abb. 13-29).

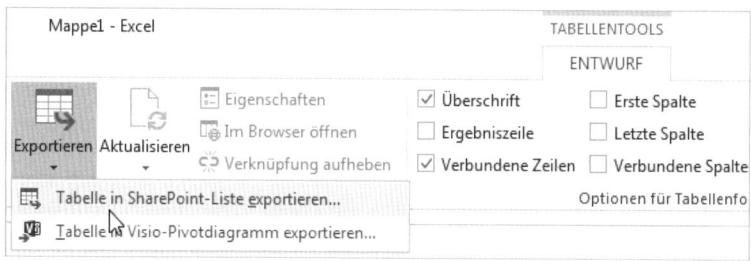

Abb. 13-29 Im Register *Entwurf* können Daten in andere Anwendungen exportiert werden.

14. Im nachfolgenden Dialogfeld löschen Sie im Bereich Adresse den Eintrag *http://* (siehe Abb. 13-30).
15. Klicken Sie in das Feld *Adresse* und fügen Sie die URL ein, die sich in der Zwischenablage befindet. Verwenden Sie dafür die Tastenkombination *STRG+V*.
16. Löschen Sie den letzten Bereich der URL bis zu Empfangsmanagement, da sonst keine Verbindung zum SharePoint-System hergestellt werden kann.

17. Geben Sie im Eingabefeld *Name* den Namen der Liste ein. Der Name wird auch in SharePoint für die Liste verwendet. In diesem Beispiel schreiben Sie »*Kostenstellen*«.
18. Schreiben Sie den Verwendungszweck dieser Liste in das Eingabefeld *Beschreibung*.
19. Bestätigen Sie Ihre Eingaben mit einem Klick auf die Schaltfläche **OK**.

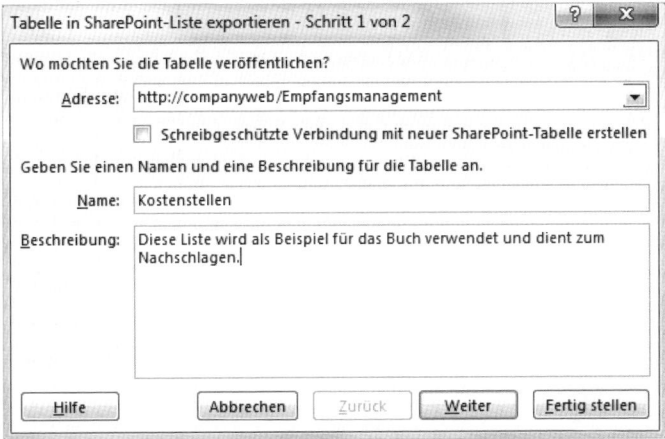

Abb. 13–30 Das Dialogfeld mit der eingefügten URL der Website *Empfangsmanagement*, Namen und einer Beschreibung

20. Im Dialogfeld klicken Sie auf die Schaltfläche **Weiter**, damit Sie im nächsten Schritt sehen, welche Zellformatierungen in die SharePoint-Liste übernommen werden. In diesem Fall generiert SharePoint eine Websitespalte des Datentyps *Zahl*.
21. Bestätigen Sie mit einem Klick auf die Schaltfläche **Fertig stellen**. Die Verbindung zu Ihrem SharePoint-System wird aufgebaut.
22. Sobald die Übertragung zu SharePoint erfolgreich abgeschlossen ist, erhalten Sie einen Dialog, den Sie mit **OK** bestätigen (siehe Abb. 13–31).

Abb. 13–31 Das Dialogfeld nach einer erfolgreichen Übertragung zum SharePoint-System

23. Wechseln Sie zurück auf die Website *Empfangsmanagement*.
24. Die in SharePoint importierte Liste *Kostenstellen* wird nicht standardmäßig eingeblendet. Navigieren Sie über die Schnellstartleiste in die **Websitein-**

halte. Da hier alle vorhandenen Listen und Bibliotheken angezeigt werden, finden Sie auch die importierte Liste *Kostenstellen* (siehe Abb. 13–32).

Abb. 13-32 Die aus Excel importierte Liste kann über die Websiteinhalte aufgerufen werden.

25. Öffnen Sie die Liste *Kostenstellen*.
26. Wechseln Sie über das Register *Liste* in die Gruppe *Einstellungen*.
27. Klicken Sie auf die Schaltfläche **Listeneinstellungen**.

Die Liste besitzt den Dateityp *Zahl*. Das bedeutet, dass höhere Zahlen mit einem Tausendertrennzeichen dargestellt werden. Es wäre in Excel möglich gewesen, die Zellformatierung auf *Text* festzulegen, damit kein Tausendertrennzeichen angezeigt wird. Jedoch möchte ich Ihnen zeigen, wie Sie die Einstellungen im Nachhinein ändern können.

1. Navigieren Sie zu dem Bereich *Spalten*.
2. Klicken Sie auf die Spalte **Kostenstelle**. Sie gelangen direkt in die Spalteneinstellungen.
3. Wählen Sie als Informationstyp *Eine Textzeile* aus (siehe Abb. 13–33).
4. Bestätigen Sie Ihre Eingaben im unteren Fensterbereich mit einem Klick auf die Schaltfläche *OK*.

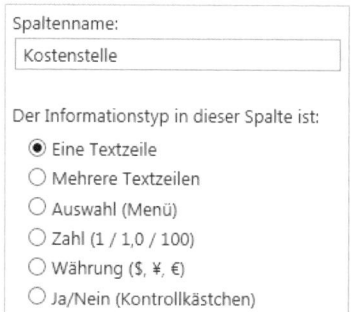

Abb. 13-33 Der geänderte Informationstyp der Spalte *Kostenstelle*. Zahlen werden immer mit dem Tausendertrennzeichen dargestellt.

Für dieses Beispiel wird die Liste nur zum Nachschlagen im Kalenderelement benötigt. Sie wissen, dass diese Liste über die *Websiteinhalte* jederzeit aufrufbar ist und Sie sie dort pflegen und verwalten können. Ansonsten können Sie die Schnellstartleiste im Bearbeitungsmodus öffnen und die Liste in die Schnellstart-

13.6 Fahrzeugverwaltung

navigation ziehen. Alternativ können Sie sie, wenn Sie sich in den Einstellungen befinden, über den Link *Listenname, -beschreibung und -navigation* ebenfalls dauerhaft in der Schnellstartnavigation anzeigen lassen (siehe Abb. 13–34).

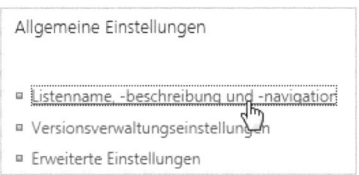

Abb. 13–34 Zur dauerhaften Einblendung der Liste in der Schnellstartleiste kann über die *Listeneinstellungen/Listenname, -beschreibung und -navigation* die Liste eingeblendet werden.

Im weiteren Verlauf kommen wir auf die Liste *Kostenstellen* zurück.

13.6.2 Einen Kalender anlegen

Für die Fahrzeugverwaltung benötigt die Abteilung einen Übersichtskalender aller Fahrzeuge. Die Fahrzeuge selbst werden von Mitarbeitern des Unternehmens für Geschäftsfahrten benutzt. In diesem Beispiel werden Sie einen Kalender für ein Fahrzeug erstellen und daraus eine Vorlage machen. Mit der Vorlage erstellen Sie weitere Kalender, die Sie später in einem Übersichtskalender konsolidieren, also zusammenführen.

1. Wechseln Sie gegebenenfalls auf die Website *Empfangsmanagement*.
2. Öffnen Sie die **Websiteinhalte**.
3. Im Bereich *Listen, Bibliotheken und andere Apps* klicken Sie auf die Schaltfläche *App hinzufügen* (siehe Abb. 13–35).

Abb. 13–35 Die Schaltfläche *App hinzufügen* zum Hinzufügen weiterer Listen und Bibliotheken

4. Klicken Sie in das *Suchfeld* und geben Sie »*Kalender*« ein und bestätigen Sie Ihre Eingabe mit der *Enter*-Taste.
5. Ihnen werden die Listen aufgelistet, die für Kalender verwendet werden können. Klicken Sie einmal auf die angebotene Liste *Kalender*, um sie zu erstellen.
6. Im darauf folgenden Dialogfeld klicken Sie rechts unten auf den Link *Erweiterte Optionen*, damit Sie nicht nur den Namen für den Kalender festlegen, sondern auch eine Beschreibung, wozu diese Liste verwendet wird, eingeben können.
7. Im Bereich *Name und Beschreibung* klicken Sie in das Feld *Namen* und tippen dort »*Audi A3*« ein, als Alternative könnten Sie auch das Kennzeichen des Fahrzeuges eingeben.
8. Im Eingabefeld *Beschreibung* tippen Sie »*Ein Beispiel zum Buch*« ein.
9. Übernehmen Sie alle weiteren Einstellungen und bestätigen Sie Ihre Eingabe mit einem Klick auf die Schaltfläche *Erstellen*. Sie werden direkt in den Kalender weitergeleitet (siehe Abb. 13–36).

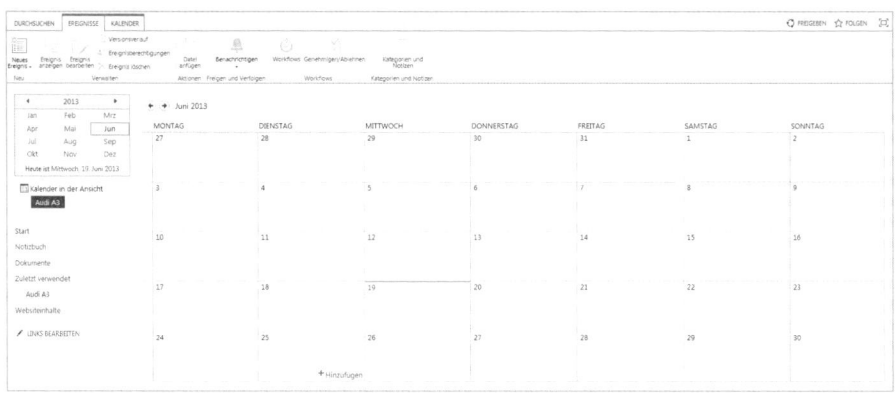

Abb. 13–36 Ein erstellter Kalender besitzt immer die Monatsansicht als Standardansicht.

Wenn Sie einen neuen Termin eintragen möchten, klicken Sie direkt auf den Link *Hinzufügen*, der Ihnen in der Monatsansicht angezeigt wird, sobald Sie auf den Tag zeigen. Es öffnet sich dann ein sogenanntes Elementformular, in dem Sie sämtliche Informationen zu dem Termin hinzufügen können. Jedoch sind die vorhandenen Informationen im Elementformular nicht ausreichend für dieses Beispiel. Zu einem Fahrzeug muss immer die Person eingetragen werden, die es ausgeliehen hat. Zusätzlich wird die Kostenstelle der Mitarbeiterin oder des Mitarbeiters bei der Vergabe des Fahrzeugs benötigt. Dafür haben Sie bereits die Liste für die Kostenstellen aus Excel importiert. Auch innerhalb der auswählbaren Kategorien im Kalender sollten andere Einträge wie beispielsweise *Geschäftlich*, *Privat*, *Kundenbesuch* auswählbar sein. Der Kalender muss dementsprechend angepasst werden (siehe Abb. 13–37).

Abb. 13–37   Das Elementformular eines neuen Elements im Kalender und die vorhandenen Kategorien

13.6.3   Eine Websitespalte umbenennen

Für dieses Beispiel benötigen Sie eine Websitespalte im Kalender, in die die jeweilige Person eingetragen wird, die das Fahrzeug reserviert hat. In diesem Beispiel möchte ich Ihnen zeigen, wie Sie die Titelspalten umbenennen und für den Mitarbeiternamen verwenden können.

1. Wechseln Sie über die Website *Empfangsmanagement* in den Kalender *Audi A3*.
2. Navigieren Sie über das Register *Kalender* in die Gruppe *Einstellungen* in die **Listeneinstellungen** (siehe Abb. 13–39).

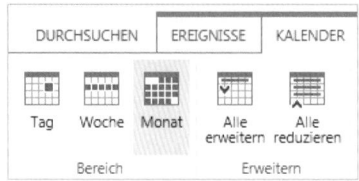

Abb. 13–38 Das Register *Kalender* verfügt über Befehle, die den Kalender betreffen.

Abb. 13–39 Die Kalendereinstellungen befinden sich in der Gruppe *Einstellungen*.

3. Navigieren Sie zu dem Bereich **Spalten** im mittleren Fensterbereich.
4. Klicken Sie auf den Link der Spalte **Titel**. Die Einstellungen der Spalte werden geöffnet.
5. Löschen Sie im Bereich *Name und Typ* bei *Spaltenname* das Wort **Titel**.
6. Schreiben Sie als Spaltennamen »*Mitarbeitername*«. Sie ändern damit die Titelspalte in diesem Kalender.
7. Im Eingabefeld *Beschreibung* geben Sie folgenden Text ein: »*Bitte geben Sie Ihren Vor- und Nachnamen ein.*« Damit fordern Sie später die Mitarbeiter auf, ihren Namen einzugeben (siehe Abb. 13–40).

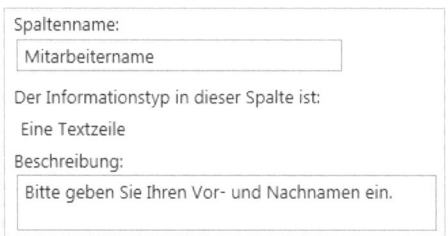

Abb. 13–40 Websitespalten können umbenannt werden. Im Eingabefeld *Beschreibung* können Anweisungen erfasst werden.

8. Bestätigen Sie Ihre Eingabe mit einem Klick auf die Schaltfläche **OK**. Der Spaltenname wurde geändert und in der Übersicht sehen Sie jetzt die Spalte *Mitarbeitername*. Bleiben Sie in den Einstellungen des Kalenders.

13.6.4 Eine Websitespalte ändern

In diesem Beispiel besitzt die Spalte *Kategorie* nicht die von uns gewünschte Auswahl. Die Mitarbeiter sollen angeben, ob es sich um geschäftliche oder private Fahrten handelt, wenn sie ein Firmenfahrzeug ausleihen. Deshalb wird die Websitespalte *Kategorie* angepasst.

1. In den Einstellungen des Kalenders navigieren Sie in den Bereich **Spalten**.
2. Klicken Sie auf den Link der Spalte **Kategorie**. Die Einstellungen der Spalte öffnen sich.
3. Im Bereich *Zusätzliche Spalteninformationen* finden Sie die Kategorien, die derzeit ausgewählt werden können. Klicken Sie in das Feld *Geben Sie jede Auswahl in einer neuen Zeile ein:* und löschen Sie die vorhandenen Einträge.
4. Schreiben Sie folgende Wörter untereinander in das Feld *Geschäftlich*, *Privat* und *Kundenbesuch* (siehe Abb. 13–41).

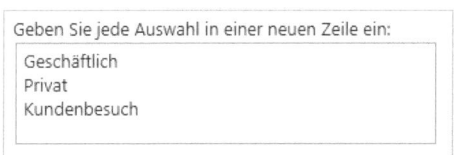

Abb. 13–41 Die Kategorien lassen sich mit eigenen Einträgen bestücken, sodass Informationen ausgewählt werden können, die Sie tatsächlich benötigen.

5. Bestätigen Sie danach Ihre Eingaben mit einem Klick auf die Schaltfläche *OK*. Bleiben Sie im Fenster.

13.6.5 Eine Websitespalte zum Nachschlagen von Inhalten der Website erstellen

Im Abschnitt 13.6.1 haben Sie eine Liste namens *Kostenstellen* aus Excel importiert. Nun geht es darum, eine Websitespalte zu erstellen, die in dieser Liste nachschlägt.

1. Sie befinden sich im Kalender **Audi A3**.
2. Navigieren Sie über das Register *Kalender* in die Gruppe *Einstellungen*.
3. Klicken Sie auf die Schaltfläche **Listeneinstellungen**.
4. Navigieren Sie in den Einstellungen zu dem Bereich *Spalten*.
5. Klicken Sie auf den Link **Spalte erstellen** (siehe Abb. 13–42).

Abb. 13–42 Der Link *Spalte erstellen* in den Einstellungen einer Liste oder Bibliothek

6. Im Bereich *Namen und Typ* vergeben Sie den Spaltennamen *Kostenstelle*.
7. Wählen Sie als Informationstyp der Spalte **Nachschlagen** *(in Informationen, die sich bereits auf dieser Website befinden)*.
8. Schreiben Sie in das Eingabefeld *Beschreibung*: »*Bitte wählen Sie Ihre Kostenstelle aus.*«
9. Legen Sie fest, dass diese Spalte Informationen enthalten muss.
10. Wählen Sie über den Drop-down-Pfeil bei *Informationen kommen aus:* die Liste *Kostenstellen* aus.
11. Direkt darunter können Sie die Spalte aus der Quellliste *Kostenstellen* wählen, die Sie abrufen möchten. In diesem Fall wählen Sie über den Drop-down-Pfeil bei *In dieser Spalte:* **Kostenstelle** aus (siehe Abb. 13–43).
12. Übernehmen Sie alle Einstellungen und bestätigen Sie dies mit einem Klick auf die Schaltfläche **OK**.

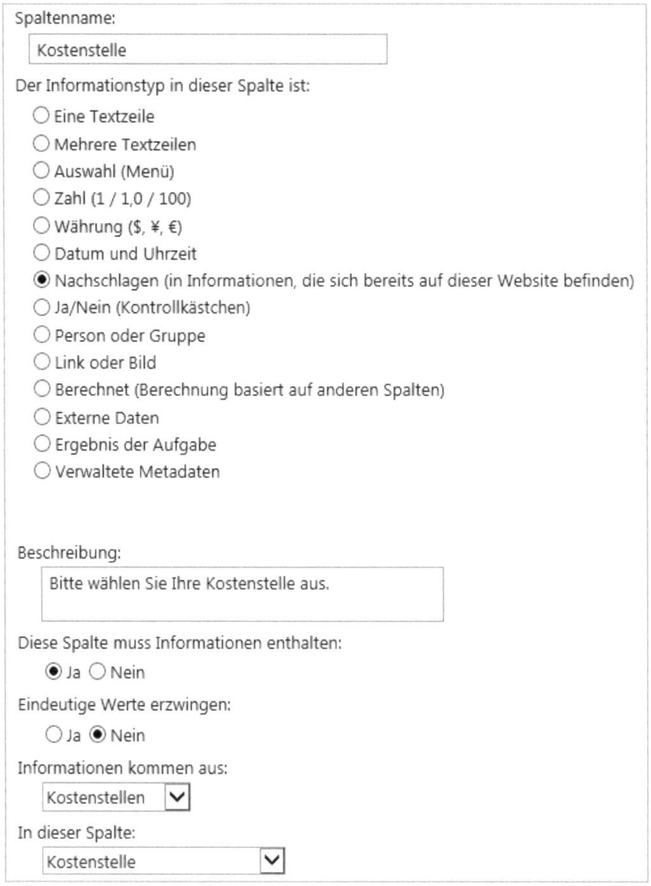

Abb. 13–43 Die Einstellungen der Nachschlagespalte. Die Informationen der Liste *Kostenstellen* sollen nachgeschlagen werden.

13.6 Fahrzeugverwaltung

> **Listenbeziehungen**
>
> Sie können bei Nachschlagespalten festlegen, ob Sie eine Löschweitergabe oder eine Löschbeschränkung festlegen möchten. Das bedeutet, wenn Sie die Löschweitergabe aktivieren, dass bei Löschvorgängen innerhalb der Quellliste, hier Kostenstellen, die Löschung automatisch in der Zielliste *Audi A3* weitergegeben wird. Damit sind bei älteren Einträgen gegebenenfalls die Kostenstellen nicht mehr nachvollziehbar. Wählen Sie jedoch die Löschbeschränkung, bleiben alte Einträge mit den alten Werten bestehen. Die Kostenstellen können jedoch zukünftig nicht weiter vom Anwender ausgewählt werden.

13. Damit Sie Ihre Änderungen im Kalender sehen können, wählen Sie in der Schnellstartnavigation den Kalender *Audi A3* aus.
14. Fügen Sie einen Beispieleintrag hinzu, indem Sie auf einen Tag zeigen und auf den Link *Hinzufügen* klicken.

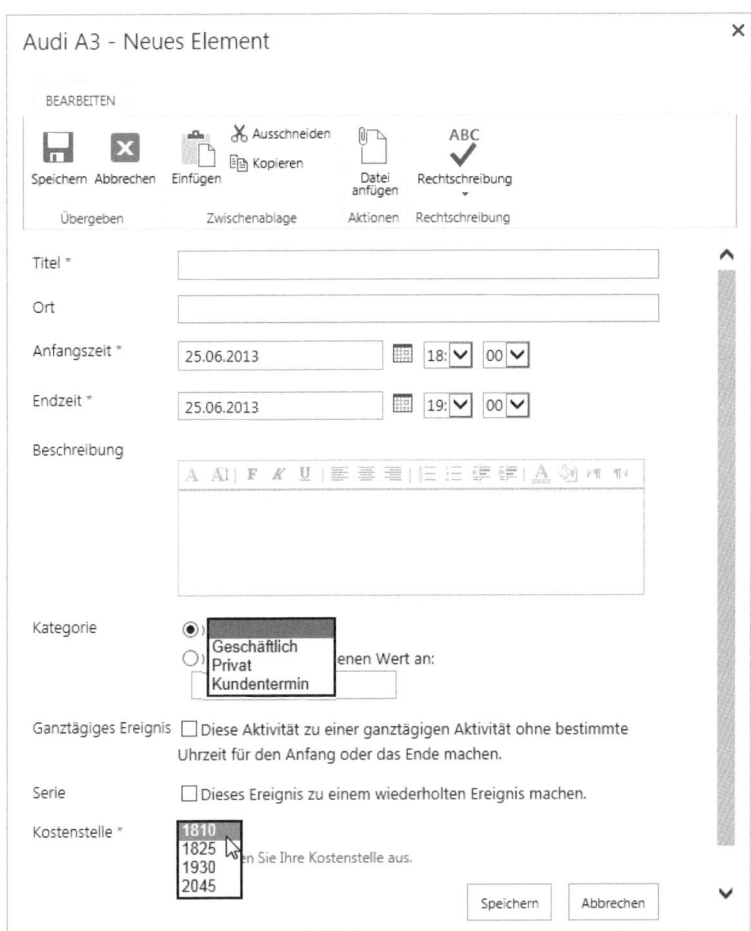

Abb. 13-44 Das Eingabeformular nach der Bearbeitung der Websitespalten

13.6.6 Eine Kalendervorlage erstellen

Der Kalender besitzt jetzt die Eigenschaften, die von der Abteilung angefordert waren. Jetzt kann der vorbereitete Kalender als Vorlage gespeichert und für weitere Fahrzeuge verwendet werden.

1. Navigieren Sie in den Kalender *Audi A3*.
2. Wählen Sie im Register *Kalender* in der Gruppe *Einstellungen* die Schaltfläche *Listeneinstellungen* durch einen Klick aus.
3. Im Bereich *Berechtigungen und Verwaltung* finden Sie den Link *Liste als Vorlage speichern* (siehe Abb. 13–45). Klicken Sie auf diesen Link.

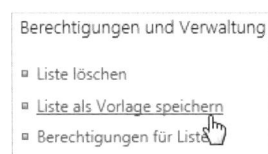

Abb. 13–45 Bibliotheken und Listen lassen sich als Vorlage speichern, damit sparen Sie Zeit, wenn Sie sie mehrmals benötigen.

> **Hinweis**
>
> Wird bei Ihnen der Link *Liste als Vorlage speichern* nicht angezeigt, so liegt es an den fehlenden Berechtigungen. Befragen Sie in dem Fall Ihren SharePoint-Administrator, ob er Ihnen erweiterte Berechtigungen geben kann.

4. Vergeben Sie als *Dateinamen* einen aussagekräftigen Namen. Für dieses Beispiel habe ich den Dateinamen *Fahrzeugverwaltung* verwendet.
5. Verwenden Sie als *Vorlagennamen* den Dateinamen.
6. Beschreiben Sie, wozu diese Vorlage verwendet wird, damit informieren Sie Ihre Kolleginnen und Kollegen über ihre Verwendung.
7. Übernehmen Sie alle weiteren Einstellungen und bestätigen Sie sie mit einem Klick auf die Schaltfläche *OK*.
8. Sie erhalten ein Dialogfeld, in dem Ihnen mitgeteilt wird, dass die Vorlage erfolgreich im Vorlagenkatalog gespeichert wurde. Bestätigen Sie diesen Dialog mit einem Klick auf die Schaltfläche *OK*.

13.6.7 Einen neuen Kalender auf Basis einer benutzerdefinierten Vorlage erstellen

Nachdem Sie den Kalender als Vorlage gespeichert haben, können Sie weitere Kalender auf der Grundlage dieser Vorlage erstellen.

1. Wechseln Sie gegebenenfalls auf die Website *Empfangsmanagement*.
2. Klicken Sie in der Schnellstartnavigation auf den Link **Websiteinhalte**.
3. Im Bereich *Listen, Bibliotheken und andere Apps* klicken Sie auf die Schaltfläche **App hinzufügen**.
4. Klicken Sie in das *Suchfeld* und geben Sie »Fahrzeugverwaltung« oder den Namen ein, den Sie der Vorlage gegeben haben, und bestätigen Sie Ihre Eingabe mit der *Enter*-Taste.
5. Die von Ihnen gewünschte Vorlage wird gefiltert und angezeigt. Klicken Sie einmal auf die Kalendervorlage, um daraus einen neuen Kalender zu erstellen.
6. Im darauf folgenden Dialogfeld klicken Sie rechts unten auf den Link *Erweiterte Optionen*, damit Sie nicht nur den Namen für den Kalender festlegen, sondern auch eine Beschreibung, wozu diese Liste verwendet wird, eingeben können.
7. Im Bereich *Name und Beschreibung* klicken Sie in das Feld *Namen* und tippen dort »*Mercedes GLK 220?*« ein, als Alternative schreiben Sie das Kennzeichen als Namen für den Kalender.
8. Im Eingabefeld *Beschreibung* tippen Sie »*Ein Beispiel zum Buch*« ein.
9. Übernehmen Sie alle weiteren Einstellungen und bestätigen Sie Ihre Eingabe mit einem Klick auf die Schaltfläche *Erstellen*. Sie werden direkt in den Kalender weitergeleitet.
10. Erfassen Sie in diesem Kalender einen Beispieleintrag.
11. Erstellen Sie einen weiteren Kalender namens *Fahrzeugübersicht* auf Basis der erstellten Vorlage. Wiederholen Sie dafür die Schritte 1–11.

13.6.8 Eine Liste dauerhaft in der Schnellstartnavigation einblenden

Die Fahrzeugübersicht wird ständig vom Personal aufgerufen. Es ist daher sinnvoll, diesen Kalender in der Schnellstartnavigation dauerhaft einzublenden.

1. Navigieren Sie in die Liste, die Sie dauerhaft einblenden möchten.
2. Klicken Sie im Register *Liste/Kalender* in der Gruppe *Einstellungen* auf die Schaltfläche **Listeneinstellungen**.
3. Im Bereich *Allgemeine Einstellungen* wählen Sie den Link **Listenname, -beschreibung und -navigation** durch einen Klick aus.

4. Aktivieren Sie in der folgenden Seite die Option *Liste in der Schnellstartleiste anzeigen*.
5. Bestätigen Sie Ihre Auswahl mit einem Klick auf die Schaltfläche *Speichern*. Der Kalender wird nun dauerhaft in der Schnellstartnavigation angezeigt.

13.6.9 Kalender zusammenführen

Damit Sie einen Überblick über alle Fahrzeuge in einem Kalender erhalten, haben Sie im vorherigen Abschnitt 13.6.2 einen Übersichtskalender erstellt. Diesem Kalender werden nun die Kalender der einzelnen Fahrzeuge hinzugefügt.

1. Navigieren Sie in den Kalender *Fahrzeugübersicht*.
2. Im linken Bereich der Navigation, direkt unter dem kleinen Monatskalender, klicken Sie auf den Link *Kalender in der Ansicht* (siehe Abb. 13–46).

Abb. 13–46 Über den Link *Kalender in der Ansicht* können Kalender zusammengeführt werden.

3. In der darauf folgenden Seite klicken Sie im oberen Bereich auf den Link *Neuer Kalender* (siehe Abb. 13–47).

Abb. 13–47 Im oberen Fensterbereich befindet sich der Link *Neuer Kalender*, darüber lassen sich weitere Kalender hinzufügen.

4. Schreiben Sie im Eingabefeld *Kalendernamen* »Audi A3« oder das amtliche Kennzeichen, das Sie dem Kalender gegeben haben.

13.6 Fahrzeugverwaltung

5. Belassen Sie die Option *SharePoint* bestehen, damit dieser Kalender auf der aktuellen Website nach weiteren SharePoint-Kalendern sucht.
6. In das Eingabefeld *Beschreibung* schreiben Sie den Zweck für diesen Kalender.
7. Im Bereich *Farbe* wählen Sie über den Drop-down-Pfeil eine Farbe für diesen Kalender aus. Damit erreichen Sie, dass die Fahrzeuge später in der Übersicht mit unterschiedlichen Farben dargestellt werden können.
8. Klicken Sie im Bereich *Web-URL* auf die Schaltfläche **Auflösen** (siehe Abb. 13–48). Erst dann wird innerhalb der aktuellen Website nach weiteren Kalendern abgefragt.

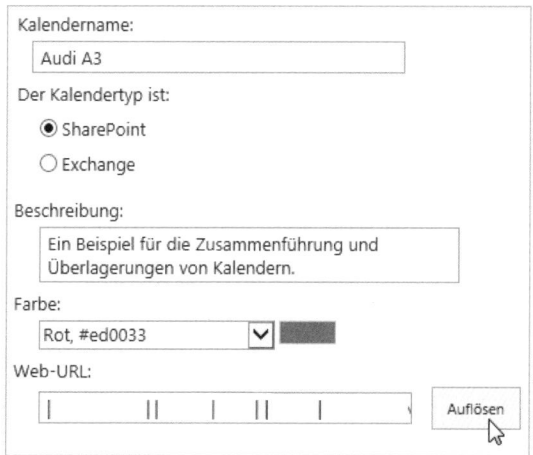

Abb. 13–48   Erst durch einen Klick auf die Schaltfläche *Auflösen* werden vorhandene Kalender auf der aktuellen Website abgefragt.

9. Sobald die Abfrage nach vorhandenen Kalendern durchgeführt wurde, können Sie im nächsten Schritt den Kalender *Audi A3* oder den mit dem amtlichen Kennzeichen auswählen. Klicken Sie dafür auf den Drop-down-Pfeil bei *Liste*. Ihnen werden alle vorhandenen Kalender angezeigt.
10. Über den Drop-down-Pfeil bei *Listenansicht* wählen Sie **Kalender**.
11. Aktivieren Sie das Kontrollkästchen **Immer anzeigen**, damit der Kalender *Audi A3* immer in diesem Kalender angezeigt wird (siehe Abb. 13–49).

Abb. 13–49   Die Auswahl des Kalenders, der in diesem Übersichtskalender angezeigt werden soll

12. Abschließend bestätigen Sie Ihre Eingabe mit einem Klick auf die Schaltfläche *OK*.
13. Wiederholen Sie die Schritte 1–12 für den Kalender *Mercedes GLK 220*. Wählen Sie für den Kalender jedoch eine andere Farbe aus.
14. Wechseln Sie danach in den Kalender **Fahrzeugübersicht**. Die einzelnen Fahrzeuge werden in der Navigation aufgelistet (siehe Abb. 13–50). Sobald Sie in der Navigation ein Fahrzeug anklicken, wird der dazugehörige Kalender geöffnet.

Abb. 13-50   In der Navigation des Übersichtskalenders werden die einzelnen Fahrzeuge aufgelistet.

In der Monatsansicht des Übersichtskalenders werden die Fahrzeuge mit unterschiedlichen Farben dargestellt (siehe Abb. 13–51).

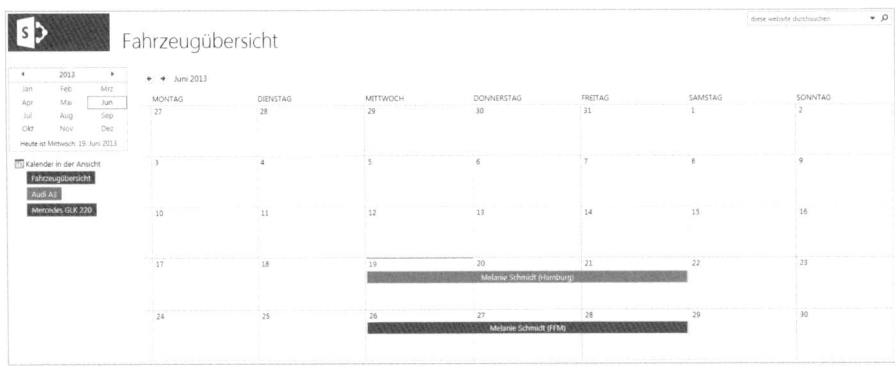

Abb. 13-51   Eine Übersicht aller Fahrzeuge durch die Zusammenführung von Kalendern einer Website

13.7 Synchronisation mit Microsoft Office

Sie haben in allen Listen und Bibliotheken die Möglichkeit, eine Verbindung zu Microsoft-Office-Produkten herzustellen. Der Weg zur Verbindung mit einem Office-Programm ist immer identisch. Jedoch werden in den unterschiedlichen Listen und Bibliotheken nur bestimmte Office-Anwendungen angeboten. Während die Projektaufgabenliste Ihnen die Möglichkeit anbietet, die Aufgaben mit Microsoft Project, Excel und Access zu verbinden, können Sie den SharePoint-Kalender mit Outlook, Excel oder Access verbinden. Sie finden die Befehlsgruppe *Verbinden und Exportieren* immer in den Registern *Liste*, *Bibliothek* oder *Kalender*. Wird Ihnen eine Schaltfläche zum Verbinden ausgegraut angezeigt, so ist das gewünschte Programm gegebenenfalls nicht auf Ihrem System installiert. Die Verbindung eines Kalenders mit Ihrem Outlook kann sehr sinnvoll sein. Sie haben dadurch die Möglichkeit, Termine und Ereignisse im SharePoint-Kalender über Outlook festzulegen.

13.7.1 Einen SharePoint-Kalender mit Outlook verbinden

Zum Verbinden eines Kalenders mit Microsoft Outlook gehen Sie folgendermaßen vor:

1. Wechseln Sie in den Kalender **Audi A3**.
2. Klicken Sie in das Register **Kalender**.
3. Navigieren Sie zur Gruppe *Verbinden und Exportieren* und klicken Sie dort auf die Schaltfläche **Verbindung mit Outlook herstellen** (siehe Abb. 13–52).

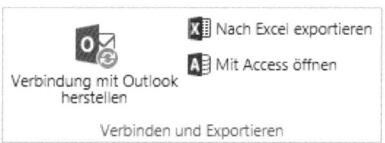

Abb. 13–52 Die Verbindung eines Kalenders zu Outlook herstellen

4. Sie erhalten zwei Hinweise, ob Sie eine Verbindung zum Öffnen des Programms auf Ihrem Computer zulassen möchten. Bestätigen Sie diese mit einem Klick auf die Schaltfläche **Zulassen**.
5. Sie werden direkt in die Anwendung weitergeleitet.
6. Es folgt ein weiterer Hinweis, den Sie mit **OK** bestätigen.

Über die Navigation in Outlook können Sie den jetzt eingeblendeten Kalender ein- und ausblenden. Sie können im eingeblendeten Kalender Termine erfassen, die sich automatisch mit dem SharePoint-Kalender synchronisieren.

13.7.2 SharePoint-Kalender aus Outlook entfernen

Möchten Sie den Kalender nicht mehr in Outlook angezeigt bekommen, so gehen Sie folgendermaßen vor:

1. Wechseln Sie in Ihren *Outlook-Kalender*.
2. Auf der linken Seite von Outlook sehen Sie in der Navigation den SharePoint-Kalender. Klicken Sie mit der rechten Maustaste auf den Kalender, den Sie entfernen möchten (siehe Abb. 13–53).
3. Wählen Sie im Kontextmenü den Befehl *Kalender löschen*.
4. Betätigen Sie Ihren Löschvorgang mit einem Klick auf die Schaltfläche *Ja*. Der Kalender wird nur aus Outlook gelöscht. Er besteht weiterhin als SharePoint-Kalender auf der Website.

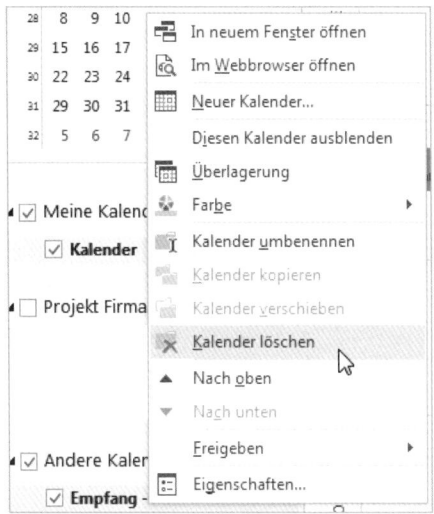

Abb. 13–53   Einen verbundenen SharePoint-Kalender aus Outlook löschen

13.8 Informationen zu Kantinen- und Restaurantangeboten bereitstellen

Um Ihnen weitere Beispiele für die Verwendung von Websitespalten zu zeigen, werden Sie jetzt einen Menüplan für die Kantine erstellen. Damit sich die Mitarbeiterinnen und Mitarbeiter über die aktuellen Tagesmenüs der Kantine informieren können, soll auf der Website *Empfangsmanagement* ein Infobereich mit den Tagesmenüs angezeigt werden. Somit motivieren Sie gleichzeitig die Mitarbeiter, diese Seite regelmäßig zu besuchen.

13.8.1 Eine benutzerdefinierte Liste für Tagesmenüs erstellen

Für die Bereitstellung der Menüs benötigen wir eine neue benutzerdefinierte SharePoint-Liste. In dieser Liste sollen die Küchenchefs die Tagesmenüs eintragen. Jedoch möchte der Küchenchef nicht täglich die Eintragungen vornehmen, sondern nur einmal im Monat. Diese SharePoint-Liste soll dann als Webpart auf der Website platziert werden und es sollen nur die tagesaktuellen Menüs angezeigt werden.

Wir benötigen folgende Informationen:

- Tagesmenü 1
- Tagesmenü 2
- Eine Datumsangabe, an welchem Tag es welches Menü in der Kantine gibt
- Eine Ansicht der SharePoint-Liste nur mit den Tagesmenüs, die heute in der Kantine angeboten werden

Zum Erstellen dieser benutzerdefinierten Liste gehen Sie wie folgt vor:

1. Wechseln Sie gegebenenfalls auf die Website *Empfangsmanagement*.
2. Öffnen Sie die **Websiteinhalte**.
3. Im Bereich *Listen, Bibliotheken und andere Apps* klicken Sie auf die Schaltfläche **App hinzufügen**.
4. Klicken Sie in das *Suchfeld* und geben Sie »*Benutzerdefiniert*« ein und bestätigen Sie Ihre Eingabe mit der **Enter**-Taste.
5. Ihnen werden die Listen aufgezeigt, die benutzerdefiniert verwendet werden können. Klicken Sie einmal auf die angebotene Liste **Benutzerdefinierte Liste**, um sie zu erstellen.
6. Im darauf folgenden Dialogfeld klicken Sie rechts unten auf den Link **Erweiterte Optionen**, damit Sie nicht nur den Namen für die Liste festlegen, sondern auch eine Beschreibung, wozu diese Liste verwendet wird, eingeben können.
7. Im Bereich *Name und Beschreibung* klicken Sie in das Feld *Namen* und tippen dort »*Tagesmenüs*« ein.
8. Im Eingabefeld *Beschreibung* tippen Sie: »*Ein Beispiel zum Buch, hier werden Tagesmenüs protokolliert.*«
9. Bestätigen Sie Ihre Eingabe mit einem Klick auf die Schaltfläche **Erstellen**. Sie werden in die Liste weitergeleitet.
10. In der Liste *Tagesmenüs* klicken Sie direkt auf den Link **bearbeiten** (siehe Abb. 13–54).

Abb. 13-54 Spalten können direkt in der Liste erstellt werden, wenn Sie auf den Link *bearbeiten* klicken.

11. Klicken Sie auf das Pluszeichen, um der Liste eine weitere Spalte hinzuzufügen (siehe Abb. 13–55).

Abb. 13-55 Das Hinzufügen der neuen Spalte über das Pluszeichen erfolgt direkt in der Bearbeitung der Spalte.

12. Wählen Sie im Kontextmenü den Eintrag *Datum und Uhrzeit* aus.
13. Geben Sie der Spalte den Namen *Speisen am:*.
14. Bestätigen Sie Ihre Eingabe mit der Taste **Enter**.
15. Wechseln Sie über das Kontextmenü des Pluszeichens auf den Befehl **Weitere Spaltentypen** (siehe Abb. 13–56).

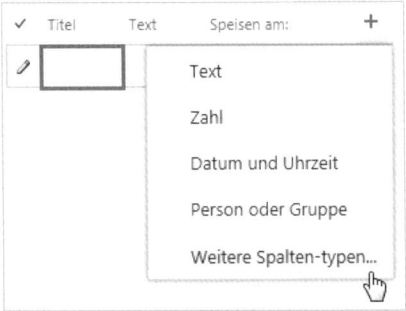

Abb. 13-56 Möchten Sie eine Spalte erstellen, die nicht in der Auswahl erscheint, so klicken Sie auf den Befehl *Weitere Spaltentypen*. Über diesen Weg können Sie weitere Einstellungen vornehmen.

16. Erstellen Sie zwei weitere Spalten für *Tagesmenü 1* und *Tagesmenü 2* jeweils als Textspalte.

13.8 Informationen zu Kantinen- und Restaurantangeboten bereitstellen

17. Beschreiben Sie die Spalten mit einem Verwendungszweck und legen Sie fest, dass sie Informationen enthalten müssen (siehe Abb. 13–57).
18. Bestätigen Sie Ihre Eingabe mit einem Klick auf die Schaltfläche *OK* ganz unten im Fenster.

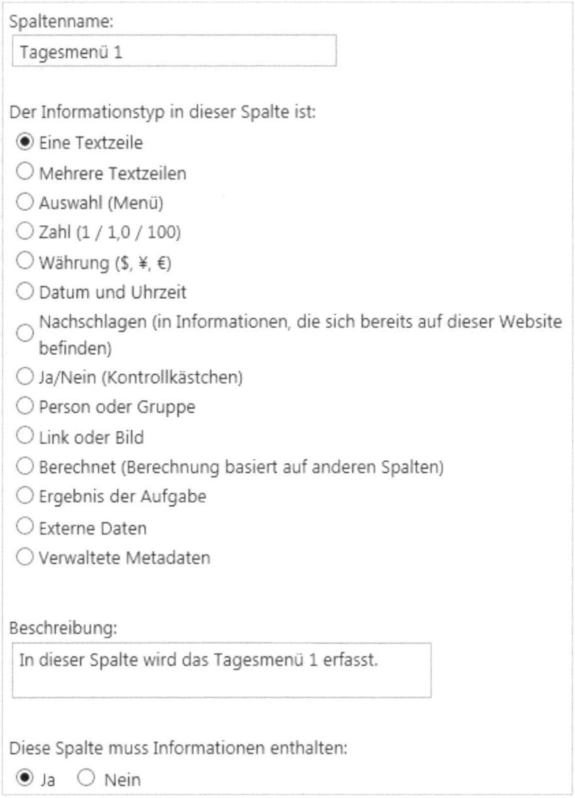

Abb. 13–57 Die Spalte eines Tagesmenüs

Über diese Schritte lassen sich neue Spalten hinzufügen und vorhandene können über den jeweiligen Spaltentitel geändert werden. Möchten Sie aber zusätzliche Einstellungen für die Spalte vornehmen, müssen Sie über die Listeneinstellungen gehen.

1. Navigieren Sie in das Register *Liste*.
2. Klicken Sie in der Gruppe *Einstellungen* auf die Schaltfläche ***Listeneinstellungen***.
3. Im Bereich *Spalten* klicken Sie auf den Namen der Spalte *Titel*. Tragen Sie als Standardwert *Tagesmenüs* ein und heben Sie die Option *Diese Spalte muss Informationen enthalten* auf. Somit braucht diese Spalte nicht bei jedem Eintrag ausgefüllt zu werden (siehe Abb. 13–58).

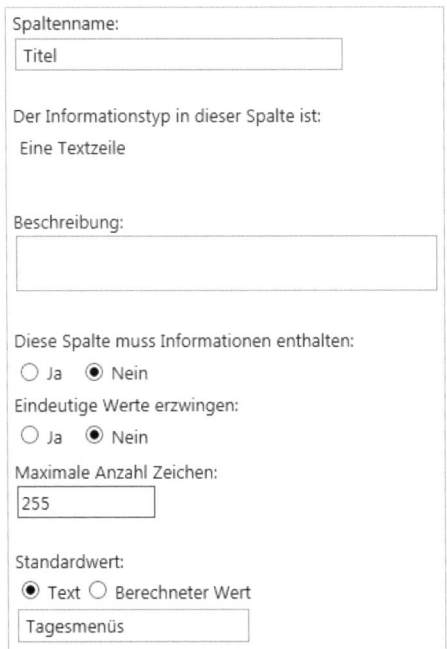

Abb. 13-58 Die Spalte *Titel* mit geänderten Einstellungen

4. Klicken Sie in den Listeneinstellungen im Bereich *Spalten* auf den Link *Spaltensortierung*. Damit das Eingabeformular einfach auszufüllen ist, legen Sie die Spaltensortierung fest. Legen Sie für das Formular die Spaltenposition von oben wie folgt fest: 1. *Speisen am:*, 2. *Tagesmenü 1*; 3. *Tagesmenü 2*, 4. *Titel* (siehe Abb. 13-59).

5. Bestätigen Sie Ihre Eingaben mit einem Klick auf die Schaltfläche *OK*.

Abb. 13-59 Die geänderte Spaltensortierung

6. Wechseln Sie in die Liste *Tagesmenüs* und legen Sie jeweils zwei Menüs für den heutigen und für den morgigen Tag an. Bleiben Sie im Fenster.

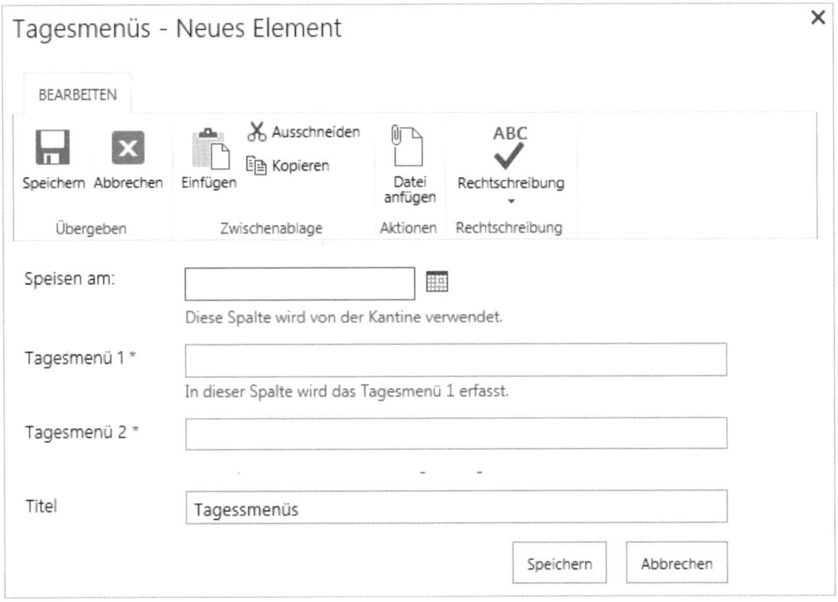

Abb. 13–60 Das leere Formular der SharePoint-Liste *Tagesmenüs*

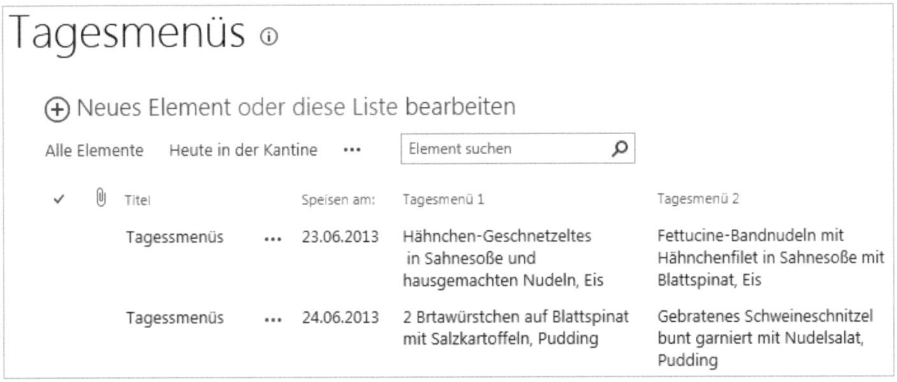

Abb. 13–61 Die SharePoint-Liste *Tagesmenüs* mit zwei neuen Einträgen

13.8.2 Filterungen über eine Ansicht herstellen

Möchten Sie innerhalb einer Liste oder Bibliothek nur bestimmte Informationen aus einer Spalte einblenden lassen, können Sie das über Filterfunktionen in den Ansichtseinstellungen vornehmen.

In unserem Beispiel sollen innerhalb eines Webparts auf der Website *Empfangsmanagement* nur die tagesaktuellen Menüs zu sehen sein. Verbinden Sie die Liste mit der Standardansicht und dem Webpart, werden alle Menüs aller Tage angezeigt. Damit die Filterung der Menüs nach dem aktuellen Datum erfolgen kann, erstellen Sie in diesem Beispiel eine neue Ansicht.

1. Navigieren Sie in die Liste *Tagesmenüs*.
2. Öffnen Sie direkt in der Liste das Menü, dargestellt mit den drei Punkten.
3. Wählen Sie im Kontextmenü den Befehl *Ansicht erstellen*.
4. Wählen Sie als Ansichtsformat die *Standardansicht*.
5. Vergeben Sie für diese Ansicht den Namen *Heute in der Kantine*.
6. Wählen Sie im Bereich *Anzeigen* nur die Spalten *Tagesmenü 1* und *Tagesmenü 2* aus. Deaktivieren Sie alle weiteren Spalten (siehe Abb. 13–62).

Abb. 13–62 Die ausgewählten Spalten für die Ansicht im Webpart

7. Navigieren Sie in den Bereich *Filter*.
8. Aktivieren Sie die Option *Elemente nur in folgendem Fall anzeigen*.
9. Wählen Sie im Bereich *Elemente anzeigen, wenn Spalte* die Spalte *Speisen am:* aus.
10. Legen Sie als Vergleichsoperator *ist gleich* fest.
11. Schreiben Sie in das leere Eingabefeld die Funktion *[heute]* in eckige Klammern (siehe Abb. 13–63).

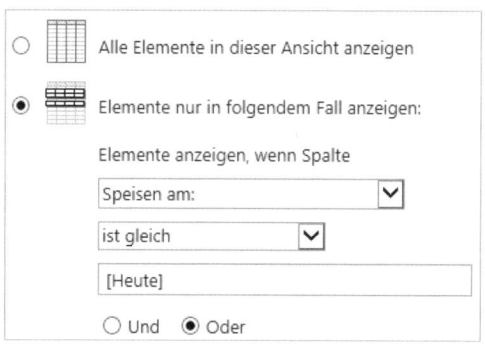

Abb. 13–63 Über die Filterfunktion können Sie Kriterien für die Ansicht festlegen, sodass nur bestimmte Einträge in der Liste angezeigt werden.

13.8 Informationen zu Kantinen- und Restaurantangeboten bereitstellen

12. Übernehmen Sie alle weiteren Einstellungen und bestätigen Sie Ihre Eingaben mit einem Klick auf die Schaltfläche *Erstellen* im unteren Bildschirmbereich. Die von Ihnen eingegebenen Tagesmenüs des heutigen Tages werden angezeigt. Die Menüs von morgen dürften nicht sichtbar sein.
13. Um wieder alle Einträge zu sehen, klicken Sie in der Liste auf den Link *Alle Elemente* (siehe Abb. 13–64).

Abb. 13–64 Über den Link *Alle Elemente* lassen sich alle Einträge einblenden.

Die erstellte Ansicht wird für die Ansicht im Webpart benötigt.

13.8.3 Die benutzerdefinierte Liste in einem Webpart anzeigen

In diesem Abschnitt werden Sie zunächst ein Webpart auf der Website *Empfangsmanagement* hinzufügen. Diesem Webpart wird die vorhandene Tagesmenüliste zugewiesen. Der Webpart selbst verwendet immer die Standardansicht einer Liste, also werden wir ihm die im vorherigen Abschnitt erstellte Ansicht zuweisen, damit nur die heutigen Tagesmenüs angezeigt werden.

1. Wechseln Sie auf die Website *Empfangsmanagement*.
2. Entfernen Sie den Webpart *Erste Schritte mit Ihrer Website*, indem Sie hinter dem Titel auf den Link *Entfernen* klicken (siehe Abb. 13–65).

Abb. 13–65 Der Webpart *Erste Schritte mit Ihrer Website* kann durch einen Klick auf den Link *Entfernen* von der Website entfernt werden.

3. Klicken Sie im Menüband auf das Register *Seite* und klicken Sie in der Gruppe *Bearbeiten* auf die Schaltfläche *Bearbeiten*.
4. Klicken Sie in den oberen freien Textwebpart und positionieren Sie dort den Cursor.
5. Navigieren Sie in das Register *Einfügen* und klicken Sie in der Gruppe *Webparts* auf die Schaltfläche *Webpart*.
6. In der Kategorie *Apps* werden die auf der Website vorhandenen Listen und Bibliotheken angezeigt, auch die benutzerdefinierte Liste *Tagesmenüs*.
7. Wählen Sie die Liste *Tagesmenüs* durch einen Klick aus.

8. Klicken Sie im rechten Fensterbereich auf die Schaltfläche *Hinzufügen* (siehe Abb. 13–66).

Abb. 13–66 Alle als Webpart zur Verfügung stehenden Listen und Bibliotheken werden angezeigt.

9. Im Titel des Webparts *Tagesmenüs* steht Ihnen ein Drop-down-Pfeil zur Verfügung. Klicken Sie auf diesen Pfeil (siehe Abb. 13–67).

Abb. 13–67 Über den Titel des Webparts kann der Drop-down-Pfeil geöffnet werden, um weitere Befehle auszuführen.

10. Klicken Sie auf den Eintrag *Webpart bearbeiten*. Im rechten Fensterbereich erscheint der Toolbereich, wo Sie Einstellungen für den Webpart vornehmen können.

11. Klicken Sie im Bereich *Listenansichten* auf den Drop-down-Pfeil bei *Aktuelle Ansicht* und klicken Sie auf den Namen *Heute in der Kantine* (siehe Abb. 13–68).

13.8 Informationen zu Kantinen- und Restaurantangeboten bereitstellen

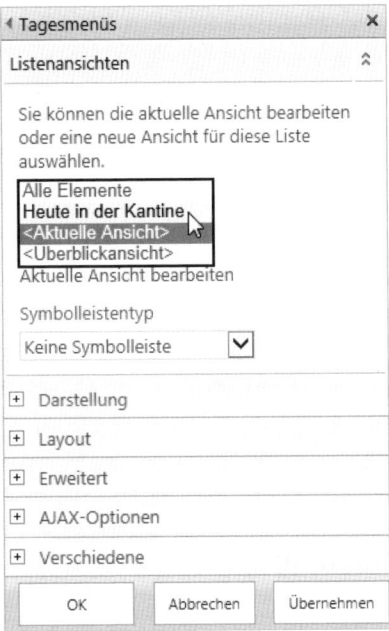

Abb. 13–68 Für einen Webpart können selbst erstellte Ansichten ausgewählt werden.

12. Wählen Sie direkt darunter im Bereich *Symbolleistentyp* über den Dropdown-Pfeil den Eintrag *Keine Symbolleiste* (siehe Abb. 13–69).

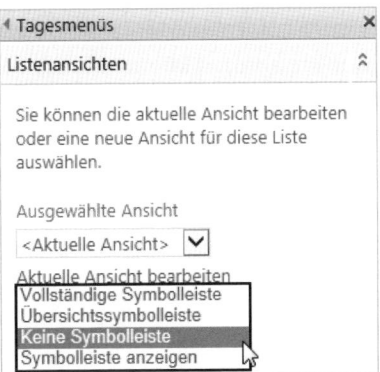

Abb. 13–69 Im Webpart soll keine Symbolleiste angezeigt werden.

13. Übernehmen Sie alle weiteren Einstellungen und bestätigen Sie unten im Toolbereichsfenster Ihre Eingaben mit einem Klick auf die Schaltfläche *OK*.
14. Bestätigen Sie das folgende Dialogfeld mit *OK*.
15. Zum Beenden der Seitenbearbeitung klicken Sie im Menüband im Register *Text formatieren* auf die Schaltfläche *Speichern*.

Ihnen werden jetzt auf der Website die tagesaktuellen Menüs in einem Webpart angezeigt (siehe Abb. 13–70).

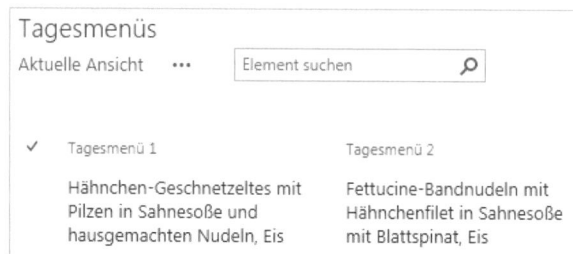

Abb. 13-70   Die im Webpart dargestellten Menüs

Der Chefkoch kann über die Empfangswebsite in der Tagesmenü-Liste seine Eintragungen vornehmen.

13.9 Zusammenfassung

Sie können jederzeit benutzerdefinierte Listen erstellen oder vorhandene Listenvorlagen an Ihre Bedürfnisse anpassen. Sie können innerhalb der Liste oder Bibliothek Websitespalten erstellen, die sich jedoch in keine andere Liste, Bibliothek oder Website vererben lassen. Sie können individuelle Ansichten generieren, mit Filterungen, die Informationen anzeigen, die Sie sehen oder bereitstellen möchten. Mit den von SharePoint mitgelieferten Kalendern lassen sich Kalenderüberlagerungen herstellen, sodass Sie Informationen aus dem Exchange-Server oder von anderen Kalendern der Website abrufen können. Für Informationen, die auf einer Website angezeigt werden sollen, stehen Webparts bereit, über die die gewünschten Informationen abgerufen werden können. Jedoch muss einem Webpart eine benutzerdefinierte Ansicht erst zugewiesen werden, da SharePoint immer auf die in der Liste oder Bibliothek festgelegte Standardansicht zurückgreift.

14 Vertriebsmanagement

14.1 Ausgangssituation

Das Vertriebsmanagement hat die Aufgabe, selbstständig den Verkauf der Produkte und Dienstleistungen durchzuführen. Auch die Betreuung und Unterstützung der Kunden nach einem erfolgreichen Auftrag liegt in den Händen der jeweiligen Vertriebsabteilung. Leider ist in der Vergangenheit ein starker Rückgang von Folgeaufträgen festgestellt worden. Die Mitglieder des Vertriebsteams sollen daher mehr Informationen zu Vertriebsstrategien erhalten und diese verinnerlichen.

14.2 Die Anforderungen der Abteilung

Für die Bereitstellung der Vertriebsstrategien, die sich derzeit in einer Ordnerstruktur auf dem Netzlaufwerk befinden, soll es zukünftig ein Vertriebshandbuch im SharePoint-Portal geben, auf das alle Vertriebsmitarbeiterinnen und -mitarbeiter schnell zugreifen können.

14.3 Schritte in diesem Kapitel

Für alle Vertriebsmitarbeiter wird in diesem Kapitel eine Website auf Basis der Vorlage *Teamwebsite* erstellt. Innerhalb dieser Website wird die Bibliothek *Wiki-Seitenbibliothek* für das Vertriebshandbuch angelegt. Über diese Bibliothek werden sämtliche Informationen der Vertriebsstrategien erfasst und somit für alle zugänglich gemacht. Alle SharePoint-Versionen verfügen über die Wiki-Seitenbibliothek.

14.4 Erstellen der Website »Vertriebsmanagement«

Um den Anforderungen der Abteilung gerecht zu werden, wird eine Website namens *Vertriebsmanagement* benötigt. Dazu verwenden wir die Websitevorlage *Teamsite*.

1. Navigieren Sie auf die *Fachbereiche*. Klicken Sie links in der Schnellstartnavigation auf den Link **Websiteinhalte**; wenn dieser Link bei Ihnen nicht angezeigt wird, klicken Sie auf das Zahnradsymbol für die Einstellungen.
2. Im darauf folgenden Fenster klicken Sie im unteren Bereich auf den Link **Neue Website**.
3. Vergeben Sie den Namen »*Vertriebsmanagement*« im Eingabefeld **Titel**.
4. Klicken Sie in das Eingabefeld *Beschreibung* und schreiben Sie folgenden Text: »*Willkommen im Vertriebsmanagement. Hier finden Sie alle aktuellen Informationen der Abteilung.*«
5. Danach geben Sie im Eingabefeld *URL* erneut den Namen »*Vertriebsmanagement*« ein.
6. Wählen Sie die Sprache aus, in der Sie die Website bereitstellen möchten.
7. Im Register **Zusammenarbeit** wählen Sie die Websitevorlage *Teamsite* durch einen Klick aus.
8. Vererben Sie die Berechtigungen und wechseln Sie weiter nach unten in den Bereich *Navigationsvererbung*. Bei *Leiste für häufig verwendete Links der übergeordneten Website verwenden?* setzen Sie die Option auf *Ja*.
9. Nachdem Sie Ihre Einstellungen vorgenommen haben, bestätigen Sie Ihre Eingabe mit einem Klick auf **Erstellen**.

Die Website steht nun für die weitere Bearbeitung bereit (siehe Abb. 14–1).

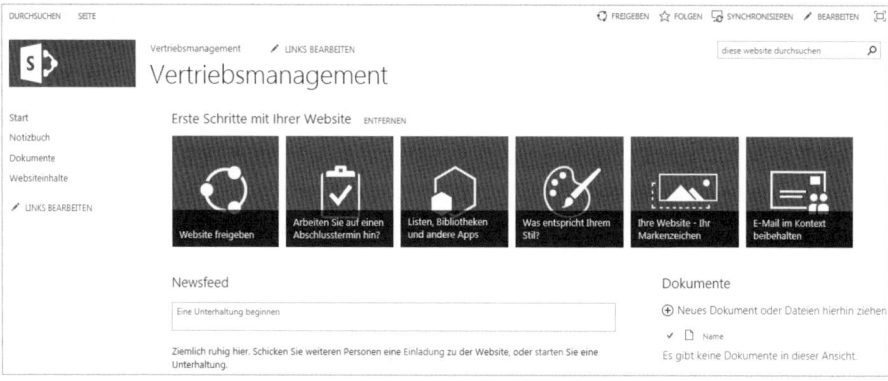

Abb. 14–1 Die Website *Vertriebsmanagement* direkt nach der Erstellung

14.5 Bereitstellen einer Wiki-Seitenbibliothek für das Vertriebshandbuch

Für die Bereitstellung des Vertriebshandbuchs möchte ich die Wiki-Seitenbibliothek verwenden. Diese Wiki-Seitenbibliothek steht in allen SharePoint-Versionen als App zur Verfügung. Zum Erstellen der Bibliothek gehen Sie folgendermaßen vor:

1. Klicken Sie links in der Schnellstartnavigation auf den Link **Websiteinhalte**.
2. Im darauf folgenden Fenster klicken Sie im oberen Bereich auf die Schaltfläche *App hinzufügen*.
3. Klicken Sie in das Suchfeld und geben Sie dort den Namen *Wiki* ein, damit nach der gewünschten App gesucht wird (siehe Abb. 14–2).
4. Bestätigen Sie Ihre Sucheingabe mit der *Enter*-Taste.

Abb. 14–2 Die gewünschte Wiki-Seitenbibliothek wurde gefunden.

5. Sobald die Wiki-Seitenbibliothek gefunden wurde, klicken Sie auf die Schaltfläche zum Erstellen der Bibliothek.
6. Es folgt ein Dialogfeld. Klicken Sie auf den Link **Erweiterte Optionen**, damit Sie eine geeignete Beschreibung der Bibliothek hinzufügen können und dem Nutzer des Wikis verdeutlichen, wozu sie verwendet und aufgesucht werden kann.
7. Klicken Sie in das Feld *Name* und schreiben Sie dort »Vertriebshandbuch«.
8. Im Feld *Beschreibung* schreiben Sie: »*Sie finden hier die aktuellen Informationen zu Vertriebsstrategien und Richtlinien.*«
9. Bestätigen Sie Ihre Eingabe mit einem Klick auf die Schaltfläche **Erstellen**. Sie werden direkt in die Wiki-Seitenbibliothek weitergeleitet (siehe Abb. 14–3).

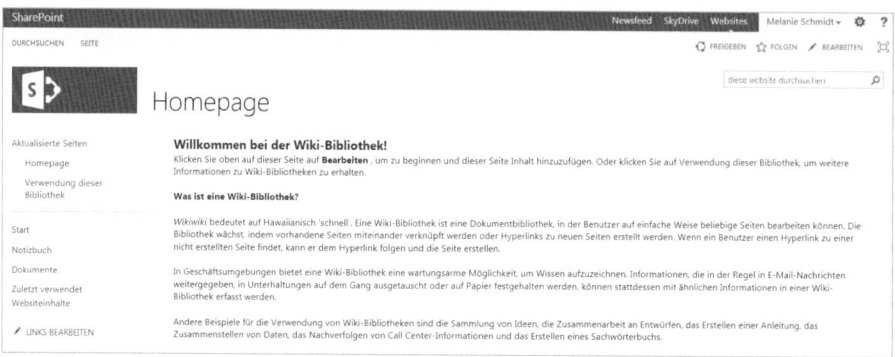

Abb. 14–3 Die Wiki-Seitenbibliothek direkt nach der Erstellung

14.5.1 Der Aufbau einer Wiki-Seitenbibliothek

Die Wiki-Seitenbibliothek kann man sich vorstellen wie eine Tageszeitung, in der verschiedene Artikel auf sogenannten Wiki-Seiten angelegt und verknüpft werden können. Die Wiki-Seitenbibliothek bietet die Möglichkeit, Texte zu erfassen und durch Hervorhebungen bestimmter Textpassagen zu formatieren. Sie können Links zu anderen Websites oder Inhalten hinzufügen und damit Verweise auf andere Inhalte festlegen. Jedoch bietet das Wiki nicht die Möglichkeit, per Kopieren und Einfügen beispielsweise Bilder innerhalb einer Wiki-Seite einzubinden. Das wiederum ist jedoch oftmals ein wichtiger Bestandteil bei der Arbeit mit einem Wiki, beispielsweise bei Wissenssammlungen in einem Unternehmen. In diesem Beispiel soll die Homepage der Wiki-Seitenbibliothek die Übersichtsseite werden, auf der die verweisenden Links auf eine der jeweiligen Vertriebsinformationen angezeigt und von der Belegschaft angeklickt werden können. Sobald auf einen Link geklickt wird, sollen die Benutzer auf eine separate Seite der gewünschten Vertriebsinformation gelangen.

Die Seitennavigation der Wiki-Homepage

Sie sehen auf der linken Seite des Fensterbereichs, dass sich innerhalb der Wiki-Seitenbibliothek die Schnellstartnavigation verändert hat (siehe Abb. 14–4). Im oberen Bereich sehen Sie den Link *Aktualisierte Seiten*, hier werden neue oder erst vor Kurzem geänderte Seiten angezeigt. Der Link *Homepage* und der Link *Verwendung dieser Bibliothek* sind zwei Wiki-Seiten, die automatisch bei der Bereitstellung der Wiki-Seitenbibliothek angelegt wurden. Die Homepage werden wir später anpassen.

14.5 Bereitstellen einer Wiki-Seitenbibliothek für das Vertriebshandbuch

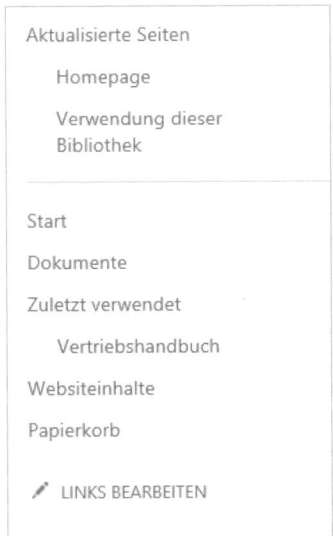

Abb. 14–4 Die Schnellstartnavigation in der Wiki-Seitenbibliothek

Das Register Seite

Anders als auf der Teamwebsite richtet sich das Register *Seite* in dieser Bibliothek an die im Kontext stehenden Befehle einer Wiki-Seite. Über das Register *Seite* gelangen Sie jederzeit in den Bearbeitungsmodus beziehungsweise den Entwurfsmodus der jeweils aufgesuchten Seite. Auch alle bereits erstellten Wiki-Seiten können Sie über dieses Register wiederfinden.

Klicken Sie dafür im Register *Seite* in der Gruppe *Seitenbibliothek* auf den Befehl ***Alle Seiten anzeigen*** (siehe Abb. 14–5). Sie gelangen darüber in die Websiteseiten-Bibliothek und können hier die vorhandenen Wiki-Seiten aufrufen oder weitere Einstellungen für die Wiki-Seitenbibliothek vornehmen.

Abb. 14–5 Das Register *Seite* in der Wiki-Seitenbibliothek

Wenn Sie sich alle Seiten anzeigen lassen, so sehen Sie auch die bereits von SharePoint mitgelieferten Seiten *Homepage* und *Verwendung dieser Bibliothek*. Wie in anderen SharePoint-Bibliotheken und -Listen auch können Informationen wie Elemente, Dokumente und hier Seiten bearbeitet oder gelöscht werden. Zusätzlich werden Ihnen die Register *Dateien* und *Bibliothek* angezeigt (siehe Abb. 14–6).

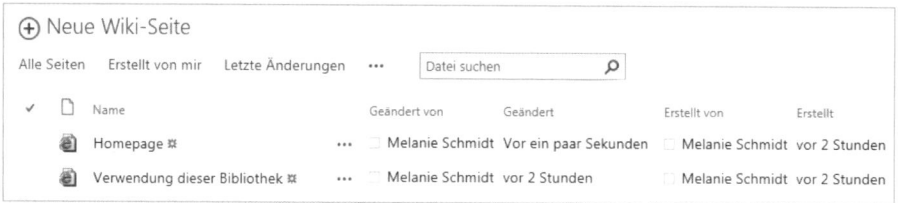

Abb. 14–6 Die von SharePoint mitgelieferten Seiten in der Wiki-Seitenbibliothek

Abb. 14–7 Die Register *Datei* und *Bibliothek* zum Bearbeiten der Inhalte und zum Einstellen der Bibliothek

Der Seiteninhalt

Auf der Wiki-Homepage-Seite sind bereits Texte vorhanden, die Sie nicht benötigen. Sie können jederzeit diesen Inhalt entfernen und mit eigenem Text versehen. Sie können auch eine komplett neue Seite anlegen und die von Ihnen angelegte Seite als Homepage-Seite definieren.

14.5.2 Anlegen einer neuen Wiki-Seite und Inhalte einbringen

In diesem Beispiel möchte ich Ihnen die Möglichkeiten einer Wiki-Seite aufzeigen. Es gibt unterschiedliche Wege, neue Wiki-Seiten anzulegen. In diesem Beispiel wird über die Bibliothek eine neue Seite erstellt.

1. Klicken Sie zunächst im Register *Seite* in der Gruppe *Seitenbibliothek* auf die Schaltfläche **Alle Seiten anzeigen**.
2. Klicken Sie direkt in der Bibliothek auf den Link **Neue**.
3. Schreiben Sie im Eingabefeld *Namen der neuen Seite* den Text »*Einleitung*«, auf dieser Wiki-Seite soll der Einleitungstext zum Vertriebshandbuch erfasst werden.
4. Bestätigen Sie Ihre Eingabe mit einem Klick auf die Schaltfläche **Erstellen**.

> **Tipp**
>
> Verwenden Sie keine Sonderzeichen für die Eingabe des Namens einer Seite. Die Sonderzeichen " # % * : < > ? \ / | dürfen nicht verwendet werden.

5. Sie gelangen direkt in die neu angelegte Seite und können den gewünschten Text eingeben.

6. Zunächst werden wir jedoch das Layout, also die Anordnung der Textfelder, ändern. Dafür klicken Sie im Register *Text formatieren* in der Gruppe *Layout* auf den Drop-down-Pfeil bei **Textlayout**.
7. Wählen Sie das Layout **Zwei Spalten mit Kopfzeile** durch einen Klick aus (siehe Abb. 14–8). Dadurch stehen Ihnen jetzt drei Webparts für die Texteingabe zur Verfügung.

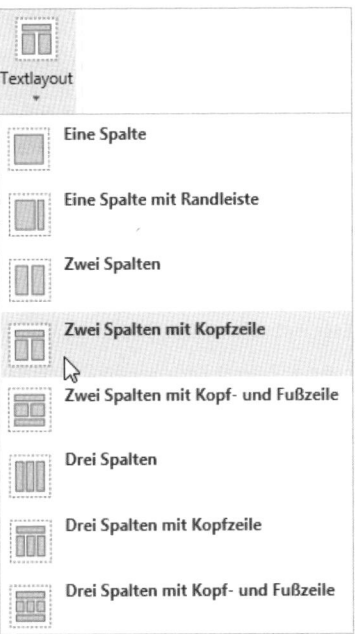

Abb. 14–8   Durch Auswahl des Textlayouts können Sie das Aussehen der Seite ändern und den Text entsprechend den Webparts anordnen.

8. Öffnen Sie danach die Word-Datei *Einleitung* im Ordner *Beispiele zum Buch*, Kapitel *Vertriebsmanagement*.
9. Markieren Sie die Überschrift *Einleitung* und den Absatz direkt unterhalb der Überschrift und kopieren Sie den Text in die Zwischenablage.
10. Wechseln Sie über die Taskleiste unten in Ihrem Bildschirm zur Wiki-Seite.
11. Klicken Sie nun in den ganz oberen Webpart der Seite, bis der Cursor dort blinkt.
12. Zum Einfügen des Textes wechseln Sie in das Register *Text formatieren*. Klicken Sie auf den unteren Bereich der Schaltfläche **Einfügen** der Gruppe *Zwischenablage*.
13. Wählen Sie den Befehl **Nur Text einfügen**. Damit ist gewährleistet, dass Sie keinerlei Formatierungen aus dem Word-Dokument übernehmen und sich die Formatierungen alleine an den Formaten der Seite orientieren. Bestätigen

Sie den nächsten Dialog mit **Zulassen**. Damit geben Sie an, dass Sie einverstanden sind, den Text einzufügen. Wenn Sie den Text 1:1 durch Kopieren und Einfügen übernehmen, kommt es vor, dass bestimmte Formate aus Word übernommen und nicht optimal dargestellt wurden beziehungsweise größere Zeilenabstände hinzugefügt werden, die Sie gegebenenfalls nicht wünschen. Dann müssten Sie die Änderungen auf der Seite vornehmen.

14. Nach dem Einfügen können Sie wie in Microsoft Word den Text markieren und formatieren. Nehmen Sie die gewünschten Formatierungen über das Register **Text formatieren** vor, heben Sie gegebenenfalls bestimmte Wörter durch die Formatierung hervor (siehe Abb. 14–9).

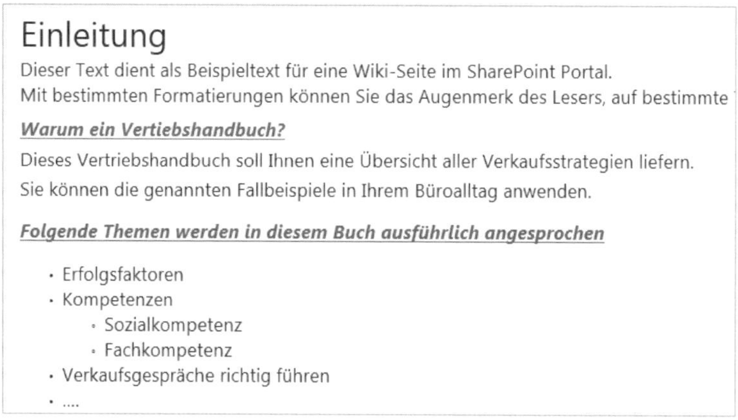

> **Einleitung**
> Dieser Text dient als Beispieltext für eine Wiki-Seite im SharePoint Portal.
> Mit bestimmten Formatierungen können Sie das Augenmerk des Lesers, auf bestimmte
>
> *Warum ein Vertiebshandbuch?*
> Dieses Vertriebshandbuch soll Ihnen eine Übersicht aller Verkaufsstrategien liefern.
> Sie können die genannten Fallbeispiele in Ihrem Büroalltag anwenden.
>
> *Folgende Themen werden in diesem Buch ausführlich angesprochen*
> - Erfolgsfaktoren
> - Kompetenzen
>   - Sozialkompetenz
>   - Fachkompetenz
> - Verkaufsgespräche richtig führen
> - ....

Abb. 14–9 Durch das Hervorheben von Wörtern richten Sie das Augenmerk der Leser auf bestimmte Textstellen in einem vorhandenen Text.

15. Sobald Sie den ersten Text eingefügt haben, kopieren Sie den restlichen Text aus dem Word-Dokument in die Zwischenablage.
16. Fügen Sie den kopierten Text in den Webpart auf der linken Seite des Fensters erneut ein. Verwenden Sie in diesem Fall das einfache Einfügen, damit die Aufzählungspunkte aus Word übernommen werden. Benutzen Sie zum Einfügen des Textes beispielsweise die Tastenkombination **STRG+V**.
17. Lassen Sie das Einfügen des Textes im darauf folgenden Dialog zu.
18. Sie werden gegebenenfalls feststellen, dass nicht immer alle Formatierungen richtig übernommen werden. Korrigieren Sie manuell die Formatierungen und nehmen Sie eigene, individuelle Formatierungen am Text vor.
19. Klicken Sie in den Webpart auf der rechten Fensterseite und geben Sie folgenden Text ein: »*Ihre Ansprechpartner bei Fragen zu diesem Vertriebshandbuch*«.

20. Würden Sie nun die *Enter*-Taste betätigen, erzeugten Sie damit eine Absatzschaltung und es entstünde ein großer Zeilenabstand. Verwenden Sie deshalb die Tastenkombination *Shift+Enter* und geben Sie als weiteren Text »*Susi Fröhlich und Michael Mustermann*« ein.

21. Bestätigen Sie Ihre Eingabe mit der *Enter*-Taste und fügen Sie eine ausgedachte Rufnummer hinzu.

14.5.3 Speichern von Wiki-Seiten

Damit die Inhalte Ihrer Arbeit nicht verloren gehen, sollten Sie immer wieder speichern. Zum Speichern zwischendurch gehen Sie folgendermaßen vor:

1. Klicken Sie im Register *Seite* oder im Register *Text formatieren* in der Gruppe *Bearbeiten* auf den Drop-down-Pfeil der Schaltfläche *Speichern* (siehe Abb. 14–10). Hier werden Ihnen verschiedene Möglichkeiten zum Speichern angeboten. Sie können beispielsweise speichern und danach direkt die Bearbeitung fortsetzen oder die Bearbeitung beenden, falls Sie einmal eine Seite im Entwurfsmodus geöffnet, jedoch keinerlei Änderungen vorgenommen haben.

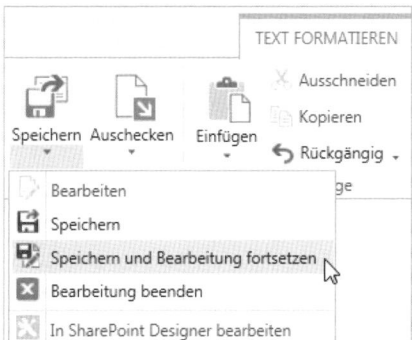

Abb. 14–10   Über den Drop-down-Pfeil der Schaltfläche *Speichern* können Sie weitere Befehle ausführen.

2. Nachdem Sie Ihre Eingaben gespeichert haben, gelangen Sie in die von Ihnen erstellte Seite (siehe Abb. 14–11). Sie können jederzeit in die Bearbeitung zurückkehren, wenn Sie erneut über das Register *Seite* in der Gruppe *Bearbeiten* auf die Schaltfläche *Bearbeiten* klicken.

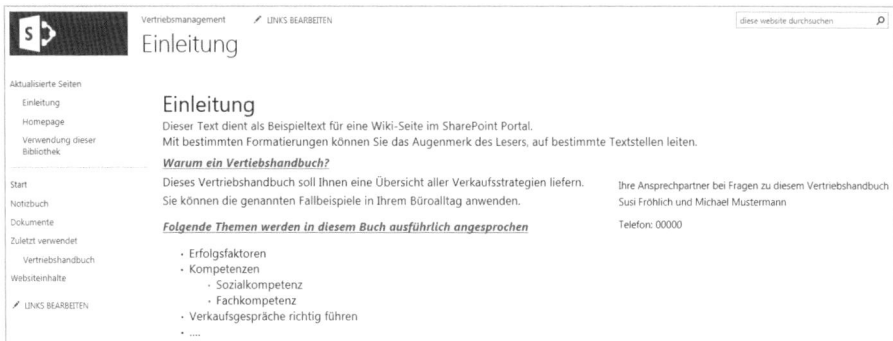

Abb. 14-11 Die erstellte Wiki-Seite nach der Bearbeitung

14.5.4 Ein- und Auschecken von Wiki-Seiten

Während Sie zusammen mit Ihren Kolleginnen und Kollegen in Wiki-Seiten arbeiten, können Sie durch das sogenannte Auschecken bestimmen, dass Ihre Mitarbeiter die ausgecheckte Wiki-Seite nicht weiter bearbeiten können. Nur die Person, die eine Seite ausgecheckt hat, kann sie öffnen und ändern. Erst wenn die Seite wieder eingecheckt wurde, können andere Personen mit den entsprechenden Zugriffsrechten Änderungen vornehmen. Zum Aus- beziehungsweise Einchecken von Wiki-Seiten gehen Sie folgendermaßen vor:

1. Klicken Sie im Register *Seite* in der Gruppe *Seitenbibliothek* auf die Schaltfläche *Alle Seiten anzeigen*. Ihnen werden in der sich öffnenden Bibliothek alle vorhandenen Wiki-Seiten untereinander aufgelistet.

2. Klicken Sie vor die gewünschte Wiki-Seite, damit setzen Sie das Häkchen und markieren die Datei.

3. Im oberen Fensterbereich werden Ihnen nun die Register *Datei* und *Bibliothek* angezeigt. Klicken Sie in das Register *Datei*, da Sie eine Aktion mit der Datei ausführen möchten.

4. Klicken Sie in der Gruppe *Öffnen und Auschecken* auf die Schaltfläche *Auschecken*. Sie alleine können die Datei nun zum Bearbeiten öffnen und speichern. Während Sie die Datei ausgecheckt haben, können andere Personen keine Änderung daran vornehmen.

5. Zum Einchecken der Datei können Sie in der Gruppe *Öffnen und Auschecken* die Schaltfläche *Einchecken* verwenden. Alternativ bietet Ihnen das Register *Seite* in der Gruppe *Bearbeiten* die Schaltfläche *Einchecken*, wenn Sie sich im Bearbeitungsmodus der Seite befinden.

14.5.5 Die Versionierung festlegen

Möchten Sie Wiki-Seiten in Ruhe vorbereiten und erst in einer Hauptversion für alle Besucher der Wiki-Seitenbibliothek sichtbar machen, so können Sie das über die Versionierung festlegen.

1. Klicken Sie über das Register *Seite* in der Gruppe *Seitenbibliothek* auf die Schaltfläche **Bibliothekeinstellungen**.
2. In den Einstellungen klicken Sie im Bereich *Allgemeine Einstellungen* auf den Link **Versionsverwaltungseinstellungen**.
3. Aktivieren Sie im oberen Bereich *Versionsverlauf für Dokument* das Optionsfeld **Haupt- und Nebenversionen (Entwürfe) erstellen**.
4. Legen Sie die Anzahl der Haupt- und Nebenversionen fest, auf die Sie gegebenenfalls zurückgreifen möchten.
5. Im Bereich *Entwurfselementsicherheit* aktivieren Sie die Option **Nur Benutzer, die Elemente bearbeiten dürfen**. Damit legen Sie fest, dass die Wiki-Seite so lange nicht für lesende Benutzer sichtbar ist, bis Sie die Wiki-Seite als Hauptversion veröffentlichen.
6. Legen Sie im letzten Schritt fest, ob die Wiki-Seite immer ausgecheckt werden soll, sobald die Seite zur Bearbeitung geöffnet wird.
7. Bestätigen Sie Ihre Einstellungen mit einem Klick auf die Schaltfläche *OK*.

14.5.6 Den Versionsverlauf einer Wiki-Seite öffnen

Möchten Sie sich den Versionsverlauf einer Wiki-Seite ansehen oder auf eine frühere Version zurückgreifen, so führen Sie folgende Schritte aus:

1. Klicken Sie im Register *Seite* in der Gruppe *Seitenbibliothek* auf die Schaltfläche **Alle Seiten anzeigen** (siehe Abb. 14–12). Ihnen werden in der sich öffnenden Bibliothek alle vorhandenen Wiki-Seiten untereinander aufgelistet.
2. Klicken Sie vor die gewünschte Wiki-Seite, damit setzen Sie das Häkchen und markieren die Datei.
3. Klicken Sie direkt in der Bibliothek auf den Linkeintrag *Mehr*.
4. Klicken Sie im Kontextmenü auf den Befehl *Versionsverlauf*.

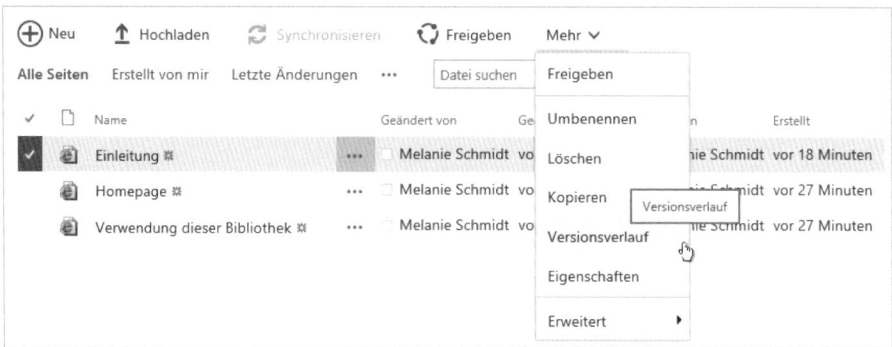

Abb. 14–12   Den Versionsverlauf einer Datei über den Linkeintrag *Mehr* öffnen

14.5.7 Eine Bild- oder Objektbibliothek erstellen

SharePoint bietet die Möglichkeit, Bilder zu bestimmten Wiki-Seiten hinzuzufügen. Es empfiehlt sich, für ein Wiki, in das Bilder eingebunden werden sollen, immer eine eigene Bildbibliothek zu erstellen. Die Bildbibliothek steht allen SharePoint-Anwendern aller SharePoint-Versionen zur Verfügung. Für Unternehmen, die den SharePoint-Server oder einige der Online-E-Pläne einsetzen, empfiehlt es sich, eine Objektbibliothek zu verwenden. Wählen Sie in diesem Beispiel die Bildbibliothek aus.

1. Wechseln Sie zunächst auf die Website *Vertriebsmanagement*, wo sich Ihre Wiki-Seitenbibliothek befindet.
2. Klicken Sie links in der Schnellstartnavigation auf den Link **Websiteinhalte**. Falls der Link bei Ihnen nicht angezeigt wird, klicken Sie auf die Einstellungen über das Zahnradsymbol der Seite.
3. Im darauf folgenden Fenster klicken Sie im oberen Bereich auf die Schaltfläche *App hinzufügen*.
4. Klicken Sie in das Suchfeld und geben Sie dort den Namen »Bild« ein.
5. Bestätigen Sie Ihre Sucheingabe mit der *Enter*-Taste, damit nach der gewünschten App gesucht wird.
6. Klicken Sie auf die *Bildbibliothek*, um sie der Website hinzuzufügen.
7. Geben Sie ihr den Namen »Bilder für Wiki« und bestätigen Sie Ihre Eingabe mit einem Klick auf die Schaltfläche *Erstellen*. Sie sehen, die Bibliothek wurde in der Schnellstartnavigation hinzugefügt.

14.5 Bereitstellen einer Wiki-Seitenbibliothek für das Vertriebshandbuch

> **Objektbibliothek für Audio-, Video- und Bilddateien**
>
> Wird in Ihrem Unternehmen der SharePoint-Server oder eine der Online-E-Varianten eingesetzt, so können Sie auch Audio- und Videodateien im Wiki unterbringen. Es empfiehlt sich, in dem Fall immer eine Objektbibliothek statt der Bildbibliothek zu verwenden. Prüfen Sie beim Hinzufügen einer App, ob Ihnen die Objektbibliothek zur Verfügung steht.

14.5.8 Mehrere Bilder der Bibliothek hinzufügen

Sie können nicht nur eine einzelne Datei einer Bibliothek hinzufügen, sondern auch gleichzeitig mehrere Dateien auswählen und in die Zielbibliothek verschieben.

1. Wechseln Sie in die Bibliothek, der Sie Bilder hinzufügen möchten. In diesem Beispiel in die Bibliothek *Bilder für Wiki*.
2. Öffnen Sie zunächst den Windows-Explorer mit der Tastenkombination **Windows+E**-Taste.
3. Verkleinern Sie das Windows-Explorer-Fenster so weit, bis Sie die Bibliothek *Bilder für Wiki* im Hintergrund sehen.
4. Suchen Sie nach dem Ordner *Beispieldateien zum Buch* Kapitel *Vertragsmanagement* und wählen Sie zunächst die Datei *Beispiellogo* mit einem Klick aus. Halten Sie danach die **STRG**-Taste gedrückt und klicken Sie einmal auf die Datei *Beispiellogo2*. Lassen Sie die **STRG**-Taste los.
5. Zeigen Sie nun auf eine der markierten Dateien und ziehen Sie mit gedrückter linker Maustaste per Drag & Drop die beiden Bilder in den oberen Bereich der Bibliothek. Halten Sie zusätzlich die **STRG**-Taste gedrückt, wenn Sie Bilder in die Bibliothek kopieren möchten (siehe Abb. 14–13).

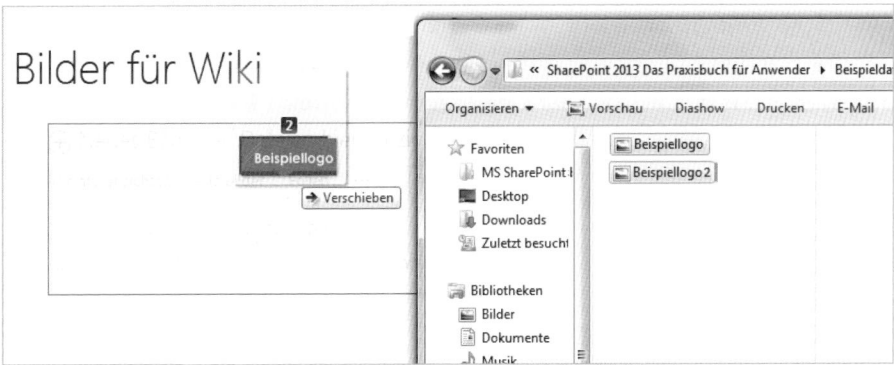

Abb. 14–13   Per Drag & Drop lassen sich mehrere Bilder einer Bibliothek hinzufügen.

Die hinzugefügten Bilder stehen Ihnen nun auf der Website *Vertragsmanagement* zur Verfügung.

14.5.9 Ein Bild einer Wiki-Seite hinzufügen

Es gibt unterschiedliche Möglichkeiten, ein Bild einer Wiki-Seite hinzuzufügen, jedoch lässt sich ein Bild nicht mit den Befehlen *Kopieren* und *Einfügen* hinzufügen. Sie können Bilder, die sich bereits in SharePoint befinden, oder auch Bilder, die Sie auf dem Computer gespeichert haben, einfügen.

Ein Bild vom Computer hochladen

Möchten Sie beispielsweise der jeweiligen Wiki-Seite ein Firmenlogo hinzufügen, so können Sie es vom Computer oder einem Netzlaufwerk hochladen.

1. Wechseln Sie zunächst in den Bearbeitungsmodus der Wiki-Seite des Vertriebshandbuchs *Einleitung*.
2. Klicken Sie in den rechten Webpart unterhalb der *Ansprechpartner* und positionieren Sie den Cursor dort, wo das Bild eingefügt werden soll (siehe Abb. 14–14).

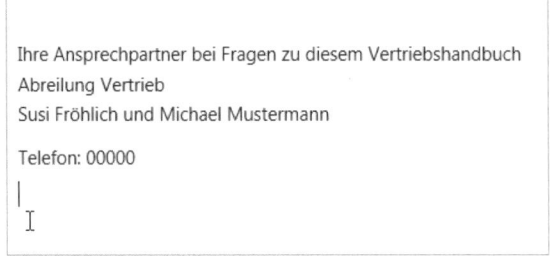

Abb. 14–14 Positionieren des Cursors an der Stelle, wo das Bild eingefügt werden soll

3. Wechseln Sie in das Register *Einfügen*.
4. In der Gruppe *Bild/Medien* klicken Sie auf den Drop-down-Pfeil der Schaltfläche *Bild*. Je nachdem, welche SharePoint-Technologien Sie verwenden, werden Ihnen die Gruppen *Bild* oder *Medien* angezeigt.
5. Wählen Sie den Befehl **Vom Computer** (siehe Abb. 14–15).

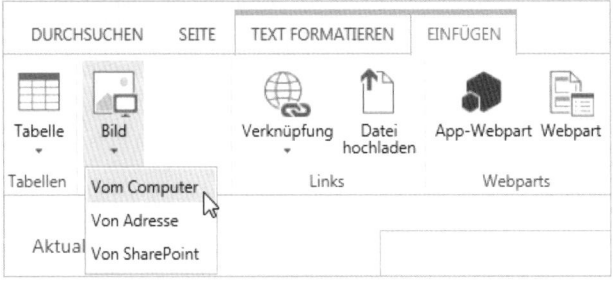

Abb. 14–15 Ein Bild vom Computer auf einer Wiki-Seite einfügen

6. Klicken Sie im Dialogfeld *Bild hochladen* auf die Schaltfläche **Durchsuchen**. Wählen Sie im Ordner *Beispieldateien zum Buch* im Kapitelordner *Vertriebsmanagement* die Datei **Beispiellogo_rot** aus.
7. Klicken Sie auf **Öffnen** und wählen Sie danach die Zielbibliothek **Bilder für Wiki** aus. Bestätigen Sie dann Ihre Eingaben mit einem Klick auf **OK**. Das Bild wird eingefügt.
8. Speichern Sie Ihre Arbeit an der Wiki-Seite mit einem Klick auf die Schaltfläche **Speichern** im Register *Seite*.
9. Checken Sie die Seite für alle Mitarbeiter ein. Sie sehen das Ergebnis Ihrer Eingaben (siehe Abb. 14–16).

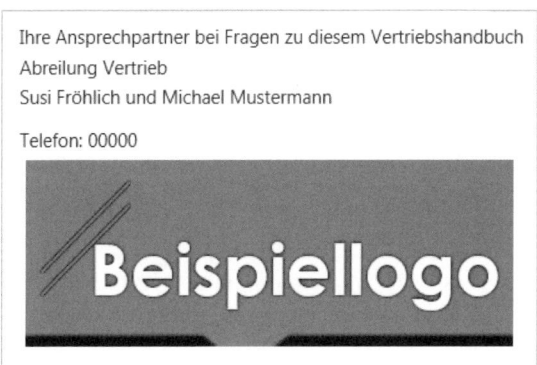

Abb. 14–16 Das eingefügte Logo auf der Wiki-Seite

Ein Bild aus einer SharePoint-Bibliothek einfügen

Die von Ihnen in einer SharePoint-Bildbibliothek oder -Objektbibliothek hinzugefügten Dateien können Sie auf allen Wiki-Seiten mehrfach hinzufügen.

1. Wechseln Sie zunächst über die Schnellstartnavigation auf die **Homepage** der Wiki-Seitenbibliothek.
2. Klicken Sie im Register *Seite* in der Gruppe *Bearbeiten* auf die Schaltfläche **Bearbeiten**.
3. Klicken Sie in den Text und drücken Sie die Tastenkombination *STRG+A*, um den vorhandenen Text zu markieren.
4. Drücken Sie einmal die *ENTF*-Taste, um den vorhandenen Text zu löschen.
5. Wechseln Sie in das Register *Einfügen*.
6. In der Gruppe *Bild/Medien* klicken Sie auf den Drop-down-Pfeil der Schaltfläche **Bild**.
7. Wählen Sie den Befehl **Von SharePoint**.
8. Klicken Sie im Dialogfeld links in der Struktur auf die Bibliothek **Bilder für Wiki** und wählen Sie danach im rechten Bereich die Datei **Beispiellogo** aus.

> **Tipp**
>
> Sie können im oberen Teil dieses Dialogfelds über den Eintrag *Klicken Sie, um ein neues Element hinzuzufügen* weitere Bilder zur Bibliothek hinzufügen, falls Sie zuvor ein Bild vergessen haben.

9. Bestätigen Sie Ihre Auswahl mit einem Klick auf die Schaltfläche *Einfügen*. Das Bild wird eingefügt und Ihnen wird im oberen Bereich des Fensters das Register *Bild* angezeigt.
10. Klicken Sie im Register *Bild* in der Gruppe *Anordnen* auf den Drop-down-Pfeil der Schaltfläche *Position* und wählen Sie den Befehl *Oben*. Dadurch wird die Bildposition nach oben verschoben, sodass Sie unterhalb des Bildes weiteren Text eingeben können.
11. Ändern Sie gegebenenfalls die Bildgröße über das Register *Bild* in der Gruppe *Größe*. Eine andere Möglichkeit besteht darin, die Größe mit gedrückter linker Maustaste über die Ziehpunkte am Bild zu ändern.
12. Klicken Sie einmal rechts neben das eingefügte Bild und betätigen Sie die *Enter*-Taste. Sie haben nun die Möglichkeit, weiteren Text einzugeben.
13. Tippen Sie den Text »*Vertriebsmanagement*« ein und formatieren Sie ihn über das Register *Text formatieren* mit der Formatvorlage *Überschrift1* in der Schriftgröße und Farbe.
14. Bestätigen Sie mit der *Enter*-Taste.
15. Schreiben Sie den Text »*Folgende Informationen finden Sie im Vertriebshandbuch*« und bestätigen Sie erneut Ihre Eingabe mit der *Enter*-Taste.
16. Speichern Sie zunächst die Arbeit über das Register *Seite* in der Gruppe *Bearbeiten* und bleiben Sie dabei im Bearbeitungsmodus, indem Sie den Befehl ***Speichern und Bearbeitung fortsetzen*** anklicken.

14.5.10 Ein Video einfügen

Es gibt unterschiedliche Möglichkeiten, ein Video auf der Wiki-Seite einzubinden. Möchten Sie ein YouTube-Video einbetten, gehen Sie folgendermaßen vor:

1. Öffnen Sie bei YouTube das Video, das Sie einbetten möchten.
2. Klicken Sie unterhalb des Videos auf den Link *Teilen* (siehe Abb. 14–17).

14.5 Bereitstellen einer Wiki-Seitenbibliothek für das Vertriebshandbuch

Abb. 14–17   Der Link *Teilen* unterhalb des gewünschten Videos

3. Klicken Sie auf den Link *Einbetten* und kopieren Sie den angezeigten Code (siehe Abb. 14–18).

Abb. 14–18   Der angezeigte Code muss in der Wiki-Seite eingebettet werden.

4. Navigieren Sie auf die Wiki-Seite und wechseln Sie in den Bearbeitungsmodus der Seite.
5. Klicken Sie im Register *Einfügen* auf den unteren Bereich der Schaltfläche **Video und Audio**.
6. Klicken Sie auf den Befehl *Einbetten* und fügen Sie den kopierten Code im Dialogfeld ein.
7. Bestätigen Sie mit einem Klick auf die Schaltfläche **Einfügen**.
8. Das Video wird nun in der Wiki-Seite angezeigt.
9. Speichern Sie die Seite und checken Sie sie ein.

Haben Sie ein Video im Laufwerk gespeichert, können Sie es hochladen und dann auf der Wiki-Seite einfügen. Ebenso besteht die Möglichkeit, ein Video mit einem Link in der Wiki-Seite einzubinden.

14.5.11 Eine Tabelle auf einer Wiki-Seite einfügen und eine Tabellenformatvorlage auswählen

Sie können innerhalb einer Wiki-Seite Tabellen einfügen und von SharePoint mitgelieferte Formatvorlagen anwenden. Zum Hinzufügen einer Tabelle gehen Sie folgendermaßen vor:

1. Sie befinden sich im Bearbeitungsmodus der Seite *Homepage* und der Cursor ist positioniert.
2. Klicken Sie in das Register *Einfügen* in der Gruppe *Tabelle* auf die Schaltfläche **Tabelle**.
3. Zeigen Sie mit der Maus über die Anzahl der Spalten und Zeilen, die Sie einfügen möchten, und klicken Sie in das letzte Kästchen der Spalte und Zeile (siehe Abb. 14–19). In diesem Beispiel wählen Sie drei Spalten und drei Zeilen. Alternativ klicken Sie im Kontextmenü auf den Befehl *Tabelle einfügen*. Damit haben Sie die Möglichkeit, in einem Dialogfeld die Anzahl der Spalten und Zeilen manuell einzugeben.

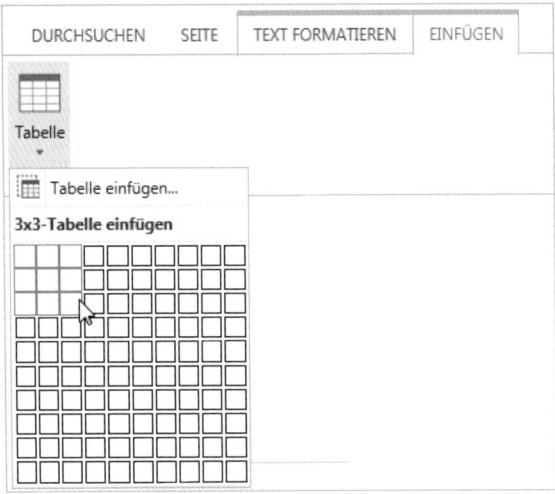

Abb. 14–19 Das Auswählen der Anzahl von Spalten und Zeilen für eine Tabelle in der Wiki-Seite

Tipp

Falls das Einfügen der Tabelle einmal nicht gelungen ist, können Sie die letzte Aktion rückgängig machen, indem Sie im Register *Text formatieren* in der Gruppe *Zwischenablage* auf die Schaltfläche **Rückgängig** klicken. Alternativ können Sie auch die Tastenkombination **STRG+Z** verwenden.

4. Ihnen werden jetzt zusätzlich die Register *Tabellenlayout* und *Entwurf* angezeigt. Diese Register werden nur angezeigt, wenn Sie sich innerhalb der Tabelle befinden. Wenn Sie außerhalb der Tabelle klicken, werden die Register ausgeblendet.

> **Hinweis**
>
> Wenn Sie auf den linken Rand der Tabelle zeigen, erscheint das Verschieben-Kreuz (siehe Abb. 14–20). Sobald Sie einmal mit der linken Maustaste klicken, markieren Sie die Tabelle. Sie sehen dann Ziehpunkte an ihrem Rand. Sie können die Tabelle dann in der Größe ändern, verschieben oder mit der **Entf**-Taste löschen.
>
>
>
> **Abb. 14–20**   Das Verschieben-Kreuz am linken Rand der Tabelle

5. Schreiben Sie nun in die erste Zeile der Tabelle als Tabellenüberschriften »*Erfolgsfaktoren*«, »*Kompetenzen*«, »*Verkaufsgespräche*«.
6. Klicken Sie in die Tabelle, sodass Ihnen das Register *Entwurf* angezeigt wird. Wechseln Sie in das Register *Entwurf*.
7. Aktivieren Sie das Kontrollkästchen *Überschriftenzeile* mit einem Häkchen.
8. Klicken Sie in der Gruppe *Tabellenformatvorlagen* auf die Schaltfläche *Formatvorlagen*. Hier finden Sie die von SharePoint mitgelieferten Formatvorlagen für Tabellen.
9. Wählen Sie im Kontextmenü den Eintrag *Tabellenformat 6 – Akzent 1* durch einen Mausklick aus. Durch das Aktivieren der Überschriftenzeile im vorherigen Schritt wird die erste Zeile der Tabelle einfarbig dargestellt. Sie können auch über die weiteren Tabellenformate zeigen und Ihnen wird als Autovorschau angezeigt, wie das Format aussehen würde, wenn Sie es durch einen Klick auswählen würden. Sie können durch das Markieren von Zellen oder Zeilen Textformatierungen über das Register *Text formatieren* individuell vornehmen. Das ist beispielsweise sinnvoll, wenn Sie die Überschriften zentriert darstellen möchten.
10. Markieren Sie alle drei Zellen der letzten Zeile, indem Sie in die erste Zelle der letzten Zeile klicken und dann mit gedrückter Maustaste bis in die letzte Zelle ziehen.
11. Wechseln Sie in das Register *Tabellenlayout* in die Gruppe *Zusammenführen*.

12. Klicken Sie auf die Schaltfläche *Zellen verbinden* und wählen Sie den Befehl *Zellen verbinden*. Die drei Zellen wurden nun zu einer Zelle verbunden (siehe Abb. 14–21).

Abb. 14–21 Die eingefügte Tabelle mit dem Tabellenformat und den zuletzt verbundenen Zellen

14.5.12 Wiki-Hyperlinks zum Verlinken von Wiki-Seiten

Möchten Sie wie in diesem Beispiel eine Übersichtsseite mit den einzelnen Vertriebsthemen erstellen, können Sie auf Wiki-Seiten mit den sogenannten Wiki-Hyperlinks arbeiten. Sie können mit Wiki-Hyperlinks zur jeweiligen Wiki-Seite oder auch umgekehrt von einer Wiki-Seite zur Homepage verlinken.

1. Wechseln Sie in den Bearbeitungsmodus der Wiki-Homepage und klicken Sie in die Tabellenzelle unterhalb der Überschrift *Kompetenzen*.
2. Geben Sie zwei geöffnete, eckige Klammern mit gedrückter *ALTGr*-Taste und zweimal *8*-Taste ein. Ihnen werden die vorhandenen Wiki-Seiten angezeigt (siehe Abb. 14–22).

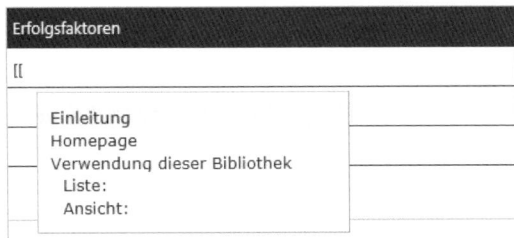

Abb. 14–22 Zwei eckige Klammern, um die Verlinkung einzugeben

3. Wählen Sie für dieses Beispiel die Wiki-Seite *Einleitung* durch einen Klick aus.
4. Geben Sie über die Tastatur zwei geschlossene, eckige Klammern mit gedrückter *ALTGr*-Taste und zweimal *9*-Taste ein.
5. Speichern Sie die Wiki-Seite über das Register *Text formatieren* in der Gruppe **Bearbeiten**.

14.5 Bereitstellen einer Wiki-Seitenbibliothek für das Vertriebshandbuch

6. Klicken Sie auf den nun angezeigten Wiki-Hyperlink *Einleitung* (siehe Abb. 14–23).

Abb. 14–23 Der Wiki-Hyperlink dargestellt mit dem Handsymbol

7. Öffnen Sie die Wiki-Seite *Einleitung* zur Bearbeitung und klicken Sie unterhalb des Textes im linken Webpart.
8. Geben Sie hier den Text »*zurück zur*« ein und tippen Sie auf die Leertaste.
9. Geben Sie erneut zwei geöffnete, eckige Klammern mit gedrückter *ALTGr*-Taste und zweimal *8*-Taste ein.
10. Wählen Sie den Eintrag *Homepage*, der Ihnen angezeigt wird, durch einen Klick aus und schließen Sie die eckigen Klammern mit *ALTGr+9*-Taste (siehe Abb. 14–24).
11. Speichern Sie erneut Ihre Eingaben auf der Seite und schauen Sie auf das Ergebnis.

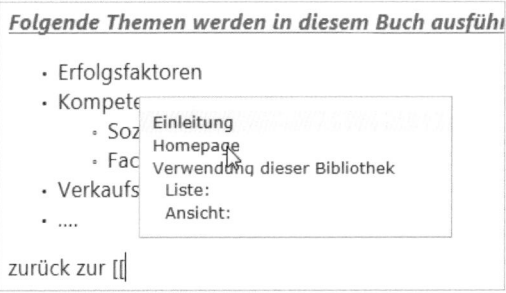

Abb. 14–24 Auch von Wiki-Seiten kann zurück auf die Homepage mit einem Wiki-Hyperlink gesprungen werden.

Sie haben einen Wiki-Hyperlink hinzugefügt, sodass Ihre Kolleginnen und Kollegen jederzeit von der Wiki-Seite zur Wiki-Homepage springen können, sobald Sie die Seite als Hauptversion einchecken und damit für alle Mitarbeiterinnen und Mitarbeiter veröffentlichen.

14.5.13 Eine neue Wiki-Seite per Wiki-Link hinzufügen

Sie können neue Wiki-Seiten auch über einen Wiki-Link erstellen und der Bibliothek *Websiteseiten* hinzufügen. Folgende Schritte sind notwendig:

1. Wechseln Sie über die Schnellstartnavigation auf die *Wiki-Homepage* und wechseln Sie in den Bearbeitungsmodus.
2. Klicken Sie in die Zelle unterhalb der Tabellenüberschrift *Kompetenzen*.
3. Geben Sie erneut über die Tastatur zwei geöffnete, eckige Klammern mit gedrückter *ALTGr*-Taste und zweimal *8*-Taste ein.
4. Tippen Sie nun den Text »*Fachkompetenz*« ein und schließen Sie die eckigen Klammern mit *ALTGr+9*-Taste.
5. Speichern Sie die Seite. Sie sehen, dass ein Wiki-Link mit unterstrichener Linie angelegt wurde.
6. Klicken Sie auf den neuen Wiki-Link.
7. Klicken Sie im nachfolgenden Dialogfeld auf den Befehl *Erstellen*, damit Sie eine neue Wiki-Seite erstellen (siehe Abb. 14–25).

Abb. 14–25   Das Dialogfeld zum Erstellen einer neuer Wiki-Site

8. Sie können die Seite über das Register *Seite* in der Gruppe *Bearbeiten* speichern.

14.5.14 Einen Link zu einer anderen Website auf der Wiki-Seite hinzufügen

Möchten Sie zu einer anderen SharePoint-Website, einer externen URL oder zu einem Dokument verlinken, können Sie das wie folgt vornehmen:

1. Wechseln Sie auf die *Wiki-Homepage*.
2. Drücken Sie die Taste *F6* auf Ihrer Tastatur. Damit markieren Sie die URL in der Adressleiste Ihres Browsers.
3. Drücken Sie die Tastenkombination *STRG+C*, um die URL zu kopieren.

4. Wechseln Sie auf die Wiki-Seite *Einleitung*.
5. Lassen Sie sich die Seite im Bearbeitungsmodus anzeigen.
6. Klicken Sie im rechten Bereich des Fensters unterhalb des Logos in den Webpart, bis dort der Cursor blinkt.
7. Wechseln Sie in das Register *Einfügen* in die Gruppe *Links*.
8. Klicken Sie auf den unteren Teil der Schaltfläche *Verknüpfung*.
9. Klicken Sie im angezeigten Menü auf den Befehl *Von Adresse*.
10. Im darauf folgenden Dialog geben Sie im Eingabefeld *Anzuzeigender Text* »*Wiki-Homepage*« ein.
11. Klicken Sie in das Eingabefeld *Adresse* und drücken Sie die Tastenkombination *STRG+V* zum Einfügen der kopierten URL.
12. Bestätigen Sie Ihre Eingabe mit einem Klick auf die Schaltfläche *OK*.
13. Ihnen wird jetzt zusätzlich das Register *Link* im oberen Bildschirm angezeigt. Möchten Sie eine QuickInfo hinzufügen, sodass beim Zeigen auf den Link eine Information erscheint, so geben Sie im Eingabefeld *Beschreibung* folgenden Text ein: »*Zur Wiki-Homepage navigieren*«.
14. Aktivieren Sie das Kontrollkästchen *Im neuen Register öffnen*. Damit legen Sie fest, dass nach dem Betätigen des Links die Wiki-Homepage in einem neuen Register des Webbrowsers geöffnet wird.
15. Speichern Sie über das Register *Seite* die Bearbeitung der Seite. Zeigen Sie zunächst nur auf den neu hinzugefügten Link, Sie sehen die Quickinformation.
16. Durch einen Klick auf den Link *Wiki-Homepage* testen Sie den Link aus. Es öffnet sich im Webbrowser ein neues Register mit der Wiki-Hompage.

14.5.15 Innerhalb umfangreicher Texte springen

Wenn Sie in einer Wiki-Seite sehr viel Text haben, so können Sie mit sogenannten Lesezeichen innerhalb der Website zu bestimmten Positionen springen. Wenn Sie beispielsweise einen sehr langen Text eingegeben haben und dem Leser die Möglichkeit bieten möchten, im Text nach oben zu springen, so können Sie das wie folgt vornehmen:

1. Öffnen Sie zunächst die Datei *Springen mit Lesezeichen* im Kapitel *Vertriebsmanagement* der Beispieldateien zum Buch.
2. Markieren und kopieren Sie den vorhandenen Text in Microsoft Word.
3. Wechseln Sie auf die *Wiki-Homepage* und klicken Sie dort auf das Zahnradsymbol der *Einstellungen* oben rechts im Fenster.
4. Klicken Sie im Menü auf den Befehl *Seite hinzufügen*.

5. Vergeben Sie der Seite den Namen »*Beispielseite für das Springen im Text*« und bestätigen Sie mit **OK**. Die neue Wiki-Seite wird erstellt.
6. Klicken Sie in den Webpart der Seite, bis der Cursor blinkt, und fügen Sie den Text aus der Zwischenablage ein.
7. Markieren Sie die *Überschrift* des eingefügten Textes.
8. Klicken Sie in das Register *Einfügen* und auf den unteren Bereich der Schaltfläche **Verknüpfung**.
9. Klicken Sie auf den Befehl **Von Adresse**. Es öffnet sich ein Dialog.
10. Schreiben Sie in das Feld *Anzuzeigender Text* »*Im Text nach oben springen*«.
11. Klicken Sie in das Feld *Adresse* und geben Sie dort eine Raute »#« ein (siehe Abb. 14–26).
12. Bestätigen Sie Ihre Eingabe mit einem Klick auf die Schaltfläche **OK**.

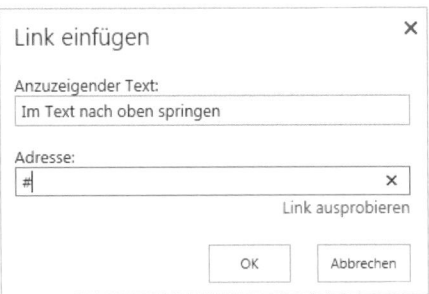

Abb. 14–26 Zum Springen innerhalb einer Wiki-Seite geben Sie als Adresse die Raute ein. Zusätzlich wird auch immer der anzuzeigende Text benötigt.

13. Klicken Sie im Register *Link* in der Gruppe *Eigenschaften* in das Eingabefeld **Lesezeichen** und geben Sie dort erneut den Text »*Im Text nach oben springen*« ein.
14. Klicken Sie einmal in den Text und drücken Sie die Tastenkombination **STRG+Ende**, damit springen Sie an das Ende des Textes.
15. Schreiben Sie unterhalb des Textes die Wörter *Nach oben* und markieren Sie sie (siehe Abb. 14–27).

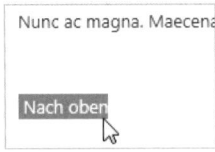

Abb. 14–27 Die markierten Wörter *Nach oben*

16. Wechseln Sie in das Register *Einfügen*.
17. Klicken Sie auf den unteren Teil der Schaltfläche *Verknüpfung* und wählen Sie den Befehl *Von Adresse*.
18. Im darauf folgenden Dialog geben Sie bei *Anzuzeigender Text* erneut die Wörter »*Nach oben*« ein.
19. Im Eingabefeld *Adresse* geben Sie Folgendes ein: »*Im Text nach oben springen*« (siehe Abb. 14–28).

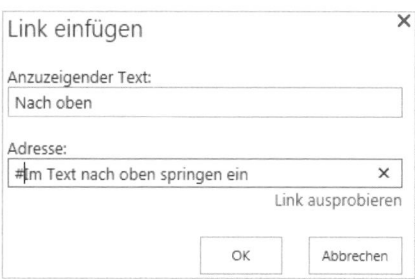

Abb. 14–28   Die Raute gefolgt von dem Namen, wohin gesprungen werden soll

20. Bestätigen Sie Ihre Eingabe mit einem Klick auf die Schaltfläche *OK*.
21. Wechseln Sie in das Register *Seite* und speichern Sie die Eingaben mit einem Klick auf die Schaltfläche *Speichern*.
22. Navigieren Sie an das Ende des Textes und klicken Sie auf den Link *Nach oben*, um den Link zu testen.

14.6   Eine Wiki-Seite ohne Wiki-Seitenbibliothek erstellen

Während die Wiki-Seitenbibliothek eher einer Zeitung mit vielen Artikeln ähnelt, besteht auf der Team- oder Projektwebsite jeweils die Möglichkeit, einzelne Wiki-Seiten direkt in der Website zu erstellen. Möchten Sie beispielsweise bestimmte Webparts mit bestimmten Sichten auf Listen und Bibliotheken einfügen, dann können Sie jederzeit eine zusätzliche Wiki-Seite hinzufügen.

1. Klicken Sie auf das Zahnradsymbol für die Einstellungen der Website und klicken Sie auf *Seite hinzufügen* (siehe Abb. 14–29).
2. Vergeben Sie einen Namen für die neue Seite und bestätigen Sie mit *Erstellen*.

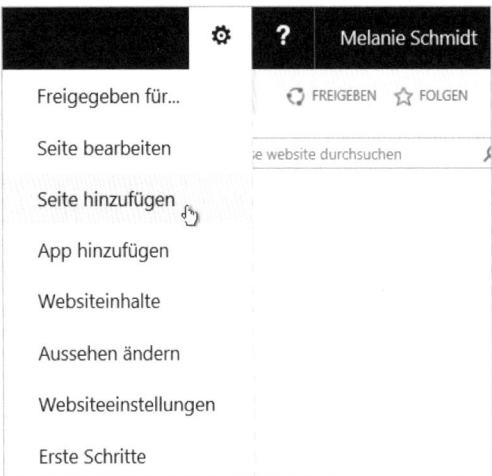

Abb. 14–29   Hinzufügen einer einzelnen Wiki-Seite innerhalb der Team- oder Projektwebsite

3. Sie gelangen direkt in die Wiki-Seite und können sie bearbeiten wie jede andere Wiki-Seite auch. Fügen Sie Texte, Grafiken, Videos oder Webparts hinzu. Die einzelnen Schritte finden Sie in den vorherigen Abschnitten.

Hinweis

Diese Wiki-Seite wird nicht über eine Wiki-Seitenbibliothek angelegt und wird somit im Hintergrund der Bibliothek *Websiteseiten* hinzugefügt. Sie finden diese Bibliothek über den Link *Websiteinhalte* oder über das Zahnradsymbol für die Einstellung. Die dort gespeicherten Websiteseiten betreffen auch die Team- oder Projektwebsite und sollten nicht einfach gelöscht werden. Lassen Sie diese Seiten unbedingt bestehen.

14.7   Zusammenfassung

Um schnell Informationen im SharePoint-Portal bereitzustellen, ohne jedoch das Öffnen von Dateien erforderlich zu machen, eignet sich eine Wiki-Seitenbibliothek. Sie können beliebig viele dieser Bibliotheken anlegen. Sie können mit Wiki-Seiten jeweils einzelne Artikel erstellen und diese miteinander mit den Wiki-Links verknüpfen. Seiteninhalte wie Texte und Bilder können hinzugefügt werden. Texte lassen sich leicht formatieren, sodass eine Wiki-Seite in nur kurzer Zeit professionell gestaltet werden kann. Auch die Arbeit mit Tabellen innerhalb einer Wiki-Seite ist mit den Menübändern nicht sehr kompliziert. Wenn Sie eine der Serverversionen oder E-Pläne der Onlineversionen von SharePoint verwenden, können Sie zusätzlich zu den Bildern auch Audio- und Videodateien einbringen. Die Verwendung einer Wiki-Seitenbibliothek ist in fast allen Fachbereichen denkbar.

15 Auftragsmanagement

15.1 Ausgangssituation

Das Team des Auftragsmanagements ist für die Marktpräsenz und die Neukundengewinnung der jeweiligen Region zuständig. Die Kernaufgaben der Mitarbeiterinnen und Mitarbeiter dieses Teams liegen in der Erstellung von Kalkulationen, Angeboten und Verträgen.

15.2 Die Anforderungen der Abteilung

Damit die Richtlinien zum Erstellen von Angeboten von allen Mitarbeiterinnen und Mitarbeitern eingehalten werden, ist es erforderlich, dass die aktuellen Angebotsvorlagen verwendet werden. Es soll ein Bereich geschaffen werden, von dem aus die Mitarbeiter diese Vorlagen öffnen und nach dem Verwenden speichern können, also ein Bereich, an dem alle Geschäftsunterlagen bezüglich der Angebotserstellung abrufbar sind.

Auch für Verkaufsteams ist es notwendig, zu jeder Tageszeit von jedem Ort der Welt auf sämtliche Angebots-, Vertrags- und Verkaufsunterlagen zuzugreifen. Das bedeutet, dass es eine Vorgehensweise geben muss, mit der sämtliche Unterlagen für die Vertriebsteams jederzeit bereitstehen, ohne dass sie weiterhin lokal auf den Laptops gespeichert werden.

15.3 Schritte in diesem Kapitel

Damit das Auftrags- und das Verkaufsteam tatsächlich mit den aktuellen Geschäftsvorlagen arbeiten kann, werden diese in der Website *Vertriebsmanagement* aufgenommen. Darüber hinaus wird eine Angebotsbibliothek, ebenfalls auf der Website *Vertriebsmanagement*, mit dazugehörigen Angebotsmappen pro Kunden benötigt. In diesem Kapitel erfahren Sie, wie Sie den Inhaltstyp *Dokumentenmappen* verwenden und weitere Inhaltstypen hinzufügen können.

15.4 Erstellen einer Angebotsbibliothek

Für die Ablage der Angebote mit den richtigen Geschäftsunterlagen benötigen wir eine Bibliothek. Innerhalb dieser Angebotsbibliothek sollen die Mitarbeiter auf die verschiedenen Geschäftsvorlagen zugreifen können. Für dieses Beispiel eignet sich die Bibliotheksvorlage *Dokumentbibliothek*.

1. Navigieren Sie auf die Website *Vertriebsmanagement*.
2. Wechseln Sie in die **Websiteinhalte**.
3. Im Bereich *Listen, Bibliotheken und andere Apps* klicken Sie auf die Schaltfläche *App hinzufügen*.
4. Wählen Sie die Bibliotheksvorlage *Dokumentbibliothek* aus.
5. Im darauf folgenden Dialogfeld klicken Sie rechts unten auf den Link *Erweiterte Optionen*, damit Sie nicht nur den Namen für die Bibliothek festlegen, sondern auch eine Beschreibung, wozu sie verwendet wird, eingeben können.
6. Im Bereich *Name und Beschreibung* klicken Sie in das Feld *Namen* und tippen dort »Angebotsbibliothek« ein und im Eingabefeld *Beschreibung* geben Sie ein: »Diese Bibliothek wird für die Angebotserstellung verwendet.«
7. Klicken Sie auf die Schaltfläche *Erstellen*. Sie werden direkt in die Bibliothek weitergeleitet. Bleiben Sie in der Angebotsbibliothek.

15.5 Der Inhaltstyp »Dokumentenmappe«

Eine Dokumentenmappe, auch Document-Set genannt, kann man sich vorstellen wie eine elektronische Akte zum Ablegen von Dateien. Die Ablage mehrerer Dateien erfolgt gebündelt in einer Akte. Die Dokumentenmappe unterscheidet sich jedoch von der Dokumentbibliothek. Denn die Dokumentenmappe selbst ist keine Bibliothek, sondern ein Inhaltstyp. Ihr lassen sich bestimmte Metadaten zuweisen und alle Dateien, die diesem Websiteinhaltstyp zugewiesen werden, erhalten automatisch die Metadaten. Auch weitere Websiteinhaltstypen wie beispielsweise die Geschäftsvorlagen lassen sich dem Inhaltstyp *Dokumentenmappe* zuweisen und damit wird gleichzeitig erreicht, dass alle Mitarbeiter mit den aktuellen und richtigen Geschäftsvorlagen arbeiten.

> **Hinweis**
>
> Die Verwendung des Websiteinhaltstypen *Dokumentenmappe* muss auf der obersten Ebene der Websitesammlung innerhalb der Websitesammlungsfeatures aktiviert sein, sonst steht Ihnen der Inhaltstyp *Dokumentenmappe* nicht zur Verfügung. Sprechen Sie in dem Fall mit Ihrem SharePoint-Administrator oder dem Websitesammlungsadministrator, damit das Feature aktiviert wird.

15.5.1 Den Inhaltstyp »Dokumentenmappe« einer Bibliothek zuweisen

Der Inhaltstyp *Dokumentenmappe* lässt sich in beliebigen Bibliotheken einbinden. Alle Angebotsunterlagen könnten nun in der Angebotsbibliothek abgelegt werden. Jedoch bestünde dann die Gefahr, dass durch das unstrukturierte Ablegen sämtlicher Geschäftsvorgänge wie Angebotsschreiben, PowerPoint-Präsentationen, Kalkulationstabellen etc. große Unordnung in dieser Bibliothek entsteht. In unserem Beispiel jedoch umfasst ein Angebot immer mehrere Dokumente. Verwenden wir innerhalb dieser Angebotsbibliothek jeweils eine Dokumentenmappe für jeden Kunden, so können die Unterlagen strukturierter abgelegt und schneller wiedergefunden werden.

In Kapitel 11 *»Kommunikation & Marketing«* haben Sie bereits Geschäftsvorlagen als Inhaltstypen angelegt. Diese sollen zusammen mit der Dokumentenmappe in die Angebotsbibliothek integriert werden.

1. Wechseln Sie in die Bibliothek *Angebotsbibliothek* auf der Website *Vertriebsmanagement*.
2. Sobald Sie sich innerhalb der Bibliothek befinden, klicken Sie in das Register **Bibliothek**.
3. Klicken Sie rechts in der Gruppe *Einstellungen* auf die Schaltfläche **Bibliothekeinstellungen** (siehe Abb. 15–1).

Abb. 15–1   Über die *Bibliothekeinstellungen* können Sie auf Inhaltstypen zugreifen.

4. Klicken Sie in der Kategorie *Allgemeine Einstellungen* auf den Link *Erweiterte Einstellungen* (siehe Abb. 15–2).

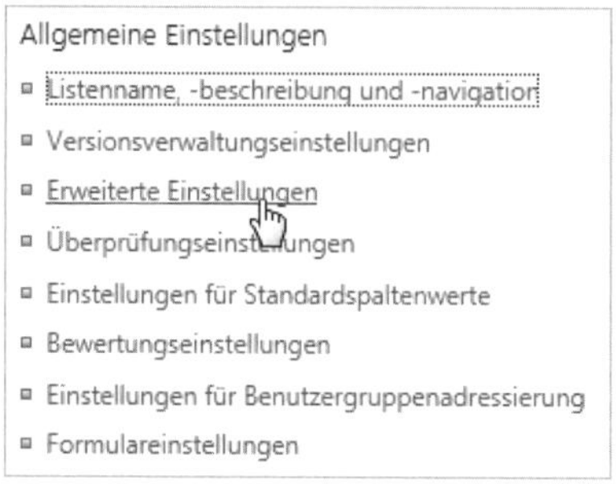

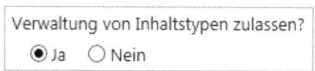

Abb. 15-2   In der Kategorie *Allgemeine Einstellungen* finden Sie den Link *Erweiterte Einstellungen*.

5. Damit wir in dieser Bibliothek auch andere Inhaltstypen außer *Neues Dokument* auswählen können, muss die Option *Verwalten von Inhaltstypen zulassen* auf *Ja* gesetzt werden. Diese befindet sich im oberen Fensterbereich (siehe Abb. 15–3).

Abb. 15-3   Das Verwalten von Inhaltstypen muss zugelassen werden, damit die Dokumentenmappe hinzugefügt werden kann.

6. Übernehmen Sie alle weiteren Einstellungen und bestätigen Sie sie mit einem Klick auf die Schaltfläche **OK**. Sie werden zurück in die Einstellungen der Bibliothek geleitet.

7. Jetzt werden Ihnen im mittleren Fensterbereich die verwendeten Inhaltstypen angezeigt. Klicken Sie im Bereich *Inhaltstypen* auf den Link **Aus vorhandenen Websiteinhaltstypen hinzufügen** (siehe Abb. 15-4). Die Dokumentenmappe wird von SharePoint mitgeliefert und steht in den vorhandenen Websiteinhaltstypen bereit.

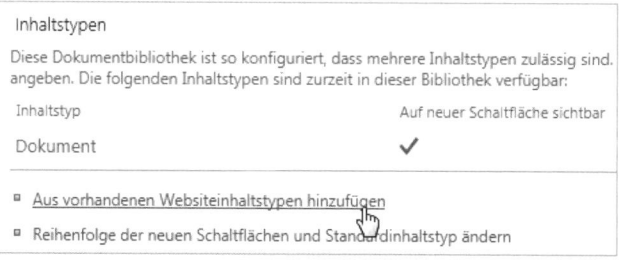

Abb. 15-4   Die Dokumentenmappe aus vorhandenen Websiteinhaltstypen hinzufügen

8. Auf der folgenden Dialogseite wählen Sie im Bereich *Websiteinhaltstypen auswählen* die Gruppe **Inhaltstypen der Dokumentenmappe**.

15.5 Der Inhaltstyp »Dokumentenmappe«

9. Darunter wird Ihnen der Inhaltstyp *Dokumentenmappe* im Bereich *Verfügbare Websiteinhaltstypen* aufgelistet.
10. Klicken Sie auf den Inhaltstyp *Dokumentenmappe* doppelt. Der Inhaltstyp wird der Bibliothek hinzugefügt (siehe Abb. 15–5).

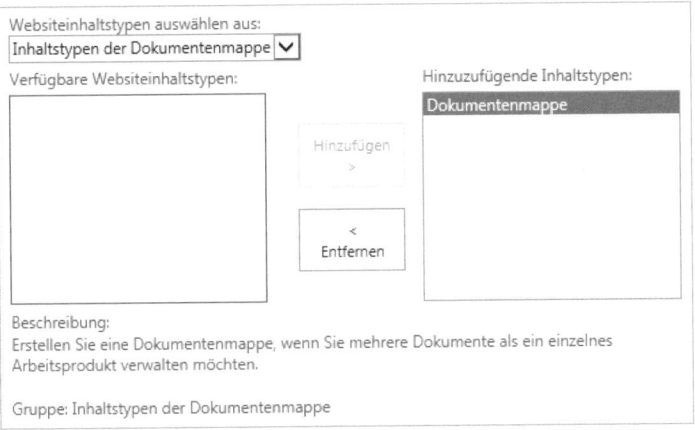

Abb. 15–5   Das Hinzufügen des Inhaltstyp *Dokumentenmappe*

> **Hinweis**
>
> Durch das Doppelklicken auf einen Inhaltstyp im Bereich *Verfügbare Websiteinhaltstypen* wird er in den gewünschten Bereich verschoben.

11. Bestätigen Sie Ihre Auswahl mit einem Klick auf die Schaltfläche **OK**. Sie werden in die Bibliothekeinstellungen weitergeleitet und sehen im Bereich *Inhaltstypen* die von uns hinzugefügte Dokumentenmappe. Bleiben Sie im Fenster.

> **Achtung**
>
> In Kapitel 11 »*Kommunikation & Marketing*« haben Sie bereits Geschäftsvorlagen als Inhaltstypen festgelegt. Wenn Sie die in dem Kapitel aufgeführten Schritte nicht vorgenommen haben, können Sie im weiteren Verlauf des Beispiels nicht Inhaltstypen der Dokumentenmappe zuweisen. Lesen Sie dazu den Abschnitt 11.10.1.

Innerhalb von Dokumentenmappen können weitere Inhaltstypen festgelegt werden. Nach dem Erstellen einer Dokumentenmappe sollen die Mitarbeiter innerhalb der jeweiligen Dokumentenmappe nur Geschäftsvorlagen verwenden. Im nächsten Schritt werden der Dokumentenmappe die als Inhaltstypen festgelegten Geschäftsvorlagen zugewiesen.

15.5.2 Einer Dokumentenmappe Inhaltstypen zuweisen

Nach dem Zuweisen des Inhaltstyps *Dokumentenmappe* steht sie uns über die Schaltfläche *Neu* in der Angebotsbibliothek zur Verfügung (siehe Abb. 15–6). Innerhalb dieser Dokumentenmappe können wir jedoch nur neue, leere Word-Dokumente erstellen oder verschiedene Dokumente hochladen. Es gelten dennoch Richtlinien, dass nur die richtigen, aktuellen Geschäftsvorlagen verwendet werden dürfen.

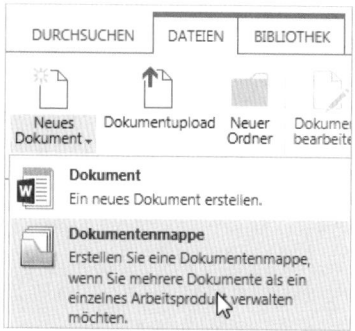

Abb. 15–6 Die Dokumentenmappe steht nun über die Schaltfläche *Neues Dokument* zur Verfügung.

Wenn wir jeweils eine neue Dokumentenmappe anlegen und ihr einen Kunden zuweisen, hätten wir in diesem Fall keine Garantie, dass die Mitarbeiter wirklich mit den aktuellen und richtigen Geschäftsvorlagen arbeiten. Eher würden sie aus leeren Dokumenten eigenständig beispielsweise Briefbögen basteln oder erneut veraltete Vorlagen verwenden. Über die Schaltfläche *Neues Dokument* sollen die aktuellen Geschäftsvorlagen auswählbar sein (siehe Abb. 15–7).

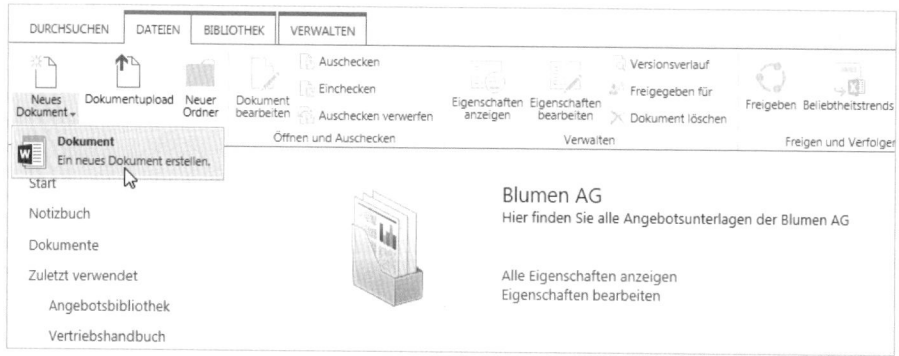

Abb. 15–7 Eine erstellte Dokumentenmappe. Über die Schaltfläche *Neues Dokument* können nur leere Dokumente erstellt werden. Hier sollen die Geschäftsvorlagen abrufbar sein.

15.5 Der Inhaltstyp »Dokumentenmappe«

Aus diesem Grunde weisen wir der Dokumentenmappe unsere aktuellen Geschäftsvorlagen zu. Dann können die Mitarbeiter innerhalb der Dokumentenmappe nur diese Vorlagen verwenden.

1. Falls Sie sich nicht mehr in den Einstellungen der Angebotsbibliothek befinden, navigieren Sie in die **Angebotsbibliothek**.
2. Klicken Sie im Register *Bibliothek* in der Gruppe *Einstellungen* auf die Schaltfläche **Bibliothekeinstellungen**.
3. Klicken Sie im Bereich *Inhaltstypen* auf den Link *Dokumentenmappe*. Sie werden in die Einstellungen des Inhaltstyps der Dokumentenmappe weitergeleitet. Hier können weitere Inhaltstypen ausgewählt werden.
4. Klicken Sie in der Kategorie *Einstellungen* auf den Link ***Einstellungen für Dokumentenmappe*** (siehe Abb. 15-8).

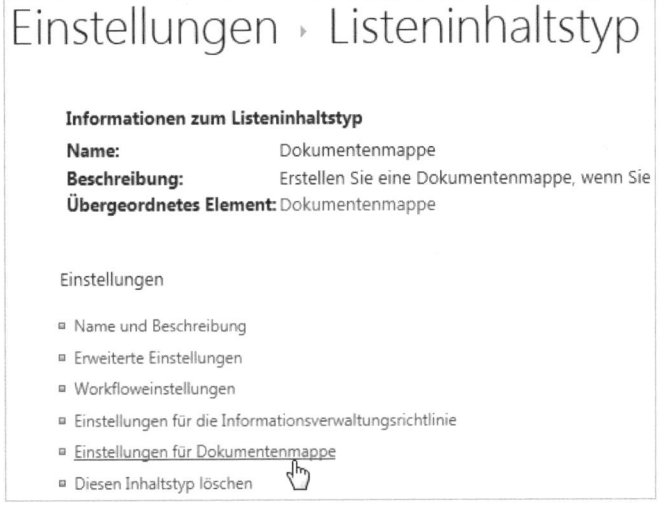

Abb. 15-8 Über die Einstellungen der Dokumentenmappe lassen sich weitere Inhaltstypen integrieren.

5. Wählen Sie zunächst die Gruppe ***Beispielinhaltstypen zum Buch*** aus, diese haben Sie im Kapitel 11 »*Kommunikation & Marketing*« erstellt (siehe Abb. 15-9).
6. Fügen Sie die folgenden Inhaltstypen mit einem Doppelklick hinzu: *Angebot*, *Kalkulationsvorlage* und *Verkaufspräsentation*.

> **Tipp**
>
> In der Reihenfolge, wie Sie die Inhaltstypen der Dokumentenmappe hier hinzugefügt haben, werden sie später auch über die Schaltfläche *Neu* aufgelistet. In unserem Beispiel sind wir alphabetisch vorgegangen. Im Nachhinein können Sie innerhalb der Bibliothek ebenfalls die Sortierreihenfolge ändern.

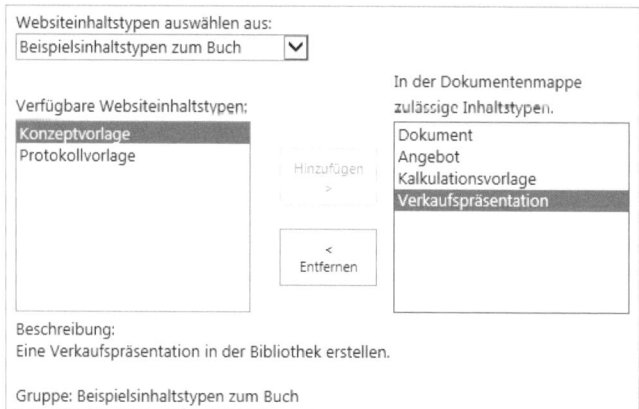

Abb. 15-9 Die ausgewählten Geschäftsvorlagen wurden der Dokumentenmappe hinzugefügt.

7. Übernehmen Sie alle weiteren Einstellungen und bestätigen Sie Ihre Eingabe mit einem Klick auf die Schaltfläche *OK*. Geschäftsvorlagen und Formulare sollten von einem Personenkreis im Unternehmen erstellt und gepflegt werden. Der Inhaltstyp *Dokumentenmappe* beinhaltet nun die vorgegebenen Geschäftsvorlagen. Diese werden in diesem Beispiel von den zuständigen Mitarbeitern der Abteilung Kommunikation & Marketing gepflegt und bei Bedarf aktualisiert. Durch diesen Prozess ist gewährleistet, dass alle Vertriebsmitarbeiter immer mit den richtigen Vorlagen arbeiten.

8. Navigieren Sie über die Schnellstartnavigation zurück in die *Angebotsbibliothek*.

15.6 Verwenden der Angebotsbibliothek mit Dokumentenmappen

In diesem Beispiel möchte ich Ihnen verdeutlichen, wie die Dokumentenmappe zu verwenden ist. Wir werden in der Angebotsbibliothek eine neue Dokumentenmappe für einen Kunden anlegen. In der Dokumentenmappe selbst erstellen wir ein Angebotsschreiben.

15.6.1 Hinzufügen einer Dokumentenmappe in einer Bibliothek

Der Kunde Blumen AG hat sein Interesse an unserem Unternehmen ausgedrückt. Er wird uns in den kommenden Tagen eine schriftliche Anfrage zukommen lassen. Für diesen Kunden werden wir eine Dokumentenmappe anlegen.

1. In der *Angebotsbibliothek* klicken Sie im Register *Dateien* in der Gruppe *Neu* auf den Drop-down-Pfeil der Schaltfläche **Neues Dokument**.

15.6 Verwenden der Angebotsbibliothek mit Dokumentenmappen

2. Klicken Sie im Menü auf den Eintrag **Dokumentenmappe**.
3. Erstellen Sie eine neue Dokumentenmappe mit Namen »*Blumen AG*«.
4. Fügen Sie im Bereich *Beschreibung* den Text »*Angebotsunterlagen für die Firma Blumen AG*« ein. Im Bereich *Beschreibung* können wichtige Informationen oder der Verwendungszweck der Dokumentenmappe hinterlegt werden (siehe Abb. 15–10).

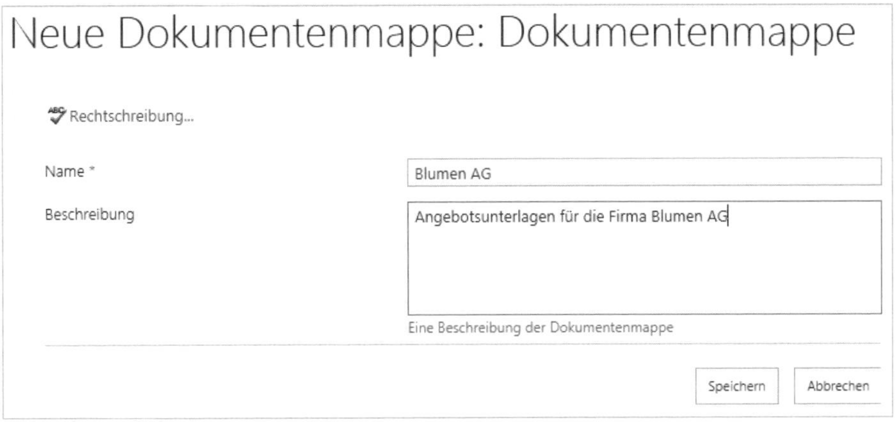

Abb. 15–10 Das Anlegen einer neuen Dokumentenmappe

5. Bestätigen Sie Ihre Eingaben mit einem Klick auf die Schaltfläche **OK**. Sie werden direkt in die neue Dokumentenmappe weitergeleitet (siehe Abb. 15–11).

Abb. 15–11 Die neu angelegte Dokumentenmappe

Die Dokumentenmappe ist in verschiedene Bereiche aufgeteilt. Im oberen Bereich finden Sie ein Bild und die Eigenschaften. Darunter finden Sie die Bibliothek, die nach dem Hinzufügen von Geschäftsunterlagen die Inhalte der Dokumentenmappe anzeigt. Zusätzlich wird Ihnen das Register *Verwalten* angezeigt.

15.6.2 Erstellen eines Dokuments in der Dokumentenmappe

Der Vertriebsmitarbeiter, der mit dem Kunden telefoniert hat, möchte die Verkaufspräsentation schon einmal vorbereiten und der Dokumentenmappe hinzufügen.

1. Klicken Sie im Register *Dateien* in der Gruppe *Neu* auf den Drop-down-Pfeil **Neues Dokument**.
2. Ihnen werden alle Geschäftsvorlagen, die Sie als Inhaltstypen der Dokumentenmappe hinzugefügt haben, angezeigt (siehe Abb. 15–12). Innerhalb der neuen Dokumentenmappe können Sie jetzt auf die Geschäftsvorlagen zugreifen.

Abb. 15–12   Alle vorhandenen Geschäftsvorlagen werden angezeigt.

3. Wählen Sie für dieses Beispiel die **Verkaufspräsentation** durch einen Klick aus. Die Präsentation wird in PowerPoint geöffnet.

> **Hinweis**
>
> Werden Dokumente nicht in einer Anwendung geöffnet, kann es daran liegen, dass in den Bibliothekeinstellungen nicht die richtige Option für das Öffnen in der Anwendung aktiviert ist. Klicken Sie innerhalb der Bibliothekeinstellungen auf den Link *Erweiterte Einstellungen*. Dort können Sie festlegen, ob das Dokument im Browser oder in der Anwendung geöffnet werden soll.

15.6 Verwenden der Angebotsbibliothek mit Dokumentenmappen

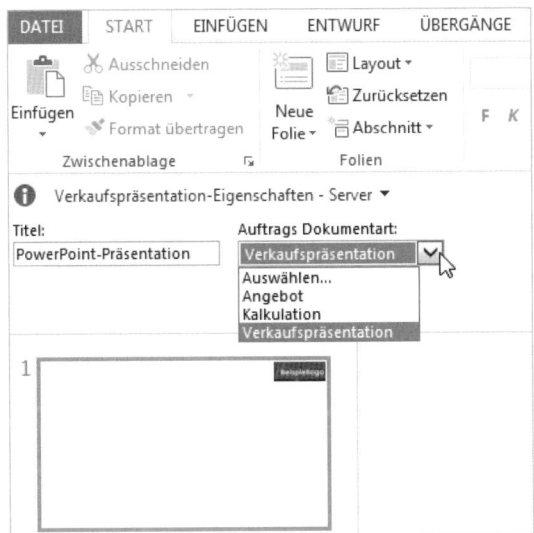

Abb. 15–13 Der *Dokumentinformationsbereich* wird eingeblendet und die Eigenschaften können ausgewählt werden.

4. Im oberen Fensterbereich wird Ihnen der Dokumentinformationsbereich eingeblendet (siehe Abb. 15–13). Durch das Festlegen der Websitespalte *Auftrags Dokumentart* als Pflichtfeld werden Sie gebeten, eine Dokumentart auszuwählen. Wählen Sie die richtige Dokumentart aus, in unserem Beispiel *Verkaufspräsentation*. Die *Auftrags Dokumentart* muss zugewiesen werden, sonst kann die Präsentation nicht in der Dokumentenmappe gespeichert werden.

5. Für dieses Beispiel brauchen Sie die Präsentation nicht weiter auszufüllen. Klicken Sie in das Register **Datei** und im Menü auf den Befehl **Speichern unter**. Sie werden in das Dialogfeld **Speichern unter** weitergeleitet (siehe Abb. 15–14).

   Als Speicherort werden automatisch die Angebotsbibliothek und die Dokumentenmappe *Blumen AG* vorgeschlagen. Das liegt daran, dass Sie die Präsentationsvorlage direkt aus der Dokumentenmappe des Kunden in der Angebotsbibliothek geöffnet haben.

6. Vergeben Sie den Dateinamen »*Verkaufspräsentation*«.
7. Klicken Sie auf die Schaltfläche **Speichern**.
8. Schließen Sie PowerPoint und navigieren Sie zurück in die Dokumentenmappe des Kunden *Blumen AG*.
9. Aktualisieren Sie Ihren Webbrowser mit der *F5*-Taste.

Innerhalb der Dokumentenmappe des Kunden Blumen AG wird Ihnen in der Bibliothek die Verkaufspräsentation angezeigt (siehe Abb. 15–15).

Abb. 15-14 Das Dialogfeld *Speichern unter*

Abb. 15-15 Die Verkaufspräsentation innerhalb der Dokumentenmappe

> **Hinweis**
>
> Wenn Ihnen bei der Arbeit in SharePoint in einer Bibliothek ein leeres Symbol in der Spalte *Typ* angezeigt wird, ist das Anwendungsprogramm, mit dem das Dokument ursprünglich erstellt wurde, nicht auf Ihrem Computer installiert. Sobald das Programm auf Ihrem Computer installiert wird, werden die Symbole richtig dargestellt.

15.7 Zusätzliche Metadaten in der Angebotsbibliothek bereitstellen

Metadaten können über Websitespalten der Angebotsbibliothek hinzugefügt werden. In der Dokumentenmappe befinden sich vordefinierte Websitespalten. Diese sind zum Beispiel *Typ*, *Name*, *Geändert* und *Geändert von*. Diese Websitespalten helfen beim Aufsuchen von Informationen. Auch die Beschreibung, die beim Anlegen einer Dokumentenmappe ausgefüllt werden kann, ist eine Websitespalte. Über die Beschreibung beispielsweise lässt sich schnell der Verwendungszweck einer Dokumentenmappe erkennen. Bei der Arbeit mit den Dokumentenmappen reichen jedoch manchmal die vorhandenen Websitespalten nicht aus oder sie werden nicht benötigt. In diesem Beispiel wäre es sehr hilfreich, wenn beim Aufrufen einer Dokumentenmappe im oberen Eigenschaftsbereich die Kundennummer und der Ansprechpartner zusätzlich als Information angezeigt werden.

15.7.1 Websitespalten für den Informationsbereich der Dokumentenmappe erstellen

Zusätzliche Websitespalten lassen sich jeder Bibliothek oder Liste hinzufügen. SharePoint liefert bereits eine große Anzahl von zusätzlichen Websitespalten, die wir in Bibliotheken oder Listen auswählen können. Jedoch sind die von SharePoint mitgelieferten Websitespalten nicht immer die Spalten, die wir gerade benötigen. Deshalb können wir unabhängig von den vordefinierten Spalten eigene Websitespalten erstellen und beliebig verwenden. In diesem Beispiel möchten wir die Information über die Kundennummer sowie den Ansprechpartner beim Kunden in die Dokumentenmappen einbringen. Websitespalten wie *Kundennummer* und *Ansprechpartner* sollten immer an oberster Ebene der Websitesammlung angelegt werden, denn diese Information benötigen mehrere Fachbereiche eines Unternehmens. In unserem Beispiel werden wir diese Websitespalte auf der Website *Vertriebsmanagement* erstellen. Falls diese Websitespalten bereits in Ihrem Unternehmen angelegt wurden, so verwenden Sie andere Namen für die Websitespalten in diesem Beispiel.

1. Navigieren Sie auf die *Testsite*.
2. Klicken Sie auf das Zahnradsymbol, um das Menü *Einstellungen* zu öffnen.
3. Wählen Sie im Menü den Befehl *Websiteeinstellungen*. Sie gelangen direkt in den Bereich *Websiteeinstellungen*.
4. In der Kategorie *Web-Designer-Kataloge* klicken Sie auf den Link **Websitespalten**.
5. Klicken Sie zum Anlegen der Websitespalte auf den Link *Erstellen*. Er befindet sich oberhalb der Auflistung der Websitespalten.

6. Im Bereich *Name und Typ* klicken Sie in das Eingabefeld *Name* und tippen »*Kundennummer*« ein.
7. Wählen Sie unterhalb von *Der Informationstyp in dieser Spalte ist* den Informationstyp **Eine Textzeile** aus.
8. Im Bereich *Gruppe* wählen Sie die Gruppe **Beispielspalten zum Buch**. Diese Gruppe wurde bereits in Kapitel 11 »*Kommunikation & Marketing*« erstellt.
9. Im Bereich *Zusätzliche Spalteneinstellung* klicken Sie in das Eingabefeld bei *Beschreibung* und geben folgenden Text ein: »*Bitte geben Sie die Kundennummer ein.*«
10. Aktivieren Sie die Option *Ja* bei *Diese Spalte muss Informationen enthalten*. Damit erstellen Sie ein Pflichtfeld, das die Anwender ausfüllen müssen.
11. Überprüfen Sie noch einmal Ihre Eingaben und bestätigen Sie sie danach mit einem Klick auf die Schaltfläche **OK**. Sie werden direkt in die *Websiteeinstellungen, Websitespalten* weitergeleitet. In der Gruppe *Beispielspalten zum Buch* sehen Sie die erstellte Spalte.
12. Klicken Sie zum Anlegen einer weiteren Websitespalte erneut auf den Link **Erstellen**.
13. Im Bereich *Name und Typ* klicken Sie in das Eingabefeld *Name* und tippen »*Ansprechpartner*« ein.
14. Wählen Sie unterhalb von *Der Informationstyp in dieser Spalte ist* den Informationstyp **Eine Textzeile** aus.
15. Im Bereich *Gruppe* wählen Sie die Gruppe **Beispielspalten zum Buch**.
16. Im Bereich *Zusätzliche Spalteneinstellung* klicken Sie in das Eingabefeld bei *Beschreibung* und geben folgenden Text ein: »*Bitte geben Sie den Ansprechpartner ein.*«
17. Aktivieren Sie die Option *Ja* bei *Diese Spalte muss Informationen enthalten*. Damit erstellen Sie ein Pflichtfeld, das die Anwender ausfüllen müssen.
18. Überprüfen Sie noch einmal Ihre Eingaben und bestätigen Sie sie danach mit einem Klick auf die Schaltfläche **OK**.

Die zusätzlichen Websitespalten sind nun angelegt. Jetzt werden sie als Informationseigenschaft der Dokumentenmappen hinzugefügt.

1. Navigieren Sie in die Website *Vertriebsmanagement* und öffnen Sie die *Angebotsbibliothek*.
2. In der Angebotsbibliothek wechseln Sie über das Register *Bibliothek* über die Gruppe *Einstellungen* in die **Bibliothekeinstellungen**.
3. Im mittleren Bereich bei *Inhaltstypen* klicken Sie auf den Inhaltstyp **Dokumentenmappe**. Diesen hatten wir im Abschnitt 15.5.1 hinzugefügt.

4. Im Bereich *Spalten* klicken Sie auf den Link *Aus vorhandenen Website- oder Listenspalten hinzufügen* (siehe Abb. 15–16).

Abb. 15–16 Der Link *Aus vorhandenen Website- oder Listenspalten hinzufügen*

5. Wählen Sie die Gruppe *Beispielspalten zum Buch* aus.
6. Wählen Sie die Spalte *Ansprechpartner* im Bereich *Verfügbare Spalten* durch einmaliges Anklicken aus und klicken Sie auf die Schaltfläche *Hinzufügen*.
7. Klicken Sie im Bereich *Verfügbare Spalte* doppelt auf die Spalte *Kundennummer*. Die Spalte wird ebenfalls in den Bereich *Hinzuzufügende Spalte* verschoben. Auch vorhandene Websitesspalten können ausgewählt werden. Für dieses Beispiel soll kurzfristig noch die Telefonnummer des Ansprechpartners in die Dokumentenmappe mit aufgenommen werden.
8. Wählen Sie dafür im Bereich *Spalten auswählen aus* die Gruppe *Hauptkontakt- und Kalenderspalten* (siehe Abb. 15–17).
9. Blättern Sie im Bereich *Verfügbare Spalten* nach unten und wählen Sie dort die Spalte *Telefon (geschäftlich)* aus.
10. Bestätigen Sie Ihre Auswahl mit einem Klick auf die Schaltfläche *OK*. Sie werden in die Einstellungen der Dokumentenmappe weitergeleitet.

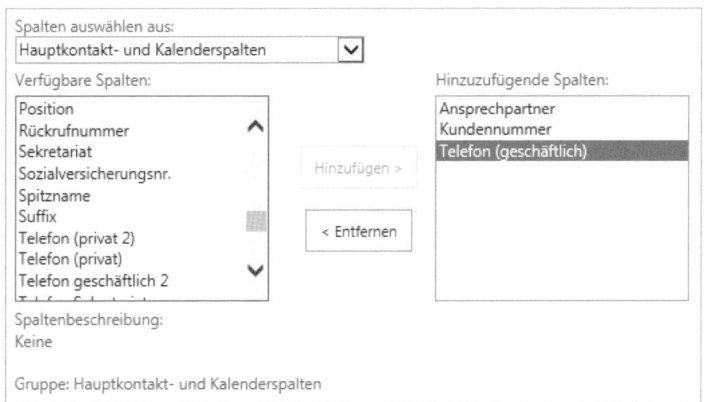

Abb. 15–17 Die ausgewählten Spalten

Damit die Eigenschaften in der jeweiligen Dokumentenmappe angezeigt werden, müssen die Spalten der Dokumentenmappe hinzugefügt werden.

11. Klicken Sie im Bereich *Einstellungen* auf den Link **Einstellungen für Dokumentenmappe** (siehe Abb. 15–18).

Abb. 15–18 Der Link *Einstellungen für Dokumentenmappe*

12. Im Bereich *Freigeben* aktivieren Sie die Kontrollkästchen bei **Beschreibung** und bei **Kundennummer**. Diese Informationen werden auch den jeweiligen Dokumenten innerhalb der Dokumentenmappe automatisch zugeordnet (siehe Abb. 15–19).

13. Im Bereich *Spalten auf der Homepage* fügen Sie die Spalten **Kundennummer**, **Ansprechpartner** und **Telefon (geschäftlich)** hinzu.

Diese Eigenschaften können beim Erstellen einer Dokumentenmappe festgelegt und beim späteren Aufrufen in der Homepage der Dokumentenmappe angezeigt werden.

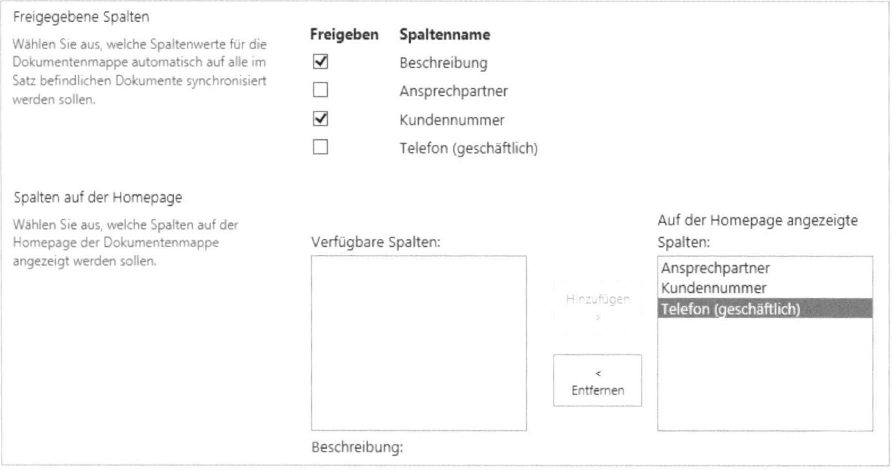

Abb. 15–19 Diese Eigenschaften sollen in der Dokumentenmappe angezeigt werden.

15.7 Zusätzliche Metadaten in der Angebotsbibliothek bereitstellen

14. Bestätigen Sie Ihre Eingaben mit einem Klick auf die Schaltfläche **OK**.
15. Navigieren Sie zurück in die *Angebotsbibliothek*.
16. Öffnen Sie die Dokumentenmappe der Firma **Blumen AG**.

Ihnen werden die zusätzlichen Informationen im oberen Eigenschaftsbereich und im Bereich *Inhalte der Dokumentenmappe* angezeigt. Unsere bereits angelegte Dokumentenmappe der Firma Blumen AG besitzt jedoch noch nicht die neuen Eigenschaften (siehe Abb. 15–20). Diese wollen wir der Dokumentenmappe hinzufügen. Sowohl beim Erstellen einer Dokumentenmappe als auch nachträglich lassen sich Informationseigenschaften festlegen.

Abb. 15–20 Die Websitespalten stehen nun im Informationsbereich der Dokumentenmappe zur Verfügung.

1. Klicken Sie im Informationsbereich auf den Link *Eigenschaften bearbeiten*.
2. Ihnen werden jetzt zusätzlich die Eigenschaftsfelder für die Kundennummer, Ansprechpartner und Telefonnummer angezeigt.
3. Geben Sie im Eingabefeld *Kundennummer* »*0815*« ein.
4. Geben Sie im Eingabefeld *Ansprechpartner* »*Frau Susi Fröhlich*« ein.
5. Geben Sie eine ausgedachte Telefonnummer im Eingabefeld *Telefon (geschäftlich)* ein.
6. Bestätigen Sie Ihre Eingabe mit einem Klick auf die Schaltfläche **Speichern**.

Abb. 15–21   Die nachgetragenen Eigenschaften für Ansprechpartner, Kundennummer und Telefon

7. Erstellen Sie eine weitere Dokumentenmappe. Navigieren Sie dafür in die *Angebotsbibliothek* und klicken Sie in das Register *Dateien* und dann auf den Drop-down-Pfeil der Schaltfläche **Neues Dokument**.

15.8   Eine Ansicht für die Angebotsbibliothek erstellen

Wurden einer Bibliothek zusätzliche Spalten hinzugefügt, werden diese neuen Spalten angezeigt. Die neuen Spalten selbst werden jedoch immer an das Ende der Bibliotheksansicht gestellt. Einige Informationseigenschaften werden auch gar nicht angezeigt, obwohl sie als Spalten in der Bibliothek hinterlegt sind. In diesem Beispiel wird in der Angebotsbibliothek die Beschreibung zu der jeweiligen Dokumentenmappe nicht angezeigt, obwohl sie jeder Dokumentenmappe beim Erstellen zugewiesen wird. In diesem Abschnitt werden wir eine Ansicht für die Angebotsbibliothek erstellen.

1. Navigieren Sie über die Schnellstartnavigation in die *Angebotsbibliothek*.
2. Klicken Sie neben der Anzeige *Alle Dokumente* auf das Menü, dargestellt mit den drei Punkten (siehe Abb. 15–22).

Abb. 15–22   Über das Menü der drei Punkte können neue Ansichten erstellt werden.

15.8 Eine Ansicht für die Angebotsbibliothek erstellen

3. Klicken Sie im Menü auf den Befehl **Neue Ansicht erstellen**.
4. Im nächsten Fenster wählen Sie im Bereich *Ansichtstypen auswählen* den Typ **Standardansicht** durch einen Klick aus.
5. Im nachfolgenden Fenster tippen Sie im Eingabefeld *Name anzeigen* »Mit Beschreibung« ein. Der Name der Ansicht kann aussagen, welche Informationen angezeigt werden.
6. Im Bereich *Publikum anzeigen* übernehmen Sie die Option **Öffentliche Ansicht erstellen**. So stellen Sie diese Ansicht automatisch auch Ihren Kolleginnen und Kollegen zur Verfügung. Andere Personen können diese Ansicht in der Bibliothek auswählen.

> **Hinweis**
>
> Wenn Sie im Bereich *Publikum anzeigen* die *persönliche Ansicht* auswählen, steht nur Ihnen die erstellte Ansicht zur Verfügung. Andere Personen, die Zugriff auf diese Bibliothek besitzen, können nicht auf Ihre persönlichen Ansichten zugreifen.

7. Aktivieren Sie nur die Anzeigen der Spalten *Typ*, *Name*, *Beschreibung* und *Geändert von*, indem Sie die Haken in die Kontrollkästchen setzen und alle anderen Haken entfernen.
8. Die Positionen, also die Reihenfolge der Spalten in der Ansicht, können Sie über den Drop-down-Pfeil der Nummerierungen ändern. Bei unserer Auswahl legen Sie die *Beschreibung* auf Position *3* (siehe Abb. 15–23).

Anzeigen	Spaltenname	Position von links
☑	Typ (mit Dokument verknüpftes Symbol)	1
☑	Name (Hyperlink zu Dokument mit Bearbeitungsmenü)	2
☐	Geändert	4
☑	Geändert von	5
☐	Auftrags Dokumentart	6
☐	Ansprechpartner	7
☐	Kundennummer	8
☐	Telefon (geschäftlich)	9
☐	Abdeckung	10
☐	App erstellt von	11
☐	App geändert von	12
☐	Ausgecheckt von	13
☐	Bearbeiten (Hyperlink zum Bearbeitungselement)	14
☑	Beschreibung	3
☐	Dateigröße	15

Abb. 15–23 Die aktiven Spalten für die neue Ansicht

9. Übernehmen Sie alle weiteren Einstellungen und bestätigen Sie Ihre Eingaben mit einem Klick auf die Schaltfläche *OK* im oberen Fensterbereich.
10. Sie werden in die Bibliothek weitergeleitet und Ihnen wird die neue Ansicht angezeigt (siehe Abb. 15–24).

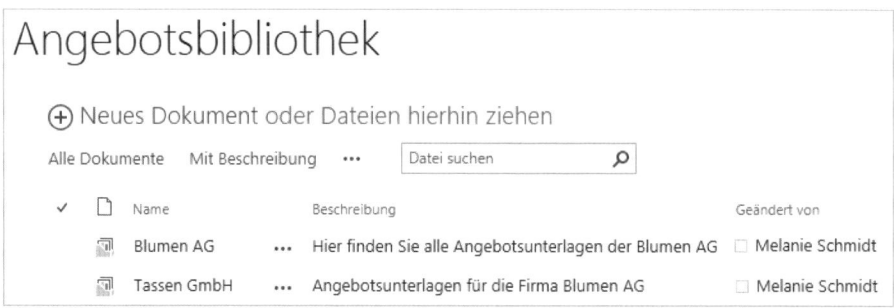

Abb. 15–24 Die Ansicht mit der Beschreibung zur jeweiligen Dokumentenmappe

11. Links neben der Suchleiste können Sie zwischen den Ansichten *Alle Dokumente* und *Mit Beschreibung* wechseln.
12. Wählen Sie die Ansicht *Alle Dokumente*. Schauen Sie in die Bibliothek. Ihnen wird die Standardansicht *Alle Dokumente* angezeigt.
13. Wählen Sie erneut die Ansicht *Mit Beschreibung* aus.

> **Hinweis**
>
> In einer Bibliothek oder Liste werden die Einträge immer nach der festgelegten Standardansicht angezeigt. Sie können persönliche Ansichten erstellen, die für Sie relevant sind. Wenn Sie mit Ihrem Benutzernamen die Bibliothek oder Liste aufsuchen, wird Ihre die Ansicht, die Sie als persönlich festgelegt haben, angezeigt.

15.8.1 Bibliotheksansichten ändern

Sie können persönliche oder standardisierte Ansichten erstellen. Gleichzeitig können Sie beispielsweise die Anzahl der Dokumente innerhalb einer Bibliothek anzeigen lassen oder festlegen, dass Sie nur Ihre eigenen Dokumente innerhalb dieser Bibliothek sehen und nicht die der Kolleginnen und Kollegen. Bei einer großen Anzahl von Dokumentenmappen innerhalb einer Bibliothek ist es praktisch, wenn nur die eigenen zu sehen sind.

1. Navigieren Sie über die Schnellstartnavigation in die *Angebotsbibliothek*.
2. Klicken Sie neben der Anzeige *Mit Beschreibung* auf das Menü, dargestellt mit den drei Punkten.
3. Klicken Sie im Menü auf den Befehl *Ansicht ändern*.

15.8 Eine Ansicht für die Angebotsbibliothek erstellen

4. Im Bereich *Publikum anzeigen* aktivieren Sie das Kontrollkästchen **Zur Standardansicht machen** (siehe Abb. 15–25). So stellen Sie diese Ansicht automatisch auch Ihren Kolleginnen und Kollegen zur Verfügung. Andere Personen können diese Ansicht in der Bibliothek auswählen.

Abb. 15–25   Als Standardansicht aktivieren

5. Navigieren Sie zu dem Bereich *Sortieren* und legen Sie fest, dass nach **Name** in aufsteigender Reihenfolge sortiert werden soll.

6. Im Bereich *Filter* können Sie festlegen, ob Sie nur Ihre eigenen Elemente sehen möchten. Hierzu aktivieren Sie die Option **Elemente nur in folgendem Fall anzeigen** und wählen im ersten Auswahlfeld **Erstellt von** aus.

7. Lassen Sie den Vergleichsoperator *ist gleich* stehen.

8. Schreiben Sie im nächsten Feld »*[ich]*« in eckige Klammern. Die eckigen Klammern erzeugen Sie mit den Tasten *ALTGr+8* und *ALTGr+9* (siehe Abb. 15–26). Durch diese Filterung werden nur Ihre eigenen Einträge in der Bibliothek angezeigt.

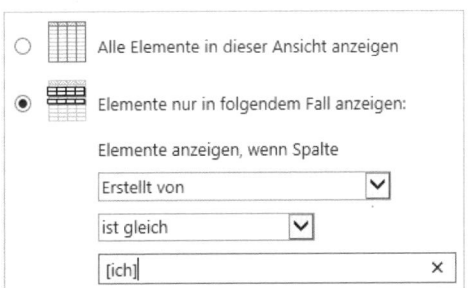

Abb. 15–26   Elemente des Benutzers sollen angezeigt werden.

9. Navigieren Sie zu dem Bereich *Gesamt* und klicken Sie zum Erweitern der Ansicht auf das *Pluszeichen* vor Gesamt. Wählen Sie bei dem Spaltennamen *Name* unter *Gesamt* die **Anzahl** aus (siehe Abb. 15–27). Damit wird die Anzahl der vorhandenen Dokumentenmappen in der Bibliothek ermittelt.

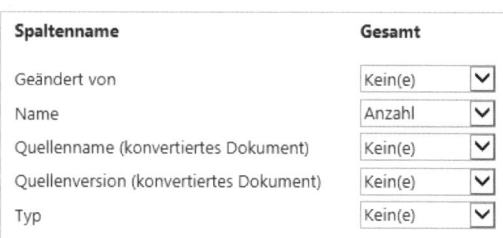

Abb. 15–27 Die Anzahl der Dokumentenmappen soll ermittelt werden.

10. Bestätigen Sie Ihre Eingaben mit einem Klick auf die Schaltfläche *OK* im unteren Bildschirmbereich.
11. Damit Sie die Sortierreihenfolge sehen, legen Sie eine neue Dokumentenmappe mit dem Namen *Mustermann GmbH* und der Beschreibung *Ausschreibungsangebot* an.
12. Wechseln Sie danach direkt in die *Angebotsbibliothek* zurück. Die Sortierung erfolgt aufsteigend nach Namen und es wird die Anzahl der vorhandenen Dokumentenmappen innerhalb der Angebotsbibliothek angezeigt (siehe Abb. 15–28).

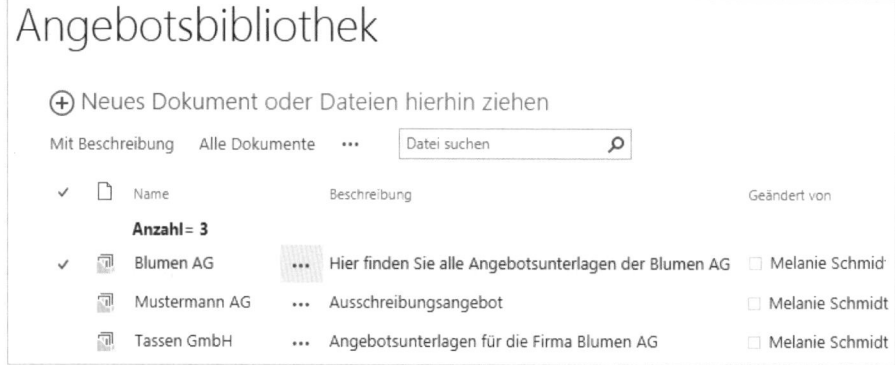

Abb. 15–28 Die angepasste Ansicht mit der Anzahl der Dokumentenmappen

Achtung

Da es sich in diesem Beispiel um die Standardansicht handelt, werden Mitarbeiter, die auf die Bibliothek zugreifen, unsere Einträge nicht sehen können. Gleichermaßen werden wir die Einträge der Kolleginnen und Kollegen nicht sehen. Sie können die Ansicht *Alle Dokumente* über den Befehl *Ansicht ändern* erneut zur Standardansicht machen, dann sehen Sie auch die Dokumentenmappen, die von anderen Personen angelegt wurden (siehe nächste Schritte).

Möchten Sie die Ansicht *Alle Dokumente* erneut als Standardansicht festlegen, führen Sie folgende Schritte aus:

1. Wählen Sie die Ansicht *Alle Dokumente* aus.
2. Öffnen Sie über die drei Punkte das Menü und klicken Sie auf den Befehl *Ansicht ändern*. Sie werden in die Ansichtseinstellungen weitergeleitet.
3. Aktivieren Sie dort das Kontrollkästchen bei *Zur Standardansicht machen*.
4. Bestätigen Sie Ihre Eingaben mit einem Klick auf die Schaltfläche **OK** am oberen Bildschirmrand.

> **Tipp**
>
> Wenn Sie in einer Bibliothek mehrere Ansichten erstellt haben, können Sie sie auch dem Inhaltstyp *Dokumentenmappe* zuweisen. Gehen Sie bei Bedarf über die *Bibliothekeinstellungen* in den Inhaltstyp *Dokumentenmappe*. Dort können Sie über Einstellungen der Dokumentenmappe eine von Ihnen erstellte Ansicht auswählen und als Standard festlegen.

15.8.2 Metadatennavigation nach Websitespalten

Sie haben bereits erfahren, dass Sie nach verwalteten Metadaten innerhalb einer Bibliothek Dateien filtern können. In diesem Beispiel möchte ich Ihnen zeigen, dass Sie auch anhand von Websitespalten innerhalb der Angebotsbibliothek Dateien filtern können.

1. Wechseln Sie zunächst in die Website *Vertriebsmanagement*. Hier muss zunächst das Websitefeature *Metadatennavigation* aktiviert werden.
2. Navigieren Sie in die *Websiteeinstellungen* über das Zahnradsymbol oben rechts im Fenster.
3. Klicken Sie in der Kategorie *Websiteaktionen* auf den Link **Websitefeatures verwalten**.
4. Ihnen werden die Websitefeatures alphabetisch aufgelistet. Blättern Sie zu dem Feature *Metadatennavigation und Filtern*.
5. Klicken Sie hinter der Beschreibung auf die Schaltfläche **Aktivieren**. Sobald das Feature aktiviert ist, verändert sich die Schaltfläche in *Deaktivieren*.
6. Wechseln Sie in die *Angebotsbibliothek*.
7. Klicken Sie im Register *Bibliothek* in der Gruppe *Einstellungen* auf die Schaltfläche *Bibliothekeinstellungen*.
8. Durch das Aktivieren des Websitefeatures *Metadatennavigation und Filtern* wird Ihnen in der Kategorie *Allgemeine Einstellungen* der Link **Navigationseinstellungen für Metadaten** angezeigt. Klicken Sie auf den Link.

9. Im Bereich *Navigationshierarchien konfigurieren* unterhalb von *Verfügbare Hierarchiefelder* werden alle Websitespalten des Typs *Auswahl* und verfügbare *Metadaten* angezeigt. Wählen Sie durch einen Doppelklick die Websitespalte **Auftrags Dokumentart** aus.

10. Übernehmen Sie alle weiteren Einstellungen und bestätigen Sie Ihre Auswahl mit einem Klick auf die Schaltfläche *OK*.

11. Navigieren Sie in die Angebotsbibliothek. Sie sehen im rechten Fensterbereich die Metadatennavigation (siehe Abb. 15–29).

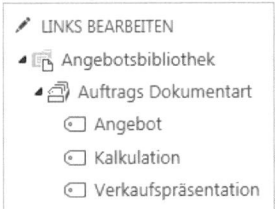

Abb. 15-29 Die Metadatennavigation nach Websitespalten innerhalb einer Bibliothek

Sie können also nicht nur für festgelegte Ausdruckssätze, sondern auch für Websitespalten die Metadatennavigation verwenden.

15.9 Zusammenfassung

Mit dem Websiteinhaltstyp *Dokumentenmappe* können Sie Informationen gebündelt in einer Art Akte ablegen. Innerhalb dieser Dokumentenmappen können Sie Geschäftsvorlagen als weitere Websiteinhaltstypen und Metadaten integrieren, sodass das Aufsuchen von Informationen dadurch sehr erleichtert wird. Durch die Verwendung von Websitespalten als Metadaten innerhalb des Websiteinhaltstypen *Dokumentenmappe* erhalten alle Dokumente, die in der Dokumentenmappe abgelegt werden, automatisch diese Metadateninformationen.

16 Geschäftsleitung

Die Einbindung von RSS-Feeds, die in diesem Kapitel erläutert werden, können alle SharePoint-Anwender durchführen. In diesem Kapitel werden zusätzlich erweiterte Funktionalitäten der Office-Online-Server- und der Office-365-Versionen vermittelt. Wenn Sie in Ihrem Unternehmen Office 2016 Professional Plus oder Office 365 Professional Plus verwenden, können Sie die in diesem Beispiel aufgeführte Erstellung von Dashboards mit Excel durchführen, aber gegebenenfalls nicht in einer SharePoint-Website anzeigen lassen.

16.1 Ausgangssituation

Die Geschäftsleitung eines Unternehmens muss als Entscheidungsträger für die Wettbewerbsfähigkeit am Markt in der Lage sein, schnell einen aktuellen Überblick über seine Situation zu gewinnen und damit Managemententscheidungen treffen zu können. Durch das Abrufen und Auswerten von Excel-Daten können solche Analysen durchgeführt werden. Daten werden visuell und somit aussagekräftig für die Geschäftsleitung bereitgestellt.

16.2 Die Anforderungen der Abteilung

Für die Geschäftsleitung und für die Managementebene der Vertriebsleiter sollen die aktuellen Umsatzzahlen des Unternehmens visuell und mithilfe von Dashboards bereitgestellt werden. Es gibt drei verschiedene Verkaufswege, über die ein Kunde unterschiedliche Produkte des Unternehmens in den verschiedenen Niederlassungen bestellen kann. Damit Entscheidungen bezüglich der Verkaufswege und der jeweiligen Produktgruppen getroffen werden können, ist es für die Leitung wichtig, die aktuellen Umsätze der einzelnen Standorte, der Verkaufswege und der Bestellarten zu ersehen.

16.3 Schritte in diesem Kapitel

Für die Geschäfts- und Vertriebsleitung wird in diesem Kapitel eine Website auf Basis der Teamwebsite erstellt. Innerhalb der Website werden verschiedene Darstellungsmöglichkeiten für die Analyse von Daten aufgezeigt. Das Erstellen von Dashboards in Excel und die Bereitstellung in SharePoint bedarf einiger Vorbereitungen. So können Sie beispielsweise in Excel die Add-ins *PowerPivot* und *PowerView* für die Analyse und interaktive Ansichten von umfangreichen Daten verwenden. Damit Sie diese Funktionen von Excel nutzen können, müssen diese Add-ins aktiviert werden.

> **Hinweis**
>
> Für Business-Intelligence-Funktionen eignet sich die Websitevorlage *Business Intelligence Center*, die als eine eigenständige Websitesammlung angelegt werden sollte. Diese Websitevorlage beinhaltet bereits Business Intelligence Tools, die Sie für die Analyse von Daten verwenden können. Jedoch ist das Thema Business Intelligence so umfangreich, dass es in diesem Buch nicht komplett abgedeckt werden kann. Es gibt zahlreiche, gute Literatur zum gesamten Thema Business Intelligence. In diesem Buch gehe ich jedoch auf die Kombination Microsoft Excel und SharePoint ein.

16.3.1 Bereitstellung einer Website für die Geschäftsleitung

Zum Anlegen der Website für die Abteilung *Geschäftsleitung* gehen Sie folgendermaßen vor:

1. Wechseln Sie zunächst auf die Website *Fachbereiche*.
2. Navigieren Sie in die **Websiteinhalte**. Hier sehen Sie alle bereits angelegten Listen, Bibliotheken und Websites.
3. Unterhalb des Bereichs *Listen, Bibliotheken und andere Apps* sehen Sie den Bereich *Unterwebsites*. Klicken Sie dort auf den Link **Neue Website**.
4. Es folgt ein Dialogfeld, in das Sie Angaben für die neue Website eingeben. Im Bereich *Titel und Beschreibung* schreiben Sie im Eingabefeld *Titel* »Geschäftsleitung« und im Eingabefeld *Beschreibung* geben Sie ein, wozu Sie die Website verwenden: »*Diese Site dient als Beispiel für die visuelle Darstellung von umfangreichen Daten in SharePoint.*«
5. Im Bereich *Websiteadresse* geben Sie als URL-Namen erneut den Titel »*Geschaeftsleitung*« ein. In diesem Feld verwenden Sie keine Umlaute, Sonderzeichen und Leerschritte. Diese Eingaben erscheinen später im Adressfeld des Webbrowsers als Teil der URL.
6. Wählen Sie im nächsten Schritt im Bereich *Vorlagenauswahl* die Sprache aus, in der Sie die Site verwenden möchten.

7. Wechseln Sie in das Register *Zusammenarbeit* und wählen Sie die Websitevorlage *Teamsite* durch einen Klick aus.
8. Setzen Sie die Option *Ja* im Bereich *Navigationsvererbung* bei *Leiste für häufig verwendete Links der übergeordneten Website verwenden?*. Damit stellen Sie sicher, dass Ihnen die bereits angelegten Websites in der globalen Navigation auch auf dieser Website angezeigt werden und Sie darüber schnell in andere Websites navigieren können.
9. Übernehmen Sie alle weiteren Einstellungen und bestätigen Sie Ihre Eingaben mit einem Klick auf die Schaltfläche *Erstellen*. Sie werden direkt auf die Teamwebsite *Geschäftsleitung* weitergeleitet. Bleiben Sie auf der Website.

16.4 Voraussetzungen

Um sogenannte Datenmodelle in einem Excel-Tabellenblatt zu erstellen, müssen die Add-ins *PowerPivot* und *PowerView* aktiviert sein. Beide Add-ins stehen nicht in allen Microsoft-Office-Versionen zur Verfügung. Die Funktionen der Excel Services sind notwendig und müssen auf dem Office-Online-Server aktiviert und bereitgestellt werden, Excel Services stehen nicht in den Serverversionen zur Verfügung. Hier muss Excel-Online im Office-Online-Server zur Verfügung gestellt werden. Zusätzlich müssen die Office Web Apps für die Darstellung von Dateien im Browser konfiguriert und für die Benutzer bereitgestellt werden.

16.5 SharePoint und Excel in Kombination

SharePoint und Excel 2016 bieten Ihnen erweiterte Möglichkeiten beim Erstellen von visuellen Dashboards. Sie können in Excel mit den Add-ins *PowerPivot* und *PowerView* ganz schnell und mit nur wenigen Mausklicks Datenauswertungen erstellen und diese in SharePoint über den Excel-Services-Webpart veröffentlichen.

16.5.1 Das Excel-2016-PowerPivot- und -PowerView-Add-in aktivieren

Auch alleine mit dem Excel-PowerPivot-Add-in können Sie umfangreiche Daten analysieren und auswerten. Beide von Microsoft bereitgestellten Add-ins stehen jedoch nur in den Versionen Microsoft Office Professional Plus und Office 365 Professional Plus zur Verfügung. Die Add-ins müssen für die Verwendung in Excel einmal aktiviert werden. Zum Aktivieren der Add-ins gehen Sie folgendermaßen vor:

1. Öffnen Sie eine leere Microsoft-Excel-2016-Arbeitsmappe.
2. Klicken Sie in Excel in das Menübandregister *Datei*.
3. Wählen Sie in der Backstage-Ansicht den Befehl *Optionen* (siehe Abb. 16–1).

Abb. 16–1 Die Backstage-Ansicht in Excel 2016 und der Befehl *Optionen*

4. Wechseln Sie im Dialogfeld *Optionen* links in die Kategorie ***Add-Ins*** (siehe Abb. 16–2).

5. Ganz unten im Dialogfeld finden Sie den Drop-down-Pfeil bei ***Verwalten***. Klicken Sie auf den Drop-down-Pfeil.

6. Wählen Sie im Pull-down-Menü den Eintrag ***Com-Add-Ins*** durch einen Klick aus.

7. Bestätigen Sie Ihre Auswahl mit einem Klick auf die Schaltfläche ***Gehe zu***.

16.5 SharePoint und Excel in Kombination

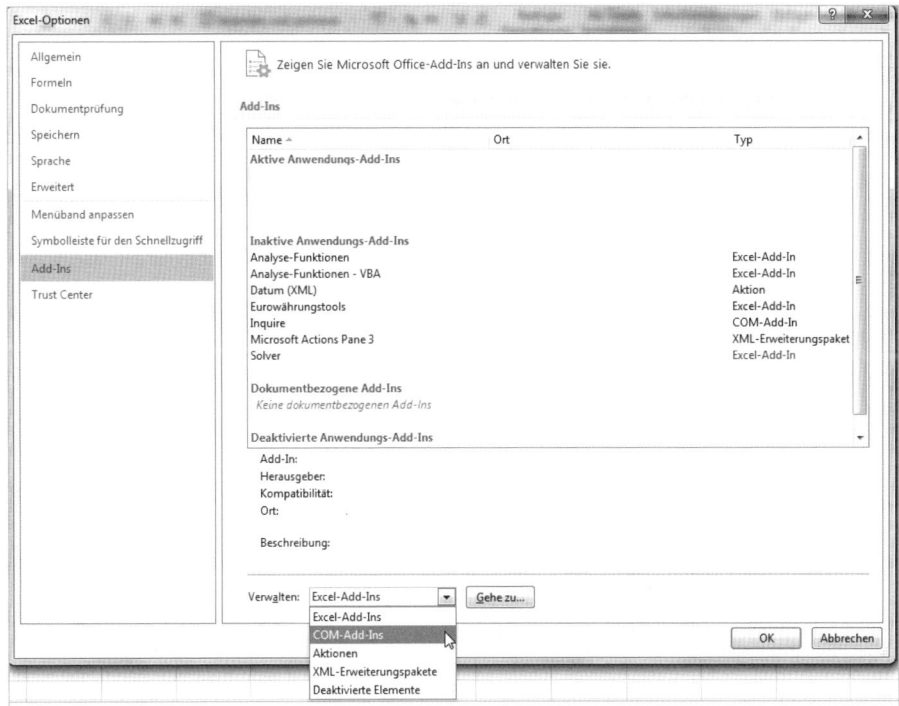

Abb. 16–2 Das Dialogfeld *Excel-Optionen* mit der Kategorie *Add-ins*. Über *Verwalten* können weitere Add-ins aktiviert werden.

8. Im nachfolgenden Dialogfeld aktivieren Sie die Add-ins **Office PowerPivot for Excel 2016** und **PowerView**, indem Sie die Kontrollkästchen aktivieren.
9. Betätigen Sie Ihre Eingabe mit einem Klick auf die Schaltfläche *OK*.
10. Ihnen wird in der Excel-Arbeitsmappe zusätzlich das Register *PowerPivot* angezeigt.

In den nachfolgenden Abschnitten werden Sie die Add-ins verwenden.

16.5.2 Ein Dashboard mit Microsoft Excel 2016 erstellen

Eine grundlegende Voraussetzung für die Erstellung von Dashboards sind Tabellen mit eindeutigen Spaltennamen. Achten Sie immer darauf, dass Sie keine leeren Zeilen oder leere Spalten innerhalb Ihres Datenbereichs besitzen. Löschen Sie gegebenenfalls leere Zeilen und Spalten. Beginnen Sie mit Ihren Tabellen immer in der Zelle A1 im Excel-Tabellenblatt. Für dieses Beispiel zum Erstellen des Dashboards benötigen Sie die Beispieldatei *Umsätze*, die Sie im Ordner *Kapitel Geschäftsleitung* finden.

1. Öffnen Sie die Datei *Umsätze* aus dem Ordner *Kapitel Geschäftsleitung* der Beispieldateien zum Buch.
2. Die Tabelle, die ich Ihnen als Beispiel zur Verfügung stelle, besitzt eindeutige Spaltennamen. Unterhalb der Spaltennamen befindet sich jeweils in einer Zeile ein Datensatz. Es handelt sich im Datensatz immer um einen Tagesverkauf, der an einem bestimmten Tag, an einem bestimmten Standort, mit einer bestimmten Produktgruppe und über eine bestimmte Bestellart durchgeführt wurde. Die Tabelle besitzt insgesamt 3299 Datensätze, die einen Zeitraum von ca. 1,5 Jahren aufweisen.

Umbenennen des Blattregisters und des Datenbereichs in Excel

1. Nachdem die Datei geöffnet ist, benennen Sie das Tabellenblatt zunächst um, damit die ursprünglichen Daten immer schnell aufrufbar sind, auch wenn weitere Tabellen oder Diagramme hinzugefügt werden. Klicken Sie dafür doppelt auf das Tabellenblattregister *Tabelle1* (siehe Abb. 16–3)
2. Benennen Sie das Tabellenblatt mit dem Namen »*Daten*« und bestätigen Sie Ihre Eingabe mit der Taste *Enter*.

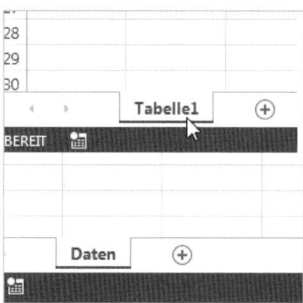

Abb. 16–3   Umbenennung des Tabellenblattregisters *Tabelle1* in *Daten*

3. Da der gesamte Datenbereich jedoch noch im Hintergrund mit der Benennung *Tabelle1* vorhanden ist, wollen wir auch den Datenbereich umbenennen.
4. Klicken Sie im Register *Formeln* in der Befehlsgruppe *Definierte Namen* auf die Schaltfläche *Namens-Manager* (siehe Abb. 16–4).

Abb. 16–4   In der ursprünglichen Datentabelle befindet sich das Menübandregister *Formeln* und die Schaltfläche *Namens-Manager* zum Benennen von Bereichen in Excel.

5. Klicken Sie im Namens-Manager auf die Schaltfläche **Bearbeiten**.
6. Schreiben Sie im Feld *Name*, wo *Tabelle1* angezeigt wird, das Wort »*Daten*« (siehe Abb. 16–5).
7. Bestätigen Sie die Änderung mit einem Klick auf die Schaltfläche **OK**.
8. Bestätigen Sie das darauf folgende Dialogfeld mit **Schließen**.

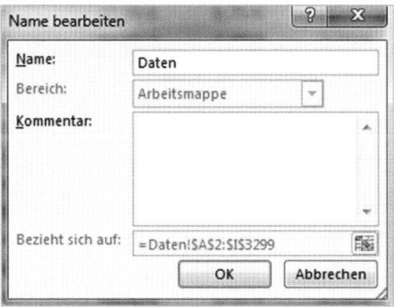

Abb. 16–5 Damit der gesamte Datenbereich ebenfalls den Namen *Daten* erhält, wird über den Namens-Manager der Name *Tabelle1* geändert.

Den Datenbereich als Datenmodell generieren

Damit das spätere Dashboard aus mehreren Zusammenstellungen der Daten bestehen kann, muss der Datenbereich als Datenmodell generiert werden.

1. Klicken Sie nur einmal in den Datenbereich der Tabelle, also dahin, wo Werte stehen.
2. Navigieren Sie in das Menübandregister **PowerPivot**.
3. Klicken Sie in der Befehlsgruppe *Tabellen* auf die Schaltfläche **Zu Datenmodell hinzufügen** (siehe Abb. 16–6). Damit ist die Möglichkeit gegeben, mehrere Anwendungsbereiche eindeutig zu benennen und dem Dashboard hinzuzufügen.

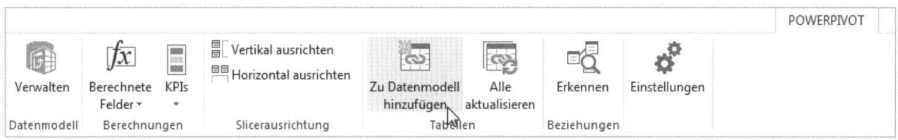

Abb. 16–6 Die Excel-Tabelle wird als Datenmodell hinzugefügt.

4. Es folgt ein Dialogfeld, das den Bereich vorschlägt, in dem sich die Daten befinden, die Sie für das Datenmodell verwenden können. Aktivieren Sie gegebenenfalls das Kontrollkästchen bei **Meine Tabelle hat Überschriften**, damit diese nicht als Datensatz festgelegt werden (siehe Abb. 16–7).

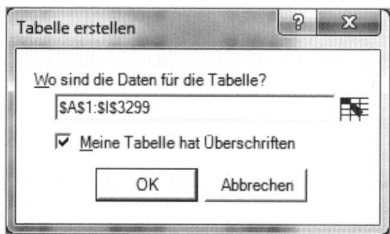

Abb. 16-7 Der ausgewählte Datenbereich und die Angabe, dass diese Tabelle Überschriften besitzt

5. Wie bereits erwähnt, besitzt die Tabelle 3299 Einträge, sodass der Datenbereich von A1 bis I3299 reicht. Bestätigen Sie das Dialogfeld mit einem Klick auf die Schaltfläche *OK*. Sie werden nach dem Erstellen der Tabelle direkt in die PowerPivot-Anwendung weitergeleitet.

6. Schließen Sie das Fenster, damit Sie sehen können, dass das Datenmodell erstellt wurde. Sie gelangen in die ursprüngliche Tabelle.

7. Klicken Sie erneut in das Register *PowerPivot*.

8. In der Befehlsgruppe *Datenmodell* klicken Sie auf die Schaltfläche *Verwalten*. Sie werden erneut in die PowerPivot-Anwendung weitergeleitet. Bleiben Sie im Fenster.

Erstellen eines Pivot-Diagramms über PowerPivot

Für die Abteilungsanforderungen sollen die Umsatzzahlen der Standorte, der Produktgruppen und der Bestellarten ausgewertet werden. Dafür erstellen Sie nun jeweils ein Pivot-Diagramm.

1. Klicken Sie im Register *Home* der PowerPivot-Anwendung auf den unteren Bereich der Schaltfläche *Pivot Table*, es öffnet sich ein Kontextmenü (siehe Abb. 16–8).

Abb. 16-8 Über das Kontextmenü der Schaltfläche *PivotTable* werden Pivot-Diagramme erstellt.

2. Wählen Sie im Kontextmenü den Befehl *Pivot Chart*, damit erstellen Sie ein Pivot-Diagramm. Innerhalb dieses Diagramms werden zunächst die Standorte hervorgehoben.
3. Im Dialogfeld *Pivot-Einfügen* wählen Sie die Option *Neues Arbeitsblatt*. Damit legen Sie fest, dass ein separates Tabellenblatt für das Diagramm erstellt wird.
4. Bestätigen Sie Ihre Auswahl mit einem Klick auf die Schaltfläche *OK*. Sie gelangen direkt in das neue Tabellenblatt mit den jeweiligen Pivot-Bereichen.
5. Klicken Sie unten im Bildschirm auf das Tabellenblatt *Tabelle1* doppelt und benennen Sie das Tabellenblatt in *Dashboard* um.

Der Diagrammbereich befindet sich mitten auf dem Tabellenblatt. Sobald Sie auf diesen Bereich zeigen, erscheint der Verschiebepfeil (siehe Abb. 16–9). Sie können mit gedrückter Maustaste über den Verschiebepfeil den Diagrammbereich verschieben.

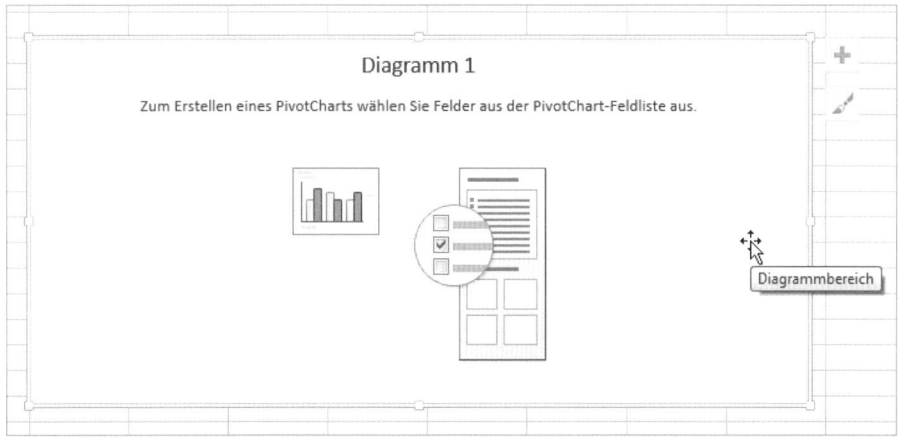

Abb. 16–9 Der Diagrammbereich mit dem Verschiebepfeil, der durch das Zeigen auf den Diagrammbereich angezeigt wird

Im rechten Fensterbereich finden Sie die Pivot-Chart-Felder. Hier werden anders als bei der Excel-Pivot-Tabelle die Felder immer gebündelt in einer Gruppe angezeigt (siehe Abb. 16–10). Da wir die Tabelle und den Datenbereich umbenannt haben, wird hier die Gruppe *Daten* angezeigt. Durch das Klicken auf das Dreieck vor dem Namen der Gruppe wird die Gruppe erweitert und alle Spaltennamen der Ursprungstabelle werden aufgelistet. Im unteren Bereich sehen Sie die vier Felder *Filter*, *Legende*, *Achse* und *Werte*. Dieser Bereich soll den gesamten Diagrammbereich darstellen. Werden Spaltennamen in diese Bereiche verschoben, so werden sie entsprechend den Feldern im Diagramm dargestellt oder berechnet. Durch das Aktivieren der

Kontrollkästchen vor dem jeweiligen Spaltennamen fügt Excel automatisch die Spalte in einen Diagrammbereich ein.

Abb. 16–10 Der Bereich *PivotChart-Felder*. Die Spaltennamen der Ursprungstabelle werden angezeigt, da die Gruppe *Daten* erweitert wurde.

6. Zum Darstellen der Standorte aktivieren Sie das Kontrollkästchen vor *Standort* (siehe Abb. 16–11).
7. Aktivieren Sie zusätzlich das Kontrollkästchen bei *Umsatz*. Die Felder werden entsprechend im unteren Bereich der Pivot-Chart-Felder hinzugefügt. Im Diagrammbereich werden Ihnen jetzt die Standorte als Balken und die Umsatzzahlen in der Achse dargestellt.

16.5 SharePoint und Excel in Kombination

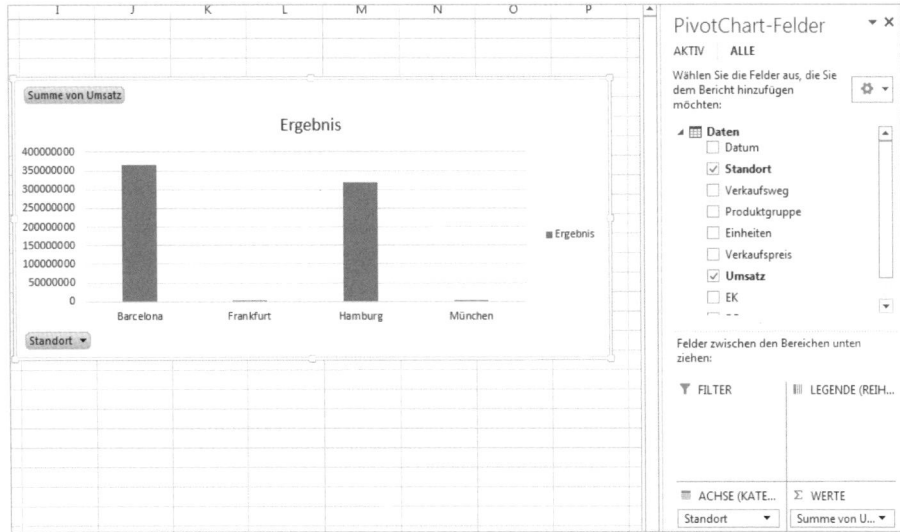

Abb. 16–11 Durch das Aktivieren bestimmter PivotChart-Felder werden im Diagrammbereich entsprechend die Daten angezeigt.

Anpassen des Diagramms

Nachdem das Diagramm eingefügt wurde, stehen Ihnen jetzt das Register *PivotChart-Tools* und die Unterregister *Analysieren*, *Entwurf* und *Format* zur Verfügung. Damit können Sie beispielsweise andere Diagrammformatvorlagen, eine andere Schriftart und Farbe für die Achsenbeschriftung auswählen oder auch weitere Diagrammtools für die Auswertungen festlegen. Damit die Achsenfelder und Wertfelder wie hier *Standort* und *Summe von Umsatz* später nicht verändert oder ausgewählt werden können, werden diese Felder zuerst ausgeblendet.

1. Klicken Sie im Diagrammbereich auf das Wertfeld *Summe von Umsatz* mit der rechten Maustaste.
2. Wählen Sie im Kontextmenü den Befehl **Wertfelder-Schaltflächen im Diagramm ausblenden**.
3. Klicken Sie danach mit der rechten Maustaste auf das Achsenfeld *Standort*.
4. Wählen Sie im Kontextmenü den Befehl **Achsenfeld-Schaltflächen im Diagramm ausblenden**. Die beiden Felder werden jetzt nicht mehr angezeigt.
5. Damit in der Achse die Zahlenwerte mit dem Währungssymbol angezeigt werden, muss die Achse formatiert werden. Klicken Sie dafür ebenfalls mit der rechten Maustaste auf die Achse.
6. Wählen Sie im Kontextmenü den Befehl *Achse formatieren*. Ihnen wird nun rechts neben der PivotChart-Feldliste der Aufgabenbereich *Achse formatieren* angezeigt.

7. Erweitern Sie im Aufgabenbereich *Achse formatieren* über das Dreieck vor dem Bereich **Zahl** die Kategorie **Zahl** (siehe Abb. 16–12).
8. Wählen Sie als Rubrik **Währung** aus. In der Achse wird nun das Währungssymbol eingeblendet.

Abb. 16–12   Die Achsenformatierung über den Aufgabenbereich. Über die Kategorie *Zahl* können Währungssymbole eingeblendet werden.

9. Schließen Sie den Aufgabenbereich *Achse formatieren* über die Schaltfläche **Schließen** im oberen Fensterbereich.
10. Klicken Sie doppelt in den Diagrammtitel *Ergebnis* direkt im Diagrammbereich. Schreiben Sie statt *Ergebnis* die Wörter »*Umsätze der Standorte*«.
11. Klicken Sie zum Bestätigen in einen freien Diagrammbereich oder außerhalb des Diagramms.
12. Klicken Sie erneut in das Diagramm, damit das Register *PivotChart-Tools* angezeigt wird.
13. Klicken Sie in das Unterregister *Analysieren* und klicken Sie in der Gruppe *PivotChart* in das Eingabefeld **Diagrammname** und schreiben Sie dort »*Standort*«. Damit legen Sie auch für das Diagramm einen Namen fest, der später ausgewählt werden kann.
14. Klicken Sie im Unterregister *Analysieren* in der Gruppe *Filtern* auf die Schaltfläche **Datenschnitt einfügen**. Es wird ein Datenschnitt mit der Standortauflistung eingefügt. Über diesen Datenschnitt können Sie schnell die einzelnen Standorte filtern und im Diagramm anzeigen lassen. Bleiben Sie im Fenster.

Die Umsatzzahlen aus der Tabelle gelten für die Jahre 2014 und 2015. Damit der Anwender später schnell ein bestimmtes Jahr auswählen und sich damit für ein Jahr den Umsatz der Standorte filtern kann, benötigen wir nun eine Zeitachse.

15. Klicken Sie im Unterregister *Analysieren* in der Gruppe *Filtern* auf die Schaltfläche *Zeitachse einfügen*.
16. Aktivieren Sie im darauf folgenden Dialogfenster das Kontrollkästchen *Datum*.
17. Bestätigen Sie Ihre Auswahl mit einem Klick auf die Schaltfläche *OK*. Ihnen wird nun zusätzlich zum Datenschnitt und zum Diagramm eine Zeitachse angezeigt.
18. Über den Drop-down-Pfeil im Bereich *Monate* der Zeitachse wählen Sie *Jahre* aus (siehe Abb. 16–13). Damit kann der Anwender später ein bestimmtes Jahr für die Filterung der Daten auswählen.

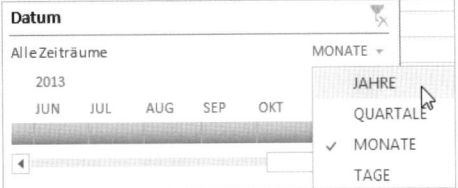

Abb. 16–13 Über den Drop-down-Pfeil im Bereich *Monate* kann *Jahre* ausgewählt werden. Die Auswahl ist jedoch von den Datensätzen innerhalb der Tabelle abhängig.

19. Zeigen Sie auf die jeweiligen Bereiche, bis Ihnen der Verschiebepfeil angezeigt wird. Verschieben Sie damit die drei Bereiche so auf dem Tabellenblatt, dass noch weitere Diagramme, Datenschnitte und eine Zeitachse Platz finden (siehe Abb. 16–14).
20. Speichern Sie die Datei mit dem Namen *Dashboard* auf Ihrem Computer.

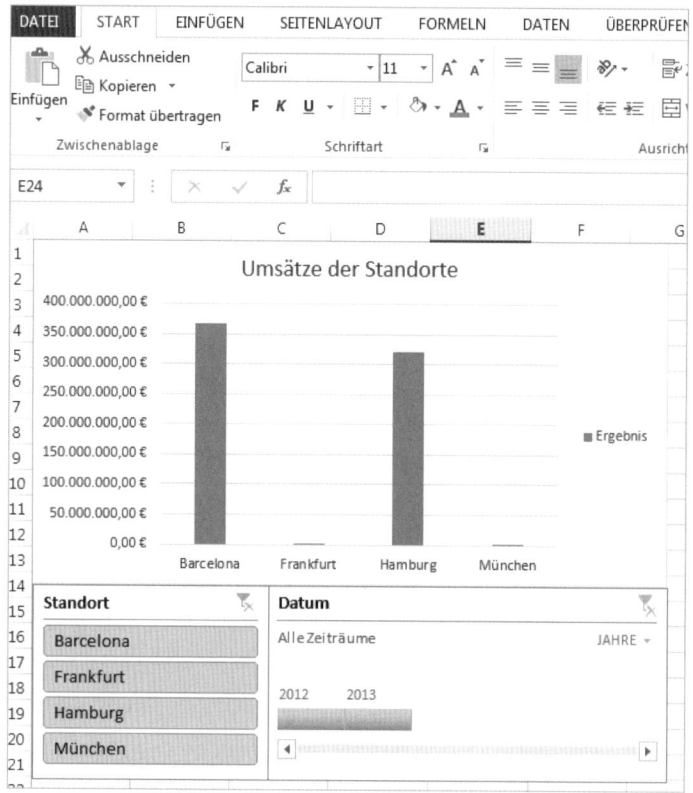

Abb. 16–14 Das Dashboard nach der ersten Bearbeitung

Für die Anforderungen der Abteilung müssen jetzt zusätzlich die Produktgruppen und die Bestellarten als zusätzliche Diagramme hinzugefügt werden.

Ein weiteres Datenmodell hinzufügen

Zusätzliche Diagramme und Tabellen lassen sich dem Dashboard wie folgt hinzufügen.

1. Klicken Sie in das Register *PowerPivot*.
2. Klicken Sie in der Befehlsgruppe *Datenmodell* auf die Schaltfläche **Verwalten**. Sie werden erneut in die PowerPivot-Anwendung weitergeleitet.
3. Klicken Sie auf den unteren Bereich der Schaltfläche *PivotTable*, um das Kontextmenü zu öffnen.
4. Wählen Sie den Befehl *PivotChart*, um ein weiteres Pivot-Diagramm zu erstellen.
5. Wählen Sie jedoch im Dialogfeld *Pivot einfügen* dieses Mal die Option **Vorhandenes Arbeitsblatt**. Damit wird das neue Diagramm direkt auf dem zuvor erstellten Arbeitsblatt hinzugefügt.

6. Aktivieren Sie für die Produktgruppen die PivotChart-Felder *Produktgruppe* und *Umsatz*.
7. Lassen Sie die Achsen- und Wertfelder ausblenden.
8. Formatieren Sie die Achse mit dem Währungssymbol.
9. Benennen Sie das Diagramm in *Produktgruppen* um.
10. Ändern Sie den Diagrammtitel in *Umsätze der Produktgruppen*.
11. Fügen Sie einen Datenschnitt für die Produktgruppen hinzu.
12. Fügen Sie eine Zeitachse nach dem Feld *Datum* hinzu, belassen Sie die Zeitachsenfilterung auf *Monate*.
13. Positionieren Sie die drei Bereiche ebenfalls auf dem Tabellenblatt, sodass ein weiteres Diagramm Platz findet.
14. Wiederholen Sie die Schritte für die Erstellung der Diagramme *Verkaufsweg* beziehungsweise *Bestellart*. Lassen Sie jedoch bei diesen Diagrammen die Zeitachse weg.

Zeitachsen mit allen vorhandenen Diagrammen verbinden

In diesem Beispiel wird in der Zeitachse, in der nach Jahren gefiltert wird, nur das Diagramm *Standorte* gefiltert. Damit später die Benutzer ein bestimmtes Jahr und einen Monat auswählen können und sich diese zeitliche Filterung auf die Diagramme überträgt, kann die jeweilige Zeitachse mit weiteren Diagrammen verbunden werden.

1. Klicken Sie einmal die Zeitachse, die nach Jahren filtert, an.
2. Wechseln Sie über das Register *Zeitachsentools* in das Register *Optionen*.
3. Klicken Sie in der Befehlsgruppe *Zeitachse* auf die Schaltfläche **Berichtsverbindungen** (siehe Abb. 16–15).

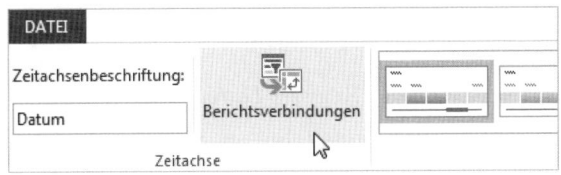

Abb. 16–15 Datenmodelle können miteinander verbunden werden.

4. Im darauf folgenden Dialogfeld werden Ihnen die bestehenden Verbindungen zu dem Diagramm *Standorte* angezeigt. Durch das Umbenennen der Diagramme werden Ihnen die Namen *Produktgruppen* und *Bestellart* angezeigt.
5. Aktivieren Sie die Diagramme **Produktgruppen** und **Bestellart**.
6. Bestätigen Sie Ihre Auswahl mit einem Klick auf die Schaltfläche **OK**.

7. Klicken Sie auf die Zeitachse, die die Monate filtert.
8. Wechseln Sie über das Register *Zeitachsentools* in das Register *Optionen*.
9. Klicken Sie in der Befehlsgruppe *Zeitachse* auf die Schaltfläche **Berichtsverbindungen** und wählen Sie die Diagramme **Standorte** und **Bestellart** aus.
10. Sobald Sie jetzt ein Jahr, einen Monat oder beides auswählen, sehen Sie, wie dynamisch sich die einzelnen Diagramme verändern. Sie können auch den Datenschnitten eine oder mehrere Berichtsverbindungen hinzufügen. Dafür wählen Sie den entsprechenden Datenschnitt aus und wechseln über das Register *Datenschnitttools* zur Schaltfläche **Berichtsverbindungen**.

16.5.3 Ausblenden der Gitternetzlinien

1. Wechseln Sie in das Register *Datei*.
2. Öffnen Sie die *Optionen* von Excel.
3. Klicken Sie in die Kategorie *Erweitert*.
4. Navigieren Sie zu dem Bereich *Optionen für dieses Arbeitsblatt anzeigen*.
5. Deaktivieren Sie das Kontrollkästchen **Gitternetzlinien einblenden**.
6. Bestätigen Sie das Dialogfeld mit einem Klick auf die Schaltfläche **OK**.
7. Sie können nun weitere Formatierungen innerhalb der Diagrammflächen vornehmen oder auch durch das Markieren der gesamten Tabelle den Hintergrund farbig gestalten.
8. Speichern Sie Ihre Arbeitsmappe.

Vorbereitungen zum Anzeigen in SharePoint

In SharePoint haben Sie später die Möglichkeit, die gesamte Excel-Arbeitsmappe oder einzelne Diagramme über den Webpart *Excel Web Access* anzeigen zu lassen. Dafür müssen Sie jedoch in Excel die Elemente aktivieren, die Sie gegebenenfalls in SharePoint anzeigen lassen möchten.

1. Wechseln Sie in Excel in das Register *Datei*.
2. In der Kategorie *Informationen* finden Sie ganz unten die Schaltfläche *Browseransichtsoptionen* (siehe Abb. 16–16). Klicken Sie auf diese Schaltfläche.

Abb. 16–16 Über die Browseransichtsoptionen können Sie die Bereiche der Arbeitsmappe auswählen, die in SharePoint angezeigt werden sollen.

16.5 SharePoint und Excel in Kombination

3. Wählen Sie im Dialogfeld das Register *Anzeigen* aus.
4. Über den Drop-down-Pfeil mit dem Eintrag *Gesamte Arbeitsmappe* wählen Sie den Eintrag *Elemente in der Arbeitsmappe* (siehe Abb. 16–17).

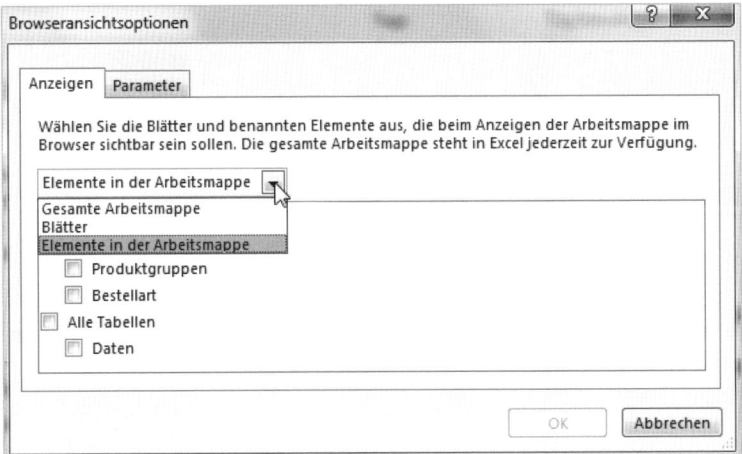

Abb. 16–17   Elemente in der Arbeitsmappe können für Anzeige in SharePoint ausgewählt werden.

5. Aktivieren Sie das Kontrollkästchen *Alle Diagramme*. Damit wählen Sie die vorhandenen Diagramme aus.
6. Bestätigen Sie Ihre Auswahl mit einem Klick auf die Schaltfläche *OK*. Die Arbeitsmappe ist jetzt vorbereitet und kann in SharePoint veröffentlicht werden.

Hochladen und Öffnen des Dashboards in SharePoint

Zum Veröffentlichen der Datei in SharePoint muss sie einer Bibliothek hinzugefügt werden.

1. Wechseln Sie auf die SharePoint-Website *Geschäftsleitung*.
2. Klicken Sie in der Schnellstartnavigation auf den Link *Dokumente*. In diesem Beispiel verwenden wir die Bibliothek *Dokumente*.
3. Klicken Sie auf den Link *Neues Dokument*.
4. Im Dialogfeld klicken Sie auf die Schaltfläche *Durchsuchen*. Suchen Sie nach der Excel-Datei *Dashboard* und fügen Sie sie der Bibliothek hinzu.
5. Klicken Sie nach dem Hochladen auf die Datei. Wenn in Ihrem Unternehmen die Office Web Apps installiert und verwendet werden, öffnet sich die Datei im Browser (siehe Abb. 16–18).

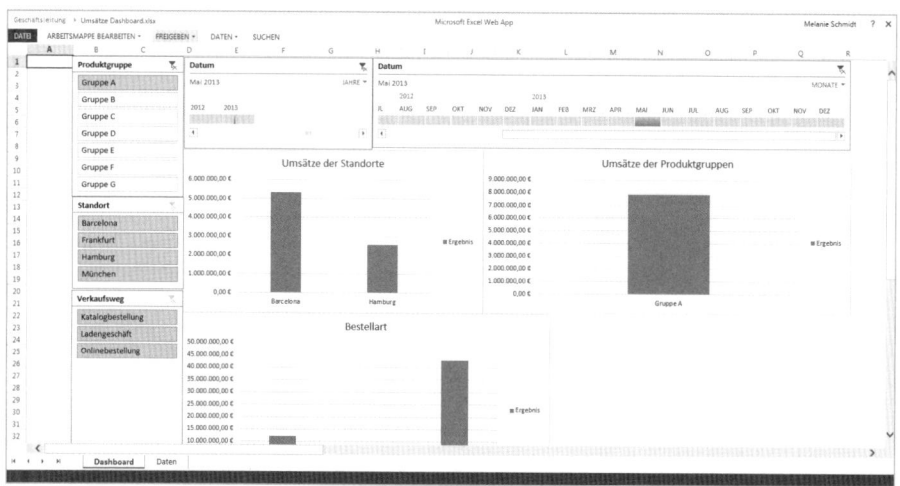

Abb. 16–18 Das Dashboard wird direkt im Browser geöffnet und es kann beliebig gefiltert werden.

Hinzufügen eines Dashboards in einem Webpart

Auf einer SharePoint-Website können mithilfe des Webparts *Excel Web Access* einzelne Diagramme auf einer Website dargestellt werden.

1. Wechseln Sie auf die Website *Geschäftsleitung*.
2. Löschen Sie den Webpart *Erste Schritte mit Ihrer Website*, indem Sie auf den Link **Entfernen** klicken, der direkt neben dem Titel steht.
3. Öffnen Sie die Website zum Bearbeiten, klicken Sie im Register *Seite* in der Gruppe *Bearbeiten* auf die Schaltfläche **Bearbeiten**.
4. Klicken Sie in die leere Webpartzone, bis der Cursor dort blinkt.
5. Klicken Sie im Register *Einfügen* in der Gruppe *Webparts* auf die Schaltfläche **Webpart**.
6. Wählen Sie im oberen Fensterbereich die *Kategorie* **Geschäftsdaten** aus (siehe Abb. 16–19).

Abb. 16–19 Hinzufügen des Webparts *Excel Web Access*

7. Klicken Sie im Bereich *Webparts* auf den Webpart *Excel Web Access*, um ihn auszuwählen.
8. Bestätigen Sie Ihre Auswahl mit einem Klick auf die Schaltfläche *Hinzufügen*, die Sie auf der rechten Seite des Fensters sehen.
9. Nachdem der Webpart hinzugefügt wurde, müssen Sie in den Webparttools festlegen, auf welche Datei der Webpart zugreifen soll. Klicken Sie dafür auf den Link **Klicken Sie hier, um den Toolbereich zu öffnen** (siehe Abb. 16–20).

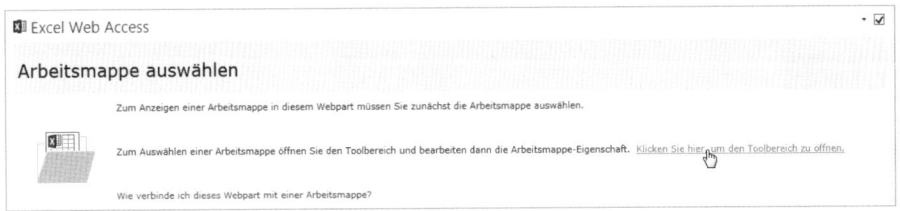

Abb. 16–20 Den Toolbereich über den Link öffnen

10. Im Toolbereich des Webparts klicken Sie im Bereich *Arbeitsmappenanzeige* bei *Arbeitsmappe* auf die weiteren Optionen, dargestellt mit den drei Punkten.
11. Wählen Sie links im Fenster die Bibliothek *Dokumente* aus.
12. Klicken Sie auf die Datei *Dashboard*.
13. Bestätigen Sie Ihre Auswahl mit einem Klick auf die Schaltfläche *Einfügen*.
14. Klicken Sie in das Eingabefeld bei *Benanntes Element* und schreiben Sie dort »*Standorte*«.
15. Sie können den Titel des Webparts im Bereich *Darstellung* ändern. Erweitern Sie dafür den Bereich *Darstellung* und schreiben Sie in das Eingabefeld, wo der Titel *Excel Web Access* steht, einen von Ihnen gewünschten Titel.
16. Navigieren Sie nach unten im Toolbereich und bestätigen Sie Ihre Eingabe mit einem Klick auf die Schaltfläche *OK*.
17. Speichern Sie die Bearbeitung der Website im Register *Text formatieren* über die Schaltfläche *Speichern*.

16.5.4 Erstellen einer PowerView in Excel

Im Gegensatz zu PowerPivot-Tabellen oder -Diagrammen können Sie mit einer PowerView, die Sie in Excel erstellen, Daten interaktiv bereitstellen. So werden Sie für dieses Beispiel eine Sicht auf die Weltkarte erzeugen, in der die einzelnen Standorte mit Markierungspunkten versehen sind. Durch das Zeigen auf einen Markierungspunkt werden die entsprechenden Daten zu einem Standort angezeigt.

1. Öffnen Sie die Beispieldatei *Umsätze*, die Sie im Ordner der Beispieldateien im *Kapitel Geschäftsleitung* finden.

2. Nachdem die Datei geöffnet wurde, klicken Sie einmal in den Datenbereich.
3. Wechseln Sie in das Register *Einfügen*.
4. Klicken Sie in der Befehlsgruppe *Berichte* auf die Schaltfläche *PowerView*.
   Die PowerView wird erstellt und es öffnet sich das Register *Entwurf* (siehe Abb. 16–21). Rechts im Fenster sehen Sie den Bereich *PowerView-Felder*. In diesem Bereich stehen Ihnen wieder die Spaltenüberschriften der Ursprungstabelle zur Verfügung.

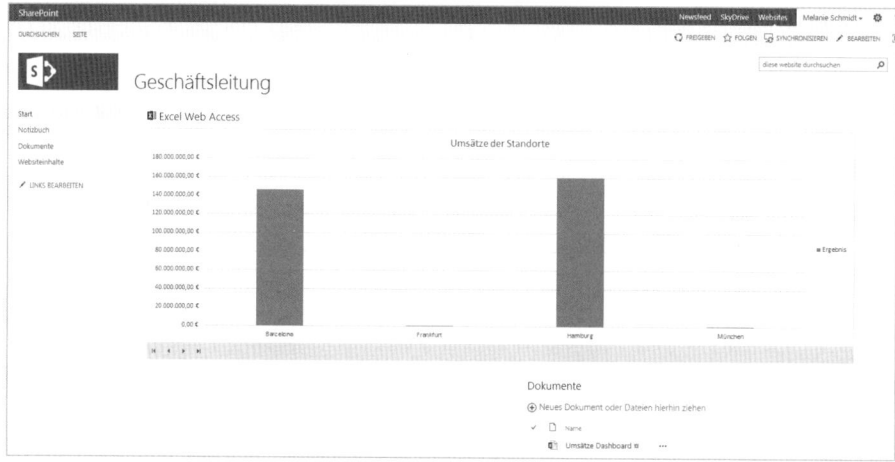

Abb. 16–21 Die Anzeige eines Diagramms im Webpart *Excel Web Access*

5. Deaktivieren Sie im Bereich *PowerView-Felder* alle Felder.
6. Aktivieren Sie nun die Felder **Standort** und **Umsatz**.
7. Im Register *Entwurf* klicken Sie in der Gruppe *Visualisierung wechseln* auf die Schaltfläche **Karte**.
8. Aktivieren Sie im Bereich *PowerView-Felder* das Feld **Produktgruppe**.
9. Ziehen Sie aus dem Bereich *PowerView-Felder* die Felder *Produktgruppen*, *Verkaufswege* und *Standort* in den Bereich *Filter*. Damit stellen Sie die Möglichkeit bereit, nach bestimmten Bedingungen zu filtern.

16.5 SharePoint und Excel in Kombination

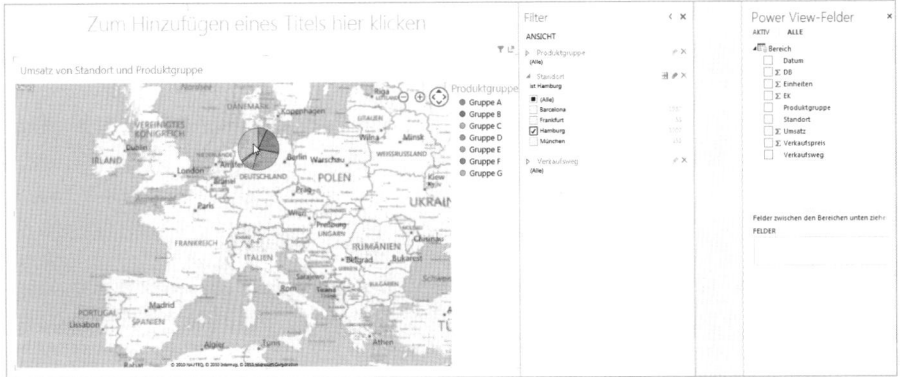

Abb. 16-22 Im Bereich *Filter* können einzelne Standorte, Produktgruppen oder Verkaufswege ausgewählt werden.

10. Zeigen Sie auf die Karte, Ihnen werden dann das Filtersymbol und das Symbol *Pop-out* angezeigt. Klicken Sie auf das Symbol **Pop-out** (siehe Abb. 16–23). Damit blenden Sie den Titel aus und die Karte wird etwas vergrößert.

Abb. 16-23 Das Symbol *Pop-out*, nachdem auf die Karte gezeigt wird

11. Über die Ziehpunkte an den Ecken der Karte können Sie die Karte proportional vergrößern oder verkleinern. Vergrößern Sie die Karte (siehe Abb. 16–24).

Abb. 16-24 Über die Ziehpunkte einer Ecke kann die Karte vergrößert werden.

12. Klicken Sie im Register *Entwurf* in der Gruppe *Ansicht* auf die Schaltflächen *Feldliste*. Damit blenden Sie die Feldliste aus. Über die Schaltfläche können Sie die Feldliste jederzeit wieder einblenden.
13. Speichern Sie die PowerView mit dem Namen *PowerView* auf Ihrem Computer.

> **Hinweis**
>
> Die PowerView-Datei kann in dem Webpart *Excel Web Access* oder auch im Webpart *Seiten-Viewer* hinzugefügt werden. Jedoch werden die Views in den Versionen SharePoint Online gegebenenfalls nicht angezeigt.

16.6 Informationen über RSS-Feeds bereitstellen

Eine weitere Anforderung an SharePoint ist das Bereitstellen von tagesaktuellen Börsennachrichten für die Geschäftsleitung. Für diese Anforderung bietet sich das Einbinden sogenannter RSS-Feeds (Really Simple Syndication) an. RSS-Feeds dienen der Veröffentlichung von Informationen auf Internetwebsites. Es gibt Anbieter, die beispielsweise Nachrichten auf der eigenen Internetwebsite bereitstellen. Damit jedoch nicht ständig die Internetwebsite aufgesucht werden muss, stellen diese Anbieter sogenannte RSS-Dienste zur Verfügung. Diese Dienste können Sie abonnieren. Über Kanäle (RSS-Channels) zur Anbieterwebsite werden in regelmäßigen Abständen, in Sekundenschnelle, neue Informationen abgefragt. RSS-Feeds lassen sich im Microsoft-Internet-Explorer, in Microsoft Office Outlook oder auch auf einer SharePoint-Website integrieren. Die Informationen werden mit Schlagworten zu bestimmten Themen als Hyperlinks dargestellt. Das wiederum ermöglicht Ihnen, nur die für Sie wichtigen Informationen direkt aufzurufen. Durch das Anklicken eines Links werden Sie direkt auf den Inhalt des RSS-Feeds-Anbieters weitergeleitet.

Für dieses Beispiel habe ich im Internet einen Dienstanbieter gesucht, der aktuelle Nachrichten und Analysen über Finanzen bereitstellt:

http://www.finanzen.net/dienste/rss (Stand: 29.05.2016)

16.6.1 Einen RSS-Feed-Code kopieren

1. Wechseln Sie dazu auf eine Internetseite, die über RSS-Feeds verfügt. Zumeist wird dies auf einer Website durch ein Symbol oder einen Link angezeigt (siehe Abb. 16–25). Klicken Sie auf ein solches Symbol.

Abb. 16–25 Ein RSS-Feed-Symbol auf einer Website

2. Markieren und kopieren Sie den RSS-Code, dieser beginnt mit *http://www.* und beinhaltet *rss* (siehe Abb. 16–26).

Abb. 16–26   Der markierte RSS-Code auf einer Website

16.6.2   Einen RSS-Feed-Code einem Webpart hinzufügen

Damit die aktuellen Feeds aus dem Internet angezeigt werden, muss der Link in einem Webpart eingebunden werden.

1. Wechseln Sie zurück auf die Website **Geschäftsleitung**.
2. Wechseln Sie in das Register *Seite* und klicken Sie dort in der Gruppe *Bearbeiten* auf die Schaltfläche **Bearbeiten**.
3. Klicken Sie in den Webpart, wo Sie die RSS-Feeds anzeigen lassen möchten. Positionieren Sie den Cursor.
4. Auf der Website können Sie im Bearbeitungsmodus Webparts hinzufügen. Klicken Sie dafür in das Register *Einfügen*.
5. Wählen Sie in den Kategorien die Kategorie *Inhaltsrollup* und im Bereich Webparts **RSS-Anzeige** aus (siehe Abb. 16–27).

Abb. 16–27   Die Kategorie *Inhaltsrollup* und *RSS-Anzeige*

6. Bestätigen Sie im rechten Fensterbereich Ihre Eingabe durch einen Klick auf die Schaltfläche **Hinzufügen**.
7. Klicken Sie auf den Link **Öffnen Sie den Toolbereich**, um in den Toolbereich des Webparts zu gelangen (siehe Abb. 16–28).

Abb. 16–28   Der Link zum Öffnen des Toolbereichs

8. Klicken Sie gegebenenfalls auf das *Pluszeichen* vor dem Eintrag *RSS-Eigenschaften*, damit Sie im Erweiterungsmodus die Eigenschaften ändern können (siehe Abb. 16–29).
9. Klicken Sie in das Feld *RSS-Feed-URL* und fügen Sie die in der Zwischenablage befindliche URL mit der Tastenkombination *STRG+V* ein.

Abb. 16–29 Die eingefügte URL für den RSS-Feed

10. Aktivieren Sie das Kontrollkästchen bei **Titel und Beschreibung für Feed**.
11. Möchten Sie den Titel für den Webpart ändern, klicken Sie auf die Gruppe *Darstellung*, ganz oben im Toolbereich.
12. Bestätigen Sie Ihre Eingaben mit einem Klick auf die Schaltfläche *OK* unten im Toolbereich.
13. Zum Speichern Ihrer Änderungen auf der Website klicken Sie im Register *Text formatieren* auf die Schaltfläche **Speichern** (siehe Abb. 16–30).

Abb. 16–30 Über das Register *Text formatieren* kann die Bearbeitung der Website gespeichert werden.

14. Aktualisieren Sie Ihren Webbrowser mit der *F5*-Taste.
15. Ihnen werden die aktuellsten Feeds von der Website aus dem Internet angezeigt (siehe Abb. 16–31).

RSS-Anzeige

Analysen Ticker - www.finanzen.net

Thermo Fisher Scientific Buy
- Der Analyst Mizuho hat das Kursziel für Thermo Fisher Scientific Inc von 166 auf 170 USD angehoben, aber die Einstufung auf "Buy" belassen. ...
Weitere...

Cooper TireRubber Buy
- Der Analyst Standpoint Research hat die Einstufung für Cooper Tire & Rubber Co. auf "Buy" mit einem Kursziel von 40 USD belassen. ...
Weitere...

MCBC Buy
- Der Analyst Wunderlich hat das Kursziel für MCBC Holdings Inc von 20 auf 18 USD gesenkt, aber die Einstufung auf "Buy" belassen. ...
Weitere...

Palo Alto Networks Hold
- Der Analyst Deutsche Bank AG hat Palo Alto Networks Inc von Buy auf "Hold" abgestuft und das Kursziel von 210 auf 150 USD gesenkt. ...
Weitere...

Trina Solar Hold
- Der Analyst Deutsche Bank AG hat Trina Solar LtdShs American Deposit Shares Repr 100 Shs von Buy auf "Hold" abgestuft und das Kursziel von 11 auf 9 USD gesenkt. ...
Weitere...

Abb. 16–31   Die aktuellen Analysen zum Finanzmarkt

16.7 Zusammenfassung

Durch Aktivierung der Excel-Add-ins PowerPivot und PowerView lassen sich schnell sehr umfangreiche Daten analysieren und visualisieren. So können mit PowerPivot-Tabellen Datenmodelle zu einem Dashboard zusammengeführt werden. Mithilfe von PowerView lassen sich umfangreiche Daten interaktiv und dynamisch darstellen. In Verbindung mit den Excel-Services des Office-Online-Servers können diese Auswertungen in einem dafür vorgesehenen Webpart angezeigt werden. Durch den Einsatz der RSS-Feeds von Internetwebsites können Abfragen zu aktuellen Aktienkursen etc. bereitgestellt werden.

17 Personalmanagement

17.1 Ausgangssituation

Die Aufgabe des Personalwesens, auch Human Resource Management genannt, umfasst alle Aufgaben, die durch den sogenannten Produktionsfaktor Arbeit, also die tatsächliche Arbeit jeder Mitarbeiterin und jedes Mitarbeiters, in einem Unternehmen anfallen und somit das jeweilige Einkommen sichern. Dazu gehören unter anderem die Personalbedarfsplanung und Personalbeschaffung. Die einzelnen Aufgaben der Abteilung sind von der Größe und der Anzahl der Mitarbeiter eines Unternehmens abhängig. Dennoch besteht die Kernaufgabe des Personalwesens darin, qualifizierte Mitarbeiterinnen und Mitarbeiter für alle Fachbereiche eines Unternehmens zu finden. Damit wird der richtige Personaleinsatz durch das Personalwesen kontrolliert und gesteuert und zieht dadurch auch Aufgaben zur Personalentwicklung wie Personalförderungen durch Fort- und Weiterbildungsmaßnahmen mit sich. Im Zeitalter des Webs stehen die sozialen Vernetzungen in sogenannten Communitys oder sozialen Netzwerken von Menschen ganz oben in der Trendliste. Kinder und Jugendliche bilden im Internet in sozialen Netzwerken eigene Gruppen, um sich dort untereinander in vielen Belangen auszutauschen. Von aktuellen Modetrends oder Fußballergebnissen bis hin zu Hilfestellungen bei Lösungen von komplexen Hausaufgaben wird in solchen Gruppen nahezu alles diskutiert und behandelt. Es gibt auch Lernplattformen im Internet, die es ermöglichen, Fragen zu den behandelten Lernthemen in einem Forum einzustellen und durch andere Seminarteilnehmer oder den Dozenten beantworten zu lassen. Unternehmen setzen ebenfalls vermehrt auf Kundennetzwerke, um dort Informationen zu den eigenen Produkten und Dienstleistungen einzustellen und vom Kunden direkt bewerten zu lassen. Der Kunde selbst ist in dem Fall der Informationslieferant und durch seine Vorschläge und Ideen können Unternehmen gezielter und effizienter am Markt reagieren. Communitys können auch für die interne Kommunikation von Mitarbeitern im Unternehmen eingesetzt werden. Mithilfe der Vernetzung kann eine gute Zusammenarbeit sehr gesteigert und gefördert werden. Das Wissen und der soziale Zusammenhalt, die sich innerhalb einer Mitarbeiter-Community aufbauen können, sind enorm und unbezahlbar. Deshalb setzen immer mehr Unternehmen auf eine solche offene Kommunikation innerhalb von geschlossenen Gruppen in Unternehmen. Expertenwissen wird gesammelt und gespeichert und macht das Wissen in einem Unternehmen greifbar.

> **Datenschutz und Datensicherheit**
>
> Um allen Anforderungen des Personalwesens nachzukommen, ist zuvor unbedingt zu berücksichtigen, dass der Betriebs- und Personalrat mit in die einzelnen Prozesse einbezogen wird, da gegebenenfalls personenbezogene Daten in SharePoint gespeichert werden. Personenbezogene Daten unterliegen dem Datenschutzgesetz und der Datensicherheit. Die freie Verwendung von personenbezogenen Daten kann gesetzliche Risiken und Strafen mit sich bringen. Es empfiehlt sich, für das Personalwesen grundsätzlich eine eigenständige Websitesammlung anzulegen, die über eine separate URL verfügt und nur von Mitarbeitern des Personalwesens aufrufbar sein sollte. Informationen, die alle Mitarbeiterinnen und Mitarbeiter betreffen und auch von allen verwendet werden dürfen, können im Portal bereitgestellt werden.

17.2 Anforderungen der Abteilung

Um den Erfolg des Unternehmens durch eine bessere Zusammenarbeit zu steigern, soll eine Unternehmens-Community ins Leben gerufen werden. Mitarbeiterinnen und Mitarbeiter sollen über einzelne Communitys miteinander kommunizieren und das Unternehmenswissen austauschen. Durch den aktiven Informationsaustausch sollen auch die Teambildung und der Zusammenhalt der Belegschaft gestärkt werden. Expertenwissen soll bereitgestellt und für die Belegschaft abrufbar sein. Durch die Einführung der Unternehmens-Community sollen Mitarbeiterinnen und Mitarbeiter sich an Unternehmensprozessen durch ihr jeweiliges Fachwissen, ihrer eigenen Ideen und Vorschläge zu Verbesserungen beteiligen. Zusätzlich soll später auch die Community dafür genutzt werden, neue Nachwuchskräfte innerhalb des Unternehmens ausfindig zu machen. Durch eine direkte Anlaufstelle für Bewerber innerhalb einer Community sollen alle beteiligten Personen stets auf dem Laufenden gehalten werden.

17.3 Schritte in diesem Kapitel

SharePoint liefert die Websitevorlage *Communitywebsite*. Diese Websitevorlage kann als eine separate Websitesammlung oder als Website innerhalb einer bestehenden Websitesammlung verwendet werden. Wenn für eine Community eine eigene Websitesammlung erstellt wird, so können unterschiedliche Mitgliedschaften mit unterschiedlichen Zugriffsgenehmigungen festgelegt werden. Sie können innerhalb der Websitesammlung offene und geschlossene Diskussionen führen, was dann sinnvoll ist, wenn über sensible, politische und strategische Themen diskutiert wird. In diesem Beispiel wird eine Communitywebsite, also keine Websitesammlung, erstellt. Zusätzlich erhalten Sie Informationen zur Verwendung der Communitywebsite und zu den Mitgliedschaften innerhalb der Community einer Websitesammlung.

17.4 Mitgliedschaften der Community in einer Websitesammlung

Nur wenn eine Community als Websitesammlung erstellt wird, haben Sie die Möglichkeit, unterschiedliche Berechtigungen der Mitgliedschaft zu vergeben.

- *Private Community*
  Diese Mitgliedschaft verwenden Sie, wenn Sie sensible Informationen in der Diskussion austauschen möchten. Sie bestimmen, wer als Mitglied berechtigt ist.
- *Offene Community mit expliziter Mitgliedschaft*
  Dies bedeutet, dass alle Benutzer Ihres Unternehmens die Community sehen können. Jedoch müssen die Mitglieder die Mitgliedschaft beantragen, aber erhalten automatisch eine Genehmigung zur Mitgliedschaft.
- *Geschlossene Community*
  Diese Mitgliedschaft bedeutet, dass alle Benutzer Ihres Unternehmens die Community sehen können. Aber nur ausgewählte Mitglieder dürfen sich aktiv an den Diskussionen beteiligen.
- *Offene Community*
  Diese Mitgliedschaft bedarf keinerlei Genehmigung, alle Benutzer Ihres Unternehmens können an allen Diskussionen teilnehmen. Diese Mitgliedschaft wird beim Erstellen einer Communitywebsite, die nicht als Websitesammlung angelegt wird, automatisch erteilt.

17.5 Erstellen der Website »Unternehmens-Community«

Um den Anforderungen der Abteilung gerecht zu werden, wird eine Website namens *Unternehmens-Community* benötigt. Dazu verwenden wir die Websitevorlage *Communitywebsite*.

1. Navigieren Sie auf die Website *Testsite*.
2. Wechseln Sie in die **Websiteinhalte**.
3. Im darauf folgenden Fenster klicken Sie im unteren Bereich auf den Link *Neue Website*.
4. Vergeben Sie den Namen »*Unternehmens-Community*« im Eingabefeld *Titel*.

5. Klicken Sie in das Eingabefeld *Beschreibung* und schreiben Sie folgenden Text: »*Diese Communitysite dient als Beispiel zum Buch.*«
6. Danach geben Sie im Eingabefeld *URL* erneut den Namen *Unternehmens-Community* ein.
7. Wählen Sie die Sprache aus, in der Sie die Website bereitstellen möchten.
8. Im Register *Zusammenarbeit* wählen Sie die Websitevorlage *Communitywebsite* durch einen Klick aus.
9. Vererben Sie in diesem Beispiel nicht die Berechtigungen, sondern aktivieren Sie die Option *Eigene Berechtigungen verwenden*. Sie werden im Anschluss weitergeleitet und können eigene Berechtigungen vergeben.
10. Wechseln Sie weiter nach unten in den Bereich *Navigationsvererbung*. Bei *Leiste für häufig verwendete Links der übergeordneten Website verwenden?* setzen Sie die Option auf *Ja*.
11. Nachdem Sie Ihre Einstellungen vorgenommen haben, bestätigen Sie Ihre Eingabe mit einem Klick auf *Erstellen*.
12. Da Sie die Berechtigungen eigenständig vergeben möchten, werden Sie in eine Seite weitergeleitet, in der Sie die Berechtigungen für die Communitywebsite vergeben können. Übernehmen Sie die vorgegebenen Einstellungen und bestätigen Sie diese mit einem Klick auf die Schaltfläche *OK*.

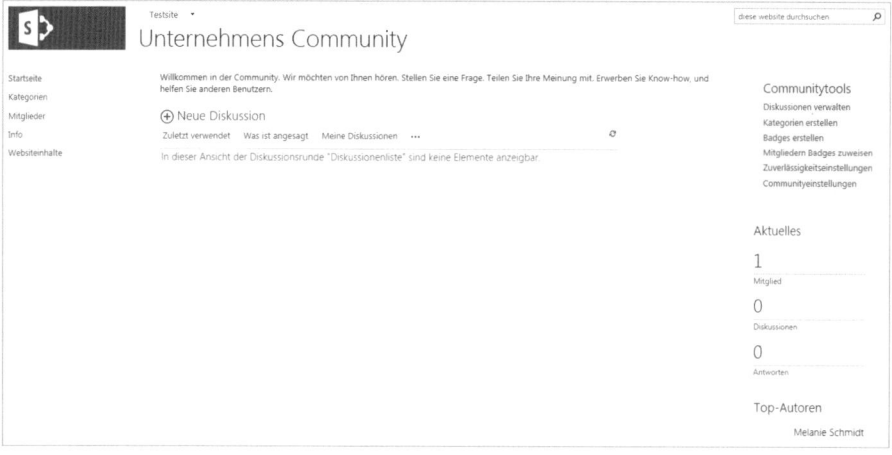

Abb. 17–1   Die Communitywebsite nach der Erstellung

17.6   Der Aufbau der Communitywebsite

Nach der Erstellung der Communitywebsite *Unternehmens-Community* sehen Sie im linken Fensterbereich, dass die Schnellstartnavigation bereits über die eigenen Listen *Kategorien*, *Mitglieder* und *Info* verfügt. Über den Link *Kategorien* können Communitymitglieder zu einer laufenden Diskussion, die einer Kategorie zugewiesen ist, navigieren. Hier werden die Diskussionen nach Kategorien aufgelistet. Der Link *Mitglieder* verweist auf die Liste *Mitglieder*. Hier werden alle Communitymitglieder in alphabetischer Sortierung aufgelistet. Auch neue Mitglieder werden hier in einer speziellen Ansicht aufgelistet. Zusätzlich werden Communitymitglieder, die sehr aktiv sind, in einer Ansicht unter *Top Ten* aufgezeigt. Der Link *Info* verweist auf eine Seite, die dazu dient, die Community zu beschreiben. Sie können diese Seite anpassen und mit eigenem Text versehen. Der Link *Startseite* verweist immer auf den Einstiegspunkt der Diskussionen. Hier können neue Diskussionen erstellt oder es kann an laufenden Diskussionen teilgenommen werden. Je nachdem, welche Einstellungen Sie für die Community vorgenommen haben, können die in diesem Beispiel dargestellten Bilder von Ihrem Bildschirm abweichen.

Im rechten Fensterbereich sehen Sie die *Communitytools*, mit denen Sie die gesamte Verwaltung der Community übernehmen. Über die Communitytools können Sie schnell ersehen, welche Communitymitglieder Beiträge erstellt haben und welche Mitarbeiter aktiv an den Beiträgen mitwirken. Sie können über die Tools die Kategorien erstellen, die den Diskussionen zugeordnet werden sollen, damit sich die Beiträge über diese Kategorien filtern lassen. Da durch die aktive Teilnahme an den Communitys die Communitymitglieder mit einem Punktesystem belohnt werden sollen, müssen Sie als Besitzer der Community in der Lage sein, dieses Punktesystem zu verwalten. Auch das nehmen Sie über die Communitytools vor.

17.7 Berechtigungsgruppen der Community

Wurden beim Anlegen der Communitywebsite eigene Berechtigungen vergeben und nicht die Berechtigungsvererbung von SharePoint übernommen, so besitzt die Communitywebsite folgende Berechtigungsgruppen.

- *Communitybesucher*
  Benutzer dieser Berechtigungsgruppe können den Diskussionen folgen und die Beiträge lesen. Jedoch können diese Personen nicht aktiv an den Diskussionen teilnehmen.
- *Communitymitglieder*
  Benutzer dieser Gruppe können alle Diskussionen sehen und sich aktiv beteiligen. Diese Benutzer können durch aktive Beteiligung innerhalb der Community über ein Punkte- und Leistungsstufensystem belohnt werden.
- *Communitymoderatoren*
  Benutzer dieser Gruppe dürfen aktiv an Diskussionen teilnehmen und haben erweiterte Rechte innerhalb der Communitys (siehe auch Abschnitt 17.7.1).

■ *Communitybesitzer*
Benutzer dieser Gruppe haben innerhalb der angelegten Community Vollzugriffsrechte. Diskussionen können von dieser Gruppe erstellt, geführt und gelöscht werden. Besitzer können das Punkte- und Leistungsstufensystem anpassen und anderen Benutzern sogenannte Badges, Auszeichnungen, zuweisen. Nur Besitzer und Moderatoren können die Berechtigungen innerhalb der Community erteilen oder entziehen.

17.7.1 Hinzufügen von Mitgliedern und Moderatoren

Für die Rechtevergabe können Sie Mitglieder und Moderatoren innerhalb der Community bestimmen. Die berechtigten Personen besitzen dann die Rolle des Moderators und damit mehr Rechte als die Communitymitglieder. Moderatoren können sich oder anderen Personen sogenannte Badges zuweisen, sie können alle Beiträge und Antworten innerhalb der Community sehen und anstößige Beiträge löschen.

1. Wechseln Sie über das Zahnradsymbol in die *Einstellungen* der *Communitywebsite*.
2. Klicken Sie auf den Eintrag **Websiteeinstellungen**.
3. Wählen Sie in der Kategorie *Benutzer und Berechtigungen* den Link **Websiteberechtigungen** aus.
4. Öffnen Sie zum Hinzufügen von Moderationsmitgliedern die SharePoint-Gruppe *Unternehmens-Community Moderatoren*. Diese Gruppe wurde automatisch angelegt, als Sie beim Erstellen der Website die eigenen Berechtigungen ausgewählt haben.
5. Klicken Sie in der Menüleiste auf den Drop-down-Pfeil bei *Neu* und wählen Sie den Eintrag *Benutzer hinzufügen*.
6. Schreiben Sie die E-Mail-Adresse der Person, die Sie als Moderator hinzufügen möchten.
7. Fügen Sie eine persönliche Nachricht zur Einladung hinzu.
8. Klicken Sie auf den Link *Optionen anzeigen*. Sie sehen, dass die Option für eine automatische E-Mail-Einladung aktiviert ist. Wenn in Ihrem Unternehmen das Senden und Empfangen von E-Mails in SharePoint konfiguriert ist, wird in diesem Fall eine E-Mail-Nachricht an die eingeladene Person gesandt. Die Person erhält innerhalb des Nachrichtentextes automatisch einen Link zur Community.
9. Bestätigen Sie Ihre Eingabe mit einem Klick auf die Schaltfläche *OK*.
10. Laden Sie gegebenenfalls weitere Personen zur Moderation in der Community ein.

17.8 Konfigurieren der Communitywebsite

Bevor Sie die Communitywebsite *Unternehmens-Community* aktiv verwenden, sollten Sie die Einstellungen auf der Website vornehmen. Wenn Sie beispielsweise Bilder zu einer Kategorie verwenden möchten, so ist es sinnvoll, eine Bibliothek für Bilder hinzuzufügen und Bilder für die Kategorien hochzuladen. Ebenso können Sie das Einrichtungsdatum der Community festlegen, sodass es später in der Info zur Community angezeigt wird. Sie können festlegen, dass Communitymitglieder anstößige, unerwünschte Beiträge melden können.

17.8.1 Einrichtungsdatum und die Meldung von anstößigen Beiträgen festlegen

Damit Communitymitglieder unerwünschte Beiträge melden können, müssen Sie folgende Einstellung vornehmen:

1. Klicken Sie im rechten Fensterbereich innerhalb der *Communitytools* auf den Link *Communityeinstellungen*.
2. Legen Sie im Bereich *Einrichtungsdatum* das Datum fest, das auf der Infoseite als Eröffnungsdatum der Community angezeigt werden soll (siehe Abb. 17–2).

Abb. 17–2 Einstellungen zum *Eröffnungsdatum* und *Meldung von anstößigen Inhalten aktivieren*

3. Aktivieren Sie das Kontrollkästchen **Meldung anstößiger Inhalte aktivieren**, damit Communitymitglieder unerwünschte Beiträge melden können.
4. Bestätigen Sie Ihre Eingabe mit einem Klick auf die Schaltfläche *OK*.

17.8.2 Zuverlässigkeitseinstellungen vornehmen

Über die Seite der Zuverlässigkeitseinstellungen können Sie angeben, ob Beiträge von Communitymitgliedern bewertet werden sollen oder nicht und im ersteren Fall auch die Bewertungsmethode festlegen. Sie können das Punktesystem, wie aktive Mitglieder durch Leistungsstufen belohnt werden sollen, individuell bestimmen.

1. Klicken Sie in den *Communitytools* im rechten Fensterbereich auf den Link *Zuverlässigkeitseinstellungen*.

   - Im Bereich *Bewertungseinstellungen* legen Sie grundsätzlich fest, ob eine Bewertung von Beiträgen erwünscht ist. Zusätzlich können Sie festlegen, wie die Anwender bewerten sollen. Bewertungen können über eine Schaltfläche »Gefällt mir« oder über die Vergabe von Sternen zu einem Beitrag erfolgen.
   - Im Bereich *Punktesystem für Mitgliederleistung* können Sie aktivieren, wie die Aktionen jedes Mitglieds durch die Vergabe von Punkten belohnt werden sollen. Sie legen fest, wie viele Belohnungspunkte verteilt werden, wenn eine Aktion zu einem Beitrag erfolgt.
   - Nachdem Mitglieder durch bestimmte Aktionen zu Beiträgen Punkte gesammelt haben, können sehr aktive Mitglieder in den Leistungsstufen befördert werden. Diese Einstellungen legen Sie im Bereich *Leistungsstufenpunkte* fest.
   - Aktivieren Sie im Bereich *Leistungsstufendarstellung* die Option *Leistungsstufe als Text anzeigen*, wenn Sie Mitgliederrollen für Benennungen festlegen möchten, wie beispielsweise *Besucher*, *Einsteiger*, *Stammgast*, *Spitzenreiter* und *Profi* (siehe Abb. 17-3).

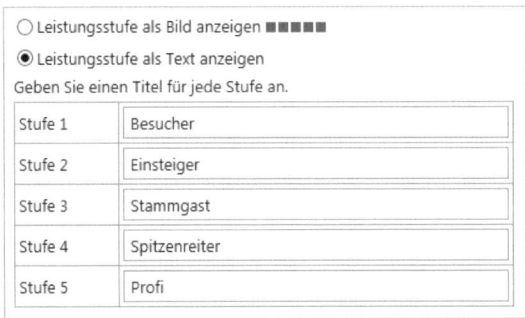

Abb. 17-3 Leistungsbelohnung durch die Vergabe von Mitgliederrollen

2. Nachdem Sie die Einstellungen vorgenommen haben, bestätigen Sie Ihre Eingaben mit einem Klick auf die Schaltfläche *OK*.

17.8.3 Badges erstellen und Communitymitgliedern zuweisen

Im Gegensatz zu den Leistungsstufen, die durch die Aktivitäten eines Mitglieds automatisch anhand der vergebenen Punkte erreicht werden, können zusätzlich Badges manuell vom Communitybesitzer vergeben werden. Badges sind zusätzliche Auszeichnungen aufgrund der aktiven Beteiligung in der Community. So können Sie an ein sehr aktives Mitglied der Leistungsstufe *Profi* zusätzlich die Auszeichnung des *Experten* manuell vergeben. Dieses Auszeichnungsmerkmal wird in der Community zusätzlich in der Mitgliederliste oder auch in Beiträgen speziell hervorgehoben und angezeigt. Badges können nur vom Communitybesitzer oder einem vom Communitybesitzer ernannten Communitymoderator vergeben werden.

1. Klicken Sie zum Erstellen der Badges in den *Communitytools* auf den Link *Badges erstellen*.
2. Klicken Sie innerhalb der Liste auf den Link **Neues Element**.
3. Schreiben Sie den gewünschten Badge-Namen, den Sie als Auszeichnungsmerkmal vergeben möchten.
4. Bestätigen Sie Ihre Eingabe mit einem Klick auf die Schaltfläche *OK*.
5. Möchten Sie einem Communitymitglied ein Badge zuweisen, klicken Sie in den *Communitytools* auf den Link **Mitgliedern Badges zuweisen**.
6. Klicken Sie vor den Namen des gewünschten Mitglieds, um es auszuwählen.
7. Klicken Sie im oberen Fensterbereich auf das Register *Moderation* und dann auf die Schaltfläche **Badge vergeben** (siehe Abb. 17–4).

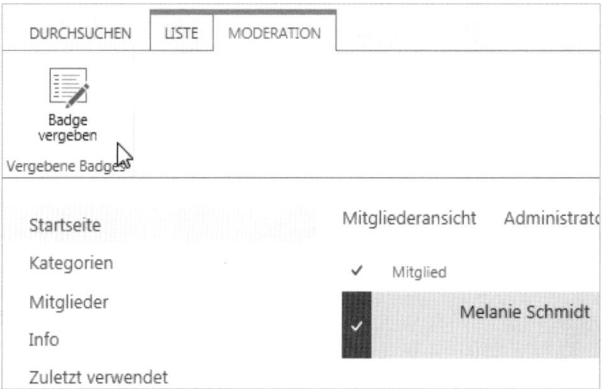

Abb. 17–4 Die Vergabe eines Badge über das Register *Moderation*, nachdem ein Mitglied ausgewählt wurde

8. Wählen Sie auf der folgenden Seite über den Drop-down-Pfeil das gewünschte Badge aus.
9. Bestätigen Sie Ihre Auswahl mit einem Klick auf die Schaltfläche *Speichern*.

17.8.4 Eine Bildbibliothek für Bilder der Kategorien anlegen

Damit die Mitarbeiterinnen und Mitarbeiter später bei der Auswahl der richtigen Kategorie schnell zu den gewünschten Diskussionen navigieren können, ist es sehr praktisch, einer Kategorie ein Bild hinzuzufügen (siehe Abb. 17–5).

Abb. 17–5 Durch das Hinzufügen von Bildern innerhalb einer Kategorie kann schnell die richtige Kategorie ausgewählt werden.

Zum Anlegen der Bildbibliothek gehen Sie folgendermaßen vor:

1. Sie befinden sich auf der Website *Unternehmens-Community*.
2. Klicken Sie in der Schnellstartnavigation auf den Link **Websiteinhalte**.
3. Im Bereich *Listen, Bibliotheken und andere Apps* klicken Sie auf die Schaltfläche **App hinzufügen** (siehe Abb. 17–6).

Abb. 17–6 Die Schaltfläche *App hinzufügen* zum Hinzufügen weiterer Listen und Bibliotheken

17.8 Konfigurieren der Communitywebsite

4. Klicken Sie in das *Suchfeld* und geben Sie »*Bild*« ein und bestätigen Sie Ihre Eingabe mit der *Enter*-Taste.
5. Ihnen werden die Bibliotheken aufgelistet, die für Bilder verwendet werden können. Klicken Sie einmal auf die angebotene Bibliothek **Bildbibliothek**, um diese zu erstellen.
6. Im darauf folgenden Dialogfeld klicken Sie rechts unten auf den Link *Erweiterte Optionen*, damit Sie nicht nur den Namen für die Bibliothek festlegen, sondern auch eine Beschreibung, wozu sie verwendet wird, eingeben können.
7. Im Bereich *Name und Beschreibung* klicken Sie in das Feld *Namen* und tippen dort »*Bilder der Kategorien*« ein und im Eingabefeld *Beschreibung* tippen Sie »*Diese Bibliothek dient als Beispiel zum Buch.*« ein.
8. Übernehmen Sie alle weiteren Einstellungen und bestätigen Sie Ihre Eingabe mit einem Klick auf die Schaltfläche *Erstellen*. Falls Sie nicht direkt in die Bibliothek weitergeleitet werden, so klicken Sie innerhalb der Websiteinhalte auf die neu erstellte Bildbibliothek.
9. Laden Sie das Bild *Fertigung* im Ordner *Beispieldateien zum Buch* aus dem *Kapitel Community* in die Bibliothek hoch.

17.8.5 Eine Communitykategorie mit einem Bild anlegen

Im folgenden Beispiel wird die Kategorie *Fertigung* angelegt. Damit in der Kategorienliste zusätzlich *Bilder zur Kategorie* angezeigt werden, benötigen Sie die URL zum Bild *Fertigung*, das Sie im vorangegangenen Beispiel der Bibliothek *Bilder der Kategorien* hinzugefügt haben.

1. Öffnen Sie auf der Website *Unternehmens-Communitywebsite* die Bibliothek **Bilder der Kategorien**. Klicken Sie gegebenenfalls über den Link *Websiteinhalte*, falls Sie die Bibliothek nicht mehr geöffnet haben.
2. Öffnen Sie auf dem Bild *Fertigung* das Menü, dargestellt mit den drei Punkten.
3. Kopieren Sie den Link, der Ihnen im Menü angezeigt wird (siehe Abb. 17-7). Wir benötigen diesen Link für die Kategorien.
4. Nachdem Sie den Link kopiert haben, wechseln Sie zurück auf die Website *Unternehmens-Community*.
5. Klicken Sie in den *Communitytools* auf den Link **Kategorien erstellen**.
6. Klicken Sie in das Eingabefeld *Kategoriename* und schreiben Sie dort »*Fertigung*« (siehe Abb. 17-8).
7. In das Feld *Beschreibung* schreiben Sie die Verwendung und den Zweck dieser Kategorie.

Abb. 17-7 Über das Menü kann der Link zum Bild kopiert werden.

8. Klicken Sie in das Eingabefeld *Bild der Kategorie* und fügen Sie dort den Link aus der Zwischenablage mit der Tastenkombination *STRG+V* ein.
9. Bestätigen Sie Ihre Eingabe mit einem Klick auf die Schaltfläche *Speichern*.

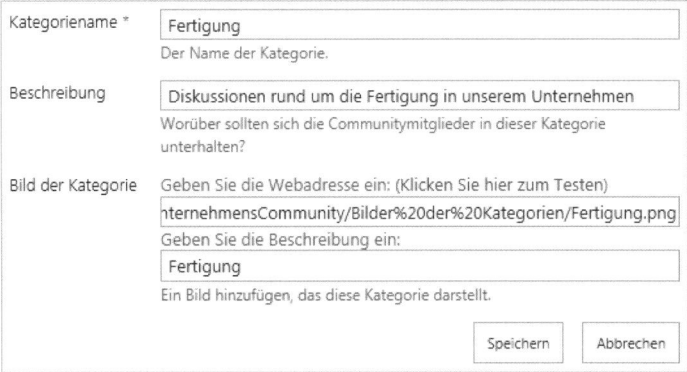

Abb. 17-8 Die Anlage einer neuen Kategorie mit einem Verweis auf das Bild der Fertigung

10. Wechseln Sie jetzt über die Schnellstartnavigation in die *Kategorienliste*. Ihnen wird jetzt die Kategorie *Fertigung* in einer Kachel mit dem hinzugefügten Bild angezeigt.

17.9 Anwenden der Website »Unternehmens-Community«

Sobald Sie berechtigt sind, auf einer Communitywebsite mitzuwirken, können Sie aktiv an Diskussionen teilnehmen. Sie können Beiträge verfassen oder von anderen Personen bereitgestellte Beiträge beantworten und bewerten.

17.9.1 Einer Community beitreten

Durch die Anlage der Community besitzen alle in SharePoint angelegten Benutzer und Gruppen standardmäßig Leserechte innerhalb der Community. Wenn ein Benutzer einer Diskussion beitreten möchte, verwendet er die Schaltfläche *Dieser Community beitreten*. Sie finden diese Schaltfläche auf der rechten Seite der *Infoseite* Ihrer Community. Sobald Sie einer Community beigetreten sind, wird die Communitywebsite automatisch der Website *Newsfeeds* im Bereich *Gefolgte Websites* hinzugefügt, Sie können darüber auch schnell Ihre eigenen Mitgliedschaften der Communitys ersehen.

17.9.2 Eine Community verlassen

Sind Sie Mitglied einer Community und möchten Sie ihr nicht mehr folgen und keine Beiträge mehr erstellen oder kommentieren, so können Sie sie jederzeit verlassen. Bedenken Sie jedoch, dass eine neue Mitgliedschaft in dieser Community gegebenenfalls neu beantragt und genehmigt werden muss.

1. Wechseln Sie in die Community, die Sie verlassen möchten.
2. Klicken Sie in der Schnellstartnavigation auf den Link **Mitglieder**.
3. Klicken Sie im rechten Fensterbereich bei **Meine Mitgliedschaft** ganz unten auf den Link **Diese Community verlassen** (siehe Abb. 17–9).

Abb. 17–9 In der Liste *Mitglieder* kann eine Community verlassen werden.

17.9.3 Eine Communitydiskussion starten

Sie können zu den unterschiedlichsten Themen Diskussionen innerhalb der Community erstellen, wenn Sie ihr Besitzer oder Moderator sind. Damit ich Ihnen weitere wichtige Informationen liefern kann, erstellen Sie in diesem Beispiel eine neue Diskussion in der Kategorie *Fertigung*.

1. Wechseln Sie auf die Website *Unternehmens-Community*.
2. Klicken Sie direkt auf der Startseite auf den Link **Neue Diskussion**.
3. Geben Sie im Eingabefeld *Betreff* einen aussagekräftigen Titel für die Diskussion ein (siehe Abb. 17–10).
4. Im Eingabefeld *Textkörper* schreiben Sie einen Beispieltext, der sich auf den Titel bezieht, oder stellen Sie hier direkt eine Frage ein.
5. Aktivieren Sie das Kontrollkästchen bei *Frage*. Damit zeigen Sie an, dass Sie eine Antwort der Mitglieder erwarten.
6. Wählen Sie über den Drop-down-Pfeil bei *Kategorie* **Fertigung** aus.
7. Bestätigen Sie Ihre Eingaben mit einem Klick auf die Schaltfläche **Speichern**.

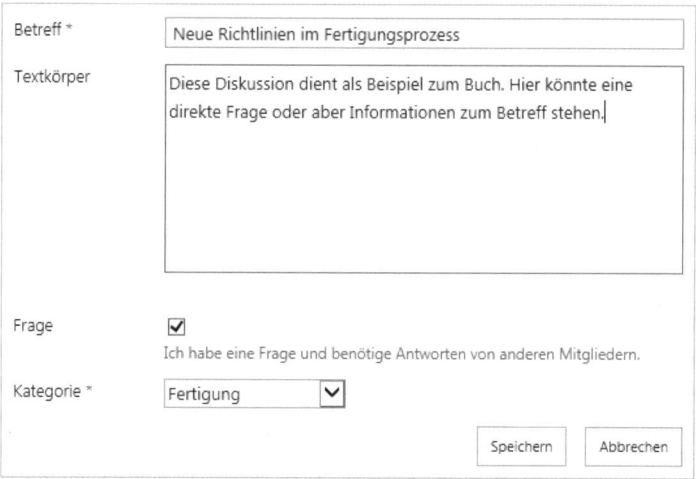

Abb. 17-10 Hinzufügen einer neuen Diskussion. Fragen können direkt im Textkörper eingegeben werden.

8. Legen Sie für dieses Beispiel eine weitere Diskussion in der Kategorie *Fertigung* an.

17.9.4 An einer vorhandenen Diskussion aktiv teilnehmen

Sie können über verschiedene Wege vorhandene Diskussionen öffnen. Wurde die Diskussion erst kürzlich erstellt, so wird sie Ihnen auf der Startseite der Community angezeigt. Alternativ kann nach bestimmten Diskussionen über die *Kategorien* gesucht werden.

1. Klicken Sie in der Schnellstartnavigation auf *Kategorien*.
2. Klicken Sie auf die Kachel *Fertigung*. Ihnen werden alle Diskussionen in der ausgewählten Kategorie aufgelistet.
3. Klicken Sie auf den Namen der gewünschten Diskussion, der als Link angezeigt wird.
4. Sobald die Diskussion geöffnet ist, können Sie auf die Frage oder den Beitrag antworten. Klicken Sie dafür in das Eingabefeld *Antwort hinzufügen* und schreiben Sie dort einen Text für dieses Beispiel (siehe Abb. 17-11).
5. Bestätigen Sie Ihre Antwort mit einem Klick auf die Schaltfläche *Antworten*.

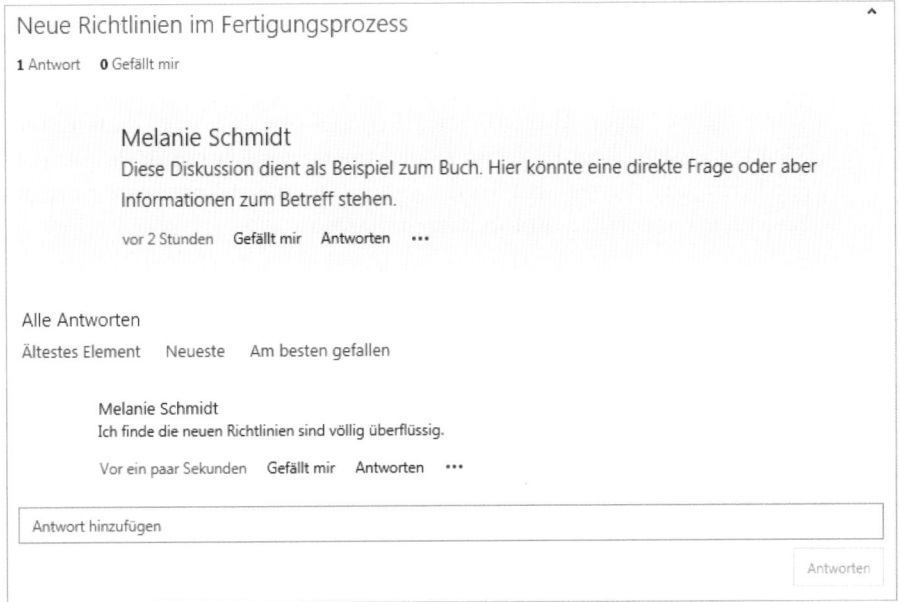

Abb. 17-11   Eine Antwort auf einen Beitrag

Einen Beitrag bewerten

Durch die aktive Teilnahme an Beiträgen und durch die Vergabe von Bewertungen der einzelnen Beiträge und Antworten können die Beitragsverfasser, also die Communitymitglieder, durch ein Punkte- und Leistungsstufensystem belohnt werden. Je nachdem, welche Einstellungen in den Communityeinstellungen vorgenommen wurden, können Sie für die Bewertung entweder den Link *Gefällt mir* oder ein Sternesystem verwenden. Zusätzlich können Sie eine Antwort auch als *Beste Antwort* kennzeichnen, wenn Ihnen die Antwort sehr weitergeholfen hat. Sie sollten jedoch immer zur Bewertung auch eine Antwort geben. Es ist für den Verfasser von Beiträgen von großer Bedeutung, warum ein Beitrag positiv oder gar nicht bewertet wird.

1. Öffnen Sie eine vorhandene Diskussion. Sie sehen unterhalb des Beitrags und unterhalb der Antworten entweder den Link *Gefällt mir* oder die Anzeige von fünf Sternen.

   - Sie können auf den Link *Gefällt mir* klicken, wenn Ihnen der Beitrag oder die Antwort gefällt. Sobald Sie *Gefällt mir* angeklickt haben, verändert sich der Link *Gefällt mir* in *Gefällt mir nicht*. Klicken Sie auf den Link *Gefällt mir nicht*, wenn Ihnen die Antwort oder der Beitrag nicht mehr gefällt, da es gegebenenfalls noch andere, bessere Antworten gab.
   - Wird in Ihrem Unternehmen die Bewertung von Beiträgen mit Sternen verwendet, so können Sie einen bis fünf Sterne für einen Beitrag oder eine Antwort vergeben. Sie haben jedoch – anders als bei dem Link *Gefällt mir nicht* – nicht die Möglichkeit, alle Sterne zu entfernen. Es bleibt immer ein Stern bestehen, auch wenn Ihnen der Beitrag nicht mehr gefällt.
   - Wenn Sie bei einer Antwort eines Beitrags über die drei Punkte zum Menü wechseln, steht Ihnen im Kontextmenü der Eintrag *Beste Antwort* zur Verfügung. Verwenden Sie diesen Eintrag, wenn Ihnen eine Antwort besonders gut gefallen und weitergeholfen hat.

Antworten bearbeiten oder löschen

Möchten Sie eine Antwort, die Sie verfasst haben, bearbeiten oder löschen, gehen Sie folgendermaßen vor:

1. Öffnen Sie zunächst die Diskussion, in der die Antwort steht, die Sie bearbeiten oder löschen möchten.
2. Öffnen Sie das Menü zu Ihrer Antwort, dargestellt mit den drei Punkten.
3. Wählen Sie im Kontextmenü den Befehl **Bearbeiten**, um die Antwort erneut zu bearbeiten, oder klicken Sie auf den Befehl **Löschen**, wenn Sie die Antwort löschen möchten.

Einen Beitrag dem Moderator melden

Wenn in den Communityeinstellungen festgelegt wurde, dass anstößige Beiträge gemeldet werden dürfen, so können Sie dem Moderator Beiträge zu Diskussionen melden.

1. Öffnen Sie eine Diskussion, in der sich ein Beitrag befindet, den Sie melden möchten.
2. Lassen Sie sich die Antworten anzeigen. Klicken Sie auf das Menü zu diesem Beitrag, dargestellt mit den drei Punkten.
3. Klicken Sie im Kontextmenü auf den Befehl *Dem Moderator melden*. Es öffnet sich ein Dialogfeld, in das Sie einen Kommentar schreiben können. Teilen Sie dem Moderator mit, warum Sie diesen Beitrag melden (siehe Abb. 17–12).
4. Bestätigen Sie Ihre Eingabe mit einem Klick auf die Schaltfläche *Melden*.

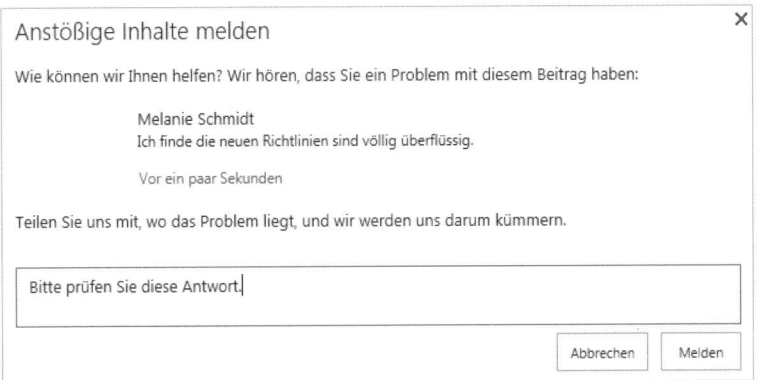

Abb. 17–12 Einen Beitrag melden. Verwenden Sie das Eingabefeld, um Ihr Anliegen mitzuteilen.

Einen gemeldeten Beitrag prüfen

Als Besitzer oder Moderator können Sie gemeldete Beiträge prüfen und gegebenenfalls aus dem Verlauf der Diskussion löschen.

1. Klicken Sie in den Communitytools auf den Link *Gemeldete Beiträge überprüfen*.
2. Ihnen werden die gemeldeten Beiträge aufgelistet dargestellt. Klicken Sie auf den zuvor gemeldeten Beitrag.
3. Sobald Sie den Beitrag geöffnet haben, wird Ihnen das Register *Moderation* angezeigt. Sie können nun den Beitrag prüfen und gegebenenfalls löschen. Klicken Sie dafür auf die Schaltfläche *Beitrag löschen*. Sie können Beiträge auch bearbeiten, sodass falsch gewählte Wörter gelöscht werden können.

Verwenden Sie die Schaltfläche *Bericht schließen*, so genehmigen Sie diesen Beitrag und setzen den Status auf *Kein Missbrauch*. Dann werden auch alle dazugehörigen Meldungen gelöscht.

Unbeantwortete Fragen überprüfen

Als Besitzer oder Moderator einer Community sollten Sie immer prüfen, ob es gegebenenfalls unbeantwortete Fragen gibt. Vielleicht gibt es Mitarbeiterinnen und Mitarbeiter, die sich durchgerungen haben, an einer Diskussion teilzunehmen, doch ihre Motivation, weiter in der Community aktiv zu werden, kann schnell durch unbeantwortete, für sie missachtete Beiträge und Fragen in Demotivation enden.

1. Wechseln Sie auf die *Startseite* der Website **Unternehmens-Community**.
2. Direkt in der Auflistung der aktuellen Diskussionen finden Sie das Menü, dargestellt mit den drei Punkten. Klicken Sie auf die drei Punkte, um das Menü zu öffnen.
3. Im Menü klicken Sie auf den Befehl **Unbeantwortete Fragen**. Ihnen werden die Diskussionen aufgelistet, die keine Antwort besitzen (siehe Abb. 17–13).
4. Prüfen Sie die Frage und formulieren Sie gegebenenfalls eine Antwort.

Abb. 17–13 Unbeantwortete Fragen können eine Community zum Scheitern bringen.

Bestimmte Diskussionen empfehlen

Als Besitzer oder Moderator können Sie interessante Diskussionen empfehlen, sodass sie in der zugeordneten Kategorie zuerst aufgelistet werden oder über das Menü der Startseite als *Empfohlen* abgerufen werden können.

1. Öffnen Sie zum Empfehlen eine Diskussion.
2. Klicken Sie im Beitrag auf das Menü, dargestellt mit den drei Punkten.

3. Wählen Sie im Kontextmenü den Befehl *Als empfohlen markieren*. Der Beitrag wird in der übergeordneten Kategorie ganz oben und auf der Startseite über das Menü *Empfohlen* aufgelistet.

17.9.5 Benachrichtigungen zu Beiträgen

Wenn Sie sehr aktiv in der Community mitwirken und mehrere Beiträge oder Antworten verfasst haben, kann es sehr kompliziert sein, allen Beiträgen aktuell zu folgen. Sie haben jedoch die Möglichkeit, sich über Beiträge, die Sie erstellt, oder Antworten, die Sie verfasst haben, benachrichtigen zu lassen. Sie werden je nach festgelegter Bedingung per E-Mail-Nachricht über weitere Antworten informiert. Um eine Benachrichtigung festzulegen, gehen Sie folgendermaßen vor:

1. Wechseln Sie in eine Diskussion, die Sie erstellt oder beantwortet haben.
2. Öffnen Sie das Menü, dargestellt mit drei Punkten.
3. Wählen Sie im Kontextmenü den Befehl *Benachrichtigen*.
4. In der darauf folgenden Seite können Sie die Bedingungen für die Benachrichtigungen festlegen.
   - Im Bereich *Benachrichtigungstitel* können Sie einen anderen Namen vergeben, der Ihnen in der E-Mail-Nachricht als Betreffzeile angezeigt werden soll.
   - Der Bereich *Benachrichtigungen senden an* steht Ihnen nur zur Verfügung, wenn Sie Besitzer der Diskussion sind. Hier können Sie bei Bedarf weitere Personen hinzufügen, die zusätzlich per E-Mail benachrichtigt werden sollen.
   - Je nachdem, welche Konfiguration in Ihrem Unternehmen für die Zustellung von Benachrichtigungen festgelegt wurde, können Sie im Bereich *Zustellungsart* auswählen, ob Sie per E-Mail-Nachricht oder per Textnachricht über Ihr Mobiltelefon informiert werden möchten.
   - Im Bereich *Änderungstyp* legen Sie die Bedingung fest, wann Sie benachrichtigt werden wollen.
   - Im Bereich Für diese *Änderungen Benachrichtigungen senden* legen Sie zusätzliche Bedingungen fest.
   - Abschließend geben Sie an, wie häufig Sie benachrichtigt werden möchten. Legen Sie die Option im Bereich *Zeitpunkt des Versendens von Benachrichtigungen* fest.
5. Sobald Sie Ihre Einstellungen vorgenommen haben, bestätigen Sie sie mit einem Klick auf die Schaltfläche *OK*.
6. Erstellen Sie in Ihrem E-Mail-Programm gegebenenfalls Regeln zum Verschieben in Ordner.

Löschen einer Benachrichtigung

Möchten Sie sich nicht mehr automatisch benachrichtigen lassen, so können Sie die Benachrichtigungen direkt auf der Website löschen, auf der Sie sich benachrichtigen lassen.

1. Klicken Sie in der Communitywebsite auf das Register *Seite*.
2. In der Gruppe *Freigeben und Verfolgen* klicken Sie auf den unteren Bereich der Schaltfläche **Benachrichtigen** (siehe Abb. 17–14).
3. Wählen Sie im Kontextmenü den Befehl *Meine Benachrichtigungen verwalten*.

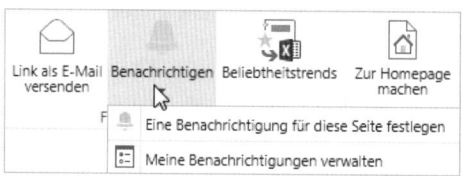

Abb. 17–14 Über das Register *Seite* können Benachrichtigungen verwaltet werden.

4. Wählen Sie die gewünschte Benachrichtigung aus und klicken Sie anschließend im oberen Fensterbereich auf den Link *Ausgewählte Benachrichtigungen löschen* (siehe Abb. 17–15).

Abb. 17–15 Benachrichtigungen können ausgewählt und gelöscht werden.

5. Bestätigen Sie das folgende Dialogfeld mit einem Klick auf die Schaltfläche *OK*.

17.10 Anpassen der Infoseite einer Communitywebsite

Sobald Sie Ihre Communitywebsite erstellt haben, sollten Sie ihre Infoseite anpassen. Sie können den vorhandenen Text ändern oder eigenen Text einbringen. Folgende Schritte sind dafür notwendig:

1. Klicken Sie in der Schnellstartnavigation der Website *Unternehmens Community* auf den Link **Info**.
2. Wechseln Sie in das Register *Seite*.
3. Klicken Sie in der Gruppe *Bearbeiten* auf die Schaltfläche **Bearbeiten**, um in den Bearbeitungsmodus der Seite zu wechseln.
4. Ändern Sie den vorhandenen Text. Löschen Sie dabei keine vorhandenen Webparts.
5. Zum Speichern Ihrer Änderungen klicken Sie im Register *Seite* oder im Register *Text formatieren* in der Gruppe *Bearbeiten* auf die Schaltfläche **Speichern**.

17.11 Zusammenfassung

Um Fach- und Expertenwissen bereitzustellen und abzurufen, eignet sich die Communitywebsite. Moderatoren können Diskussionen einleiten und die Belegschaft mit einem Punktesystem motivieren, aktiv an den Diskussionen teilzunehmen. Mitarbeiter, Partner und Kunden können ihre Ideen, Vorschläge und Verbesserungswünsche einbringen.

18 Support

18.1 Ausgangssituation

Der Support eines Unternehmens ist für den internen Benutzerservice zuständig. Bisher gingen Probleme (Tickets) per Mail an einen öffentlichen Outlook-Ordner, in dem die Probleme der Mitarbeiter gesammelt und abgearbeitet wurden. Durch die Einführung von SharePoint möchten die Mitarbeiter die Probleme anders lösen. Der Support hat die Aufgabe, für einen reibungslosen Betrieb der IT zu sorgen. Der Support ist für interne Fehlermeldungen und Probleme der einzelnen Mitarbeiter und für die Problemlösungen zuständig.

18.1.1 Anforderungen der Abteilung

Der Support soll alternativ zu einem öffentlichen Outlook-Ordner eine Möglichkeit in SharePoint finden, die Fehlermeldungen und Probleme zu organisieren. Der Supportleiter möchte einen regelmäßigen Bericht oder eine Auswertung der offenen Probleme in SharePoint abrufen können. Durch die Einführung von SharePoint und Office 2016 soll der Schulungsbedarf im Unternehmen ermittelt werden.

18.2 Schritte in diesem Kapitel

Ich werde in diesem Kapitel auf die Problemverfolgung eingehen. Wir werden Probleme in kleinen anschaulichen Beispielen in Excel auswerten. Zum Abschluss dieses Kapitels werden wir die Verzweigungen in Umfragen aufzeigen.

18.3 Erstellen der Website »Support«

In diesem Beispiel verwenden Sie die SharePoint-Websitevorlage *Teamsite*. Diese lässt sich später vom Supportteam jeweils individuell anpassen.

1. Wechseln Sie zunächst auf die Website *Fachbereiche*.
2. Navigieren Sie in die **Websiteinhalte**. Hier sehen Sie alle bereits angelegten Listen, Bibliotheken und Websites.

3. Unterhalb des Bereichs *Listen, Bibliotheken und andere Apps* sehen Sie den Bereich *Unterwebsites*. Klicken Sie dort auf den Link **Neue Website**.
4. Es folgt ein Dialogfeld, in das Sie Angaben für die neue Website eingeben. Im Bereich *Titel und Beschreibung* schreiben Sie im Eingabefeld *Titel* »Support« und im Eingabefeld *Beschreibung* schreiben Sie, wozu Sie die Website verwenden: »*Willkommen im Support*« (siehe Abb. 18–1).
5. Im Bereich *Websiteadresse* geben Sie als URL-Namen erneut den Titel »Support« ein. In diesem Feld verwenden Sie keine Umlaute, Sonderzeichen und Leerschritte. Diese Eingaben erscheinen später im Adressfeld des Webbrowsers als ein Teil der URL.

Abb. 18–1 Der Willkommenstext im Feld *Beschreibung*

6. Wählen Sie im nächsten Schritt im Bereich *Vorlagenauswahl* die Sprache aus, in der Sie die Site verwenden möchten.
7. Wechseln Sie in das Register *Zusammenarbeit* und wählen Sie die Websitevorlage **Teamsite** durch einen Klick aus.
8. Wird Ihnen im Bereich *Navigation* die Option *Diese Website in der Leiste für häufig verwendete Links in der übergeordneten Website anzeigen?* angeboten, so aktivieren Sie diese Option, damit Ihnen die Website in der globalen Navigation angezeigt wird und Sie schnell auf andere Websites navigieren können. Wird Ihnen diese Option nicht angeboten, so verwenden Sie andere Funktionalitäten und Sie können zum nächsten Schritt übergehen.
9. Setzen Sie die Option *Ja* im Bereich *Navigationsvererbung* bei *Leiste für häufig verwendete Links der übergeordneten Website verwenden?*. Damit stellen Sie sicher, dass Ihnen die bereits angelegten Websites in der globalen Navigation auch auf dieser Website angezeigt werden und Sie darüber schnell in andere Websites navigieren können.
10. Übernehmen Sie alle weiteren Einstellungen und bestätigen Sie Ihre Eingaben mit einem Klick auf die Schaltfläche **Erstellen**. Sie werden direkt auf die Teamwebsite *Support* weitergeleitet. Bleiben Sie auf der Website.

18.4 Der Einsatz von Problemverfolgungslisten in SharePoint

Bisher gingen technische Probleme (Tickets) der Mitarbeiter im Unternehmen per E-Mail an einen öffentlichen Ordner. Die Mitarbeiterinnen und Mitarbeiter im Support haben diese E-Mails von dort aus abgearbeitet. SharePoint bietet bereits eine vorgefertigte Liste, die für diese Zwecke geeignet ist. Ich möchte Ihnen in diesem Kapitel die Lösung vorstellen.

18.4.1 Erstellen einer Problemverfolgungsliste

Die Problemverfolgungsliste wird von SharePoint mitgeliefert. Sie steht Ihnen nach der Bereitstellung des SharePoint-Portals zur Verfügung.

> **Hinweis**
>
> Microsoft und Drittanbieter stellen zusätzliche Listen als Apps für Support und Projektabteilungen im Internet bereit.

1. Klicken Sie in der Schnellstartnavigation auf den Link *Websiteinhalte*. Sie werden in den Bereich *Websiteinhalt* weitergeleitet. Hier sehen Sie alle zurzeit auf der Supportwebsite befindlichen Listen.
2. Klicken Sie auf die Schaltfläche *App hinzufügen*.
3. Klicken Sie in das Suchfeld und geben Sie dort den Namen »*Problemverfolgung*« ein, damit nach der gewünschten App gesucht wird.
4. Bestätigen Sie Ihre Sucheingabe mit der *Enter*-Taste.
5. Im Ergebnis wird Ihnen die vorhandene *Problemverfolgungsliste* aufgezeigt.
6. Klicken Sie einmal auf die Liste, um sie zu erstellen.
7. Klicken Sie auf den Link *Erweiterte Optionen*.

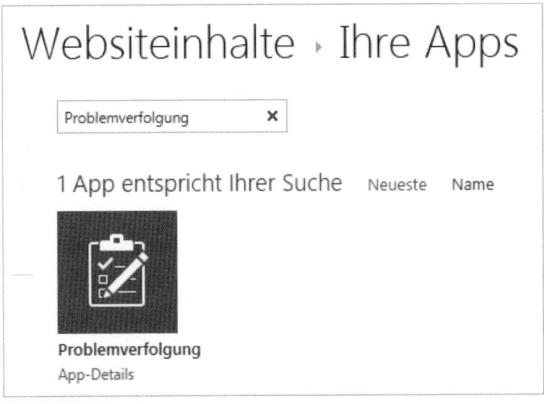

Abb. 18–2 Die Auswahl der Problemverfolgungsliste

8. Geben Sie den Namen »*Problemverfolgung*« im Eingabefeld *Name* ein (siehe Abb. 18–3).
9. Schreiben Sie im Bereich **Beschreibung** den Verwendungszweck für diese Liste.
10. Legen Sie fest, dass eine Person bei der Zuweisung einer Problemaufgabe eine E-Mail-Nachricht erhält. Aktivieren Sie dafür die Option *Ja* bei *E-Mail beim Zuordnen eines Besitzers versenden?*.
11. Bestätigen Sie Ihre Eingabe mit einem Klick auf die Schaltfläche **Erstellen**.
12. Sie werden in die neue *Problemverfolgungsliste* weitergeleitet (siehe Abb. 18–4).

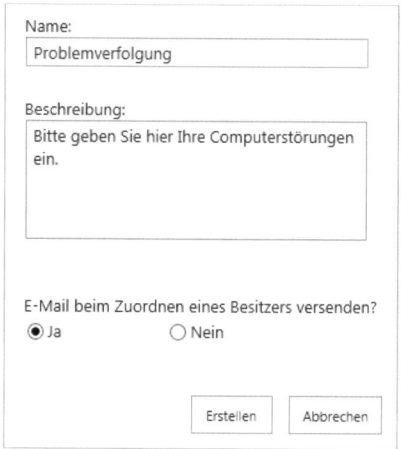

Abb. 18–3 In den *Erweiterten Optionen* des Dialogfelds lässt sich der Verwendungszweck einer Liste beschreiben.

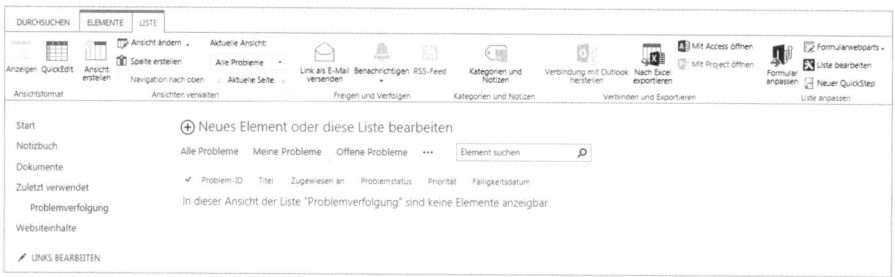

Abb. 18–4 Die erstellte Problemverfolgungsliste

Damit Sie die vordefinierten Websitespalten im Elementformular sehen, öffnen Sie ein neues Element über den Link **Neues Element** (siehe Abb. 18–5).

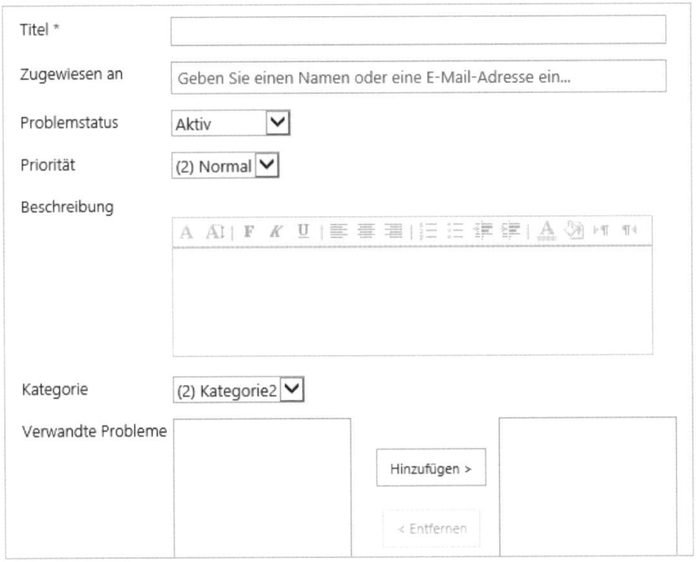

18.4 Der Einsatz von Problemverfolgungslisten in SharePoint

Abb. 18–5 Das vordefinierte Elementformular der Problemverfolgungsliste

18.4.2 Listen anpassen

Wenn ein Problem einer Person zugewiesen wurde, wird ihr nicht automatisch eine E-Mail-Benachrichtigung gesandt. Damit das funktioniert, muss eine Einstellung in der Liste vorgenommen werden. Bei Bedarf können Sie dieser Liste mit dem Elementformular weitere Websitespalten hinzufügen oder vorhandene löschen. Sie können aber auch vorhandene Spalten anpassen. In diesem Beispiel möchten wir zunächst einmal die Titel- und Beschreibungsspalten umbenennen, denn die vorgegebenen Spaltennamen entsprechen nicht unseren Vorstellungen. Gleichzeitig möchten wir anstelle der Kategorien 1 bis 3 unsere eigenen Kategorien *Hardwareproblem*, *Softwareproblem*, *Telefonanlagenproblem* und *Serverproblem* anlegen.

1. Schließen Sie das Elementformular, ohne es zu speichern.
2. Klicken Sie in das Register **Liste**.
3. In der Gruppe *Einstellungen* klicken Sie auf die Schaltfläche **Listeneinstellungen**.
4. Klicken Sie in der Kategorie *Allgemeine Einstellungen* auf den Link **Erweiterte Einstellungen**.
5. Im Bereich *E-Mail-Benachrichtigungen* aktivieren Sie die Option **E-Mail beim Zuordnen eines Besitzers versenden?**
6. Bestätigen Sie diese Einstellung mit einem Klick auf die Schaltfläche **OK**, ganz unten im Bildschirm. Sie werden in die Listeneinstellungen weitergeleitet.

7. In den *Listeneinstellungen* finden Sie im mittleren Bereich die vordefinierten *Spalten*.
8. Klicken Sie auf die Spalte **Titel** (siehe Abb. 18–6).

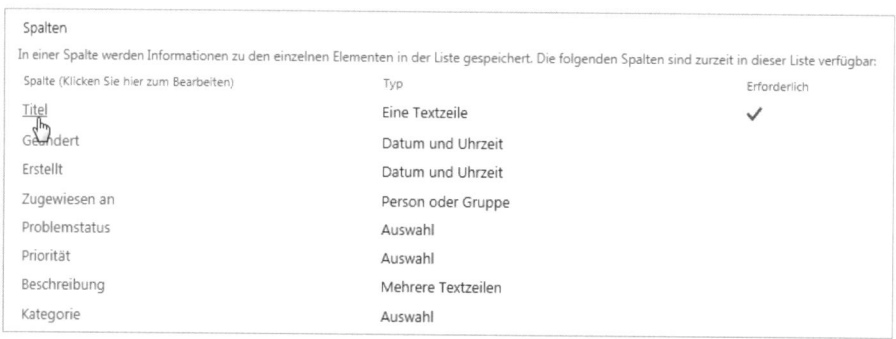

Abb. 18–6 Die verfügbaren Spalten werden aufgelistet. Über den jeweiligen Spaltennamen werden Sie in die Spalteneinstellungen weitergeleitet.

9. Klicken Sie in das Eingabefeld *Titel* und benennen Sie die Spalte in »*Problem*« um.
10. Bestätigen Sie Ihre Eingabe mit einem Klick auf die Schaltfläche **OK**.
11. Klicken Sie in den *Listeneinstellungen* auf die Spalte *Beschreibung*.
12. Benennen Sie den Spaltennamen *Beschreibung* in »*Fehlermeldung*« um (siehe Abb. 18–7).

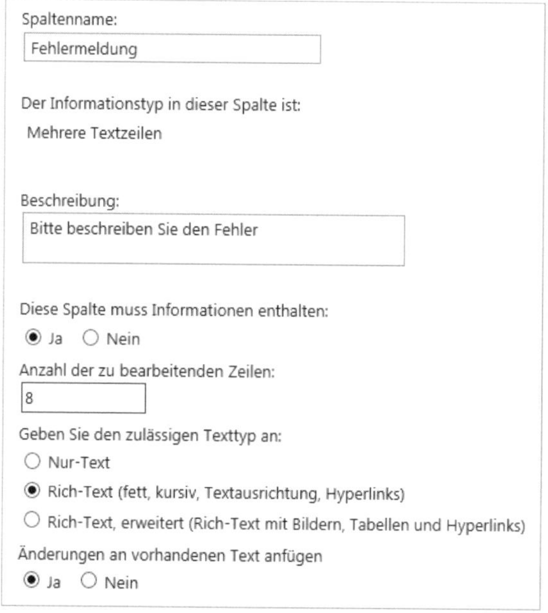

Abb. 18–7 Die geänderten Spaltenwerte einer vordefinierten Spalte

18.4 Der Einsatz von Problemverfolgungslisten in SharePoint

13. Im Bereich *Beschreibung* schreiben Sie den Text: »*Bitte beschreiben Sie den Fehler.*« Setzen Sie gegebenenfalls die Option, dass diese Spalte Informationen enthalten muss, auf *Ja*. Damit erzwingen Sie die Eingabe dieses Feldes. Jedoch verlangt später dieses Feld bei jedem Bearbeiten dieses Elements, dass eine Fehlermeldung angegeben werden muss. Das ist durchaus sinnvoll, wenn durch den Versuch einer Problemlösung weitere oder neue Fehler entstehen können.
14. Legen Sie fest, dass den Mitarbeitern acht Zeilen für die Eingabe der Fehlermeldung zur Verfügung stehen. Ändern Sie dafür *Anzahl der zu bearbeitenden Zeilen* von 6 auf *8*.
15. Setzen Sie die Option im Bereich *Änderungen an vorhandenen Text anfügen* auf *Ja*.
16. Damit können Sie eine Fehlerprotokollierung vornehmen.
17. Bestätigen Sie Ihre Eingabe mit einem Klick auf die Schaltfläche *OK*.
18. Klicken Sie in den *Listeneinstellungen* auf die Spalte *Kategorie*.
19. Geben Sie als Beschreibung den Text »*Bitte wählen Sie eine Kategorie aus*« ein (siehe Abb. 18–8).

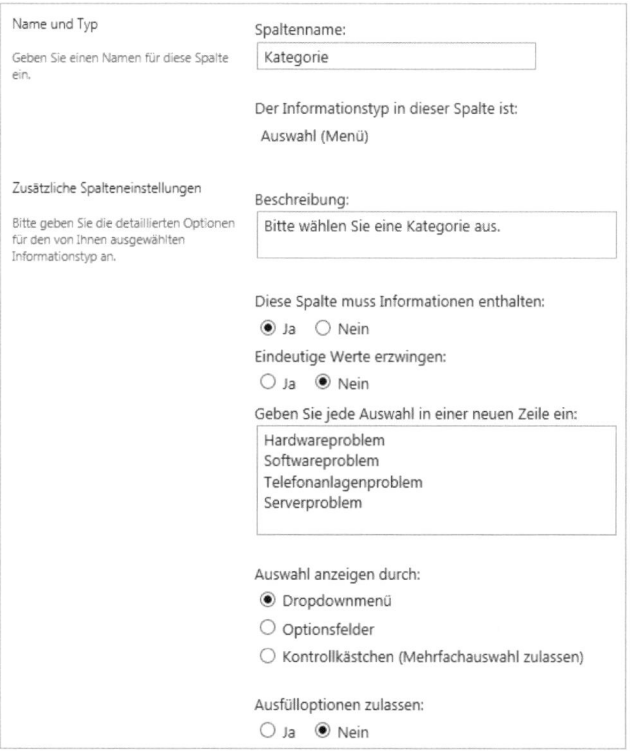

Abb. 18–8   Die von Ihnen definierten Kategorien stehen dem Benutzer später als Auswahlliste zur Verfügung.

20. Legen Sie gegebenenfalls fest, dass diese Spalte Informationen enthalten muss. Dann darf der Anwender beim Ausfüllen dieser Spalte den Wert nicht leer lassen.
21. Löschen Sie im Eingabefeld *Auswahl* die vordefinierten Kategorien.
22. Tragen Sie untereinander die Werte »*Hardwareproblem, Softwareproblem, Telefonanlagenproblem, Serverproblem*« ein.
23. Löschen Sie den Standardwert (siehe Abb. 18–9).

Abb. 18-9   Es soll kein Standardwert in der Spalte vorhanden sein.

24. Übernehmen Sie sonst alle weiteren Einstellungen und bestätigen Sie Ihre Eingabe mit einem Klick auf die Schaltfläche *OK*.

18.4.3   Erfassen eines Problems

Sie können Probleme erfassen und im Nachhinein bearbeiten. Gehen Sie dazu folgendermaßen vor.

1. Navigieren Sie in die Liste *Problemverfolgung*.
2. Erstellen Sie ein neues Problem zum Testen und speichern Sie dieses Problem.

Abb. 18-10   Das Elementformular nach den Anpassungen der Spalten

3. Öffnen Sie das Problem zum Bearbeiten in der Liste, indem Sie auf das Menü klicken, dargestellt mit den drei Punkten (siehe Abb. 18–11).

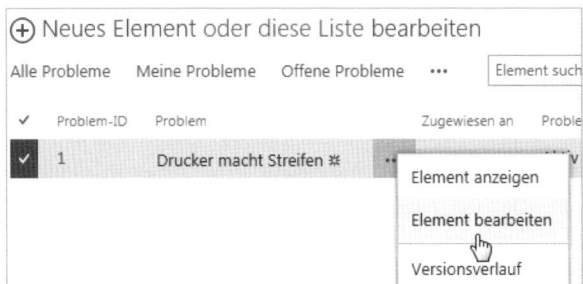

Abb. 18–11 Über das Menü kann ein Element zur Bearbeitung geöffnet werden.

4. Geben Sie im Bereich *Fehlermeldung* eine weitere Meldung ein und speichern Sie Ihre Eintragungen.

5. Öffnen Sie nur die *Eigenschaften* des Elements, indem Sie direkt auf den dazugehörigen Link klicken. Sie werden Ihre Eintragungen im Bereich *Fehlermeldung* sehen (siehe Abb. 18–12).

ⓘ Der Inhalt dieses Elements wird als E-Mail-Nachricht an die Person oder Gruppe gesendet, die dem Element zugewiesen ist.	
Problem	Drucker macht Streifen
Zugewiesen an	
Problemstatus	Aktiv
Priorität	(1) Hoch
Fehlermeldung	☐ Melanie Schmidt (17.06.2013 15:01): Nun druckt er gar nicht mehr. Papier kommt weiß aus dem Drucker. ☐ Melanie Schmidt (17.06.2013 14:58): Der Drucker macht horizontale Streifen beim Drucken.
Kategorie	Hardwareproblem
Verwandte Probleme	Drucker macht Streifen
Kommentare	☐ Melanie Schmidt (17.06.2013 15:01): ☐ Melanie Schmidt (17.06.2013 14:58):
Fälligkeitsdatum	

Version: 2.0
Erstellt am 17.06.2013 14:58 von ☐ Melanie Schmidt
Zuletzt geändert am 17.06.2013 15:01 von ☐ Melanie Schmidt   Schließen

Abb. 18–12 Alle Eintragungen werden im Bereich *Fehlermeldung* dokumentiert.

6. Geben Sie ein weiteres Problem ein und speichern Sie es.

Durch die Dokumentation einer Fehlermeldung können die Supportmitarbeiter alle Eingaben zu einem Problem einsehen. Ebenso wird auch die Spalte *Kommentare* dokumentiert. In den Spalteneigenschaften der Spalte *Kommentare* ist die Option *Das Ändern von Text anfügen* automatisch aktiviert. Sie können diese

Spalte beispielsweise in *Problemlösung* umbenennen. So erhalten Sie später eine genaue Übersicht, welche Schritte zur Problemlösung geführt haben.

18.5 Drei-Status-Workflow hinzufügen

Der Supportleiter hat entschieden, dass zwei Mitarbeiter für die Zuteilung der Probleme an die Supportmitarbeiter zuständig sein werden. Für die Verfolgung der Probleme kann man das gut mit einem Workflow abbilden. Für Listen oder Bibliotheken, die über die Auswahlspalte *Status* verfügen, kann der sogenannte Drei-Status-Workflow verwendet werden. Wenn beispielsweise ein neues Element einer Liste oder Bibliothek hinzugefügt wird, sollen die Einsatzkoordinatoren eine Benachrichtigung per E-Mail erhalten. Ein Einsatzkoordinator weist dieses Problem einem Supportmitarbeiter zu. Dieser Supportmitarbeiter erhält eine vom Workflow generierte Aufgabe, um das Problem zu lösen. Der Supportmitarbeiter bearbeitet das Problem und findet die Lösung. Nach Abschluss der Problemlösung setzt er den Problemstatus auf *abgeschlossen*. Der Workflow wird dann sofort aktualisiert und der Status ändert sich von *Aktiv* auf *Gelöst*. Der Einsatzkoordinator erhält dann die Prüfaufgabe, den Workflow abzuschließen. Das Abschließen des Workflows soll in unserem Unternehmen erst erfolgen, wenn alle Tätigkeitsbereiche und Arbeitszeiten vom Supportmitarbeiter abgegeben wurden. Fehlen Unterlagen oder Unterschriften vom Auftraggeber, kann der Workflowstatus auch auf *Zurückgestellt* gesetzt werden. Liegen alle Berichte vor, kann der Einsatzkoordinator den Workflow abschließen. Der Workflowstatus wird dann auf *Geschlossen* aktualisiert.

1. Gehen Sie in der Problemverfolgungsliste im Register *Liste* in die Gruppe *Einstellungen* und klicken Sie auf die Schaltfläche **Workfloweinstellungen** (siehe Abb. 18–13).

Abb. 18–13 Die Workfloweinstellungen können Sie auch alternativ über die Listeneinstellungen öffnen.

2. Klicken Sie auf den Link **Workflow hinzufügen**.
3. Im Bereich der *Workflowvorlagen* des nachfolgenden Fensters wählen Sie **Drei Status** aus (siehe Abb. 18–14).

18.5 Drei-Status-Workflow hinzufügen

Abb. 18–14 Der Drei-Status-Workflow wird aufgelistet.

> **Hinweis**
>
> Falls Ihnen der Drei-Status-Workflow nicht zur Verfügung steht, sprechen Sie Ihren SharePoint-Administrator an. Der Drei-Status-Workflow muss vom SharePoint-Administrator auf Websitesammlungsebene aktiviert werden. Zusätzlich können Sie prüfen, ob er in den *Websiteeinstellungen/Websitefeatures* nicht aktiviert ist. Aktivieren Sie den Workflow gegebenenfalls.

4. Vergeben Sie für diesen Workflow den Namen *Problem_WF*.
5. Im Bereich *Aufgabenliste* übernehmen Sie die Einstellungen. Durch die Übernahme der Auswahl bei der Aufgabenliste werden die Workflowaufgaben in einer neuen Aufgabenliste der Supportwebsite übernommen. Die Einsatzkoordinatoren können sich in dieser Aufgabenliste die eigenen Aufgaben anzeigen lassen oder diese Aufgabenliste mit Microsoft Outlook verbinden.
6. Im Bereich *Verlaufsliste* können Sie die vorgegebene Verlaufsliste übernehmen. Die Verlaufsliste zeichnet den gesamten Verlauf der Ereignisse zu einem Element auf.
7. Im Bereich *Startoptionen* legen Sie fest, wann der Workflow gestartet werden soll. In unserem Beispiel soll der Workflow starten, wenn ein neues Element hinzugefügt wird. Aktivieren Sie die Option **Diesen Workflow starten, wenn neues Element hinzugefügt wird**.
8. Klicken Sie auf die Schaltfläche **Weiter**.
9. Im Bereich *Workflowstatus* werden Ihnen die Zustände des Workflows aufgelistet. In diesem Beispiel sollen die Einstellungen übernommen werden.
10. Der Bereich *Aufgabendetails* dient für die Definition der Aufgabe. Diese Informationen werden dem Mitarbeiter in der Aufgabe angezeigt.
11. Schreiben Sie im Bereich *Benutzerdefinierte Mitteilung* den Text »*Folgendes Problem ist aufgetreten:*«.
12. Im Bereich *Beschreibung der Aufgabe* fügen Sie den Text »*Ihnen wurde folgende Aufgabe zugeteilt:*« ein.

13. Legen Sie fest, dass das Fälligkeitsdatum und die zugewiesene Person angezeigt werden, indem Sie diese Felder aktivieren.
14. Im Bereich *E-Mail-Nachricht* können Sie festlegen, ob die zugewiesenen Mitarbeiter eine zusätzliche E-Mail-Nachricht erhalten sollen oder nicht. Aktivieren oder deaktivieren Sie dafür das Kontrollkästchen. Alternativ können Sie auch einen Namen einer Person eingeben, die standardmäßig immer eine E-Mail-Nachricht erhalten soll, wenn ein Element erstellt oder abgeschlossen wird. In unserem Beispiel tragen Sie Ihre E-Mail-Adresse ein.

> **Hinweis**
>
> Ihr SharePoint-Administrator muss das Versenden und Empfangen von E-Mail-Nachrichten im SharePoint-System aktiviert und installiert haben. Wenn das nicht erfolgt ist, können keine E-Mail-Nachrichten vom Workflow versendet werden.

15. Im Eingabefeld *Betreff* können Sie eigene Texte eingeben, beispielsweise: »*Ein neues Problem ist aufgetreten:*«. Lassen Sie das Kontrollkästchen *Aufgabentitel verwenden* aktiviert. Somit ist bereits im Betreff der E-Mail-Nachricht ersichtlich, worum es in der E-Mail geht.
16. Im Eingabefeld *Textkörper* können Sie ebenfalls freie Texte einfügen. Durch das Aktivieren des Kontrollkästchens *Hyperlink zu Listenelement einfügen* wird ein Link zum Listenelement in der E-Mail-Nachricht hinzugefügt. Der zugewiesene Mitarbeiter kann über den Link direkt aus der E-Mail-Nachricht in das Listenelement navigieren.

In den nächsten Schritten legen Sie fest, was passieren soll, wenn der Workflow in den zwischenzeitlichen Status wechselt.

Der Bereich *Aufgabendetails* dient für die Definition der Aufgabe. Diese Informationen werden dem Mitarbeiter in der Aufgabe angezeigt.

17. Schreiben Sie im Bereich *Benutzerdefinierte Mitteilung* den Text »*Folgendes Problem wurde gelöst und kann abgeschlossen werden:*«.
18. Im Bereich *Beschreibung der Aufgabe* fügen Sie den Text »*Ihnen wurde folgende Prüfaufgabe zugeteilt:*« ein.
19. Legen Sie fest, dass das Fälligkeitsdatum und die zugewiesene Person angezeigt werden, indem Sie diese Felder aktivieren.
20. Im Bereich *E-Mail-Nachricht* können Sie festlegen, ob die zugewiesenen Mitarbeiter eine zusätzliche E-Mail-Nachricht erhalten sollen oder nicht. Aktivieren oder deaktivieren Sie dafür das Kontrollkästchen. Alternativ können Sie auch einen Namen einer Person eingeben, die standardmäßig immer eine E-Mail-Nachricht erhalten soll, wenn ein Element erstellt oder abgeschlossen wird. In unserem Beispiel tragen Sie Ihre E-Mail-Adresse ein.

21. Im Eingabefeld *Betreff* können Sie eigene Texte eingeben, beispielsweise: »*Ein Problem wurde gelöst:*«.
22. Im Eingabefeld *Textkörper* können Sie ebenfalls freie Texte einfügen. Durch das Aktivieren des Kontrollkästchens *Hyperlink zu Listenelement einfügen* wird ein Link zum Listenelement in der E-Mail-Nachricht hinzugefügt. Der zugewiesene Mitarbeiter kann über den Link direkt aus der E-Mail-Nachricht in das Listenelement navigieren.
23. Zum Abschließen der *Workfloweinstellungen* klicken Sie auf die Schaltfläche *OK*.

Der Workflow wird nun automatisch der Problemverfolgungsliste zugeteilt und steht sofort zur Verfügung.

1. Legen Sie in der *Problemverfolgungsliste* ein neues Problem an.
2. Weisen Sie sich als zugewiesene Person dieses Problem zu und speichern Sie dieses.
3. Wechseln Sie danach über die Schnellstartnavigation in die **Websiteinhalte**. Dort befindet sich nun die neue *Aufgabenliste*.
4. Öffnen Sie die *Aufgabenliste* durch einen Klick.

Ihnen werden die vom Workflow generierten Aufgaben angezeigt, die Sie oder Ihre Mitarbeiter bearbeiten können. Falls Sie die E-Mail-Benachrichtigung aktiviert hatten, wechseln Sie zu Outlook und prüfen Sie Ihren Posteingang nach neuen vom Workflow generierten E-Mails (siehe Abb. 18–15).

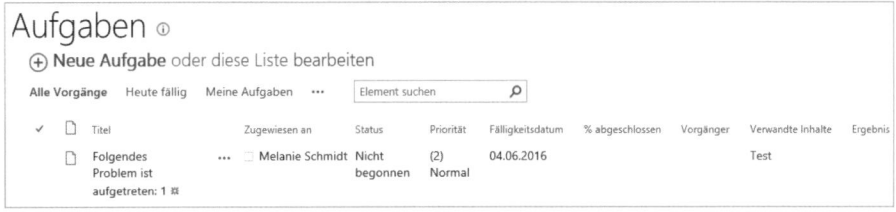

Abb. 18–15 Die automatisch vom Workflow generierte Aufgabenliste mit Eintrag

Möchten Sie den Workflowverlauf einsehen oder einen Workflow aus einer Liste oder Bibliothek löschen, können Sie das über die Workfloweinstellungen jederzeit vornehmen.

1. Wechseln Sie in die *Problemverfolgungsliste* auf der Website *Support*.
2. Klicken Sie im Register *Listen* in der Gruppe *Einstellungen* auf die Schaltfläche *Workfloweinstellungen*.
3. Zum Ändern des Workflows klicken Sie auf den Namen des Workflows, der Ihnen im oberen Fensterbereich angezeigt wird.
4. Um den Workflow zu löschen, klicken Sie auf den Link **Workflow entfernen**.

18.5.1 Einblenden der Workflow-Aufgabenliste in der Schnellstartleiste

Da die Aufgabenliste nicht automatisch in der Schnellstartnavigation angezeigt wird, ist es sinnvoll, sie der Schnellstartnavigation hinzuzufügen.

1. Wechseln Sie auf der Website *Support* in der Schnellstartnavigation in die *Websiteinhalte*. Falls der Link nicht angezeigt wird, wechseln Sie über das Zahnradsymbol der Website in die Websiteinhalte.
2. Klicken Sie links in der Schnellstartnavigation auf den Link *Links bearbeiten*.
3. Ziehen Sie mit gedrückter Maustaste die Aufgabenliste aus den Websiteinhalten direkt in die Schnellstartnavigation.
4. Bestätigen Sie Ihre Auswahl mit einem Klick auf den Link *Speichern*. Ihnen wird jetzt die Liste in der Schnellstartnavigation dauerhaft angezeigt.

18.6 Auswerten von Problemverfolgungslisten

Die Problemverfolgungslisten können Sie mit anderen Anwendungen verbinden oder exportieren. Wenn Sie beispielsweise eine Aufstellung aller offenen Probleme in Excel auswerten möchten, gehen Sie wie folgt vor:

18.6.1 Problemverfolgungen nach Excel exportieren

Sie können durch den Export zu Excel diese Liste auswerten.

1. Navigieren Sie in die *Problemverfolgungsliste*.
2. Lassen Sie zunächst alle Spalten in der Ansicht einblenden, die Sie in Excel darstellen und auswerten möchten.
3. Klicken Sie im Register *Liste* in der Gruppe *Verbinden und Exportieren* auf die Schaltfläche *Nach Excel exportieren* (siehe Abb. 18–16).

Abb. 18–16 Sie können SharePoint-Listen in andere Anwendungen exportieren, um die Listenelemente auszuwerten.

4. Bei der Verbindungsherstellung erscheint im unteren Fensterbereich ein Dialogfeld, bestätigen Sie es mit einem Klick auf die Schaltfläche *Öffnen* (siehe Abb. 18–17).

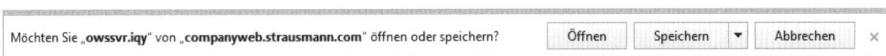

Abb. 18–17 Das Dialogfeld am unteren Bildschirmrand

5. Sie werden in eine Excel-Arbeitsmappe weitergeleitet.
6. Durch das Formatieren in eine Tabelle stehen Ihnen die *Tabellentools* im Menüband von Excel zur Verfügung.

Excel formatiert die Daten automatisch in eine Tabelle. Um die Vorteile einer formatierten Tabelle nutzen zu können, achten Sie immer darauf, dass Sie sich innerhalb der Tabelle befinden. Über das Menüband in Excel steht Ihnen dann das Register *Tabellentools* zur Verfügung.

18.6.2 Excel-PivotTable

Sie können mit Pivot-Tabellen einfache Auswertungen durchführen. Verwenden Sie sie, um große Datenmengen in eine verständliche Tabelle zu reduzieren. Über eine Pivot-Tabelle können Sie bestimmte Abfragen stellen. Innerhalb der Pivot-Tabelle können jedoch keine neuen Daten hinzugefügt werden. Wenn Sie die Pivot-Tabelle speichern, können Sie die Daten jederzeit aktualisieren und von SharePoint abfragen. Die Pivot-Tabelle selbst hat keine Auswirkungen auf die SharePoint-Liste.

1. Setzen Sie den Cursor in Excel einmal in den Datenbereich der Tabelle, damit Excel den gesamten Datenbereich erkennen kann.
2. Im Register *Tabellentools* klicken Sie im Unterregister *Entwurf* in der Gruppe *Tools* auf die Schaltfläche **Mit PivotTable zusammenfassen**.
3. Bestätigen Sie im Dialogfenster *PivotTable erstellen* den Datenbereich mit einem Klick auf die Schaltfläche **OK** (siehe Abb. 18–18).

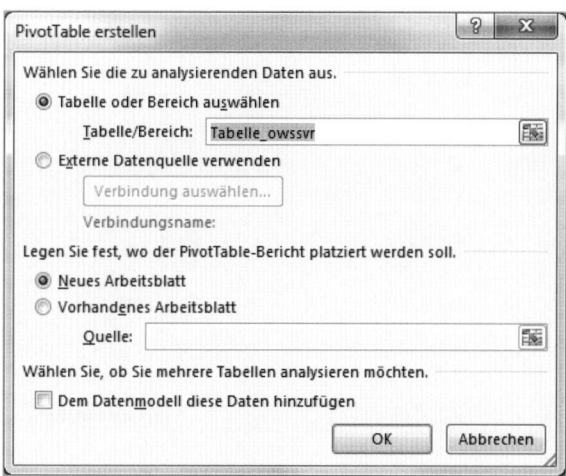

Abb. 18–18 Erstellen einer Pivot-Tabelle

Excel erstellt die Pivot-Tabelle in einem neuen Blattregister. Im linken Fensterbereich erscheint die Pivot-Tabelle. Im rechten Fensterbereich erscheint die Feldliste mit den vorhandenen Überschriften/Datenbankfeldnamen aus der Ursprungstabelle (siehe Abb. 18–19).

Hinweis

Achten Sie immer darauf, in die Pivot-Tabelle zu klicken, sonst wird Ihnen die Feldliste nicht angezeigt. Klicken Sie einmal in eine Zelle außerhalb der Pivot-Tabelle. Die Feldliste sowie die Pivot-Tabellentools im Menüband werden nicht angezeigt. Klicken Sie erneut in die Pivot-Tabelle im linken Fensterbereich, wird Ihnen beides wieder angezeigt.

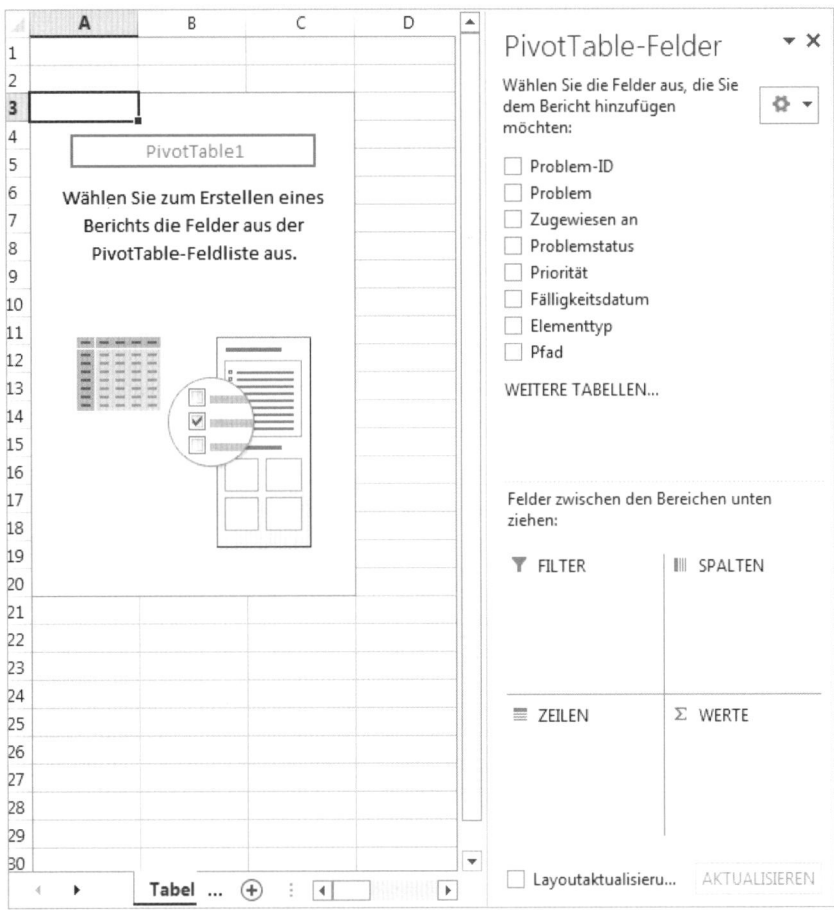

Abb. 18–19 Die Pivot-Tabelle und die Feldliste mit den Spalten der SharePoint-Problemverfolgungsliste

18.6 Auswerten von Problemverfolgungslisten

4. Aktivieren Sie die Kontrollkästchen vor *Problem*, *Zugewiesen an* und *Problemstatus*.
5. Unterhalb der Feldliste im Bereich *Felder zwischen den Bereichen unten ziehen*, ziehen Sie mit der Maus das Feld *Problem* in den Bereich *Filter* und das Feld *Problemstatus* in den Bereich *Spalten*.
6. Zeigen Sie auf das Feld *Problem* oben im Bereich *PivotTable-Felder*. Es erscheint der Verschiebepfeil (siehe Abb. 18–20).
7. Ziehen Sie das Feld *Problem* mit der Maus unten in den Bereich *Werte* (siehe Abb. 18–21). Somit erhalten Sie die Anzahl der Probleme.

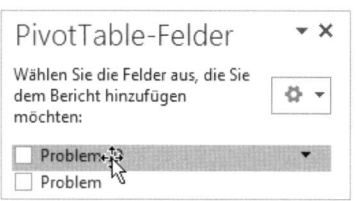

Abb. 18–20 Mit der Maus lassen sich Felder in die Bereiche ziehen.

Abb. 18–21 Das Feld *Problem* wurde gefiltert und zusätzlich in den Bereich *Werte* gezogen. Damit erhalten Sie eine übersichtliche Darstellung der Daten.

In der Pivot-Tabelle werden nun die zugewiesenen Mitarbeiter und die Anzahl der Probleme angezeigt (siehe Abb. 18–22).

Anzahl von Problem	Spaltenbeschriftungen			
Zeilenbeschriftungen	Aktiv	Geschlossen	(Leer)	Gesamtergebnis
Chrisian Hinze	1			1
Jürgen Hamann	1			1
Sebastian Müller	1			1
Simon Thomsen			1	1
Gesamtergebnis	**3**	**1**		**4**

Abb. 18–22 Ein Beispiel für eine Auswertung in der Pivot-Tabelle

Innerhalb der Feldliste können Sie den Autofilter anwenden, um beispielsweise nur die aktiven Probleme zu sehen. Wenn Sie dafür auf einen Feldnamen zeigen, erscheint ein Drop-down-Pfeil. Darüber lässt sich der Autofilter öffnen (siehe Abb. 18–23).

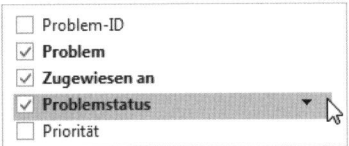

Abb. 18–23 Der Drop-down-Pfeil auf dem Feld *Problemstatus*

> **Hinweis**
>
> Sie können diese Excel-Arbeitsmappe speichern und bei Bedarf aufrufen. Da eine Verbindung zur SharePoint-Liste besteht, können Sie über das Menüband *Tabellentools* im Unterregister *Entwurf* in der Gruppe *Externe Tabellendaten* die Daten jederzeit aktualisieren.

> **Hinweis**
>
> Wenn Sie in SharePoint in der Datenblattansicht arbeiten, können Sie die Problemverfolgungsliste direkt mit Access oder Excel verbinden. Lassen Sie sich in der Datenblattansicht den *Aufgabenbereich anzeigen*. Sie finden dazu eine Symbolschaltfläche *Aufgabenbereich anzeigen* in der Gruppe *Datenblatt* des Menübands.

18.7 Den Schulungsbedarf mit einer Umfrage ermitteln

In diesem Beispiel möchte ich Ihnen die von SharePoint mitgelieferte Liste *Umfragen* vorstellen. Es soll der Schulungsbedarf für Microsoft Office 2013 und SharePoint ermittelt werden. Der Schulungsbedarf richtet sich dabei nach den Erfahrungen der Mitarbeiter. Mitarbeiter, die bereits mit einer der Office-2010/2013-Versionen arbeiten durften, sollen zunächst keine Schulungen erhalten. Mitarbeiter, die noch keinerlei Erfahrungen mit der neuen Benutzeroberfläche haben, sollen an einem Seminar teilnehmen, bei dem sie mit den Neuerungen vertraut gemacht werden. Die Termine für diese Seminare stehen fest. Alle Mitarbeiter haben jedoch die Möglichkeit, eine Seminarunterlage zu erhalten.

> **Achtung**
>
> Beim Erstellen einer Umfrage kann festgelegt werden, dass die Benutzernamen beim Beantworten von Fragen nicht angezeigt werden sollen. Der Besitzer der erstellten Umfrage kann jedoch in den Listeneinstellungen die Identität eines Benutzers inklusive der Antworten sehen. Das sollte unbedingt den Mitarbeitern mitgeteilt werden. Wenn es um anonyme Umfragen geht, ist diese Variante nicht geeignet. Beachten Sie unbedingt die Datenschutzbestimmungen und sprechen Sie mit Ihrem IT-Verantwortlichen.

18.7.1 Eine Umfrage erstellen

Um den Schulungsbedarf festzustellen, eignet sich eine Mitarbeiterumfrage mit Verzweigungen. Hier wird innerhalb der Umfrage nach Antworten gefiltert und der Bedarf kann ermittelt werden.

1. Wechseln Sie zunächst auf die Website *Support*.
2. Navigieren Sie in die **Websiteinhalte**.
3. Klicken Sie auf die Schaltfläche *App hinzufügen*.
4. Klicken Sie in das Suchfeld und geben Sie dort den Namen »*Umfrage*« ein, damit nach der gewünschten App gesucht wird.
5. Bestätigen Sie Ihre Sucheingabe mit der *Enter*-Taste.
6. Im Ergebnis wird Ihnen die vorhandene *Umfrage* aufgezeigt.
7. Klicken Sie einmal auf die Liste, um sie zu erstellen.
8. Klicken Sie auf den Link *Erweiterte Optionen*.
9. Vergeben Sie den Namen »*Neu in Office 2016 und SharePoint*« (siehe Abb. 18–24).

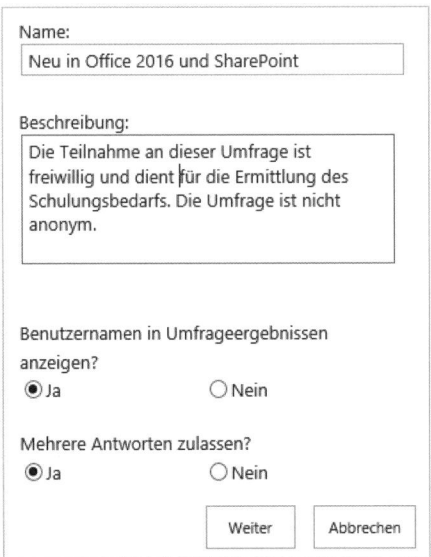

Abb. 18–24 Vergeben Sie für jede Umfrage einen eindeutigen Namen, damit Sie die Umfragen immer gut auseinanderhalten können. Wenn Sie mehrere Antworten zulassen, können die Teilnehmer mehrmals an der Umfrage teilnehmen.

10. Beschreiben Sie den Verwendungszweck für diese Umfrage.
11. Legen Sie nur für dieses Beispiel fest, dass mehrere Antworten zugelassen werden. Dann können Sie am Ende mehrmals die Umfrage beantworten und die verschiedenen Möglichkeiten ausprobieren.
12. Übernehmen Sie alle weiteren Einstellungen und bestätigen Sie Ihre Eingaben mit einem Klick auf die Schaltfläche **Weiter**. Sie werden direkt in die erste Frage weitergeleitet.
13. Im Eingabefeld *Frage* geben Sie folgenden Text ein: »*Diese Umfrage ist nicht anonym. Möchten Sie trotzdem teilnehmen?*« (siehe Abb. 18–25).
14. Lassen Sie das Optionsfeld *Auswahl (Menü)* aktiviert.

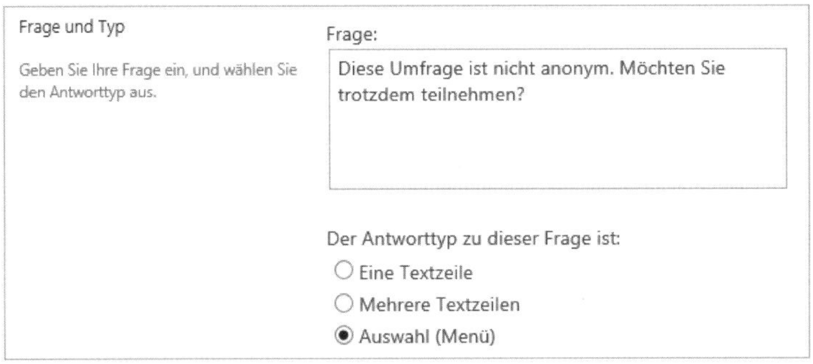

Abb. 18–25 Die Teilnehmer können selbst entscheiden, ob sie an einer Umfrage teilnehmen möchten, die nicht anonym ist.

15. Setzen Sie die Option *Ja* bei *Antwort für diese Frage erforderlich* (siehe Abb. 18–26).

Abb. 18–26 Die Optionen werden übernommen. Teilnehmer sollen keine anderen Werte ausfüllen bzw. eintragen und es soll auch keine Standardantwort mit *Ja* oder *Nein* gesetzt werden.

16. Löschen Sie alle Eintragungen im Eingabefeld *Auswahl*. Schreiben Sie *Ja* und *Nein* untereinander in das Eingabefeld.
17. Übernehmen Sie alle weiteren Einstellungen und klicken Sie auf die Schaltfläche *Nächste Frage*.
18. Im nächsten Eingabefeld *Frage* geben Sie folgenden Text ein: »*Die Umstellung von Office auf die neue Version erfordert eine Anwenderschulung. Haben Sie bereits Erfahrungen im Umgang mit Office 2013/2016 oder SharePoint?*«.
19. Lassen Sie das Optionsfeld *Auswahl (Menü)* aktiviert.
20. Setzen Sie die Option *Ja* bei *Antwort für diese Frage erforderlich*.
21. Löschen Sie alle Eintragungen im Eingabefeld *Auswahl*. Schreiben Sie *Ja* und *Nein* untereinander in das Eingabefeld.
22. Klicken Sie auf die Schaltfläche *Nächste Frage*.
23. Geben Sie folgende Frage ein: »*Sie haben bereits Erfahrungen gesammelt, wie schätzen Sie Ihr Wissen ein?*«

24. Wählen Sie die Option *Bewertungsskala* aus.
25. Setzen Sie die Option **Ja** bei **Antwort für diese Frage erforderlich**.
26. Löschen Sie die Inhalte aus dem Eingabefeld bei *Teilfrage*.
27. Schreiben Sie untereinander »*Access, Excel, Outlook, PowerPoint, Word, SharePoint.*«
28. Wählen Sie bei Zahlenbereich die Zahl *3* aus (siehe Abb. 18–27).

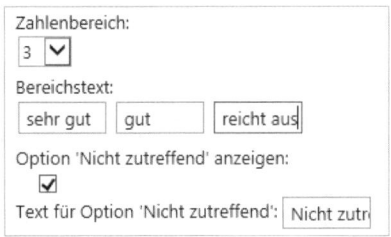

Abb. 18-27 Die Mitarbeiter sollen später ihren Wissensstand in den einzelnen Anwendungen zwischen *sehr gut* und *reicht aus* einschätzen.

29. Geben Sie im Bereichstext »*sehr gut, gut, reicht aus*« ein.
30. Legen Sie die Option **Nicht zutreffend** fest, indem Sie das Kontrollkästchen aktivieren.
31. Erstellen Sie eine weitere Frage mit folgendem Text: »*Sie haben die Möglichkeit, kostenlos an einem Seminar teilzunehmen. Hätten Sie Interesse?*«
32. Lassen Sie die Option **Auswahl (Menü)** bestehen.
33. Setzen Sie die Option **Ja** bei **Antwort für diese Frage erforderlich**.
34. Löschen Sie die Inhalte aus dem Eingabefeld bei *Auswahl*.
35. Schreiben Sie untereinander »*Ja, Nein*«.
36. Klicken Sie auf die Schaltfläche **Nächste Frage**.
37. Geben Sie folgende Frage ein: »*Folgende Termine konnten wir für Sie bereits festlegen. Bei Bedarf können Sie einen eigenen Terminwunsch angeben.*«
38. Lassen Sie die Option **Auswahl (Menü)** bestehen.
39. Setzen Sie die Option **Ja** bei **Antwort für diese Frage erforderlich** (siehe Abb. 18–28).
40. Löschen Sie die Inhalte aus dem Eingabefeld bei *Auswahl*.
41. Schreiben Sie fünf Datumswerte untereinander.
42. Lassen Sie die Ausfülloption zu.
43. Übernehmen Sie alle weiteren Einstellungen und bestätigen Sie Ihre Eingaben mit einem Klick auf die Schaltfläche **Nächste Frage**.

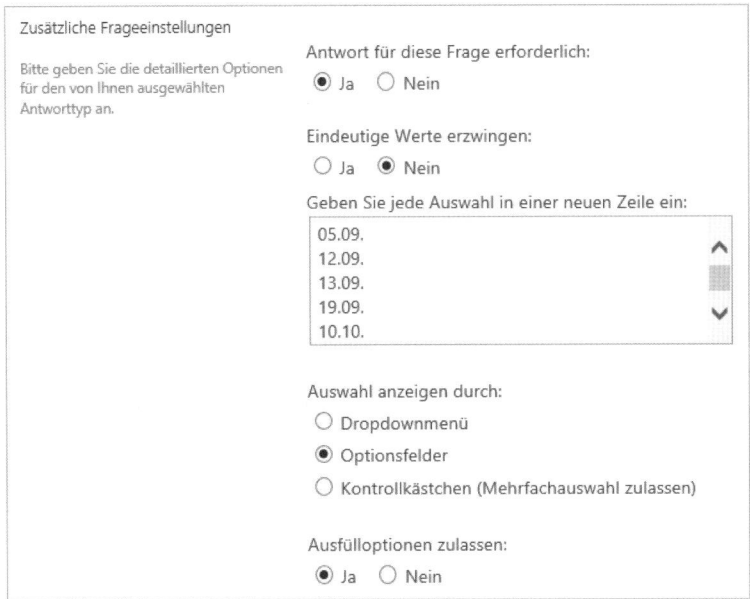

Abb. 18–28   Den Mitarbeitern werden feste Termine zur Auswahl vorgeschlagen.

44. Geben Sie die Frage ein: »*Wünschen Sie eine Seminarunterlage mit den Neuerungen in Office 2016 und SharePoint?*«
45. Aktivieren Sie die Option *Ja/Nein (Kontrollkästchen)*.
46. Schreiben Sie in das Feld *Standardwert* *Nein* (siehe Abb. 18–29).

Abb. 18–29   Die Mitarbeiter sollen später selbst entscheiden, ob sie eine Unterlage wünschen. Dafür müssen sie dann selbst den Standardwert *Nein* auf *Ja* setzen.

47. Klicken Sie auf die Schaltfläche *Fertig stellen*.
48. Sie werden in die Einstellungen der Umfrage weitergeleitet. Bleiben Sie im Fenster.

18.7.2   Verzweigungen in Umfragen erstellen

Die Umfrage ist soweit erstellt, jedoch würden alle Mitarbeiter alle Fragen sehen und beantworten können. Sie möchten aber, dass die Mitarbeiter mit Erfahrungen angeben, wie sie ihr Wissen einschätzen. Danach sollen diese Mitarbeiter auswählen, ob sie eine Seminarunterlage erhalten möchten oder nicht. Somit werden bei der Beantwortung von bestimmten Fragen nur verzweigte Zusatzfragen angezeigt.

1. Sie befinden sich in den *Einstellungen* der Liste **Umfrage**.
2. Im Bereich *Fragen* klicken Sie auf die erste Frage, die Sie eingegeben haben (siehe Abb. 18–30).

Abb. 18–30   Durch Klicken auf eine Frage, die als Link dargestellt wird, gelangen Sie in ihre Einstellungen.

3. Direkt im unteren Bereich des Fensters bei *Verzweigungslogik* wählen Sie für *Ja* die Frage: *Der Umstieg von Office auf die neue Version erfordert eine Anwenderschulung. Haben Sie bereits Erfahrungen mit Office 2013/2016 oder SharePoint?* aus (siehe Abb. 18–31). Durch diese Einstellungen springen die Mitarbeiter direkt zur nächsten festgelegten Frage.

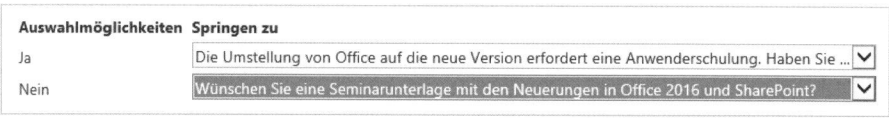

Abb. 18–31   Festlegen von Verzweigungen innerhalb der Umfrage

4. Direkt darunter legen Sie fest, wohin die Mitarbeiter in der Umfrage springen sollen, wenn sie *Nein* antworten. Wählen Sie die Frage: *Wünschen Sie eine Seminarunterlage mit den Neuerungen in Office 2016 und SharePoint?* Damit haben die Mitarbeiter zumindest die Möglichkeit, in der Unterlage nachzuschlagen.
5. Bestätigen Sie Ihre Auswahl mit einem Klick auf die Schaltfläche **OK**.
6. Klicken Sie auf die nächste Frage, um die Verzweigung vorzunehmen.
7. Legen Sie fest, wenn in der nächsten Frage mit *Ja* geantwortet wird, dass die Mitarbeiter zur Frage *Sie haben bereits Erfahrungen gesammelt, wie schätzen Sie Ihr Wissen ein?* weitergeleitet werden (siehe Abb. 18–32). Durch

18.7 Den Schulungsbedarf mit einer Umfrage ermitteln

diese Einstellungen springen die Mitarbeiter direkt zu der Frage, wenn sie bereits Erfahrungen haben.

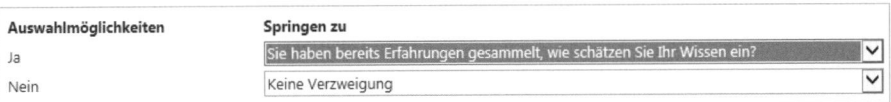

Abb. 18–32 Es soll später zu einer Frage gesprungen werden, wenn eine bestimmte Antwort gegeben wurde.

8. Direkt darunter legen Sie fest, wohin die Mitarbeiter in der Umfrage springen sollen, wenn sie *Nein* antworten. Wählen Sie die Frage: *Sie haben die Möglichkeit, kostenlos an einem Seminar teilzunehmen* (siehe Abb. 18–33).

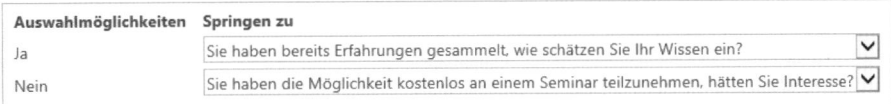

Abb. 18–33 Die Einstellungen für das Springen zu Fragen bei bestimmten Antworten

9. Bestätigen Sie Ihre Eingabe mit einem Klick auf die Schaltfläche **OK**.
10. Gehen Sie in den Einstellungen zur nächsten Frage: *Sie haben bereits Erfahrungen gesammelt, wie schätzen Sie Ihr Wissen ein?*
11. Im unteren Bereich des Fensters bei *Verzweigungslogik* wählen Sie für *Ja* folgende Frage aus: *Wünschen Sie eine Seminarunterlage mit den Neuerungen in Office 2016 und SharePoint?* (siehe Abb. 18–34). Durch diese Einstellungen springen die Mitarbeiter direkt zu der Frage und können wählen, ob sie eine Unterlage erhalten möchten.

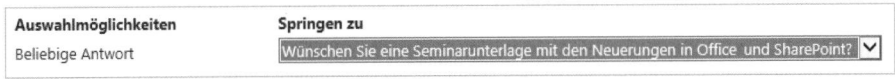

Abb. 18–34 Auswahlmöglichkeit bei einer beliebigen Antwort

12. Bestätigen Sie Ihre Eingabe mit einem Klick auf die Schaltfläche **OK**.
13. Klicken Sie in den *Einstellungen* auf die Frage: *Sie haben die Möglichkeit, kostenlos an einem Seminar teilzunehmen. Hätten Sie Interesse?*
14. Im unteren Bereich des Fensters bei *Verzweigungslogik* wählen Sie für *Ja* die Frage: *Folgende Termine konnten wir für Sie bereits festlegen* aus (siehe Abb. 18–35). Durch diese Einstellungen springen die Mitarbeiter direkt zu der Frage mit der Terminauswahl.

Abb. 18–35 Festlegen der Verzweigung bei einer Terminauswahl

15. Direkt darunter legen Sie fest, wohin die Mitarbeiter in der Umfrage springen sollen, wenn sie mit *Nein* antworten. Wählen Sie die Frage: ***Wünschen Sie eine Seminarunterlage mit den Neuerungen in Office 2016 und SharePoint?***
16. Bestätigen Sie Ihre Eingabe mit einem Klick auf die Schaltfläche *OK*. Sie werden in die Einstellungen der Umfrage weitergeleitet.
17. Legen Sie in der letzten Frage fest, dass bei einer Terminauswahl zur Frage nach der Seminarunterlage gesprungen wird.
18. Bestätigen Sie mit *OK*.

18.7.3 Auf diese Umfrage antworten

1. Öffnen Sie Ihre Umfrage über die Schnellstartnavigation.
2. Klicken Sie auf den Link *Auf die Umfrage antworten* (siehe Abb. 18–36).

Abb. 18–36 Der Link zum Antworten einer Umfrage

18.7 Den Schulungsbedarf mit einer Umfrage ermitteln

3. Wählen Sie die Antwort *Ja* (siehe Abb. 18–37).

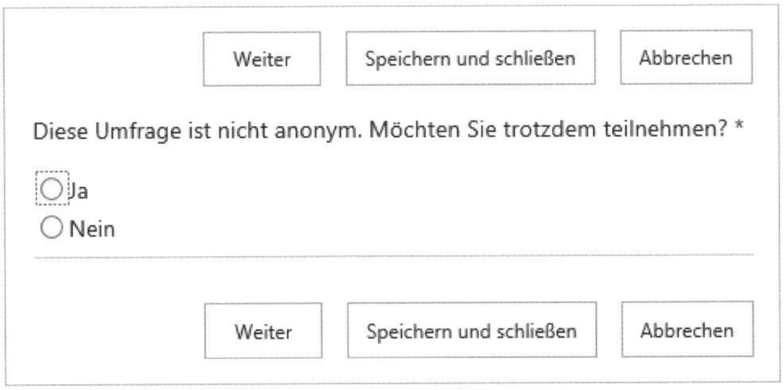

Abb. 18–37 Die Antwort *Ja* wird ausgewählt und es wird automatisch zur Bewertungsskala weitergeleitet.

4. Klicken Sie auf die Schaltfläche **Weiter** (siehe Abb. 18–38).

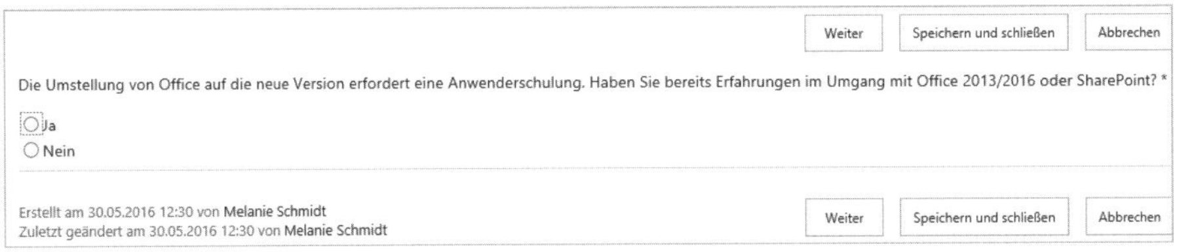

Abb. 18–38 Sie gelangen direkt in die Frage, ob Erfahrungen vorhanden sind.

5. Antworten Sie erneut mit *Ja* und bestätigen Sie mit **Weiter**. Sie gelangen direkt in die Bewertungsskala (siehe Abb. 18–39).

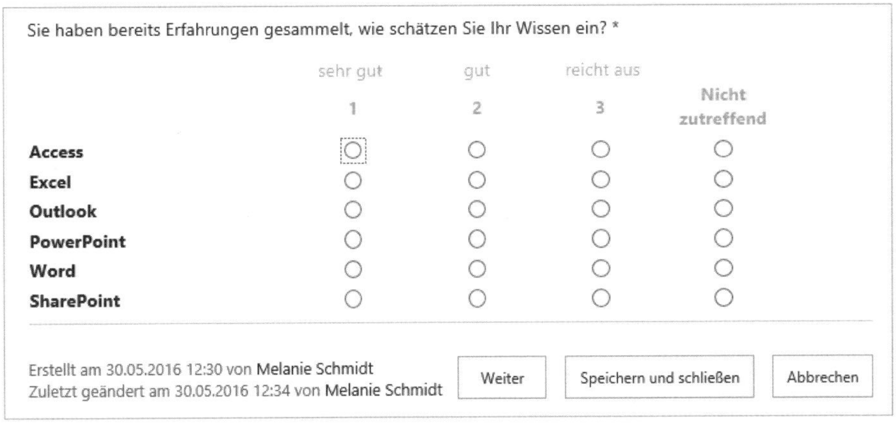

Abb. 18–39 Die Bewertungsskala zwischen *sehr gut* und *reicht aus*

6. Legen Sie Werte fest und klicken Sie auf die Schaltfläche **Weiter**.

7. Sie werden in die für die Anwender mit Erfahrungen letzte Frage weitergeleitet. Aktivieren Sie die Option, klicken Sie also *Ja* an, damit Sie eine Seminarunterlage erhalten (siehe Abb. 18–40).

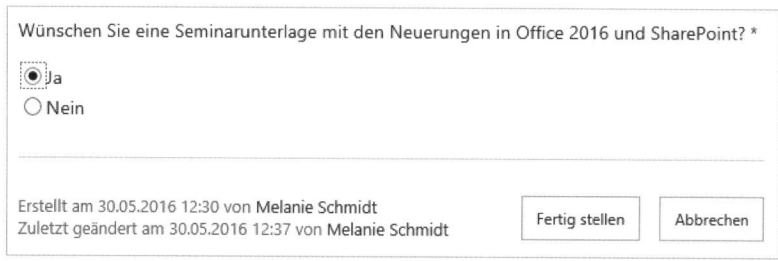

Abb. 18–40   Zum Abschließen einer Umfrage klicken Sie auf die Schaltfläche *Fertig stellen*.

8. Bestätigen Sie Ihre Eingaben mit einem Klick auf die Schaltfläche **Fertig stellen**.
9. Füllen Sie eine weitere Umfrage aus, in der Sie keinerlei Erfahrungen mit der neuen Benutzeroberfläche besitzen.

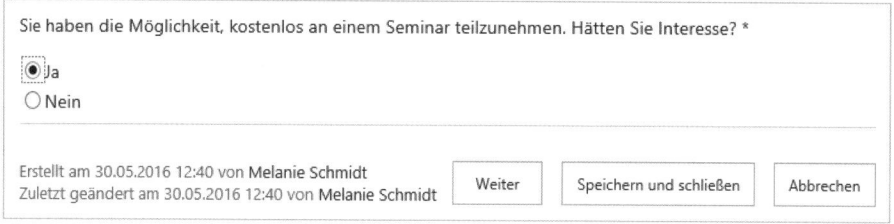

Abb. 18–41   Ein Mitarbeiter hat noch keinerlei Erfahrungen mit dem neuen Office und SharePoint. Er wird automatisch zu dem Seminarangebot weitergeleitet.

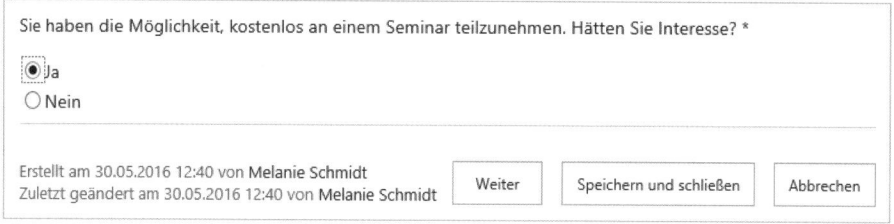

Abb. 18–42   Der Mitarbeiter ist an Seminaren interessiert und wählt einen Termin aus.

18.7.4 Auswerten der Umfrage

Damit Sie schnell den Bedarf an Seminaren ermitteln können, haben Sie die Möglichkeit, diese Umfrage auszuwerten.

1. Wechseln Sie über die Schnellstartnavigation in die Umfrage.
2. Klicken Sie auf den Link *Grafische Zusammenfassung der Antworten anzeigen* (siehe Abb. 18–43).

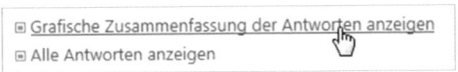

Abb. 18–43 Sie können sich alle Antworten und eine grafische Zusammenfassung anzeigen lassen.

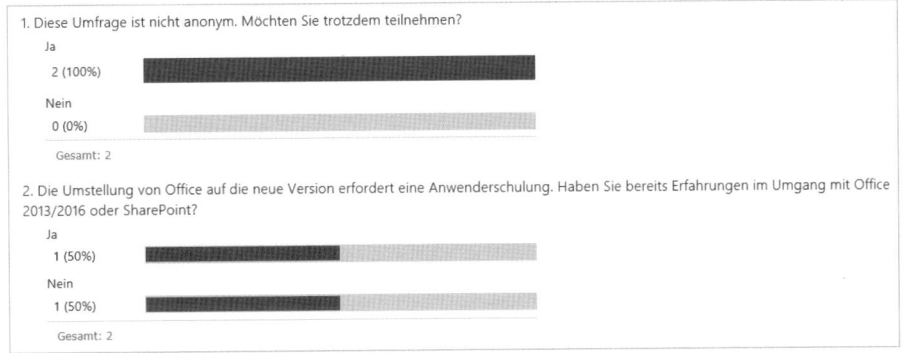

Abb. 18–44 Für die Bedarfsermittlung wichtige Informationen in der grafischen Auswertung

3. Klicken Sie rechts im Fenster auf das Menü *Ansicht* und navigieren Sie zurück zur Übersicht (siehe Abb. 18–45).

Abb. 18–45 Über den Drop-down-Pfeil bei *Ansicht* gelangen Sie zurück zur Übersicht.

> **Hinweis**
>
> Sie können Umfragen auch nach Excel exportieren und dort weitere Auswertungen vornehmen. Die Fragen werden dort jedoch in den Spalten angezeigt. Wenn Sie den Datenbereich in Excel markieren, kopieren und in ein leeres Datenblatt über die Schaltfläche *Einfügen/Inhalte einfügen* und dort *Transponieren* aktivieren, werden die einzelnen Fragen in den Zeilen angezeigt.

18.8 Zusammenfassung

Mit der von SharePoint mitgelieferten Listenvorlage *Problemverfolgung* lassen sich einfache Tickets erstellen und nachverfolgen. Problemverfolgungslisten lassen sich mit Microsoft Excel auswerten und analysieren. Im SharePoint-System lassen sich Umfragen mit Verzweigungen auf unterschiedliche Antworten erstellen. Mit Workflows lassen sich automatische Abläufe von Prozessen innerhalb von Listen und Bibliotheken einrichten.

19 Einkaufsmanagement

19.1 Ausgangssituation

Der hohe Wettbewerbs- und Preisdruck hinterlässt auch in einer Einkaufsabteilung seine Spuren. Hohe Kosten im Einkauf können den Gewinn eines Unternehmens stark beeinflussen. Das Einkaufsmanagement in diesem Beispiel ist dafür verantwortlich, sämtliche Produktinformationen für das gesamte Unternehmen zur Verfügung zu stellen. Bisher haben Vertriebsmitarbeiter selbst bei Lieferanten und Herstellern recherchiert, um Informationen einzuholen, obwohl die Einkaufsabteilung für diese Informationen zuständig ist. Informationen liegen bereit, doch kaum ein Mitarbeiter weiß, wo sie aufzufinden sind.

19.2 Die Anforderungen der Abteilung

Der Einkäufer prüft den Markt nach Produkt- und Dienstleistungspreisen. Er führt Angebots- und Qualitätsvergleiche sowie Lieferantenbewertungen durch. Der Einkäufer sollte durch sein Verhandlungsgeschick mit Lieferanten und Herstellern bestmögliche Preisvorteile erzielen, die an den Kunden weitergegeben werden können.

Die Unternehmensführung hat zusammen mit dem Einkaufsmanagement entschieden, die Produktpalette und den Lieferantenstamm zu reduzieren. Auf diese Weise sollen Einzelbestellungen bei Einmal-Lieferanten ausgeschlossen werden. Durch Lieferantenbindung und Rahmenverträge können größere Rabatte und optimale Lieferbedingungen erzielt werden.

Durch die Bereitstellung eines Online-Produktkatalogs für alle Mitarbeiter werden die Produkte eingeschränkt. Individuelle Einzelbestellungen werden damit größtenteils vermieden.

19.3 Schritte in diesem Kapitel

Die Funktionalität der verwalteten Metadaten gehört zu denen, die Sie für Ihr Dokumentenmanagement verwenden können. Mit dieser Funktion werden bestimmte

Ausdrücke, wie Wörter oder Begrifflichkeiten, festgelegt, die Sie in sogenannten Ausdruckssätzen, vergleichbar mit Kategorien, verwenden können. Dem Benutzer stehen diese Ausdrücke zur Verfügung und er kann sämtliche Informationen innerhalb des SharePoint-Portals den definierten Ausdrücken zuordnen. Somit werden Dokumente und Elemente klassifiziert und bestimmten Kategorien zugeordnet. Über diese Klassifizierungen lassen sich Ansichten erstellen, die das Filtern und Auffinden von Informationen enorm erleichtern. Zusätzlich bietet die sogenannte Metadatennavigation, die einer Bibliothek oder der Website hinzugefügt werden kann, eine erleichterte Abfrage von Informationen.

Für alle Mitarbeiter des Unternehmens werden Informationen bereitgestellt. Diese Informationen umfassen u. a. Produktinformationen, Prospekte und Preislisten. Das Einkaufsmanagement stellt einen Online-Produktkatalog zur Verfügung, der für alle Mitarbeiter zugänglich gemacht wird. Dafür wird eine Bibliothek erstellt, in der alle Produktinformationen abgelegt werden. Für die Filterung der verschiedenen Dokumente werden Metadaten verwendet und in der Bibliothek bereitgestellt.

19.4 Anlegen der Website »Einkaufsmanagement«

Zum Anlegen der Website für die Abteilung *Einkaufsmanagement* gehen Sie folgendermaßen vor:

1. Wechseln Sie zunächst auf die Website *Fachbereiche*.

2. Klicken Sie im linken Bereich in der Schnellstartnavigation auf den Link **Websiteinhalte**. Falls bei Ihnen der Link nicht angezeigt wird, verwenden Sie das Zahnradsymbol für die Einstellungen. Sie werden in den Bereich *Websiteinhalte* weitergeleitet. Hier sehen Sie alle bereits angelegten Listen, Bibliotheken und Websites.

3. Unterhalb des Bereichs *Listen, Bibliotheken und andere Apps* sehen Sie den Bereich *Unterwebsites*. Klicken Sie dort auf den Link **Neue Website**.

4. Es folgt ein Dialogfeld, in das Sie Angaben für die neue Website eingeben. Im Bereich *Titel und Beschreibung* schreiben Sie im Eingabefeld *Titel* »*Einkaufsmanagement*« und im Eingabefeld *Beschreibung* schreiben Sie, wozu Sie die Website verwenden: »*Diese Site dient als Beispiel für erweitertes Dokumentenmanagement mit SharePoint.*«

5. Im Bereich *Websiteadresse* geben Sie als URL-Namen den Titel »*Einkauf*« ein. In diesem Feld verwenden Sie keine Umlaute, Sonderzeichen und Leerschritte. Diese Eingaben erscheinen später im Adressfeld des Webbrowsers als Teil der URL.

6. Wählen Sie im nächsten Schritt im Bereich *Vorlagenauswahl* die Sprache aus, in der Sie die Site verwenden möchten.

7. Wechseln Sie in das Register *Zusammenarbeit* und wählen Sie die Websitevorlage *Teamsite* durch einen Klick aus.
8. Setzen Sie die Option *Ja* im Bereich *Navigationsvererbung* bei *Leiste für häufig verwendete Links der übergeordneten Website verwenden?* Damit stellen Sie sicher, dass Ihnen die bereits angelegten Websites in der globalen Navigation auch auf dieser Website angezeigt werden und Sie darüber schnell in andere Websites navigieren können.
9. Übernehmen Sie alle weiteren Einstellungen und bestätigen Sie Ihre Eingaben mit einem Klick auf die Schaltfläche *Erstellen*. Sie werden direkt auf die Teamwebsite *Einkaufsmanagement* weitergeleitet.

19.5 Erstellen eines Produktkatalogs in einer Dokumentbibliothek

Es geht jetzt darum, einen Ablageort für alle wichtigen Produktdaten zu schaffen. Diese Daten liegen zurzeit noch verstreut auf verschiedenen Laufwerken unseres Datenservers und in den Postfächern der einzelnen Mitarbeiter. In diesem Beispiel benötigen wir eine Dokumentbibliothek.

1. Wechseln Sie in die **Websiteinhalte**.
2. Im Bereich *Listen, Bibliotheken und andere Apps* klicken Sie auf die Schaltfläche *App hinzufügen*.
3. Klicken Sie in das *Suchfeld* und geben Sie »*Dokumentbibliothek*« ein und bestätigen Sie Ihre Eingabe mit der *Enter*-Taste.
4. Klicken Sie einmal auf die angebotene Bibliothek *Dokumentbibliothek*, um sie zu erstellen.
5. Im darauf folgenden Dialogfeld klicken Sie rechts unten auf den Link *Erweiterte Optionen*, damit Sie nicht nur den Namen für die Bibliothek festlegen, sondern auch eine Beschreibung, wozu sie verwendet wird, eingeben können.
6. Im Bereich *Name und Beschreibung* klicken Sie in das Feld *Name* und tippen dort »*Produktkatalog*« ein und im Eingabefeld *Beschreibung* geben Sie ein: »*Diese Bibliothek dient als Beispiel für verwaltete Metadaten und der Metadatennavigation.*«
7. Übernehmen Sie alle weiteren Einstellungen und bestätigen Sie Ihre Eingabe mit einem Klick auf die Schaltfläche *Erstellen*. Sie werden direkt in die Bibliothek weitergeleitet.

19.6 Verwaltete Metadaten

Mit verwalteten Metadaten können Sie Begrifflichkeiten an einer zentralen Stelle erstellen und verwalten. Sie können so eine hierarchische Gliederung von Begriffen festlegen, die dem Anwender später innerhalb von Bibliotheken und Websites zur Verfügung steht. Jeder Information, wie Dokumenten oder Elementen, können diese Metadaten zugewiesen und angehängt werden. Damit entsteht eine Auswahlfunktion für den Anwender, die das Einordnen von Informationen erleichtert. Zunächst müssen Sie jedoch bestimmte Voraussetzungen schaffen, um verwaltete Metadaten nutzen zu können. Sprechen Sie gegebenenfalls mit Ihrem IT-Verantwortlichen darüber. Des Weiteren müssen Sie eine Struktur für den Aufbau der verwalteten Metadaten festlegen, gegebenenfalls erst einmal innerhalb einer Excel-Tabelle.

19.6.1 Wichtige Voraussetzungen für das Verwalten von Metadaten

Die Voraussetzung für das Metadatenmanagement ist, dass zusätzlich zu den technischen Einstellungen, wie die Bereitstellung der verwalteten Metadatendienstanwendungen, das Websitesammlungsfeature *SharePoint Server-Veröffentlichungsinfrastruktur* auf der Website der obersten Ebene aktiviert sein muss. Zum Verwalten der Metadaten muss Ihnen im Terminologiespeicher-Verwaltungstool die Rolle eines *Terminologiespeicheradministrators*, *Gruppenleiters* oder *Mitwirkenden* zugeordnet werden, wobei Letzteres nicht mit der SharePoint-Gruppe *Mitwirkender* zu verwechseln ist. Es geht hierbei nur um die Verwaltung der Metadaten, wozu Sie berechtigt sein müssen.

Es gibt für die Bereitstellung einer Metadatenstruktur, auch Taxonomiebaum genannt, bestimmte Begriffe, die Sie kennen müssen. Es besteht ein Zusammenhang zwischen sogenannten *Gruppen*, *Ausdruckssätzen* sowie den *Ausdrücken* selbst. In diesem Beispiel bildet eine Gruppe den gesamten *Einkauf*. Innerhalb des Einkaufs kann mit unterschiedlichen Bibliotheken wie dem *Produktkatalog*, *Ersatzteilkatalog* oder dem *Zubehörkatalog* als Ausdruckssatz gearbeitet werden. Innerhalb des jeweiligen Katalogs wiederum gibt es unterschiedliche Kriterien, nach denen gesucht oder gefiltert wird. Die zu filternden Kriterien bilden die Ausdrücke. In diesem Beispiel möchte ich Ihnen zeigen, wie Sie über die *verwalteten Metadaten* zusätzliche Navigationen innerhalb der Bibliothek anlegen, nach denen die Kolleginnen und Kollegen später strukturiert Informationen abfragen und filtern können. Damit eine strukturierte Filterung entstehen kann, sind Überlegungen, wie beispielsweise, nach welchen Kriterien Informationen von Mitarbeitern abgefragt werden, für den Aufbau eines Taxonomiebaums sehr hilfreich. Der Produktkatalog im nachfolgenden Beispiel besteht aus den verschiedenen Ausdrücken wie *Gebrauchsanleitung*, *Technisches Datenblatt*, *Prospekt* und *Preisliste* der verschiedenen Lieferanten. Die Produktinformationen selbst sind jedoch auf *Hersteller* und *Produktgruppen* bezogen. Den Mitarbeitern sollen fol-

19.6 Verwaltete Metadaten

gende Filtermöglichkeiten zur Verfügung gestellt und in der Einkaufsabteilung die zugehörigen Metadatenausdrücke dem jeweiligen Dokument zugewiesen werden können.

Gruppe: Einkauf

- Ausdruckssatz: Produktkatalog
    - Ausdruck: Hersteller
        - Hersteller A
        - Hersteller B
        - Hersteller C
        - Hersteller D
        - etc.
    - Ausdruck: Produktgruppe
        - Gruppe A
        - Gruppe B
        - Gruppe C
        - Gruppe D
        - etc.
    - Ausdruck: Produktinformationen
        - Gebrauchsanleitung
        - Preisliste
        - Prospekt
        - Technisches Datenblatt
- Ausdruckssatz: Ersatzteilkatalog
    - Ausdruck: Maschinentyp
        - Typ A
        - Typ B
        - etc.
    - Ausdruck: Modellreihe
        - Modell A
        - Modell B
        - etc.

19.6.2 Hinzufügen von Metadaten über das Terminologiespeicher-Verwaltungstool

Sobald alle Voraussetzungen geschaffen sind, können Sie über die Websiteeinstellungen der Website die Metadaten verwalten. Je nachdem, welche Rolle Ihnen zum Verwalten zugeordnet wurde, können Sie entweder eine Gruppe namens *Einkauf* anlegen, oder aber Ihr Administrator hat diese Gruppe bereits für Sie angelegt und Sie können direkt in dieser Gruppe die Ausdrucksätze und Ausdrücke hinzufügen.

1. Wechseln Sie auf die Website *Einkaufsmanagement*.
2. Wählen Sie die *Websiteeinstellungen* über das Zahnradsymbol oben rechts im Fenster (siehe Abb. 19–1).

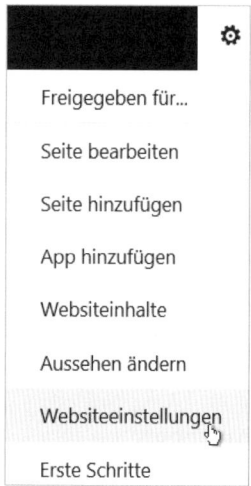

Abb. 19–1 Die Websiteeinstellungen werden über das Zahnradsymbol geöffnet.

3. Klicken Sie in der Kategorie *Websiteverwaltung* auf den Link *Terminologiespeicherverwaltung* (siehe Abb. 19–2).

Abb. 19–2 Die Kategorie *Websiteverwaltung* und die *Terminologiespeicherverwaltung*

4. Im linken Bereich des nachfolgenden Fensters sehen Sie den bereits vorhandenen Taxonomiebaum Ihres Unternehmens. Zeigen Sie zunächst auf den Eintrag *Managed Metadaten Service*, Ihnen wird ein Drop-down-Pfeil angezeigt. Klicken Sie auf den Pfeil (siehe Abb. 19–3). Falls Ihr Administrator bereits die Gruppe *Einkauf* erstellt hat, überspringen Sie diesen und die nächsten drei Schritte.

5. Klicken Sie auf den Befehl *Neue Gruppe*.

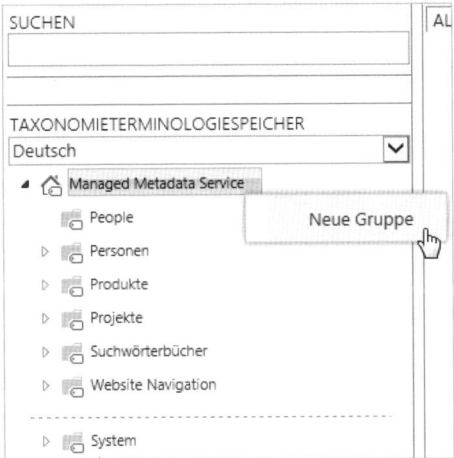

Abb. 19–3 Es können weitere Gruppen angelegt werden.

6. Vergeben Sie direkt den Namen *Einkauf* und bestätigen Sie mit der *Enter*-Taste.

7. Im rechten Fensterbereich können Sie die Gruppe nun mit Eigenschaften, wie mit einer *Beschreibung*, versehen und zusätzlich Personen oder Gruppen berechtigen, die Verwaltung der Metadaten zu übernehmen (siehe Abb. 19–4).

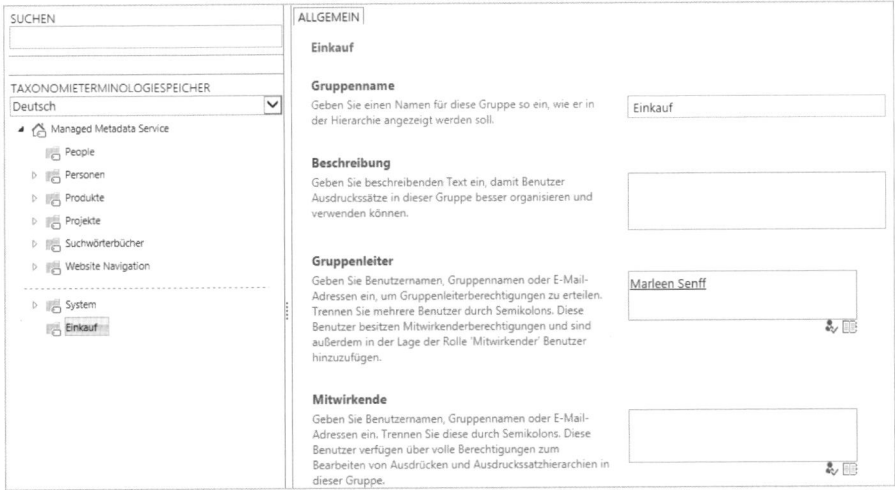

Abb. 19–4 Weitere Benutzer können als Gruppenbesitzer oder Mitwirkende hinzugefügt werden.

8. Speichern Sie Ihre Einstellungen und klicken Sie dafür auf die Schaltfläche *Speichern*.

9. Zeigen Sie auf die Gruppe *Einkauf*, Ihnen wird ein Drop-down-Pfeil angezeigt. Klicken Sie auf den Pfeil und wählen Sie im Kontextmenü den Befehl **Neuer Ausdruckssatz** (siehe Abb. 19–5).

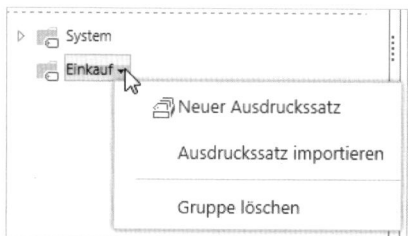

Abb. 19–5   Nach dem Anlegen einer Gruppe folgen Ausdruckssätze.

10. Schreiben Sie als Ausdruckssatz »*Produktkatalog*« und bestätigen Sie Ihre Eingabe mit der **Enter**-Taste.

11. Im rechten Fensterbereich vergeben Sie die Eigenschaften für den Ausdruckssatz (siehe Abb. 19–6). Klicken Sie im Bereich *Beschreibung* in das Eingabefeld und tippen Sie Folgendes ein: »*Dieser Ausdruckssatz wird für das Zuordnen von Dokumenten mit bestimmten Eigenschaften im Produktkatalog benötigt.*«

12. Tauschen Sie gegebenenfalls Ihren Namen im Bereich *Besitzer* mit einer SharePoint-Gruppe aus. So ist gegeben, dass auch Kolleginnen und Kollegen die verwalteten Metadaten und Eigenschaften im Ausdruckssatz *Produktkatalog* vornehmen dürfen. Wenn Sie alleiniger Besitzer dieses Ausdruckssatzes bleiben, können nur Sie die Änderungen vornehmen.

13. Im Bereich *Kontakt* geben Sie die E-Mail-Adresse ein, die gültig sein soll, wenn Ihre Kolleginnen und Kollegen Ausdruckssätze vorschlagen. Die Vorschläge werden an die von Ihnen eingegebene E-Mail-Adresse gesandt.

14. Möchten Sie oder eine SharePoint-Gruppe mit bestimmten Personen informiert werden, wenn Mitarbeiter größere Änderungen am Ausdruckssatz vornehmen, so können Sie im Bereich *Beteiligte* eine Person oder eine SharePoint-Gruppe hinzufügen, die informiert wird. Es erfolgt dann bei größeren Änderungen am Ausdruckssatz eine Benachrichtigung per E-Mail an die Person oder die SharePoint-Gruppe, die Sie festgelegt haben.

15. Im Bereich *Übermittlungsrichtlinie* legen Sie fest, ob Mitarbeiter bei fehlenden Ausdrücken weitere Ausdrücke eingeben dürfen. Aktivieren Sie in diesem Beispiel die Option **Öffnen**. Damit können später weitere Ausdrücke hinzugefügt werden.

16. Haben Sie alle Einstellungen vorgenommen, bestätigen Sie sie mit einem Klick auf die Schaltfläche *OK*.

19.6 Verwaltete Metadaten

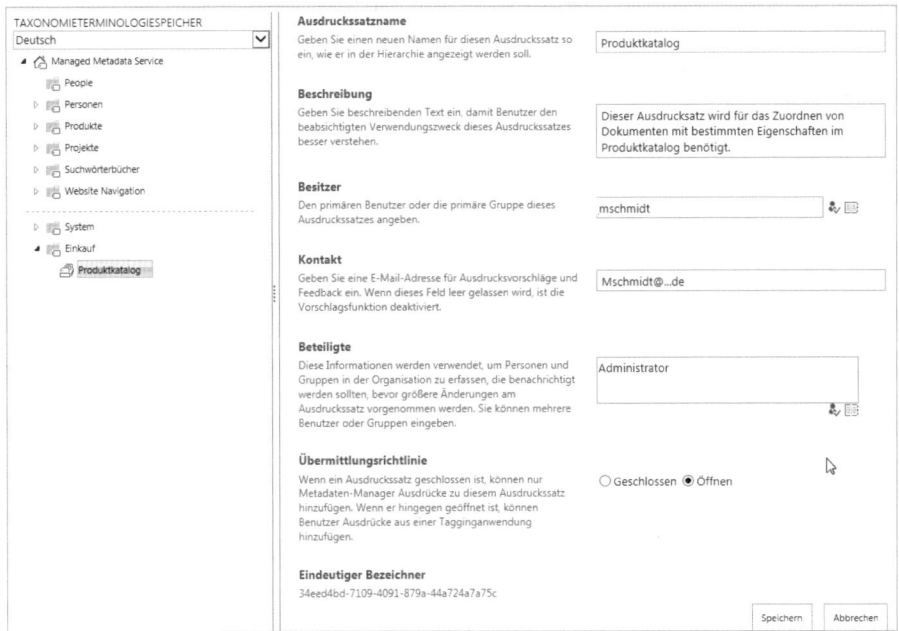

Abb. 19–6 Die Eigenschaften des Ausdruckssatzes *Produktkatalog*

17. Zeigen Sie auf den Ausdruckssatz *Produktkatalog*, bis Ihnen ein Dropdown-Pfeil angezeigt wird (siehe Abb. 19–7). Klicken Sie auf den Pfeil.

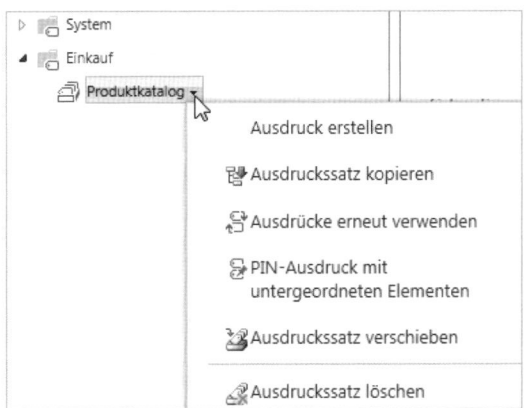

Abb. 19–7 Nach dem Ausdruckssatz folgt der Ausdruck.

18. Wählen Sie im Kontextmenü den Befehl **Ausdruck erstellen**.
19. Schreiben Sie »*Hersteller*«.
20. Bestätigen Sie mit der **Enter**-Taste.
21. Zeigen Sie auf den Ausdruck *Hersteller* und wählen Sie über den Dropdown-Pfeil erneut den Befehl **Ausdruck erstellen** (siehe Abb. 19–8).

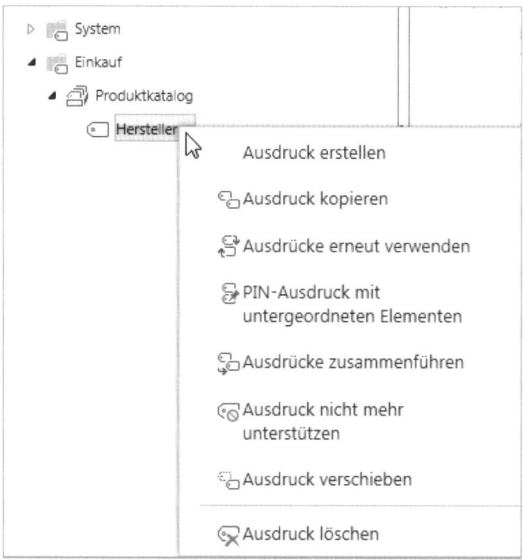

Abb. 19-8 Unterhalb von Ausdrücken können weitere Ausdrücke erstellt werden.

22. Tippen Sie »*Hersteller A*« und bestätigen Sie mit der *Enter*-Taste.
23. Tippen Sie »*Hersteller B*« und bestätigen Sie erneut mit der *Enter*-Taste.
24. Wiederholen Sie den letzten Schritt für die *Hersteller C* und *Hersteller D*.
25. Zeigen Sie nun auf den Ausdruckssatz *Produktkatalog* und öffnen Sie über das Kontextmenü den Befehl **Ausdruck erstellen**.
26. Tippen Sie »*Produktgruppe*« und bestätigen Sie mit der *Enter*-Taste.
27. Zeigen Sie auf den Ausdruck *Produktgruppe* und klicken Sie im Kontextmenü auf **Ausdruck erstellen**.
28. Schreiben Sie »*Gruppe A*« und bestätigen Sie mit der *Enter*-Taste.
29. Tippen Sie »*Gruppe B*« und bestätigen Sie erneut mit der *Enter*-Taste.
30. Wiederholen Sie den letzten Schritt für die Gruppen *C* und *D*.
31. Fügen Sie nun den Ausdruck *Produktinformation* über den Ausdruckssatz *Produktkatalog* hinzu.
32. Fügen Sie dem Ausdruck *Produktinformation* die Ausdrücke **Gebrauchsanleitung, Preisliste, Prospekt** und **Technisches Datenblatt** hinzu.

19.6 Verwaltete Metadaten

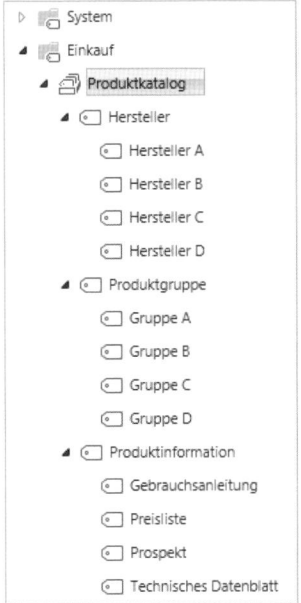

Abb. 19-9 Der Ausdruckssatz *Produktkatalog* mit den Ausdrücken, dargestellt als Struktur

19.6.3 Aktivieren des Websitefeatures »Metadatennavigation und Filtern«

Damit die Kolleginnen und Kollegen nun mit den von Ihnen erstellten Metadaten filtern können, müssen noch kleine Vorbereitungen auf der Website *Einkaufsmanagement* und in der Bibliothek *Produktkatalog* vorgenommen werden.

1. Wechseln Sie zunächst in die **Websiteeinstellungen** über das Zahnradsymbol oben rechts im Fenster.

2. Klicken Sie in der Kategorie *Websiteaktionen* auf den Link **Websitefeatures verwalten** (siehe Abb. 19–10).

Abb. 19-10 Die Kategorie *Websiteaktionen* mit dem Link *Websitefeatures verwalten*

3. Ihnen werden die Websitefeatures alphabetisch aufgelistet. Blättern Sie zu dem Feature *Metadatennavigation und Filtern*.

4. Klicken Sie hinter der Beschreibung auf die Schaltfläche *Aktivieren* (siehe Abb. 19–11). Sobald das Feature aktiviert ist, verändert sich die Schaltfläche in *Deaktivieren* (siehe Abb. 19–12). Bleiben Sie im Fenster.

Abb. 19-11   Die Schaltfläche *Aktivieren*, bevor das Feature aktiviert wurde

Abb. 19-12   Die Schaltfläche *Deaktivieren*, nachdem das Feature aktiviert wurde

19.6.4   Eine Websitespalte für die verwalteten Metadaten anlegen

Damit wir in der Bibliothek *Produktkatalog* später auf die erstellten Metadaten zugreifen können, muss jetzt eine Websitespalte für die Verwendung der verwalteten Metadaten erstellt werden.

1. Navigieren Sie über die Breadcrumb-Navigation in die *Websiteeinstellungen* zurück.
2. Klicken Sie in der Kategorie *Web-Designer-Kataloge* auf den Link **Websitespalten**.
3. Klicken Sie auf den Link **Erstellen**. Sie finden ihn oberhalb der Auflistung der Websitespalten.
4. Im Bereich *Name und Typ* klicken Sie in das Eingabefeld *Name* und tippen »*Produktkatalog*«.
5. Wählen Sie unterhalb von *Der Informationstyp in dieser Spalte ist* den Informationstyp **Verwaltete Metadaten** aus. Damit erzeugen Sie eine Websitespalte, die zum Festlegen der Metadaten und der Auswahl in der Navigation dient.
6. Wählen Sie im Bereich *Gruppe* die vorhandene Gruppe **Beispielspalten zum Buch** aus.
7. Im Bereich *Zusätzliche Spalteneinstellung* klicken Sie in das Eingabefeld bei *Beschreibung* und geben folgenden Text ein: »*Fügen Sie dem Dokument eindeutige Informationen zum Hersteller, zur Gruppe und zur Dokumentart hinzu.*« Damit fordern Sie die Anwender auf, die wichtigen Eigenschaften auszuwählen, wonach auch gefiltert wird.
8. Aktivieren Sie die Option *Ja* bei *Diese Spalte muss Informationen enthalten*. Damit erstellen Sie ein Pflichtfeld, das die Anwender ausfüllen müssen. Wird

dieses Feld später nicht ausgefüllt, kann das Dokument nicht gespeichert werden.

9. Im Bereich *Mehrwertiges Feld* setzen Sie das Häkchen bei **Mehrere Werte zulassen**. Damit können die Benutzer später den Hersteller, die Gruppe und die Produktinformation auswählen. Wenn Sie das Häkchen nicht setzen, könnte nur ein Ausdruck ausgewählt werden.

10. Klicken Sie im Bereich *Ausdruckssatzeinstellungen* in das Suchfeld bei *Nach Ausdruckssätzen suchen, die die folgenden Ausdrücke enthalten* und geben Sie dort »*Produktkatalog*« ein. Ihnen wird die Gruppe *Einkauf* und der Ausdruckssatz *Produktkatalog* angezeigt.

11. Klicken Sie auf *Produktkatalog*, um diesen Ausdruckssatz auszuwählen (siehe Abb. 19–13).

Abb. 19–13   Die Auswahl des Ausdruckssatzes *Produktkatalog* in den Spalteneinstellungen

12. Übernehmen Sie alle weiteren Einstellungen und bestätigen Sie Ihre Eingaben mit einem Klick auf die Schaltfläche *OK*.

13. Die Spalte ist erstellt und kann nun für die Metadatennavigation in der Bibliothek *Produktkatalog* verwendet werden.

19.6.5 Die Metadatennavigation innerhalb einer Bibliothek einstellen und festlegen

1. Wechseln Sie über die Schnellstartnavigation in die Bibliothek *Produktkatalog*.
2. Klicken Sie im Register *Bibliothek* in der Gruppe *Einstellungen* auf die Schaltfläche **Bibliothekeinstellungen**.
3. Navigieren Sie zu dem Bereich *Spalten* und klicken Sie dort auf den Link *Aus vorhandenen Websitespalten hinzufügen*.
4. Wählen Sie die Gruppe **Beispielspalten zum Buch** aus.
5. Klicken Sie doppelt auf den Eintrag *Produktkatalog*. Die Websitespalte wird damit übernommen.

6. Bestätigen Sie Ihre Auswahl mit einem Klick auf die Schaltfläche **OK**.
7. Sie befinden sich noch immer in den *Einstellungen* der Bibliothek. Durch das Aktivieren des Websitefeatures *Metadatennavigation und Filtern* wird Ihnen in der Kategorie *Allgemeine Einstellungen* der Link **Navigationseinstellungen für Metadaten** angezeigt (siehe Abb. 19–14). Klicken Sie auf den Link.

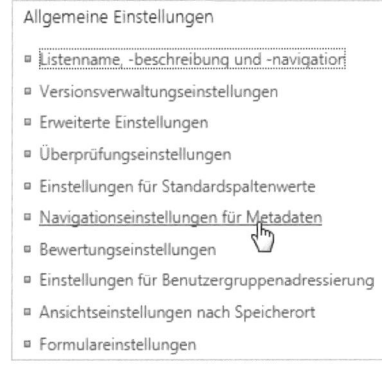

Abb. 19–14 Die Kategorie *Allgemeine Einstellungen* mit dem Link *Navigationseinstellungen für Metadaten*. Dieser Link wird erst angezeigt, wenn das Websitefeature *Metadatennavigation und Filtern* aktiviert ist.

8. Im Bereich *Navigationshierarchien konfigurieren* unterhalb von *Verfügbare Hierarchiefelder* werden alle Websitespalten des Typs *Auswahl* und *verwaltete Metadaten* angezeigt. Wählen Sie durch einen Doppelklick die Websitespalte **Produktkatalog** aus (siehe Abb. 19–15).
9. Im Bereich *Schlüsselfilter konfigurieren* wählen Sie unterhalb *Verfügbare Schlüsselfilterfelder* jeweils durch einen Doppelklick die Felder *Erstellt*, *Geändert* und *Geändert von* aus.
10. Übernehmen Sie alle weiteren Einstellungen und bestätigen Sie Ihre Auswahl mit einem Klick auf die Schaltfläche **OK**.
11. Wechseln Sie über die Schnellstartnavigation zurück in die Bibliothek **Produktkatalog**. Ihnen werden jetzt auf der linken Seite die zusätzlichen Navigationsmöglichkeiten dargestellt. Außerdem werden auch die hinzugefügten Schlüsselfelder *Erstellt*, *Geändert* und *Geändert von* angezeigt. Von nun an kann im Produktkatalog über die verwalteten Metadaten navigiert werden. Sobald Sie ein neues Dokument hinzufügen, müssen Sie die Metadaten festlegen, da es sich um ein Pflichtfeld handelt.

19.6 Verwaltete Metadaten

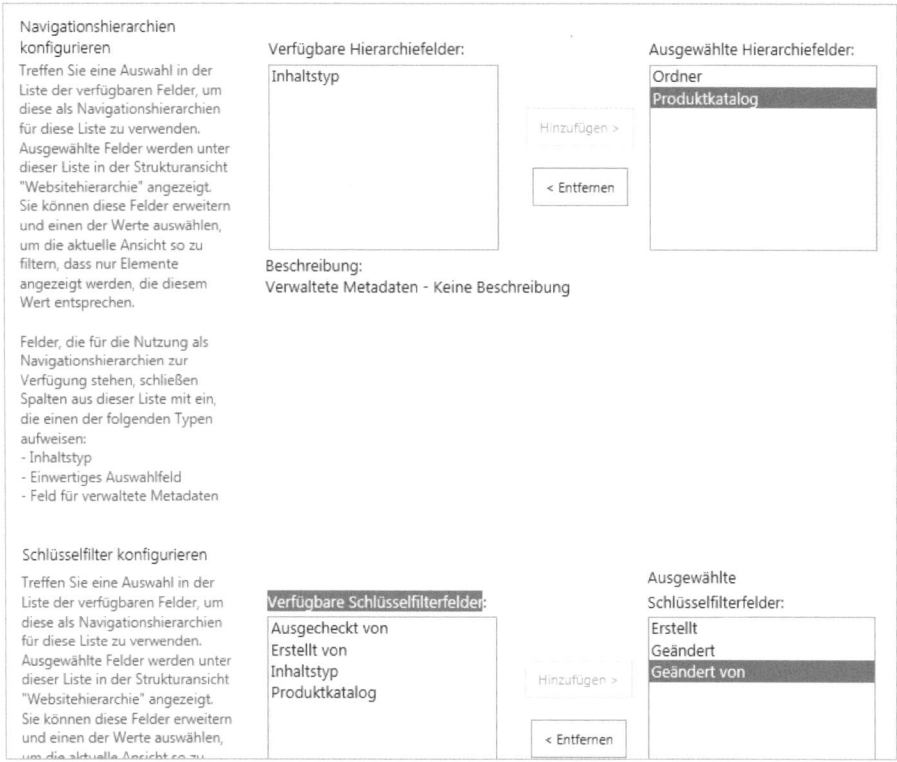

Abb. 19-15 Die Einstellungen für die Metadatennavigation innerhalb der Bibliothek *Produktkatalog*

19.6.6 Verwaltete Metadaten einem Dokument hinzufügen

Es gibt unterschiedliche Wege, einem Dokument die Metadaten hinzuzufügen. Jedoch müssen Sie beachten, dass beim Hochladen mehrerer Dateien keine Metadaten eingegeben werden können. Wenn ein Dokument keine Metadaten besitzt, obwohl es ein oder mehrere Pflichtfelder enthält, werden die Dateien im ausgecheckten Modus gespeichert. Sie können gegebenenfalls über eine Datenblattansicht schnell die Metadaten hinzufügen, dennoch müssen Sie die Dokumente dann zusätzlich einchecken.

1. Öffnen Sie mit der Tastenkombination *Windows+E* den Windows-Explorer und öffnen Sie den Ordner *Kapitel Einkauf* mit den Beispielen zum Buch.
2. Lassen Sie das Windows-Explorer-Fenster verkleinert darstellen und wechseln Sie in die Bibliothek *Produktkatalog*.
3. Klicken Sie auf den Link *Neues Dokument* und wählen Sie ganz unten im Menü den Befehl *Vorhandene Datei hochladen* beziehungsweise gehen Sie über die Schaltfläche *Durchsuchen* (siehe Abb. 19-16).

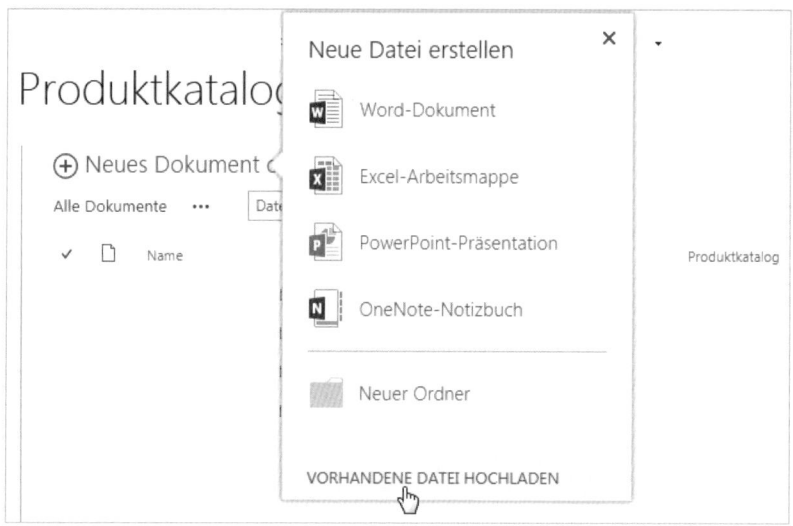

Abb. 19–16 Eine vorhandene Datei über das Menü *Neues Dokument* hochladen

4. Klicken Sie auf die Schaltfläche **Durchsuchen** und wählen Sie den Ordner *Kapitel Einkauf* der Beispieldateien aus.
5. Wählen Sie eine Datei aus und klicken Sie auf die Schaltfläche **Öffnen**.
6. Bestätigen Sie danach Ihre Auswahl mit einem Klick auf die Schaltfläche **OK**.
7. Im darauf folgenden Dialogfenster können Sie die Metadaten ausfüllen. Die Eigenschaften in der Spalte *Produktkatalog* können Sie über das Symbol *Nach einer gültigen Auswahl suchen* hinzufügen. Klicken Sie dafür auf das Symbol hinter dem Eingabefeld (siehe Abb. 19–17).

Abb. 19–17 Das Symbol *Nach einer gültigen Auswahl suchen* direkt hinter dem Eingabefeld

8. Es öffnet sich ein Dialogfenster, das die verwalteten Metadaten anzeigt. Sie können jeweils durch einen Doppelklick die Eigenschaften auswählen und somit dem Dokument hinzufügen.
9. Bestätigen Sie Ihre Auswahl mit einem Klick auf die Schaltfläche **OK**.
10. Zusätzlich können Sie direkt im Eingabefeld *Produktkatalog* beispielsweise den Buchstaben »P« eingeben, dann erhalten Sie Vorschläge, die Sie ebenfalls durch einen Mausklick auswählen können (siehe Abb. 19–18).

19.6 Verwaltete Metadaten

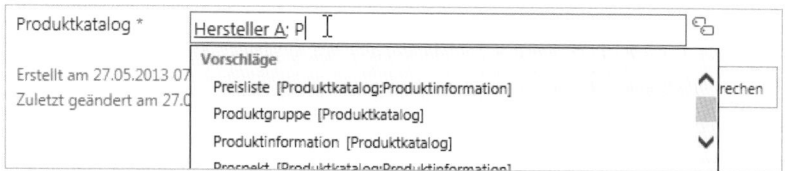

Abb. 19–18   Durch die direkte Eingabe von Wörtern werden Vorschläge für das Bestimmen von Metadaten angezeigt.

11. Bevor Sie Ihre Auswahl nun bestätigen, klicken Sie in dem Dialogfeld im oberen Bereich im Register *Bearbeiten* auf die Schaltfläche **Einchecken** (siehe Abb. 19–19). Das Dokument wird eingecheckt in der Bibliothek gespeichert.

Abb. 19–19   Einchecken eines Dokuments über das Dialogfeld beim Dateiupload

12. Wechseln Sie in den Windows-Explorer und markieren Sie mehrere Dokumente namens *Preisliste*.
13. Ziehen Sie mit gedrückter Maustaste die markierten Dokumente direkt in die Bibliothek *Produktkatalog*. Sie sehen, die Dokumente wurden der Bibliothek hinzugefügt, besitzen jedoch den Status *ausgecheckt*.
14. Klicken Sie im Register *Bibliothek* in der Gruppe *Ansichtsformat* und klicken Sie dort auf die Schaltfläche **QuickEdit,** auch Datenblattansicht genannt. Ihnen wird die Bibliothek als Tabelle angezeigt.
15. In der Spalte *Produktkatalog* können Sie nun die leeren Zellen markieren, klicken Sie dafür in die erste leere Zelle.
16. Halten Sie die **STRG**-Taste gedrückt und klicken Sie die anderen leeren Zellen einzeln an, bis alle leeren Zellen markiert sind.
17. Lassen Sie die **STRG**-Taste los und klicken Sie einmal auf das Symbol *Begriffe festlegen, hinzufügen oder entfernen* (siehe Abb. 19–20).

Abb. 19–20   Das Symbol *Begriffe festlegen, hinzufügen oder entfernen*

18. Wählen Sie die Option *Diese Begriffe allen ausgewählten Feldern hinzufügen* aus.

19. Klicken Sie in das Eingabefeld und geben Sie die ersten Buchstaben von *Hersteller A*; *Gruppe B*; und *Preisliste* ein und wählen Sie aus den Vorschlägen die Begriffe aus.
20. Bestätigen Sie Ihre Auswahl mit einem Klick auf die Schaltfläche **OK**.
21. Die Vergabe der Metadaten kann somit über diese Ansicht schnell erfolgen, da es sich aber um Pflichtfelder handelt, die beim Speichern hätten ausgefüllt werden müssen, bleiben die Dateien dennoch ausgecheckt. Sie müssen nun jede Zeile einzeln auswählen und im Register *Dateien* in der Gruppe *Öffnen und Auschecken* auf die Schaltfläche *Einchecken* klicken.

Tipp

Wenn Sie eine neue Bibliothek angelegt haben und mehrere Dokumente gleichzeitig hochladen und über die Datenblattansicht die Metadaten vergeben möchten, stellen Sie zunächst sicher, dass die zu vergebenden Metadaten keine Pflichtspalten sind. Die Dokumente werden hochgeladen, Sie können die Metadaten festlegen und danach können Sie über die Websiteeinstellungen/Websitespalten die jeweilige Websitespalte zum Pflichtfeld generieren.

19.7 Zusammenfassung

Begrifflichkeiten können zentral über das Terminologiespeicher-Verwaltungstool angelegt und verwaltet werden. Dazu muss jedoch das Websitesammlungsfeature *Server-Veröffentlichungsinfrastruktur* in der Websitesammlung aktiviert sein. Zum Hinzufügen der Gruppen, Ausdruckssätze und Ausdrücke müssen Sie in der Rolle des Terminologiespeicheradministrators, Gruppenleiters oder Mitwirkenden berechtigt sein. Mit den verwalteten Metadaten lassen sich Informationen klassifizieren und dadurch Kategorien zuordnen. Die verwalteten Metadaten können zusätzlich als Navigation innerhalb von Bibliothek oder für die Websitenavigation verwendet werden, was das Auffinden von Informationen enorm erleichtert.

20 Vertragsmanagement

In diesem Kapitel werden erweiterte Funktionalitäten der Serverversionen und einige der E-Pläne der Office-365-Versionen vermittelt. Diese Funktionen werden nicht in allen SharePoint-Versionen angeboten.

20.1 Ausgangssituation

In einem Unternehmen werden unterschiedliche Verträge abgeschlossen, die verwaltet werden müssen. Es gibt unterschiedliche Richtlinien, die gesetzlich oder unternehmerisch festgelegt und eingehalten werden müssen. Beispielsweise müssen personenbezogene Verträge, wie beispielsweise die einzelnen Handyverträge der Mitarbeiter, vor einer automatischen Vertragsverlängerung überprüft, genehmigt oder rechtzeitig gekündigt werden. Auch Leasing- oder Wartungsverträge mit Vertragswerkstätten oder IT-Dienstleistern müssen einer regelmäßigen Kontrolle unterliegen, damit nicht ein unübersichtliches Vertragswesen und zusätzlich dem Unternehmen hohe Kosten entstehen.

20.2 Die Anforderungen der Abteilung

Das Vertragsmanagement benötigt einen zentralen Ort für die Ablage sämtlicher Verträge, die das Unternehmen mit Auftragnehmern, Kfz-Vertragshändlern, IT-Dienstleistern und Mobilfunkanbietern abgeschlossen hat. Die einzelnen Vertragsarten haben unterschiedliche Vertragslaufzeiten, sodass die Mitarbeiterinnen und Mitarbeiter des Vertragsmanagements ständig prüfen, welche Verträge demnächst gekündigt oder verlängert werden müssen. Die derzeitige Prüfung erfolgt über die Microsoft-Office-Programme der einzelnen Mitarbeiter. In der Vergangenheit ist es vorgekommen, dass einige Verträge nicht rechtzeitig gekündigt wurden und sich somit automatisch verlängert haben. Es muss also eine Möglichkeit geben, dass das gesamte Team des Vertragsmanagements rechtzeitig informiert wird, wenn ein Vertrag vor dem Ende der Vertragslaufzeit steht.

20.3 Schritte in diesem Kapitel

Für das Vertragsmanagement wird in diesem Kapitel eine Website auf Basis der Vorlage *Dokumentcenter*, die vom SharePoint-Server mitgeliefert wird, erstellt. Innerhalb dieser Website werden Bibliotheken für jede Vertragsart angelegt. Über verwaltete Metadaten und weitere Websiteinhaltstypen werden Verwaltungsrichtlinien festgelegt, wann eine Erinnerung über das Vertragsende auf der Website angezeigt werden soll. Dem Team des Vertragsmanagements wird mit einem Genehmigungsworkflow rechtzeitig vor Vertragsende eine Aufgabe angezeigt. Damit jeder einzelne Mitarbeiter auch über eine E-Mail-Benachrichtigung über die Fälligkeit einer Prüfung informiert wird, werden zusätzliche Benachrichtigungen innerhalb der Workflowaufgaben gesetzt. Des Weiteren wird die Website angepasst, sodass Verträge beim Hochladen automatisch in die jeweils richtige Bibliothek verteilt werden.

20.4 Verwendung des Dokumentcenters

Über die Websitevorlage *Dokumentcenter* kann eine große Anzahl von Dateien gespeichert und verwaltet werden. Im Zusammenhang mit Inhaltstypen und verwalteten Metadaten lassen sich Dokumente automatisch über Regeln in die richtigen Bibliotheken verschieben. Zusätzlich können über die *Informationsverwaltungsrichtlinien* Regeln festgelegt werden, die für die Aufbewahrung oder die Überprüfung der gespeicherten Dokumente sorgen. Die Features des Dokumentcenters sind sehr umfangreich.

20.4.1 Erstellen der Website »Dokumentcenter«

Die Websitevorlage *Dokumentcenter* steht nicht in allen Versionen von SharePoint zur Verfügung. Zum Erstellen eines Dokumentcenters gehen Sie folgendermaßen vor:

1. Wechseln Sie zunächst auf die Website *Fachbereiche* in die **Websiteinhalte**.
2. Unterhalb des Bereichs *Listen, Bibliotheken und andere Apps* sehen Sie den Bereich *Unterwebsites*. Klicken Sie dort auf den Link **Neue Website**.
3. Es folgt ein Dialogfeld, in das Sie Angaben für die neue Website eingeben. Im Bereich *Titel und Beschreibung* schreiben Sie im Eingabefeld *Titel* »Dokumentcenter« und im Eingabefeld *Beschreibung*, wozu Sie die Website verwenden: »Das Dokumentcenter wird als Beispiel für ein Vertragsmanagement verwendet.«
4. Im Bereich *Websiteadresse* geben Sie als URL-Namen erneut den Titel *Dokumentcenter* ein. In diesem Feld verwenden Sie keine Umlaute, Sonderzeichen und Leerschritte. Diese Eingaben erscheinen später als Teil der URL.

20.4 Verwendung des Dokumentcenters

5. Wählen Sie im nächsten Schritt im Bereich *Vorlagenauswahl* die Sprache aus, in der Sie die Site verwenden möchten.
6. Wechseln Sie in das Register *Enterprise* und wählen Sie die Websitevorlage *Dokumentcenter* durch einen Klick aus.
7. Setzen Sie die Option *Ja* im Bereich *Navigationsvererbung* bei *Leiste für häufig verwendete Links der übergeordneten Website verwenden?*. Damit stellen Sie sicher, dass Ihnen die bereits angelegten Websites in der globalen Navigation auch auf dieser Website angezeigt werden und Sie darüber schnell in andere Websites navigieren können.
8. Übernehmen Sie alle weiteren Einstellungen und bestätigen Sie Ihre Eingaben mit einem Klick auf die Schaltfläche *Erstellen*. Sie werden direkt in das *Dokumentcenter* weitergeleitet.

20.4.2 Die Schnellstartnavigation im Dokumentcenter anpassen

Damit Sie einen besseren Überblick in der Schnellstartnavigation erhalten, müssen die Navigationseinstellungen geändert werden.

1. Öffnen Sie dafür das Menü *Einstellungen* über das dargestellte Zahnradsymbol.
2. Klicken Sie im Menü auf den Befehl **Websiteeinstellungen**.
3. In der Kategorie *Aussehen und Verhalten* klicken Sie auf den Link *Navigation*. Falls dieser Link bei Ihnen nicht angezeigt wird, wird das Veröffentlichungsfeature in Ihrem Unternehmen nicht verwendet. Ihnen werden dann automatisch in der Schnellstartnavigation die Überschriften *Bibliotheken* und *Listen* angezeigt.
4. Aktivieren Sie die Option im Bereich *Aktuelle Navigation* bei **Strukturierte Navigation: Die aktuelle Website, die Navigationselemente unterhalb der aktuellen Website und die gleichgeordneten Elemente der aktuellen Website anzeigen**. Damit werden Ihnen die bereits erstellten Websites und nun zusätzlich die Bibliotheken und Listen des Dokumentcenters angezeigt.

20.4.3 Erstellen von verwalteten Metadaten

Für das Vertragsmanagement benötigen wir verwaltete Metadaten, über die wir später zusammen mit einem Inhaltstyp bestimmte Regeln erstellen wollen, sodass die Dokumente einer bestimmten Bibliothek zugeordnet und verteilt werden können. Nachfolgende Struktur wird benötigt:

Dokumentcenter

- Vertragsarten (Inhaltstypen)
  - Leasingvertrag
    - Vertragsanbieter A
    - Vertragsanbieter B
  - Mietvertrag
    - Gebäude 1
    - Gebäude 2
  - Mobilfunkvertrag
    - Anbieter A
    - Anbieter B
  - Wartungsvertrag
    - Kopiersysteme
    - Hardware
    - Server

Über das *Terminologiespeicher-Verwaltungstool* werden diese Strukturen angelegt.

1. Wechseln Sie auf die Website **Dokumentcenter**.
2. Wählen Sie die **Websiteeinstellungen** über das Menü *Einstellungen*, dargestellt als Zahnradsymbol oben rechts im Fenster.
3. Klicken Sie in der Kategorie *Websiteverwaltung* auf den Link **Terminologiespeicherverwaltung**.
4. Zeigen Sie im linken Fensterbereich zunächst auf den Eintrag *Managed Metadaten Service*, Ihnen wird ein Drop-down-Pfeil angezeigt. Falls Sie nicht berechtigt sind, eine neue Gruppe anzulegen, so bitten Sie Ihren Administrator, die Gruppe **Dokumentcenter** anzulegen. Wenn Ihr Administrator die Gruppe *Dokumentcenter* erstellt hat, überspringen Sie diesen und die nächsten drei Schritte. Sind Sie berechtigt, so klicken Sie auf den Drop-down-Pfeil.
5. Klicken Sie auf den Befehl **Neue Gruppe**.
6. Vergeben Sie direkt den Namen »*Dokumentcenter*« und bestätigen Sie die Eingabe mit der *Enter*-Taste.
7. Im rechten Fensterbereich können Sie der Gruppe nun Eigenschaften wie *Beschreibung* zuweisen und zusätzlich Personen oder Gruppen berechtigen, die Verwaltung der Metadaten zu übernehmen.
8. Speichern Sie Ihre Einstellungen und klicken Sie auf die Schaltfläche *Speichern*.

20.4 Verwendung des Dokumentcenters

9. Zeigen Sie auf die Gruppe *Dokumentcenter*, Ihnen wird ein Drop-down-Pfeil angezeigt. Klicken Sie auf den Pfeil und wählen Sie im Kontextmenü den Befehl **Neuer Ausdruckssatz**.
10. Schreiben Sie als Ausdruckssatz »*Vertragsarten (Inhaltstypen)*« und bestätigen Sie die Eingabe mit der **Enter**-Taste.
11. Im rechten Fensterbereich vergeben Sie die Eigenschaften für den Ausdruckssatz. Klicken Sie im Bereich *Beschreibung* in das Eingabefeld und tippen Sie »*Dieser Ausdruckssatz wird im Dokumentcenter benötigt und verwendet.*« ein.
12. Tauschen Sie gegebenenfalls Ihren Namen im Bereich *Besitzer* mit einer SharePoint-Gruppe aus. So dürfen auch Kolleginnen und Kollegen die verwalteten Metadaten und Eigenschaften im Ausdruckssatz *Vertragsarten (Inhaltstypen)* vornehmen. Wenn Sie alleiniger Besitzer dieses Ausdruckssatzes bleiben, können nur Sie Änderungen vornehmen.
13. Übernehmen Sie alle weiteren Einstellungen und bestätigen Sie sie mit einem Klick auf die Schaltfläche **OK**.
14. Zeigen Sie auf den Ausdruckssatz *Vertragsarten (Inhaltstypen)*, Ihnen wird ein Drop-down-Pfeil angezeigt. Klicken Sie auf den Pfeil.
15. Wählen Sie im Kontextmenü den Befehl **Ausdruck erstellen**.
16. Schreiben Sie »*Leasingvertrag*«.
17. Bestätigen Sie mit der **Enter**-Taste.
18. Zeigen Sie auf den Ausdruck *Leasingvertrag* und wählen Sie über den Drop-down-Pfeil erneut den Befehl **Ausdruck erstellen**.
19. Tippen Sie »*Vertragsanbieter A*« und bestätigen Sie mit der **Enter**-Taste.
20. Tippen Sie »*Vertragsanbieter B*« und bestätigen Sie erneut mit der **Enter**-Taste.
21. Zeigen Sie nun auf den Ausdruckssatz *Vertragsarten (Inhaltstypen)* und öffnen Sie über das Kontextmenü den Befehl **Ausdruck erstellen**.
22. Tippen Sie »*Mietvertrag*« und bestätigen Sie mit der **Enter**-Taste.
23. Zeigen Sie auf den Ausdruck *Mietvertrag* und klicken Sie im Kontextmenü auf **Ausdruck erstellen**.
24. Schreiben Sie »*Gebäude 1*« und bestätigen Sie mit der **Enter**-Taste.
25. Tippen Sie »*Gebäude 2*« und bestätigen Sie erneut mit der **Enter**-Taste.
26. Fügen Sie nun den Ausdruck **Mobilfunkvertrag** über den Ausdruckssatz *Vertragsarten (Inhaltstypen)* hinzu.
27. Fügen Sie dem Ausdruck *Mobilfunkvertrag* die Ausdrücke **Anbieter A** und **Anbieter B** hinzu.

28. Fügen Sie nun den Ausdruck **Wartungsvertrag** über den Ausdruckssatz *Vertragsart (Inhaltstypen)* hinzu.
29. Zum Schluss fügen Sie dem Ausdruck *Wartungsvertrag* die Ausdrücke **Kopiersysteme**, **Hardware** und **Server** hinzu.

Abb. 20–1   Die angelegte Metadatenstruktur

20.4.4 Erstellen eines Websiteinhaltstyps für die Verwendung im Dokumentcenter

Für die spätere Vergabe von Regeln innerhalb einer sogenannten *Abgabebibliothek* benötigen wir einen Inhaltstyp.

1. Wechseln Sie über das Zahnradsymbol in das Menü *Einstellungen* und wählen Sie im Menü den Befehl **Websiteeinstellungen**.
2. In der Kategorie *Web-Designer-Kataloge* klicken Sie auf den Link **Websiteinhaltstypen**.
3. Oberhalb der Auflistung der Websiteinhaltstypen klicken Sie auf den Link **Erstellen**.
4. Im Bereich *Name und Beschreibung* klicken Sie in das Eingabefeld *Name* und tippen Sie dort »*Vertragsart*« und im Eingabefeld *Beschreibung* tippen Sie: »*Dieser Inhaltstyp wird im Dokumentcenter für verwaltete Metadaten und zum Weiterleiten von Dokumenten verwendet.*«
5. Wählen Sie im Bereich *Übergeordneter Inhaltstyp* über den Drop-down-Pfeil bei *Übergeordneten Inhaltstyp auswählen aus* **Dokumentinhaltstypen** aus.

6. Direkt darunter wählen Sie über den Drop-down-Pfeil im Bereich *Übergeordneter Inhaltstyp* **Dokument** aus.
7. Im Bereich *Gruppe* wählen Sie die Gruppe **Beispielinhaltstypen zum Buch**. Diese Gruppe wurde bereits in Kapitel 11 »*Kommunikation & Marketing*« erstellt.
8. Überprüfen Sie Ihre Eingaben und bestätigen Sie sie mit einem Klick auf die Schaltfläche **OK**.
9. Damit haben Sie den Rahmen geschaffen, um jetzt die verwalteten Metadaten als Websitespalte hinzuzufügen. Bleiben Sie im nachfolgenden Fenster.

Im nächsten Schritt erstellen wir direkt eine Websitespalte in dem Inhaltstyp.

20.4.5 Eine Websitespalte direkt im Inhaltstyp erstellen

Damit die Kolleginnen und Kollegen die in Abschnitt 20.4.3 bereits festgelegte Metadatenstruktur beim Speichern von Dokumenten auswählen und verwenden können, müssen zusätzlich Websitespalten für die verwalteten Metadaten erstellt werden. In diesem Fall werden diese Websitespalten nur im Inhaltstyp *Vertragsart* verwendet und müssen nicht auf der obersten Websiteebene angelegt werden.

1. Sie befinden sich in den Einstellungen des Websiteinhaltstyps *Vertragsart*.
2. Navigieren Sie nach unten in den Bereich *Spalten* und klicken Sie auf den Link **Aus neuer Websitespalte hinzufügen**.
3. Klicken Sie in das Eingabefeld bei *Namen* und schreiben Sie als Namen »*Auswahl Vertragsart*«.
4. Wählen Sie als *Informationstyp der Spalte* den Typ **Verwaltete Metadaten** aus.
5. Wählen Sie die Gruppe **Beispielspalten zum Buch** im Bereich *Gruppen* aus, damit die Spalte zur bestehenden Gruppe hinzugefügt wird.
6. Im Eingabefeld *Beschreibung* tippen Sie »*Was für einen Vertrag möchten Sie hochladen?*«.
7. Legen Sie direkt unterhalb der *Beschreibung* die Option *Diese Spalte muss Informationen enthalten* mit *Ja* fest.
8. Navigieren Sie zu dem Bereich *Ausdruckssatzeinstellungen* und erweitern Sie dort die Gruppe **Managed Metadata Service**, gegebenenfalls heißt die erste Gruppe bei Ihnen anders, erweitern Sie zusätzlich die Gruppe **Dokumentcenter** (siehe Abb. 20–2).
9. Klicken Sie innerhalb der Gruppe *Dokumentcenter* einmal auf den Ausdruckssatz **Vertragsarten (Inhaltstypen)**, sodass der Ausdruckssatz markiert ist.

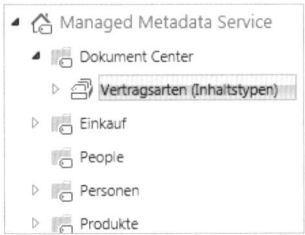

Abb. 20-2   Auswahl des Ausdrucksatzes *Vertragsarten (Inhaltstypen)*

10. Übernehmen Sie alle Einstellungen und bestätigen Sie sie mit einem Klick auf die Schaltfläche **OK**.
11. Navigieren Sie erneut nach unten in den Bereich *Spalten* und klicken Sie auf den Link **Aus neuer Websitespalte hinzufügen**.
12. Klicken Sie in das Eingabefeld bei *Namen* und schreiben Sie als Namen »*Leasingvertrag*«.
13. Wählen Sie als *Informationstyp der Spalte* den Typ **Verwaltete Metadaten** aus.
14. Wählen Sie die Gruppe **Beispielspalten zum Buch** im Bereich *Gruppen* aus, damit auch diese Spalte zur bestehenden Gruppe hinzugefügt wird.
15. Im Eingabefeld *Beschreibung* tippen Sie »*Wählen Sie einen Leasingvertragspartner aus, damit das Dokument richtig zugeordnet werden kann.*«.
16. Navigieren Sie zu dem Bereich *Ausdruckssatzeinstellungen* und erweitern Sie dort die Gruppen *Managed Metadata Service* und die Gruppe **Dokumentcenter**.
17. Erweitern Sie innerhalb der Gruppe *Dokumentcenter* den Ausdruckssatz **Vertragsarten (Inhaltstypen)**.
18. Klicken Sie einmal auf den Ausdruck **Leasingvertrag** (siehe Abb. 20–3).

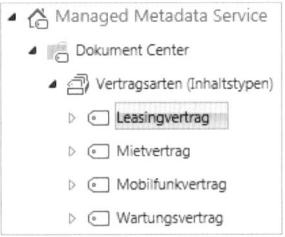

Abb. 20-3   Auswahl des Ausdrucks *Leasingvertrag* in der Metadatenstruktur

19. Übernehmen Sie alle Einstellungen und bestätigen Sie sie mit einem Klick auf die Schaltfläche **OK**.
20. Wiederholen Sie die Schritte 1–10 und erstellen Sie jeweils eine Websitespalte für **Miet-, Mobilfunk-** und **Wartungsvertrag**.

> **Tipp**
>
> Im Bereich *Einstellungen* des Inhaltstyps sehen Sie den Link *Einstellungen für die Informationsverwaltungsrichtlinie*. Hier können Sie einem Inhaltstyp Regeln zur Aufbewahrung oder zur Überprüfung hinzufügen. Zu den Informationsverwaltungsrichtlinien komme ich noch ausführlich in Abschnitt 20.4.8.

Nachdem Sie alle Websitespalten erstellt haben, wird jetzt eine Bibliothek benötigt, die mit dem erstellten Inhaltstyp bestückt wird. Diese Bibliothek wird als Vorlage gespeichert. Für alle weiteren Vertragsarten wird jeweils eine eigene Bibliothek aus der Bibliotheksvorlage erstellt. Damit müssen die vielen Schritte beim Erstellen einer neuen Bibliothek nicht wiederholt werden.

20.4.6 Eine Bibliotheksvorlage erstellen

In diesem Beispiel soll für jede einzelne Vertragsart eine eigene Bibliothek verwendet werden, und zwar einfach aus dem Grund, weil die Vertragsarten unterschiedliche Laufzeiten und Kündigungsfristen besitzen. Die Verträge werden von unseren Auftraggebern oder Vermietern erstellt, somit hat es in diesem Beispiel keinen Sinn, für jeden Vertrag einen eigenen Websiteinhaltstyp mit einer Dokumentvorlage zu erstellen. Die Informationsverwaltungsrichtlinien, wie beispielsweise die Aufbewahrung oder die Prüfung von Dokumenten, werden an Websiteinhaltstypen oder an eine Bibliothek geknüpft.

1. Wechseln Sie auf die Website *Dokumentcenter*, um dort eine Bibliothek zu erstellen.
2. Klicken Sie in der Schnellstartleiste auf den Link *Bibliotheken*. In diesem Fall ist es eine Alternative zum Link *Websiteinhalte*.
3. In der Übersicht aller vorhandenen Listen und Bibliotheken klicken Sie einmal auf die Schaltfläche *App hinzufügen*.
4. Klicken Sie auf *Dokumentbibliothek*, diese benötigen wir für die Vertragsunterlagen.
5. Im darauf folgenden Dialogfeld klicken Sie links auf den Link *Erweiterte Optionen*, damit Sie zusätzlich zum Namen eine Beschreibung, also den Zweck für die Bibliothek hinzufügen können.
6. Klicken Sie im Bereich *Namen* in das Eingabefeld und geben Sie »Leasingverträge« ein.
7. Klicken Sie in das Eingabefeld *Beschreibung* und schreiben Sie als Zweck dieser Bibliothek: »*In dieser Bibliothek werden alle Leasingverträge und die dazugehörigen Unterlagen verwaltet.*«
8. Deaktivieren Sie die Option bei *Versionierung*.

9. Übernehmen Sie alle weiteren Einstellungen und klicken Sie auf die Schaltfläche *Erstellen*. Sie werden direkt in die Bibliothek weitergeleitet.
10. Als Nächstes wird der Bibliothek der Inhaltstyp *Vertragsart* hinzugefügt, klicken Sie dafür in der Bibliothek im Register *Bibliothek* in der Gruppe *Einstellungen* auf die Schaltfläche **Bibliothekeinstellungen**.
11. Im Bereich *Allgemeine Einstellungen* klicken Sie auf den Link *Erweiterte Einstellungen*. Damit wir andere Inhaltstypen hinzufügen können, muss das Verwalten von Inhaltstypen zugelassen werden.
12. Aktivieren Sie in den *Erweiterten Einstellungen* bei *Inhaltstypen* die Option *Verwaltung von Inhaltstypen zulassen?* mit der Einstellung *Ja*.
13. Bestätigen Sie Ihre Eingabe unten im Fenster mit einem Klick auf die Schaltfläche *OK*.
14. Sie werden erneut in die *Einstellungen* weitergeleitet und sehen nun den Bereich *Inhaltstypen*. Klicken Sie zum Hinzufügen eines Inhaltstyps auf den Link **Aus vorhandenen Websiteinhaltstypen hinzufügen**.
15. Wählen Sie im Bereich *Gruppen* die Gruppe **Beispielinhaltstypen zum Buch** aus.
16. Wählen Sie den Inhaltstyp **Vertragsart** durch einen Doppelklick aus.
17. Bestätigen Sie Ihre Auswahl mit einem Klick auf die Schaltfläche *OK*.
18. Da in diesem Beispiel nur hochgeladene Dokumente der Bibliothek hinzugefügt werden und keine neuen Dokumente erstellt werden, löschen wir den Inhaltstyp *Dokument*. Klicken Sie direkt auf den Namen **Dokument** im Bereich *Inhaltstypen*.
19. Klicken Sie im Bereich *Einstellungen* auf den Link **Diesen Inhaltstyp löschen**.
20. Bestätigen Sie den nachfolgenden Dialog mit *OK*.
21. Sie befinden sich erneut in den *Einstellungen* der Bibliothek. Klicken Sie im Bereich *Allgemeine Einstellungen* auf den Link **Listenname, -beschreibung und -navigation**. Damit die Bibliothek zukünftig in der Schnellstartnavigation des Dokumentcenters angezeigt wird, aktivieren Sie die Option *Ja* im Bereich *Navigation* bei *Dokumentbibliothek in der Schnellstartleiste anzeigen?*.
22. Bestätigen Sie Ihre Eingabe mit einem Klick auf die Schaltfläche *Speichern*.
23. Sie können von nun an über die Schnellstartnavigation in die Bibliothek *Leasingverträge* wechseln. Bleiben Sie im Fenster.

20.4 Verwendung des Dokumentcenters

Eine Bibliothek als Vorlage speichern

Damit wir die vorangegangenen Schritte nicht für jede Vertragsart wiederholen müssen, kann die erstellte Bibliothek als Vorlage gespeichert und für weitere Bibliotheken genutzt werden.

1. Sie befinden sich in den *Einstellungen* der Bibliothek *Leasingverträge*.
2. Klicken Sie in der rechten Spalte im Bereich *Berechtigungen und Verwaltung* auf den Link **Dokumentbibliothek als Vorlage speichern** (siehe Abb. 20–4).

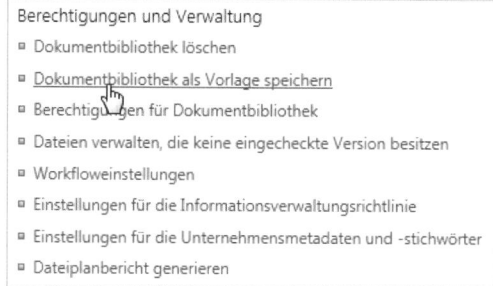

Abb. 20–4   Fast jede SharePoint-Liste und -Bibliothek kann als Vorlage gespeichert werden.

3. Es folgt ein Dialogfeld, in dem Sie die Eigenschaften zum Datei- und Vorlagennamen festlegen. Tippen Sie in das Eingabefeld *Dateiname* und schreiben Sie: »*Beispiel_Vorlage_fuer_Vertraege*«.
4. Drücken Sie die Tastenkombination *STRG+A*, damit markieren Sie den Eintrag.
5. Drücken Sie die Tastenkombination *STRG+C*, damit kopieren Sie den Eintrag.
6. Klicken Sie in das Eingabefeld *Vorlagennamen* und drücken Sie die Tastenkombination *STRG+V*, damit fügen Sie den Namen erneut ein.
7. Klicken Sie in das Eingabefeld *Beschreibung* und tippen Sie: »*Diese Vorlage dient als Beispiel zum Buch.*« Diesen Text schreiben Sie, damit Ihre IT-Abteilung und andere Kolleginnen und Kollegen wissen, von wem diese Vorlage verwendet wird. Es ist auch sinnvoll, wenn Sie zusätzlich Informationen zu Ihrer Person und Abteilung in dem Eingabefeld *Beschreibung* hinzufügen. Ein Beispiel wäre »*Erstellt von Vor- und Nachname, Abteilung XY*«.

> **Hinweis**
>
> Das Kontrollkästchen *Inhalte einschließen* betrifft nicht die Inhaltstypen, Ansichten oder andere Einstellungen der Bibliothek. Wenn Sie das Kontrollkästchen aktivieren, werden bereits gespeicherte Dokumente in der Vorlage mitgespeichert. Jedoch besteht keine Verbindung/Verknüpfung zur ursprünglichen Bibliothek und die Inhalte werden nach dem Speichern nicht aktualisiert.

8. Übernehmen Sie die vorgegebenen Einstellungen und bestätigen Sie Ihre Eingaben mit einem Klick auf die Schaltfläche **OK**.

   Sie erhalten einen Hinweis, dass die Vorlage erfolgreich im *Listenkatalog* der Websitesammlung gespeichert wurde. Nur wenn Sie berechtigt sind, auf der obersten Ebene Ihrer Websitesammlung Änderungen vorzunehmen, können Sie diese Vorlage deaktivieren, sodass sie nicht verwendet werden kann, oder Sie können sie löschen.

9. Bestätigen Sie den Hinweis mit einem Klick auf die Schaltfläche **OK**.
10. Klicken Sie in der Schnellstartnavigation auf den Link **Dokumentcenter**.

> **Tipp**
>
> Änderungen an der Bibliotheksvorlage erfordern Programmierkenntnisse. Falls Sie Änderungen an der Vorlage vornehmen möchten, dann öffnen Sie die bereits bestehende Bibliothek und nehmen Sie dort die gewünschten Änderungen vor. Speichern Sie die Bibliothek erneut als Vorlage und sagen Sie Ihrer IT-Abteilung beziehungsweise dem SharePoint-Verantwortlichen, dass die alte Bibliotheksvorlage gelöscht werden kann. Bedenken Sie jedoch, dass der Vorlagenname nicht zweimal verwendet werden darf.

Eine Bibliothek auf Basis einer Vorlage erstellen

Im weiteren Beispiel werden Bibliotheken für die Vertragsarten *Mietvertrag*, *Mobilfunkvertrag* und *Wartungsvertrag* benötigt.

1. Sie befinden sich im *Dokumentcenter*.
2. Klicken Sie in der Schnellstartnavigation auf den Link **Bibliotheken**.
3. Klicken Sie auf die Schaltfläche **Apps hinzufügen** und geben Sie im oberen Suchfeld das Wort »*Vorlage*« ein. Ihnen werden die von Ihnen oder von anderen Personen gespeicherten Vorlagen aufgelistet.
4. Wählen Sie die Vorlage **Beispiel_Vorlage_fuer_Vertraege** durch einen Klick aus.
5. Klicken Sie unten auf den Link *Erweiterte Optionen*.
6. Vergeben Sie der Bibliothek den Namen »*Mietverträge*«.
7. Geben Sie in der Beschreibung den Text »*In dieser Bibliothek werden alle Mietverträge und die dazugehörigen Unterlagen verwaltet.*« ein.
8. Bestätigen Sie Ihre Eingaben mit einem Klick auf die Schaltfläche *Erstellen*. Sie werden in die Bibliothek *Mietverträge* weitergeleitet.
9. Zum Anzeigen der Bibliothek in der Schnellstartnavigation klicken Sie im Bibliotheksregister *Bibliothek* in der Gruppe *Einstellungen* auf die Schaltfläche *Bibliothekeinstellungen*.

20.4 Verwendung des Dokumentcenters

10. Im Bereich *Allgemeine Einstellungen* klicken Sie auf den Link **Listenname, -beschreibung und -navigation**.
11. Aktivieren Sie die Option, dass die Bibliothek in der Schnellstartleiste angezeigt werden soll.
12. Bestätigen Sie Ihre Eingabe mit einem Klick auf die Schaltfläche **Speichern**.
13. Gegebenenfalls müssen Sie Ihren Browser einmal aktualisieren, damit die Bibliothek in der Schnellstartleiste angezeigt wird. Drücken Sie dafür die *F5*-Taste.
14. Wiederholen Sie die Schritte 2–12 für die Vertragsarten **Mobilfunkverträge** und **Wartungsverträge**.

> **Hinweis**
>
> Wenn die Bibliotheken nicht in der Schnellstartnavigation angezeigt werden, so kann es sein, dass das Anzeigen in der aktuellen SharePoint-Version nicht mehr übernommen wird. Sie müssen dann jeweils über den Link *Bibliothek* in die einzelnen Bibliotheken navigieren und dort im Register *Bibliothek/Bibliothekeinstellungen/Name – beschreibung – und Navigation* das Anzeigen der Bibliothek in der Schnellstartnavigation zulassen.

20.4.7 Einen Dispositionsgenehmigungsworkflow für die Aufbewahrung von Dokumenten erstellen

Für das rechtzeitige Anzeigen der Kündigungsinformationen müssen in diesem Beispiel die Mitarbeiterinnen und Mitarbeiter genau sehen können, wann welcher Mobilfunkvertrag überprüft und gegebenenfalls gekündigt werden muss. Damit diese Informationen in einer Aufgabenliste angezeigt werden können, muss ein Workflow erstellt werden. Für dieses Beispiel eignet sich der Dispositionsgenehmigungsworkflow, der vom SharePoint-Server mitgeliefert wird. Falls Ihnen dieser Workflow nicht zur Verfügung steht, kann es daran liegen, dass er bei Ihnen nicht aktiviert ist. Sprechen Sie dann mit Ihrem SharePoint-Administrator.

1. Wechseln Sie in die Bibliothek **Mobilfunkverträge**, dort wird der erste Workflow erstellt.
2. Klicken Sie im Register *Bibliothek* in der Gruppe *Einstellungen* auf den unteren Bereich der Schaltfläche **Workflow** (siehe Abb. 20–5).
3. Klicken Sie im Kontextmenü auf den Befehl **Workflow hinzufügen**.

Abb. 20–5 Hinzufügen eines Workflows in der Bibliothek *Mietverträge*

4. Lassen Sie im Bereich *Inhaltstyp* den Eintrag *Diese Liste* bestehen.
5. Im Bereich *Workflow* wählen Sie über den Drop-down-Pfeil den Eintrag **Dispositionsgenehmigung** durch einen Klick aus (siehe Abb. 20–6).
6. Im Bereich *Namen* geben Sie den Namen »*Mobilfunkverträge prüfen*« ein.
7. Im Bereich *Aufgabenliste* belassen Sie den Eintrag **Neue Aufgabenliste**. Darüber wird eine neue Aufgabenliste mit dem Namen des Workflows erstellt.
8. Übernehmen Sie auch den nächsten Eintrag der *Verlaufsliste*, damit können Sie sich jederzeit eine Workflow-Verlaufsliste anzeigen lassen, falls der Workflow einmal nicht funktionieren sollte.

Abb. 20–6 Die Einstellungen des Workflows zur Dispositionsgenehmigung

20.4 Verwendung des Dokumentcenters

9. Im Bereich *Startoptionen* legen Sie deshalb fest, wann der Workflow starten soll. Sie können den Workflow manuell starten, was in diesem Beispiel nicht optimal wäre, wenn der Workflow von Personen manuell gestartet werden soll, sobald ein Vertrag hochgeladen wird. Legen Sie fest, dass der Workflow zusätzlich zum manuellen Start auch automatisch startet, wenn ein Dokument hinzugefügt oder geändert wird. Setzen Sie dafür die Häkchen der Kontrollkästchen bei *Dieser Workflow wird gestartet, wenn ein neues Element erstellt wird* und bei *Dieser Workflow wird gestartet, wenn ein Element geändert wird*.
10. Bestätigen Sie Ihre Eingaben mit einem Klick auf die Schaltfläche *OK*.
11. Fügen Sie diesen Workflow ebenfalls den anderen Bibliotheken hinzu.

Die Workflow-Aufgabenliste anpassen

Sobald Sie einen Workflow anlegen und innerhalb der Workfloweinstellungen festlegen, dass eine neue Aufgabenliste erstellt werden soll, wird auf der aktuellen Website eine zusätzliche Aufgabenliste erstellt. Wenn Sie jedoch die vorgeschlagene Aufgabenliste in den Workfloweinstellungen bestimmen, so verwendet der Workflow die vorhandene Aufgabenliste, die sich ebenfalls auf der Website befindet, jedoch nicht in der Schnellstartnavigation eingeblendet ist. Da gerade im Vertragswesen mit unterschiedlichen Ablaufrichtlinien gearbeitet wird, ist es sinnvoll, für jede Vertragslaufzeit eine eigene Aufgabenliste zu verwenden. Damit Sie über die Aufgabenlisten jeweils einen Überblick über die aktuellen, fälligen Prüfungen erhalten, werden Sie nachfolgend die Aufgabenliste anpassen.

Einblenden der bestehenden Aufgabenliste auf einer Website

Auf den meisten Websites befinden sich bereits in der Vorlage festgelegte Bibliotheken und Listen, also Apps, die bereits innerhalb der Websitevorlage von Microsoft definiert, jedoch nicht eingeblendet werden. Zum Einblenden der jeweiligen Bibliothek oder Liste gehen Sie folgendermaßen vor:

1. Wechseln Sie auf die Website *Dokumentcenter*.
2. Klicken Sie in der Schnellstartnavigation auf den Link *Websiteinhalte*. Ihnen werden alle vorhandenen Bibliotheken und Listen angezeigt, die Sie derzeit auf der Website verwenden können.
3. Sie sehen die Liste *Aufgaben*, das ist die Liste, die bereits vordefiniert mitgeliefert wurde. Zusätzlich sehen Sie die Liste *Mobilfunkverträge prüfen-Aufgaben*. Diese Liste wurde über den Workflow erstellt. Klicken Sie einmal auf diese Liste.
4. Über das Register *Liste* in der Gruppe *Einstellungen* klicken Sie auf die Schaltfläche *Listeneinstellungen*.

5. Klicken Sie in der linken Spalte im Bereich *Allgemeine Einstellungen* auf den Link **Listenname, -beschreibung und -navigation**.
6. Aktivieren Sie die Option, dass die Aufgabenliste in der Schnellstartnavigation angezeigt werden soll, und bestätigen Sie Ihre Eingaben mit einem Klick auf die Schaltfläche **Speichern**. Bleiben Sie in den *Einstellungen* der Aufgabenliste.

Eine berechnete Websitespalte innerhalb der Aufgabenliste erstellen

Sobald ein Dokument hochgeladen und der Workflow gestartet wird, erfolgt in der Aufgabenliste eine neue Aufgabe des Workflows. Da jedoch keine Personen der jeweiligen Aufgabe zugeordnet wurden, sollen nur die Aufgaben mit den Dokumenten angezeigt werden, die auch aktuell geprüft werden müssen. Damit erhalten alle beteiligten Personen einen schnellen Überblick, bei welchem Vertrag bald die Kündigungsfrist eintritt. Für diese Anforderung kann eine berechnete Spalte erstellt werden, die errechnet, wann ein Mobilfunkvertrag geprüft werden sollte. Diese Spalte dient dann einer gefilterten Ansicht, die wir ebenfalls erstellen werden. Zunächst legen Sie die berechnete Spalte innerhalb der Aufgabenliste an.

1. Sie befinden sich in den *Einstellungen* der Liste *Mobilfunkverträge prüfen-Aufgaben*.
2. Navigieren Sie im Fenster weiter nach unten, bis Sie den Bereich *Spalten* sehen. Unterhalb der aufgelisteten Spalten klicken Sie auf den Link **Spalte erstellen**.
3. Vergeben Sie der Spalte den Namen »*Prüfung ab*«.
4. Legen Sie fest, dass der *Informationstyp* dieser Spalte **Berechnet** sein soll.
5. Geben Sie im Eingabefeld *Beschreibung* Folgendes ein: »*Diese Spalte wird automatisch ausgefüllt. Hier wird aufgrund einer Berechnung (244 Tage nach Erstelldatum) das Datum angezeigt, wann der Prüfungsprozess eines Mobilfunkvertrages beginnt.*«
6. Sie sehen das Feld *Formel* und rechts daneben eine Auswahlliste der Spalten, die Sie einfügen können. Klicken Sie doppelt auf den Spaltenwert *Erstellt*. Die Spalte *Erstellt* wird im Formelfeld eingefügt (siehe Abb. 20–7).
7. Tippen Sie hinter die geschlossene Klammer bei *Erstellt* ein **Pluszeichen** gefolgt von der Zahl »*244*« ein.
8. Wählen Sie die Option **Datum und Uhrzeit** als *Datentyp* bei *Der von der Formel zurückgegebene Datentyp ist*.
9. Übernehmen Sie die Option, dass nur das Datum angezeigt werden soll.

20.4 Verwendung des Dokumentcenters

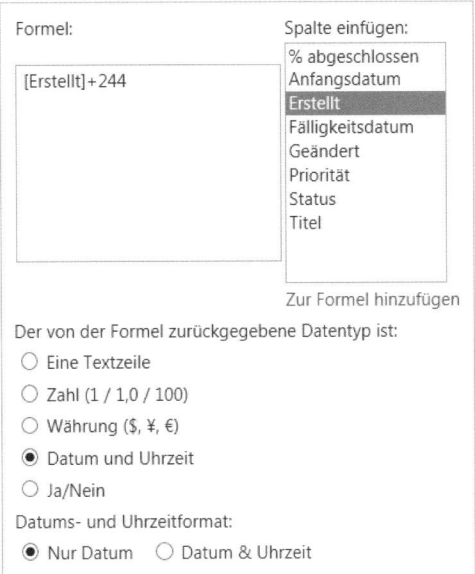

Abb. 20–7 Über die berechnete Spalte wird das Datum für den Prüfungsprozess errechnet.

10. Übernehmen Sie alle weiteren Einstellungen und bestätigen Sie Ihre Eingaben mit einem Klick auf die Schaltfläche *OK*. Bleiben Sie in den Einstellungen der Aufgabenliste.

Anhand dieser berechneten Spalte lässt sich nun eine gefilterte Ansicht erstellen, die alle Mobilfunkverträge anzeigt, die sich vier Monate vor dem Ende der Vertragslaufzeit befinden. So können alle Mitarbeiterinnen und Mitarbeiter des Vertragsmanagements rechtzeitig den jeweiligen Vertrag prüfen und die dreimonatige Kündigungsfrist einhalten.

Eine gefilterte Ansicht erstellen

Basierend auf der berechneten Spalte *Prüfung ab* erstellen Sie nun eine gefilterte Ansicht, die dafür sorgt, dass nur die Aufgaben zu Mobilfunkverträgen aufgelistet werden, die zur Überprüfung anstehen.

1. Sie befinden sich in den *Einstellungen* der Aufgabenliste.
2. Navigieren Sie im Bildschirm ganz nach unten zu dem Bereich *Ansichten*, dort können Sie ebenfalls Ansichten für Listen erstellen.
3. Klicken Sie auf den Link *Ansicht erstellen*.
4. Wählen Sie danach den Ansichtstyp *Standardansicht* durch einen Klick aus.
5. Im Bereich *Name* klicken Sie in das Eingabefeld *Name anzeigen* und tippen Sie »*Zur Prüfung fällig*« ein.

6. Nehmen Sie im Bereich *Spalten* jeweils das Häkchen bei *Zugewiesen an* und bei *Fälligkeitsdatum* heraus.
7. Navigieren Sie weiter nach unten zum Bereich *Sortieren*. Wählen Sie über den Drop-down-Pfeil die Spalte **Erstellt** aus und lassen Sie die Einträge in aufsteigender Reihenfolge anzeigen.
8. Navigieren Sie weiter nach unten zu dem Bereich *Filtern*. Aktivieren Sie die Option **Elemente nur in folgendem Fall anzeigen** und wählen Sie über den Drop-down-Pfeil bei *Elemente anzeigen, wenn Spalte* die Spalte **Prüfung ab** aus (siehe Abb. 20–8).
9. Wählen Sie den Operator *ist kleiner als oder gleich* aus.
10. Schreiben Sie direkt darunter in das Eingabefeld das Wort »*[Heute]*« in eckige Klammern. Verwenden Sie zum Öffnen der eckigen Klammer die Tastenkombination *ALTGr+8* und zum Schließen die Tastenkombination *ALTGr+9*. Mit dieser Filterung legen Sie fest, dass Ihnen in der Aufgabenliste nur die Elemente angezeigt werden, bei denen das Datum der Spalte *Prüfung ab* das errechnete Datum, also 8 Monate nach Vertragsbeginn, zum heutigen Zeitpunkt erreicht hat.

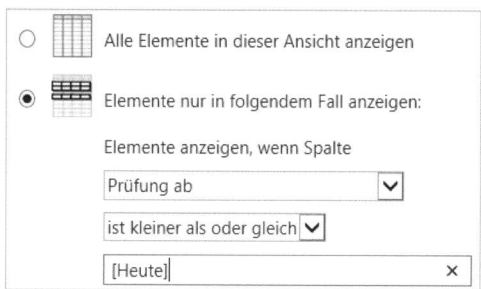

Abb. 20–8 Die Einstellungen der gefilterten Ansicht

11. Übernehmen Sie alle weiteren Einstellungen und bestätigen Sie Ihre Eingaben mit einem Klick auf die Schaltfläche **OK**. Sie werden in die Aufgabenliste weitergeleitet. Beachten Sie, dass Ihnen in dieser Ansicht keine Elemente angezeigt werden, da das gewünschte Datum erst in 244 Tagen erreicht ist und Ihnen dann erst Einträge angezeigt werden.

Für Übungen können Sie sowohl im Workflow als auch in der berechneten Spalte eine andere Anzahl von Tagen festlegen.

20.4.8 Informationsverwaltungsrichtlinien

Mit den Informationsverwaltungsrichtlinien können Sie bestimmen, was mit Dokumenten oder Elementen innerhalb Ihres Unternehmens geschehen soll, wenn gesetzliche oder unternehmerische Bedingungen, wie beispielsweise die gesetzlichen Aufbewahrungsfristen in Unternehmensprozessen, eingetreten sind. Mit den Informationsverwaltungsrichtlinien können Sie auch prüfen, wer Zugriff auf die Informationen hat und wie lange ein Dokument oder Element bereits vorhanden ist. Sie können diese Informationsverwaltungsrichtlinien als einzelne Regeln ansehen, die Sie aufstellen. Diese Regeln können über den Inhaltstyp auf der Website der obersten Ebene oder auf einer bestimmten Website einem Inhaltstyp zugewiesen werden. Sie können auch innerhalb von Bibliotheken und Listen solche Regeln festlegen. Die Regeln selbst beziehen sich standardmäßig auf den verwendeten Inhaltstyp einer Bibliothek oder Liste. Jedoch können diese Regeln auch auf die jeweilige Bibliothek oder Liste festgelegt werden, wenn beispielsweise unterschiedliche Inhaltstypen innerhalb einer Liste oder Bibliothek verwendet werden. Achten Sie auch beim Erstellen von Informationsverwaltungsrichtlinien immer auf das Vererbungsprinzip von SharePoint. In diesem Beispiel werden die Richtlinien jeweils auf einer Bibliothek auf der Bibliotheksebene erstellt, somit können diese Richtlinien in keiner anderen Bibliothek, Liste oder einer Website des Portals verwendet werden. In unserem Beispiel haben die Mobilfunkverträge eine andere Laufzeit als die Wartungsverträge, und damit die Mitarbeiterinnen und Mitarbeiter des Vertragsmanagements immer mit den aktuellen Verträgen auf dem Laufenden sind, werden die Informationsverwaltungsrichtlinien auf Bibliotheksebene erstellt.

Hinzufügen von Informationsverwaltungsrichtlinien für die Aufbewahrung von Informationen

Mobilfunkverträge werden meist vom Mobilfunkanbieter automatisch verlängert, wenn der Vertrag nicht rechtzeitig gekündigt wird. In unserem Beispiel sollen die Mitarbeiterinnen und Mitarbeiter des Vertragsmanagements immer die aktuellen Kündigungsfristen von drei Monaten innerhalb der Vertragslaufzeit von zwölf Monaten im Auge behalten. Dafür sollen in der Workflow-Aufgabenliste alle Verträge vier Monate vor dem Ende der Vertragslaufzeit aufgelistet werden, sodass rechtzeitig ein neuer Anbieter oder ein neuer Vertrag gefunden und ausgehandelt werden kann. Für diese Anforderung wird eine Aufbewahrungsregel zusammen mit dem Dispositionsgenehmigungsworkflow erstellt.

1. Wechseln Sie in der Bibliothek *Mobilfunkverträge* über das Register *Bibliothek* in der Gruppe *Einstellungen* in die **Bibliothekeinstellungen**.
2. Klicken Sie in der rechten Spalte unter *Berechtigungen und Verwaltung* auf den Link *Einstellungen für die Informationsverwaltungsrichtlinie*.

3. Im oberen Bereich finden Sie den bibliotheksbasierten Aufbewahrungszeitplan, darunter sehen Sie den Link **Quelle ändern** im Bereich *Aufbewahrungsquelle für diese Bibliothek* (siehe Abb. 20–9). Klicken Sie auf den Link, damit Sie die Richtlinien nicht für den gesamten Inhaltstyp *Vertragsart* festlegen, sondern für alle Dokumente innerhalb der Bibliothek *Mietverträge*.

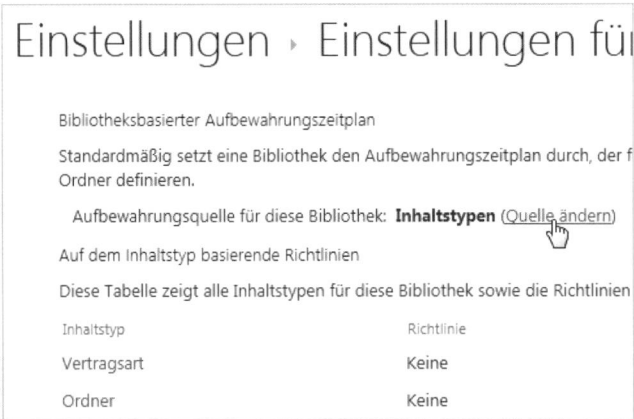

Abb. 20–9 Der Link *Quelle ändern* im Bereich *Aufbewahrungsquelle für diese Bibliothek*

4. Aktivieren Sie im Bereich *Quelle der Aufbewahrung* die Option **Bibliothek oder Ordner**. Sie erhalten direkt ein Dialogfeld, das darauf hinweist, wenn bereits Richtlinien für die Bibliothek oder den Ordner bestehen und durch Ihre Änderung dann gegebenenfalls außer Kraft gesetzt werden können.

5. Bestätigen Sie den Dialog mit **OK**.

6. Klicken Sie in das Eingabefeld *Beschreibung* und fügen Sie den Text »*Diese Richtlinie gilt für die Überwachung der Kündigungsfristen von Mobilfunkverträgen.*« hinzu.

7. Klicken Sie auf den Link **Aufbewahrungsphase hinzufügen**.

8. Legen Sie die Zeitperiode vom Erstelldatum + 244 Tage fest (die Formel zu Ihrem Hinweis: 366 Tage/12 Monate*8 Monate). Die Prüfung soll demnach 244 Tage nach dem Einstellen des Dokuments erfolgen (siehe Abb. 20–10).

9. Im Bereich *Aktionen* wählen Sie über den Drop-down-Pfeil den Eintrag **Starten eines Workflows**.

10. Wählen Sie den von Ihnen zuvor erstellten Workflow **Mobilfunkverträge prüfen** aus.

11. Im Bereich *Serie* setzen Sie das Häkchen dann, wenn die Aktion erneut wiederholt werden soll, beispielsweise wenn der Vertrag verlängert wird. Übernehmen Sie die 244 Tage und bestätigen Sie Ihre Eingabe mit einem Klick auf die Schaltfläche **OK**.

20.4 Verwendung des Dokumentcenters

12. Sie könnten erneut auf den Link *Aufbewahrungsphase hinzufügen* klicken, wenn weitere Phasen hinzugefügt werden sollen. Bestätigen Sie Ihre Eingabe jedoch hier mit einem Klick auf die Schaltfläche *OK*.

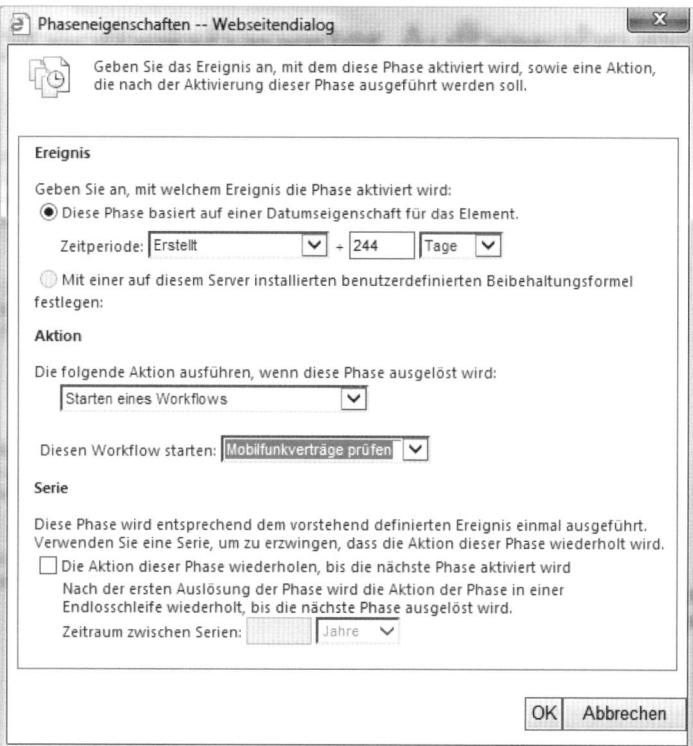

Abb. 20-10 Einstellungen der Aufbewahrungsphase mit integriertem Workflow

Weitere Hinweise zu Richtlinien und Ablaufzeitplänen

In dem vorgenannten Beispiel wurden innerhalb einer Website auf Bibliotheksebene die Richtlinien eingesetzt. Richtlinien und Ablaufpläne können auch auf der Website der obersten Ebene definiert werden, damit können weitere Funktionalitäten direkt über den Inhaltstyp verwendet werden.

1. Wechseln Sie auf die *Website der obersten Ebene*.
2. Klicken Sie auf das Zahnradsymbol, um in die *Websiteeinstellungen* zu gelangen.
3. In der Kategorie *Web-Designer-Kataloge* klicken Sie auf den Link **Websiteinhaltstypen**.
4. Klicken Sie auf einen von Ihnen erstellten Websiteinhaltstyp und Sie gelangen in seine *Einstellungen*.

5. Klicken Sie im Bereich *Einstellungen* auf den Link *Einstellungen für die Informationsverwaltungsrichtlinie*. Sie sehen also, dass auch direkt über den Inhaltstyp Richtlinien festgelegt werden können.

Beachten Sie jedoch immer das Vererbungsprinzip von SharePoint. Sobald Sie auf oberster Ebene eine der nachfolgenden Richtlinien und Ablaufzeitpläne festlegen, wirkt sich das auf das gesamte Portal aus. Die nachfolgenden Richtlinien können auf Bibliotheksebene oder direkt dem Inhaltstyp zugewiesen werden.

Aufbewahrung

Aufbewahrungsphasen für Dokumente können über die *Aufbewahrung* festgelegt und verwaltet werden.

Überwachung

Durch das Festlegen der *Überwachung*, auch Audit genannt, können Sie in Bibliotheken feststellen, welche Dokumente innerhalb einer Bibliothek bearbeitet, ein- oder ausgecheckt, gelöscht oder verschoben wurden.

Barcodes

Dokumenten in einer Bibliothek können durch die Richtlinie *Barcodes* automatisch Barcodes zugewiesen werden.

Bezeichnungen

Der Benutzer kann aufgefordert werden, dem Dokument eine *Bezeichnung* zuzuweisen.

20.4.9 Verwendung einer Abgabebibliothek im Dokumentcenter

Damit die Mitarbeiterinnen und Mitarbeiter zukünftig die Metadaten auswählen und die Verträge darüber direkt in die richtige Bibliothek verschoben werden, müssen wir weitere Einstellungen im Dokumentcenter vornehmen. Zunächst muss ein weiteres *Websitefeature* aktiviert werden. Dann erst können Regeln erstellt werden, die dafür sorgen, dass die Dokumente an die richtigen Speicherorte, also an die jeweilige Vertragsbibliothek, weitergeleitet werden.

Aktivieren des Websitefeatures »Inhaltsorganisation«

Zunächst muss das Websitefeature *Inhaltsorganisation* aktiviert werden. Führen Sie dafür folgende Schritte durch:

1. Wechseln Sie in die **Websiteeinstellungen**, indem Sie über das Zahnradsymbol das Menü *Einstellungen* öffnen.
2. In der Kategorie *Websiteaktionen* klicken Sie auf den Link **Websitefeatures verwalten** (siehe Abb. 20–11).

Abb. 20–11   Websitefeatures auf der Website anzeigen, aktivieren oder deaktivieren

3. Navigieren Sie zu dem Feature *Inhaltsorganisation* und klicken Sie hinter dem Eintrag auf die Schaltfläche **Aktivieren** (siehe Abb. 20–12). Bleiben Sie im nachfolgenden Fenster.

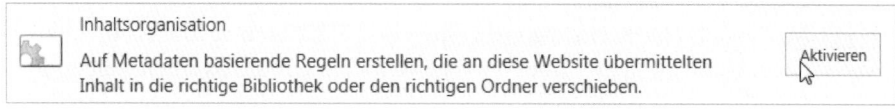

Abb. 20–12   Das Websitefeature *Inhaltsorganisation* im nicht aktivierten Zustand

Nach der Aktivierung des Features wird dem Dokumentcenter eine neue Bibliothek namens *Abgabebibliothek* hinzugefügt. Sie wird nicht in der Schnellstartleiste angezeigt. Zusätzlich finden Sie in den *Websiteeinstellungen* in der Kategorie *Websiteverwaltung* zwei weitere neue Links, *Einstellungen der Inhaltsorganisation* und *Regeln für die Inhaltsorganisation*, die erst nach der Aktivierung des Features *Inhaltsorganisation* angezeigt werden.

Festlegen der Einstellungen für Inhaltsorganisation

Für die Inhaltsorganisation bestehen folgende Einstellungsmöglichkeiten:

1. Wechseln Sie über die *Breadcrumb-Navigation* in die **Websiteeinstellungen**.
2. Klicken Sie in der Kategorie *Websiteverwaltung* auf den Link **Einstellungen der Inhaltsorganisation**. Hier können Sie folgende Einstellungen für die Regelrichtlinien vornehmen:
   - Im Bereich *Benutzer an die Abgabebibliothek weiterleiten* legen Sie grundsätzlich fest, dass Regeln beim Hinzufügen von Dokumenten verwendet werden und SharePoint die Dokumente über Regeln in Bibliothe-

ken verteilen darf. Dadurch werden die Benutzer an die Abgabebibliothek weitergeleitet. Lassen Sie die Auswahl bestehen.

- Im Bereich *Sendevorgang an eine andere Website* können Sie festlegen, ob Dokumente an andere Speicherorte weitergeleitet werden sollen. Dafür müssen jedoch durch den SharePoint-Administrator weitere Konfigurationen vorgenommen werden. Auf diese Weise können beispielsweise Dokumente in andere Websitesammlungen verschoben werden. Nehmen Sie für dieses Beispiel keine Einstellungen vor.
- Im Bereich *Ordnerpartitionierung* legen Sie fest, welche Größe eine Bibliothek grundsätzlich besitzen darf, bevor vom System ein Ordner zum Speichern an einem anderen Ort erstellt wird. Falls Sie diese Option einmal aktivieren, legen Sie dann fest, welchen Namen der Ordner erhalten soll, wenn er automatisch vom System erzeugt wird. In diesem Beispiel nehmen Sie keine Einstellungen vor.
- Im Bereich *Doppelte Übermittlung* aktivieren Sie die Option **Eindeutige Zeichen an das Ende von doppelt vorkommenden Dateinamen anhängen**. Damit vermeiden Sie, dass Dokumente mit dem gleichen Titel doppelt an die Bibliothek übermittelt werden. Wenn keine Versionierung innerhalb der Bibliothek gewünscht ist, stellen Sie mit dieser Einstellung sicher, dass jedes hinzugefügte Dokument mit gleichnamigem Titel einen Zusatz im Titel erhält.
- Im Bereich *Der Kontext wird gespeichert* aktivieren Sie das Kontrollkästchen, wenn Sie später über die Eigenschaften eines Dokuments einen protokollierten Überwachungseintrag erhalten möchten. Sie können jederzeit die Eigenschaften eines Dokuments in seinem Kontextmenü in der SharePoint-Bibliothek anzeigen lassen.
- Im Bereich *Regel-Manager* legen Sie fest, wer Regeln für die Inhaltsorganisation festlegen darf. Ebenso legen Sie fest, wer benachrichtigt werden soll, wenn beispielsweise ein Dokument der Abgabebibliothek hinzugefügt wurde, jedoch keine Metadaten vergeben wurden. Dann kann keine Regel greifen und das Dokument wird in keine Bibliothek verschoben.

3. Bestätigen Sie Ihre Eingaben mit einem Klick auf die Schaltfläche **OK**. Bleiben Sie im Fenster.

20.4 Verwendung des Dokumentcenters

Regeln für die Inhaltsorganisation festlegen

Damit nun die einzelnen Verträge wie *Leasingvertrag*, *Mobilfunkvertrag* etc. nach dem Hochladen und Festlegen der Metadaten an die jeweiligen Bibliotheken *Leasingverträge*, *Mobilfunkverträge* etc. automatisch weitergeleitet und dort gespeichert werden, legen Sie jetzt die Regeln fest.

1. Sie befinden sich in den **Websiteeinstellungen**.
2. Klicken Sie in der Kategorie *Websiteverwaltung* auf den Link **Regeln für die Inhaltsorganisation**, um die gewünschten Regeln festzulegen. Sie werden in die Liste für die *Regeln der Inhaltsorganisation* weitergeleitet (siehe Abb. 20–13).

> **Regeln für die Inhaltsorganisation** ⓘ
>
> ⊕ Neues Element
>
> Nach Inhaltstyp gruppieren   Alle Elemente   Nach Zielbibliothek gruppieren   •••
>
> ✓   Titel   Priorität   Zielpfad
>
> In dieser Ansicht der Liste "Regeln für die Inhaltsorganisation" sind keine Elemente anzeigbar.

Abb. 20–13   Regeln werden als Listenelement hinzugefügt.

3. Klicken Sie auf den Link **Neues Element**.
4. Im Bereich *Regelnamen* klicken Sie in das Eingabefeld und vergeben den Regelnamen »*Weiterleitung des Mobilfunkvertrags in die Bibliothek Mobilfunkverträge*«.
5. Im Bereich *Regelstatus und Priorität* können Sie die Regel aktivieren oder deaktivieren und eine Priorität der Übermittlung festlegen.
6. Im Bereich *Inhaltstyp für Übermittlung* wählen Sie über den Drop-down-Pfeil bei *Inhaltstyp* die Gruppe **Beispielinhaltstypen zum Buch** aus.
7. Wählen Sie direkt darunter den Typ **Vertragsarten (Inhaltstypen)** aus.
8. Navigieren Sie zu dem Bereich *Bedingungen* und bei *Auf Eigenschaften basierende Bedingungen* wählen Sie **Auswahl Vertragsart** als Eigenschaft aus (siehe Abb. 20–14).
9. Den Operator belassen Sie auf *ist gleich*.
10. Bei *Wert* klicken Sie hinter das Eingabefeld auf das Symbol **Nach einer gültigen Auswahl suchen**. Alternativ können Sie auch in das Eingabefeld schreiben und Sie erhalten eine Auswahl, die Sie mit der *Tab*-Taste bestätigen können.

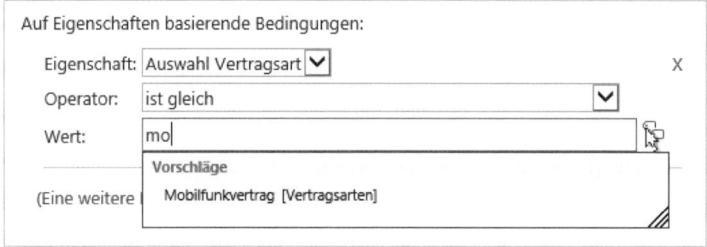

Abb. 20–14   Festlegen einer Bedingung und das Symbol *Nach einer gültigen Auswahl suchen*

11. Der Ausdruckssatz *Vertragsarten* wird angezeigt und darunter klicken Sie doppelt auf den Ausdruck **Mobilfunkvertrag** (siehe Abb. 20–15).

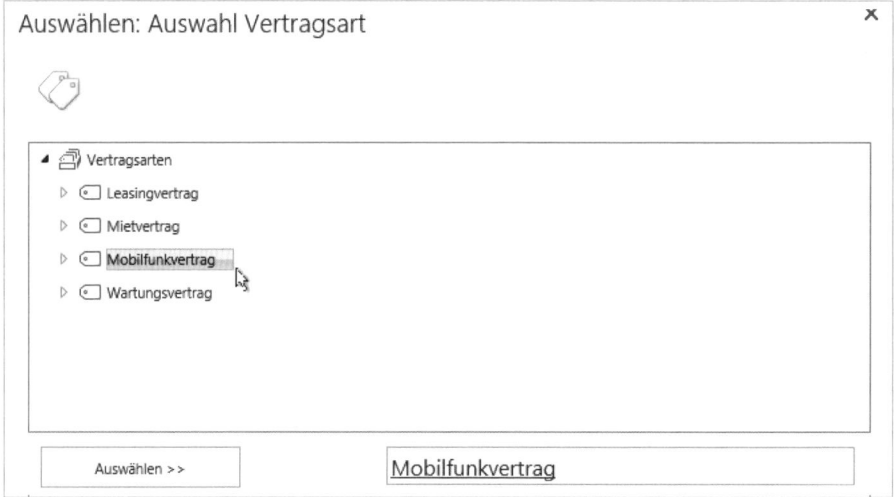

Abb. 20–15   Hinzufügen der Auswahl *Mobilfunkvertrag* mit einem Doppelklick

12. Bestätigen Sie Ihre Auswahl mit einem Klick auf die Schaltfläche **OK**.
13. Navigieren Sie zum Bereich *Zielspeicherort* und klicken Sie auf die Schaltfläche **Durchsuchen**.
14. Wählen Sie die Bibliothek **Mobilfunkverträge** aus (siehe Abb. 20–16).

20.4 Verwendung des Dokumentcenters

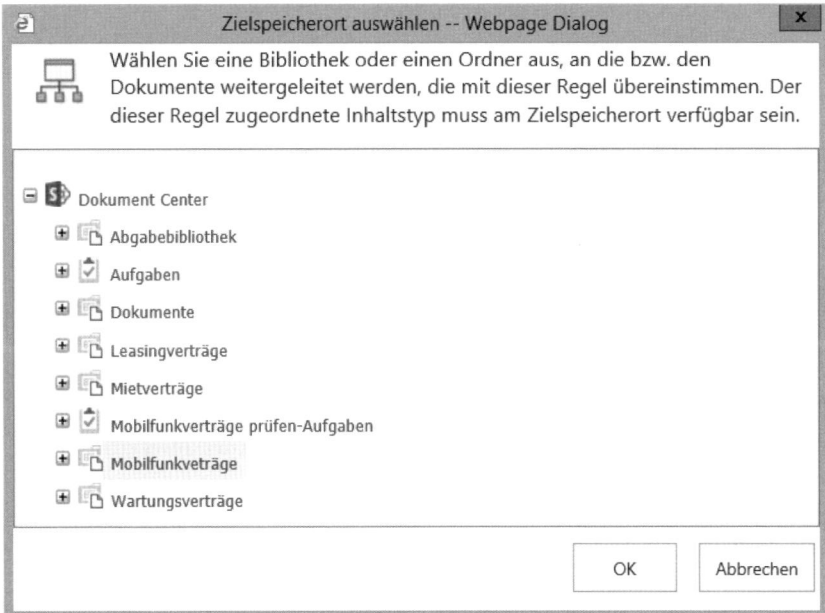

Abb. 20–16 Hinzufügen des Zielspeicherorts, wohin das Dokument bei der Übereinstimmung der Bedingung verteilt werden soll

15. Betätigen Sie Ihre Auswahl mit einem Klick auf die Schaltfläche **OK**. Sie werden in die Regeleinstellungen weitergeleitet.
16. Bestätigen Sie erneut mit einem Klick auf die Schaltfläche **OK**.
17. Wiederholen Sie die Schritte 3–16 für *Mietverträge*, *Leasingverträge* und *Wartungsverträge* (siehe Abb. 20–17).

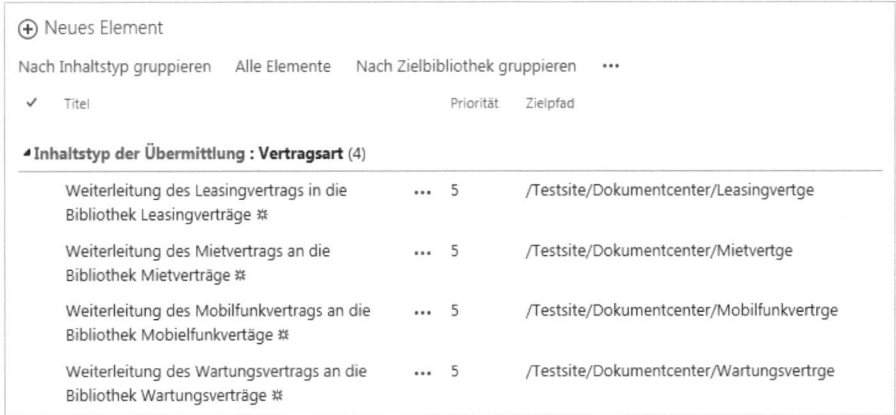

Abb. 20–17 Alle hinzugefügten Regeln zur Verteilung der Dokumente in der Abgabebibliothek

Nach dem Festlegen der Regeln werden die Dokumente, die in der Bibliothek *Abgabebibliothek* hochgeladen werden, automatisch in die richtigen Vertragsbibliotheken verschoben.

Hinzufügen eines Dokuments in die Abgabebibliothek

Die Abgabebibliothek wird standardmäßig nicht in der Schnellstartnavigation angezeigt. In diesem Beispiel ist es auch nicht notwendig, da wir zum Hochladen von Dokumenten nicht immer in die Abgabebibliothek wechseln, sondern die Schaltfläche *Dokument hochladen* verwenden werden. Wenn Sie in Ihrem Anwendungsfall jedoch die Bibliothek in die Schnellstartleiste legen möchten, können Sie die Einstellungen dafür über die *Bibliothekeinstellungen/Allgemeine Einstellungen/Listenname, -beschreibung und -navigation* ändern. Im Folgenden möchte ich Ihnen diesen Schritt des Hochladens über die Bibliothek kurz aufzeigen.

1. Klicken Sie in der Schnellstartnavigation auf den Link **Websiteinhalte**.
2. In dem Bereich der Websiteinhalte sehen Sie die *Abgabebibliothek*. Diese wurde mit dem Aktivieren des Websitefeatures *Inhaltsorganisation* automatisch angelegt. Öffnen Sie die Bibliothek, indem Sie die **Abgabebibliothek** einmal anklicken.
3. Klicken Sie auf den Link **Neues Dokument**, klicken Sie auf die Schaltfläche **Durchsuchen** und laden Sie eine Beispieldatei hoch.
4. Wählen Sie die verfügbaren Metadaten aus und bestätigen Sie die Auswahl mit einem Klick auf die Schaltfläche **Absenden** (siehe Abb. 20–18).

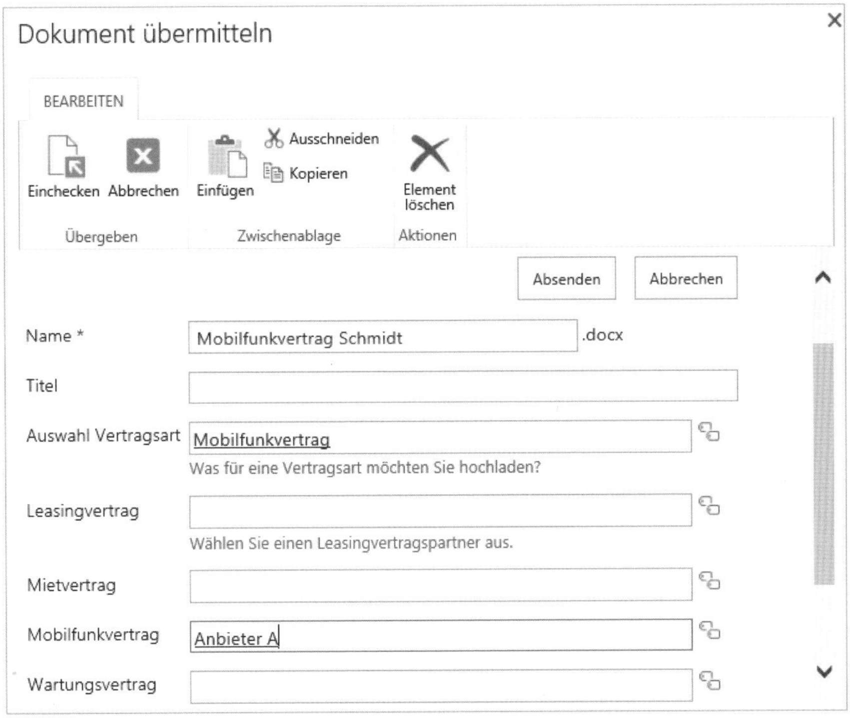

20.4 Verwendung des Dokumentcenters

Abb. 20-18 Ausfüllen der Metadaten und das Absenden des Dokuments in der Abgabebibliothek

Die Verteilung der Dokumente erfolgt immer über die *Abgabebibliothek*, nicht über die Bibliothek *Dokumente*, die standardmäßig vom Dokumentcenter mitgeliefert wird. Deshalb ist es notwendig, dass die Schaltfläche *Dokument hochladen* und auch die *Webparts* auf der Startseite des Dokumentcenters an unsere Änderungen angepasst werden.

20.4.10 Anpassen der Website »Dokumentcenter«

Da durch die Verwendung der Abgabebibliothek die hochgeladenen Dokumente auf der Website *Dokumentcenter* nicht mehr in der Bibliothek *Dokumente* gespeichert werden, werden Ihnen innerhalb der Webparts keinerlei neue oder von Ihnen geänderte Dokumente angezeigt. Ebenso verweist die Schaltfläche *Dokument hochladen* auf die Bibliothek *Dokumente*, die wir hier jedoch gar nicht verwenden. Deshalb werden die Website und die Schaltfläche entsprechend geändert.

Anpassen der Schaltfläche »Dokument hochladen« im Dokumentcenter

Würden Sie auf die Schaltfläche *Dokument hochladen* klicken, so würde Ihr Dokument in der Bibliothek *Dokumente* gespeichert. Da die festgelegten Regeln, die für das automatische Verteilen der Verträge zuständig sind, jedoch nur in der Abgabebibliothek zur Verfügung stehen, muss die Schaltfläche auf die Abgabebibliothek verweisen. In diesem Beispiel ändern wir den HTML-Code, um die Schaltfläche *Dokument hinzufügen* weiterhin nutzen zu können. Wir müssen den Befehl zum Speichern auf die Abgabebibliothek umleiten.

1. Wechseln Sie über die Schnellstartnavigation in das *Dokumentcenter*.
2. Klicken Sie oben im linken Fensterbereich auf das Register *Seite* (siehe Abb. 20–19).

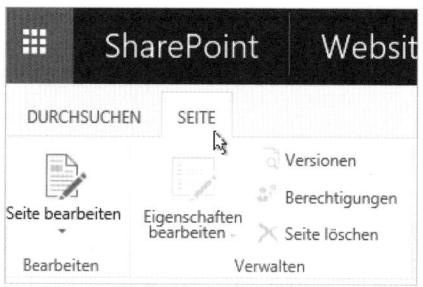

Abb. 20–19   Das Register *Seite* im oberen linken Fensterbereich

3. Klicken Sie in der Gruppe *Bearbeiten* auf die Schaltfläche *Bearbeiten*. Sie gelangen in den Entwurfsmodus der Website.
4. Klicken Sie im rechten Fensterbereich direkt auf die Schaltfläche *Dokument hochladen* (siehe Abb. 20–20).

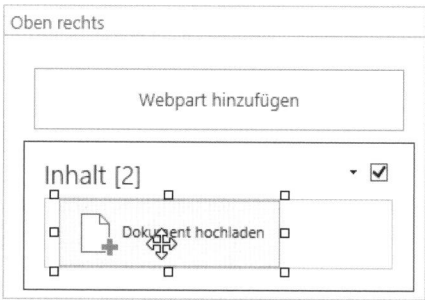

Abb. 20–20   Die Schaltfläche *Dokument hochladen* im Bearbeitungsmodus der Website

5. Ihnen werden direkt nach dem Anklicken der Schaltfläche mehrere Register angezeigt. Klicken Sie in das Register *Text formatieren*.

20.4 Verwendung des Dokumentcenters

6. Klicken Sie in der Gruppe *Markup* auf die Schaltfläche **Quelle bearbeiten**. Ihnen wird die HTML-Quelle angezeigt.
7. Tauschen Sie im Quelltext einmal das Wort *Dokumente* gegen *DropOffLibrary* aus, hier fett hervorgehoben.

    ```
    <div>
    <buttononclick="javascript:OpenNewFormUrl(&#39;Dokumente/Forms/upload
    .aspx&#39;);return false;"><nobr> <img alt="Dokument hochladen"
    src="/_layouts/15/images/uploaddoc.png?rev=23" style="vertical-align:
    middle;"/> <span>Dokument hochladen</span></nobr>
    </button></div>
    ```

8. Nach dem Austausch sollte der Code wie folgt aussehen:

    ```
    <div>
    <buttononclick="javascript:OpenNewFormUrl(&#39;DropOffLibrary/Forms/up
    load.aspx&#39;);return false;"><nobr> <img alt="Dokument hochladen"
    src="/_layouts/15/images/uploaddoc.png?rev=23" style="vertical-align:
    middle;"/> <span>Dokument hochladen</span></nobr>
    </button></div>
    ```

9. Nachdem Sie das Wort geändert haben, bestätigen Sie Ihre Eingabe mit einem Klick auf die Schaltfläche *OK*.
10. Wechseln Sie in das Register *Seite* und klicken Sie in der Gruppe *Bearbeiten* auf die Schaltfläche **Bearbeitung beenden**.

Wenn Sie nun auf die Schaltfläche *Dokument hinzufügen* klicken und ein Dokument hochladen, so wird die Abgabebibliothek für die Verteilung der Dokumente ausgewählt. Probieren Sie die Schaltfläche *Dokument hochladen* anhand des Hochladens von Beispieldateien aus.

Webparts der Website anpassen

Damit wieder die aktuellen Dokumente auf der Website *Dokumentcenter* angezeigt werden, müssen die Webparts angepasst werden.

1. Wechseln Sie in das **Dokumentcenter**.
2. Klicken Sie oben im linken Fensterbereich auf das Register *Seite*.
3. Klicken Sie in der Gruppe *Bearbeiten* auf die Schaltfläche *Bearbeiten*. Sie gelangen in den Entwurfsmodus der Website.
4. Klicken Sie im Webpart *Neueste Dokumente* auf den Link **Öffnen Sie den Toolbereich** (siehe Abb. 20–21). Alternativ können Sie den Webpart auch über den Drop-down-Pfeil neben der Überschrift *Neueste Dokumente* zur Bearbeitung öffnen.

Abb. 20-21   Zum Öffnen und Bearbeiten eines Webparts kann der Drop-down-Pfeil ebenfalls verwendet werden.

5. Im rechten oberen Fensterbereich wird Ihnen der *Toolbereich* angezeigt. Gegebenenfalls müssen Sie im Browser etwas nach oben navigieren, damit Sie den Bereich sehen können.

6. Klicken Sie im *Toolbereich* auf das **Pluszeichen** vor *Abfrage*, hier legen Sie gleich fest, auf welche Bibliotheken eine Abfrage erfolgen und im Webpart angezeigt werden soll (siehe Abb. 20–22).

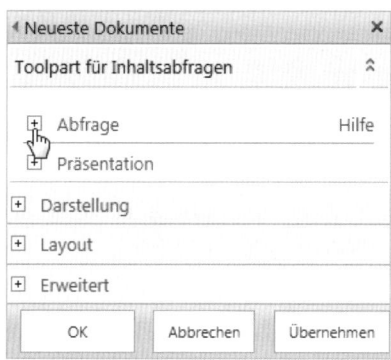

Abb. 20-22   Der Toolbereich eines Webparts

7. Klicken Sie unterhalb von *Abfrage* im Bereich *Quelle bei Elemente von der folgenden Website und untergeordneten Websites anzeigen* auf die Schaltfläche **Durchsuchen**.

8. Klicken Sie im darauf folgenden Dialogfeld zunächst auf den Eintrag **Fachbereiche** und danach auf **Dokumentcenter**. Falls Sie eine andere Struktur aufgebaut haben als in diesem Buch dargestellt, suchen Sie nach der Website *Dokumentcenter* und wählen Sie sie aus.

9. Bestätigen Sie Ihre Auswahl mit einem Klick auf die Schaltfläche **OK**.

10. Im Bereich *Listentyp* klicken Sie auf den Drop-down-Pfeil bei *Zeigt Elemente dieses Listentyps an* und wählen im Kontextmenü den Eintrag **Dokumentbibliothek**.

11. Im Bereich *Inhaltstyp* bei *Elemente dieser Inhaltstypgruppe anzeigen* wählen Sie über den Drop-down-Pfeil die Gruppe **Dokumentinhaltstypen**.

20.4 Verwendung des Dokumentcenters

12. Direkt darunter wählen Sie bei *Elemente dieses Inhaltstyps anzeigen* über den Drop-down-Pfeil **Dokument** aus. Da wir in den Bibliotheken einen eigenen Inhaltstyp *Vertragsart* basierend auf dem Inhaltstyp *Dokument* erstellt haben, werden alle Dokumente angezeigt.

13. Übernehmen Sie alle weiteren Einstellungen und navigieren Sie weiter nach unten zur Schaltfläche *OK*. Betätigen Sie die Schaltfläche mit einem Klick.

14. Als Nächstes muss noch der Webpart *Von mir geändert* angepasst werden. Klicken Sie also auch hier auf den Link **Öffnen Sie den Toolbereich** oder klicken Sie den Drop-down-Pfeil neben dem Webparttitel zur Bearbeitung an.

15. Im *Toolbereich* klicken Sie erneut auf das **Pluszeichen** vor **Abfrage** und ändern die Einstellungen wie im Schritt 7–13 aufgezeigt.

16. Abschließend klicken Sie im Register *Seite* in der Gruppe *Bearbeiten* auf die Schaltfläche **Bearbeitung beenden**. Damit werden die Änderungen gespeichert und der Bearbeitungsmodus der Website wird geschlossen.

Eine Ansicht für die Aufgabenliste erstellen

Hätten wir eine Aufgabenliste im Workflow verwendet, die einen benutzerdefinierten Inhaltstyp besitzt, so könnten wir über den Webpart *Inhaltsabfrage* die Aufgaben aller Aufgabenlisten ebenfalls in einem Webpart anzeigen lassen. In diesem Beispiel jedoch wird eine Ansicht erstellt. Die Aufgabenliste mit der erstellten Ansicht wird dem Webpart hinzugefügt.

1. Wechseln Sie über die Schnellstartnavigation in die Aufgabenliste **Mobilfunkverträge prüfen**.

2. Direkt in der Bibliothek öffnen Sie über das Menü, dargestellt mit den drei Punkten, den Befehl *Ansicht erstellen* (siehe Abb. 20–23).

Abb. 20–23 Über das Menü der *Liste* können neue Ansichten erstellt werden.

3. Navigieren Sie ganz nach unten zu dem Bereich *Mit einer vorhandenen Ansicht beginnen* und klicken Sie auf den Link **Zur Prüfung fällig**. Diese Ansicht hatten wir bereits in den vorherigen Beispielen erstellt.
4. Im Bereich *Namen* klicken Sie in das Eingabefeld *Namen anzeigen* und vergeben den Namen »*Webpartansicht*«.
5. Im Bereich *Spalten* aktivieren Sie nur die Spalten *Typ*, *Prüfung ab*, *Verwandte Inhalte* und *Bearbeiten (Hyperlink zum Bearbeitungselement)*. Setzen Sie die Positionen auch in der Reihenfolge fest.
6. Übernehmen Sie alle Einstellungen und navigieren Sie nach oben. Klicken Sie auf die Schaltfläche **OK**. Sie werden direkt in die Ansicht weitergeleitet. Da die Aufgaben erst in 244 Tagen fällig werden, dürfte Ihnen kein Dokument angezeigt werden, es sei denn, Sie hatten in den Informationsverwaltungsrichtlinien und in der berechneten Spalte einen anderen Wert festgelegt.

Die Aufgabenliste dem Webpart hinzufügen

Nun wird die Aufgabenliste *Mobilfunkverträge prüfen – Aufgaben* einem Webpart hinzugefügt.

1. Wechseln Sie über die Schnellstartnavigation in das **Dokumentcenter**.
2. Öffnen Sie die Website zur Bearbeitung über das Register **Seite**.
3. Klicken Sie oberhalb des Webparts *Von mir geändert* auf den Link **Webpart hinzufügen**.
4. Wählen Sie im oberen Bereich des Fensters die *Kategorie Apps*, falls diese nicht ausgewählt ist.
5. Rechts neben den Kategorien werden Ihnen alle vorhandenen Listen und Bibliotheken im Bereich *Webparts* aufgelistet. Klicken Sie einmal auf die Liste *Mobilfunkverträge prüfen – Aufgaben*, um diese Liste auszuwählen (siehe Abb. 20–24).

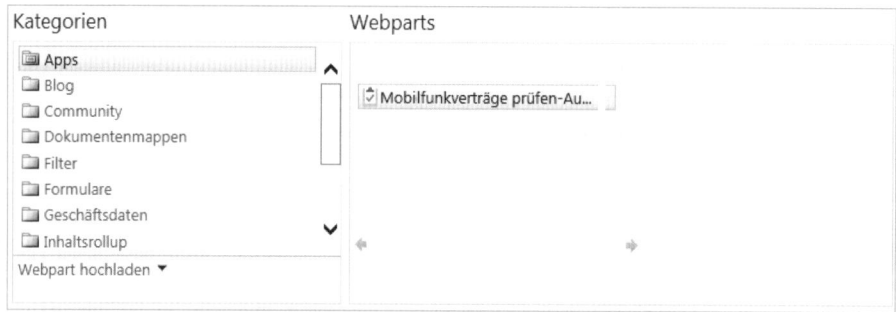

Abb. 20–24 Die ausgewählte Kategorie *Apps* und die Aufgabenliste

20.4 Verwendung des Dokumentcenters

6. Klicken Sie ganz rechts im Fenster auf die Schaltfläche *Hinzufügen*. Die Aufgabenliste wird als Webpart hinzugefügt.
7. Hinzugefügte Webparts übernehmen immer die als Standard festgelegte Ansicht einer Bibliothek oder Liste. Deshalb muss dem Webpart die zusätzlich erstellte Ansicht erst zugewiesen werden. Klicken Sie auf den Dropdown-Pfeil neben dem Webparttitel und klicken Sie auf den Befehl *Webpart bearbeiten*.
8. Der *Toolbereich* des Webparts öffnet sich im oberen rechten Fensterbereich. Navigieren Sie zum *Toolbereich*.
9. Klicken Sie im Bereich *Ausgewählte Ansicht* auf den Drop-down-Pfeil und wählen Sie die Ansicht *Webpartansicht* aus (siehe Abb. 20–25).
10. Bestätigen Sie den Dialog, der Ihnen angezeigt wird, mit *OK*.
11. Wählen Sie im Bereich *Symbolleistentyp* im Drop-down-Menü den Eintrag *Keine Symbolleiste*. Über die Symbolleiste könnten neue Aufgaben hinzugefügt werden. Da die Aufgaben jedoch hier vom Workflow gesteuert werden, macht eine Symbolleiste keinen Sinn.
12. Klicken Sie auf das *Pluszeichen* vor der Kategorie *Darstellung*. Die Kategorie wird dadurch erweitert angezeigt.
13. Im Eingabefeld *Titel* löschen Sie den Text so weit, dass nur noch *Mobilfunkverträge prüfen* angezeigt wird.

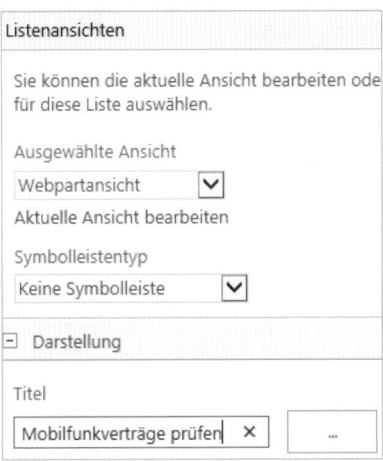

Abb. 20–25   Die Einstellungen im Toolbereich des Webparts

14. Navigieren Sie ganz nach unten im *Toolbereich* und bestätigen Sie Ihre Eingaben mit einem Klick auf die Schaltfläche *OK*.
15. Zum Abschluss ändern Sie im Webpart *Inhalt[1]* den Willkommenstext wie folgt: »*Willkommen im Vertragsmanagement*«.

16. Beenden Sie die Bearbeitung der Website über das Register *Seite*. Sie sehen das Ergebnis Ihrer Anpassungen (siehe Abb. 20–26).

Abb. 20–26   Das Dokumentcenter nach der Anpassung der Webparts

20.5 Zusammenfassung

Mit der Websitevorlage *Dokumentcenter* lassen sich viele Dateien verwalten. Genehmigungsworkflows stehen innerhalb der Website oder in der jeweiligen Bibliothek zur Verfügung. Sie können über die Bibliothekeinstellungen die jeweiligen Richtlinien und Ablaufpläne festlegen und sie der Liste, der Bibliothek oder dem Inhaltstyp zuweisen. Die Verwendung von verwalteten Metadaten kann das Festlegen von Richtlinien erleichtern.

Index

A

Abgabebibliothek 440
   Dokument 446
Ablaufdatum
   Ankündigungen 42
Access-App 41
Active Directory
   Benutzerverwaltung 7
   Gruppen 22
Add-ins
   Excel 325
Administrator
   Farmserver 13
   gemeinsamen Dienste 13
   Website 15
   Websitesammlung 14
Ankündigungen 42, 182
   Ablaufdatum 42
   dem Webpart hinzufügen 195
Anmeldung 55
Ansicht
   ändern 79
   Aufgabenliste 451
   aus vorhandener erstellen 179
   benutzerdefiniert 212
   Bibliothek 176
   erstellen 79
   filtern 267
   gefiltert 435
   gefiltert in Bibliothek 176
   gruppiert 180
   im Webpart ändern 191
   Kalender 238
   Kontaktliste 185
   Linksliste 210
   löschen 79

Ansicht (Fortsetzung)
   Navigation anpassen 216
   Schnellstartnavigation hinzufügen 187
   Websitespalte 240
App 37
   Access 41
   Ankündigungen 42, 182
   Aufgaben 43
   benutzerdefiniert 43
   benutzerdefinierte Liste (in Datenblattansicht) 43
   Berichtsbibliothek 41
   Bibliothek 37
   Bildbibliothek 39
   Datensatzbibliothek 40
   Datenverbindungsbibliothek 40
   Diskussionsrunde 44
   Dokumentbibliothek 39
   externe Liste 44
   Formularbibliothek 40
   höhergestufte Links 44
   Kalender 45
   Kalkulationstabelle importieren 45
   Kontakte 45
   Kontaktliste 183
   Links 44, 208
   Liste 37
   Newsfeed 46
   Objektbibliothek 40
   Problemverfolgung 45
   Problemverfolgungsliste 373
   Umfrage 389
   Umfragen 45
   Webpart hinzufügen 211
   Websiteinhaltstypen zuweisen 170
   Wiki-Seitenbibliothek 41

App Launcher 63
Audio
　Objektbibliothek 40, 285
Aufbewahrung 440
　Informationsverwaltungsrichtlinien 437
　Richtlinien und Ablaufzeitpläne 439
　von Dokumenten 431
Aufgabenliste 43, 221
　berechnete Spalte 434
　einblenden 433
　Workflow 433
Auschecken
　einer Datei 77
　erzwingen 128
　Seite 282
　versionierte Dokumente 129
　Wiki-Seite 282
Auswerten
　Problemverfolgungsliste 384
　Umfrage 399
Azure
　Cloud-Service 7

B

Badges
　Auszeichnungen 357
　Community 357
Balkendiagramm
　Projektaufgaben 43
Barcodes 440
Basissuchcenter 50
Beispieldateien
　zum Buch xxi
Beitrag
　Community 363
Beitrag bewerten
　Community 363
Beitrag melden
　Community 365
Beitrag prüfen
　Community 365
Benachrichtigungen 161
　Communitybeiträge 367
　festlegen 80
　für Bibliothek 161
　für Liste 161
　löschen 163
　löschen Community 368

Benutzerberechtigungen 24
　entfernen 33
　prüfen 35
Benutzerdefinierte Liste 43
　anlegen 229
Benutzerdefinierte Liste (in Datenblattansicht) 43
Benutzergruppen 29
　anlegen 31
　Besitzer 30
　Besucher 29
　Designer 30
　Genehmigende Personen 30
　Hierarchie-Manager 30
　Mitglieder 30
　Personen mit eingeschränkten Leserechten 30
　Standardbenutzergruppen 29
Benutzerlizenzen
　Server 11
Berechtigung 22
　Anlegen einer Benutzergruppe 31
　Anlegen einer Berechtigungsstufe 26
　Benutzerberechtigungen 24
　Benutzergruppe hinzufügen 31
　Benutzergruppen 29
　Berechtigungsstufen 24
　Beschränkter Zugriff 24
　Besitzer 30
　Besucher 29
　Designer 30
　Eingeschränkter Lesezugriff 26
　entfernen 33
　Entwerfen 25
　Genehmigen 25
　Genehmigende Personen 30
　Hierarchie verwalten 26
　Hierarchie-Manager 30
　Lesen 25
　Löschen einer Berechtigungsstufe 29
　Mitglieder 30
　Mitwirken 25
　Personen mit eingeschränkten Leserechten 30
　prüfen 35
　Standardbenutzergruppen 29
　Standardberechtigungsstufen 24
　unterbrechen 35
　Vollzugriff 26

Berechtigungsgruppen
   Community 353
Berechtigungskonzept 21
Berechtigungsstufe 24
   anlegen 26
   einer Benutzergruppe hinzufügen 31
   löschen 29
Berechtigungsvererbung 35
Berichtsbibliothek 41
Beschränkter Zugriff 24
Besitzer 30
Besucher 29
Besucherprotokollierung
   SharePoint-Liste 229
Bewertungseinstellungen
   Community 356
Bezeichnungen
   Richtlinien und Ablaufzeitpläne 440
Bibliothek 37
   anlegen 125
   Benachrichtigungen 161
   Benachrichtigungen löschen 163
   Berichtsbibliothek 41
   Bildbibliothek 39
   Bilder hinzufügen 285
   Datensatzbibliothek 40
   Datenverbindungsbibliothek 40
   Dokumentenmappe 301
   Einstellungen 68
   Formularbibliothek 40
   für Geschäftsvorlagen 125
   für Projektdokumente 168
   Inhaltsgenehmigung 151
   mit Vorlage 430
   Objektbibliothek 40
   Papierkorb 63
   Register 74
   Register fehlt 74
   synchronisieren 101
   Unterschiede 74
   Vorlage 39, 429
   Vorlage erstellen 427
   Websiteinhaltstypen entfernen 172
   Websiteinhaltstypen zuweisen 170
   Wiki-Seitenbibliothek 41
Bibliothekseinstellungen 74
   Office 365 68, 74
   SharePoint Online 68
Bild
   von SharePoint hinzufügen 287

Bildbibliothek 39
   Community 358
Bilddateien
   Objektbibliothek 285
Blog 47, 196
   anlegen 196
   Blogbeitrag kommentieren 203
   Blogbeitrag mit Word 200
   Blogbeitrag verfassen 199
   Ereignisse 197
   Ideen 197
   Kategorien erstellen 197
   Kommentar löschen 203
   Kommentar verwalten 203
   Meinungen 197
   persönlich 119
   Veröffentlichungsdatum 200
   Vorlage 47
Blogging-App
   Word-Blogbeitrag 201
Blogwebsite
   erstellen 196
Browser 54
   Web Apps 80
Browseransichtsoptionen
   PowerPivot 338
Business Intelligence Center 49

C

Cloud-Services
   Azure 7
   Office 365 7
Community
   Antworten bearbeiten 364
   anwenden 361
   Auszeichnungen 357
   Badges 357
   Beitrag bewerten 363
   Beitrag melden 365
   Beitrag prüfen 365
   beitreten 361
   Berechtigungen 353
   Diskussion 362
   Infoseite 369
   Kategorie 359
   konfigurieren 355
   Leistungsstufendarstellung 356
   Meldung von Beiträgen 355
   Mitglieder 351
   Mitglieder hinzufügen 354

Community (Fortsetzung)
    Moderatoren hinzufügen 354
    Punktesystem 356
    teilnehmen 363
    Unbeantwortete Fragen 366
    verlassen 361
    Website erstellen 351
    Zuverlässigkeitseinstellungen 356
Communitybeiträge
    melden 355
Communitywebsite 48
    Vorlage 48

D

Dashboard
    erstellen 327
    hochladen 339
    im Webpart anzeigen 340
Dateien
    auschecken 77
    bestimmte Version wiederherstellen 79
    einchecken 77
    hochladen 76
    löschen 78
    mehrere speichern 76
    speichern 76
    wiederherstellen 78
Datenarchiv 49, 122
Datenmodell
    Excel 329
Datenquellen
    externe 40
Datensatzbibliothek 40
Datenschutz 350
Datensicherheit 350
Datenverbindungsbibliothek 40
Designer 30
Diagramm
    anpassen 333
    PowerPivot 330
Diskussion
    Community 362
    teilnehmen 363
Diskussionen empfehlen
    Community 366
Diskussionsrunde 44
Dispositionsgenehmigungsworkflow 431

Dokument
    Änderungen vergleichen 133
    auschecken 129
    Benachrichtigungen löschen 163
    einchecken 129
    folgen 113
    genehmigen 159
    Hauptversion 134
    hochladen 148
    hochladen mehrere 126
    Inhaltstypen 142
    löschen 78
    Nebenversion 134
    Versionierung 127
    Versionsverlauf 131
Dokumentbibliothek 39
    für Produktkatalog 403
Dokumentcenter 49, 122, 420
    anlegen Inhaltstyp 424
    anpassen 447
    Schnellstartnavigation 421
    Website erstellen 420
Dokumentenmanagement 122
Dokumentenmappe 300
    anpassen 311
    in Bibliothek 301
    Informationsbereich 311
    Inhaltstypen zuweisen 304
    verwenden 306
Dokumentinformationsbereich
    anzeigen 175
    Microsoft Office 174
Dokumentvorlagen
    Inhaltstypen 143
Drei-Status-Workflow
    Problemverfolgungsliste 380

E

Eigenschaften
    zuweisen 77
Einchecken
    einer Datei 77
    Seite 282
    versionierte Dokumente 129
    Wiki-Seite 282
Eingabefelder
    Reihenfolge ändern 237

Eingeschränkter Lesezugriff 26
Einstellungen
    Bibliothek 68
    Menü 68
E-Mail-Nachricht
    in OneNote 95
Entwerfen 25
Excel
    Dashboard 327
    Datenbereich 328
    Datenmodell 329
    Dokumentinformationsbereich 174
    Problemverfolgungsliste 384
    synchronisieren 261
    Web Apps 80
Excel Web Access
    Webpart 340
Excel-PivotTable
    Problemverfolgungsliste 385
Externe Datenquellen 40
Externe Liste 44

F

Fertigkeiten
    Über mich 117
Filterung
    Ansicht 267
Firefox 54
Fokus auf Inhalt
    Navigation 69
Folgen
    Dokumente 113
    Personen 113
    Team 112
    Website 112
    Websites 112
Formularbibliothek 40
Foto
    Über mich 116
Fragen
    Über mich 116
Freigaben
    aufheben 100

G

Genehmigen 25
    Dokument 159
Genehmigende Personen 30
    festlegen 152
    Inhaltsgenehmigung 152

Genehmigungsworkflow 154
Geschäftsvorlagen
    Bibliothek 125
    verwenden 173
Gitternetzlinien
    Excel ausblenden 338
Gruppenleiter 404

H

Hauptversion 134
Hierarchie verwalten 26
Hierarchie-Manager 30
Hochladen
    Dateien 76
Höhergestufte Links 44

I

Info
    Über mich 116
InfoPath
    Formularbibliothek 40
Informationsbereich
    Dokumentenmappe 311
Informationsverwaltungsrichtlinien 437
    hinzufügen 437
Infoseite
    anpassen 369
Inhalte einschließen
    in Vorlage Bibliothek 429
    in Websitevorlage 205
Inhaltsgenehmigung 151
    aktivieren 151
    Bibliothek 151
    Genehmigende Personen 152
    Liste 151
Inhaltsorganisation
    festlegen 441
    Regeln 443
    Websitefeature 441
Inhaltstypen
    definieren 149
    Dokument 142
    Dokumentenmappe 300
    Dokumentenmappe zuweisen 304
    Dokumentvorlagen 143
    erstellen 142
    für Dokumentcenter 424
    Spalte zuweisen 147
    Websitespalte erstellen 425

Inhaltsverzeichnis
　　Webpart 214
Interessen
　　Über mich 117

K

Kachel
　　höhergestufte Links 44
Kacheln
　　Erste Schritte 71
Kalender 45
　　anlegen 249
　　Ansicht erstellen 238
　　aus Outlook löschen 262
　　aus Vorlage erstellen 257
　　mit Outlook verbinden 261
　　Überlagerungen 258
　　Vorlage erstellen 256
　　Webpart hinzufügen 190
　　zusammenführen 258
Kalkulationstabelle
　　importieren 45
Kategorie
　　aus Blog löschen 199
　　Community 359
　　für Blog erstellen 197
Kommentar
　　Blog verwalten 203
　　Blogbeitrag 203
Kontakte 45
Kontaktinformationen
　　Über mich 117
Kontaktliste 183
　　gruppierte Ansicht 185
　　Websitespalte hinzufügen 184
KPIs
　　Berichtsbibliothek 41

L

Leistungsstufendarstellung
　　Community 356
Lesen 25
Links 208
　　Ansicht erstellen 210
　　Liste 44
　　Unterwebsite hinzufügen 209
　　zu Website 294
Links bearbeiten 63
　　wird nicht angezeigt 218

Liste 37, 41
　　Ankündigungen 42, 182
　　auf anderer Website anzeigen 241
　　Aufgaben 43
　　Benachrichtigungen 161
　　Benachrichtigungen löschen 163
　　benutzerdefiniert 43
　　benutzerdefiniert erstellen 263
　　benutzerdefiniert (in Datenblattansicht) 43
　　Diskussionsrunde 44
　　extern 44
　　höhergestufte Links 44
　　in Schnellstart einblenden 257
　　in Webpart anzeigen 269
　　Inhaltsgenehmigung 151
　　Kalender 45
　　Kalkulationstabelle importieren 45
　　Kontakte 45
　　Kontaktliste 183
　　Links 44, 208
　　Newsfeed 46
　　Papierkorb 63
　　Problemverfolgung 45
　　Problemverfolgungsliste 373
　　Umfrage 389
　　Umfragen 45
　　Vorlagen 42
Löschbeschränkung 255
Löschen
　　Ansicht 79
　　Dateien 78
Löschweitergabe 255
Lösungskatalog 205

M

Menü
　　Einstellungen 68
Menüband
　　OneDrive 97
　　Register 65
Metadaten 135
　　anlegen 136
　　für Angebotsbibliothek 311
　　hinzufügen 176, 405
　　verwaltete 404
　　Voraussetzungen 404
　　Websitespalte 136
Metadatennavigation 321
　　in einer Bibliothek 413
　　Websitespalten 321

Microsoft Office
 synchronisieren 261
Microsoft Office Web Apps 80
Microsoft Project
 Projektaufgaben 43
Mitglieder 30
 Community hinzufügen 354
Mitwirken 25
Moderatoren
 Community hinzufügen 354
MySite 107

N

Navigation
 anpassen 216, 218
 Breadcrumb 67
 Brotkrümel 67
 Fokus auf Inhalt 69
 globale 67
 Newsfeed 65
 OneDrive 65
 Schnellstart 62
 Seiten 62
 über Websiteeinstellungen anpassen 219
 verwaltete Metadaten 220, 413
 Websites 65
 Wiki-Homepage 276
Nebenversion 134
Neues Dokument
 Websiteinhaltstypen 173
Newsfeed 46, 107
 App Launcher 63
 Beitrag bewerten 111–112
 Beitrag folgen 111–112
 Beitrag öffnen 111
 Beitrag verfassen 108
 Benutzernamen im Beitrag 110
 Bild hinzufügen 109
 Datei hinzufügen 109
 Link kopieren 111
 Navigation 65
 sperren 111
Notizbuch
 öffnen 87
 OneNote 86
 vorhandenes 88
Notizbuchfunktion
 OneNote 62

O

Objektbibliothek 40
 Audio 285
 erstellen 284
ODC 40
Öffentliche Ansicht
 Einstellungen 177
Office
 Dokumentinformationsbereich 174
Office Data Connection 40
Office 365 11
 Anmeldung 55
 Cloud-Services 7
OneDrive
 App Launcher 63
 Datei hochladen 98
 Freigaben aufheben 100
 freigeben Ordner und Dateien 99
 Menüband 97
 Navigation 65
 Ordner anlegen 98
 Synchronisation beenden 102
OneDrive for Business 65, 96
OneNote 86
 Abschnitt 88
 Abschnitt hinzufügen 89
 Abschnitt löschen 89
 Abschnitt umbenennen 89
 Abschnitt verschieben 90
 Abschnittsfarbe 89
 App Launcher 63
 Aufgabe 91
 Backstage-Bereich 88
 E-Mail-Nachricht 95
 Kategorien 91
 Notizbuchfunktion 62
 Outlook-Aufgaben 92
 Outlook-Besprechungsdetails 94
 Seite 88
 Seite hinzufügen 90
 Seite verschieben 90
 speichern 92
 Text eingeben 90
 Text formatieren 90
Ordner anlegen
 OneDrive 98
Outlook
 App Launcher 63
 mit SharePoint verbinden 261

Outlook-Aufgaben
OneNote 92
Outlook-Besprechungsdetails
in OneNote einfügen 94

P
Papierkorb 63
gelöschte Website 207
Personen
folgen 113
Personen mit eingeschränkten Leserechten 30
Persönliche Ansicht
Einstellungen 177
Persönliche Website 107
PowerPivot 325
aktivieren 325
anpassen 333
Browseransichtsoptionen 338
Diagramm 330
PowerPoint
Web Apps 80
PowerView 325
aktivieren 325
erstellen 341
Problemverfolgungsliste 45
anpassen 375
Drei-Status-Workflow 380
in Excel 384
Problem erfassen 378
Tickets 373
Profil
Über mich 115
Project
Projektaufgaben synchronisieren 226
synchronisieren 261
Projektaufgaben 221
Reihenfolge ändern 226
synchronisieren 226
Teilvorgang 225
Vorgang erstellen 222
Zeitachse 224
Projekte
Über mich 117
Projektwebsite 47, 167
anpassen 186
Projektdokumente 168
Vorlage 47
Publikum anzeigen
Ansicht 177

Punktesystem
Community 356

Q
QuickEdit
öffnen 77

R
Really Simple Syndication
RSS 344
Regeln
Inhaltsorganisation 443
Register 65
Seite 277
Reihenfolge ändern
Eingabefelder 237
Rich-Media-Objekte
Objektbibliothek 40
Richtlinien und Ablaufzeitpläne
Aufbewahrung 439
RSS
im Webpart anzeigen 345
URL kopieren 344

S
Schnellstartnavigation
anpassen 219
Ansicht hinzufügen 187
Dokumentcenter 421
Liste einblenden 257
Seite
anlegen 278
Auschecken 282
Bild hinzufügen 286
Einchecken 282
im Text springen 295
speichern 281
Tabelle erstellen 290
Versionsverlauf 283
Seite anzeigen
Wiki-Seitenbibliothek 277
Seiteninhalt 70
Wiki-Homepage 278
Serverfarm 13
SharePoint
Office 365 11
Online 11
Server Enterprise 10
Server Standard 8

SharePoint Online
  Anmeldung 55
Speichern
  Dateien 76
Speicherort
  OneDrive 96
Standardansicht
  Einstellungen 177
Standardberechtigungsstufen 24
Subsites
  Unterwebsites 8
Suche 70
  Eingabefeld 70
  in Bibliothek 104
  in Liste 104
  Website 103
Synchronisation
  mit Office 261

T

Tabelle
  erstellen 290
Taxonomie 404
Teamsite 46
Teilvorgang
  Projektaufgabe 225
Terminologiespeicheradministrator 404
Terminologiespeicher-Verwaltungstool
  verwaltete Metadaten 405
Testwebsite
  erstellen 57
Textlayout
  Seite 279
Titel ändern
  Webpart 194

U

Über mich
  Fertigkeiten 117
  Foto 116
  Fragen 116
  Info 116
  Interessen 117
  Kontaktinformationen 117
  persönliche Website 107
  Profil anpassen 115
  Projekte 117

Überschrift ändern
  Webpart 194
Überwachung 440
Umfrage 389
  auswerten 399
  beantworten 396
  erstellen 389
  Verzweigungen hinzufügen 393
Umfragen 45
Unbeantwortete Fragen
  Community 366
Unternehmenssuchcenter 50
Unternehmenswiki 50

V

Vererbung
  unterbrechen 35
Vererbungsprinzip 20
Veröffentlichungsdatum
  Blog 200
Version
  herstellen 79
  löschen 79
  Office 365 11
  SharePoint Online 11
  SharePoint Server Enterprise 10
  SharePoint Server Standard 8
Versionierung 127, 283
  aktivieren 128
  Änderungen vergleichen 133
  Hauptversion 134
  Nebenversion 134
  Versionsverlauf 131
  Wiki-Seitenbibliothek 283
Versionsverlauf
  Dokument 131
  öffnen 131
  Wiki-Seite öffnen 283
Verwaltete Metadaten 404
  anlegen 421
  hinzufügen 405
  im Dokument 415
  Voraussetzungen 404
  Websitespalte 412
Video
  auf Wiki-Seite 288
  einfügen 288
  Objektbibliothek 40, 285

Visio-ProzessRepository 50
Vollzugriff 26
Vorlage
   Basissuchcenter 50
   Bibliotheken 39
   Blog 47
   Business Intelligence Center 49
   Communitywebsite 48
   Datenarchiv 49
   Dokumentcenter 49
   eigene Bibliothek 429
   erstellen 256
   Liste 42
   Projektwebsite 47
   Teamsite 46
   Unternehmenssuchcenter 50
   Unternehmenswiki 50
   Visio-ProzessRepository 50
   Website 46
   Website speichern 204

W

Web Apps 80
Webpart 70
   Ankündigungsliste 195
   Ansicht ändern 191
   App hinzufügen 211
   Aufgabenliste einblenden 452
   benutzerdefinierte Ansicht 212
   Excel Web Access 340
   im Dokumentcenter 449
   Inhaltsverzeichnis 214
   Kalender hinzufügen 190
   Liste hinzufügen 211, 269
   löschen 189
   RSS-Anzeige 345
   Überschrift ändern 194
Website 19, 37
   als Vorlage speichern 204
   anlegen 228
   anpassen 186
   aus Vorlage erstellen 206
   Basissuchcenter 50
   Blog 196
   Business Intelligence Center 49
   Community 351
   Datenarchiv 49
   der obersten Ebene 17
   Dokumentcenter 49, 420
   folgen 112

Website (Fortsetzung)
   freigeben 69
   Links-Liste hinzufügen 209
   löschen 206
   Lösungskatalog 205
   MySite 107
   Navigation 65
   Papierkorb 63, 207
   Projektwebsite 167
   Suche 103
   synchronisieren 69
   Unternehmenssuchcenter 50
   Unternehmenswiki 50
   Visio-ProzessRepository 50
   Vorlagen 46
Websiteaktionen
   Menü Einstellungen 68
Websitefeature 441
Websiteinhalte 63
   Zahnradsymbol 63
Websiteinhaltstypen
   aus Bibliothek entfernen 172
   für mehrere Websitesammlungen 143
   Neues Dokument 173
   verwenden 173
   zuweisen 170
Websitelogo 66
Websites
   App Launcher 63
Websitesammlungen 19
   Websiteinhaltstypen 143
Websitespalte
   ändern 253
   anlegen für Inhaltstypen 148
   Ansicht erstellen 176
   berechnet 434
   im Inhaltstyp erstellen 425
   in der Ansicht ausblenden 240
   in der Ansicht einblenden 240
   in Liste anpassen 236
   in Liste erstellen 231
   Inhaltstypen 147
   Kontaktliste 184
   Metadaten 136
   umbenennen 251
   verwaltete Metadaten 412
   zuweisen 147
Websitevorlage
   Inhalte einschließen 205
Websitevorlagen 46

Wiederherstellen
    Dateien 78
Wiki-Homepage 276
    Seiteninhalt 278
Wiki-Hyperlinks 292
Wiki-Link 294
Wiki-Seite
    anlegen 278
    Auschecken 282
    Bild hinzufügen 286
    Einchecken 282
    im Text springen 295
    speichern 281
    Tabelle erstellen 290
    Textlayout 279
    Versionsverlauf 283
    Wiki-Hyperlinks 292
    Wiki-Link 294
Wiki-Seitenbibliothek 41
    anlegen 275
    Aufbau 276
    Seiten anzeigen 277
Wiki, Video einfügen 288
Word
    Blogbeitrag 200
    Dokumentinformationsbereich 174
    synchronisieren 261
    Web Apps 80

Workflow 154, 380, 431
    Aufgabenliste 433
    Aufgabenliste einblenden 384
    Dispositionsgenehmigung 431
    Drei-Status 380
    Genehmigungsworkflow 154
    manuell starten 159

X
XML
    Formularbibliothek 40

Z
Zeitachse
    Projektaufgabe 224
    verbinden 337
Zugriffsrechte 14, 33
    Bibliotheksebene 33
    Dokumentebene 33
    Elementebene 33
    Listenebene 33
Zuverlässigkeitseinstellungen
    Community 356

Rezensieren & gewinnen!

Besprechen Sie dieses Buch und helfen Sie uns und unseren Autoren, noch besser zu werden.

Als *Dankeschön* verlosen wir jeden Monat unter allen neuen Einreichungen fünf dpunkt.bücher. Mit etwas Glück sind dann auch Sie mit Ihrem Wunschtitel dabei.

Wir freuen uns über eine *aussagekräftige Rezension*, aus der hervorgeht, was Sie an diesem Buch gut finden, aber auch was sich verbessern lässt. Dabei ist es egal, ob Sie den Titel auf Amazon, in Ihrem Blog oder bei YouTube besprechen.

Schicken Sie uns einfach den Link zu Ihrer Besprechung und vergessen Sie nicht, Ihren Wunschtitel anzugeben: *www.dpunkt.de/besprechung* oder *besprechung@dpunkt.de*

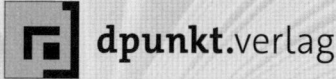

dpunkt.verlag GmbH · Wieblinger Weg 17 · 69123 Heidelberg
fon: 0 62 21/1 48 3 22 · fax: 0 62 21/1 48 3 99

Meike Leopold (Hrsg.) · Björn Eichstädt (Hrsg.) · Andreas H. Bock · Anett Gläsel-Maslov · Malina Kruse-Wiegand

Erste Hilfe für Social Media Manager

Rezepte & Best Practices für mehr Erfolg im Unternehmensalltag

1. Auflage, 2014
174 Seiten, Broschur
€ 24,90 (D)

ISBN
Print   978-3-86490-197-3
PDF   978-3-86491-577-2
ePub   978-3-86491-578-9

Social Media Manager ist Ihr Traumberuf? Aber Sie stoßen im Unternehmensalltag immer wieder an Grenzen, die Ihnen ein effektives und erfolgreiches Arbeiten erschweren?

In diesem Buch verraten Ihnen sieben renommierte Social Media-Profis wirksame Rezepte und Best Practices, mit denen Sie mehr Erfolg und Freude im Job haben. Die Autoren bieten sofort anwendbare Lösungen für typische Probleme in allen Bereichen Ihres Joballtags.

»Zur Ersten Hilfe wird das Buch durch die Bearbeitung vieler konkreter Problemstellungen aus der Praxis in jedem Kapitel.«
acquisa.de, 01/2015

»Und genau das finde ich richtig gut am Ratgeber ›Erste Hilfe für Social Media Manager‹: Er erhebt nicht den Anspruch, DAS Patentrezept für Social Media Manager zu bieten. Stattdessen liefert er Diagnosen, Lösungen für reale Probleme und Best-Practice-Beispiele.«
welovecontent.de, 08.01.15

www.dpunkt.de

Sven Röpstorff · Robert Wiechmann

Scrum in der Praxis

Erfahrungen, Problemfelder und Erfolgsfaktoren

2., aktualisierte und überarbeitete Auflage, 2015
368 Seiten, Festeinband
€ 36,90 (D)

ISBN
Print 978-3-86490-258-1
PDF   978-3-86491-769-1
ePub   978-3-86491-770-7
mobi   978-3-86491-771-4

Viele Unternehmen haben mittlerweile die Vorteile agiler Vorgehensweisen erkannt und wagen den Schritt weg vom traditionellen Projektmanagement hin zur Agilität. In diesem Buch werden typische Situationen und bewährte Vorgehensweisen in einem Scrum-Projekt beschrieben, Fallstricke aufgezeigt und Empfehlungen zur konkreten Ausgestaltung des Scrum-Rahmenwerks gegeben. Von der Suche nach dem richtigen Product Owner, dem Setup des Teams über einen erfolgreichen Start und die Durchführung eines Projekts bis hin zur Ausgestaltung von Scrum Meetings lässt dieses Praxisbuch keine Fragen offen. Am Ende eines jeden Kapitels findet der Leser Checklisten, die ihm bei seiner täglichen Projektarbeit eine wertvolle Unterstützung bieten.

Die 2. Auflage wurde überarbeitet und auf die Neuerungen im »Scrum Guide« aktualisiert.

»Wer Scrum gerne in Aktion kennenlernen möchte, während des Projekts nützliche Tipps und Tricks nachschlagen will oder einfach nur an Informationen zu zahlreichen Facetten des agilen Vorgehensmodells interessiert ist, liegt mit der Lektüre richtig.«
(CHIP-online.de zur 1. Aufl., 7.9.13)

www.dpunkt.de